건축·실내건축

오토캐드 기초와 실습

이 진 욱 저

기 문 당

머리말

최근 다양한 교수·학습법의 변화와 원격·온라인 강의 확대는 선택이 아닌 필수가 되었으며, 이에 따른 AutoCAD를 비롯한 컴퓨터 활용 강좌 또한 기존과는 다른 교수·학습법을 통해 교육되어져야 한다. 특히 온라인 강의 확대에 따라 이에 최적화된 교육 포맷이 필요하게 되었고, 이를 지원하는 교육 도구 또한 개선이 시급한 실정이 되었다. 기존의 명령어 중심의 학습법보다는 단시간에 완성 가능한 실습 예제 위주의 학습을 통해 학습자의 성취도 향상과 학습동기 유발이 중요한 변수로 부각되었으며, 교육자 입장에서 또한 학습자들의 성취도 관리 및 교육의 질 관리에 용이할 수 있는 수업 포맷 발굴이 절실하게 필요한 상황이다.
이러한 시대적 변화에 따라 이 책은 다음과 같은 사용자들을 위해 집필되었다.

- 건축·실내건축을 전공하는 학생과 이 분야에 관심이 있다면 누구나
- AutoCAD를 한 번도 사용해 본 적이 없는 완전초보자
- 아직까지 20년 전 스타일의 캐드 작성방식을 고집하는 사용자
- 빠른 시간에 AutoCAD의 핵심 기능들만 배워 도면작성에 활용하고자 하는 사람
- 스타일 기능을 적극적으로 활용하지 못하고 심지어 이해를 못하고 있는 사용자
- 출력할 때 레이아웃을 이용해 출력하지 않는 고집스러운 사용자
- 온라인/오프라인 대학강의에 사용할 최적의 교재를 필요로 하는 교수

처음 캐드 서적을 출판할 때 AutoCAD 2000버전으로 집필을 했으니 이제 20년의 세월이 흘렀고 그 동안 한 번도 강의를 놓은 적이 없었다. 항상 효율적인 수업 포맷을 고민하며 완벽한 교육을 꿈꾸어 왔지만 늘 새로운 변수와 도전에 부딪히고 싸우며 해법을 찾으려 노력해 왔다. 특히 최근의 전세계적인 코로나19 사태는 교육시장 전체의 구조를 바꿔 놓았으며, 기존의 학습 포맷이 완전히 변화해야 하는 상황으로 변하고 말았다. 이러한 여건에서 온라인과 오프라인 수업에 모두 적절하게 대응할 수 있고 학습자들이 스스로 학습할 수 있는 최적의 교재를 개발하고자 이 책을 집필하였다.

이 책은 건축·실내건축 전공을 시작하는 여러분의 출발을 도울 수 있는 오토캐드 입문서이다. 단연코 이 책 한 권만으로 충분하지 않다. 더 많은 예제들을 통해 연습하고 또한 실무에서 사용되는 도면 사례들을 이용하여 연습·활용하여야 한다. 건축·실내건축 설계 수업 과정에서 사용하고 CAD 아르바이트 등의 기회가 있다면 무조건 부딪혀야 한다. 관련 자격증에 도전하는 것도 적극 권장한다. 앞으로 건축·실내건축 분야에서 전문가가 될 여러분에게 이 책이 CAD에 입문하는 올바른 방향을 제시한 좋은 길잡이가 되기를 바라는 바이다.

끝으로 이 책이 출판될 수 있기까지 도움을 주신 기문당 출판사 관계자 여러분께 감사드리며, 집필하는 과정에 큰 힘이 되어준 아내와 딸 지연에게 감사의 말을 전합니다.

저 자

학습방법

이 책은 일반적인 목차를 가지고 있지 않다. 오늘 어디까지 배워야 한다는 진도 중심의 학습목표가 아닌 다양한 실전 예제들을 중심으로 단편적인 문제와 그 문제해결중심(PBL, Problem Based Learning)의 학습을 위해 만들어진 전공서적이다. 특히 티칭(Teaching)이 아닌 러닝(Learning)에 무게를 두고 만들어졌다. 전공 컴퓨터 프로그램을 학습하는데 있어 과거에는 '전공서적-오프라인 강의-과제물-평가'의 단계로 교육이 이루어졌다면, 이제는 '전공서적-온라인 강의-오프라인 실습-코칭'의 단계로 변화하여야 할 것이다. 이러한 변화에 발맞추어 이 책에서는 유튜브를 통해 각 예제별 작업과정을 모두 공개할 예정이다(2020년 9월 이후 서비스 예정). 향후 유튜브를 통해 만나볼 수 있기를 바란다(#건축 · 실내건축 오토캐드 기초와 실습 #이진욱 #기문당). 또한 온라인 수업과 스스로 학습을 위해 15주 강좌를 기준으로 다음과 같은 커리큘럼을 제안한다. 각 대학별로 3~4시간의 강의시간을 가지고 있는 점을 고려하고, 특히 플립 러닝, 블렌디드 러닝의 형태를 적극 도입하여 가정에서의 교재+온라인 학습을 선행한 후 오프라인 수업에서 예제를 통한 문제해결능력을 키워나가는 방식으로 진행할 것을 권장한다.

Curriculum A (대학교육, 온라인 학습 | 오프라인 실습 | 온·오프라인 모두 가능)

주차	1교시	2교시	3,4 교시
1	오리엔테이션, EXERCISE 0	EXERCISE 1~3	EXERCISE 4 + Feedback
2	EXERCISE 5,6,8,10		EXERCISE 7,9,11 + Feedback
3	EXERCISE 12,14,15		EXERCISE 13,16 + Feedback
4	EXERCISE 17,18,20,21,23,25~29		EXERCISE 19,22,24 + Feedback
5	EXERCISE 36	EXERCISE 30~35,37,38 + Feedback	
6	EXERCISE 39	EXERCISE 40,41 + Feedback	
7	EXERCISE 42~46		EXERCISE 47,48 + Feedback
8	EXERCISE 49	EXERCISE 50,51,52 + Feedback	
9	중간고사		
10	EXERCISE 53,54,55		EXERCISE 56~59 + Feedback
11	EXERCISE 60~62		EXERCISE 63,64 + Feedback
12	EXERCISE 65 + Feedback + ExtraEXERCISE 66		
13	EXERCISE 67 + Feedback + ExtraEXERCISE 68		
14	EXERCISE 69 + Feedback + ExtraEXERCISE 70		
15	기말고사		

본 책에 수록된 EXERCISE는 64번까지 있다. 이후의 EXERCISE는 각 전공별로 또한 수준별로 직접 준비한다. 특히 CAD관련 서적에 있는 도면을 연습하지 말고, 실내건축기사 실기 작업형 기출문제를 이용하는 것이 좋다. 평면도, 입면도, 단면도, 천장도, 상세도 등 다양한 도면을 연습한다. 또한 출력된 실무도면을 이용해 다시 그려보는 연습을 한다면 더할 나위없이 좋다. 이 연습만 충분히 된다면 방학을 이용해 현장실습이나 도면 아르바이트 등 실전에서 바로 활용이 가능하다.

본 커리큘럼은 하나의 예시이며 총 수업시수, 시험 유무 등 상황별 조건에 맞춰 변형하여 사용한다.

CONTENTS

EXERCISE 0 오토캐드 개요

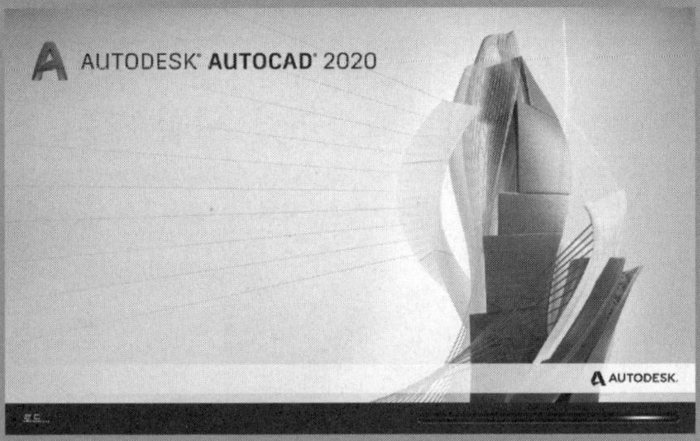

학습목표
- 오토캐드를 설치하고 실행할 수 있다.
- 오토캐드 초기화면의 여러 설정을 변경할 수 있다.
- 그리드 표시를 끄기 할 수 있다.

새로운 도구/기능
- 작업영역 오른쪽 클릭 → 옵션
- 애플리케이션 메뉴 → 도면 유틸리티 → 단위
- 상태 막대 → 도면 그리드 표시-끄기(F7)

중요한 도구/기능
- 옵션 → 화면표시 → 색상

#acadiso.dwt #Units #Grid Off #F7 #Command Line #Ribbon #Option #Status Bar #Ctrl+9

AutoCAD 시작하기

① AutoCAD 2020을 설치하면 다음과 같은 아이콘이 바탕화면에 설치된다. 아이콘을 실행하면 프로그램 로딩 화면이 나타나며 프로그램이 실행된다.

AutoCAD 2020 - 한...

② 프로그램이 실행되면 가장 먼저 '시작 탭' 화면이 나타난다.

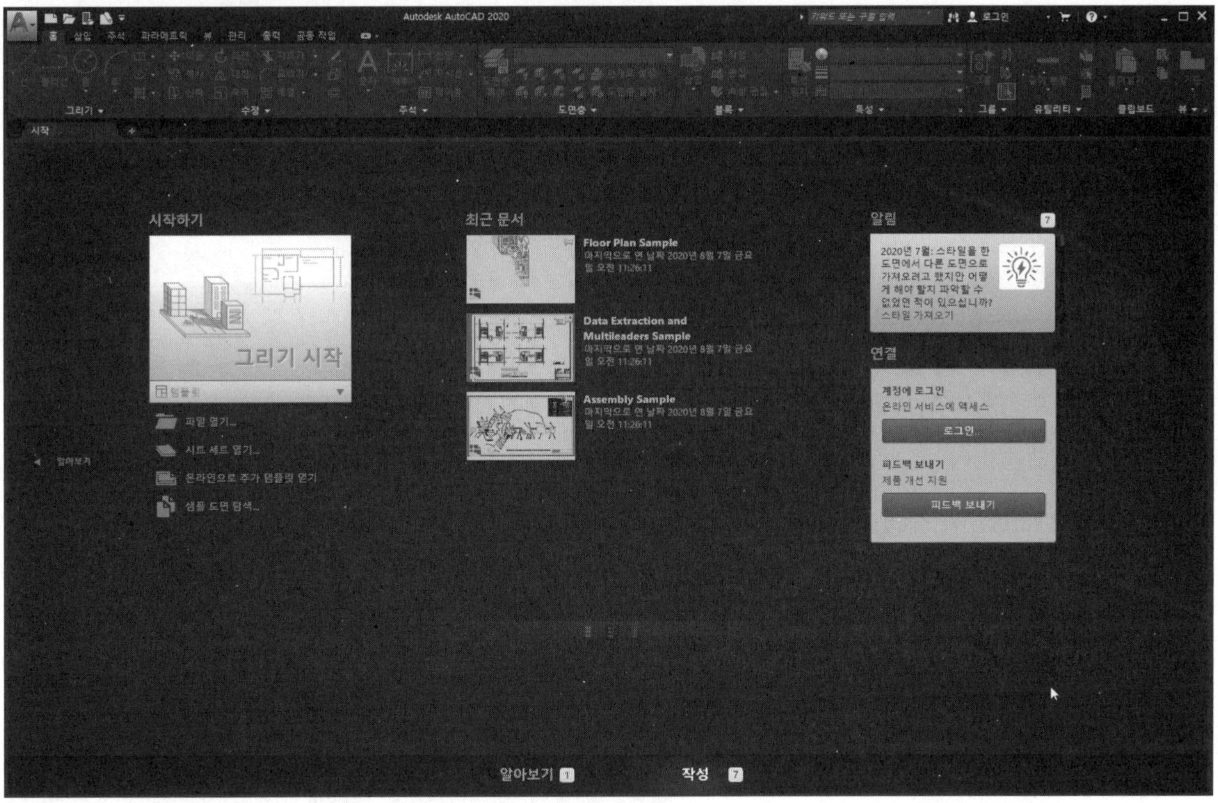

③ '시작 탭' 화면은 '알아보기' 페이지와 '작성' 페이지로 구성되며, 초기 화면은 '작성' 페이지가 나타난다. '작성' 페이지는 캐드 도면을 시작하기 위한 실행 명령들과 알림 내용들로 구성되어 있다. 다음과 같이 '시작하기' 섹션, '최근 문서' 섹션, '알림' 및 '연결' 섹션으로 구분되어 있다.

④ '최근 문서' 섹션에는 가장 최근에 작업한 파일 순으로 문서를 표시하며, 하단의 보기 옵션을 이용하여 이미지, 이미지 및 문자 또는 문자만으로 작업 목록을 표시할 수 있다.

⑤ '알아보기' 페이지는 사용자를 위해 프로그램 교육 비디오, 팁 및 관련 온라인 자료와 서비스 등의 교육 정보를 제공하는 것으로 '새로운 기능' 섹션, '시작하기 비디오' 섹션, '학습 팁' 및 '온라인 자원' 섹션으로 구분되어 있다.

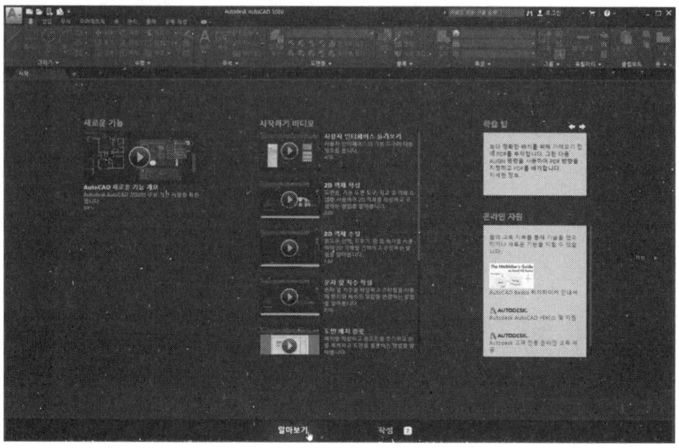

AutoCAD의 초기화면

① '작성' 페이지의 '시작하기' 섹션에서 〈그리기 시작〉 버튼을 클릭하면 기본적으로 설정된 도면 템플릿을 이용하여 새 작업이 시작된다.

템플릿은 오토캐드에서 도면작업을 시작할 경우 기본적인 도면 설정, 스타일 등이 사전 저장된 포맷으로 프로그램 시작 시 반드시 이 템플릿 파일을 이용하게 된다.
영문 버전 및 한글 버전 모두 사용 치수 단위를 미터법으로 지정할 경우 기본 템플릿은 'acadiso.dwt' 파일이 된다. '작성' 페이지에서 〈그리기 시작〉 버튼 아래에 있는 〈템플릿〉 버튼을 클릭하면 다음과 같이 기본적으로 포함되어 있는 템플릿 파일 목록이 나타나는데, 이때 'acadiso.dwt' 파일이 기본으로 선택되어 있다. 이 템플릿 파일은 사용자가 자유롭게 만들 수 있으며, 일반적으로 회사, 사무실, 그룹에서 자체적인 템플릿을 사용함으로써 규격화된 도면작업을 할 수 있게 된다.

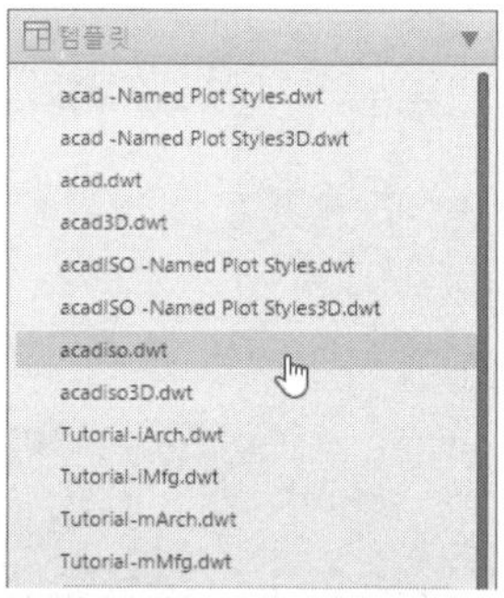

② AutoCAD 2020의 새 작업을 위한 초기화면은 다음과 같다. 2009 버전부터 변경된 리본메뉴 시스템을 그대로 유지하고 있으며, 장시간 작업에 대한 사용자 배려 측면에서 어두운 작업화면을 유지하고 있다.

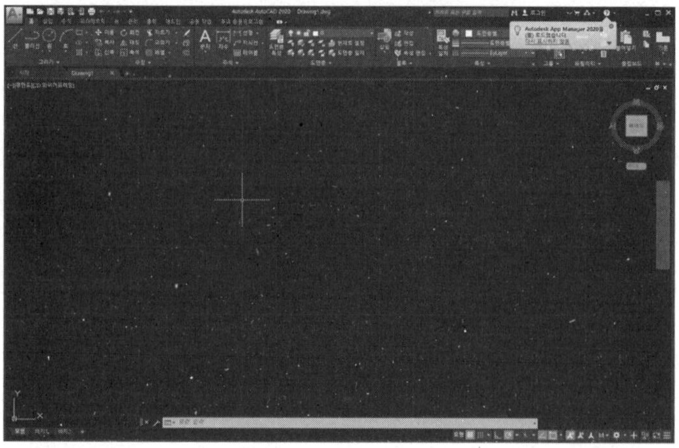

인터페이스 색상 변경

AutoCAD 2020의 작업화면은 상당히 어두워 모니터를 보고 작업하는 사용자에게는 적합한 색상이다. 하지만 어두운 배경에서는 밝은 색 선을 사용하게 되고 이는 컬러 출력물 결과에서는 정반대의 결과를 가져오기 때문에 사용자마다 작업 스타일에 따라 어두운 작업 화면을 선호하기도 하며 밝은 화면을 선호하기도 한다. 이 책에서는 인쇄된 형태의 출판물을 고려하여 밝은 작업환경으로 변경하여 진행하도록 한다.

① '응용프로그램 메뉴 → 옵션' 실행
또는 '작업 영역에서 오른쪽 클릭 → 옵션' 실행

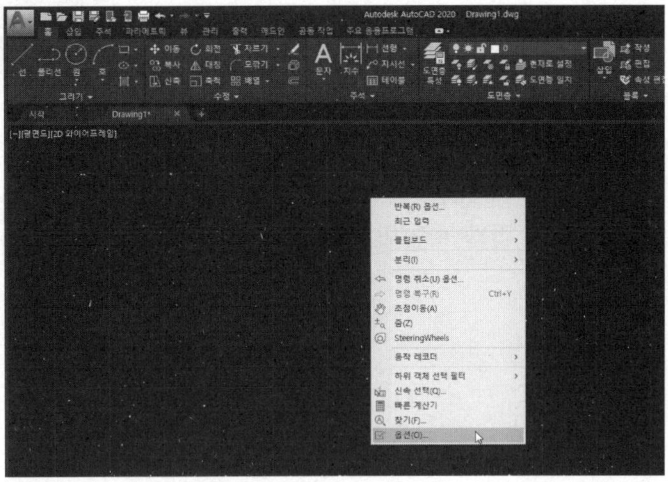

② '[옵션] 대화상자 → 화면표시 탭 → 색상 주제'에서 '경량' 선택

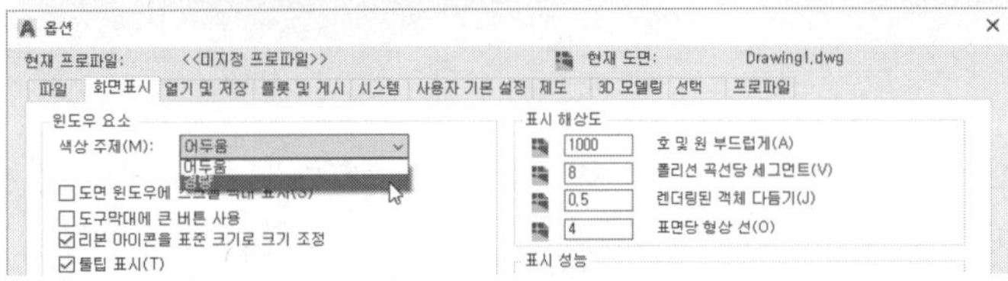

색상주제가 '경량'으로 변경된 결과는 다음과 같다. 도면 영역의 색상은 바뀌지 않고 상단의 메뉴 영역과 하단의 상태 영역이 밝은 화면으로 변경된 것을 확인할 수 있다.

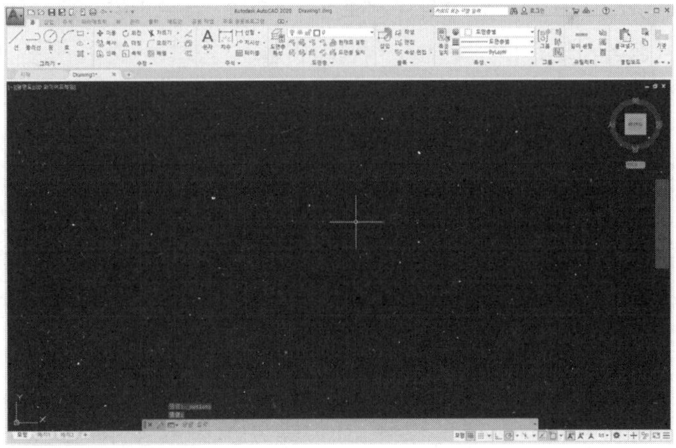

③ 다시 '[옵션] 대화상자 → 화면표시 탭 → 색상 버튼'을 클릭

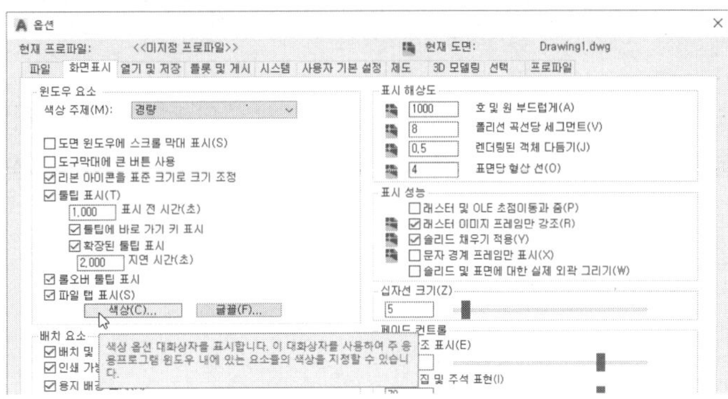

④ [도면 윈도우 색상] 대화상자에서 '컨텍스트'는 '2D 모형 공간', '인터페이스 요소'는 '균일한 배경'을 선택하여 '색상'을 '흰색'으로 변경

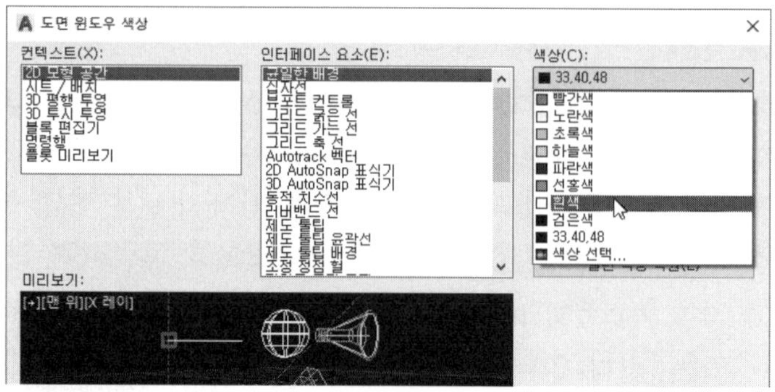

⑤ [도면 윈도우 색상] 대화상자에서 '적용 및 닫기', [옵션] 대화상자에서 '확인'을 클릭하면 옆과 같이 도면 영역의 배경색이 흰색으로 변경된 것을 확인할 수 있다.

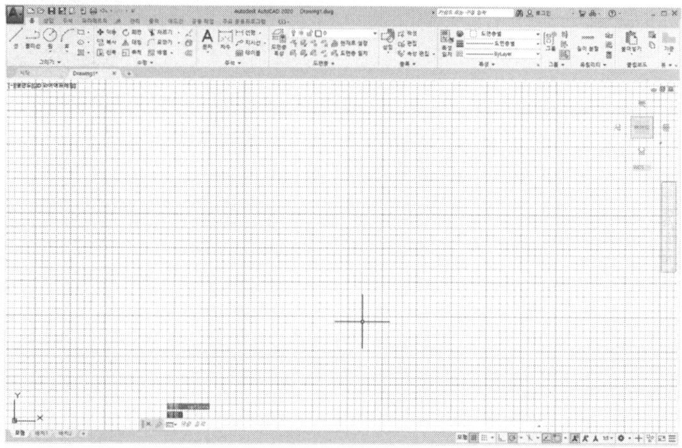

앞서 설명한 바와 같이 이 책에서는 밝은 색의 작업화면을 사용하도록 한다. 밝은 색의 작업화면을 사용하던 어두운 색의 작업화면을 사용하던 사용자의 선택이지만, 출력하는 용지 자체가 흰색의 바탕을 가지고 있고, PDF 등 전자문서로 출력하는 경우 역시 흰색의 바탕화면을 사용하기 때문에 오토캐드의 작업환경에서도 희색 바탕의 작업화면을 사용하는 것이 훨씬 더 직관적이라고 생각하며, 특히 초보자의 경우 객체의 색상 선택에 있어 혼선을 줄이기 위해 도면 영역에서 흰색 바탕의 작업화면 사용을 추천한다.

응용프로그램 메뉴(Application Menu)

① 화면 좌측 상단의 AutoCAD 2020 로고가 그려진 아이콘을 클릭하면 응용프로그램 메뉴 창이 열리게 된다.

② 응용프로그램 메뉴는 새로 만들기(New), 도면의 열기(Open), 저장(Save, Save As), 인쇄(Print)를 비롯하여 현재 열려 있는 파일과 최근 작업파일의 목록, 그리고 명령어 검색창 등으로 구성된다.

③ [옵션] 대화상자를 실행시킬 수 있는 실행버튼도 있지만 '옵션'의 경우 작업화면에서 오른쪽 클릭하여 실행하는 것이 훨씬 편리하다.

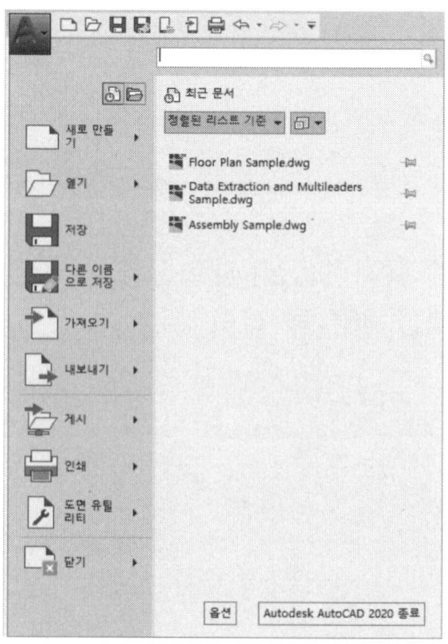

신속 접근 도구막대(Quick Access Toolbar)

'새로 만들기, 열기, 저장, 다른 이름으로 저장..., 플롯, 명령 취소, 명령 복구' 등 자주 사용하는 도구를 '신속 접근 도구막대'에 표시하여 한 번의 클릭만으로 실행할 수 있다.

'신속 접근 도구막대 사용자화'를 이용해 원하는 명령을 추가 또는 제거할 수 있다.

또한, '신속 접근 도구막대 사용자화'에서는 기존 AutoCAD 사용자들에게 익숙한 메뉴 막대(Menu Bar)를 손쉽게 활성화시킬 수도 있다. 하지만 메뉴 막대의 사용은 추천하지 않는다.

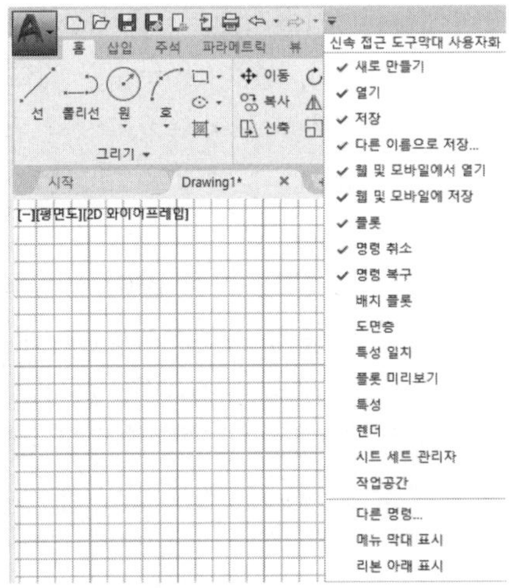

① '신속 접근 도구막대' 우측 삼각형 버튼 클릭 → '메뉴 막대 표시' 선택 → 메뉴 막대 나타남

② 다시 '신속 접근 도구막대' 우측 삼각형 버튼 클릭 → '메뉴 막대 숨기기' 선택 → 메뉴 막대 사라짐

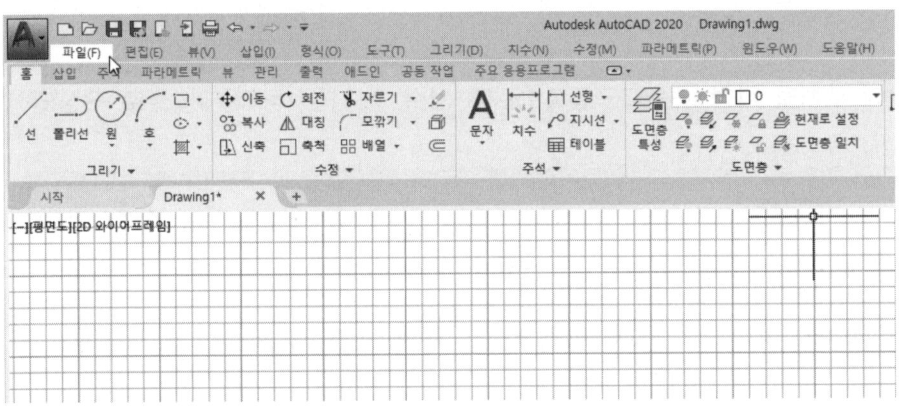

제목 표시줄

실행중인 오토캐드의 명칭과 버전(Autodesk AutoCAD 2020)을 표시하며 현재 작업중인 도면의 파일명(***.dwg)을 나타낸다. AutoCAD의 기본 파일 확장자는 'DWG'로 'Drawing'의 약자로 구성된다. 저장하기 전까지는 Drawing1.dwg, Drawing2.dwg....의 형태로 임시 파일명이 부여된다.

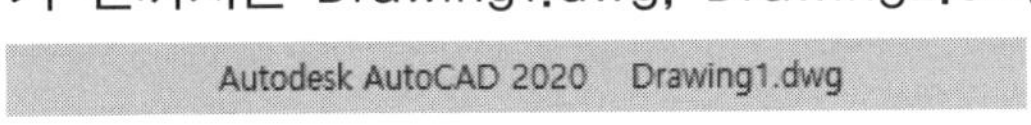

정보 센터(Info Center)

제목 표시줄 우측에 위치하여 정보검색 입력창과 관련 메뉴막대로 구성되어 있다. 키워드나 질문을 입력하면 관련 도움말을 볼 수 있다.

리본(Ribbon)

리본메뉴는 기본적으로 '홈(Home), 삽입(Insert), 주석(Annotate), 파라메트릭(Parametric), 뷰(View), 관리(Manage), 출력(Output), 애드인(Add-ins), 공동작업(Collaborate), 주요 응용프로그램(Featured Apps)' 탭으로 이루어져 있다. 각 탭에는 유사 관련 도구들이 기능별로 분류된 패널(Pannel)이 배열되어 있다. 다음에서 각 탭별로 구성된 패널들을 살펴 볼 수 있다.

① 홈(Home) 탭은 가장 많이 사용되는 중요한 도구들로 구성되어 있다. 도면을 그리고 수정하는 '그리기(Draw)' 도구들과 '수정(Modify)' 도구들을 비롯하여 '주석, 도면층, 블록' 등의 패널이 있다. 몇몇 패널들은 별도의 탭으로 분류되어 있지만 그 중 가장 많이 사용되는 도구들을 홈 탭에 배치한 것이다.

② 삽입(Insert) 탭은 현재 작업 도면에 특정 요소를 삽입할 때 사용하는 도구들로 구성되어 있다. 가장 대표적인 것이 '블록, 참조'와 같은 것들이다. 다른 형식의 파일을 불러오는 '가져오기' 도구도 배치되어 있다.

③ 주석(Annotate) 탭은 도면에 주석을 작성하는 도구들로 '문자, 치수, 지시선' 등의 패널들로 구성되어 있다.

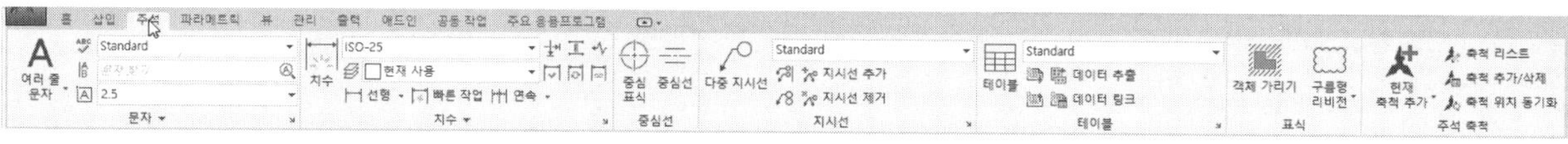

④ 파라메트릭(Parametric) 탭에서는 도면 요소 간의 매개변수를 통한 구속관계를 다루는 도구들로 구성되어 있다.

⑤ 뷰(View) 탭에서는 2차원 또는 3차원 도면의 보기와 프로그램 창에 관한 도구들로 구성된다.

⑥ 관리(Manage) 탭은 '동작 레코더, 사용자화, 응용프로그램' 등 도면관리 및 사용자화와 관련된 도구들로 구성되어 있다.

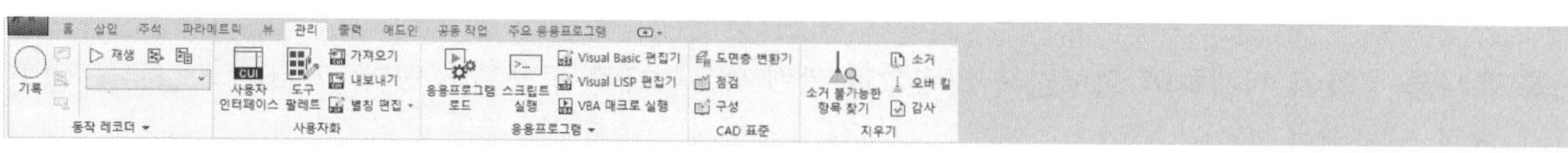

⑦ 출력(Output) 탭은 '플롯 및 내보내기'와 관련된 도구들로 구성되어 있다.

⑧ 애드인(Add-ins) 탭에는 AutoCAD 프로그램 자체에 내장된 기능들에 추가하여 향상된 기능들을 발휘할 수 있는 도구들로 구성된다. 'SKP 파일 가져오기' 도구를 통해 스케치업 모델을 바로 불러 올 수 있다.

⑨ 공동작업(Collaborate) 탭은 일종의 웹하드 개념으로 온라인을 통한 도면의 공유와 협업, 그리고 모바일 기기의 활용을 지원해주는 도구들로 구성되어 있다.

⑪ 주요 응용프로그램(Featured Apps) 탭에서는 모바일 기기에서 설치하여 사용할 수 있는 앱들이 링크되어 있어 AutoCAD작업과 연동하여 사용할 수 있는 도구들이다.

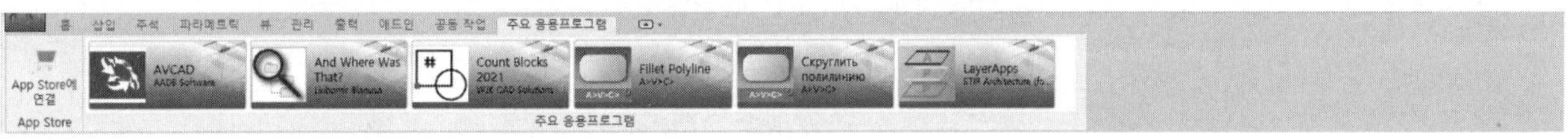

리본 메뉴 보기 옵션

리본 메뉴의 탭 이름 가장 우측에 위치한 삼각형 버튼은 리본 메뉴의 작업환경을 변화시켜 주는 기능을 가지고 있다. 버튼을 클릭할 때마다 작업환경이 순차적으로 변하게 된다.

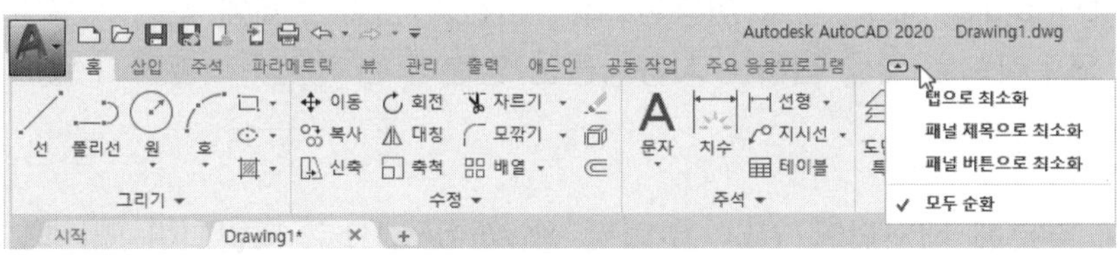

① 패널 버튼으로 최소화(Minimize to Pannel Buttons) : 패널 버튼으로 최소화되어 나타난다. 마우스를 최소화된 패널 버튼 위로 가져가면 포함된 도구들이 나타난다.

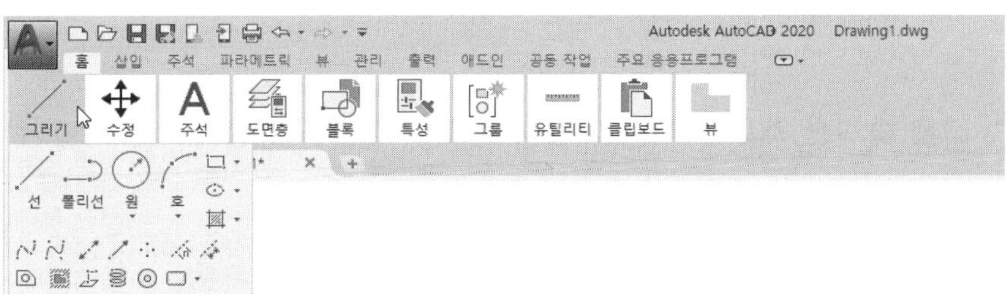

② 패널 제목으로 최소화(Minimize to Pannel Titles) : 패널 제목으로 최소화되어 나타난다. 마우스를 패널 제목 위로 가져가면 포함된 도구들이 나타난다.

③ 탭으로 최소화(Minimize to Tabs) : 탭 제목만 나타나게 최소화된다. 이 경우에는 탭 제목을 클릭하면 해당 탭의 전체 패널이 나타난다.

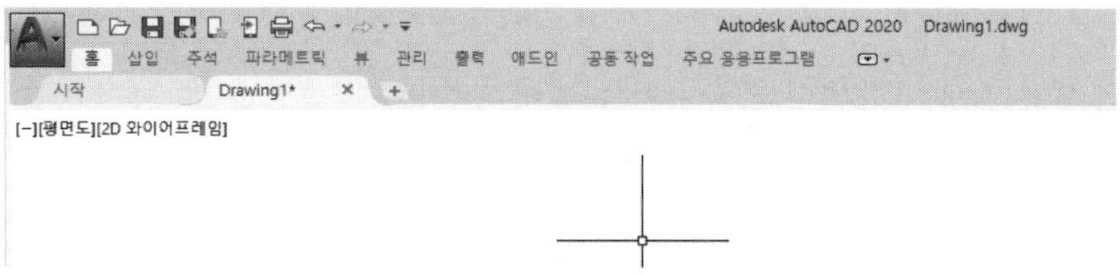

④ 홈 탭 제목으로 클릭하면 다음과 같이 홈 탭에 포함된 패널과 도구 전체가 나타난다.

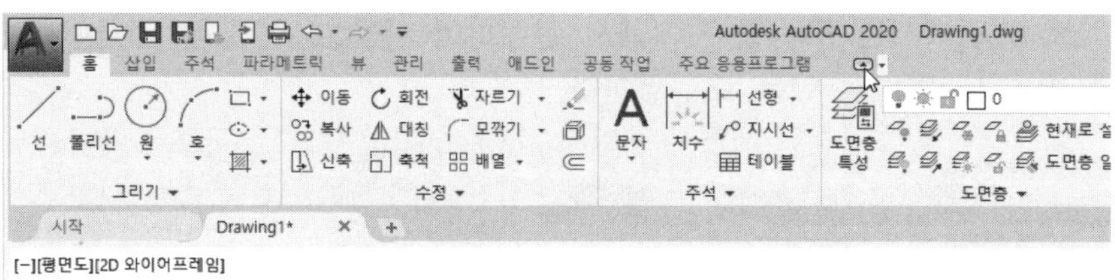

명령 윈도우(Command Window)

명령 윈도우는 전통적인 키보드를 이용한 명령어 입력방식에 익숙한 사용자들에게는 필수적인 인터페이스로 다루어지고 있으나, 동적 입력(Dynamic Input) 창을 이용한 최근 버전의 변화 추세에 맞춰 사용빈도를 줄이는 것이 바람직하다. 특히 오토캐드를 처음 접하는 사용자들은 명령어 윈도우에 의존하지 않고 작업하는 방법을 추천한다.

① 명령 윈도우는 화면의 가장 아래 부분에 배치되어 있다. 분리된 창(Window)으로 독립되어 있는데, 이러한 상태를 부동(Floating) 상태라고 한다. 일반적인 대화상자들처럼 작업 영역 화면 위에 떠 있는 상태라고 볼 수 있다.

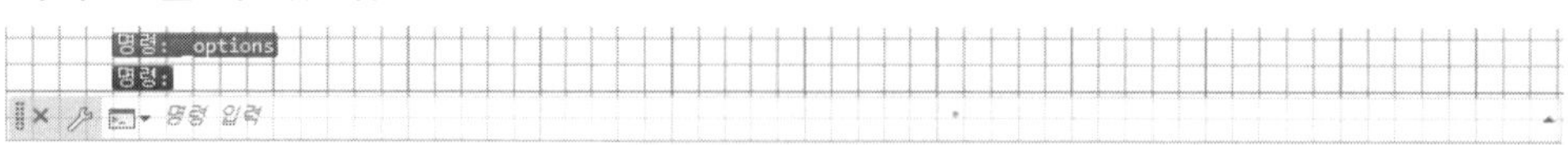

② 명령 윈도우 좌측 끝의 그립(Grip)을 클릭한 채로 움직이면 명령 윈도우 창을 자유롭게 이동시킬 수 있다.

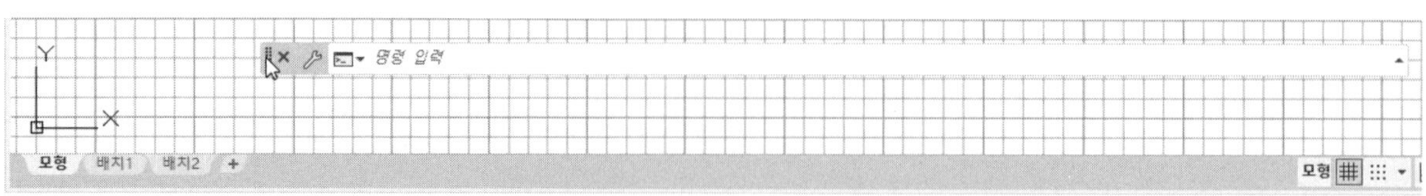

③ 명령어 윈도우를 하단의 상태막대까지 끌어 내리면 명령어 윈도우가 고정(Docking)된다.

④ 간혹 명령어 윈도우를 닫아버리는 경우가 있는데 명령어 윈도우의 표시/숨기기는 리본 메뉴의 '뷰 탭 → 팔레트 패널 → 명령행(Command Line) 도구'에서 조절할 수 있다. 또한 단축키 'Ctrl+9'를 이용해 조절할 수도 있다.

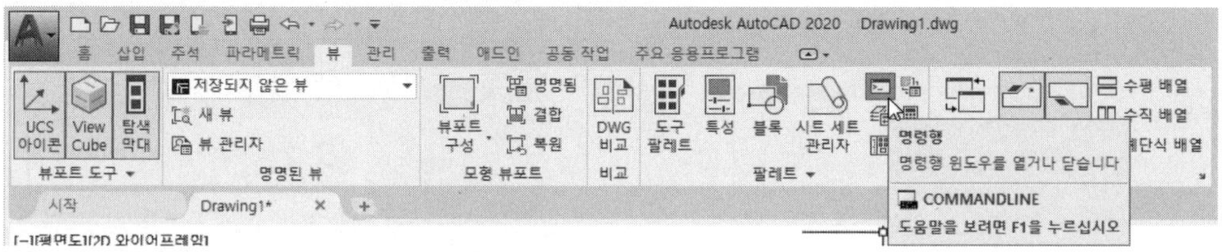

도면 상태막대(Status Line)

① 명령어 윈도우 좌측 하단에는 도면의 작업 공간을 표시 또는 변경하는 탭으로 구성되어 있다. 실제 도면 또는 모델을 작성하는 '모형' 탭과 출력에 사용되는 '배치' 탭들로 구성되어 있다. 초보자들의 경우 '배치' 탭을 클릭한 채로 페이퍼 공간(Paper Space)에 도면을 작성하는 실수를 조심해야 한다.

② 우측 부분이 도면의 상태막대들을 모아서 표시한 것으로 아이콘 표시만으로 매우 간소하게 표시되어 있다.

③ 가장 우측의 '사용자화' 도구를 클릭하면 상태막대에 표시 가능한 도구들의 목록이 모두 표시된다.

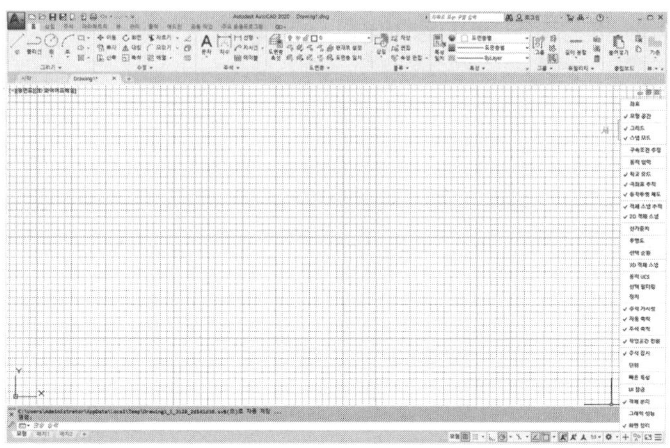

④ 예를 들어 가장 상단의 '좌표'를 활성화하면 다음과 같이 상태막대에 현재 마우스 위치의 좌표를 표시하게 된다.

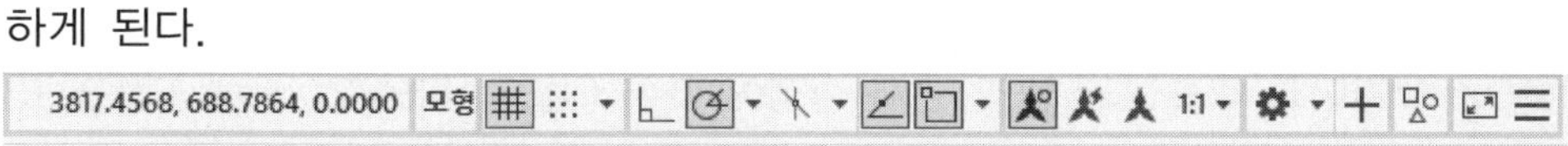

단위(Units)

AutoCAD에서는 사용자의 국가, 사용 분야 등 서로 다른 작업환경에 대한 지원성을 위해 다양한 형식의 길이 단위와 각도 단위 등을 지원한다. '응용프로그램 메뉴 → 도면 유틸리티 → 단위'를 실행하여 나타나는 [도면 단위] 대화상자에서 원하는 단위계로 바꿔줄 수 있다.

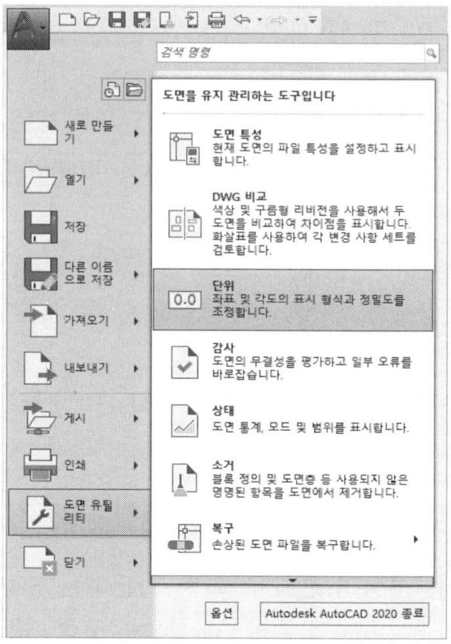

[도면 단위] 대화상자에서 길이, 각도, 삽입 축척, 조명 단위를 변경할 수 있다.

① 길이(Length) : 길이 단위에 관한 설정들을 변경한다. '건축, 공학, 과학, 분수, 십진'의 5가지 타입이 있는데, '십진(Decimal)' 단위계를 사용한다.

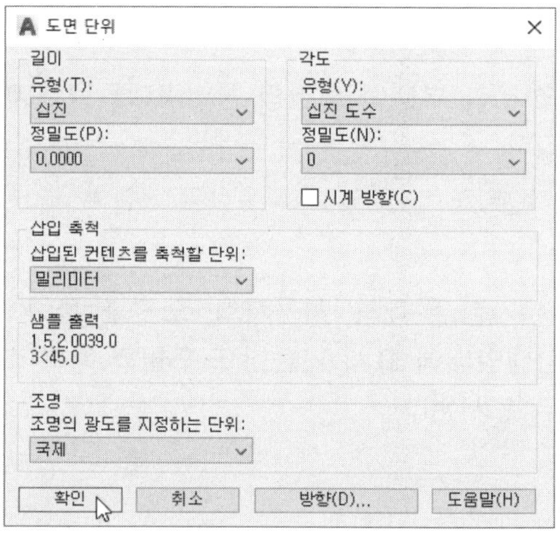

② 정밀도(Precision) : 단위에 대한 정밀도를 지정한다. 최대 소수점 8자리까지 표시할 수 있으나 건축 및 실내건축 분야에서는 '0'으로 지정하여도 무방하다.

③ 각도(Angle) : 각도 단위에 관한 설정들을 변경한다. 길이 단위처럼 측정 각도 단위를 지정할 수 있다. '그래드, 도/분/초, 라디안, 십진 도수, 측량사 단위'의 5가지 유형이 있으며, '십진 도수(Decimal Degrees)'가 일반적으로 사용된다.

④ 시계 방향(Clockwise) : 각도의 양(+) 방향을 변경할 수 있다. 체크를 켜지 않으면 기본 설정인 반시계 방향(CCW : Counter Clockwise)이 양(+) 방향으로 설정되며, 이 설정을 켜게 되면 시계 방향(Clockwise)이 양(+) 방향이 된다.

⑤ 삽입 축척(Insertion scale) : Design Center로부터 블록 삽입시에 사용되는 측정 단위를 조절한다. '밀리미터(Millimeters)'가 기본으로 설정되어 있다.

⑥ 샘플 출력(Sample Output) : 길이와 각도 시스템의 현재 설정에 따른 예를 나타낸다. 'x,y,z' 좌표 표기 방식과 '거리〈각도' 표기 방식으로 나타난다. 여기서 각도의 기준은 다음의 [방향 조정] 대화상자에서 지정한 바와 같이 '동(East)' 방향이 기준 '0'도가 된다.

⑦ 조명(Lighting) : 현재 도면의 포토메트릭 라이트 광도에 대한 측정 단위를 조정한다.

⑧ 방향(Direction) : [방향(D)...] 버튼을 실행하여 나타나는 [방향 조정(Direction Control)] 대화상자에서 기준 각도인 0도의 방향을 변경할 수 있다. 변경된 기준 각도는 각도 입력과 표시 형식에는 영향을 주지만 도면의 좌표에는 영향을 주지 않는다.

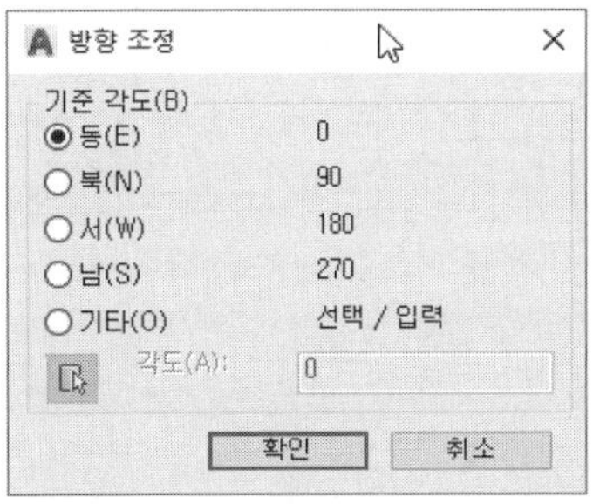

그리드(Grid)

① 도면 상태막대에서 '도면 그리드 표시' 버튼을 클릭

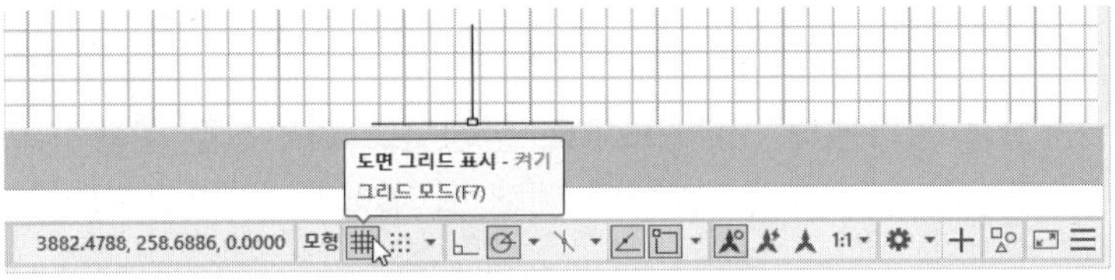

② 작업 화면의 그리드를 끄기(Off)한 결과는 다음과 같다. 키보드의 F7키를 반복해서 누르면 그리드 표시 끄기/켜기(On/Off)가 반복 실행된다. 이러한 방식을 '토글(Toggle)'이라고 한다. 건축 · 실내건축 도면 작업에서 그리드는 불필요하다. 항상 끄기(Off) 상태로 작업하도록 한다.

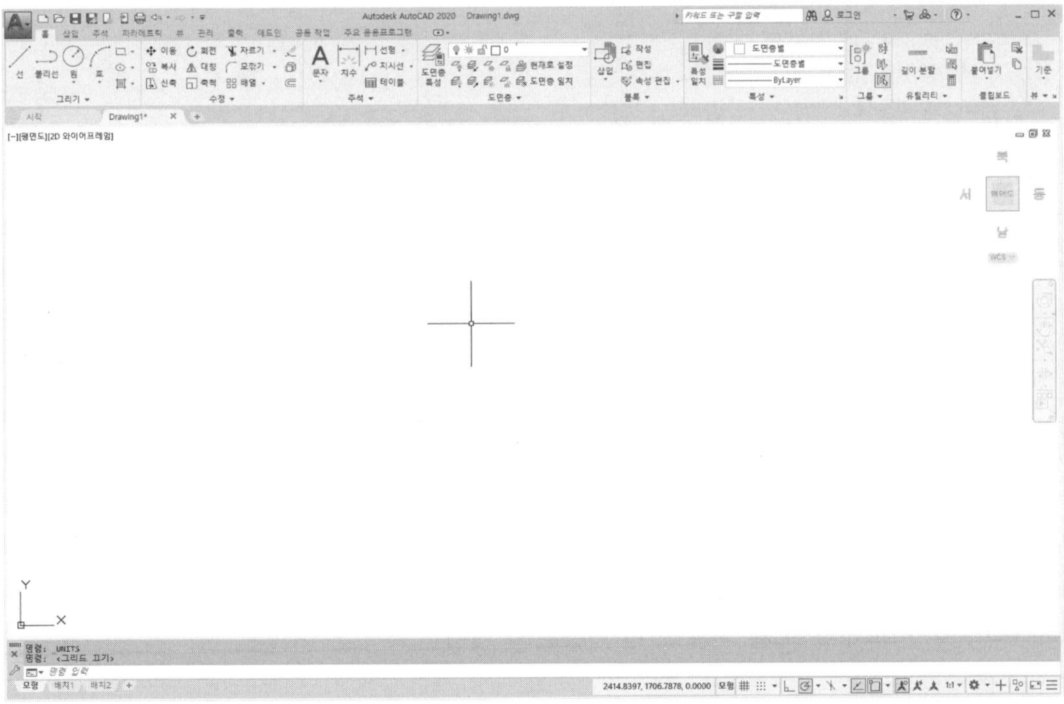

EXERCISE 1 정사각형 그리기

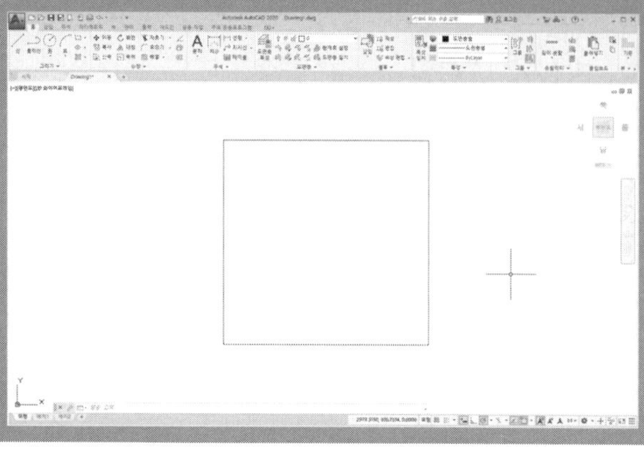

학습목표
- 선을 그릴 수 있다.
- 좌표를 이용하여 선을 그릴 수 있다.
- 한 변의 길이가 1000인 정사각형을 그릴 수 있다.

새로운 도구/기능
- 홈 탭 → 그리기 패널 → 선
- 명령어 행 : l ine Enter↵, l Enter↵ (소문자 L)

중요한 도구/기능
- 상태 막대 → 사용자화 → 동적 입력(F12)

#Line #Dynamic Input #F12 #Delete #x,y #@ #d<a

거리 입력으로 정사각형 그리기

'선(Line)' 도구를 이용하여 직선을 작성하는 방법을 알아본다. 먼저 도구를 실행하고 마우스를 이용하여 선이 그려지는 방향을 지정한 다음 거리 값을 입력하여 완성하는 방법에 대해 살펴본다. 한 변의 길이가 1,000인 정사각형을 작성한다.

① '홈 탭 → 그리기 패널 → 선' 도구 실행

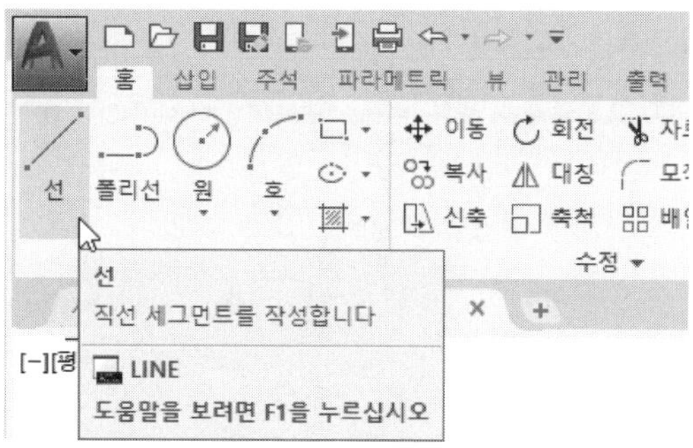

② 마우스를 도면 영역으로 가져가면 다음과 같이 동적 입력창이 나타난다.

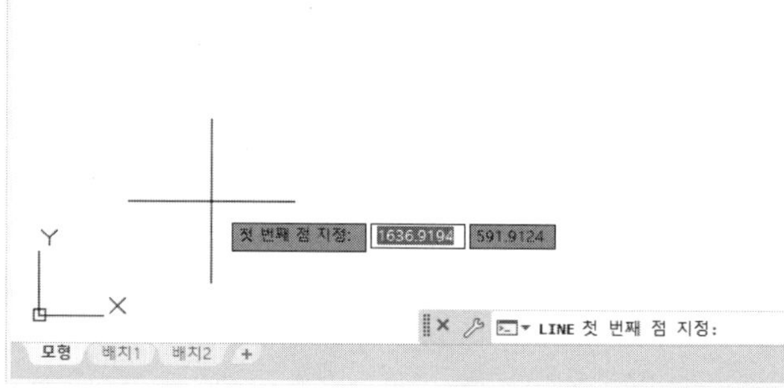

동적 입력창(Dynamic Input)은 도면 상태막대(Status Line)에서 켜기/끄기(On/Off)를 조절할 수 있다. 상태막대의 기본화면에는 나타나지 않고 '사용자화'를 통해 활성화시키면 버튼이 나타나며, 이 버튼을 토글하여 조절(On/Off)할 수 있다. 또한 키보드에서 F12 키를 눌러서 조절할 수도 있다. 동적 입력 상태 버튼이 기본화면에 나타나지 않는다는 것은 F12 키를 외워서 사용하라는 의미가 아니다. 이는 동적 입력 방식을 통한 도면작성이 오토캐드에서는 가장 기본적인 작업방식으로 자리잡았기 때문에 동적 입력 여부 자체를 조절할 필요가 없다는 의도를 가지고 있다.

③ 마우스 왼쪽 버튼을 클릭하여 시작점을 지정하고 마우스를 오른쪽으로 드래그하면 다음과 같이 자동으로 수평선이 유지된다.

④ 이때 키보드를 이용해 '1000'을 입력하면 마우스는 움직이지 않고 고정된 채로 입력된 값이 나타난다.

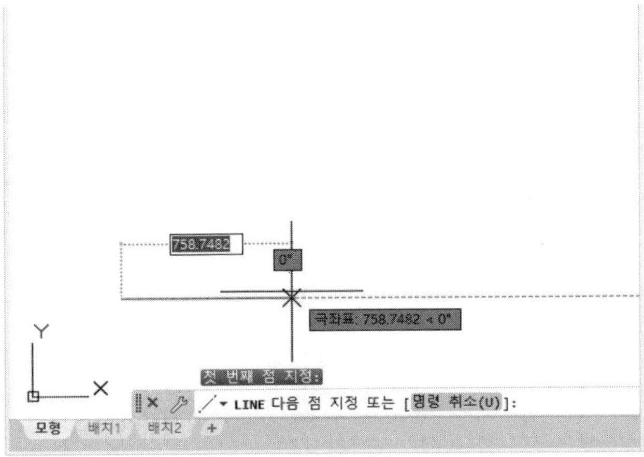

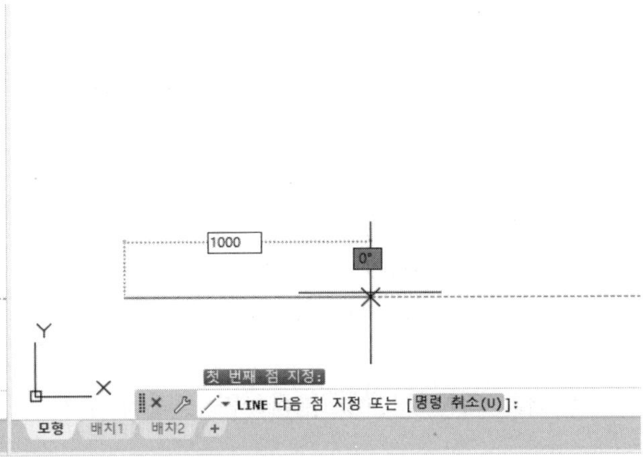

⑤ Enter↵를 누르면 다음과 같이 수평선이 작성되어 나타나고 직선의 끝점이 다시 다른 직선의 시작점이 되어 연속해서 직선을 작성할 수 있다.

⑥ 수직방향으로 '1000' 길이의 직선을 작성한다.
⑦ 왼쪽 방향으로 수평선을 작성한다.
⑧ 처음 시작한 위치에 마우스를 가져가면 다음과 같이 녹색 사각형이 나타나며 자동으로 끝점의 위치를 일치시켜 준다. 마우스 왼쪽 버튼을 클릭하여 마지막 선을 작성한다.

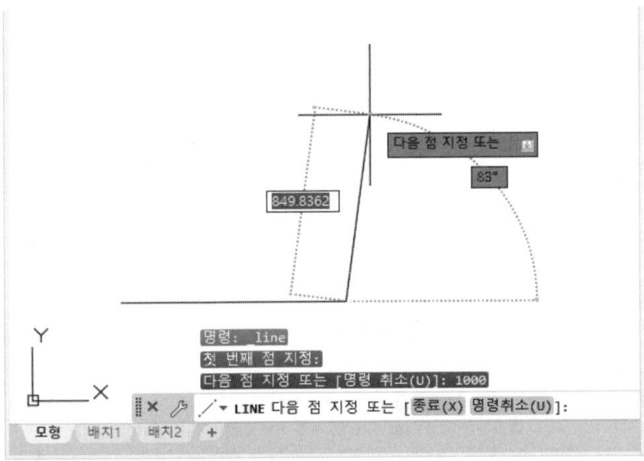

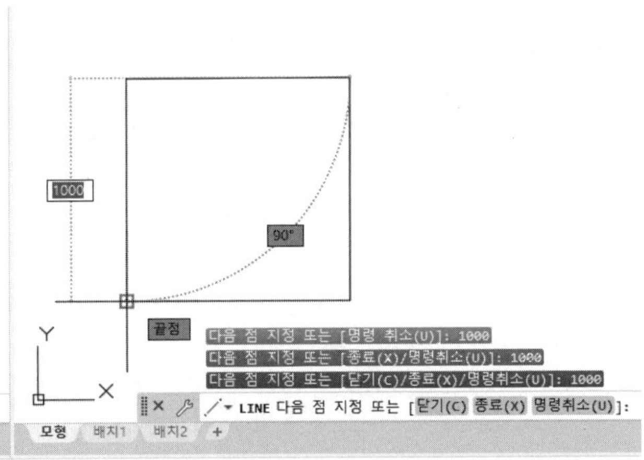

⑨ Enter↵를 누르면 선 그리기가 종료되고 오른쪽과 같이 정사각형이 완성된 결과가 나타난다.

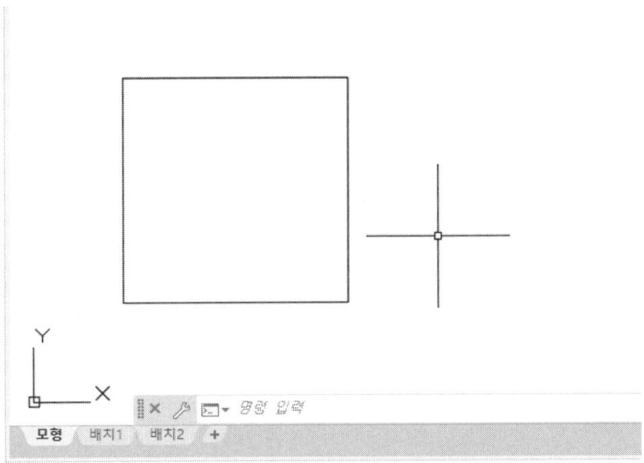

객체 삭제하기

다른 방법으로 선을 그리기 전에 먼저 앞서 작성한 직선들을 삭제한다. 객체를 삭제하는 방법도 다양하지만 가장 일반적으로 사용할 수 있는 Delete 키를 이용한 삭제방법에 대해 살펴본다. Delete 키를 이용한 삭제 시에는 삭제할 객체를 먼저 선택한다.

① 마우스를 직선 위에 가져가면 해당 직선의 주변에 음영이 생기면서 강조효과가 나타난다. 이때 직선을 클릭하면 직선 주변에 파란색 그라데이션이 강조되어 표시되고, 양 끝과 가운데 파란색 사각형 점(Grip)이 나타난다.

② 계속해서 다른 직선을 클릭하면 선택에 추가된다.

③ Delete키를 누르면 선택된 직선이 모두 삭제된다.

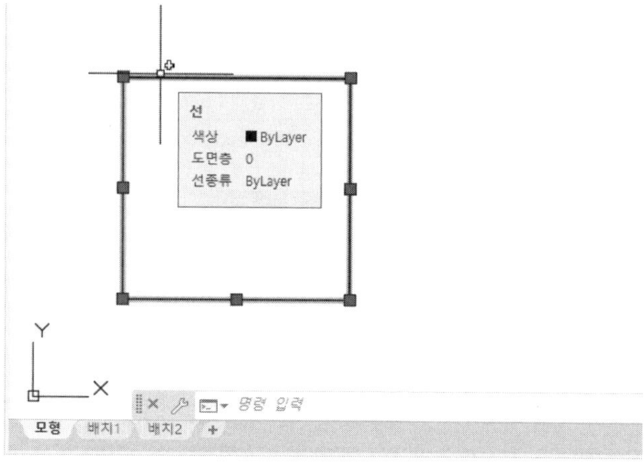

XY 좌표로 정사각형 그리기

XY좌표계를 이용하여 동일한 크기의 정사각형을 작성한다. 좌표 표기 방법은 ‘x,y’로, 원래는 z의 값도 존재하지만 z값이 ‘0’인 경우 생략할 수 있다.

① ‘홈 탭 → 그리기 패널 → 선’ 도구 실행

② 마우스를 이용해 임의의 점을 첫 번째 점으로 지정한다.

③ 키보드에서 ‘1000,0’을 입력한다. 즉 X축의 방향으로 1000만큼 이동한 점을 의미한다.

④ Enter↵를 누르면 수평선이 완성된다.

⑤ 계속해서 같은 길이의 수직선을 작성하기 위해 ‘0,1000’을 입력하고 Enter↵를 누른다.

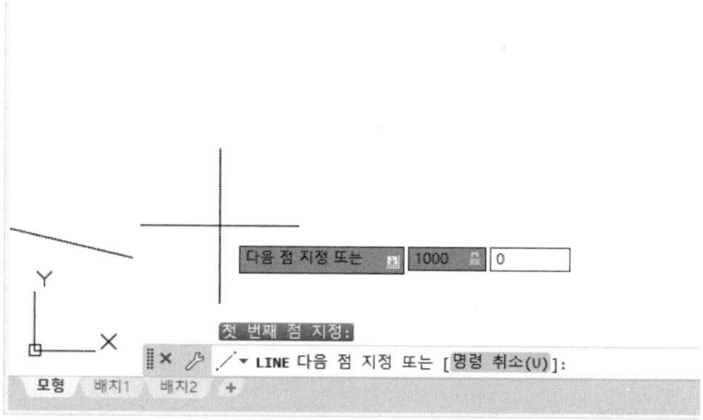

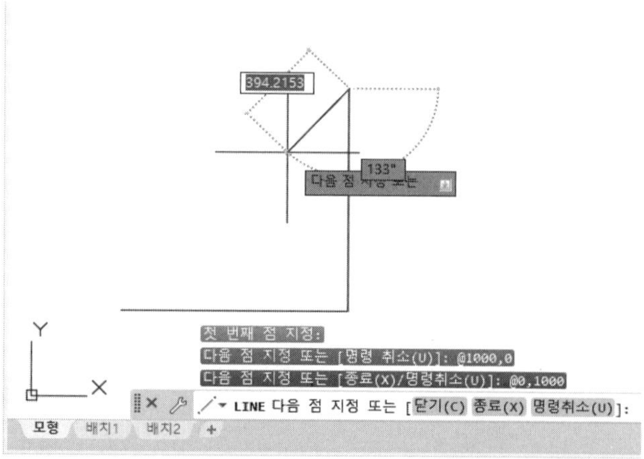

⑥ 왼쪽으로 수평선을 작성한다. '-1000,0'을 입력하고 Enter↵를 누른다. 즉 X축의 음(-) 방향이므로 '-1000'이 된다.

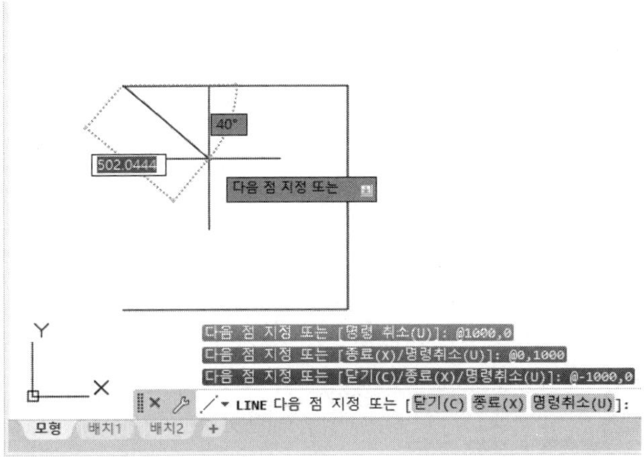

⑦ 마지막으로 '0,-1000'을 입력하고 Enter↵를 누른다. Y축의 음(-) 방향이므로 y값에 '-1000'을 입력한 것이다.

⑧ Enter↵를 다시 눌러 Line 명령을 종료한다.

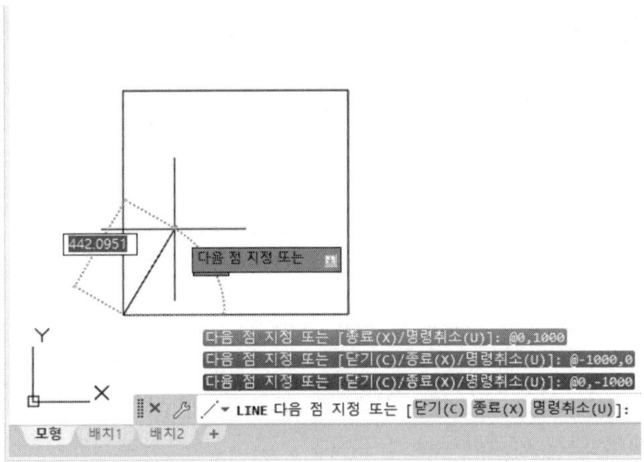

거리와 각도로 정사각형 그리기

이번에는 극좌표계를 이용해 동일한 크기의 정사각형을 작성한다. 좌표 표기 방법은 '거리<각도'이다. 3차원에서는 좀더 복잡한 내용이지만 2차원 표기 방법만 살펴보도록 한다. 이번에는 앞서 작성한 정사각형의 우측에 추가로 정사각형을 작성하도록 한다.

① '홈 탭 → 그리기 패널 → 선' 도구 실행

② 마우스를 이용해 임의의 점을 첫 번째 점으로 지정한다.

③ 키보드를 이용해 '1000<0'을 입력한다. 즉 '1000' 길이의 직선을 '0'도 방향으로 작성한다는 의미이다.

④ Enter↵를 누르면 완성된 수평선이 나타난다.

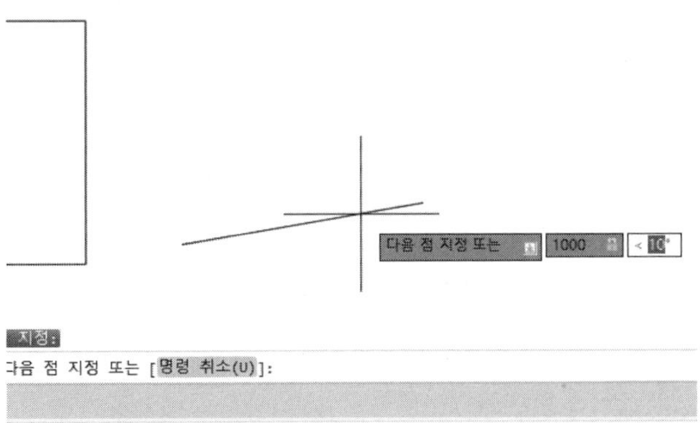

⑤ 같은 길이의 수직선을 작성하기 위해 '1000<90'을 입력하고 [Enter↵]를 누른다.

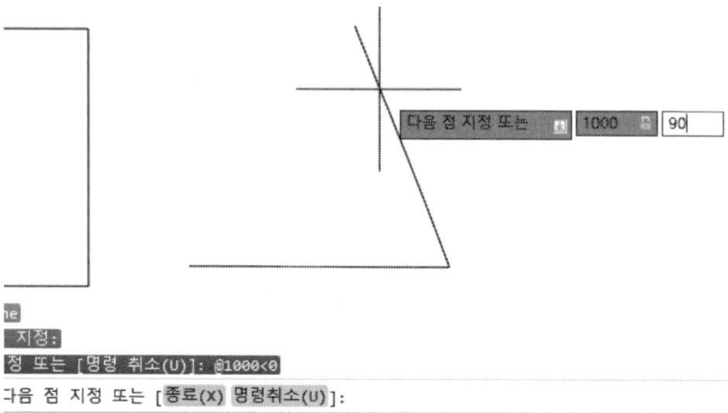

⑥ 왼쪽으로 수평선을 작성한다. '1000<180'을 입력하고 [Enter↵]를 누른다.

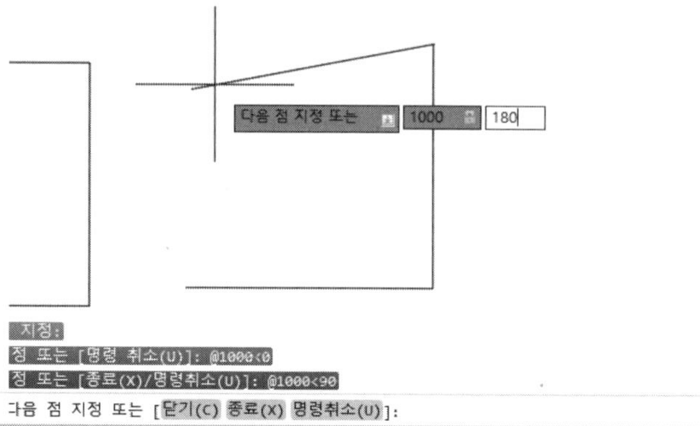

⑦ 마지막으로 '1000<270' 또는 '1000<-90'을 입력하여 작성해도 되지만, 이번에는 'c'를 입력하고 [Enter↵]를 누른다.
정사각형이 완성되고 Line 명령도 자동으로 종료된다.

여기서 'c'를 입력한 것은 Line 명령의 옵션인 '닫기(C)'를 실행한 것이다. 이러한 옵션은 명령 윈도우에서 확인할 수 있다.

```
다음 점 지정 또는 [명령 취소(U)]: @1000<0
다음 점 지정 또는 [종료(X)/명령취소(U)]: @1000<90
다음 점 지정 또는 [닫기(C)/종료(X)/명령취소(U)]: @1000<180
LINE 다음 점 지정 또는 [닫기(C) 종료(X) 명령취소(U)]:
```

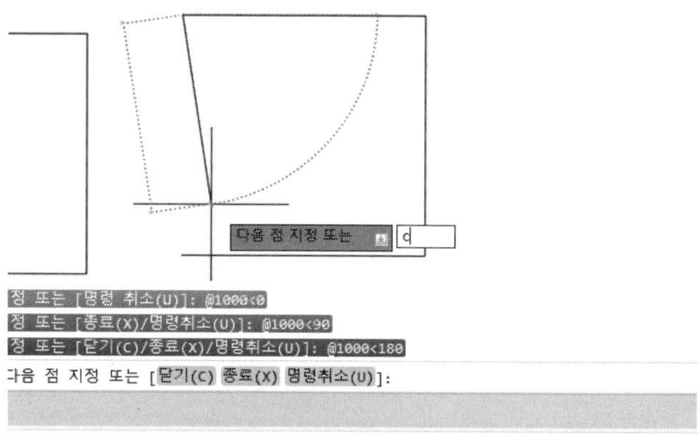

절대좌표와 상대좌표

좌표 입력에서 가장 중요한 원리는 절대좌표와 상대좌표의 개념이다. 절대좌표는 기준이 원점(0,0)이 되는 것이며, 상대좌표는 직전의 좌표 위치가 기준이 된다. 동적 입력창을 이용하여 좌표 입력시 기본적으로 상대좌표가 설정되어 있다. 하지만 동적 입력창이 비활성화된 경우에 앞서 작업처럼 좌표를 입력하면 전혀 다른 결과가 나타나게 된다. 이때 좌표 앞에 항상 '@'를 입력하여야 한다. '@'가 바로 상대좌표를 나타내는 기호이며, 바로 직전의 상대원점을 의미하고 있다. 길이가 1000인 정사각형을 그린다고 가정하였을 때, 절대좌표와 상대좌표의 입력은 다음과 같다.

```
명령: _line
첫 번째 점 지정: 1000,1000
다음 점 지정 또는 [명령 취소(U)]: 2000,1000
다음 점 지정 또는 [명령 취소(U)]: 2000,2000
다음 점 지정 또는 [닫기(C)/명령 취소(U)]: 1000,2000
다음 점 지정 또는 [닫기(C)/명령 취소(U)]: 1000,1000
다음 점 지정 또는 [닫기(C)/명령 취소(U)]:
```

〈절대좌표 입력 예시〉

```
명령: _line
첫 번째 점 지정:
다음 점 지정 또는 [명령 취소(U)]: @1000,0
다음 점 지정 또는 [명령 취소(U)]: @0,1000
다음 점 지정 또는 [닫기(C)/명령 취소(U)]: @-1000,0
다음 점 지정 또는 [닫기(C)/명령 취소(U)]: @0,-1000
다음 점 지정 또는 [닫기(C)/명령 취소(U)]:
```

〈상대좌표 입력 예시〉

EXERCISE 2 정삼각형 그리기

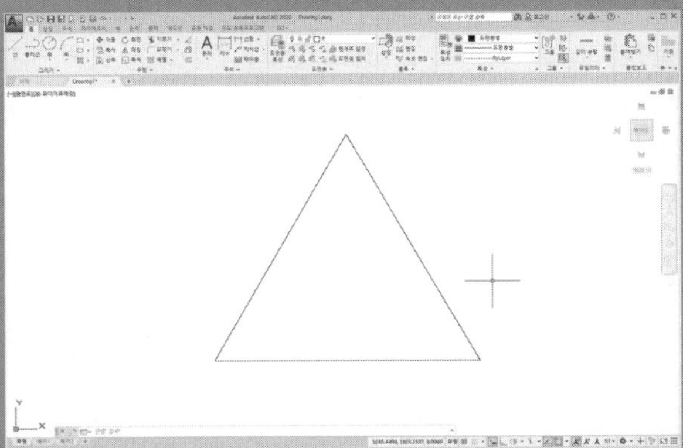

학습목표
- 선을 이용하여 정삼각형을 그릴 수 있다.
- 한 변의 길이가 1000인 정삼각형을 그릴 수 있다.

새로운 도구/기능
- 홈 탭 → 그리기 패널 → 선
- 명령어 행 : line Enter↵, l Enter↵ (소문자 L)

중요한 도구/기능
- 윈도우/걸침 윈도우(Window/Crossing Window)
- 화면 확대/축소, 화면이동

#Line #Window #Crossing Window #Zoom #Pan #Navigation Bar

정삼각형 그리기

거리와 각도를 이용하여 정삼각형을 작성하도록 한다. 참고로 XY좌표계를 이용해서는 정삼각형을 작성할 수 없다.

① '홈 탭 → 그리기 패널 → 선' 도구 실행

② 마우스를 이용해 임의의 점을 첫 번째 점으로 지정한다.

③ 키보드를 이용해 '1000<0'을 입력한다.

④ Enter↵를 누르면 완성된 수평선이 나타난다.

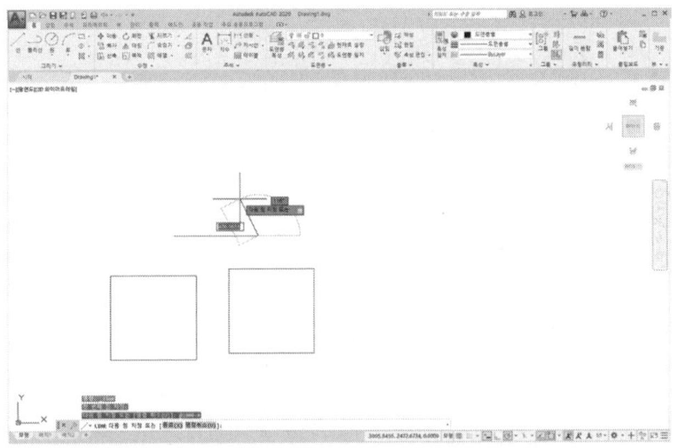

⑤ '1000<120'을 입력하고 Enter↵를 누른다.

⑥ '1000<240'을 입력하고 Enter↵를 누른다.('1000<-120'도 가능하다.)

⑦ Enter↵를 눌러 Line 명령을 종료한다.

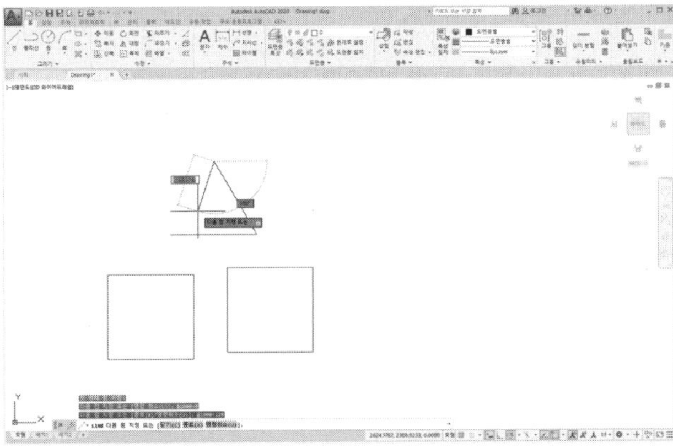

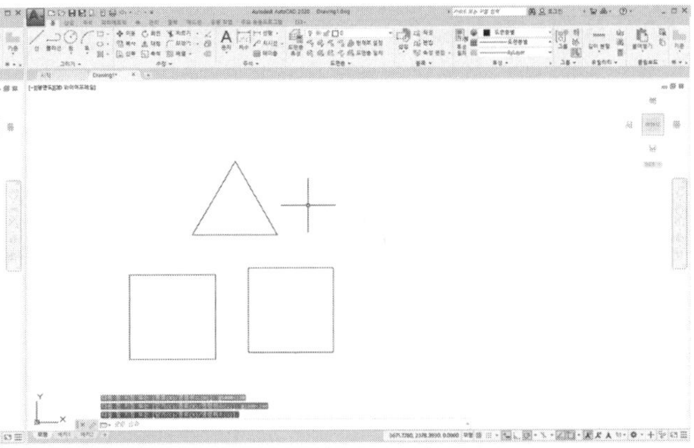

여러 객체 동시에 선택하기

지금까지 작성한 객체들을 삭제하기 위해 한꺼번에 여러 개의 객체들을 선택하는 방법에 대해 알아보도록 한다. 가장 기초적인 방법으로 윈도우(Window)와 걸침(Crossing)이 있다. 화면의 빈 곳을 선택하여 마우스를 드래그하면 직사각형 영역이 생기는데, 이 영역에 포함되는가와 걸치는가의 차이를 이용하는 것이다.

① 윈도우(Window)는 왼쪽에서 오른쪽으로 드래그할 때 생기는 영역으로 포함객체만 선택한다.

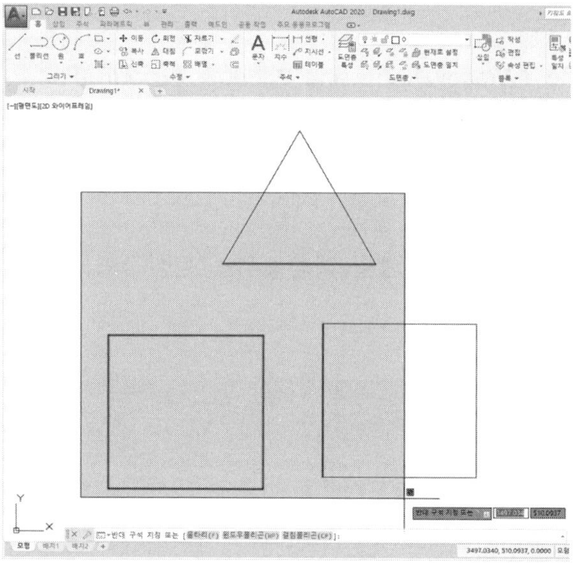

② 좌측과 같이 드래그하여 선택한 결과 완전히 포함된 객체들만 선택된 것을 확인할 수 있다.

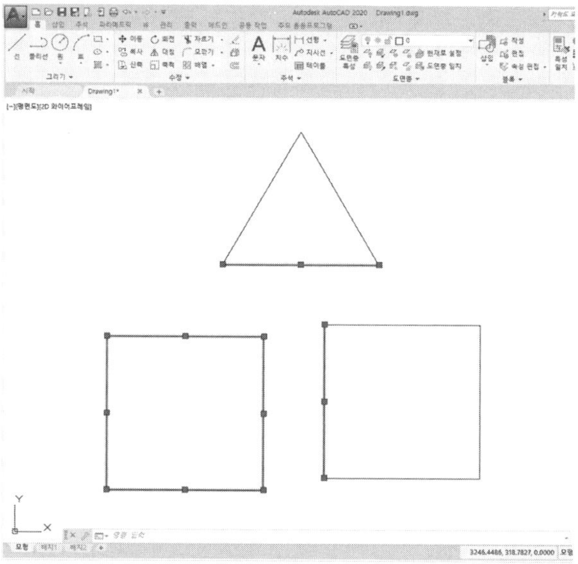

③ Esc를 누르면 선택이 해제된다.

④ 걸침(Crossing)은 오른쪽에서 왼쪽으로 드래그할 때 생기는 영역으로 걸침객체도 모두 선택한다.

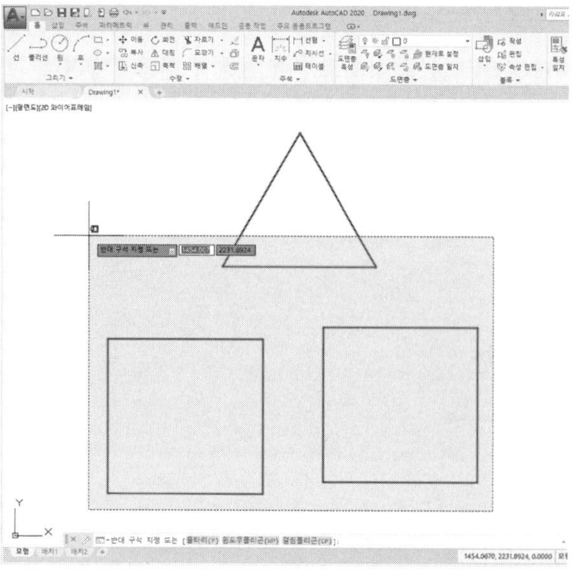

⑤ 좌측과 같이 드래그하여 선택한 결과 완전히 포함된 객체를 비롯하여 선택영역에 걸쳐 있는 객체도 선택된 것을 확인할 수 있다.

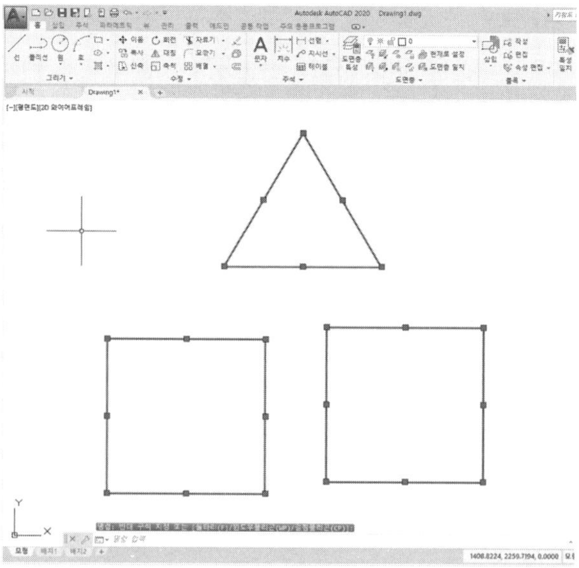

⑥ Delete를 누르면 선택된 객체가 모두 삭제된다.

첫 번째 점 지정

지금까지는 선 도구를 실행하고 첫 번째 점 지정에서 임의의 점을 마우스를 이용하여 지정하였다. 이번에는 좌표를 이용하여 첫 번째 점을 지정하는 방법에 대해 살펴보도록 한다. 결론적으로 동적 입력창이 활성화된 상태에서 첫 번째 점 지정은 절대좌표 입력이 기본이고, 그 다음 점부터는 상대좌표가 기본이 된다. 따라서 첫 번째 점에서 상대좌표를 사용하고자 할 때는 반드시 '@'를 먼저 입력한 다음 좌표를 입력하여야 한다.

① 도면 상태막대의 사용자화에서 '좌표'를 활성화한다. 현재 마우스 위치의 좌표가 표시된다. 또한 동적 입력창도 활성화되어 있어야 한다.

② '홈 탭 → 그리기 패널 → 선' 도구 실행

③ '첫 번째 점 지정:'에서 '1000,1000'을 입력하고 Enter↵를 누른다.

마우스를 움직여 현재 좌표의 위치를 확인해보면 첫 번째 점이 절대좌표상의 '1000,1000' 위치에 지정된 것을 확인할 수 있다.

⑤ 다음 점은 '1000,0'을 입력하고 Enter↵를 누른다.

작성된 결과는 상대좌표가 적용된 것을 확인할 수 있다. 동적 입력창이 활성화되어 있기 때문에 '@'를 입력하지 않아도 자동으로 입력된다.

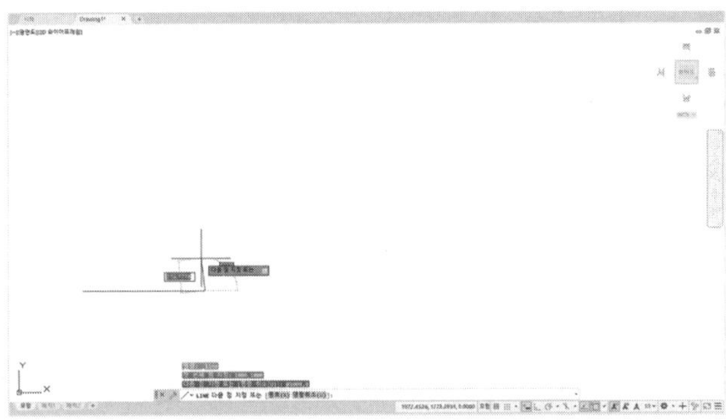

⑥ 다음 점은 '0,1000'을 입력하고 Enter↵를 누른다.

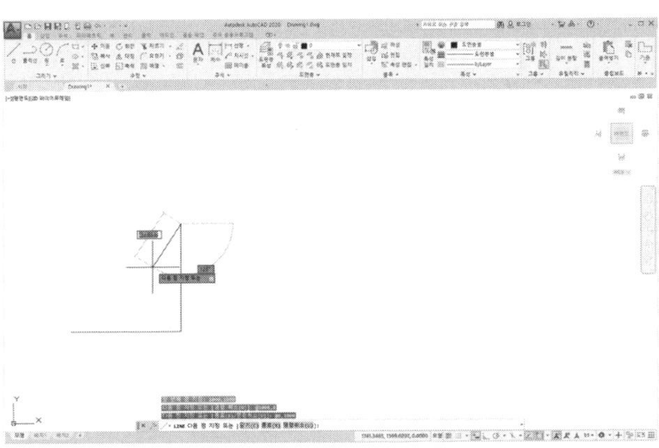

⑦ 다음 점은 '-1000,0'을 입력하고 Enter↵를 누른다.

⑧ 마지막으로 '0,-1000'을 입력하고 Enter↵를 누른 다음 다시 Enter↵를 눌러 명령을 종료한다.

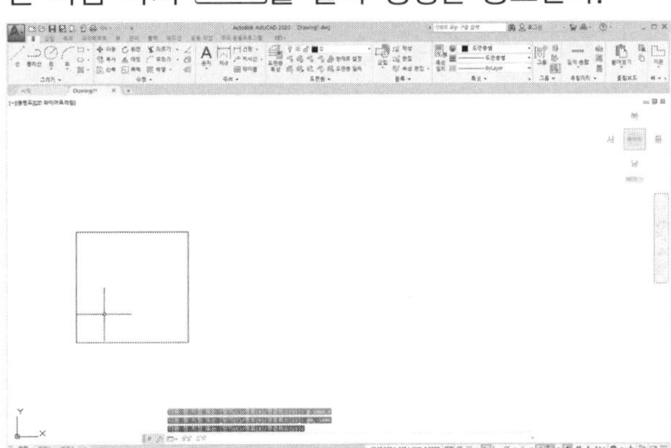

계속해서 앞서 작성한 정사각형의 오른쪽으로 400만큼 떨어진 위치에 정사각형을 하나 더 그린다고 가정하였을 때 정확한 첫 번째 점을 지정하는 방법은 다음과 같다.

⑨ '홈 탭 → 그리기 패널 → 선' 도구 실행

⑩ '첫 번째 점 지정:'에서 '@1400,0'을 입력하고 Enter↵를 누른다.

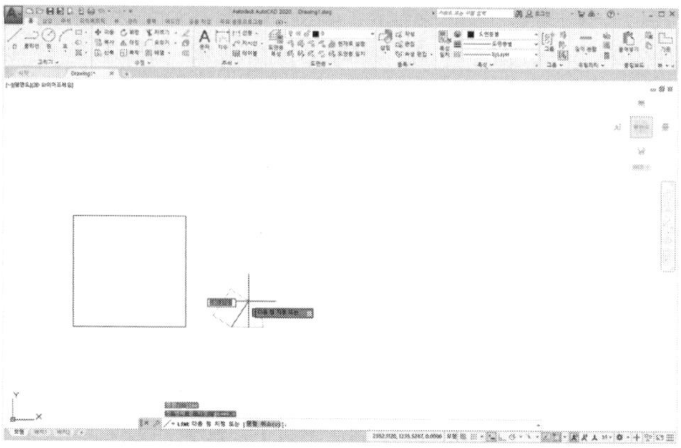

지정된 점은 앞서 작성한 정사각형의 마지막 점으로부터 X축의 양 방향으로 1400만큼 떨어진 점이 된다. 마우스를 움직여 대략적인 좌표를 살펴보면 '2400,1000'의 위치에 지정된 것을 확인할 수 있다.

⑪ '1000,0'을 입력하고 Enter↵

⑫ '0,1000'을 입력하고 Enter↵

⑬ '–1000,0'을 입력하고 Enter↵

⑭ '0,–1000'을 입력하고 Enter↵

⑮ 마지막으로 Enter↵를 눌러 명령 종료

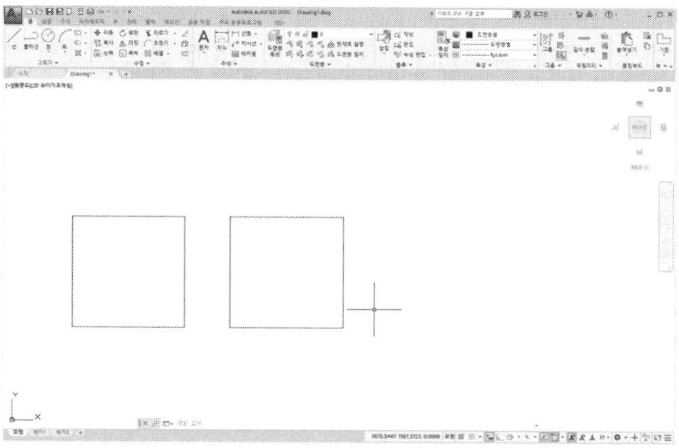

마우스 방향에 따른 각도 입력

두 번째 정사각형에 400 떨어진 위치에 정삼각형을 작성하고자 한다. 동적 입력창이 활성화된 상태에서 각도의 '+' 또는 '–' 방향은 시계반대 방향이 '+' 방향이 아니라 마우스가 위치한 방향이 '+'방향이 된다.

① '홈 탭 → 그리기 패널 → 선' 도구 실행

② '첫 번째 점 지정:'에서 '@1400,0'을 입력하고 Enter↵를 누른다.

③ '1000'을 입력하고 'Tab 키'를 누르면 각도 입력창으로 입력 커서가 넘어간다.

④ 각도 입력창에 '0'을 입력하고 Enter↵를 누른다.

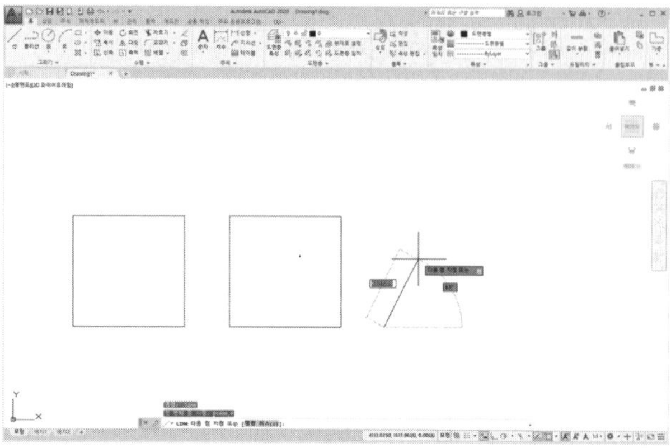

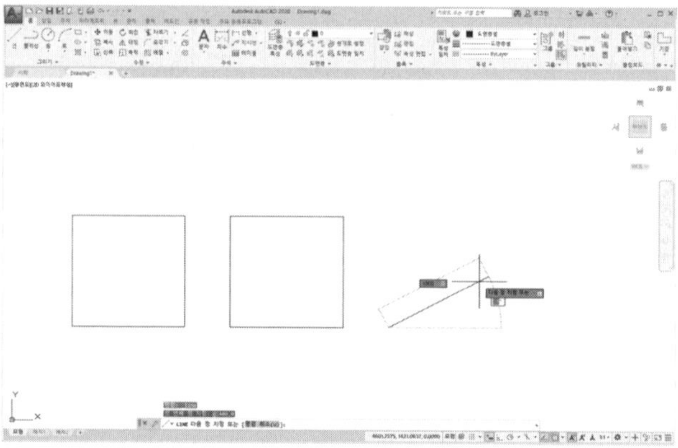

⑤ 다음 점 입력에서 '1000'을 입력한 다음 'Tab 키'를 누른다.

마우스를 이동하여 대략적으로 작성되는 모습을 만들어 보면 입력하려는 각도에 근접하게 된다.

⑥ 각도 입력창에 '120'을 입력하고 Enter↵를 누른다.

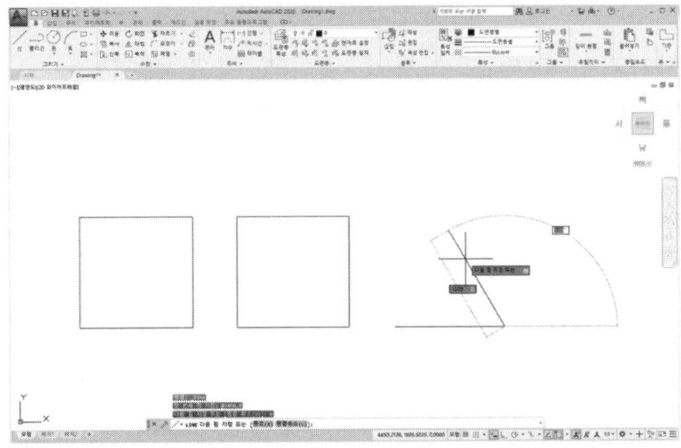

⑦ 마지막으로 다음 점 입력에서 '1000'을 입력한 다음 'Tab 키'를 누른다.

마우스를 이동하여 대략적으로 작성되는 모습을 만들어 보면 입력하려는 각도가 240도에 가까운 값이 아닌 120에 가까운 값이 나타난다.

⑧ 각도 입력창에 '120'을 입력하고 Enter↵를 누른다.

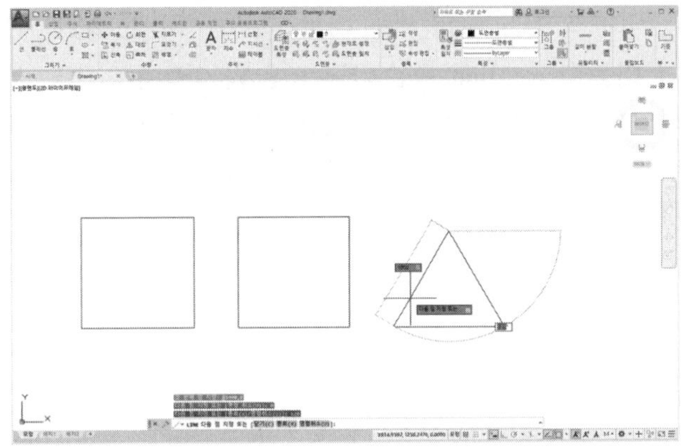

만약 마지막 각도 입력에서 '120'이 아닌 '–120' 또는 '240'을 입력하게 되면 오른쪽과 같이 반대방향으로 직선이 생성된다. 동적 입력창이 활성화된 경우 시계반대 방향이 '+' 방향이 아니라 마우스가 위치한 방향이 '+' 방향이 됨에 유의하여야 한다.

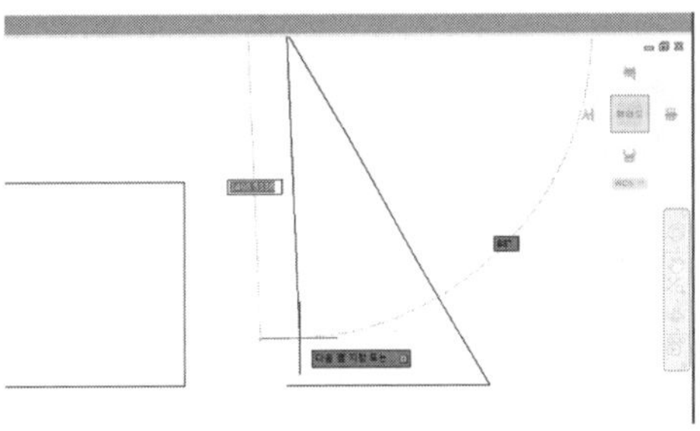

마우스 컨트롤을 통한 화면 조정

도면작업을 위해서는 작성된 객체들을 확대 또는 축소해서 작업하여야 한다. 다양한 방법들이 있지만 가장 많이 사용되는 방법으로 마우스 휠을 이용해 간단하게 조정할 수 있다.

① 마우스 휠을 당기면 도면이 축소된다. 이때 마우스 커서의 위치에 따라 도면이 축소되는 기준이 달라진다. 마우스 커서의 위치를 여러 군데 변경하면서 비교해 보도록 한다.

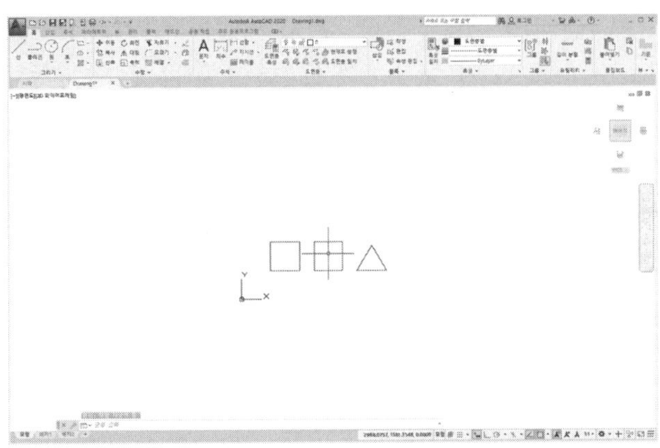

② 마우스 휠을 밀면 도면이 확대된다. 축소와 마찬가지로 마우스 커서의 위치에 따라 확대되는 기준이 달라지게 된다. 여러 위치에서 확대/반복을 적용시켜 보면서 비교해 보아야 한다.

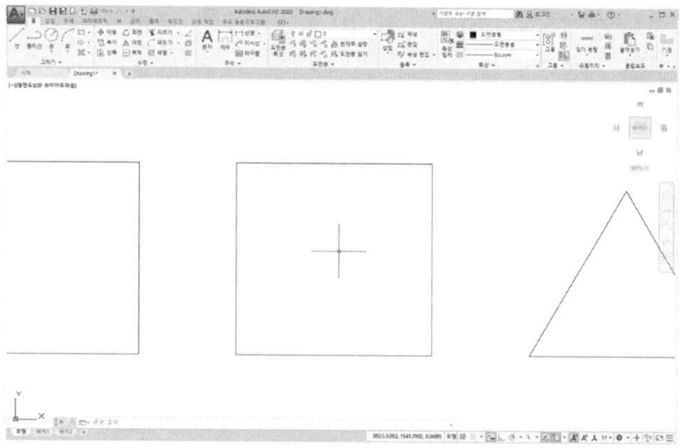

③ 마우스 휠을 누른 채로 마우스를 움직이면 화면이 이동한다. 이때 ✋손바닥 모양의 아이콘이 나타나게 되는데, 적용되는 기능이 화면이동(Pan)이며 이러한 작업과정을 패닝(Panning)이라고 한다.

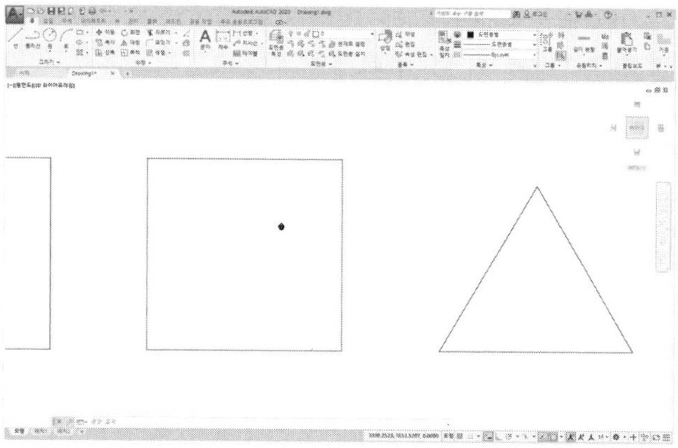

④ 마우스 휠을 더블 클릭하면 도면에 작성된 모든 요소들이 꽉차게 나타난다. '줌(Zoom)' 명령 옵션 중에서 '전체(Extents)'

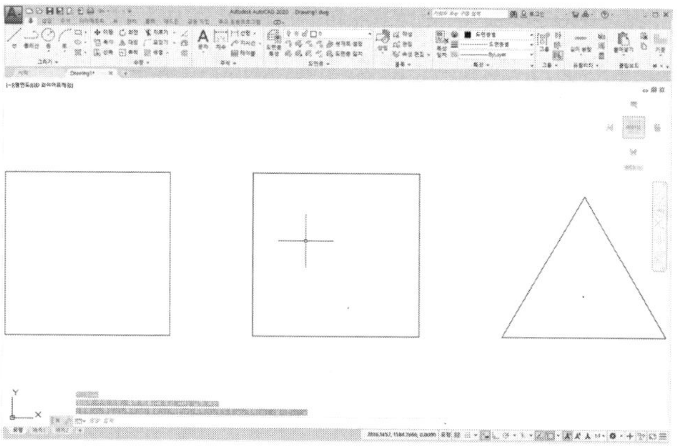

탐색 막대를 이용한 화면 조정

도면 영역의 우측 끝에 위치한 탐색 막대(Navigation Bar)에서도 도면 확대 · 축소, 화면 이동 등의 명령을 실행할 수 있다. 마우스 휠을 이용한 화면 조정보다 훨씬 많은 기능을 제공하고 있으며, 줌 명령과 관련된 모든 선택사항(Option)을 지원하고 있다.

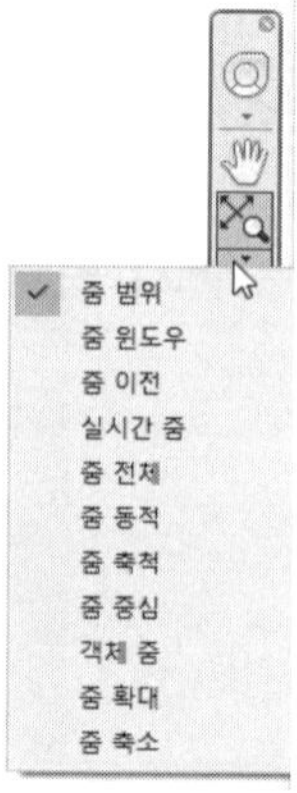

EXERCISE 3 이등변삼각형 그리기

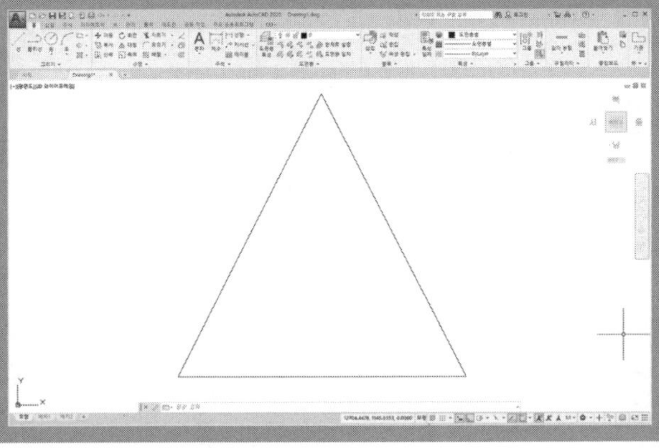

학습목표

- 도형의 특성에 따라 필요한 좌표입력 방식을 이해한다.
- 선을 이용하여 이등변삼각형을 그릴 수 있다.
- 밑변의 길이 1000, 높이가 1000인 이등변삼각형을 그릴 수 있다.

새로운 도구/기능

- 홈 탭 → 그리기 패널 → 선
- 명령어 행 : line Enter↵, l Enter↵ (소문자 L)

중요한 도구/기능

- 극좌표입력 / XY 좌표입력

#Line #Window #Crossing Window #Delete #x,y

이등변삼각형 그리기

앞서 작성한 정삼각형에서 400만큼 떨어진 위치에 밑면의 길이가 1000이고 삼각형의 높이가 1000인 이등변삼각형을 작성하고자 한다. 이등변삼각형의 경우 밑면과 높이의 값은 알지만 기울어진 사선 모서리의 길이는 대부분 알 수 없기 때문에 극좌표를 이용해 그리기는 불가능하다. 따라서 X,Y좌표 입력방식을 이용해 작성하여야 한다.

① '홈 탭 → 그리기 패널 → 선' 도구 실행

② '첫 번째 점 지정:'에서 '@1400,0'을 입력하고 Enter↵를 누른다.

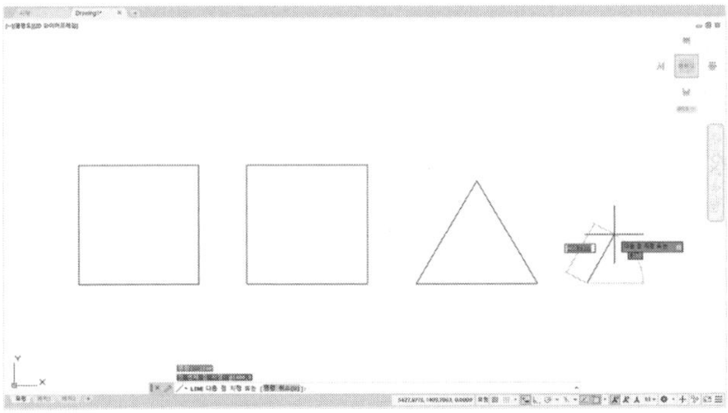

③ '1000'을 입력하고 'Tab 키'를 누르면 각도 입력창으로 입력 커서가 넘어간다.

④ 각도 입력창에 '0'을 입력하고 Enter↵를 누른다.

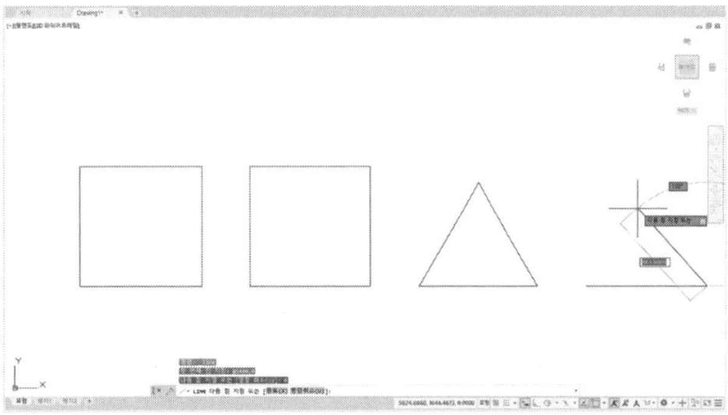

⑤ 다음 점 입력에서 '-500,1000'을 입력하고 Enter↵를 누른다.

만약 정삼각형이라면 기울어진 변의 길이도 1000이고 삼각형 내부각도 모두 60도가 되지만 이등변삼각형의 경우 길이와 각도를 모두 알 수 없기 때문에 극좌표를 이용한 작성은 불가능하다.

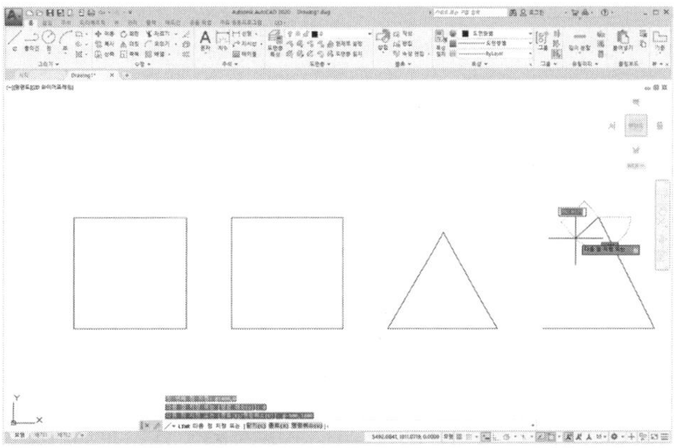

⑥ 다음 점 입력에서 '-500,-1000'을 입력하고 Enter↵를 누른다.

⑦ 마지막으로 Enter↵를 눌러 명령 종료

이등변삼각형이 완성되었다. 좌측의 정삼각형과 비교하면 높이가 다른 것을 확인할 수 있다.

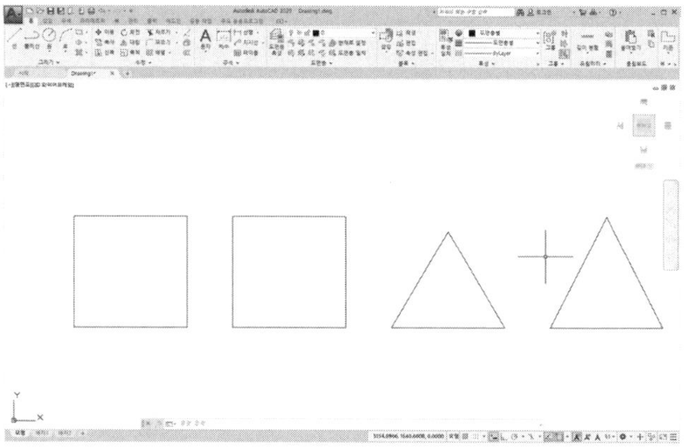

다음 'EXERCISE 4 선그리기 종합예제'의 작업을 위해 가장 먼저 작성한 정사각형을 삭제한다.

⑧ 가장 좌측의 정사각형을 구성하는 4개의 선을 선택한다. 하나씩 선택할 수도 있고, 윈도우(Window) 또는 걸침 윈도우(Crossing Window)를 이용해 선택할 수도 있다.

⑨ Delete키를 누르면 선택된 정사각형이 삭제된다.

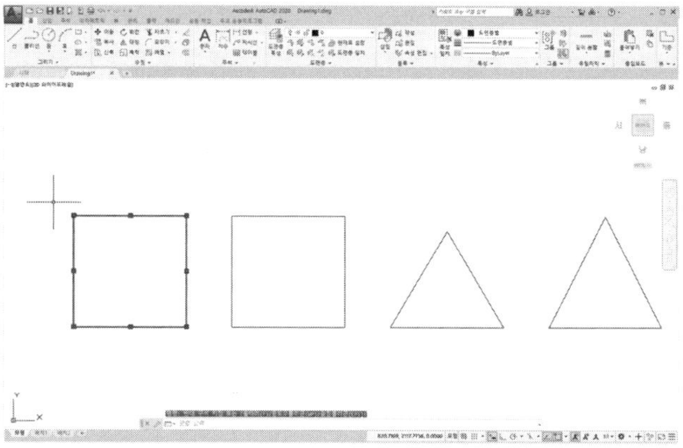

⑩ 마우스 휠을 클릭한 채로 드래그(Panning)하여 오른쪽과 같이 작성된 3가지 도형을 화면의 상단에 위치시키고, 아래쪽에 작업 공간을 확보해 준다.

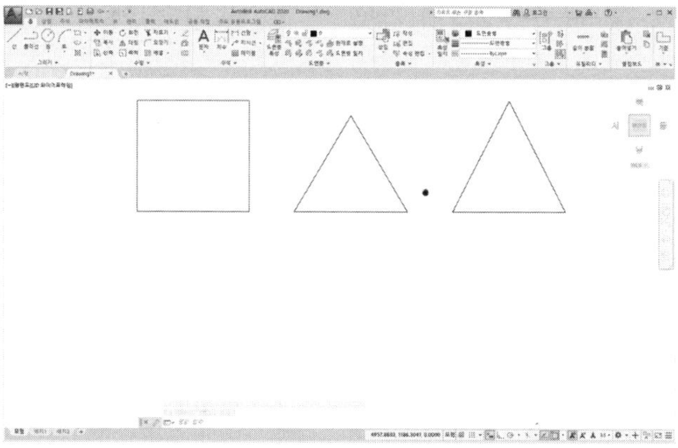

EXERCISE 4 선그리기 종합예제

‘ㄱ’ 그리기

앞서 작성한 정사각형에서 400만큼 아래에 떨어진 위치에 ‘ㄱ’자 도형을 작성한다. 정확한 시작 위치를 지정해야 하지만 마지막 점의 위치를 기억하기 쉽지 않다. 항상 마지막 점의 위치를 신경쓰면서 작업할 수는 없기 때문에 ‘ ’자 도형의 시작 위치에서 가장 근접해 있고 확실한 거리값을 알고 있는 점을 참조하여 작성하면 된다. 여기에서는 정사각형의 좌측 하단의 점을 기준으로 잡아 작성하도록 한다.

STOP! **여기서 잠깐 !** 아래의 작업과정을 보기 전에 스스로 완성해 본다.
완성 후 책에서 제시하는 방법과 비교해 보면서 스스로 최적의 방법을 찾아본다.

① ‘홈 탭 → 그리기 패널 → 선’ 도구 실행

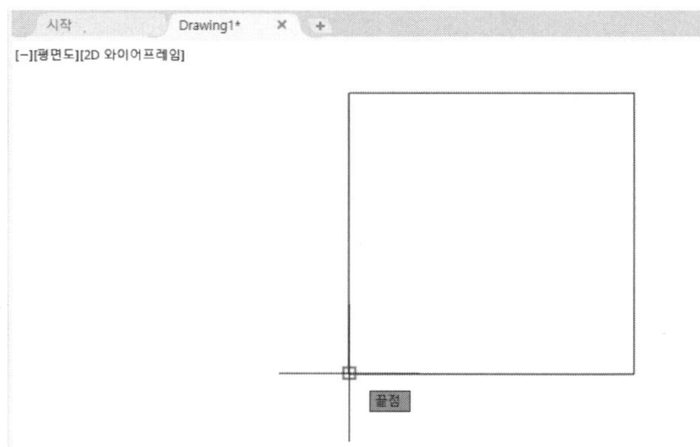

② ‘첫 번째 점 지정:’에서 마우스 커서를 정사각형의 좌측 하단 모서리에 가져가면 그 끝점을 자동으로 인식하여 자석처럼 붙게 되고 ‘끝점(Endpoint)’이라는 툴 팁이 표시된다. 마우스 왼쪽 버튼으로 클릭하면 이 끝점에 정확하게 일치하는 점을 지정하게 된다.

③ 마우스를 드래그하면 선택한 모서리점에서 직선이 생성되는 것을 확인할 수 있다.

‘ㄱ’자 도형을 작성하는데 이 선이 필요한 것은 아니다. 이 작업은 지금 선택한 정사각형의 모서리점을 마지막 작업 점으로 인식시키기 위한 작업이다.

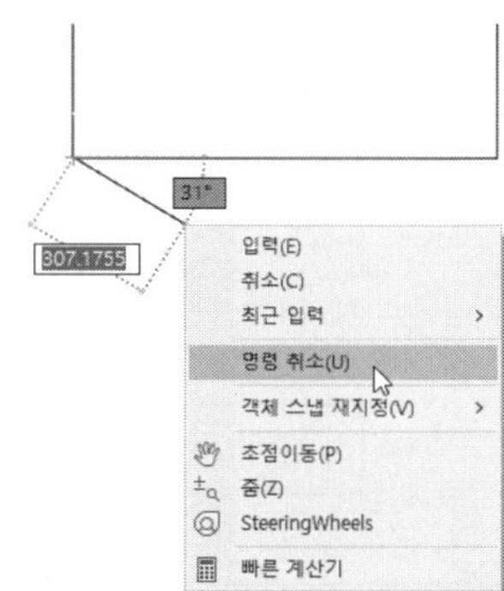

④ 현재 상태에서 마우스 오른쪽 버튼을 클릭하여 나타나는 메뉴에서 ‘명령 취소(U)’를 클릭하여 ‘첫 번째 점 선택’ 단계를 취소한다.

⑤ 첫 번째 점 지정이 취소되면 다시 ‘첫 번째 점 지정:’으로 돌아간다 ‘@0,-400’을 입력하고 Enter↵를 누른다.

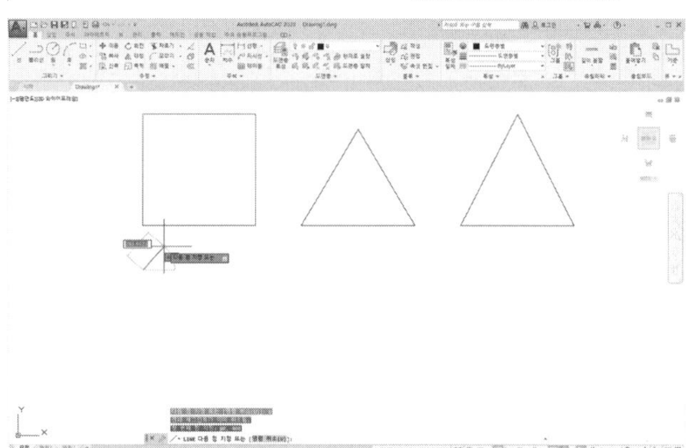

첫 번째 점 지정이기 때문에 반드시 상대좌표 인식을 위해 ‘@’를 직접 입력해 주어야 한다. 정확하게 정사각형의 좌측하단 모서리 끝점에서 400만큼 아래쪽으로 떨어진 위치에 직선의 시작점을 지정하였다.

⑥ '1000,0'을 입력하고 Enter↵

⑦ '0,-1000'을 입력하고 Enter↵

⑧ '-200,0'을 입력하고 Enter↵

⑨ '0,800'을 입력하고 Enter↵

⑩ '-800,0'을 입력하고 Enter↵

⑪ '0,200'을 입력하고 Enter↵

⑫ 마지막으로 Enter↵를 눌러 명령 종료

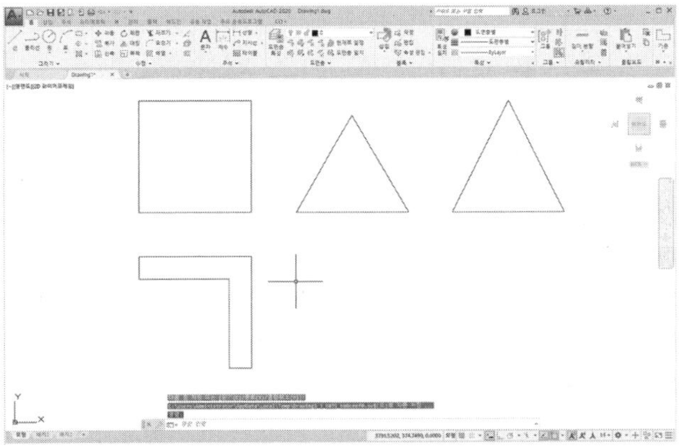

'ㄷ' 그리기

앞서 작성한 'ㄱ'자 도형에서 400만큼 오른쪽으로 떨어진 위치에 'ㄷ'자 도형을 작성한다. 앞서 마지막으로 작성한 'ㄱ'자 도형의 끝점을 알고 있고 첫 번째 점의 위치 입력에서 '@1400,0'의 좌표를 이용해 'ㄷ'자 도형의 시작점을 지정할 수 있지만 단순하게 작업하는 것이 도면의 실수를 줄일 수 있기 때문에 'ㄱ'자 도형의 우측상단 모서리 끝점을 기준으로 작성한다.

① '홈 탭 → 그리기 패널 → 선' 도구 실행

② '첫 번째 점 지정:'에서 마우스 커서를 'ㄱ'자 도형의 우측상단 모서리를 '끝점(Endpoint)'으로 인식시켜 선택한다.

이처럼 기존 객체의 끝점과 같은 특정한 지점의 위치를 정확하게 선택할 수 있는 기능을 '객체 스냅(Object Snap)'이라고 한다.

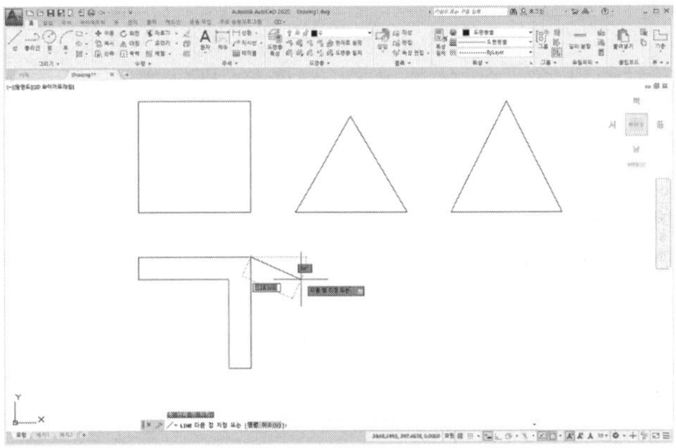

③ 마우스 오른쪽 버튼을 클릭하여 나타나는 바로가기 메뉴에서 '명령 취소(U)'를 클릭하여 '첫 번째 점 선택' 단계를 취소한다.

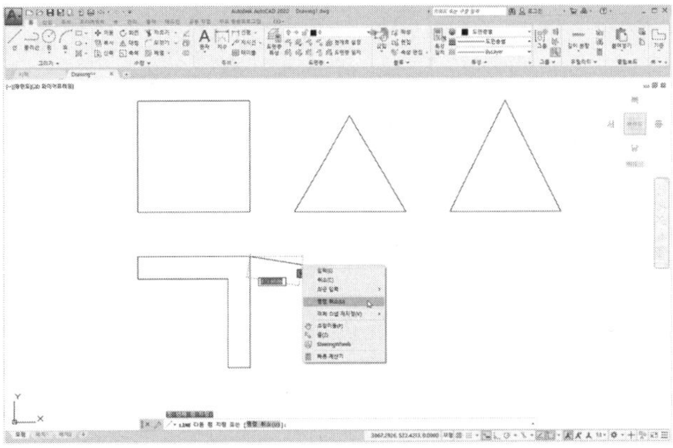

④ 첫 번째 점 지정이 취소되면 다시 '첫 번째 점 지정:'으로 돌아간다 '@400,0'을 입력하고 Enter↵를 누른다.

이번 작업에서는 X,Y좌표 입력방식이 아닌 각도를 이용한 극좌표 입력방식을 사용한다.

⑤ '1000<0'을 입력하고 Enter↵
⑥ '200<-90'을 입력하고 Enter↵

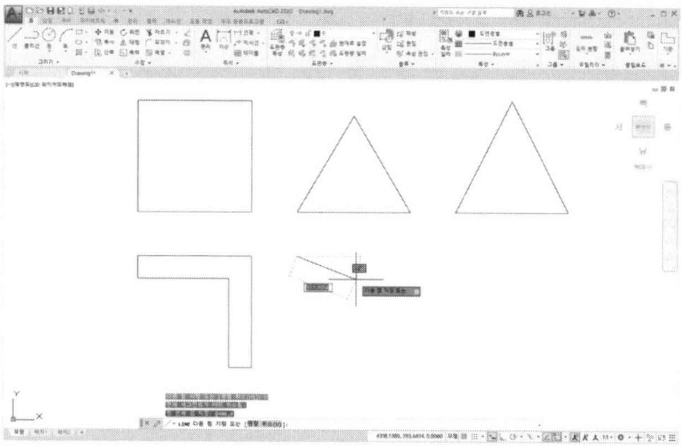

⑦ '800<180'을 입력하고 Enter↵
⑧ '600<-90'을 입력하고 Enter↵
⑨ '800<0'을 입력하고 Enter↵
⑩ '200<-90'을 입력하고 Enter↵
⑪ '1000<180'을 입력하고 Enter↵
⑫ '1000<90'을 입력하고 Enter↵
⑬ 마지막으로 Enter↵를 눌러 명령 종료

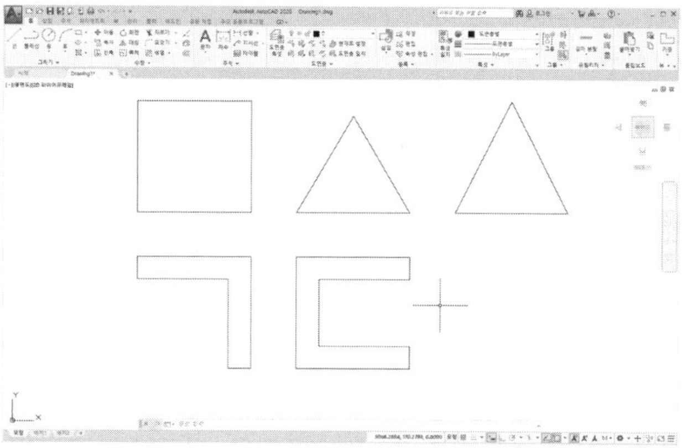

'ㅁ' 그리기

앞서 작성한 'ㄷ'자 도형의 오른쪽 상단 모서리 끝점을 기준으로 'ㅁ'자 도형을 작성한다.

① '홈 탭 → 그리기 패널 → 선' 도구 실행

② '첫 번째 점 지정:'에서 마우스 커서를 'ㄷ'자 도형의 오른쪽 상단 모서리를 '끝점(Endpoint)'으로 인식시켜 선택한다.

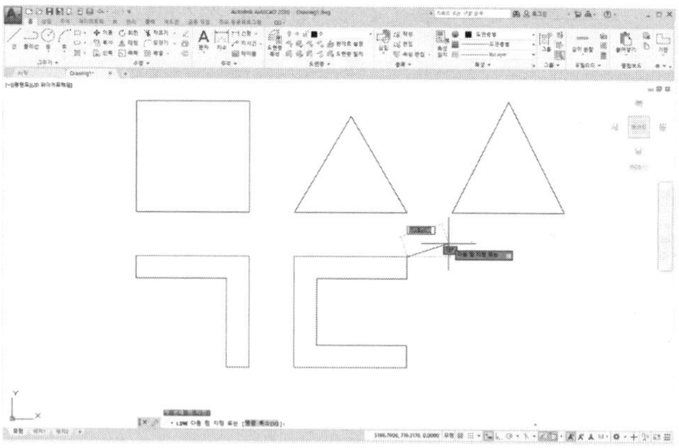

③ 마우스 오른쪽 버튼을 클릭하여 나타나는 바로가기 메뉴에서 '명령 취소(U)'를 클릭하여 '첫 번째 점 선택' 단계를 취소한다.

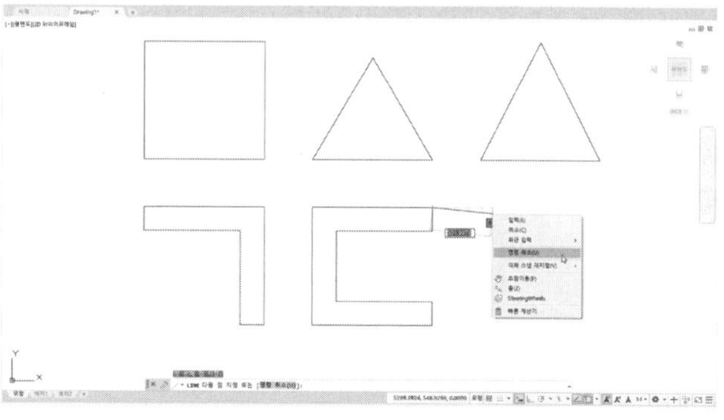

④ 첫 번째 점 지정이 취소되면 다시 '첫 번째 점 지정:'으로 돌아간다 '@400,0'을 입력하고 Enter↵를 누른다.

⑤ '1000,0'을 입력하고 Enter↵

⑥ '0,-1000'을 입력하고 Enter↵

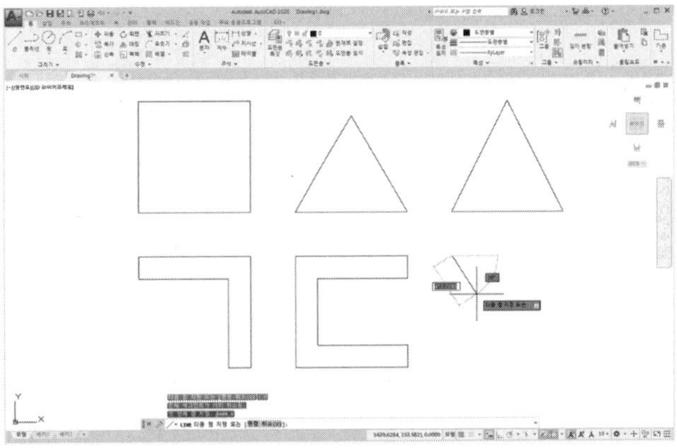

⑦ '-1000,0'을 입력하고 Enter↵

⑧ '0,1000'을 입력하고 Enter↵

⑨ Enter↵를 눌러 명령 종료

⑩ 한 번 더 Enter↵를 누르면 마지막 실행했던 명령어가 반복 실행된다. Space Bar를 눌러도 동일하게 마지막 명령어가 반복 실행된다.

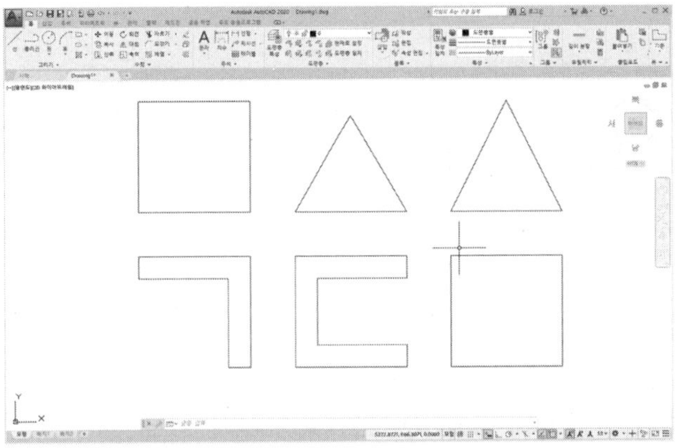

⑪ '첫 번째 점 지정:'에서 마지막 끝점이 정사각형의 좌측 상단점이기 때문에 '@200,-200'을 입력하고 Enter↵를 누른다.

⑫ '600,0'을 입력하고 Enter↵

⑬ '0,-600'을 입력하고 Enter↵

⑭ '-600,0'을 입력하고 Enter↵

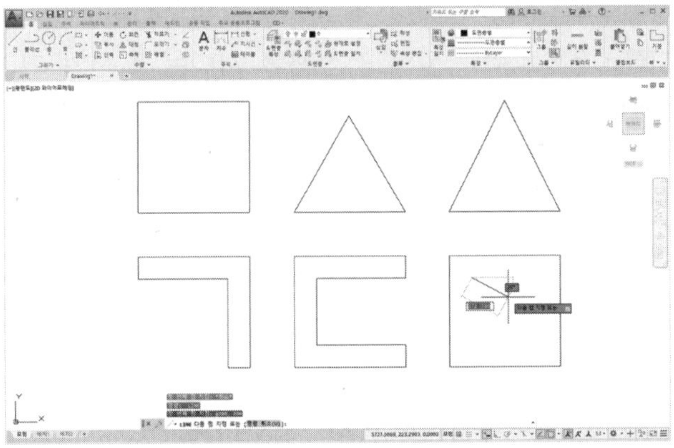

⑮ '0,600'을 입력하고 Enter↵
마지막으로 Enter↵를 눌러 명령 종료

EXERCISE 4의 나머지 도형들을 앞서 설명한 방법을 이용하여 완성한다. 특히 좌표의 경우 다양한 좌표 입력방식을 의도적으로 바꿔가면서 사용하여 숙달될 수 있도록 하여야 한다.

완성된 작업은 저장한다. 작업 중간에도 자주 저장하여 혹시 모를 사태에 대비하여야 한다.

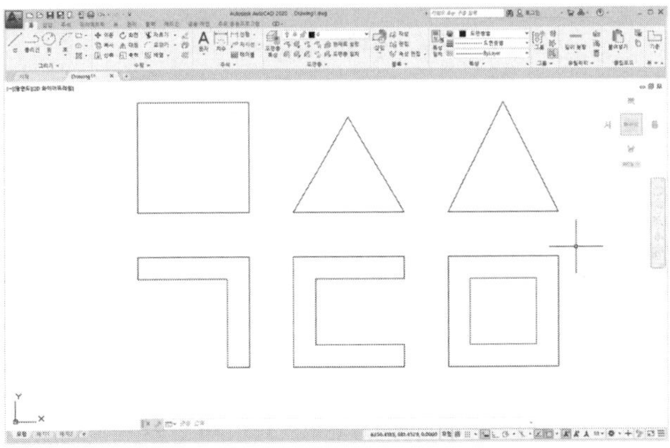

EXERCISE 5 원으로 로고 그리기

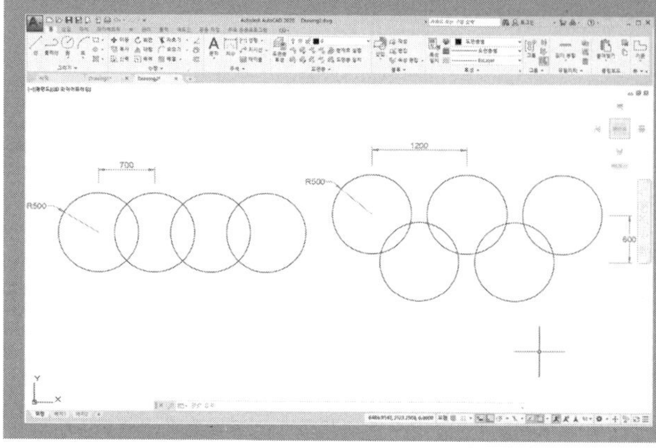

학습목표
- 기본적인 원을 그릴 수 있다.
- 옵션을 이용하여 원하는 크기의 원을 그릴 수 있다.
- 자동차 브랜드, 올림픽 로고를 원으로 그릴 수 있다.

새로운 도구/기능
- 홈 탭 → 그리기 패널 → 원
- 명령어 행 : circle Enter↵, c Enter↵

중요한 도구/기능
- XY좌표

#Circle #Center Point #Radius #Diameter

원(Circle)의 요소

원을 작성하기 위해서는 '홈 탭 → 그리기 패널 → 원'에 포함된 도구들 중 하나를 선택하여 실행한다. 각 도구들은 원이 가지고 있는 도형의 구성요소들을 조합한 것으로서 각 요소들은 다음과 같다.

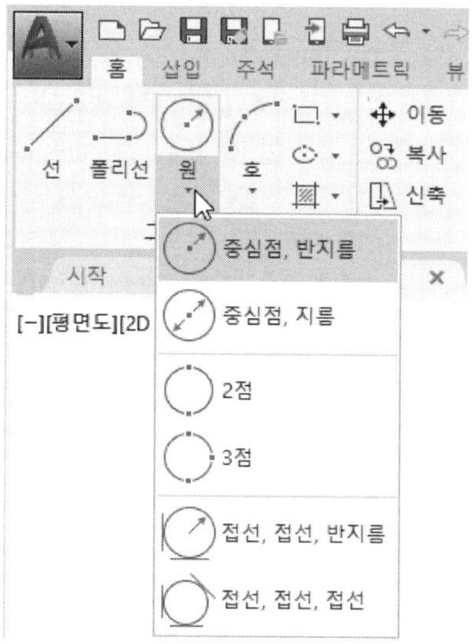

중심점(Center Point) : 원의 중심에 있는 점
반지름(Radius) : 원의 중심점에서 원까지의 거리
지름(Diameter) : 원의 중심점을 지나는 직선의 거리
점(Point) : 원이 지나는 점
접선(Tangent) : 원에 면한 접점(접선)

중심점, 반지름(Center, Radius)

원의 중심점을 지정하고 반지름을 입력하여 원을 작성한다.

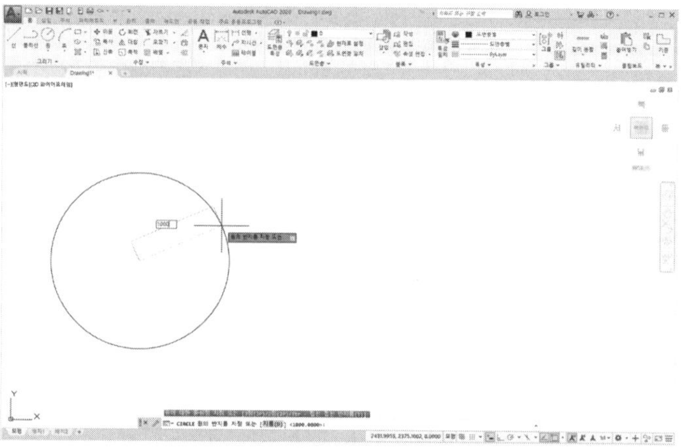

① [중심점, 반지름] 도구 실행

② 마우스를 이용해 임의의 점을 원의 중심으로 지정한다.

③ 마우스를 드래그하면 다음과 같이 원이 나타난다.

④ 키보드에서 반지름 '1000'을 입력하고 Enter↵를 누르면 원이 작성된다.

중심점, 지름(Center, Diameter)

원의 중심점을 지정하고 지름값을 입력하여 원을 작성한다. 지름은 반지름의 2배이다.

① [중심점, 지름] 도구 실행

② 마우스를 이용해 임의의 점을 원의 중심으로 지정한다.

③ 마우스를 드래그하면 다음과 같이 원이 나타난다.

④ 키보드에서 지름 '2000'을 입력하고 Enter↵를 누르면 원이 작성된다.

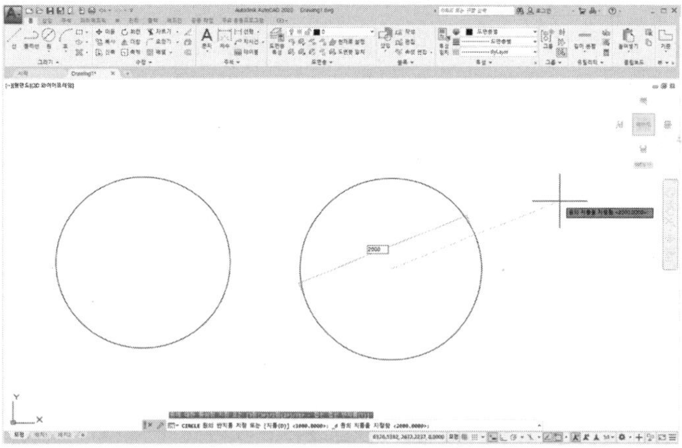

2점(2-Point)

두 점을 연결하는 직선이 지름이 되는 원을 작성한다.

① [2점] 도구 실행

② 지름의 첫 번째 끝점을 지정한다.

③ 지름의 두 번째 끝점을 지정하면 원이 작성된다. 이때 앞서 작성한 두 개의 원과 동일한 크기의 원을 작성하려면 두 번째 끝점의 좌표를 직접 입력하면 된다. '2000,0' 또는 '2000<0'과 같이 입력하면 된다.

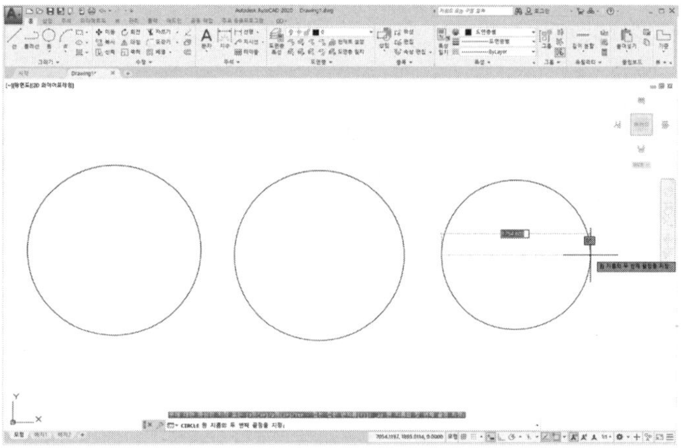

3점(3-Point)

세 점을 지나는 원을 작성한다. 세 점 모두를 지나는 원은 단 하나만 존재한다.

① [3점] 도구 실행

② 원 위의 첫 번째 점(P1)을 지정한다.

③ 원 위의 두 번째 점(P2)을 지정한다.

④ 원 위의 세 번째 점(P3)을 지정하면 원이 작성된다.

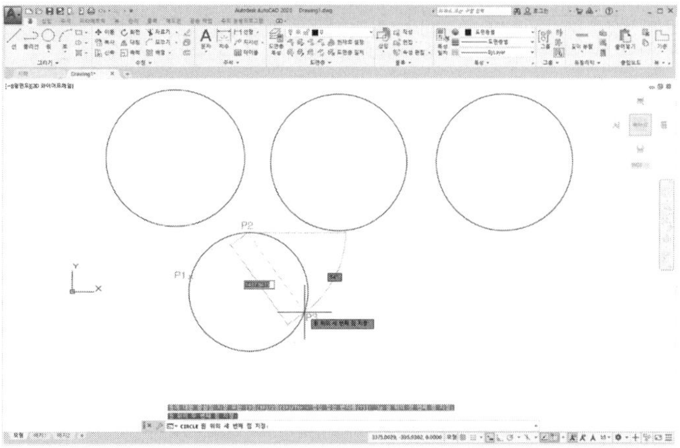

만약 앞서 작성한 반지름 1000인 원과 동일한 크기의 원을 3점으로 작성한다면 다음과 같다.

① [3점] 도구 실행

② 원 위의 첫 번째 점(P1)을 지정한다.

③ 원 위의 두 번째 점(P2)을 '1000,1000'으로 지정한다.

④ 원 위의 세 번째 점(P3)을 '1000,−1000'으로 지정하면 원이 작성된다.

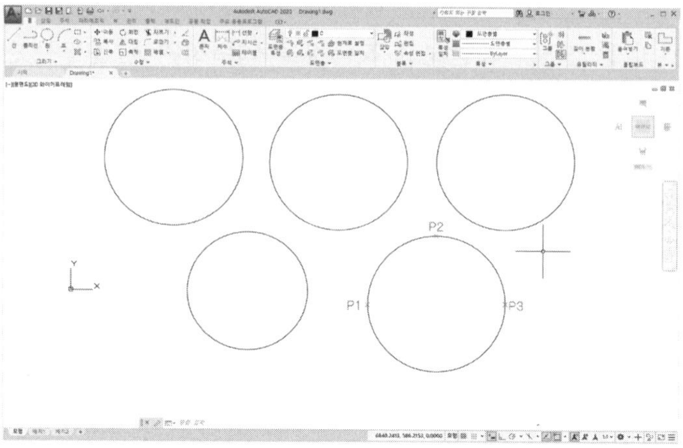

자동차 브랜드 로고 그리기

이제 원을 이용하여 자동차 브랜드 로고를 작성해 본다. 원의 가장 기본 작성 방법인 중심점과 반지름을 입력해 작성한다. 첫 번째 원의 중심점은 임의의 점으로 지정하고 두 번째 원의 중심부터는 좌표를 이용해 정확하게 작성한다. 원의 반지름은 '500'이며 원의 중심간의 간격은 '700'이다. 앞서 작성한 원은 모두 삭제한다(Delete).

STOP! **여기서 잠깐 !** 아래의 작업과정을 보기 전에 스스로 완성해 본다. 완성 후 책에서 제시하는 방법과 비교해 보면서 스스로 최적의 방법을 찾아본다.

① [중심점, 반지름] 도구 실행

② 원의 중심점(Center Point)을 임의의 위치에 지정한다.

③ 원의 반지름 '500'을 입력하고 Enter↵를 누르면 첫 번째 원이 작성된다.

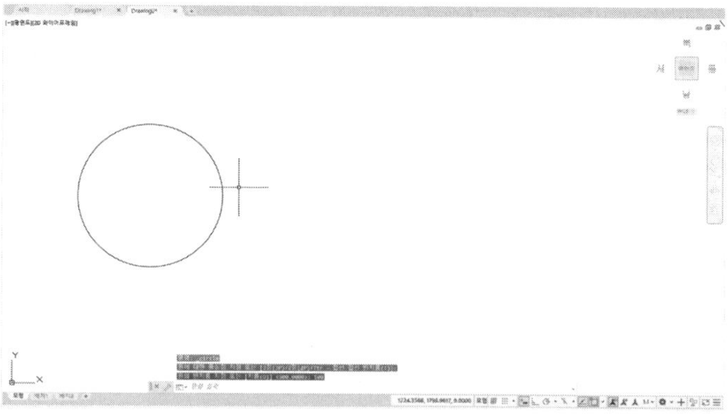

두 번째 원의 중심점을 상대좌표로 지정한다.

④ [중심점, 반지름] 도구 실행

⑤ '@700,0'을 입력하고 Enter↵를 누르면 두 번째 원의 중심점이 지정된다.

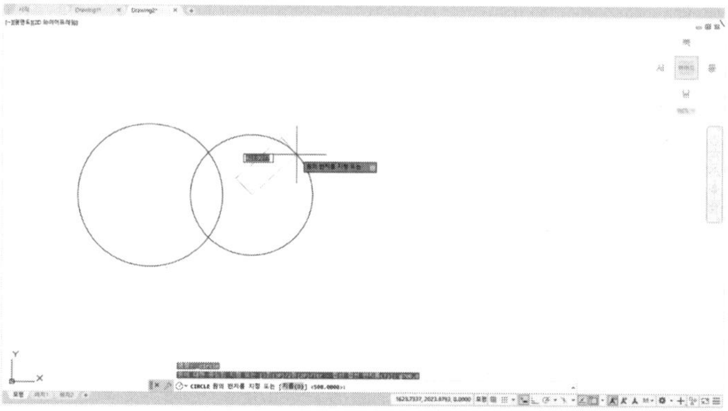

⑥ 원의 반지름 '500'을 입력하고 [Enter↵]를 누르면 두 번째 원이 작성된다.

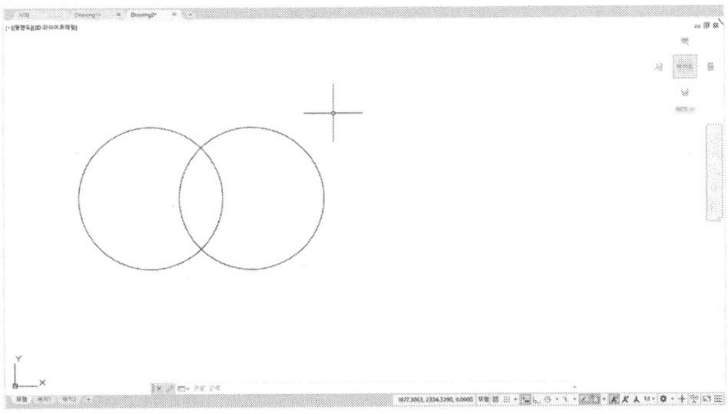

⑦ 세 번째, 네 번째 원 역시 동일한 과정으로 작성한 결과는 다음과 같다.

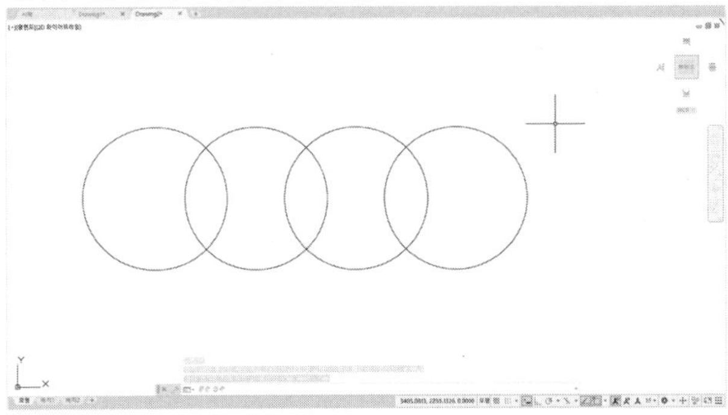

올림픽 로고

이번에는 원을 이용하여 올림픽 로고를 작성해 본다. 이번에는 방법을 조금 바꿔 상단의 3개 원은 '2점'으로 원을 작성하고, 아래의 2개 원은 중심점과 반지름을 입력해 작성한다. 여기서 주의할 점은 아래의 원 중심점을 지정하기 위해서는 상대좌표를 사용할 수밖에 없는데, 어떻게 기준이 될 점을 마지막 점으로 지정하는가이다. 원의 반지름은 '500'이며 원의 중심점의 수평간격은 '1200'이며 수직간격은 '600'이다.

STOP! **여기서 잠깐 !** 아래의 작업과정을 보기 전에 스스로 완성해 본다.
완성 후 책에서 제시하는 방법과 비교해 보면서 스스로 최적의 방법을 찾아본다.

① [2점] 도구 실행

② 임의의 점을 클릭하여 지름의 첫 번째 끝점을 지정한다.

③ 지름의 두 번째 끝점을 지정한다. '1000,0'을 입력하고 [Enter↵]를 누르면 첫 번째 원이 작성된다.

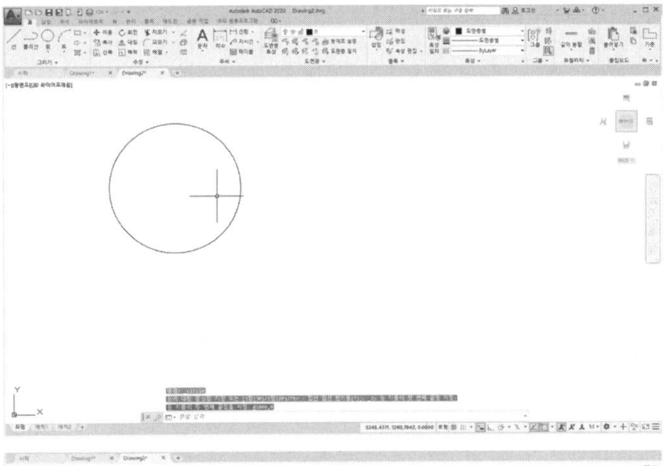

두 번째 원 지름의 첫 번째 끝점은 첫 번째 원 두 번째 끝점으로부터 '200'만큼 떨어져 있다.

④ [2점] 도구 실행

⑤ '@200,0'을 입력하여 지름의 첫 번째 끝점을 지정한다.

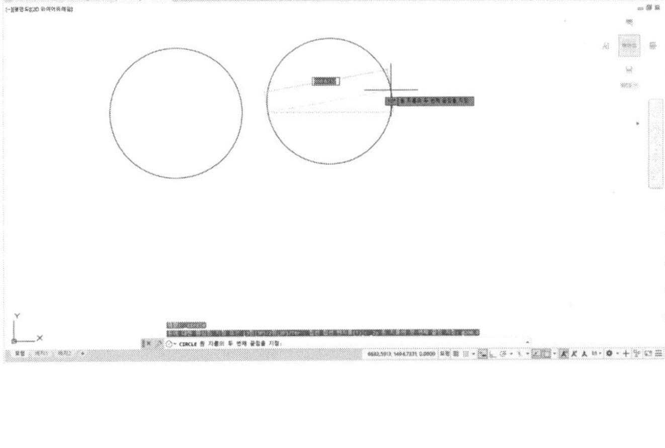

⑥ 지름의 두 번째 끝점을 지정한다. '1000,0'을 입력하고 Enter↵를 누르면 첫 번째 원이 작성된다.

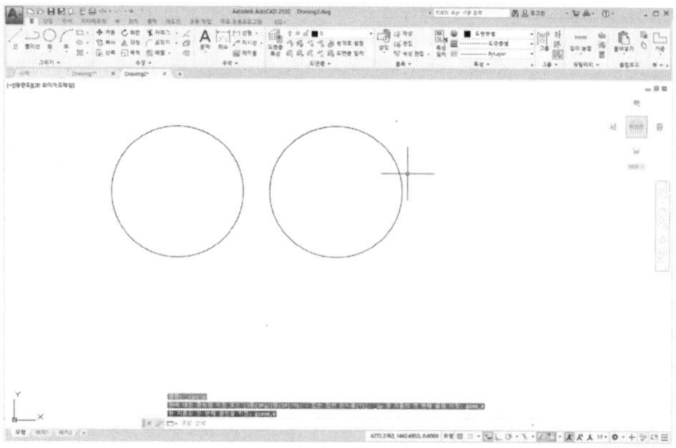

⑦ 동일한 방법으로 세 번째 원을 작성한다.

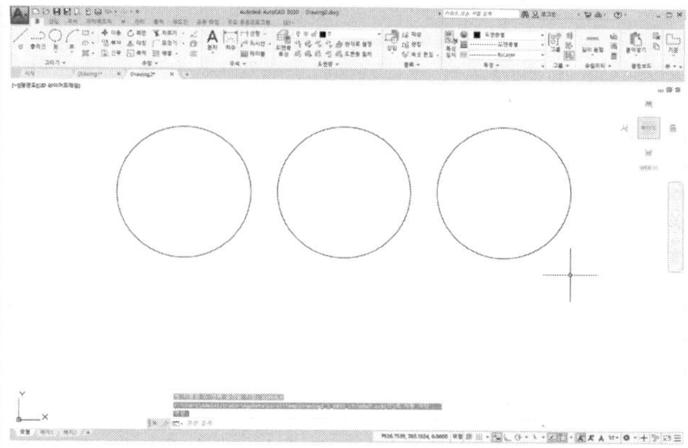

네 번째 원의 중심점을 지정하기 위해서는 첫 번째 원의 중심을 상대좌표의 기준으로 지정해야 한다. 가장 간단한 방법으로는 '원(Circle)' 명령을 실행해서 첫 번째 원의 중심점을 선택한 다음 Esc키를 눌러서 명령을 취소시키는 방법이 있다. 첫 번째 원의 중심점을 작업의 마지막 점으로 기억시키기 위한 하나의 방법이다.

⑧ [중심점, 반지름] 도구 실행

⑨ 첫 번째 원 위에 마우스를 가져가면 원의 중심에 녹색의 작은 원이 나타나고 '중심점' 툴 팁이 마우스 커서에 나타난다.

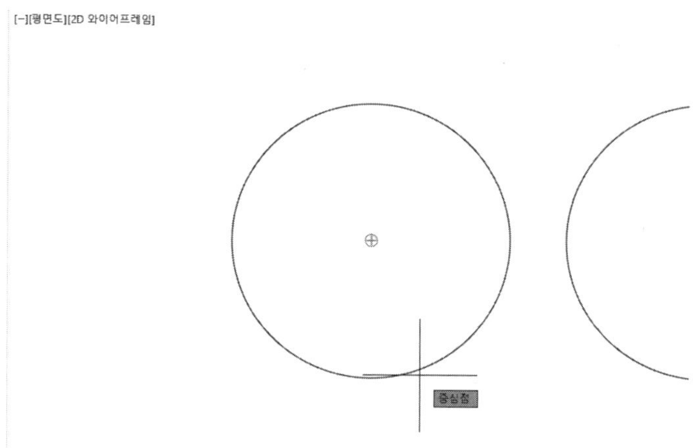

⑩ 이때 마우스를 클릭하면 첫 번째 원의 중심점을 정확하게 지정할 수 있다.

⑪ Esc키를 눌러서 명령을 취소한다.

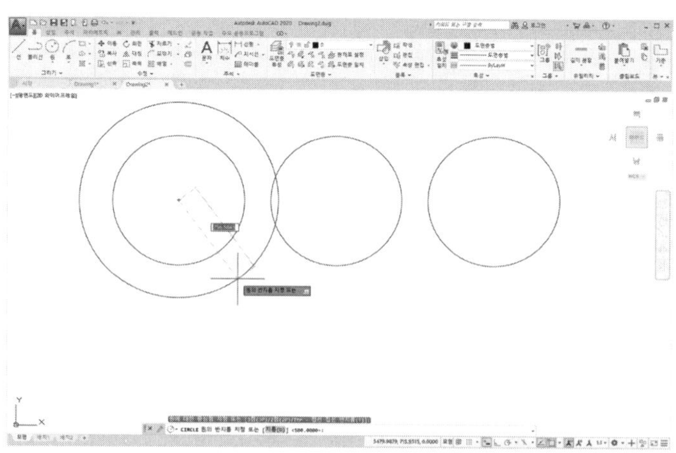

⑫ 다시 [중심점, 반지름] 도구 실행

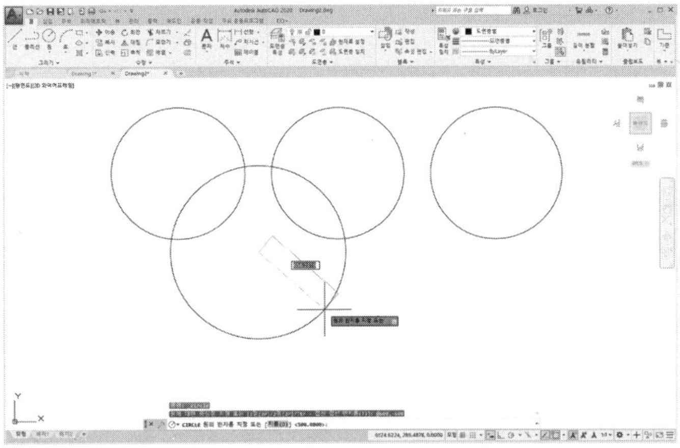

⑬ '@600,-600'을 입력하고 Enter↵를 누르면 네 번째 원의 중심점이 지정된다.

⑭ 원의 반지름 '500'을 입력하고 Enter↵를 누르면 네 번째 원이 작성된다.

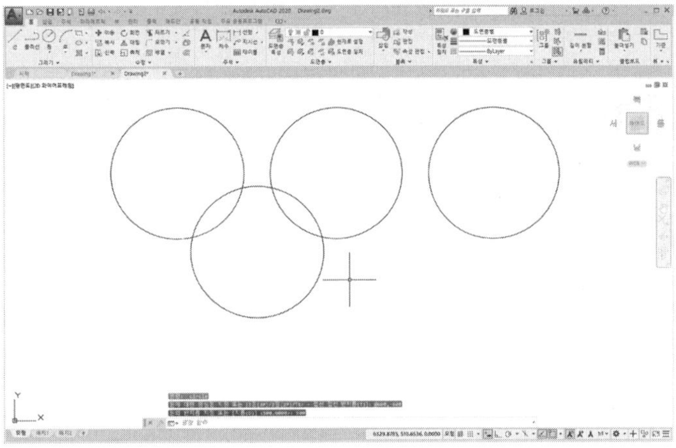

⑮ 동일한 방법으로 다섯 번째 원을 작성한다.

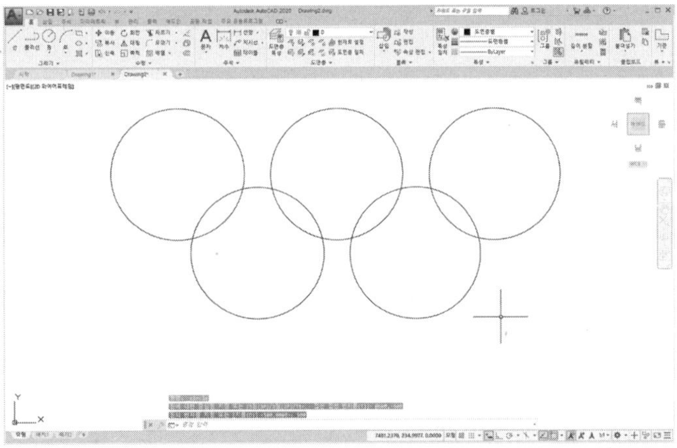

자동차 브랜드 로고와 올림픽 로고를 완성한 결과는 다음과 같다.

EXERCISE 6 내접/외접 원 그리기

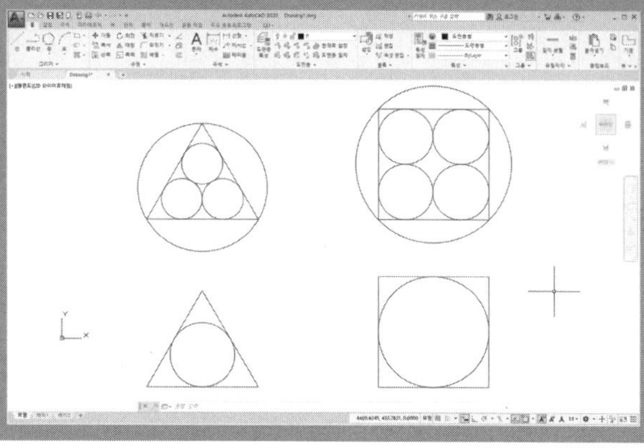

학습목표
- 원의 접선 개념을 이해할 수 있다.
- 옵션을 이용하여 접하는 성질의 원을 그릴 수 있다.
- 정사각형, 정삼각형에 외접/내접하는 원을 그릴 수 있다.

새로운 도구/기능
- 홈 탭 → 그리기 패널 → 원
- 명령어 행 : circle Enter↵, c Enter↵

중요한 도구/기능
- 상태 막대 → 객체스냅 → 접점

#Circle #Line #Center Point #Radius #Diameter #Tangent #Quadrant

외접하는 원 그리기

정삼각형과 정사각형을 이용하여 '2점'과 '3점'을 비교해가며 내접/외접하는 원을 작성해 보도록 한다. 한 변의 길이가 1,000인 정삼각형과 정사각형을 먼저 작성한다.

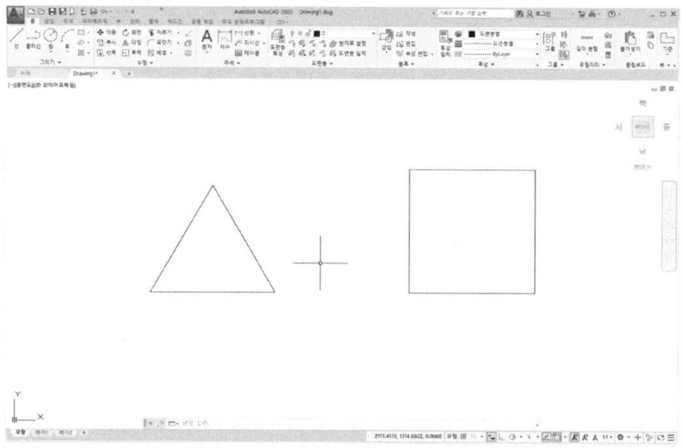

이제 정삼각형의 각 꼭짓점을 이용하여 원을 작성한다. 먼저 '2점'으로 원을 작성한다.

① 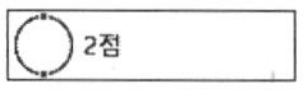 도구 실행
② 정삼각형의 첫 번째 꼭짓점을 지정한다.
③ 마우스 드래그로 원과 지름이 나타난다.
④ 두 번째 꼭짓점을 지정하면 다음과 같이 정삼각형의 한 변을 지름으로 가지는 원이 만들어진다.

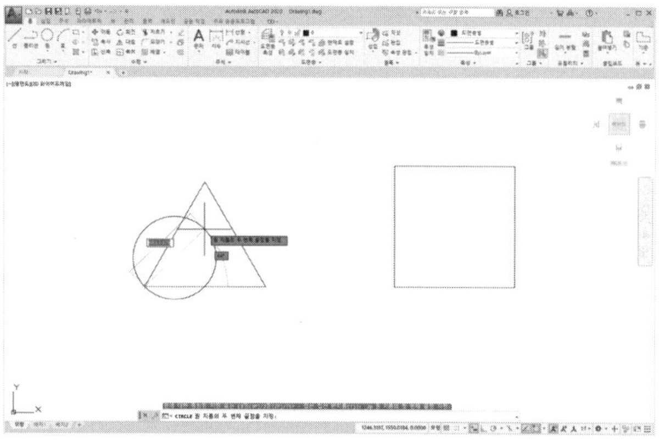

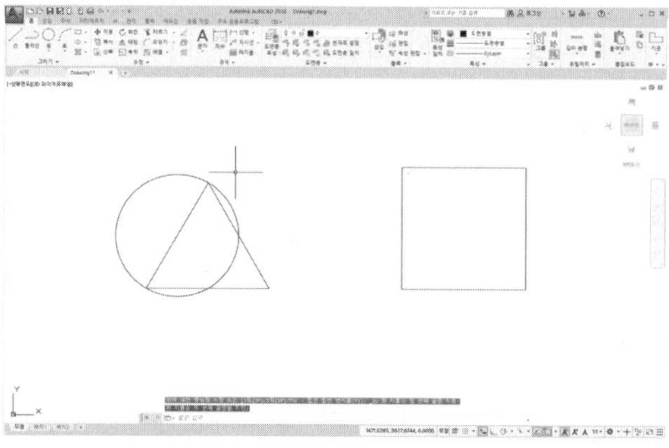

즉 '2점' 도구는 정삼각형의 한 변이 지름이 되는 원을 작성하는데 사용된다. 정삼각형에 외접하는 원을 '2점'으로 작성할 수는 없다. 원을 삭제하고 다음으로 '3점' 도구로 원을 작성한다.

① 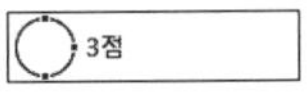

도구 실행

② 첫 번째 꼭짓점을 지정한다.

③ 마우스를 드래그하면 직선이 나타난다.

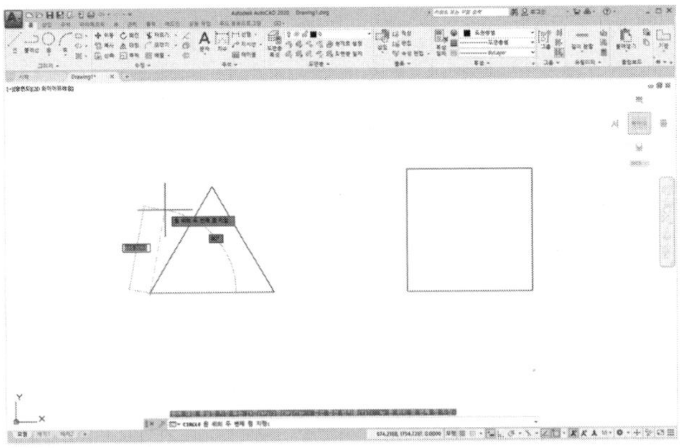

④ 두 번째 꼭짓점을 지정하면 다음과 같이 두 점을 지나는 원이 나타난다.

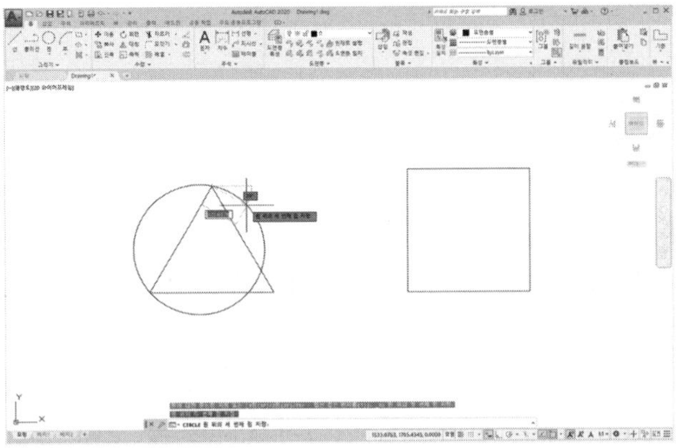

⑤ 세 번째 꼭짓점을 지정하면 원이 작성된다. 정삼각형에 외접하는 원이 완성된다.

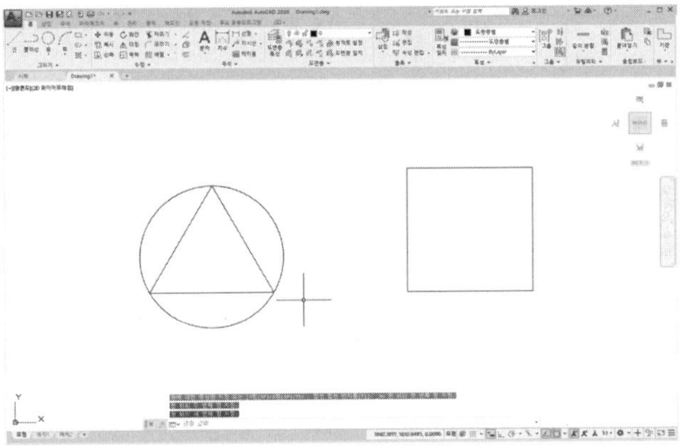

⑥ '3점'을 이용하여 정사각형에도 외접하는 원을 작성할 수 있다.

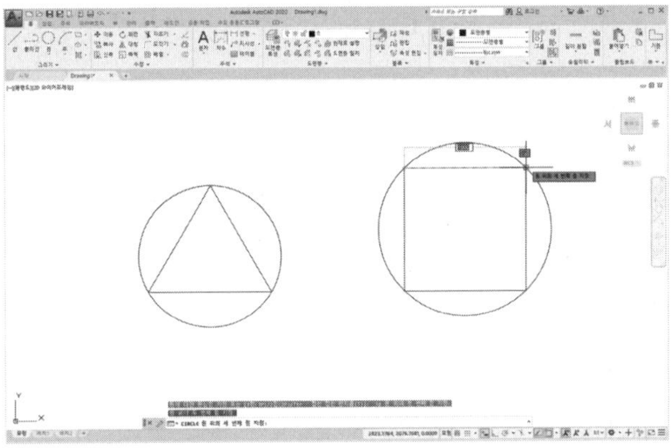

정사각형의 경우 대각선 방향의 두 모서리 점을 이용하면 '2점'으로도 외접하는 원을 작성할 수 있다.

⑦ '3점'으로 작성한 정사각형에 외접한 원을 삭제한다.

⑧ 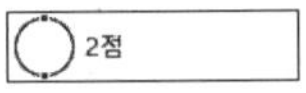

도구 실행

⑨ '원지름의 첫 번째 끝점 지정:'에서 정사각형의 한쪽 모서리 꼭짓점 선택

⑩ '원지름의 두 번째 끝점 지정:'에서 대각선 반대편의 모서리 꼭짓점을 선택하면 정사각형에 외접하는 원이 완성된다.

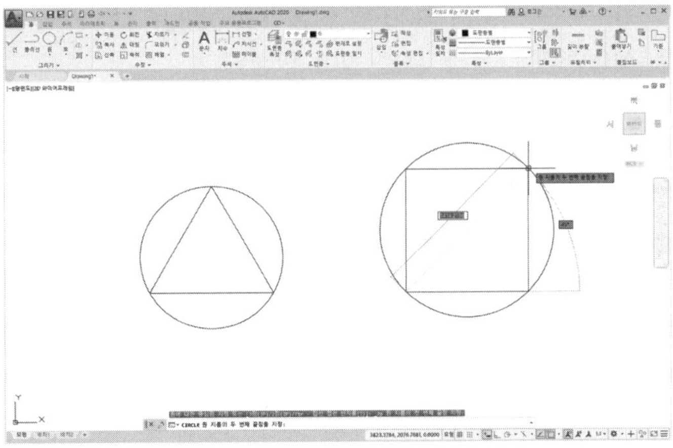

접선, 접선, 반지름(Tan, Tan, Radius)

두 개의 접선과 반지름을 지정하여 원을 작성한다. 먼저 접선(Tan)의 의미를 다음 그림을 통해 이해하여야 한다.

① A는 원과 직선이 교차하고 있다. 2개의 교차점이 형성된다.

② B는 원과 직선이 떨어져 있어 만나는 점이 없다.

③ C는 원과 직선이 완전하게 접해져 있다. 이때 원과 직선이 만나는 점을 접점이라 하며 원과 직선은 서로 접선이 된다.

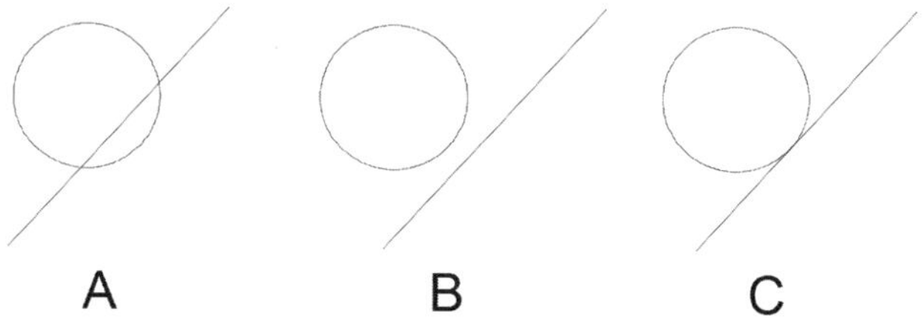

접선의 개념을 정확하게 이해하고 다음과 같이 정삼각형, 정사각형 내부에 '접선, 접선, 반지름' 도구를 이용해 두 모서리에 접하는 원을 연습한다.

① [접선, 접선, 반지름] 도구 실행

② 마우스를 정삼각형의 한 모서리 위로 가져가 첫 번째 접점에 대한 객체 위의 점을 지정한다. 정확한 점을 찾을 수는 없으므로 대략의 위치를 지정한다. 이때 다른 객체 스냅은 사용할 수 없다.

③ 인접한 모서리 위에 두 번째 접점에 대한 객체 위의 점을 지정한다.

④ 키보드를 이용해 '300'을 입력하고 [Enter↵]를 실행하면 다음과 같은 원이 완성된다.

⑤ 결과는 정삼각형의 두 모서리에 접해 있으며 반지름이 300인 원이 완성된다. 하지만 이 원은 다른 모서리에는 접해 있지 않고 교차하는 결과로 나타난다. 반지름값을 조절해서는 세 모서리에 접하는 원을 찾아낼 수 없다.

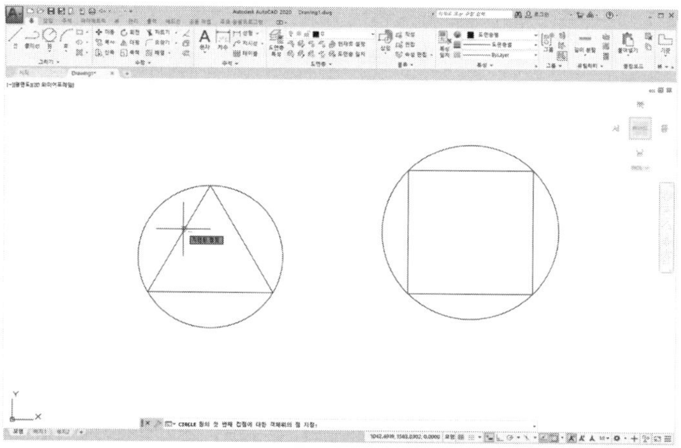

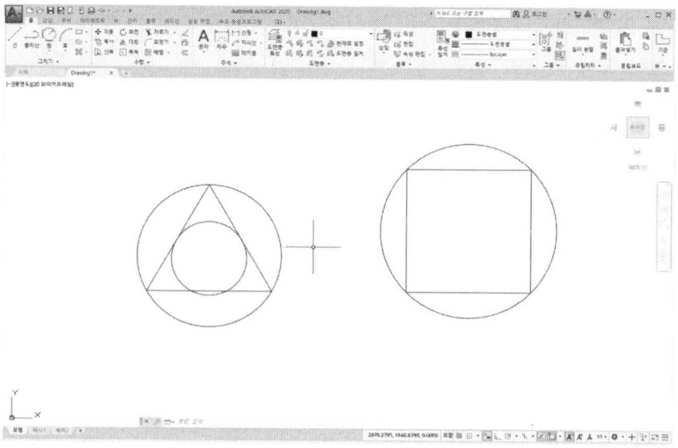

이번에는 정사각형을 이용해 '접선, 접선, 반지름'을 연습한다.

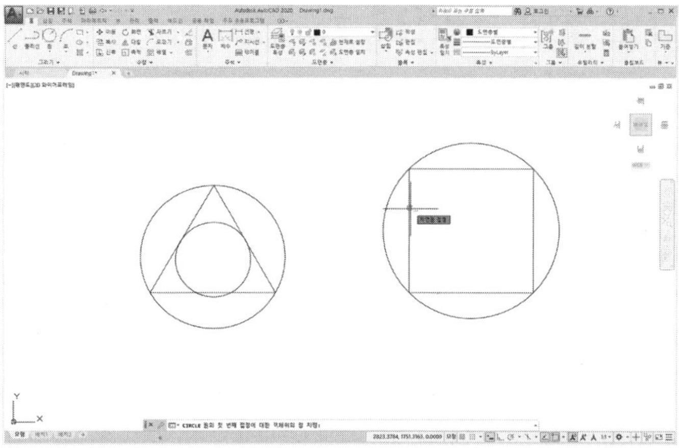

⑥ [접선, 접선, 반지름] 도구 실행

⑦ 마우스를 정사각형의 한 모서리 위로 가져가 첫 번째 접점에 대한 객체 위의 점을 지정한다.

⑧ 인접한 모서리 위에 두 번째 접점에 대한 객체 위의 점을 지정한다.

⑨ 키보드를 이용해 '500'을 입력하고 [Enter↵]를 실행하면 다음과 같은 원이 완성된다.

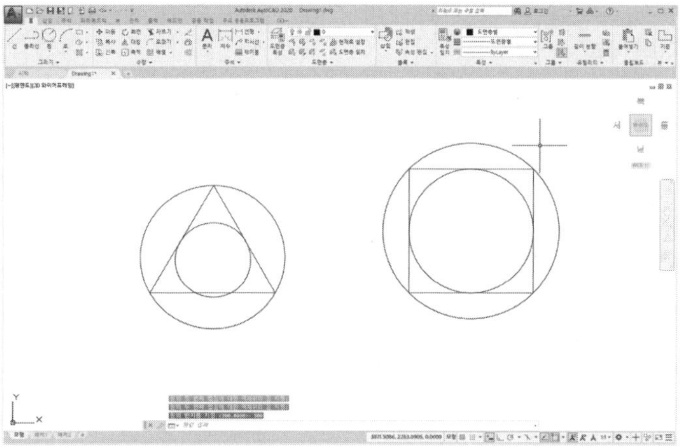

결과는 정확하게 정사각형에 내접하는 원이 완성되었다. 정사각형 한 변의 길이가 원의 지름과 동일하기 때문에 그 절반 값인 '500'을 입력함으로써 정확하게 내접하는 원을 만들 수 있다.

작은 원들로 채워보기 위해 내접을 위해 작성한 두 원을 삭제한다.

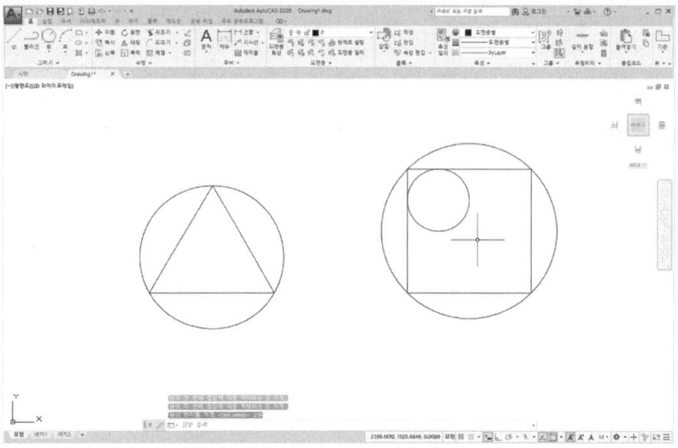

⑩ [접선, 접선, 반지름] 도구 실행

⑪ 정사각형의 접선 모서리를 순서대로 선택

⑫ 반지름을 '250'으로 지정하면 다음과 같은 원이 완성된다.

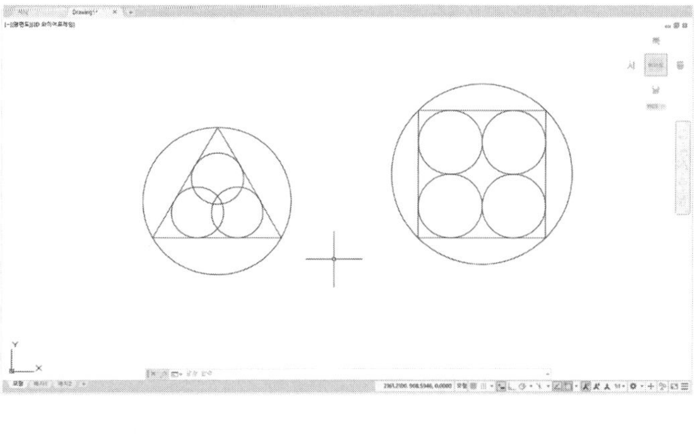

⑬ 나머지 방향에도 동일한 크기의 원을 채워넣는다.

정삼각형에도 세 방향에 작은 원을 채우려해도 반지름을 얼마나 지정해야 할지 알 수가 없다. 정사각형처럼 딱 맞게 내부에 작은 원을 채우는 것은 불가능하다. 적어도 '접선, 접선, 반지름'으로는 불가능하다.

접선, 접선, 접선(Tan, Tan, Tan)

세 점을 지나는 원 중에서 세 점 모두가 접점을 지나는 원을 작성하는 도구이다. 한 변의 길이가 1,000인 정삼각형, 정사각형에 내접하는 원을 작성하면서 '접선, 접선, 접선' 도구에 대해 살펴보도록 한다.

① 한 변의 길이가 1,000인 정삼각형, 정사각형을 다시 작성한다.

② [접선, 접선, 접선] 도구 실행

③ 마우스를 정삼각형의 한 모서리 위로 가져가 첫 번째 접점에 대한 객체 위의 점을 지정한다.

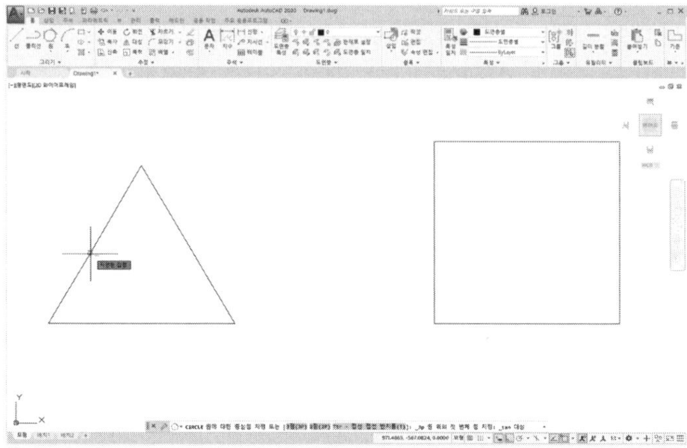

④ 인접한 모서리 위에 두 번째 접점에 대한 객체 위의 점을 지정한다.

⑤ 마지막 모서리 위에 세 번째 접점에 대한 객체 위의 점을 지정하면 다음과 같은 원이 완성된다.

결과는 정삼각형에 내접하는 원이 된다.

계속해서 정사각형에 내접하는 원도 작성해 본다.

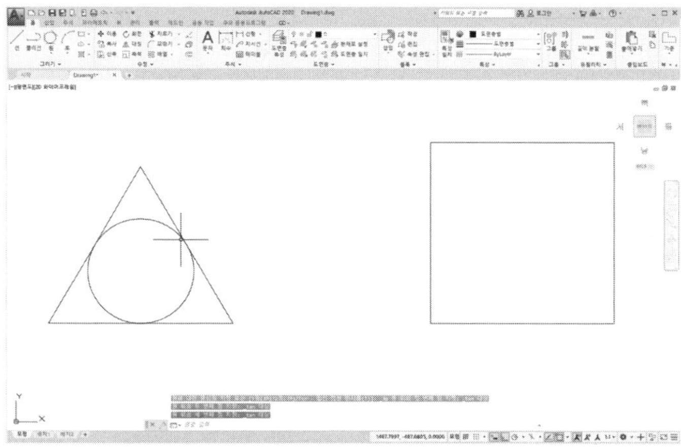

⑥ [접선, 접선, 접선] 도구 실행

⑦ 서로 다른 세 개의 모서리를 순서대로 선택하면 다음과 같이 내접하는 원이 완성된다.

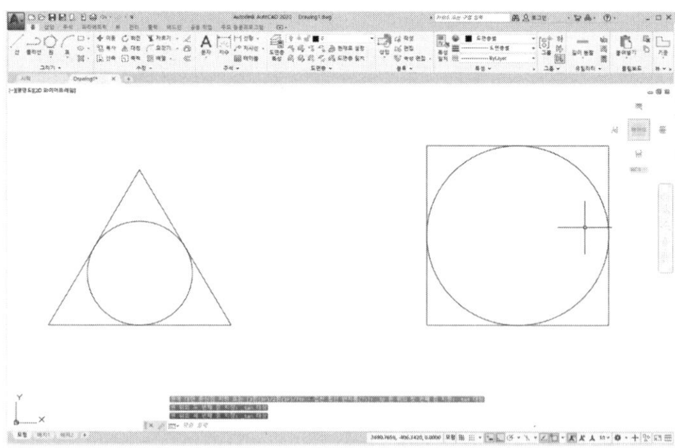

마지막으로 앞서 해결하지 못한 문제가 있다. 정삼각형 내부에 작은 원 세 개를 꽉 채워서 넣을 수는 없을까? 현재 상태로는 불가능하고 정삼각형 내부를 직선으로 분할한 다음 '접선, 접선, 접선'으로 작업할 수 있다. 이때 객체 스냅의 중간점(Midpoint)을 활성화해서 사용하여야 한다.

STOP! **여기서 잠깐 !** 아래의 작업과정을 보기 전에 스스로 완성해 본다.
완성 후 책에서 제시하는 방법과 비교해 보면서 스스로 최적의 방법을 찾아본다.

① 먼저 객체 스냅에서 중간점을 선택할 수 있도록 활성화시켜 준다. 상태막대의 객체 스냅 버튼 오른쪽에 있는 삼각형 버튼을 클릭하면 전체 객체 스냅을 볼 수 있으며, 이중 중간점이 체크되어 사용될 수 있도록 한다.

일반적으로 오토캐드를 설치한 다음에는 끝점, 중심점, 교차점, 연장선의 객체 스냅이 활성화되어 있다. 여기에 추가적으로 꼭 필요하고 자주 사용되는 중간점, 사분점은 활성화시켜 두는 것이 좋다.
반면에 다른 객체 스냅과 중복되기도 하며 선택되는 점의 위치가 상대적으로 모호하기도 한 교차점의 경우 비활성화시켜서 작업하는 것도 추천한다.
각 객체 스냅의 영문명도 정확하게 알아두는 것이 바람직하다.

② [선] 도구를 실행하여 정삼각형의 꼭짓점과 마주보는 모서리의 중간점(Midpoint)을 연결하는 직선을 세 개 작성한다.

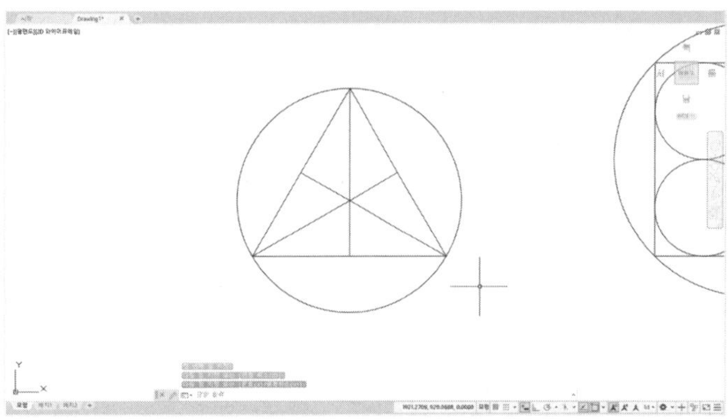

이 결과 정삼각형 내부가 세 개의 마름모꼴 도형으로 분리되었다. 이 마름모꼴의 세 모서리에 접하는 원을 작성하면 된다.

③ [접선, 접선, 접선] 도구 실행

④ 마름모꼴을 형성하는 세 개의 모서리를 순차적으로 선택하면 다음과 같이 마름모에 내접하는 원이 완성된다.

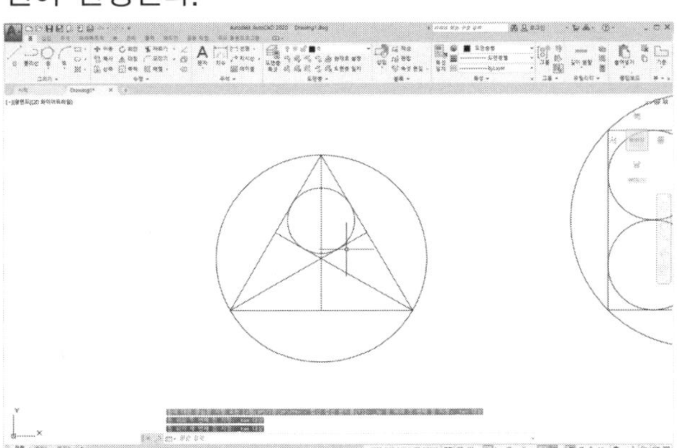

⑤ 나머지 부분에도 동일하게 '접선, 접선, 접선'으로 내접하는 원을 작성한다.

내부 구획선을 삭제한 최종 결과는 다음과 같이 정삼각형 내부를 꽉 채우는 작은 원들이 완성된다.

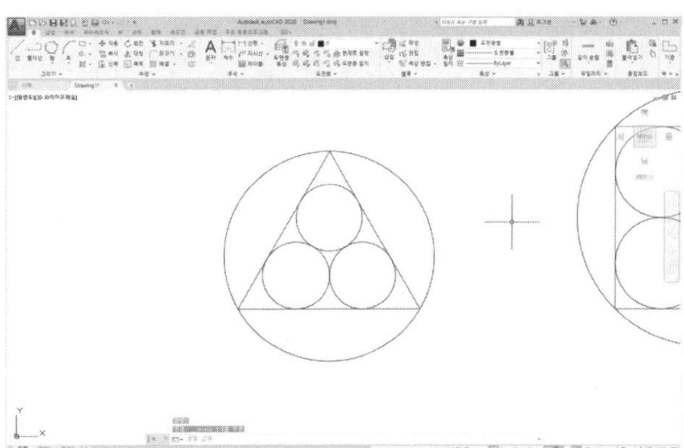

EXERCISE 7 원그리기 종합예제

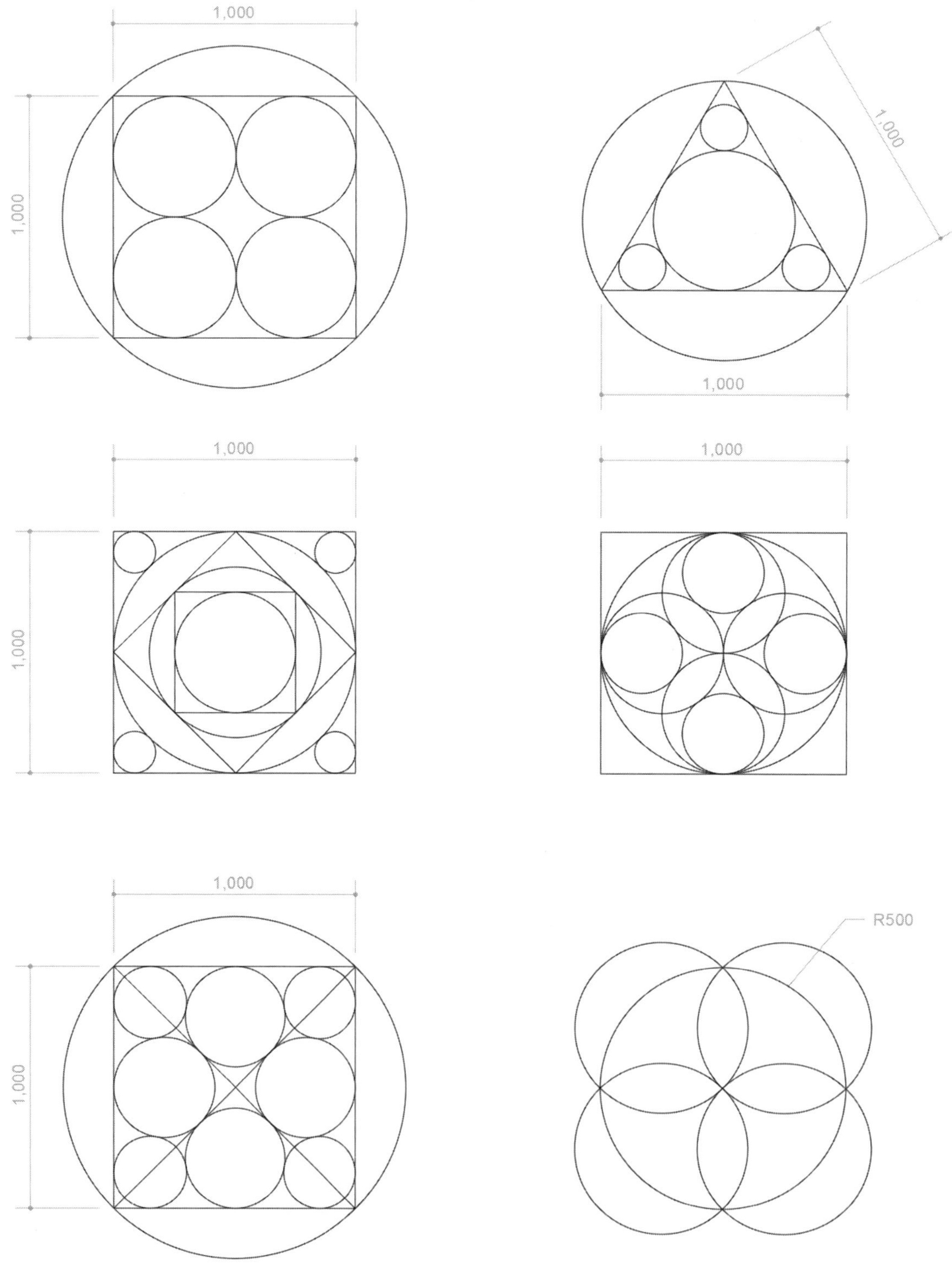

여섯 번째 예제 그리기

'EXERCISE 7 원그리기 종합예제'의 6가지 도형 중에서 마지막 6번째 도형을 제외하고는 모두 앞서 학습한 원그리기의 방법들로 손쉽게 작성이 가능하다. 다만, 6번째 도형의 경우 원의 0도, 90도, 180도, 270도 위치의 점, 바로 사분점(Quadrant Point)을 잡을 수 있어야 하기 때문에 객체 스냅에서 먼저 활성화시켜 둔 다음 작업하여야 한다.

① 상태막대의 객체 스냅 설정에서 사분점을 활성화한다.

② 먼저 중심의 반지름 '500'인 원을 작성한다. '원' 도구를 이용하여 중심점과 반지름을 입력하여 작성한다.

STOP! **여기서 잠깐 !** 아래의 작업과정을 보기 전에 스스로 완성해 본다.
완성 후 책에서 제시하는 방법과 비교해 보면서 스스로 최적의 방법을 찾아본다.

③ 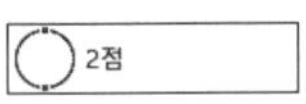

도구 실행

④ '원 지름의 첫 번째 끝점 지정:'에서 0도 방향의 사분점을 객체 스냅으로 정확하게 지정한다.

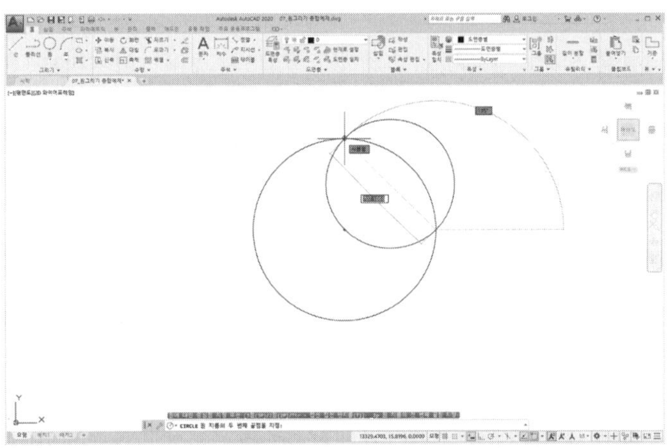

⑤ '원 지름의 두 번째 끝점 지정:'에서 90도 방향의 사분점을 객체 스냅으로 정확하게 지정하면 다음과 같은 원이 완성된다.

⑥ 동일한 방법을 반복하여 나머지 세 개의 원을 작성한다.

완성된 결과는 다음과 같다.

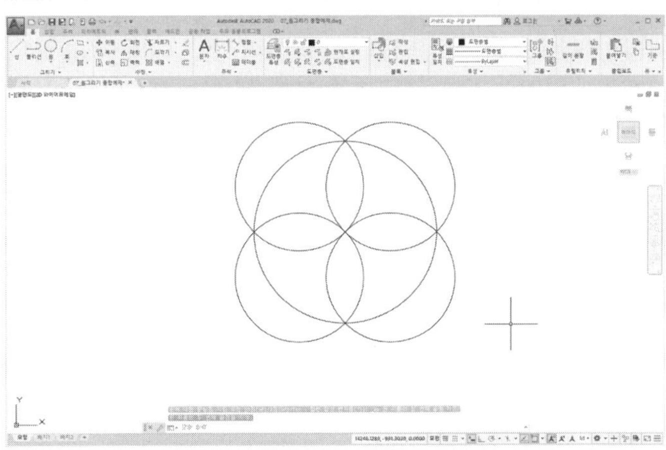

EXERCISE 8 사분원 꽃잎 그리기

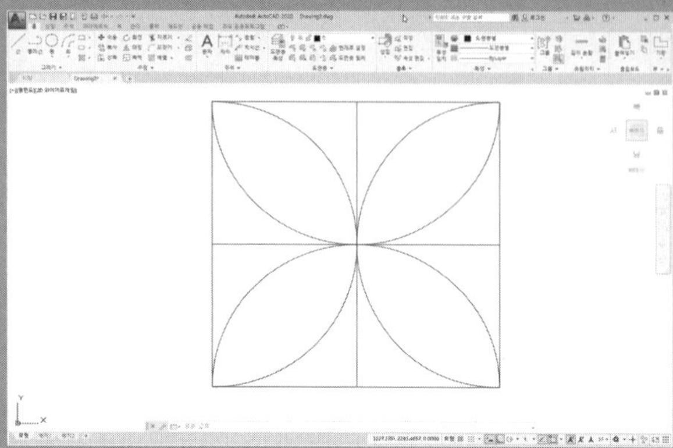

학습목표
- 호를 그릴 수 있다.
- 호를 그리는데 필요한 다양한 옵션들을 이해한다.
- 옵션을 이용하여 원하는 크기, 방향의 호를 그릴 수 있다.

새로운 도구/기능
- 홈 탭 → 그리기 패널 → 호
- 명령어 행 : arc [Enter↵], a [Enter↵]

중요한 도구/기능
- 반시계방향(CCW)

#Arc #Line #Start Point # Second Point #End Point #Center Point #Radius #Angle #Direction #CW #CCW #Chord Length

호(Arc)의 요소

호(ARC)는 원보다도 더 다양한 객체 요소들을 가지고 있으며, 이 요소들을 조합하여 매우 다양한 방법들로 호를 작성할 수 있다. 호를 작성하기 위해서는 '홈 탭 → 그리기 패널 → 호'에 포함된 도구들 중 하나를 선택하여 실행한다.

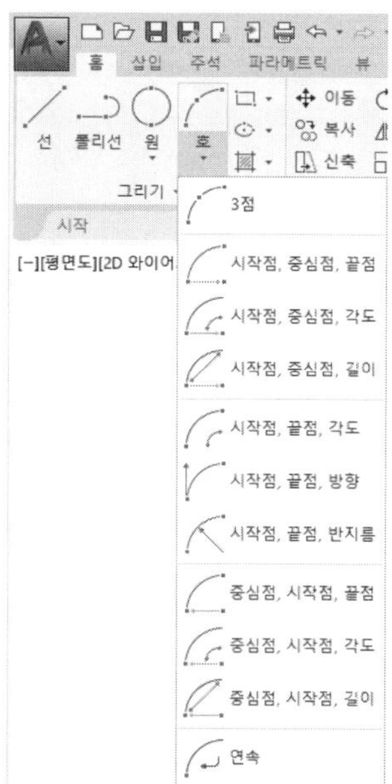

시작점(Start Point) : 호의 양 끝점 중 먼저 시작하는 점
두 번째 점(Second Point) : 호의 선상의 임의의 점
끝점(End Point) : 호의 양 끝점 중 마지막에 끝나는 점
중심점(Center Point) : 호는 원의 일부이므로 중심점이 존재함
반지름(Radius) : 호의 중심점에서 호까지의 직선 거리
포함각(Angle) : 호의 양 끝점과 중심점이 이루고 있는 각도
호의 방향(Direction) : 호의 양 끝점에 접한 접선의 방향
현의 길이(Chord Length) : 호의 양 끝점을 연결하는 직선 거리

특히 호를 작성할 때 주의할 점은 호를 항상 시계반대방향(+)으로 그릴려고 하여야 한다. 반드시 시계반대방향(+)으로만 작성되는 것은 아니지만 대다수의 경우 시계반대방향(+)이 우선순위이므로 가능한 한 시계반대방향(+)으로 작성하려고 노력하는 것이 유리하다.

연습을 위해 한 변의 길이가 1000인 정사각형을 작성한다. 다음으로 가로, 세로 선들의 중간점을 연결하는 직선을 작성한다.

완성된 결과는 다음과 같다.

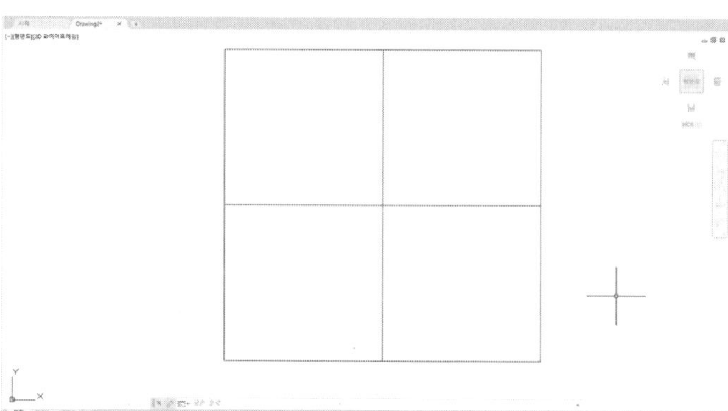

3점(3-Point)

세 점을 지나는 호를 작성한다. 즉 시작점, 두 번째 점, 끝점을 연결하는 호를 작성한다. 앞서 배웠던 '원'의 작성 방법 중 '3점'과 유사하여 세 점을 지나는 호도 단 하나만 존재한다.

① 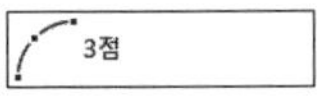

도구 실행

② 시작점을 지정한다.(P1 지정)

③ 두 번째 점을 지정한다.(임의의 P2 지정)

④ 끝점을 지정한다.(P3 지정)

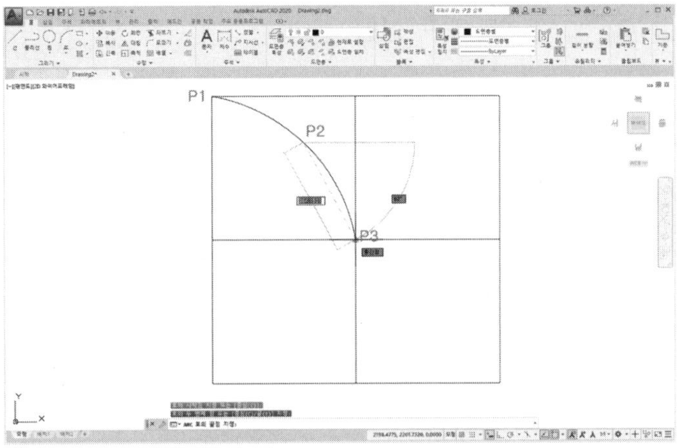

'3점'의 경우 3개의 점이 지정되는 순서대로 호가 연결되기 때문에 방향에 신경 쓸 필요는 없다. 앞의 방법과 같이 시계방향(-)으로 3점을 지정하여도 호는 의도한 대로 그려지게 된다. 하지만 앞서 언급한 바와 같이 의도적으로 시계반대방향(+)으로 호를 그리도록 연습할 필요가 있다.

⑤ 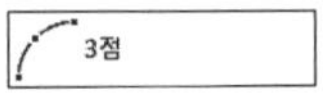

도구 실행

⑥ 시작점을 지정한다.(P3 지정)

⑦ 두 번째 점을 지정한다.(임의의 P4 지정)

⑧ 끝점을 지정한다.(P1 지정)

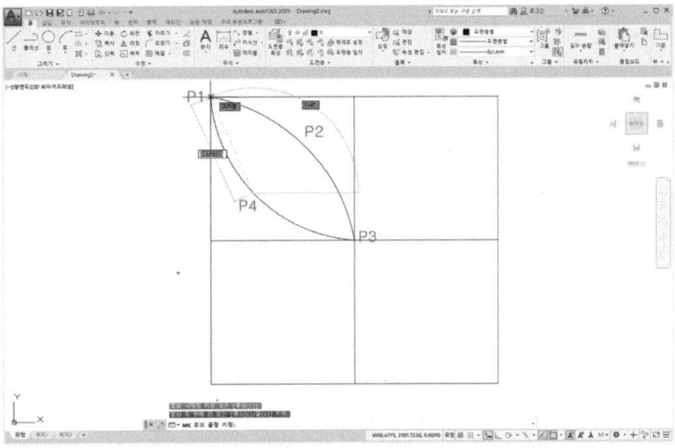

꽃잎을 완성하였지만 정확한 사분원을 만들어 그린 것이 아니다. '두 번째 점 지정'에서 임의의 점을 지정하였기 때문에 정확한 사분원도 아니고 두 개의 호가 같은 형태를 가지지도 않는다. 만약 반원을 그린다면 '3점'으로 작성할 수 있다.

① 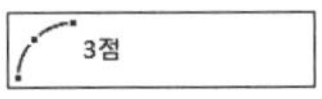

도구 실행

② 시작점을 지정한다.(P1 지정)

③ 두 번째 점을 지정한다.(P2 지정)

④ 끝점을 지정한다.(P3 지정)

지금까지 작성한 호는 정확한 사분원이 아니거나 반원이므로 모두 삭제한다.

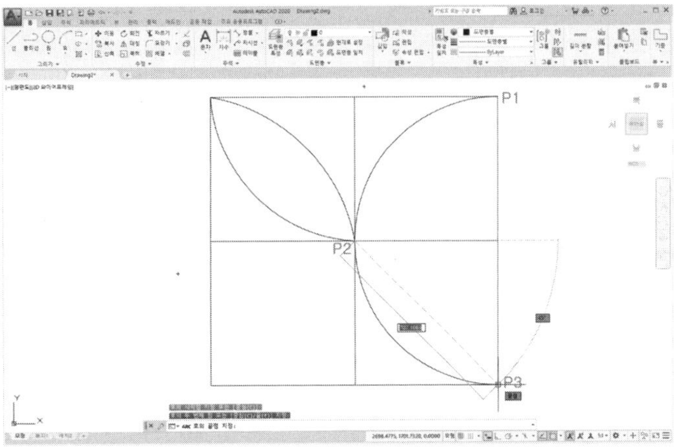

시작점, 중심점, 끝점(Start, Center, End)

호의 시작점, 중심점을 지정하고 마지막으로 끝점을 지정하여 호를 작성한다. 편의상 사각형 각점에 고유번호를 부여하였다.

① [시작점, 중심점, 끝점] 도구 실행

② 시작점을 지정한다.(P5 지정)

③ 중심점을 지정한다.(P4 지정)

④ 끝점을 지정한다.(P1 지정)

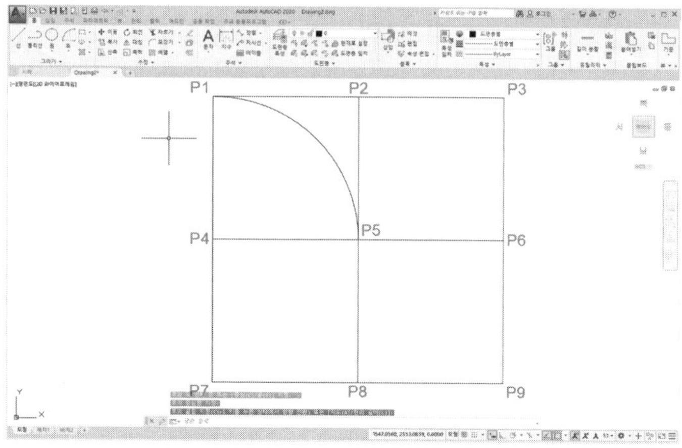

호를 작성하는 일부 방법 중에서는 호의 작성 방향을 반드시 지켜야 하는 경우가 있다. 다음과 같이 시작점과 끝점이 바뀐 경우에 완전히 반대의 결과가 나오게 된다. 항상 호는 반시계방향으로 그려야 한다고 상기하는 것이 좋다.

① [시작점, 중심점, 끝점] 도구 실행

② 시작점을 지정한다.(P1 지정)

③ 중심점을 지정한다.(P4 지정)

④ 끝점을 지정한다.(P5 지정)

취소하고 앞서 작성한 과정으로 다시 한 번 연습한다.

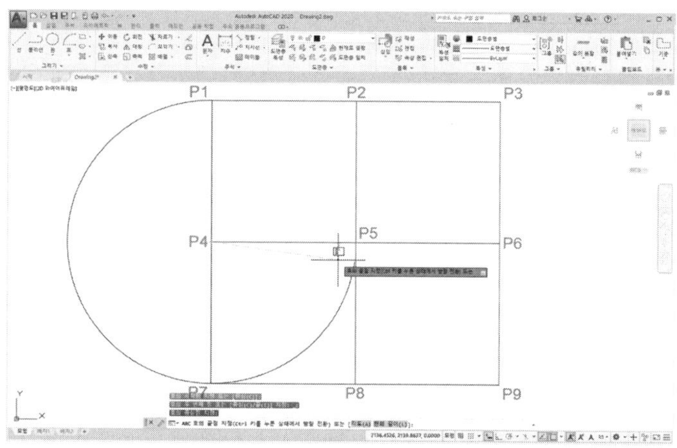

시작점, 중심점, 각도(Start, Center, Angle)

시작점, 중심점을 지정한 다음 내부 포함각을 입력하여 호를 작성한다. P1과 P5를 연결하는 사분원을 작성한다.

① [시작점, 중심점, 각도] 도구 실행

② 시작점을 지정한다.(P1 지정)

③ 중심점을 지정한다.(P2 지정)

④ 호의 포함각을 지정한다.('90' 입력)

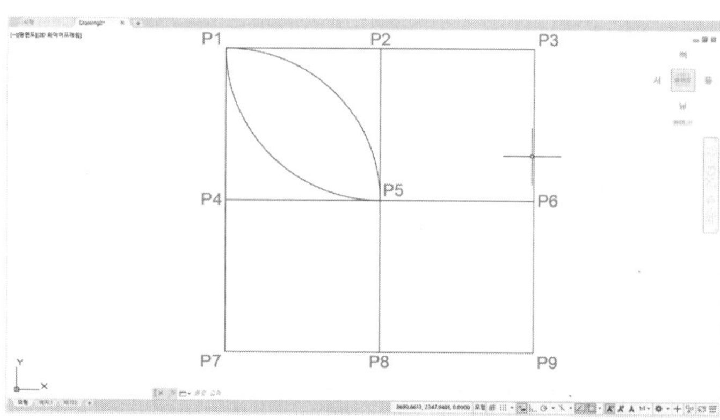

시작점, 중심점, 길이(Start, Center, Length)

시작점, 중심점을 지정한 다음 길이를 입력하여 호를 작성한다. 여기서 '길이'란 'Chord Length'이며 호의 끝점 간의 거리인 현의 길이를 말한다.

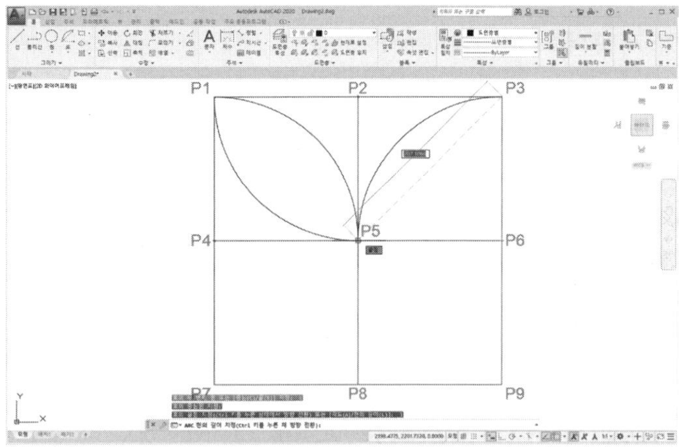

① [시작점, 중심점, 길이] 도구 실행

② 시작점을 지정한다.(P3 지정)

③ 중심점을 지정한다.(P5 지정)

④ 현의 길이를 지정하기 위해 P5를 마우스 클릭으로 직접 지정한다. 실제 현의 길이는 '1000√2'가 되기 때문에 키보드에서 직접 입력할 수는 없다.

시작점, 끝점, 각도(Start, End, Angle)

시작점, 끝점을 지정하고 각도(내부 포함각)를 입력하여 호를 작성한다. P3와 P5를 연결하는 사분원을 작성한다. 시계반대방향으로 그렸을 때 시작점의 위치에 주의한다.

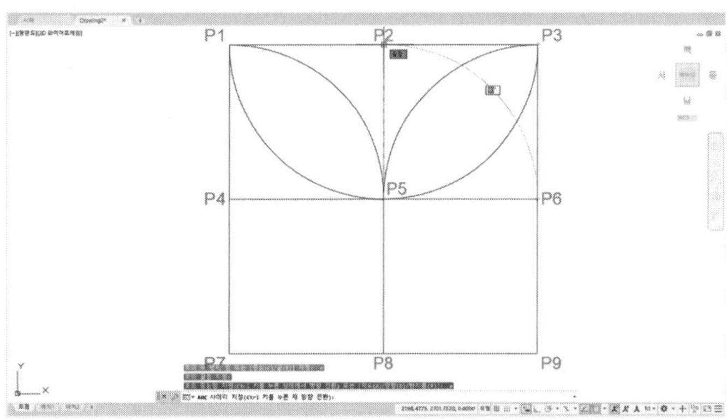

① [시작점, 끝점, 각도] 도구 실행

② 시작점을 지정한다.(P5 지정)

③ 호의 끝점을 지정한다.(P3 지정)

④ 포함각을 지정한다.('90' 입력)

시작점, 끝점, 방향(Start, End, Direction)

시작점, 끝점을 선택하고 방향을 지정하여 호를 작성한다. 여기서 방향(Direction)이란 호의 시작점에 대한 접선의 방향을 의미한다.

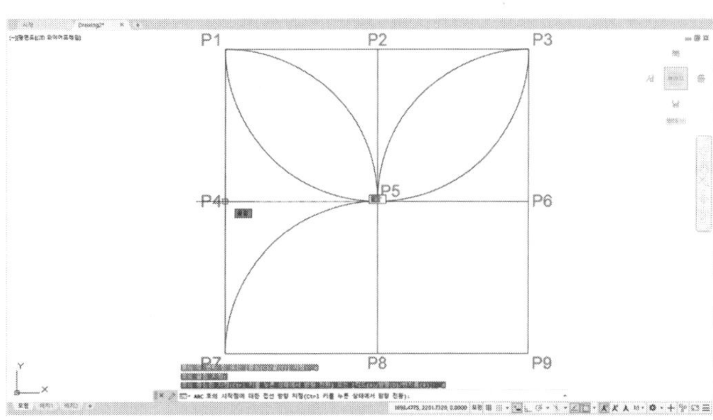

① [시작점, 끝점, 방향] 도구 실행

② 시작점을 지정한다.(P5 지정)

③ 호의 끝점을 지정한다.(P7 지정)

④ 호의 시작점에 대해 접선방향을 마우스를 이용하여 지정한다.(P4점 지정)

만약 여기서 시작점에 대한 접선방향을 P5에서 P8 방향으로 지정한다면 다음과 같이 반시계방향이 아닌 시계방향으로 호를 작성할 수도 있다.

① [시작점, 끝점, 방향] 도구 실행

② 시작점을 지정한다.(P5 지정)

③ 호의 끝점을 지정한다.(P7 지정)

④ 호의 시작점에 대해 접선방향을 마우스를 이용하여 지정한다.(P8점 지정)

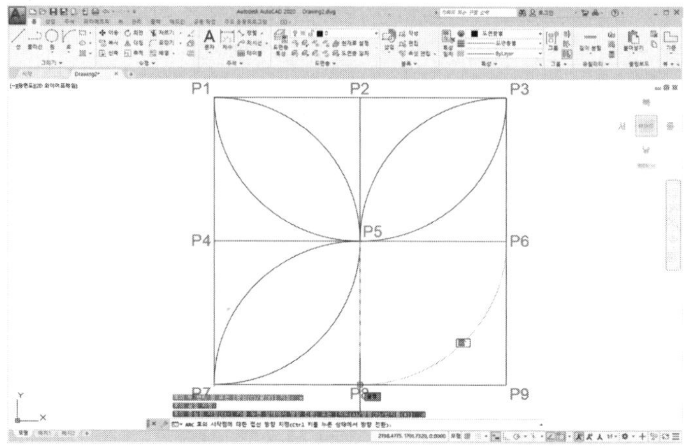

시작점, 끝점, 반지름(Start, End, Radius)

시작점, 끝점을 지정하고 반지름 값을 지정하여 호를 작성한다. P5와 P9를 연결하는 사분원을 작성한다.

① [시작점, 끝점, 반지름] 도구 실행

② 시작점을 지정한다.(P5 지정)

③ 호의 끝점을 지정한다.(P9 지정)

④ 호의 반지름을 지정한다.(반지름 '500' 입력)

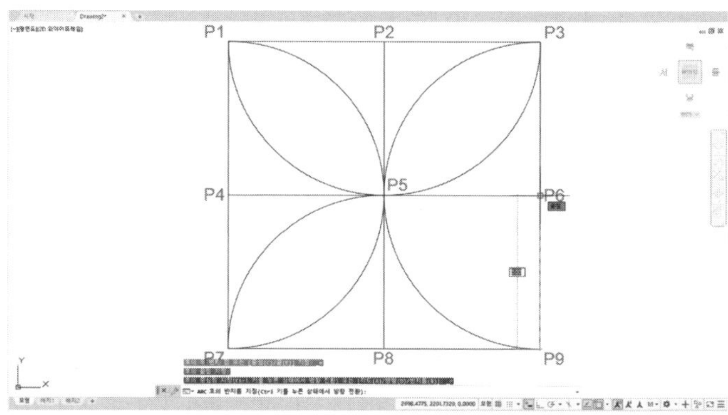

중심점, 시작점, 끝점(Center, Start, End)

중심점을 먼저 지정하고 시작점과 끝점을 순서대로 지정한다.

① [중심점, 시작점, 끝점] 도구 실행

② 중심점을 지정한다.(P8 지정)

③ 호의 시작점을 지정한다.(P9 지정)

④ 호의 끝점을 지정한다.(P5 지정)

꽃잎이 이미 완성되었으므로 마지막에 작성한 두 개의 호를 삭제한 다음 계속 연습한다.

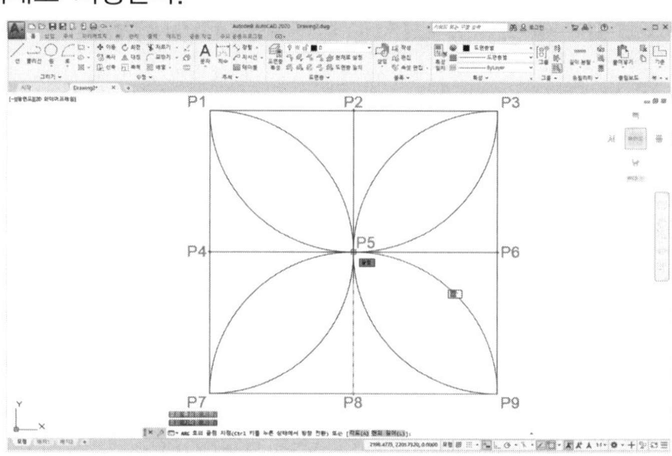

중심점, 시작점, 각도(Center, Start, Angle)

중심점, 시작점을 지정하고 각도(Angle)를 입력 또는 지정하여 호를 작성한다. 이때 각도를 마이너스(−) 값을 입력하면 시계방향으로 작성할 수 있다. 또 다른 정사각형을 작성한다.

① 중심점, 시작점, 각도 도구 실행

② 중심점을 지정한다.(P6 지정)

③ 호의 시작점을 지정한다.(P5 지정)

④ 호의 포함각을 지정한다.('90' 입력)

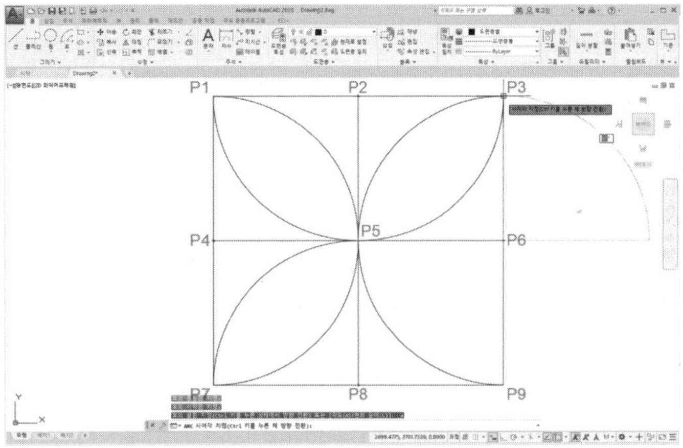

중심점, 시작점, 길이(Center, Start, Length)

중심점, 시작점을 지정하고 길이(Length)를 입력 또는 지정하여 호를 작성한다. 사분호의 현 길이(Chord Length)는 '1000√2'가 되기 때문에 직접 입력할 수 없다. P9−P5의 길이를 직접 마우스로 클릭하여 지정하여야 한다.

① 중심점, 시작점, 길이 도구 실행

② 중심점을 지정한다.(P8 지정)

③ 호의 시작점을 지정한다.(P9 지정)

④ 호의 길이를 지정한다.(P5 지정)

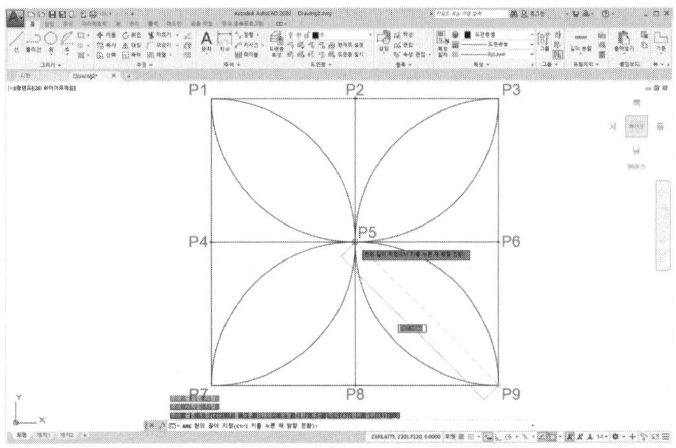

EXERCISE 9 호그리기 종합예제

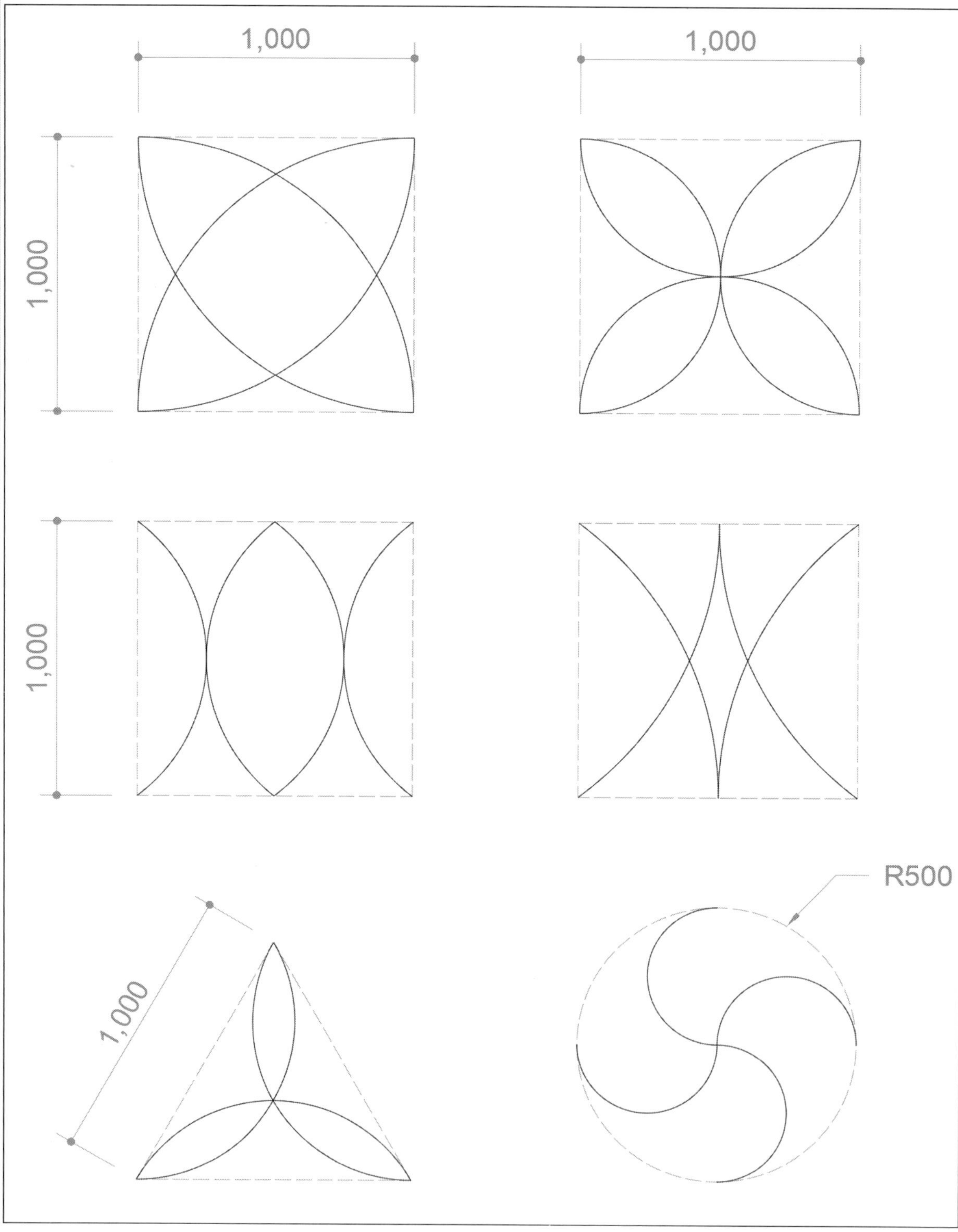

호그리기 종합예제

주어진 치수에 따라 전체 밑그림을 먼저 작성해 둔다. 앞서 학습한 '선(Line)' 명령을 이용하여 좌표를 사용해서 정확하게 작성한다. 정사각형 사이의 간격은 임의로 지정하되 예시와 같이 균형있게 만들어준다.

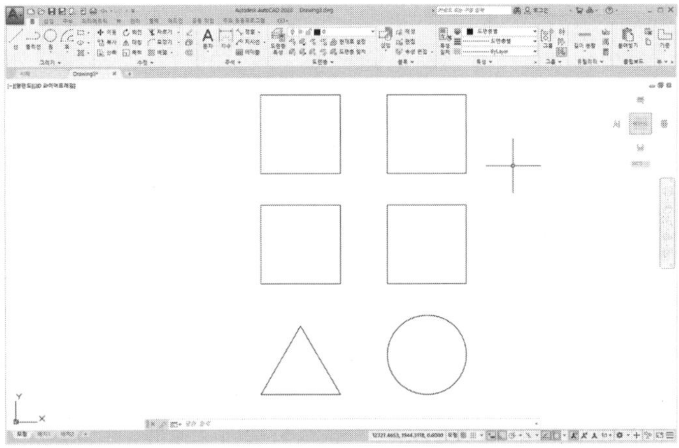

첫 번째 예제는 사분원으로 작업한 것으로 꽃잎만들기와 동일하다.

두 번째 예제는 사분원으로 작업해도 되지만, 별다른 조건이 주어지지 않는다면 당연히 반원으로 작업하는 것이 편리하다. 종합예제에서는 반원으로 작성한다.

세 번째 예제는 4개의 호가 모두 동일한 형태라는 것이 힌트이다. 호가 서로 만나는 점은 접점이 되어야 한다.

네 번째 예제는 수평선의 중간점에서 두 개의 호가 갈라져 나올 때 각각의 호는 가상의 수직선에 접하는 호가 된다. 직접적인 힌트를 준다면 '방향(Direction)' 옵션을 사용하여야 한다.

다섯 번째 예제 역시 정삼각형을 이루는 직선과 내부에 작성된 호들이 모두 접선방향을 이루도록 작성하면 된다.

여섯 번째 예제는 네 개의 반원을 반복해서 작성하면 되는 간단한 예제이다.

STOP! **여기서 잠깐 !** 아래의 작업과정을 보기 전에 스스로 완성해 본다.
완성 후 책에서 제시하는 방법과 비교해 보면서 스스로 최적의 방법을 찾아본다.

첫 번째 예제는 사분원으로 작성한다.

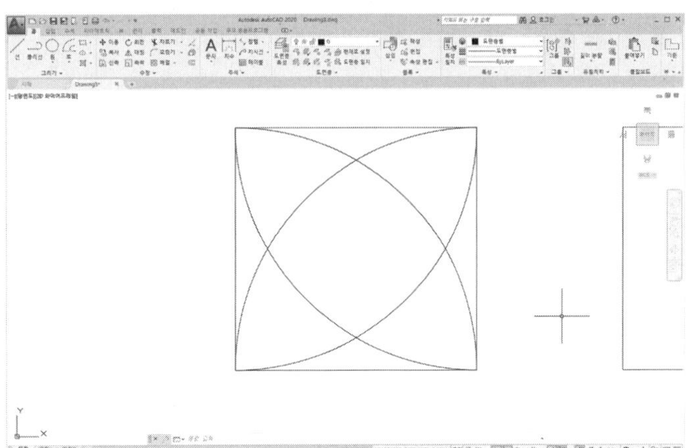

① [시작점, 중심점, 끝점] 도구로 첫 번째 사분원을 작성한다.

② [시작점, 중심점, 각도] 도구로 두 번째 사분원을 작성한다.

③ [시작점, 중심점, 길이] 도구로 세 번째 사분원을 작성한다.

④ [시작점, 끝점, 각도] 도구로 네 번째 사분원을 작성한다.

어떤 도구를 사용하더라도 원하는 호를 그릴 수 있어야 한다.

두 번째 예제는 반원으로 작성한다.

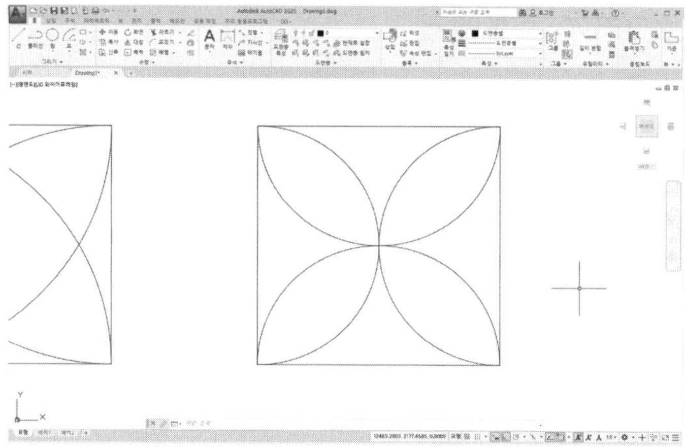

① [시작점, 끝점, 방향] 도구로 첫 번째 반분원을 작성한다.

② [시작점, 끝점, 반지름] 도구로 두 번째 반원을 작성한다.

③ [중심점, 시작점, 끝점] 도구로 세 번째 반원을 작성한다.

④ [중심점, 시작점, 각도] 도구로 네 번째 반원을 작성한다.

세 번째 예제는 다음과 같은 보조선을 작성하면 굉장히 쉽게 해결된다. '3점' 도구로 '끝점–중간점–끝점'을 연결하기만 하면 완성된다.

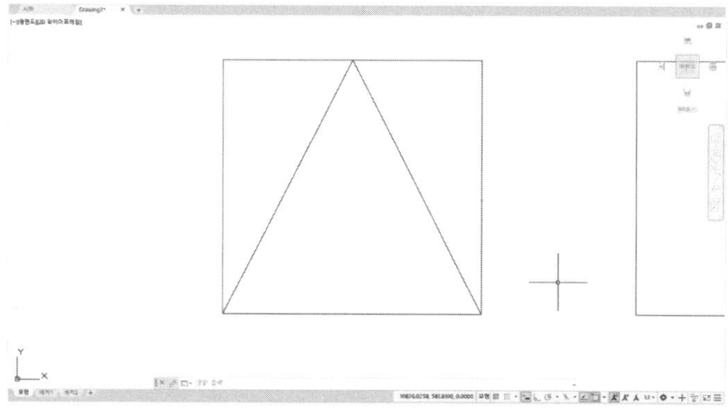

보조선 없이도 작업을 진행하기 위해 사선 하나는 삭제한다.

① [3점] 도구를 실행한다.

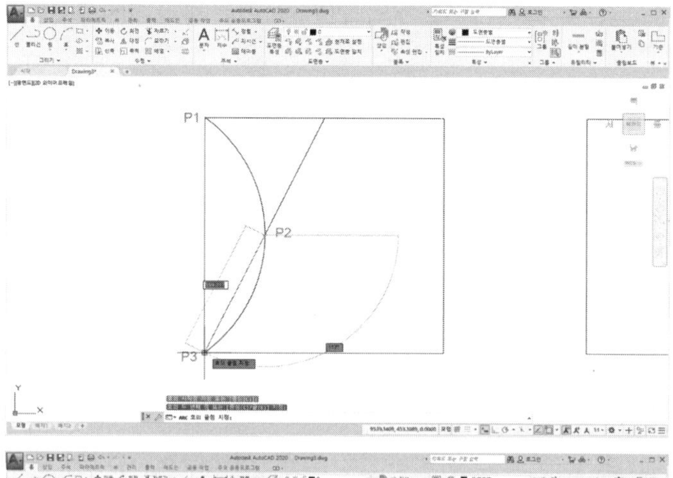

② 시작점을 지정한다.(P1 지정)

③ 두 번째 점을 지정한다.(P2 지정) 이때 'P2'는 사선의 '중간점(Midpoint)'이 된다.

④ 끝점을 지정한다.(P3 지정)

두 번째 호를 작성하는 방법도 동일하다.

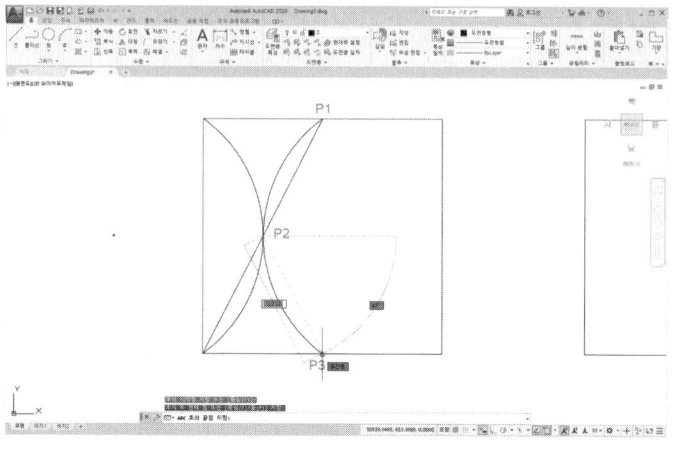

① [3점] 도구를 실행한다.

② 시작점을 지정한다.(P1 지정)

③ 두 번째 점을 지정한다.(P2 지정)

④ 끝점을 지정한다.(P3 지정)

세 번째 호 역시 그리는 방법은 동일한데, P2점을 지정할 때 선택할 수 있는 참조 도형이 없으므로 좌표를 입력하여 작성한다.

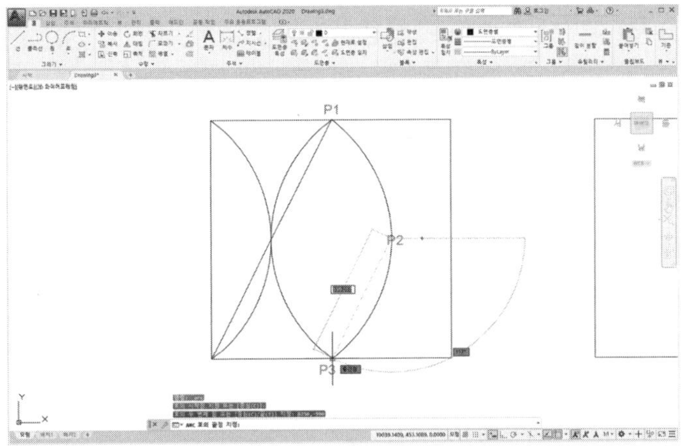

① [3점] 도구를 실행한다.

② 시작점을 지정한다.(P1 지정)

③ '250,-500'을 입력하여 두 번째 점을 지정한다.(P2 지정)

④ 끝점을 지정한다.(P3 지정)
네 번째 호 역시 동일한 방법으로 작성하여 예제를 완성한다.

결과는 다음과 같다.

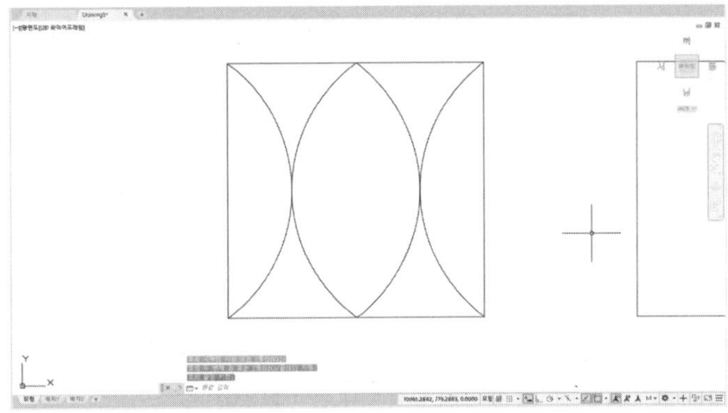

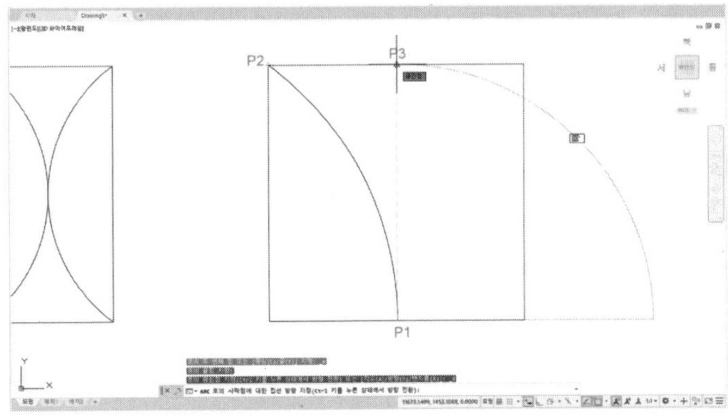

① [시작점, 끝점, 방향] 도구 실행

② 시작점을 지정한다.(P1 지정)

③ 호의 끝점을 지정한다.(P2 지정)

④ 호의 시작점에 대해 접선방향을 마우스를 이용하여 지정한다.(P3점 지정)

나머지 호들도 동일하게 '시작점, 끝점, 방향' 도구를 이용해서 작성하면 된다. 위치만 바뀔 뿐 방법은 모두 동일하다.

완성된 결과는 다음과 같다.

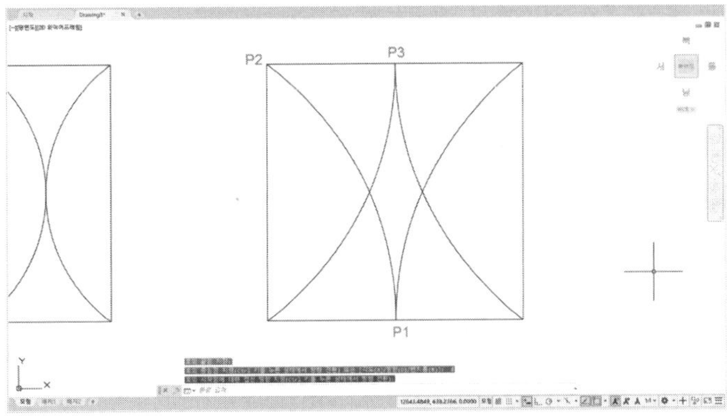

① [시작점, 끝점, 방향] 도구 실행

② 시작점을 지정한다.(P1 지정)

③ 호의 끝점을 지정한다.(P2 지정)

④ 호의 시작점에 대해 접선방향을 마우스를 이용하여 지정한다.(P3점 지정)

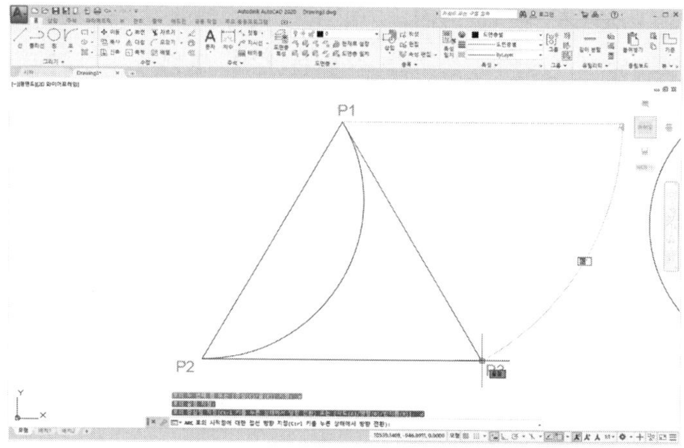

나머지 두 개의 호를 동일한 방법으로 작성한다.

완성된 결과는 다음과 같다.

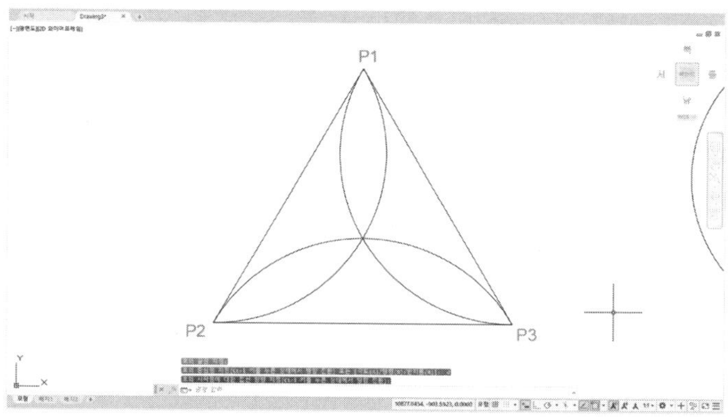

여섯 번째 예제는 선택 가능한 점이 원의 중심점과 사분점 밖에 없다. 따라서 반원의 두 끝점을 지정할 때 중심점과 사분점을 각각 이용하기 때문에 호를 작성하는 여러 도구들 중 '시작점'과 '끝점'을 선택할 수 있는 도구를 사용하면 된다.

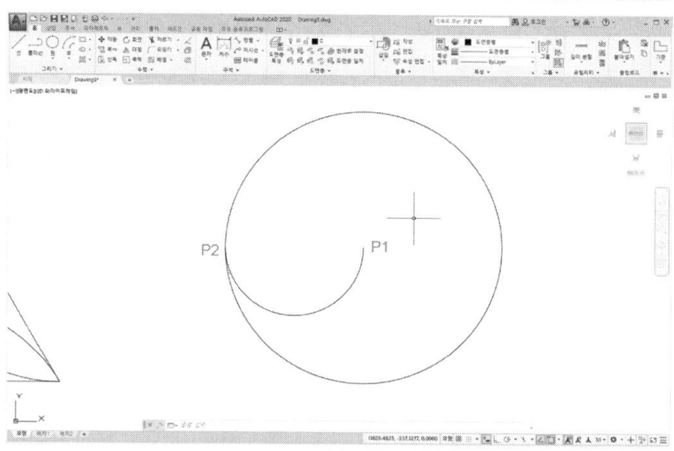

① [시작점, 끝점, 각도] 도구 실행

② 시작점을 지정한다.(P1 지정)

③ 호의 끝점을 지정한다.(P2 지정)

④ 포함각을 지정한다.('−180' 입력)

포함각 '−180'을 주게 됨으로써 시계방향의 호를 작성할 수 있게 된다.

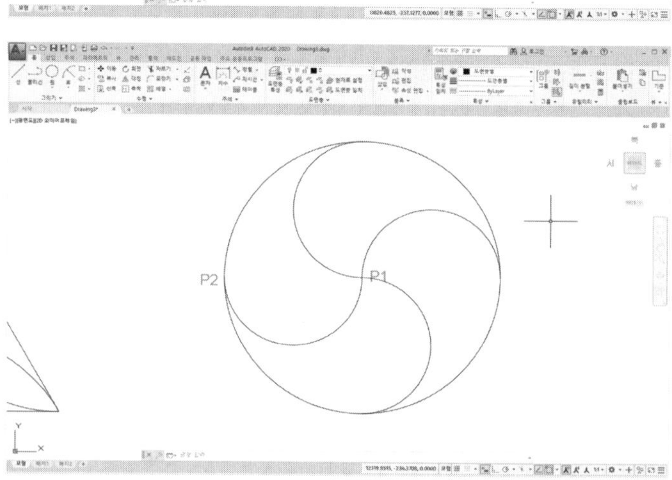

나머지 호는 [시작점, 끝점, 반지름] 도구로도 작성해 본다. 완성된 결과는 다음과 같다.

EXERCISE 10 내접하는 타원 그리기

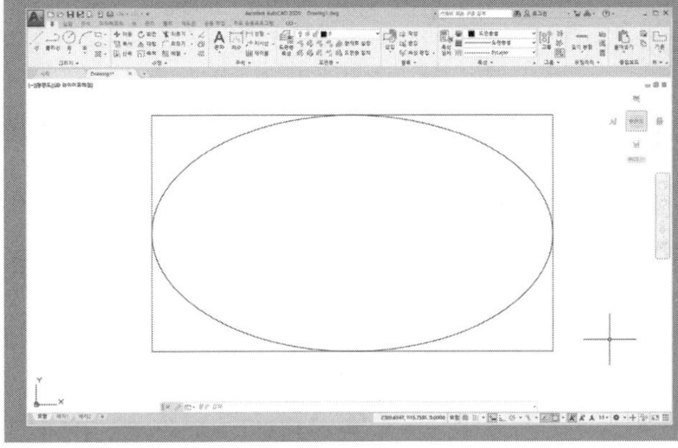

학습목표
- 타원을 그릴 수 있다.
- 직사각형에 내접하는 타원을 그릴 수 있다.
- 타원형 호를 그릴 수 있다.

새로운 도구/기능
- 홈 탭 → 그리기 패널 → 타원
- 명령어 행 : ellipse Enter↵, el Enter↵

중요한 도구/기능
- 반시계방향(CCW)

#Ellipse #Elliptical Arc #Axis #Axis End #Center #Start Angle #End Angle

타원(Ellipse)의 요소

타원(Ellipse)이나 타원형의 호(Elliptical Arc)를 그리는 도구다. 두 도구는 동일한 명령어 내에서 실행할 수 있는데 리본 메뉴의 도구를 사용하면 편리하게 분리해서 실행할 수 있다.

타원을 작성하기 위해서는 '홈 탭 → 그리기 패널 → 타원'에 포함된 도구들 중 하나를 선택하여 실행한다. 다음은 타원에 포함된 도형 요소들이다.

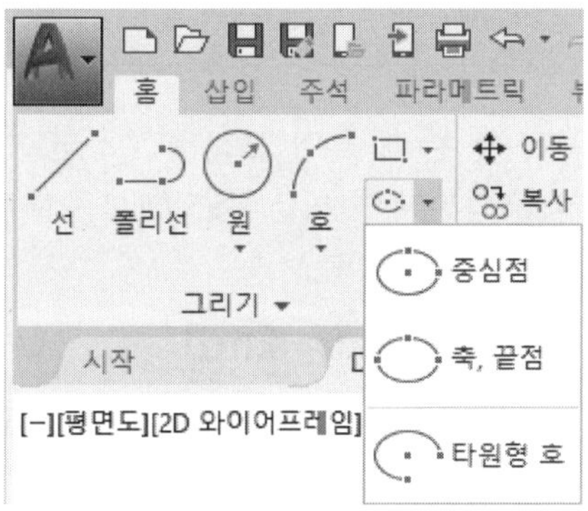

중심점(Center) : 타원의 중심점
축(Axis) : 타원의 중심을 지나는 최단 또는 최장 거리의 직선
타원 축의 끝점(Axis End) : 축의 양쪽 끝점

원과 비교해 본다면 타원도 중심을 가지고 있으나 중심에서 타원 모서리까지 거리가 제각각 달라 반지름을 정의할 수 없다. 이를 대신하여 중심에서 가장 가까운 거리와 가장 먼 거리가 존재하는데 이 직선이 바로 타원을 형성하는 두 축(Axis)이 된다. 두 축은 상호 직교하며 교차하고 있고, 두 축의 교차점이 타원의 중심이 된다.

① 타원 그리기를 위해 한 변의 길이가 1,000, 다른 변의 길이가 600인 직사각형을 작성하여 이 직사각형에 내접하는 타원을 그리도록 한다.

② 설명의 편의를 위해 각 모서리의 중간점(Midpoint)을 연결하는 직선을 작성한다. 직선이 만나는 교차점을 P0으로 정의하고, 각 모서리의 중간점을 P1, P2, P3, P4로 정의한다.

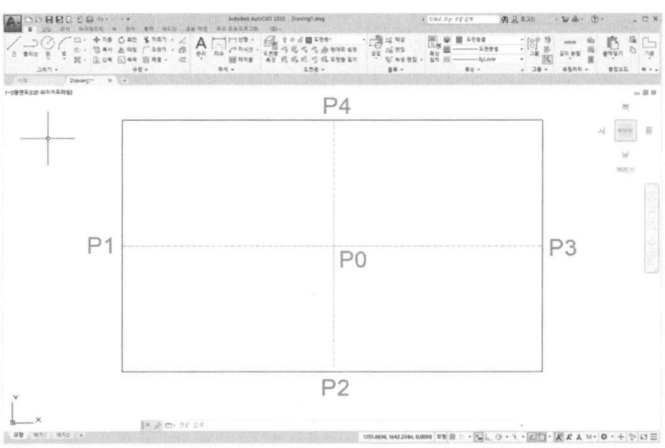

중심점(Center)

중심점(Center Point)을 지정하고, 중심에서 타원의 축 끝점까지 거리와 방향을 지정, 그리고 중심에서 다른 축까지의 거리를 지정(또는 입력)하여 타원을 작성한다.

① [중심점] 도구 실행

② 타원의 중심을 지정한다.(P0 지정)

③ 첫 번째 축의 끝점을 지정한다.(P1점을 지정)

④ 다른 축의 끝점까지 거리를 지정한다.(P4 지정 또는 거리 '300' 입력)

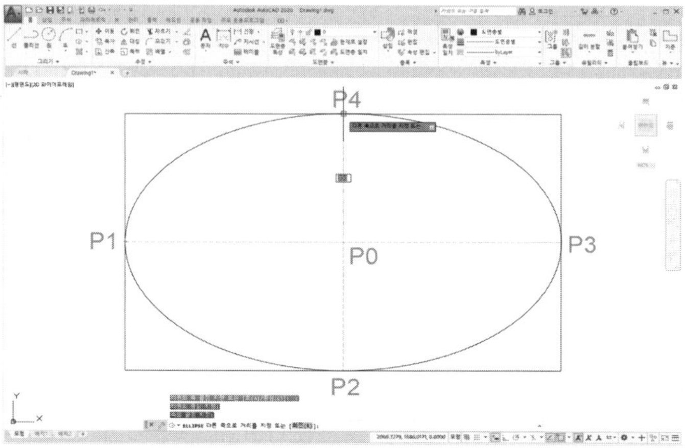

만약 첫 번째 축의 끝점을 'P4'로 지정하였다면 'P4–P2'를 연결하는 직선이 첫 번째 축이 되고, 다른 축의 끝점까지 거리는 중심에서 P1까지의 길이, 즉 '500'이 된다.

축, 끝점(Axis, End)

타원의 첫 번째 축을 정의하고, 정의된 축의 가운데 점(타원의 중심)에서 다른 축 끝점까지 거리를 지정하여 타원을 작성한다.

① [축, 끝점] 도구 실행

② 타원을 구성하는 첫 번째 축의 끝점을 지정한다.(P1 지정)

③ 첫 번째 축의 다른 끝점을 지정한다.(P3 지정)

④ 타원의 중심에서부터 두 번째 축의 끝점까지 거리를 지정한다.(P4 지정 또는 거리 '300' 입력)

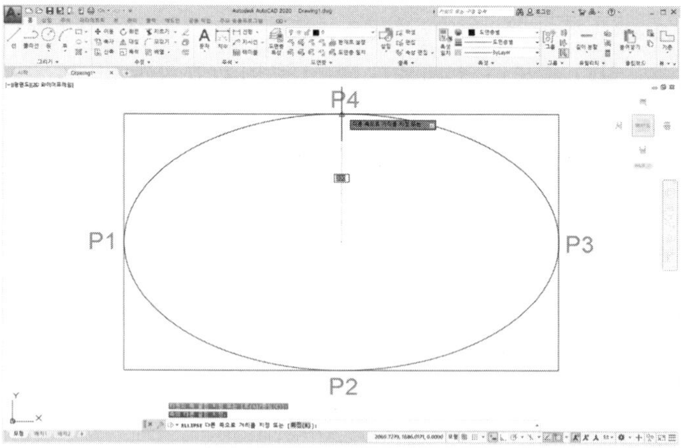

역시 가장 먼저 선택해야 하는 '첫 번째 축의 끝점'을 'P4'로 선택하였다면 '첫 번째 축의 다른 끝점'은 'P2'가 되고 '타원의 중심에서부터 두 번째 축의 끝점까지 거리'는 'P1까지의 길이', 즉 '500'이 된다.

살펴본 바와 같이 타원에서는 축의 순서나 우위가 없고, 먼저 정의하는 축이 첫 번째 축이 되고 나머지 축이 두 번째 축이 된다.

타원형 호(Elliptical Arc)

타원형 호는 타원의 일부만을 작성하는 도구이다. 앞에서 설명한 방법으로 타원을 먼저 작성하고 타원형 호의 '시작점'과 '끝각도'를 지정하여 작성한다. 타원을 작성하는 방법은 '축, 끝점(Axis, End)' 방식이 기본적으로 설정되어 있다.

① [타원형 호] 도구 실행
② 타원을 구성하는 첫 번째 축의 끝점을 지정한다.(P1 지정)
③ 첫 번째 축의 다른 끝점을 지정한다.(P3 지정)
④ 타원의 중심에서부터 두 번째 축의 끝점까지 거리를 지정한다.(P4 지정)

여기까지는 [축, 끝점] 도구를 이용해 타원을 작성하는 과정과 동일하다. 이제 이 형태의 타원에서 어디서 어디까지를 남겨 타원형 호를 작성할 것인지 지정하게 된다.

⑤ 타원형 호의 시작점을 지정한다.(P3 지정) P3점을 지정하는 것은 0도를 지정하는 것과 동일하다.

⑥ 타원형 호의 끝각도를 지정한다.(P1 지정 또는 180도 입력)

반시계방향으로 타원형 호가 그려지는 것을 확인할 수 있다.

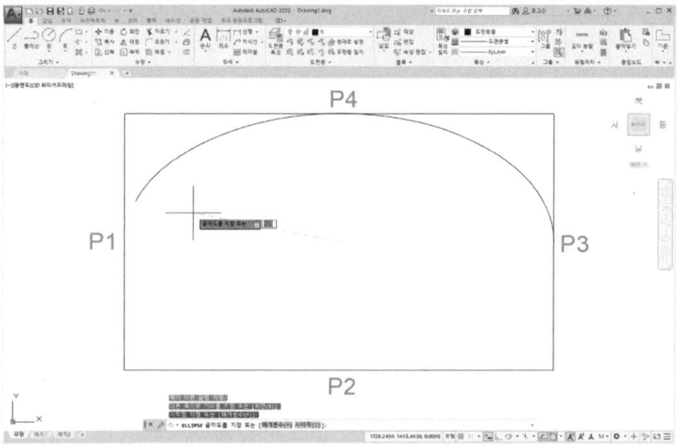

만약 아래쪽의 타원형 호를 만들려고 했다면 앞의 과정은 모두 동일한데, '타원형 호의 시작점 지정'에서 'P1'을 선택하고 '타원형 호의 끝각도 지정'에서 'P3'을 지정하면 된다.

EXERCISE 11 타원그리기 종합예제

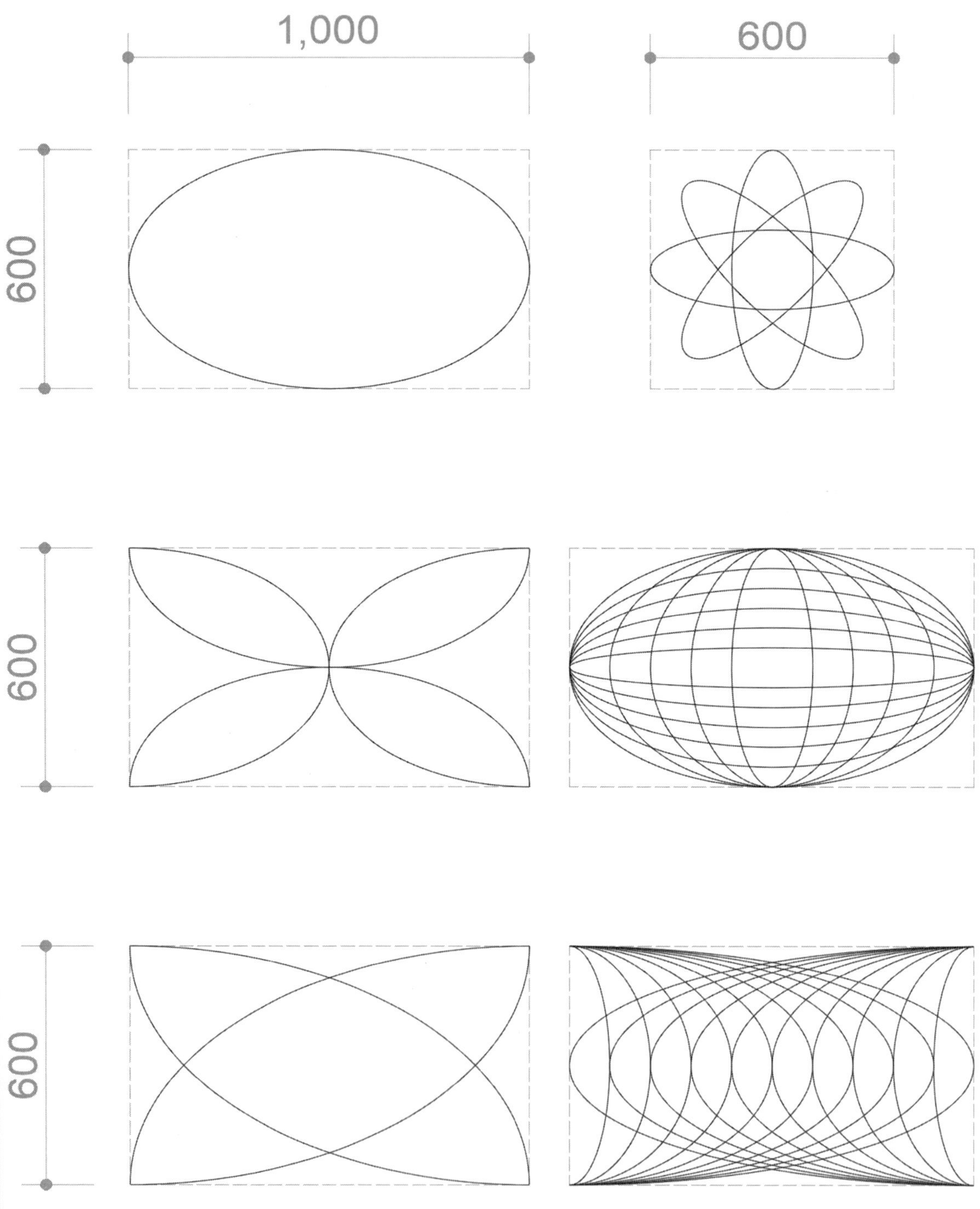

타원 그리기 종합예제(Exercise 11 두 번째 예제)

모두 네 개의 타원으로 구성되어 있는데 수직, 수평의 타원은 앞서 배운 내용과 큰 차이가 없어 어려움 없이 완성할 수 있다. 다만, 기울어진 타원의 경우 마우스를 이용해 축의 끝점을 지정할 수 없기 때문에 좌표를 이용해 작업해야 한다.

STOP! **여기서 잠깐 !** 아래의 작업과정을 보기 전에 스스로 완성해 본다. 완성 후 책에서 제시하는 방법과 비교해 보면서 스스로 최적의 방법을 찾아본다.

① 한 변의 길이가 '600'인 정사각형을 작성한다.

② [축, 끝점] 도구 실행

③ 타원을 구성하는 첫 번째 축의 끝점을 지정한다.(P1 지정, 중간점 이용)

④ 첫 번째 축의 다른 끝점을 지정한다.(P2 지정, 중간점 이용)

⑤ 타원의 중심에서부터 두 번째 축의 끝점까지의 거리인 '100'을 입력 후 [Enter↵]

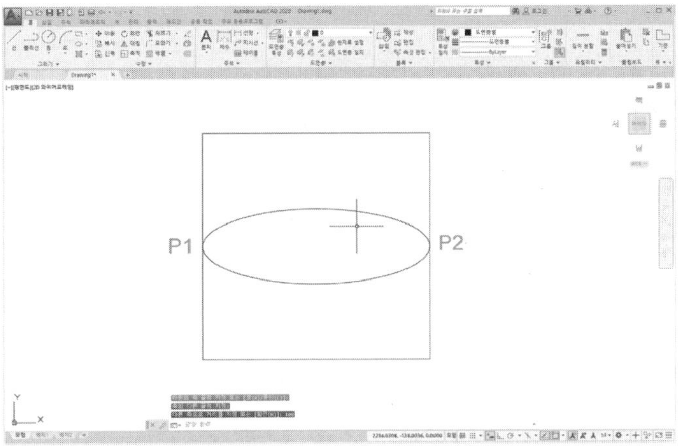

기울어진 타원의 경우 [중심점] 도구를 이용해서 작성하는데, 중심점은 앞서 작성한 타원의 중심을 지정하고 '첫 번째 축의 끝점'은 짧은 축의 끝점 또는 긴 축의 끝점 모두 좌표를 이용해 지정할 수 있다.

① [중심점] 도구 실행

② 타원의 중심을 지정한다.(P0 지정)

③ 첫 번째 축의 끝점을 좌표로 지정한다. '100<45'를 입력하고 [Enter↵]

④ 다른 축의 끝점까지의 거리를 지정한다. '300'을 입력하고 [Enter↵]

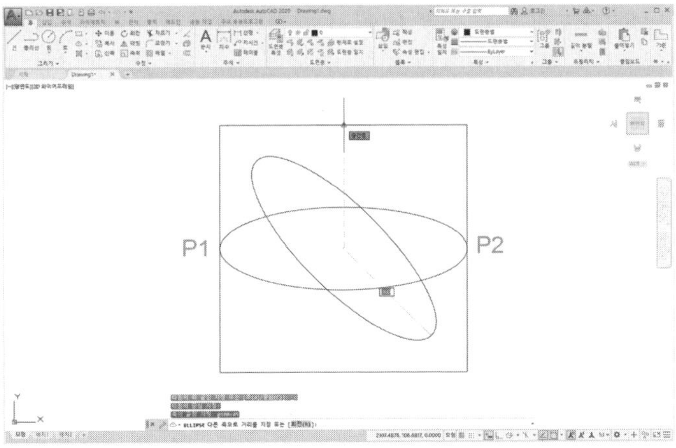

첫 번째 축의 끝점을 지정할 때 '300<45'를 줄 수도 있다. 이때 '다른 축의 끝점까지의 거리'는 '100'이 된다.
동일한 방법으로 나머지 2개의 타원을 작성하여 두 번째 예제를 완성한다.

타원 그리기 종합예제(Exercise 11 세 번째 예제)

세 번째, 다섯 번째 예제는 타원형 호를 각각 4방향으로 작성하는 연습이다. 세 번째 예제는 반타원을 이용하고, 다섯 번째 예제는 사분타원을 이용해 작성한다.

① [타원형 호] 도구 실행

② 타원을 구성하는 첫 번째 축의 끝점을 지정한다.(P1 지정)

③ 첫 번째 축의 다른 끝점을 지정한다.(P2 지정)

④ 타원의 중심에서부터 두 번째 축의 끝점까지 거리를 지정한다.(300 입력)

⑤ 타원형 호의 시작점을 지정한다.(P2 지정)

⑥ 타원형 호의 끝각도를 지정한다.(P1 지정)

동일한 작업방법을 위치만 바꿔 실행하면 나머지 타원형 호도 손쉽게 작성할 수 있다. 시계반대방향으로 작도됨에 유의하면서 반복 연습한다.

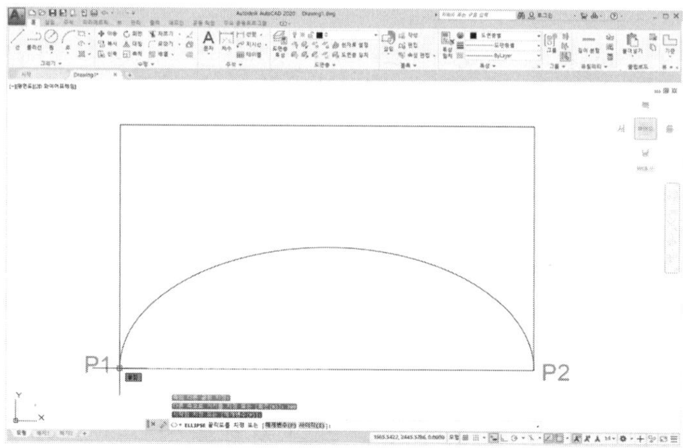

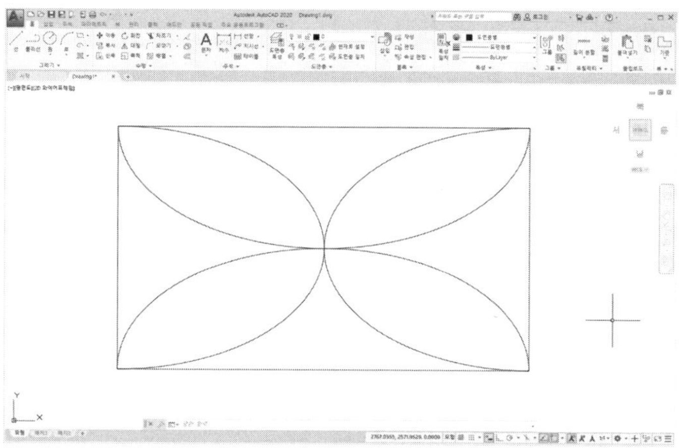

다섯 번째 예제의 경우 타원형 호를 실행했을 경우 디폴트로 요구하는 '첫 번째 축의 끝점'을 지정해서는 작성할 수가 없다. 사분타원이다 보니 한쪽 끝점은 있지만 다른 끝점은 주어진 직사각형 내에서는 선택할 수 없다. 따라서 디폴트가 아닌 옵션에서 '중심(Center)'으로 직접 변경해서 작업해야 한다.

① [타원형 호] 도구 실행

② 마우스 오른쪽 버튼을 클릭하여 '중심' 선택(또는 명령어 행에서 '중심(C)'을 클릭해도 된다. 키보드로 c[Enter↵]도 가능하다)

③ 타원의 중심을 지정한다.(P1 지정)

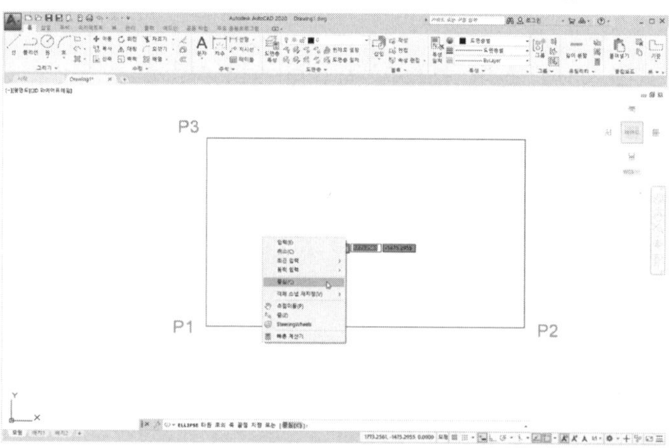

④ 첫 번째 축의 끝점을 지정한다.(P2점을 지정)

⑤ 다른 축의 끝점까지 거리를 지정한다.(P3 지정 또는 거리 '600' 입력)

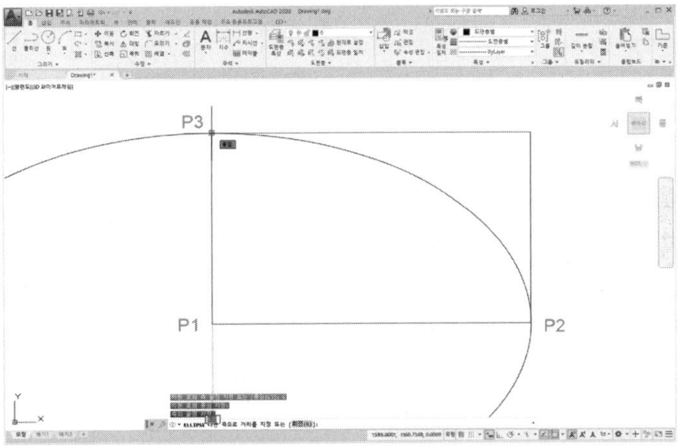

⑥ 타원형 호의 시작점을 지정한다.(P2 지정)

⑦ 타원형 호의 끝각도를 지정한다.(P3 지정)

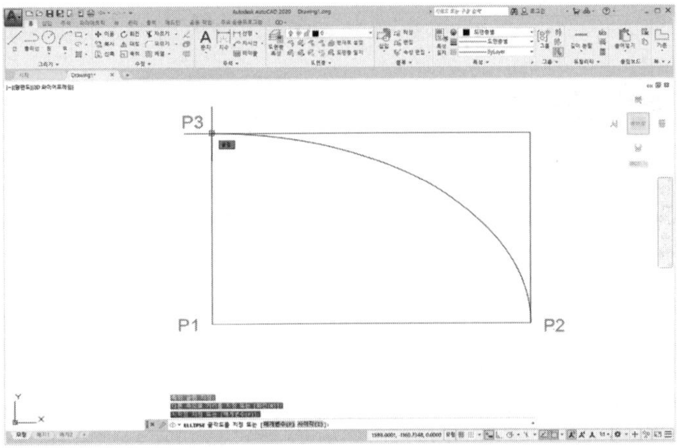

⑧ 동일한 방법으로 나머지 세 개의 사분타원을 작성한다.

완성된 결과는 다음과 같다. 타원형 호의 시계반대방향에 유의하면서 시작점을 지정한다면 큰 어려움 없이 완성할 수 있다.
같은 작업을 반복하지만 정말 익숙해질 때까지 계속해서 연습해야 한다.

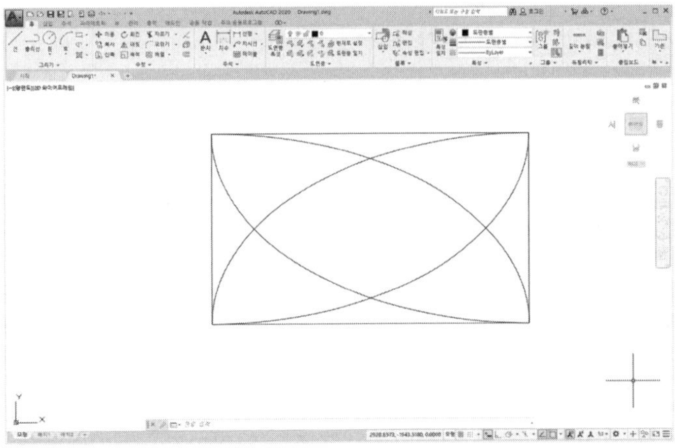

EXERCISE 12 화살표 그리기

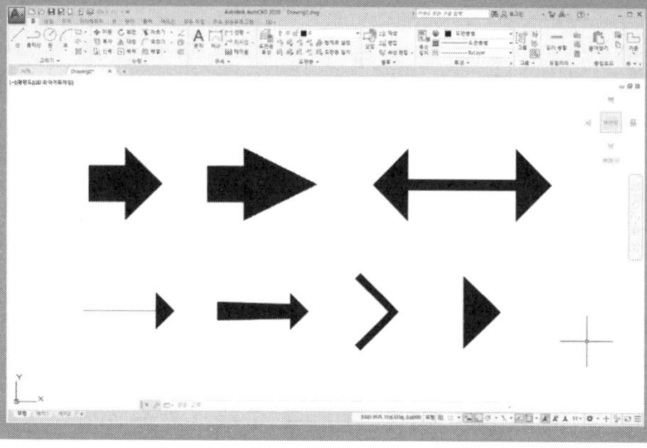

학습목표
- 폴리선을 그릴 수 있다.
- 폭을 가지는 두꺼운 폴리선을 그릴 수 있다.
- 폴리선을 이용하여 화살표와 같은 다양한 도면기호를 그릴 수 있다.

새로운 도구/기능
- 홈 탭 → 그리기 패널 → 폴리선
- 명령어 행 : pline Enter↵, pl Enter↵ (소문자 L)

중요한 도구/기능
- XY좌표계, 극좌표계, 호(Arc) 그리기 옵션

#Pline #Close #Width #Segment #Vertex

폴리선(Polyline)의 요소

2차원 폴리선(Polyline)을 작성하는 도구이다. 폴리선은 단일객체로 직선과 호의 연속적인 세그먼트를 작성하며 일정한 두께를 갖는 직선 또는 곡선이나 두께가 다른 형태로도 작성할 수 있으며, 분절된 세그먼트를 부분적으로 편집할 수도 있다.

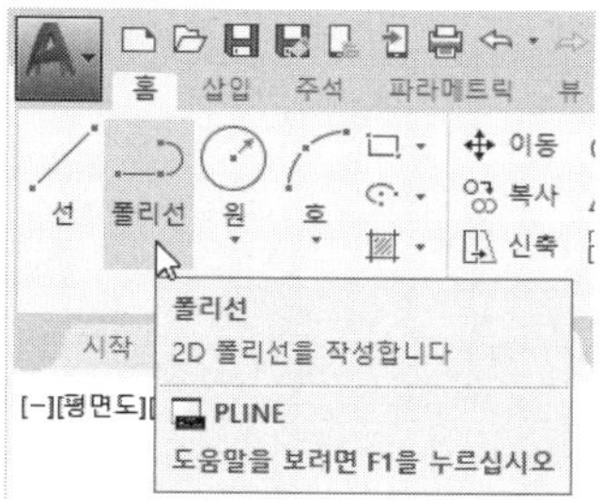

정점(Vertex) : 폴리선 각 마디(세그먼트)의 양 끝점
세그먼트(Segment) : 정점과 정점을 연결하는 직선 또는 곡선의 선분

폴리선으로 정사각형 그리기

폴리선 도구를 이용하여 한 변의 길이가 '1000'인 정사각형을 작성한다.

① [폴리선] 도구 실행
② 첫 번째 점(P1)을 임의로 지정한다.
③ 두 번째 점을 지정한다.(P2 지정, '1000,0' 입력)
④ 세 번째 점을 지정한다.(P3 지정, '0,1000' 입력)
⑤ 네 번째 점을 지정한다.(P4 지정, '–1000,0' 입력)
⑥ '닫기(C)' 옵션으로 마지막 마디를 작성한다.('c' 입력)

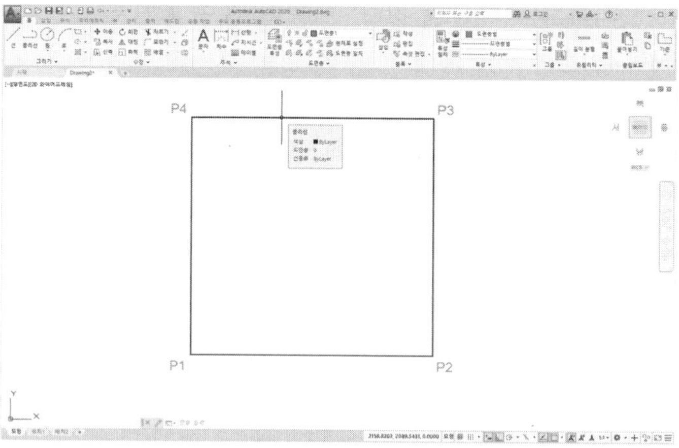

작성된 결과는 1개의 객체(4개의 세그먼트)로 구성되어 있다. 마우스를 이용해 정사각형을 선택하면 폴리라인은 한 번에 모두 선택되는 것을 확인할 수 있다.

폭, 반폭(Width, Halfwidth)

폭(W), 반폭(H) 옵션을 이용하면 폭을 가지는 폴리선을 작성할 수 있다. 대부분의 경우 폭(W)을 사용한다. '폭(W)'이 '100'이며 한 변의 길이가 '1000'인 정사각형을 폴리선으로 다시 작성한다.

① [폴리선] 도구 실행

② 첫 번째 점을 지정한다.(P1 지정)

③ 마우스 오른쪽 버튼을 클릭하면 바로가기 메뉴가 나타난다. '폭(W)'을 선택한다.(또는 명령어 행에서 '폭(w)' 옵션을 클릭하거나 키보드에서 'w'를 입력하고 Enter↵를 눌러도 된다.)

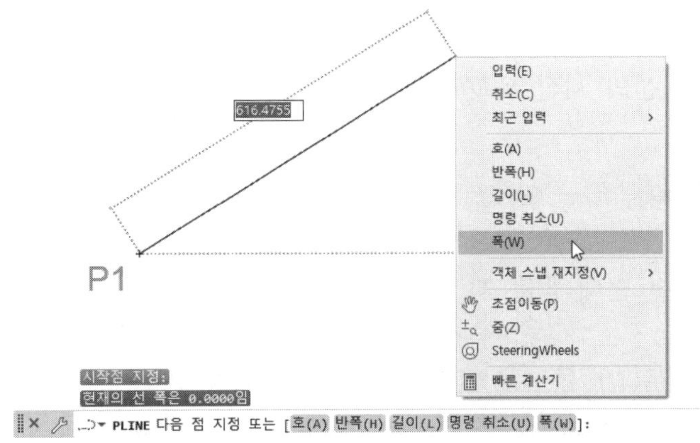

④ 시작 폭을 지정한다.('100'입력 Enter↵)

시작 폭 지정 <0.0000>: 100

⑤ 끝 폭을 입력한다.('100'입력 Enter↵, 시작 폭에서 입력한 값이 유지되어 있으므로 바로 Enter↵를 눌러도 된다.)

끝 폭 지정 <100.0000>: 100.0000

⑥ 마우스를 드래그하면 폭을 가진 폴리라인이 나타난다.

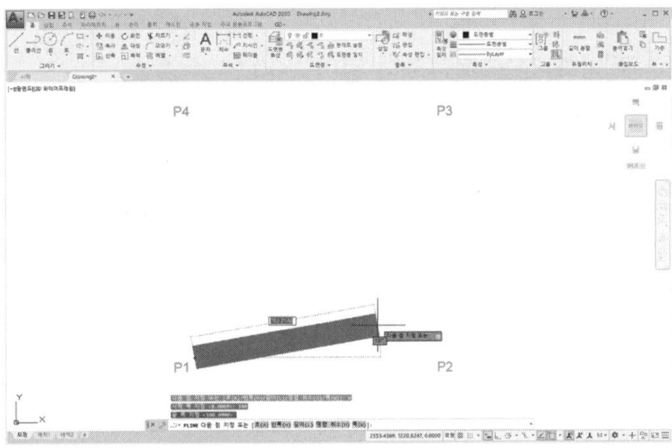

⑦ 두 번째 점을 지정한다.(P2 지정, '1000,0' 입력)

⑧ 세 번째 점을 지정한다.(P3 지정, '0,1000' 입력)

⑨ 네 번째 점을 지정한다.(P4 지정, '−1000,0' 입력)

⑩ '닫기(C)' 옵션으로 닫기를 실행한다.

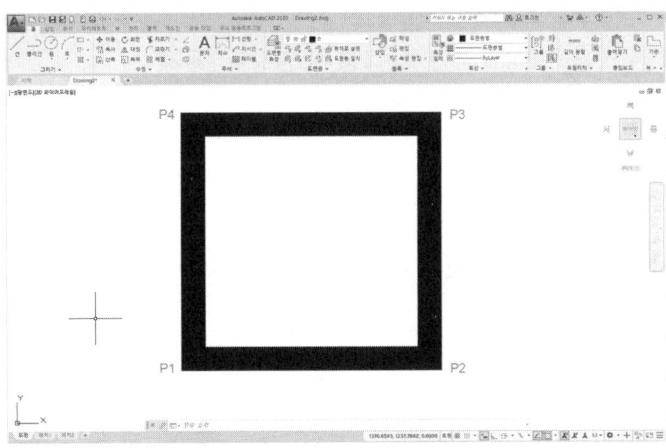

마지막 작업에서 '닫기(C)' 옵션을 이용하지 않고 객체 스냅을 이용하거나 좌표를 지정해 끝점을 지정하면 P1에서 폴리라인이 깨져 보인다.

'닫기(C)' 옵션으로 작성한 정사각형은 시작점과 끝점이 동일한 점이 되어 닫힌(Closed) 도형이지만, 직접 점을 지정한 경우 시작점과 끝점은 별개이며, 다만, 동일한 좌표에 위치한 것으로 열린(Open) 도형이 된다.

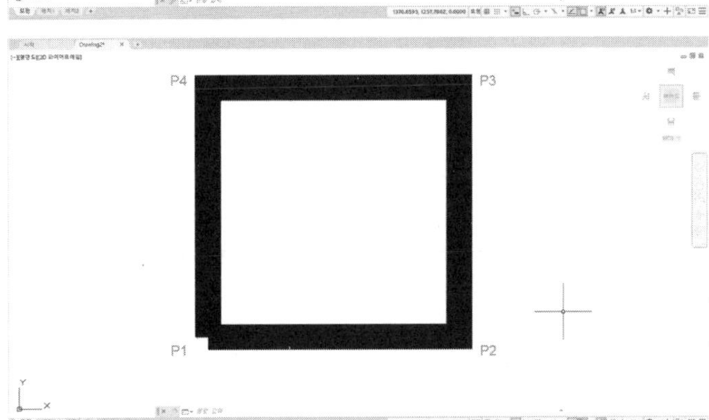

폴리선으로 화살표 그리기

폴리선의 시작 폭과 끝 폭을 다르게 지정하여 특수한 형태의 선을 작성할 수 있다.

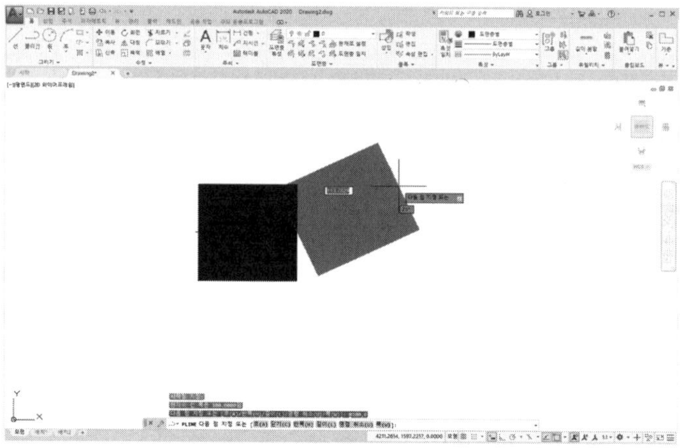

① 폴리선 도구 실행

② 첫 번째 점을 지정한다.(임의의 점)

③ '폭(W)' 옵션을 실행하여 시작 폭과 끝 폭을 '100'으로 지정한다.

④ 두 번째 점을 지정하여 길이 '100'인 수평선을 작성한다. 마우스를 드래그하면 계속해서 폭이 '100'인 직선이 나타난다.

⑤ 다시 '폭(W)' 옵션을 실행한다.

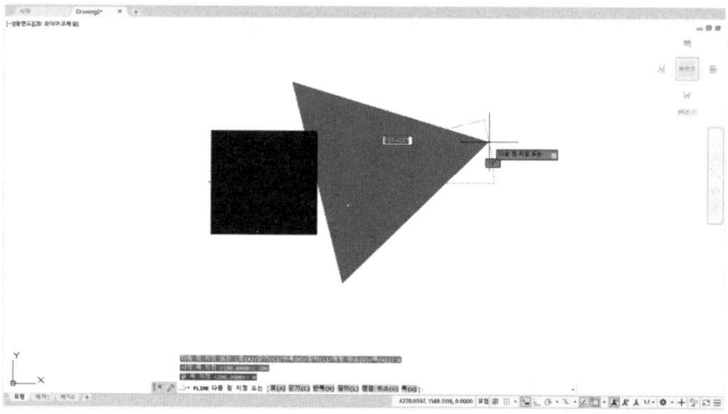

⑥ 시작 폭을 '200'으로 지정한다.

시작 폭 지정 <100.0000>: 200

⑦ 끝 폭을 '0'으로 지정한다.

끝 폭 지정 <200.0000>: 0

마우스를 드래그하면 삼각형 모양으로 폴리선의 세그먼트가 나타난다.

⑧ 세 번째 점을 지정하여 길이 '100'인 수평선을 작성한다.

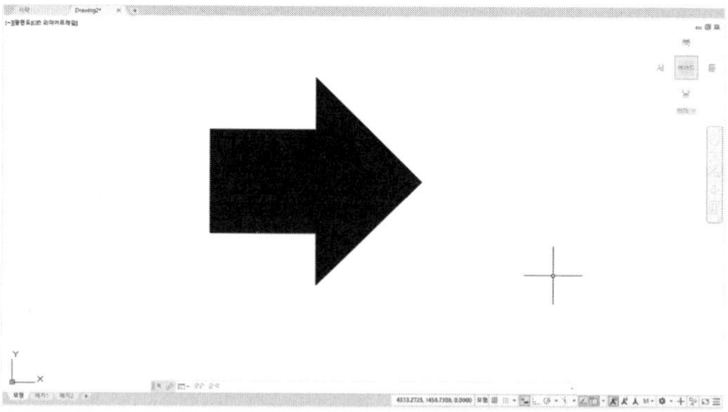

⑨ Enter↵를 눌러 폴리선 명령을 종료한다.

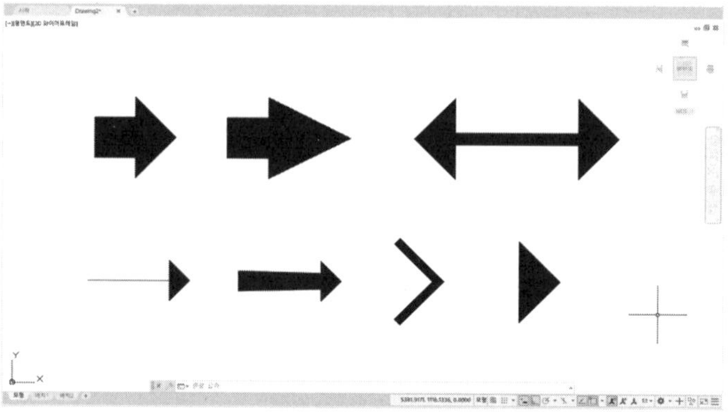

이 결과 화살표 모양이 된다. 폴리선의 가장 중요한 용도는 폭을 가지는 선을 이용해 도면 선의 강약을 조절하는 것이다. 또한 화살표와 같이 도면의 기호들을 작성하는데도 이용될 수 있다.

'시작 폭'과 '끝 폭'을 조절하여 다양한 화살표를 만들 수 있다.

곡선 폴리선

폴리선 도구는 직선 폴리선뿐만 아니라 곡선(호) 폴리선도 작성할 수 있으며, 직선과 곡선을 번갈아가며 작업할 수도 있다.

① 폴리선 도구 실행

② 첫 번째 점(P1)을 임의로 지정한다.

③ 폴리선의 폭을 '50'으로 변경한다.(시작 폭, 끝 폭 모두 '50')

④ 두 번째 점을 지정한다.('1000,0' 입력)

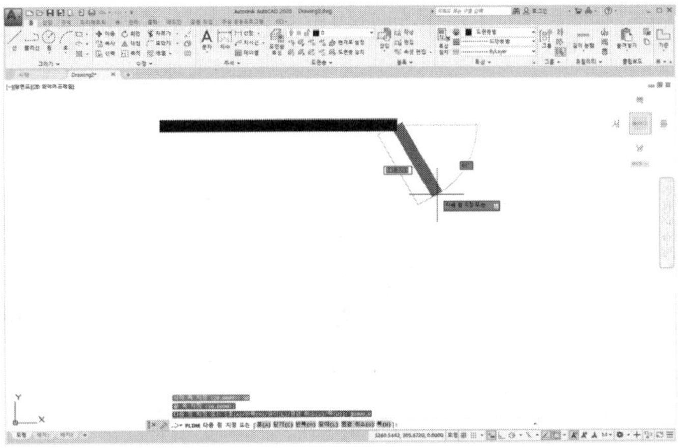

⑤ 마우스 오른쪽 버튼을 클릭하여 '호'를 선택한다.(명령어 행에서 호(a)를 클릭하거나, 키보드로 'a'를 직접 입력하고 Enter↵를 눌러도 된다.)

드래그되는 폴리선이 곡선으로 변경된 것을 확인할 수 있다.

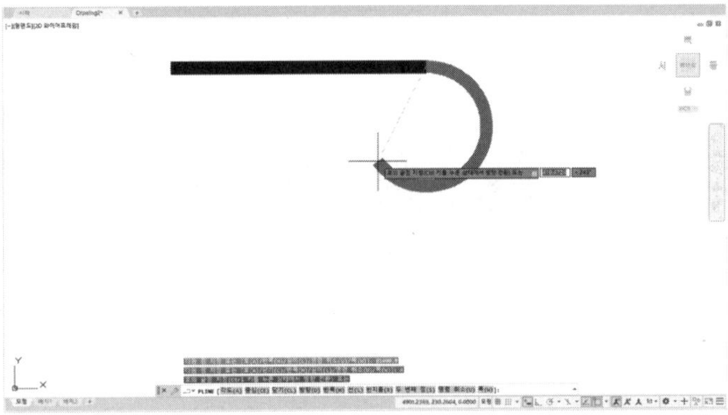

⑥ 기본적으로 호의 끝점을 지정하게 되는데 '0,−250'으로 지정하면 다음과 같이 반원이 생성된다. 폴리선은 계속해서 곡선을 이어서 그릴 수 있다.

⑦ 직선으로 변경하기 위해서는 '선(L)' 옵션을 실행한다.(마우스 오른쪽 버튼, 명령어 행 클릭, 직접 입력 가능)

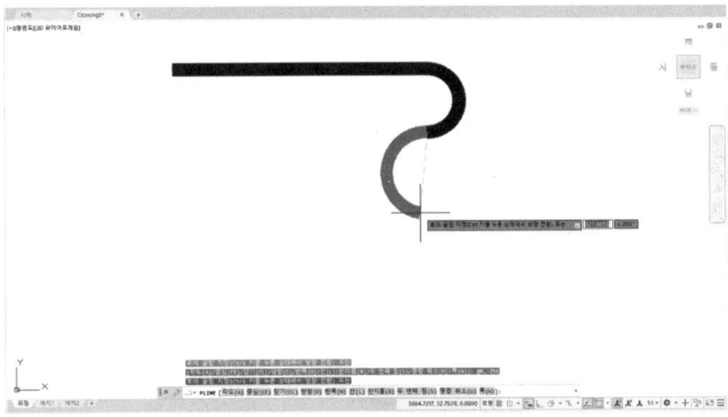

⑧ '−1000,0'으로 직선 세그먼트 작성

⑨ 반복하여 작업하면 다음과 같은 결과를 얻을 수 있다.

호의 형태 또는 방향을 다르게 하기 위해서는 호를 작성할 때 사용하는 다양한 옵션들을 이용해 작업할 수 있다.

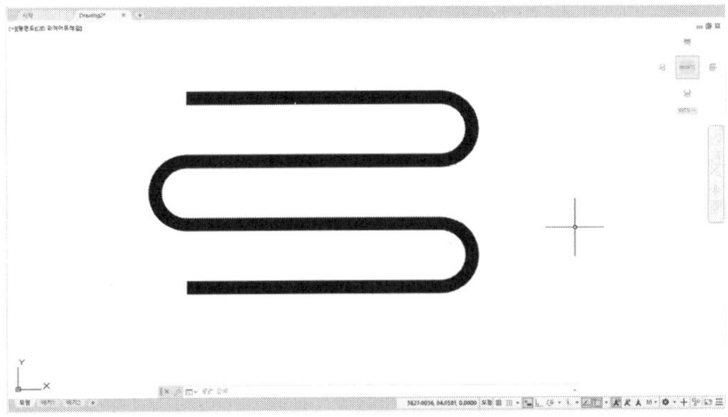

EXERCISE 13 폴리선 종합예제

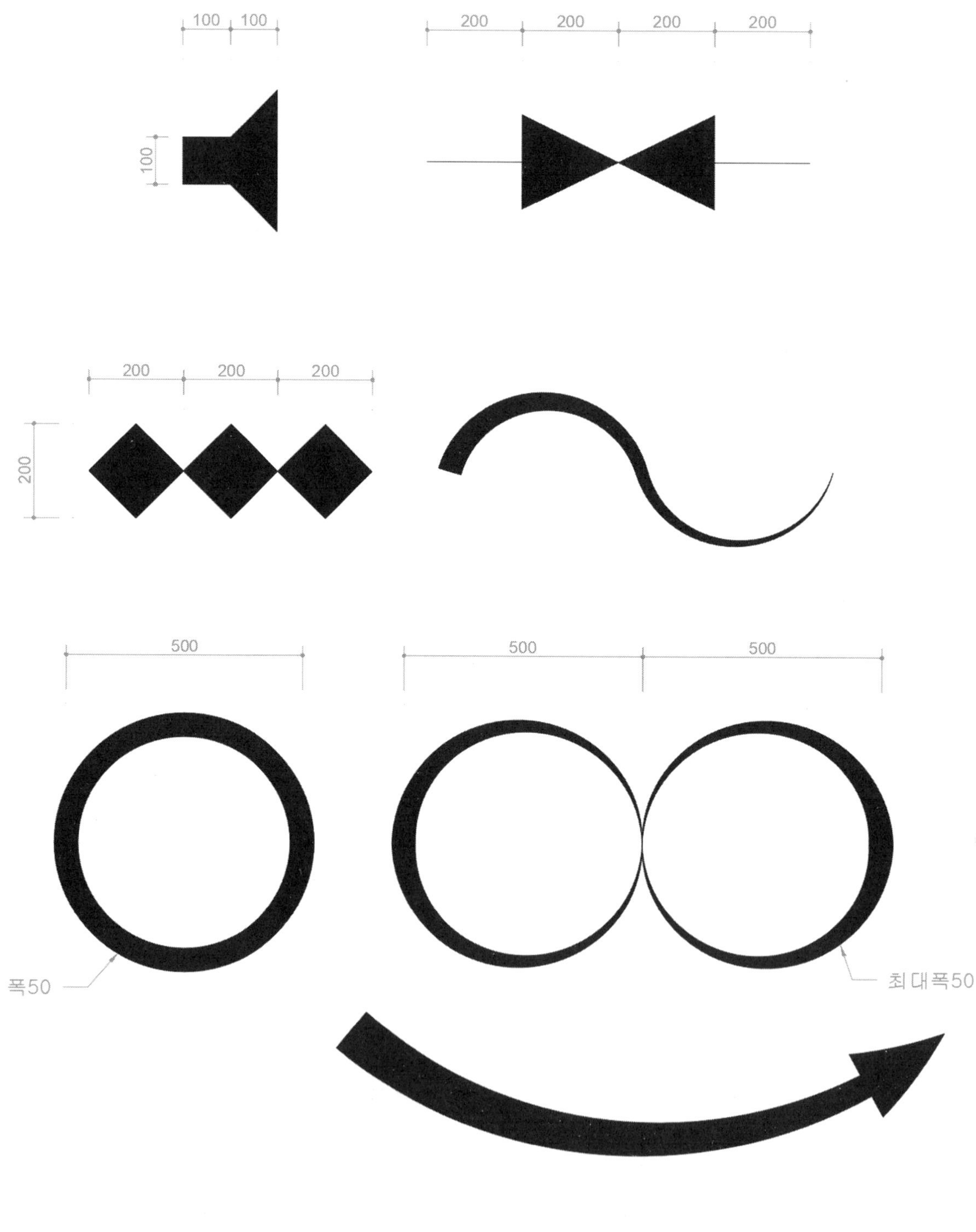

EXERCISE 14 직사각형으로 1인 소파 그리기

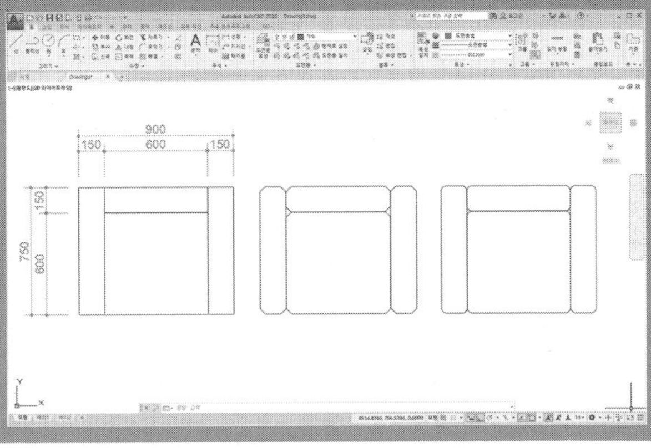

학습목표
- 직사각형을 그릴 수 있다.
- 직사각형의 모따기, 모깎기 옵션을 활용할 수 있다.

새로운 도구/기능
- 홈 탭 → 그리기 패널 → 직사각형
- 명령어 행 : rectangle Enter↵, rec Enter↵

중요한 도구/기능
- 상태 막대 → 사용자화 → 객체 스냅 추적

#Rectangle #Chamfer #Fillet #Object Snap Tracking

직사각형(Rectangle) 그리기

대각선 방향으로 마주보고 있는 두 개의 정점을 정의하여 직사각형을 작성하는 도구이다. 작성된 결과물은 닫힌 폴리선이 된다. 먼저 소파 시트에 해당되는 가로길이 600, 세로길이 600인 정사각형을 '직사각형' 도구로 작성한다.

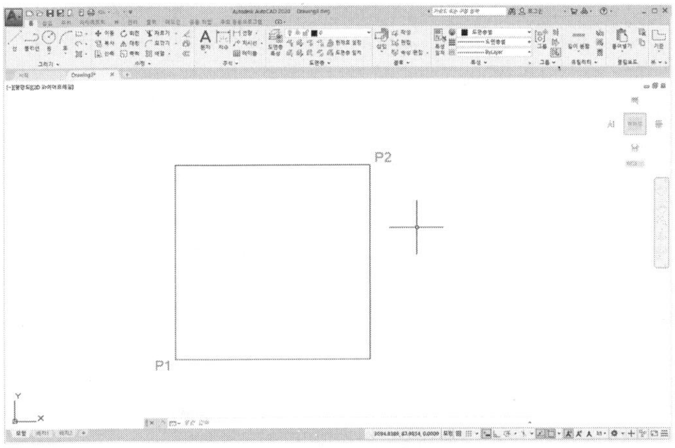

① [직사각형] 도구 실행

② 임의의 첫 번째 점을 지정한다.(P1 지정) 마우스를 드래그하면 직사각형의 형태가 나타난다.

③ 좌표를 입력하여 P2를 지정한다.('600,600' 입력 후 Enter↵)

한쪽 팔걸이를 작성한다.

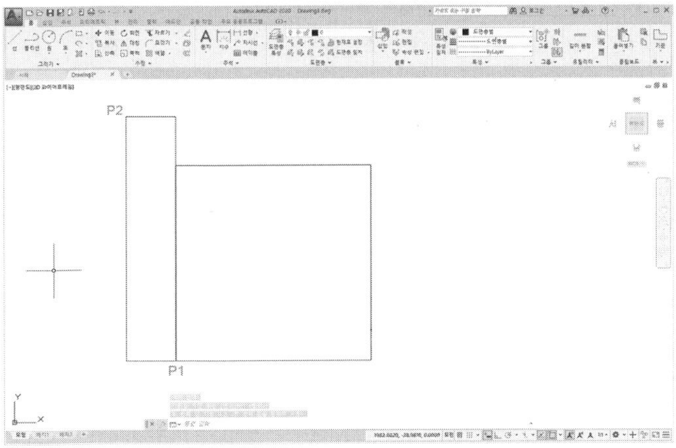

① [직사각형] 도구 실행

② 첫 번째 점을 지정한다.(P1 지정) 소파 시트의 끝점(Endpoint)을 객체 스냅(Osnap)으로 선택한다.

③ 좌표를 입력하여 P2를 지정한다.('–150,750' 입력 후 Enter↵)

나머지 팔걸이를 맞은편에 작성한 후 등받이 부분은 좌표입력 없이 객체 스냅만으로 작성한다.

① 직사각형 도구 실행

② 첫 번째 점을 지정한다.(P1 지정) 소파 시트의 끝점(Endpoint)을 객체 스냅(Osnap)으로 선택한다.

③ 좌표를 입력하여 P2를 지정한다.('–150,750' 입력 후 Enter↵)

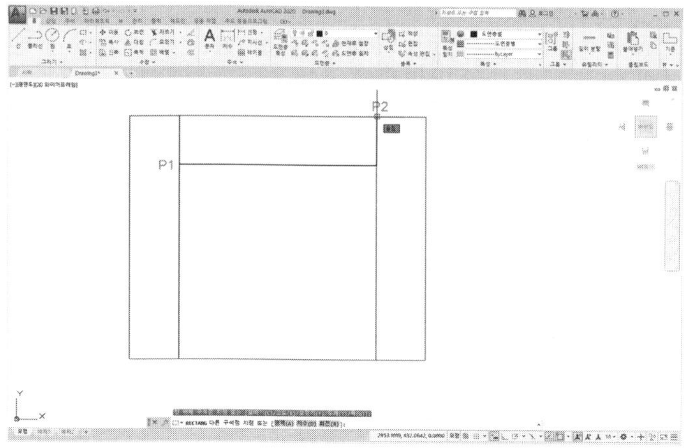

다음과 같이 1인용 소파가 완성되었다.

모따기 직사각형 그리기

계속해서 직사각형의 모서리를 모따기(Chamfer)한 결과물로 1인용 소파를 작성한다. 모따기 거리는 '30'으로 지정한다. 모따기 거리는 다르게 지정하여 비대칭 형태로 만들 수도 있다.

① 직사각형 도구 실행

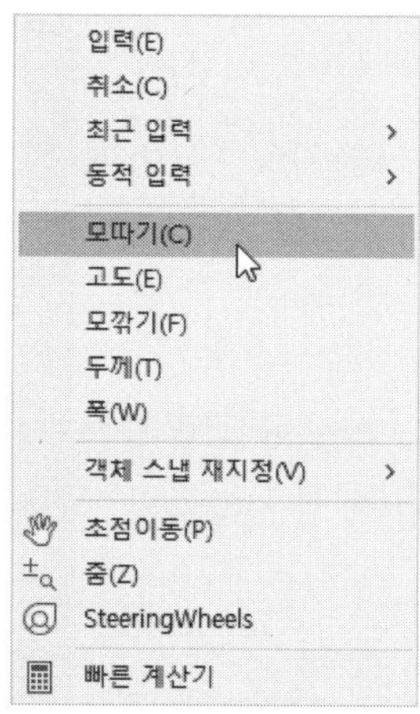

② 마우스 오른쪽 버튼을 클릭하여 바로가기 메뉴가 실행되면 '모따기(C)'를 선택한다.(명령어 행에서 클릭, 키보드로 입력도 가능)

③ '첫 번째 모따기 거리'를 지정한다.('30' 입력 후 Enter↵)

직사각형의 첫 번째 모따기 거리 지정 <0.0000>: 30

④ '두 번째 모따기 거리'를 지정한다.('30' 입력 후 Enter↵)

직사각형의 두 번째 모따기 거리 지정 <30.0000>: 30.0000

순서를 바꿔 팔걸이부터 작성한다.

⑤ 임의의 첫 번째 점을 지정한다.(P1 지정) 마우스를 드래그하면 모따기가 적용된 직사각형의 형태가 나타난다.

⑥ 좌표를 입력하여 P2를 지정한다.('150,750' 입력 후 Enter↵)

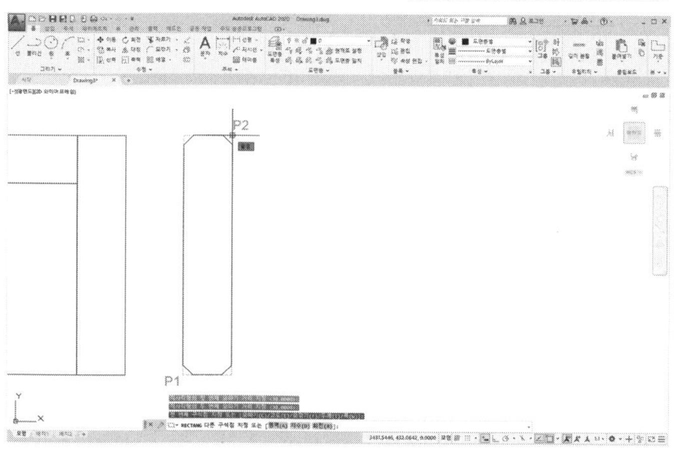

결과는 직사각형의 모든 모서리가 모따기되어 작성된다. 모따기 거리는 직사각형의 모서리에서 모따기가 되는 거리이다.

다음과 같이 모따기 거리는 모따기가 되지 않은 직사각형의 모서리 점 P1에서 모따기가 시작되는 지점까지의 거리이며, 이 두 길이는 서로 다르게 지정할 수 있다.

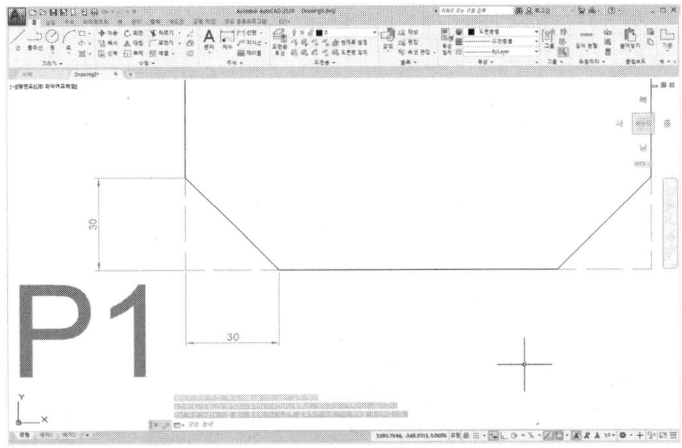

이제 다음 모따기가 된 직사각형을 작성하기 위해서는 가상의 모서리 꼭짓점을 지정해야 하는데, 그냥은 선택할 수 없고 객체 스냅 추적이 활성화된 경우 선택이 가능하다.

상태막대(Status Bar)에서 객체 스냅 추적(Object Snap Tracking)을 활성화한다.

① [직사각형] 도구 실행

② 마우스를 P1 끝점 위에 가져가면 객체 스냅을 인식하고 '끝점'이라는 툴 팁이 나타난다. 이때 마우스를 움직이면(선택하지 않는다) 초록색 점선이 나타나는데 이것이 바로 추적선(Tracking Line)이다.

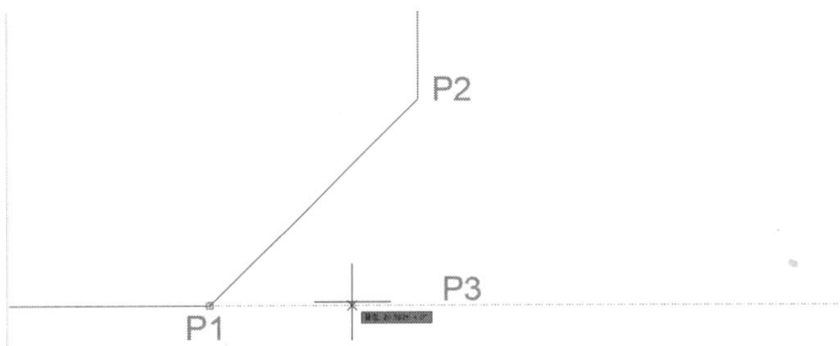

③ 계속해서 P2 점 위에 마우스를 가져가 끝점을 인식시켜 추적선을 따라가다 보면 첫 번째 추적선과 두 번째 추적선이 교차하는 점 P3을 지정할 수 있게 된다. 마우스를 클릭하면 P3을 정확하게 지정할 수 있다.

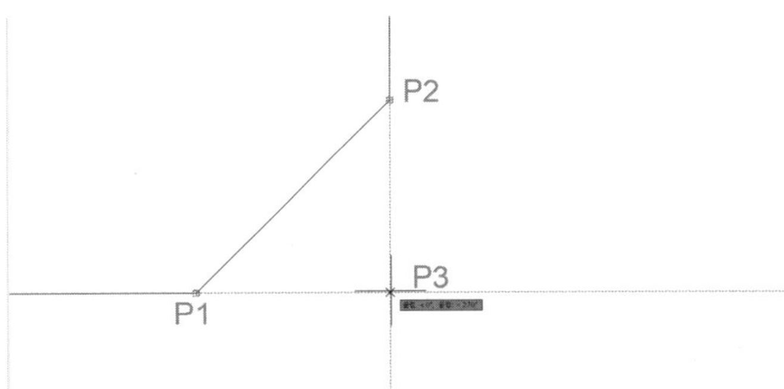

④ 직사각형의 대각선 모서리 점은 좌표를 지용해 지정한다.('600,600' 입력 후 [Enter↵])

⑤ 동일한 방법으로 모서리를 지정하고 좌표로 직사각형을 완성해서 소파를 만든다. 완성된 결과는 다음과 같다.

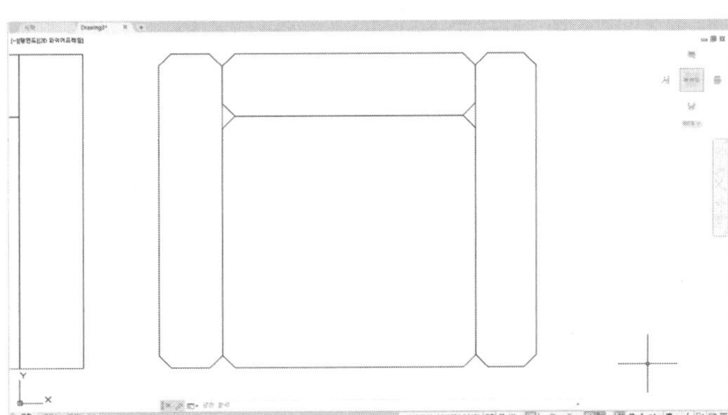

모깎기 직사각형 그리기

계속해서 직사각형의 모서리를 모깎기(Fillet)한 결과물로 1인용 소파를 작성한다. 모깎기(Fillet)는 모서리 부분을 둥글게 라운드 처리해 주는 기능이다. 모깎기의 크기는 반지름으로 지정한다.

① [직사각형] 도구 실행

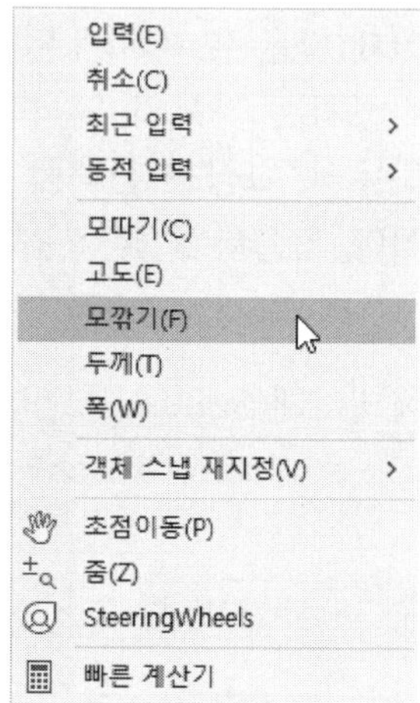

② 마우스 오른쪽 버튼을 클릭하여 바로가기 메뉴가 실행되면 '모깎기(F)'를 선택한다.

③ '모깎기 반지름'을 지정한다.('30' 입력 후 [Enter↵])

직사각형의 모깎기 반지름 지정 <30.0000>: 30.0000

④ 임의의 첫 번째 점을 지정한다.(P1 지정) 마우스를 드래그하면 모깎기가 적용된 직사각형의 형태가 나타난다.

⑤ 좌표를 입력하여 P2를 지정한다.('150,750' 입력 후 [Enter↵])

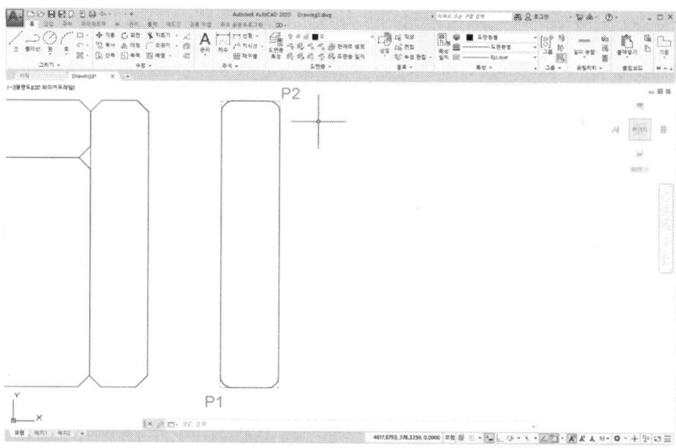

결과는 직사각형의 모든 모서리가 모깎기되어 작성된다. 모깎기 반지름은 라운드된 모서리를 이루는 호의 반지름이다.

⑥ 다음 시트에 해당하는 모깎기된 직사각형의 작성을 위해 앞서 작업한 객체 스냅 추적(Object Snap Tracking)을 활용한다. 맞은편 모서리점은 좌표로 지정한다. 모깎기와 모따기는 결과의 차이만 있을 뿐 작업방법은 동일하다.

완성된 결과는 다음과 같다.

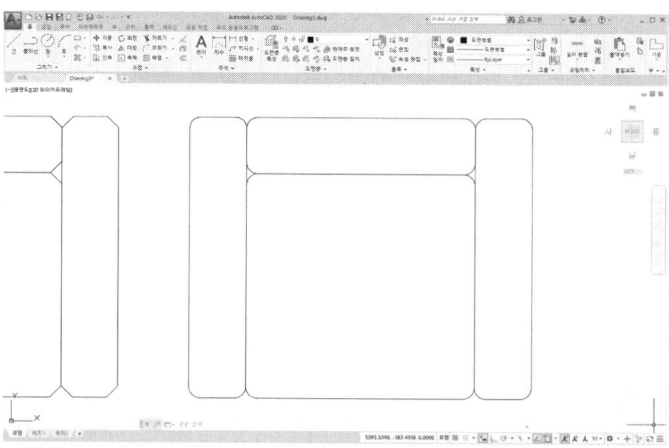

EXERCISE 15 내접/외접하는 폴리곤 그리기

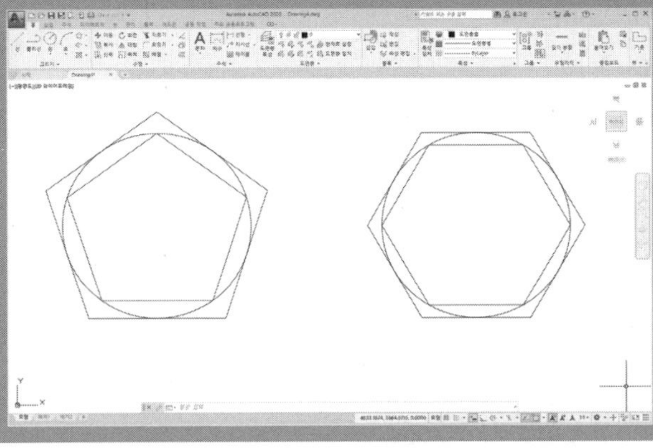

학습목표
- 폴리곤을 그릴 수 있다.
- 원에 내접/외접하는 폴리곤을 그릴 수 있다.
- 직선을 한 변으로 하는 폴리선을 그릴 수 있다.

새로운 도구/기능
- 홈 탭 → 그리기 패널 → 폴리곤
- 명령어 행 : polygon Enter↵, pol Enter↵

중요한 도구/기능
- 내접/외접
- 반시계방향

#Polygon #Inscribed #circumscribed #3~1024 #Radius #Edge

원에 내접/외접하는 폴리곤(Polygon)

최소 3개부터 최대 1024개의 변을 가지며 변의 길이가 같은 정다각형을 그리는 도구이다. 원에 내접하는 방법과 외접하는 방법을 이용해 작성할 수 있다. 또한 다각형 한 변의 길이와 방향을 정의하여 작성할 수도 있다. 먼저 반지름이 '500'인 원을 작성한다.

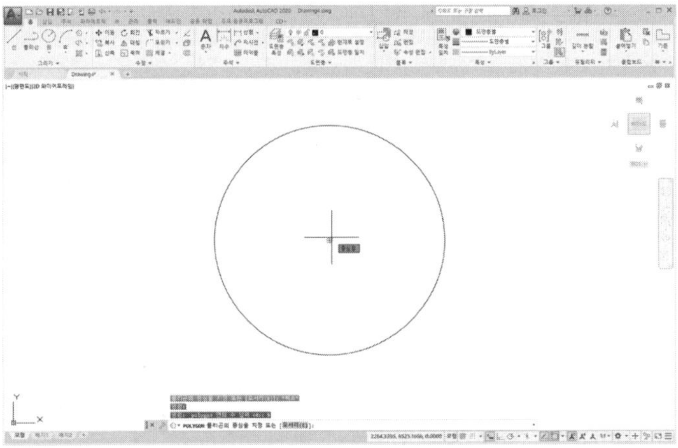

① [폴리곤] 도구 실행

② 몇 각형으로 작성할 것인지 다각형 면의 수를 지정한다.('5' 입력 후 Enter↵)

면의 수 입력 <4>: 5

③ 다각형의 중심을 지정한다.(원의 중심을 객체 스냅으로 지정)

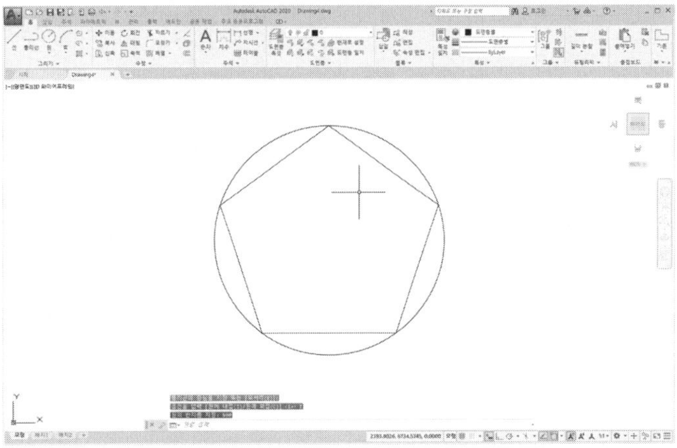

④ 내접 또는 외접을 선택한다.(내접을 선택)

옵션을 입력
- ● 원에 내접(I)
- 원에 외접(C)

⑤ 다각형의 반지름을 지정한다.('500' 입력 후 Enter↵)

완성된 결과는 원에 내접하는 오각형이 된다.

동일한 방법으로 원에 외접하는 오각형을 작성한다. 다른 과정은 모두 동일하되 '내접/외접' 옵션에서 외접을 선택한다.

①  도구 실행

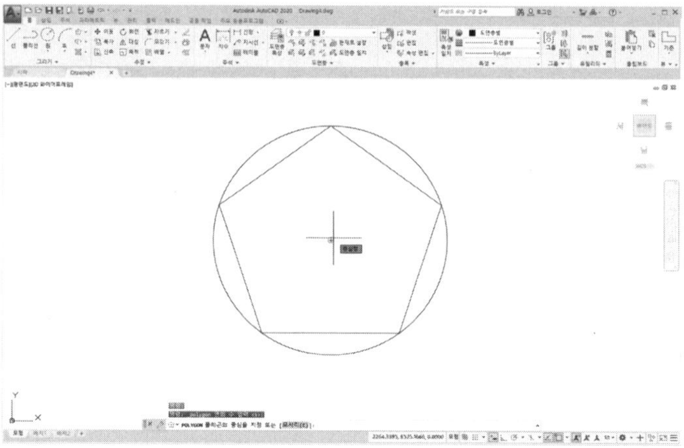

② 몇 각형으로 작성할 것인지 다각형 면의 수를 지정한다.('5' 입력 후 Enter↵, 또는 앞서 입력한 값이 '5'이므로 그냥 Enter↵)

③ 다각형의 중심을 지정한다.(원의 중심을 객체 스냅으로 지정)

④ 내접 또는 외접을 선택한다.(외접을 선택)

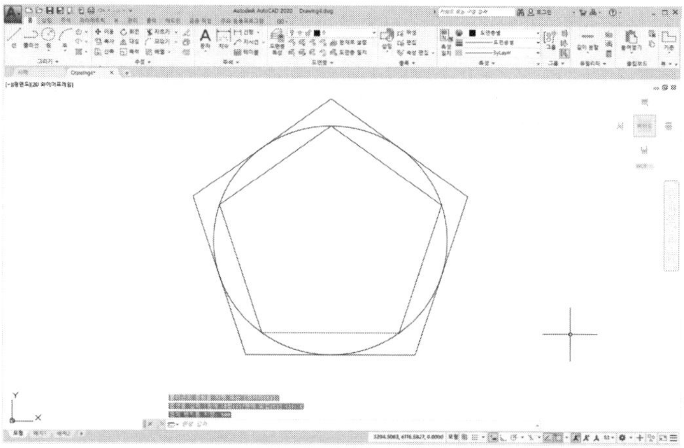

⑤ 다각형의 반지름을 지정한다.('500' 입력 후 Enter↵)

완성된 결과는 원에 외접하는 오각형이 된다.

이상의 결과와 같이 내접하는 다각형은 외접하는 다각형보다 크기가 작다. 동일한 반지름을 지정하더라도 내접은 중심에서 모서리의 끝점까지 거리이며, 외접은 중심에서 모서리의 가운데 점까지 거리가 된다.

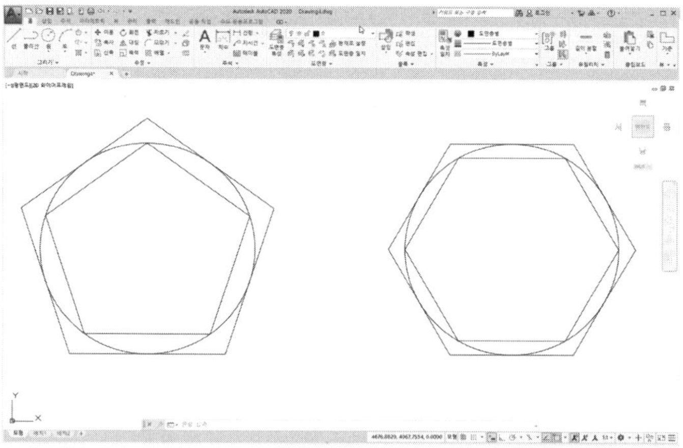

동일한 방법으로 정육각형으로 내접/외접하는 폴리곤을 작성한다.

반지름을 입력할 때 키보드로 반지름 값을 입력하지 않고 마우스로 지정하면 방향이 다른 폴리곤을 만들 수 있다.

다음은 원을 삭제한 결과이다.

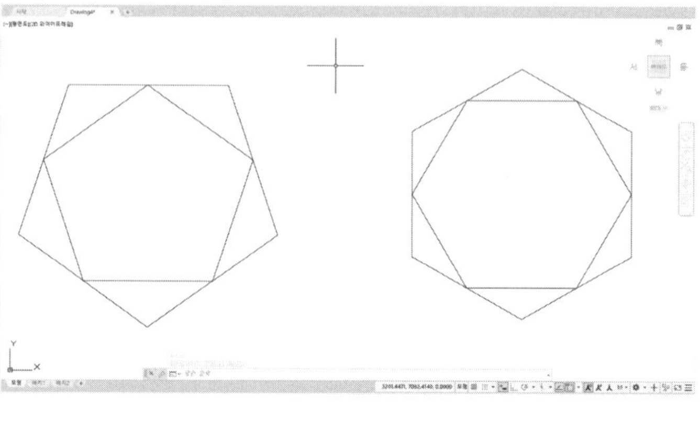

모서리 지정으로 다각형 그리기

다각형을 작성하는 또 다른 한 가지 방법은 다각형의 한 변을 정의하는 방법이다.

다음과 같이 길이가 1000인 직선이 있을 때, 이 직선을 폴리곤의 한 변으로 하는 폴리곤을 작성할 때 사용하는 옵션이다. 모서리를 지정할 때 점을 지정하는 순서가 매우 중요하다. 반시계방향의 법칙만 기억하면 된다.

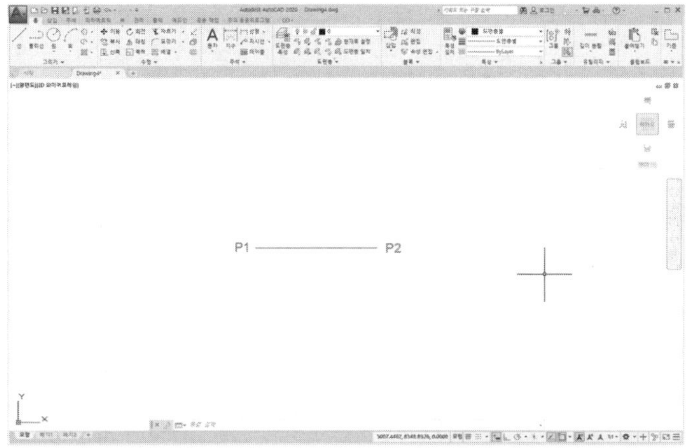

① 폴리곤 도구 실행

② 다각형 면의 수를 지정한다.('5' 입력 후 Enter↵)

면의 수 입력 <5>: 5

③ 마우스 오른쪽 버튼을 클릭하여 나타나는 바로가기 메뉴에서 '모서리(E)' 옵션을 선택한다.(명령어 행에서 클릭, 키보드에서 입력 모두 가능)

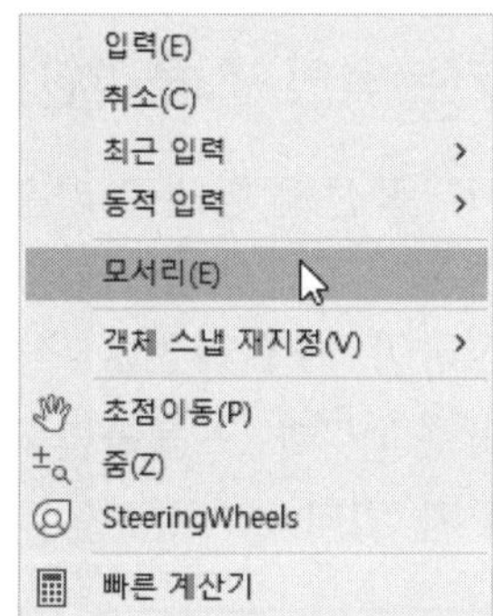

④ 모서리 첫 번째 끝점을 지정한다.(P1)

⑤ 모서리 두 번째 끝점을 지정한다.(P2)

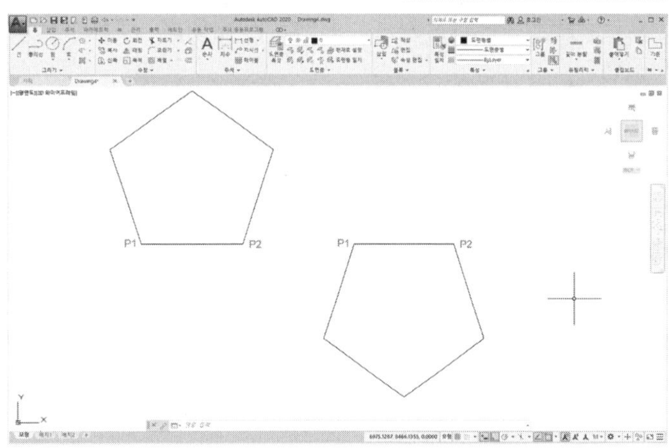

완성된 결과는 오른쪽 그림의 좌측 결과와 같이 나타난다. 만약 끝점의 순서를 바꿔 P2를 먼저 선택하고 P1을 선택하면 우측의 결과와 같이 나타난다. 여기서도 반시계방향의 원칙이 적용된다.

앞서 작성한 오각형과 육각형의 모든 변에 정삼각형 폴리곤을 '모서리(E)' 옵션으로 작성한 결과는 다음과 같다.

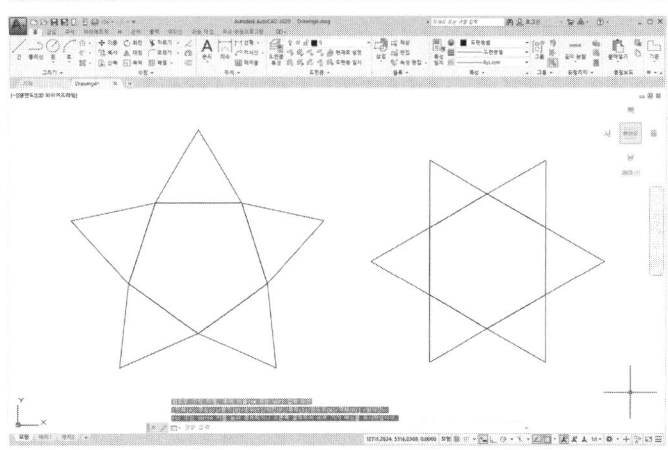

EXERCISE 16 부드러운 별 그리기

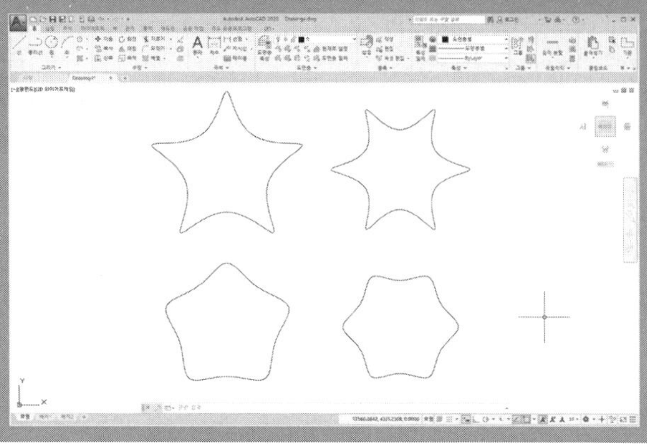

학습목표
- 스플라인을 그릴 수 있다.
- 스플라인 맞춤과 스플라인 CV를 구분해 사용할 수 있다.

새로운 도구/기능
- 홈 탭 → 그리기 패널(확장) → 스플라인 맞춤
- 홈 탭 → 그리기 패널(확장) → 스플라인 CV
- 명령어 행 : spline Enter↵, spl Enter↵

중요한 도구/기능
- 홈 탭 → 그리기 패널 → 폴리곤

#Spline #Fit #CV #Control Vertices #Knots #Chord #Uniform #Close

기본적인 스플라인(Spline) 그리기

자유곡선의 형태를 가진 부드러운 곡선을 작성하는 도구이다. 폴리선과 같이 정점을 지정하여 스플라인을 작성하는데, '스플라인 맞춤 '과 '스플라인 CV '의 두 가지 도구가 있다.

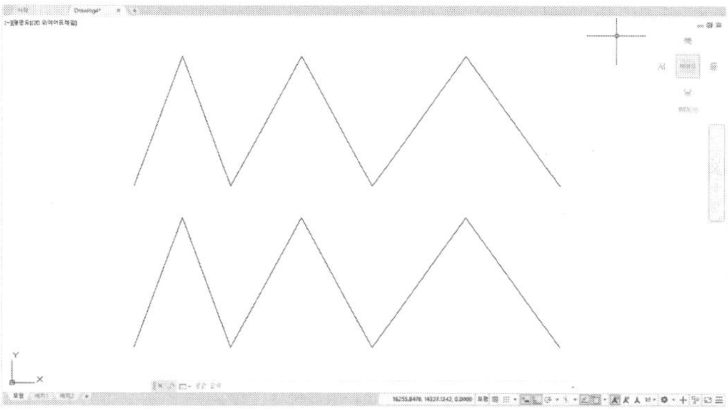

연습을 위해 다음과 같은 직선들을 임의로 작성한다.

① 그리기 패널을 확장시켜 '스플라인 맞춤 ' 도구를 실행한다.
② 스플라인의 첫 번째 점을 지정한다.
③ 다음 점을 계속해서 지정한다.
④ 스플라인을 종료하기 위해서 Enter↵를 누른다.
스플라인 맞춤은 정점을 반드시 지나는 자유곡선으로 생성된다.

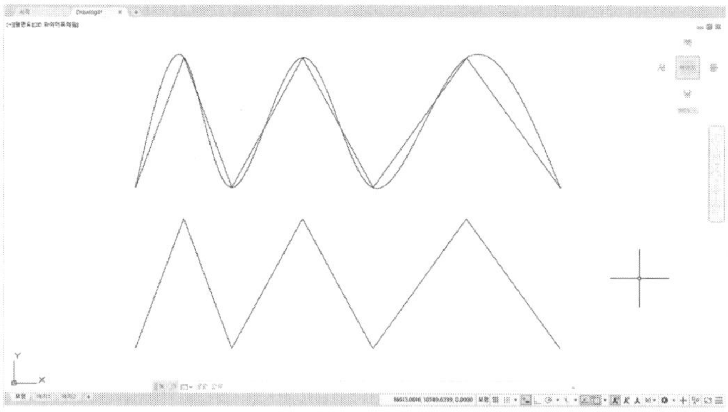

⑤ 그리기 패널을 확장시켜 '스플라인 CV ' 도구를 실행한다.
⑥ 스플라인의 첫 번째 점을 지정한다.
⑦ 다음 점을 계속해서 지정한다.
⑧ 스플라인을 종료하기 위해서 Enter↵를 누른다.
스플라인 CV는 정점을 지나지 않는 완만한 곡선으로 완성된다.

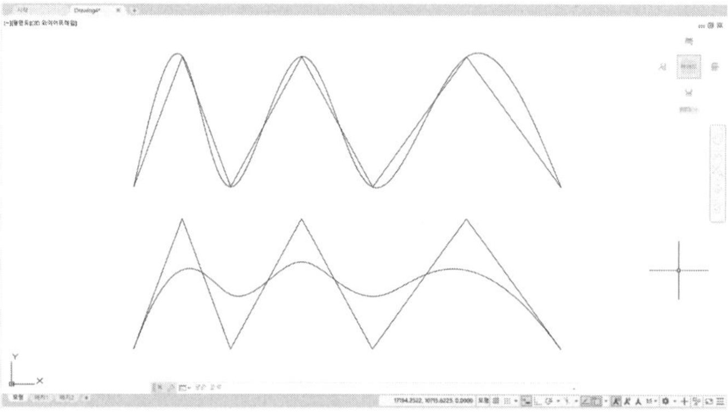

부드러운 별 그리기

앞서 작성한 폴리선의 결과물에 스플라인 맞춤과 스플라인 CV를 이용하여 부드러운 별을 그려본다.

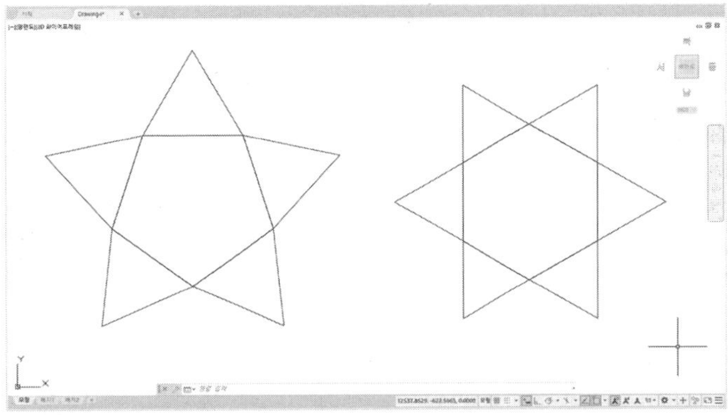

먼저 '스플라인 맞춤'을 이용해 작업한다. 오각형 별과 육각형 별 모두 작업한다.

① 그리기 패널을 확장시켜 '스플라인 맞춤' 도구를 실행한다.

② 스플라인의 첫 번째 점을 지정한다.

③ 다음 점을 계속해서 지정한다.

④ 마지막에는 '닫기(C)' 옵션을 이용하여 명령을 종료한다.(바로가기 메뉴, 명령어 행, 키보드 입력 모두 가능)

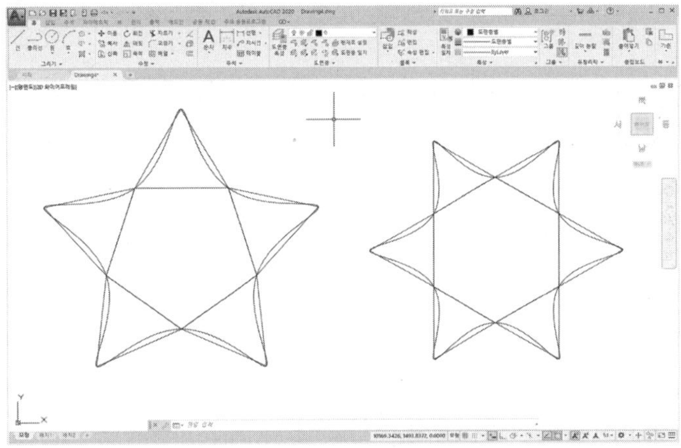

① 그리기 패널을 확장시켜 '스플라인 CV' 도구를 실행한다.

② 스플라인의 첫 번째 점을 지정한다.

③ 다음 점을 계속해서 지정한다.

④ 마지막에는 '닫기(C)' 옵션을 이용하여 명령을 종료한다.(바로가기 메뉴, 명령어 행, 키보드 입력 모두 가능)

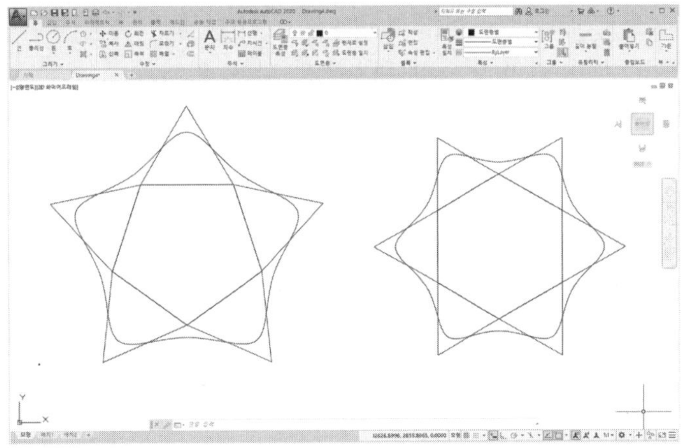

다각형들을 모두 삭제하고 스플라인 결과물만 남긴다. 완성된 예제는 다음과 같다.

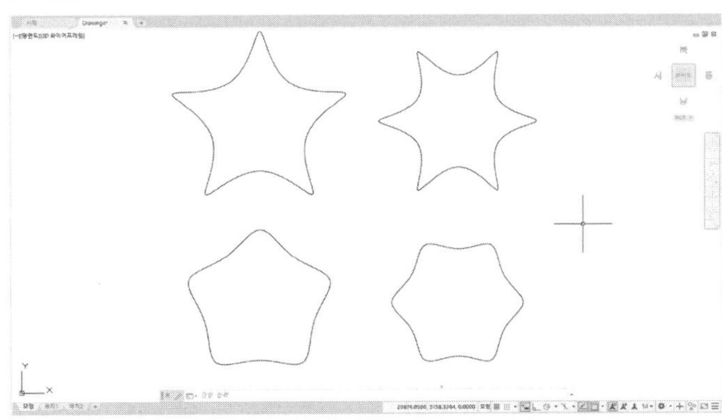

EXERCISE 17 2인 테이블 그리기

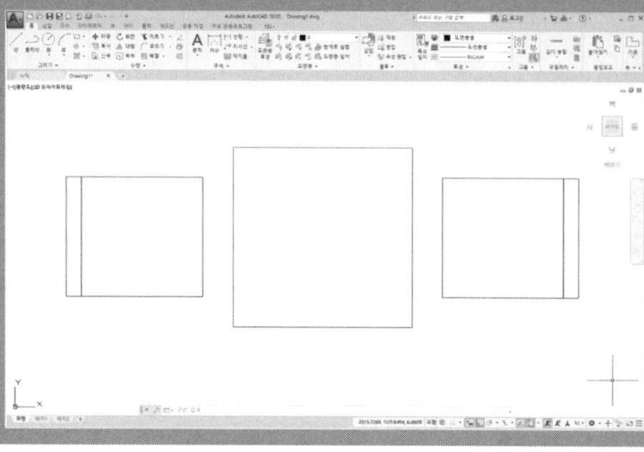

학습목표
- 객체를 이동(Move)할 수 있다.
- 객체를 원하는 위치로 정확하게 이동할 수 있다.

새로운 도구/기능
- 홈 탭 → 수정 패널 → 이동
- 명령어 행 : move[Enter↵], m[Enter↵]

중요한 도구/기능
- 홈 탭 → 그리기 패널 → 직사각형

#Move #Endpoint #x,y

수정(Modify) 도구들은 그리기 도구들을 이용해 작성한 여러 객체들을 사용자가 원하는 결과를 위해 수정하는 기능을 가지고 있다. 객체 수정 도구들은 리본메뉴 '홈 탭 → 수정 패널'에서 실행한다.

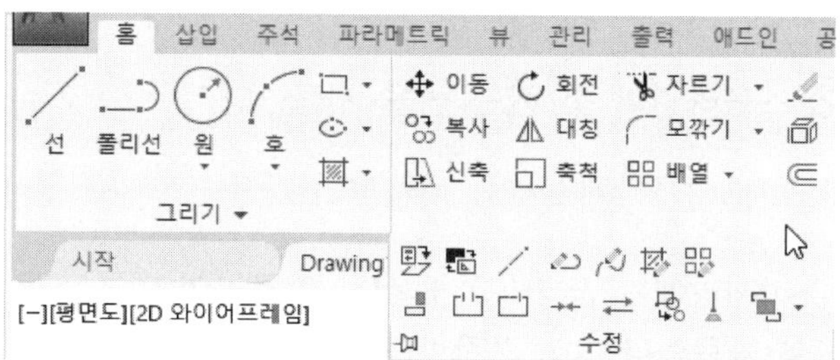

객체 스냅으로 이동(Move)

선택한 객체 또는 여러 객체들을 크기 및 방향의 변화 없이 현재의 위치에서 다른 위치로 이동시키는 도구이다.

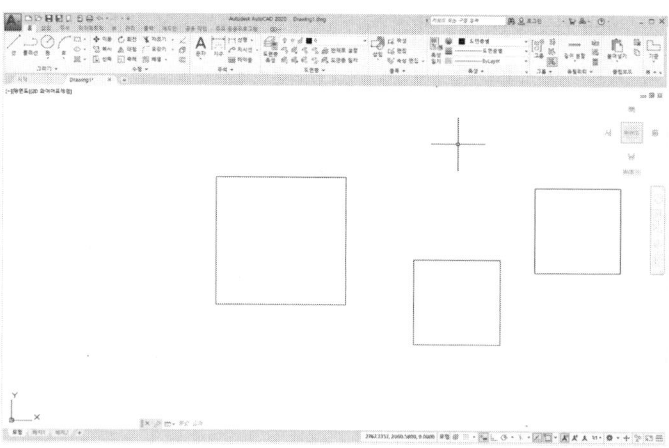

간단하게 이동 도구의 연습을 위하여 2인용 테이블을 작성해 본다. 600×600 크기의 정사각형 1개와 400×400 크기의 정사각형 2개를 위치와 관계없이 작성한다. 정사각형은 [직사각형] 도구로 작성한다.

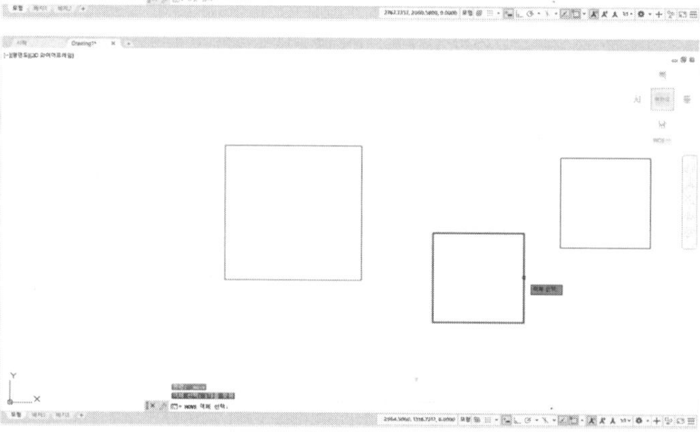

작은 정사각형(의자)이 큰 정사각형(테이블)의 좌측과 우측에 위치하도록 작은 정사각형을 이동한다. 작은 정사각형의 중간점(Midpoint)을 큰 정사각형의 중간점(Midpoint)에 위치시키도록 이동한다.

① [이동] 도구 실행

② 이동할 객체를 선택한다.

객체를 선택할 때 선택할 객체 위로 마우스를 가져가면 객체가 강조되어 나타나며 마우스로 클릭하면 선택된 객체는 파란색의 그라데이션으로 강조되어 나타난다.

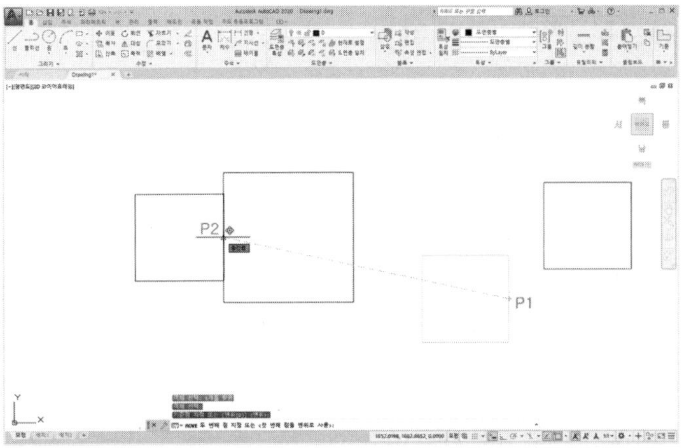

③ 마우스 오른쪽 버튼을 클릭하거나 Enter↵를 눌러 객체 선택을 종료한다.

④ 선택한 객체의 이동 기준점(P1)을 선택한다.

⑤ 지정한 기준점의 두 번째 점(P2)을 지정한다.

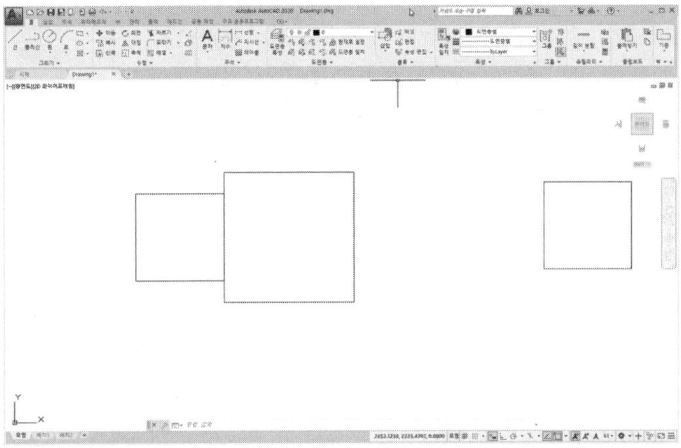

동적 입력창에서는 두 번째 점이라고 나오지만 의미상으로 목적지점로 이해할 수 있다.

⑥ 두 번째 점을 지정하여 이동한 결과는 다음과 같다.

동일한 방법으로 다른 정사각형(의자)을 이동시켜 테이블 우측에 배치한다.

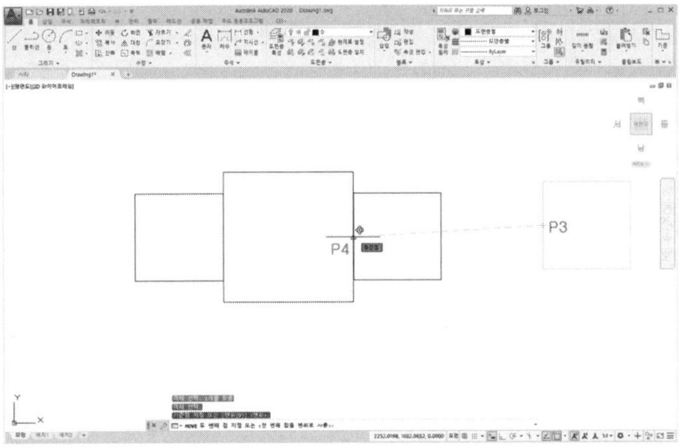

이 경우 선택한 객체의 이동 '기준점'은 P3이 되고 지정한 기준점의 '두 번째 점', 즉 목적지점은 P4가 된다.

주택, 식당 등 건축물의 평면도에서 2인용 테이블로 사용될 수 있는 도면요소를 완성하였다. 경우에 따라서는 의자를 테이블로부터 띄워서 표현할 수 있으므로 의자를 테이블 바깥쪽으로 '100' 정도 이동시키도록 한다.

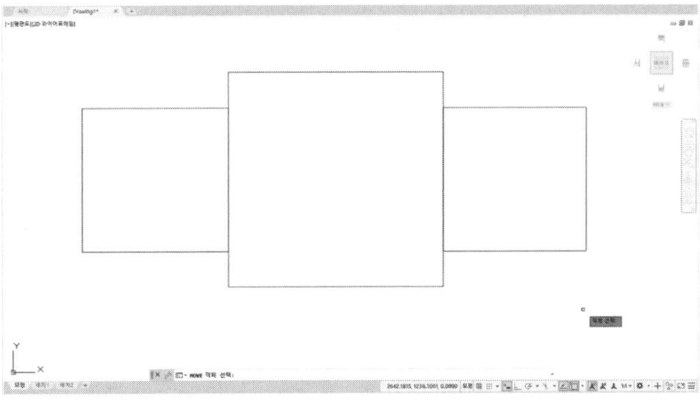

좌표로 이동(Move)

① [✥ 이동] 도구 실행

② 이동할 객체(우측 의자)를 선택한다.

③ 이동 기준점을 선택한다. 의자 정사각형 임의의 모서리 점을 선택한다.

④ 두 번째 점 지정을 위해 '100,0'의 좌표를 입력하고 [Enter↵]를 누른다.

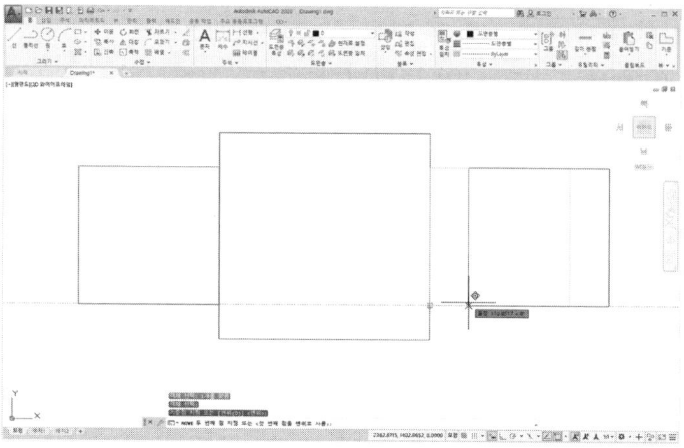

우측 의자가 이동한 결과는 다음과 같다. 물론 두 번째 점 지정에서 '100,0' 뿐만 아니라 '100<0'도 가능하다.

계속해서 좌측의자를 좌측으로 '100'만큼 더 띄워준다.

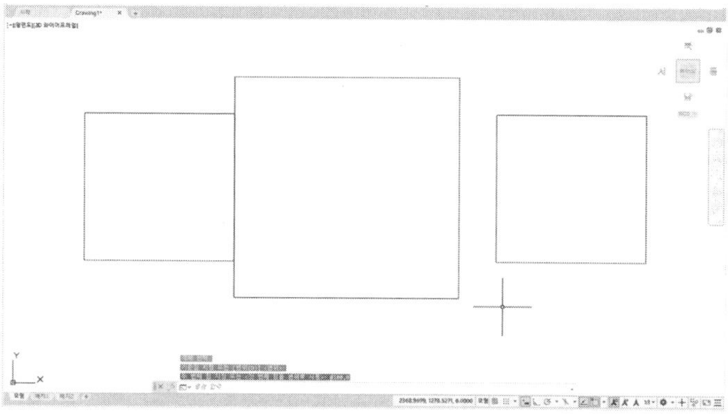

⑤ [✥ 이동] 도구 실행

⑥ 이동할 객체(좌측 의자)를 선택한다.

⑦ 이동 기준점을 선택한다. 이번에는 객체 상의 특정점이 아닌 빈 공간의 임의의 점을 지정한다.

⑧ 기준점이 임의의 점일지라도 결국은 어느 방향으로 얼마만큼 움직였는가가 중요하기 때문에 '-100,0'을 입력하고 [Enter↵]를 누른다.

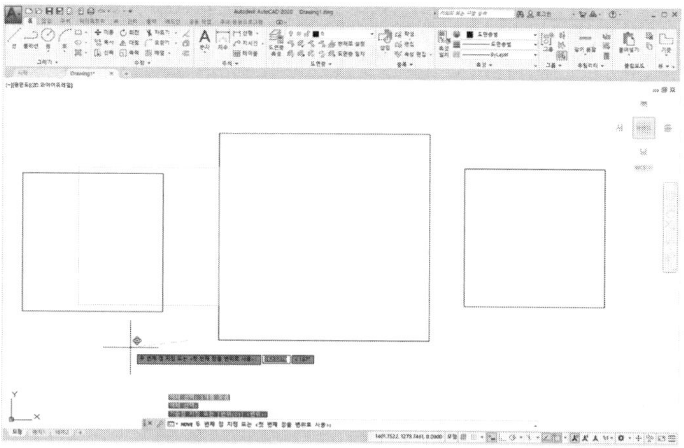

좌우측 의자의 이동이 완성된 결과는 다음과 같다.

앞서 살펴본 바와 같이 이동 기준점의 경우 특정한 점이 반드시 지정되어야 하는 것이 아니라 결국 어느 방향으로 얼마만큼 움직였는가가 중요하므로 두 번째 점 지정에서 정확한 이동 좌표 또는 이동 거리와 방향을 지정하는 것이 중요하다.

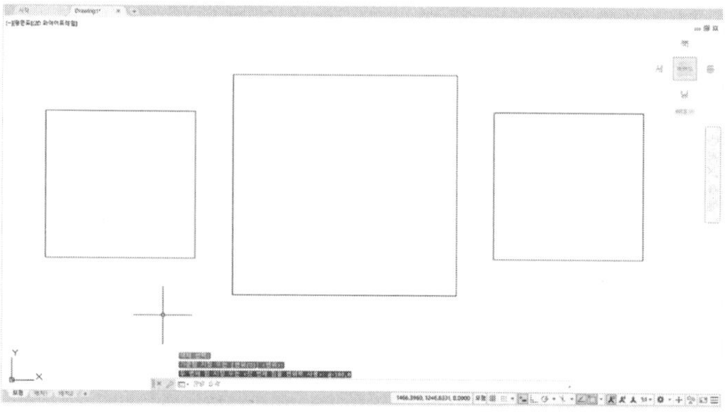

의자의 디테일을 살리기 위해 등받이를 표현한다. '50' 정도의 폭으로 등받이에 해당하는 직사각형을 추가한다.

① [직사각형] 도구를 이용하여 50×400 크기의 직사각형을 2개 작성한다.

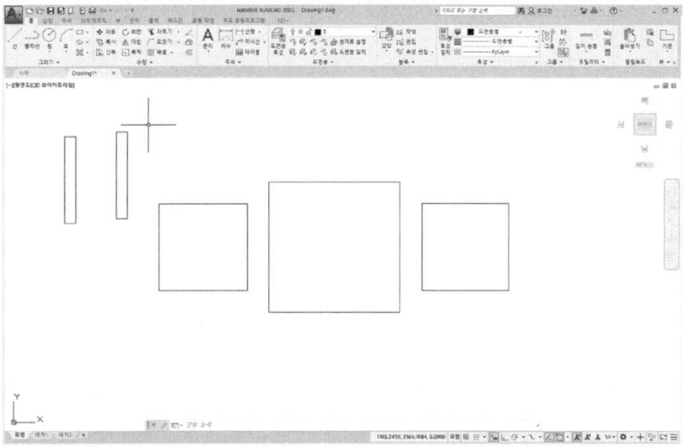

각 직사각형이 의자의 등받이가 되도록 이동(Move)한다.

② [이동] 도구를 실행하고 객체를 선택

③ 기준점은 P1으로 지정하고 두 번째 점은 P2로 지정한다.

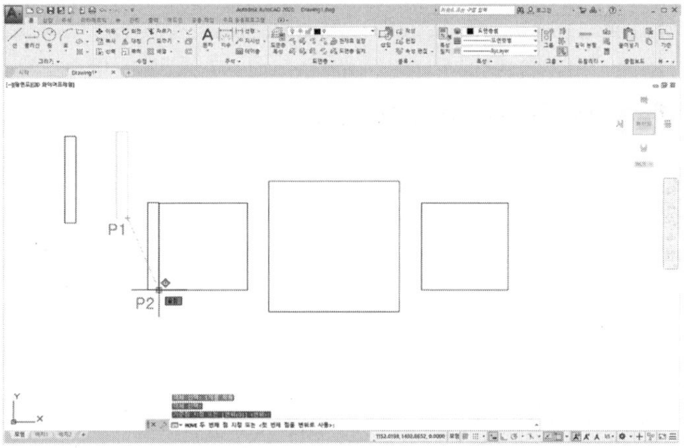

두 번째 등받이를 이동(Move)한다.

④ [이동] 도구를 실행하고 나머지 객체를 선택

⑤ 기준점은 P3으로 지정하고 두 번째 점은 P4로 지정한다.

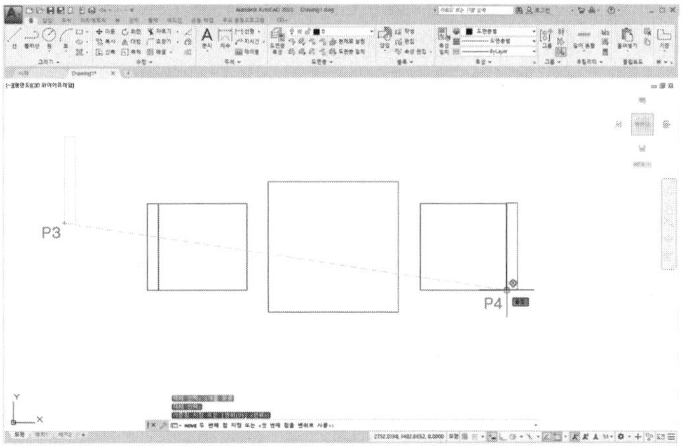

완성된 결과는 다음과 같다.

동일한 방법으로 4인용 테이블을 만들 수도 있다.

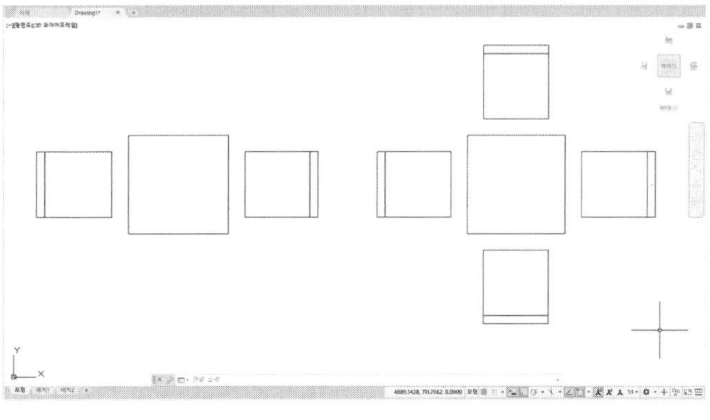

EXERCISE 18 대기실의자 그리기

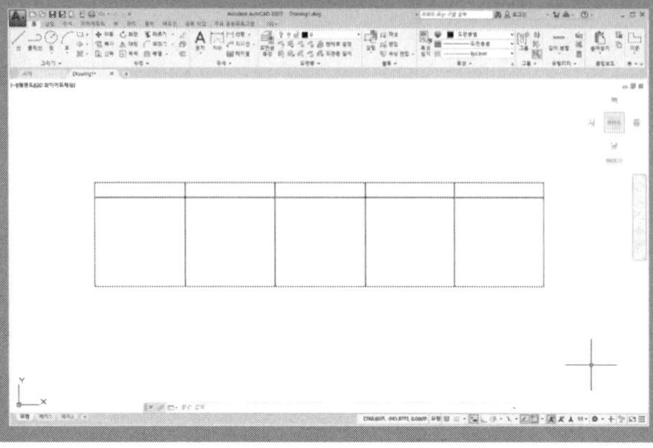

학습목표
- 객체를 복사(Copy), 간격띄우기(Offset)할 수 있다.
- 객체를 원하는 위치로 정확하게 복사할 수 있다.
- 원하는 간격과 방향으로 간격띄우기할 수 있다.

새로운 도구/기능
- 홈 탭 → 수정 패널 → 복사, 간격띄우기
- 명령어 행 : copy[Enter↵], co[Enter↵]
  offset[Enter↵], o[Enter↵]

중요한 도구/기능
- 홈 탭 → 그리기 패널 → 직사각형

#Copy #Multiple #Offset #Endpoint

객체 스냅으로 복사(Copy)

도면상에 작성된 객체 또는 여러 개의 객체들을 하나 또는 여러 개로 다중복사할 수 있는 도구이다. 이동(Move) 도구는 원본 자체가 이동하는 것이지만 복사(Copy)는 원본과 똑같은 객체를 복사하여 이동하는 결과이다. 복사 도구는 기본설정에서 다중복사를 지원하고 있으므로 명령을 종료할 때까지 여러 개의 동일한 객체를 반복해서 복사할 수 있다.

한 변의 길이가 300인 정사각형을 [직사각형] 도구로 작성한다. 대기실 의자, 벤치와 같은 의자의 시트 하나를 완성한 것이다.

모두 5개의 정사각형이 연속되도록 복사한다.

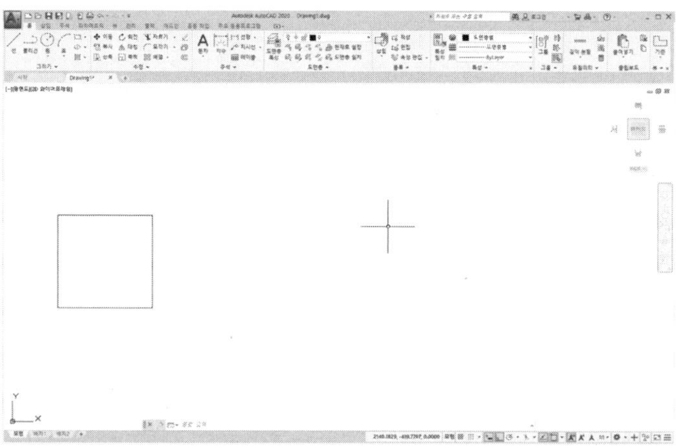

① [복사] 도구 실행

② 복사할 객체를 마우스 클릭으로 선택한다.

③ 마우스 오른쪽 버튼을 클릭하거나 [Enter↵]를 눌러 객체 선택을 종료한다.

④ 선택한 객체의 이동 기준점을 지정한다.(P1)

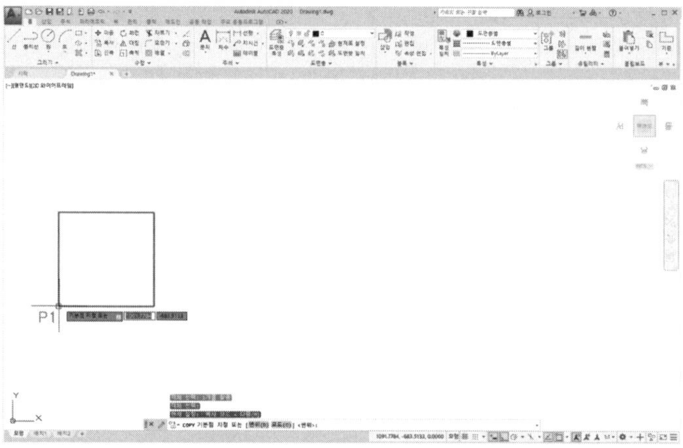

⑤ 두 번째 점을 지정한다.(P2, 복사 기준점의 목표점)

⑥ 다중복사가 기본으로 설정되어 있으므로 연속해서 복사할 수 있다. 계속해서 두 번째 점을 지정한다.

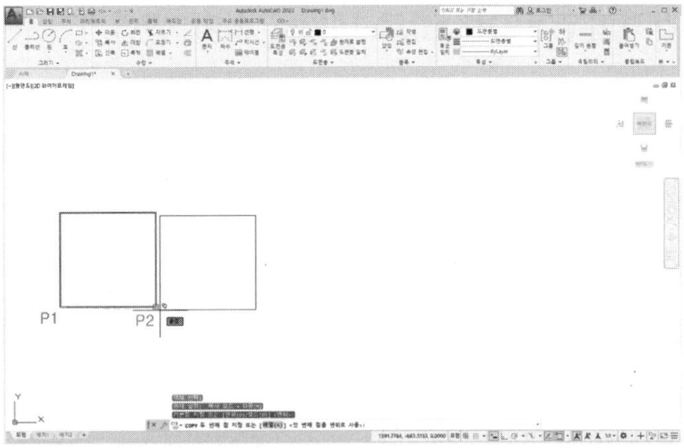

⑦ 모두 5개의 시트가 되도록 복사한 결과는 다음과 같다.

결과물은 건축 평면도 등에서 공원의 벤치, 대기실의 대기 의자 등으로 사용될 수 있는 도면요소이다.

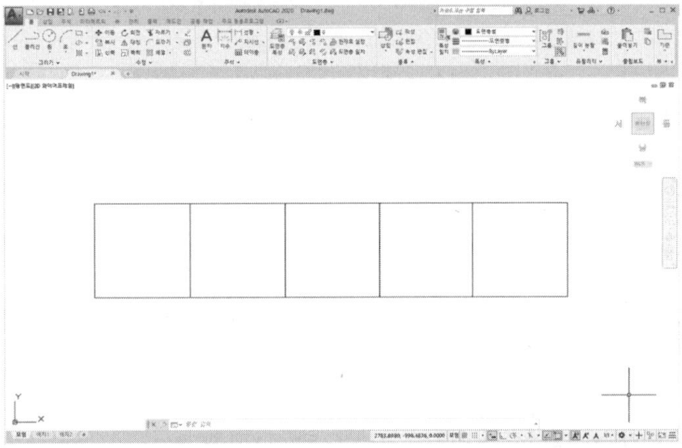

300×50 크기의 직사각형을 작성하여 등받이로 연출해 본다. 첫 번째 시트 상단에 바로 위치시킨다.

⑧ [직사각형] 도구 실행

⑨ '첫 번째 구석점 지정'에서 P1점 지정

⑩ '다른 구석점 지정'에서 좌표값으로 지정('300,50' 입력 후 Enter↵)

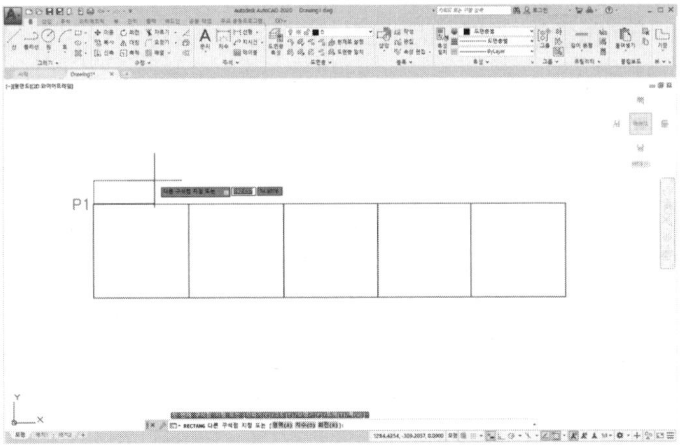

⑪ 작성된 등받이를 나머지 시트에 복사하여 붙여준다.

완성된 결과는 다음과 같다.

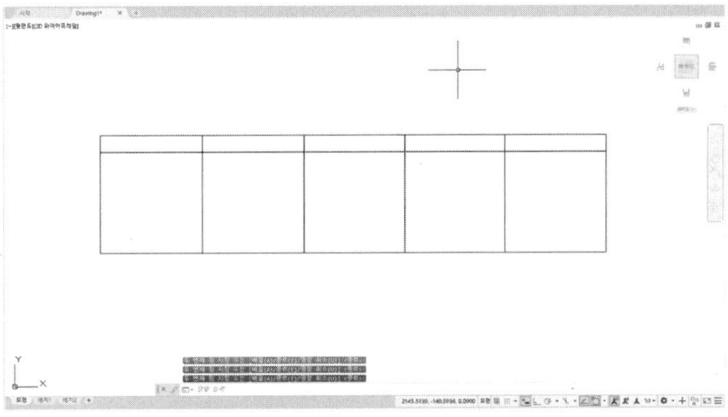

간격띄우기(Offset)로 대기실 의자 만들기

간격띄우기 도구는 작성된 객체에 간격띄우기 간격값을 지정하여 평행하게 복사해 주는 명령이다. 간격띄우기 도구를 적용할 수 있는 객체들은 선(Line), 호(Arc), 원(Circle), 폴리선(Polyline), 타원(Ellipse), 타원호(Elliptical Arc), 광선(Ray), 구성선(Construction Line), 스플라인(Spline) 등이 있다.

앞서 작성한 대기실 의자를 간격띄우기 도구로 작성하도록 한다.

길이가 '350'인 수직선과 '1500'인 수평선을 선(Line) 도구로 작성한다.

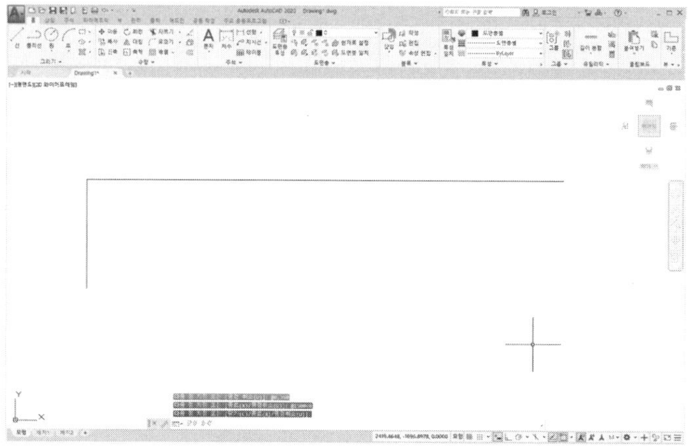

① '홈 탭 → 그리기 패널 → 간격띄우기' 도구 실행

② 간격띄우기 거리를 '300'으로 지정한다.

간격띄우기 거리 지정 또는 300

③ 간격띄우기할 객체를 선택한다.

④ 간격띄우기 방향을 지정한다. 좌측 또는 우측으로 마우스를 이동하면 간격띄우기 거리인 300만큼 이격된 위치에 직선이 나타난다.

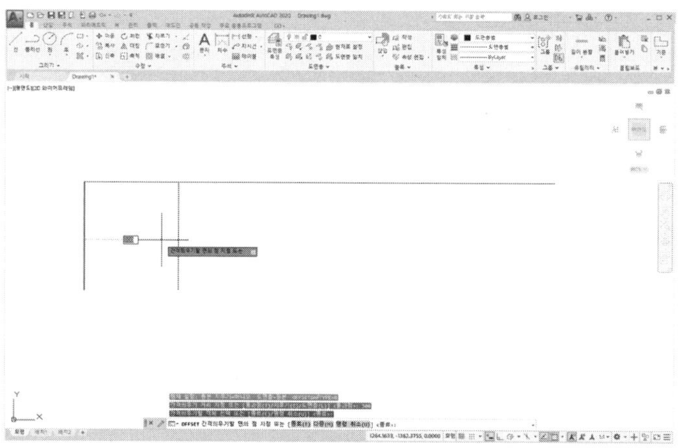

⑤ 마우스를 클릭하면 간격띄우기된 결과가 나타난다.

간격띄우기의 결과는 생성되었으나 아직 간격띄우기 명령이 진행중이다. 간격띄우기 간격이 동일하다면 계속해서 간격띄우기를 진행할 수 있다.

⑥ 마지막 직선을 선택하고 다시 오른쪽으로 간격띄우기를 적용한다.

⑦ 의자의 끝까지 적용하고 마지막에 Enter↵ 를 누르면 간격띄우기 도구가 종료된다.

간격띄우기 거리값을 변경하기 위해서는 처음 실행한 간격띄우기 명령이 완전히 종료되어야 한다.

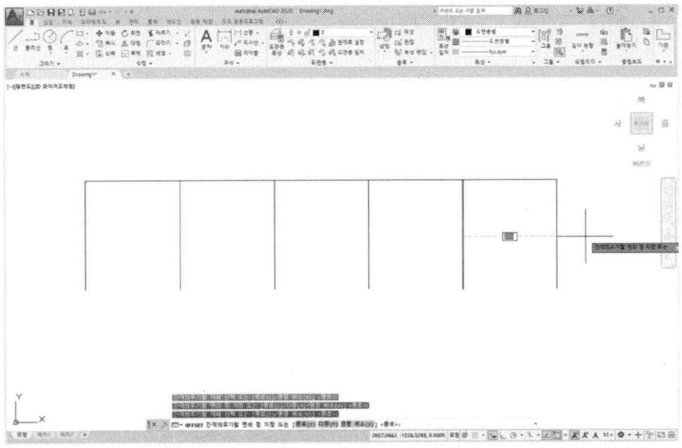

⑧ 수평선을 '간격띄우기'하여 의자를 완성한다. '홈 탭 → 그리기 패널 → 간격띄우기' 도구 실행

⑨ 먼저 등받이 부분을 작성하기 위해 간격띄우기 거리값을 50으로 변경한다.

간격띄우기 거리 지정 또는 50

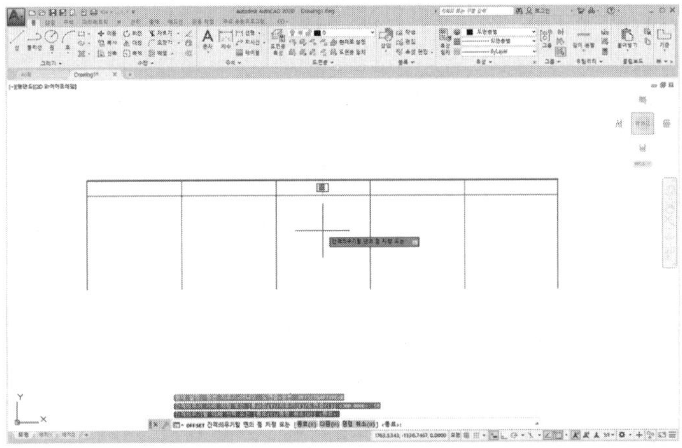

⑩ 간격띄우기할 객체인 수평선을 선택하고 마우스를 아래쪽으로 드래그한다.

⑪ 간격띄우기 방향이 맞는지 확인 후 클릭하여 등받이를 완성한다.

⑫ 간격띄우기 명령을 종료한 다음, 다시 명령을 실행하여 간격띄우기 거리를 '300'으로 변경한다.

간격띄우기 거리 지정 또는 300

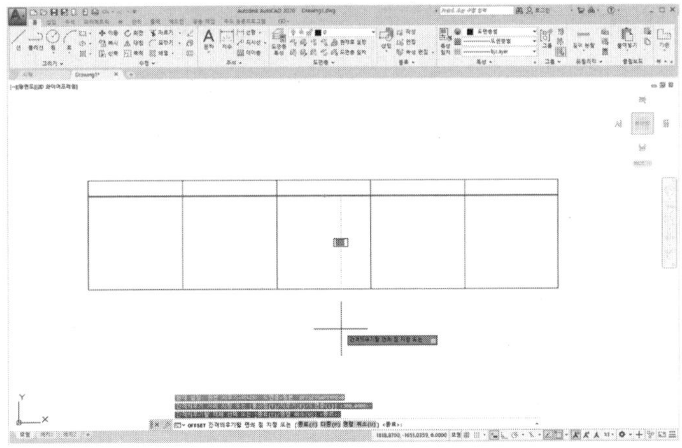

⑬ 방금 작성한 등받이 수평선을 선택하고 마우스를 아래쪽으로 드래그한다.

⑭ 간격띄우기 방향이 맞는지 확인 후 클릭하여 시트를 완성한다.

⑮ 마지막으로 Enter↵를 눌러서 간격띄우기 명령을 완전히 종료한다.

대기실 의자가 완성된 것을 확인할 수 있다.

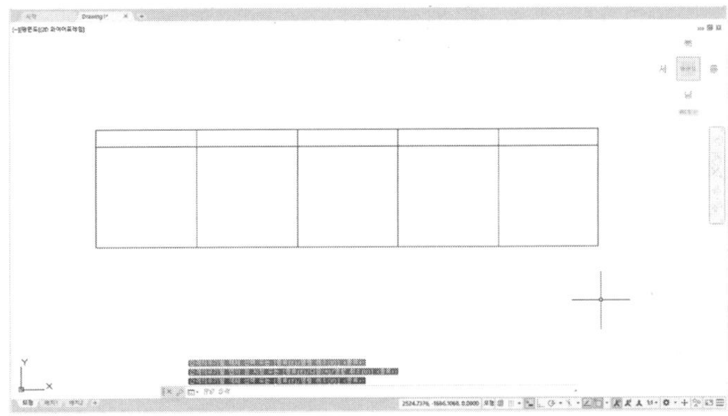

다양한 도형으로 간격띄우기

간격띄우기는 원본 객체에 따라 다양한 결과가 나타난다. 지금까지 학습한 몇 가지 도형들을 이용하여 간격띄우기(Offset) 도구의 특성을 살펴본다.

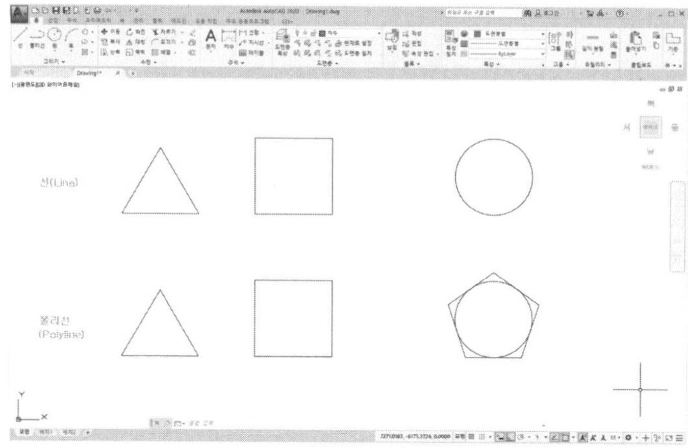

다음과 같이 한 변의 길이가 '1000'인 정삼각형, 정사각형을 선(line)과 폴리선(Polyline) 두 가지 방법으로 작성한다.
그리고 추가적으로 원, 폴리곤(정오각형)을 작성한다.(반지름 500, 원에 외접하는 정오각형)

① '홈 탭 → 그리기 패널 → 간격띄우기' 도구 실행

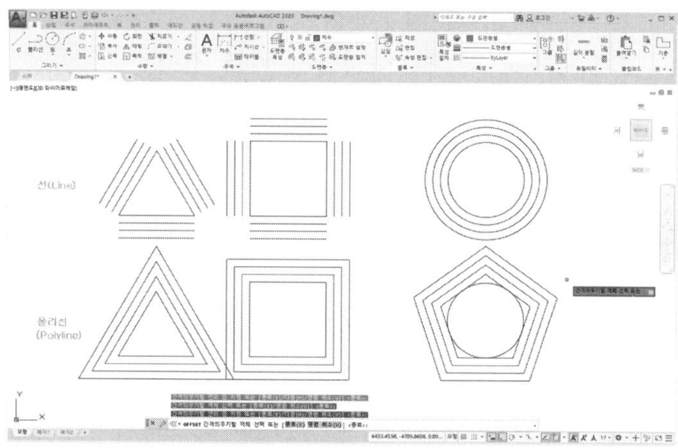

② 간격띄우기 거리를 '100'으로 지정한다. 객체들을 선택하여 간격띄우기한다.

단일 선 객체와 폴리선 객체, 곡선 객체의 차이점을 비교해 이해하도록 한다.

③ 객체의 안쪽으로도 간격띄우기가 가능하다.

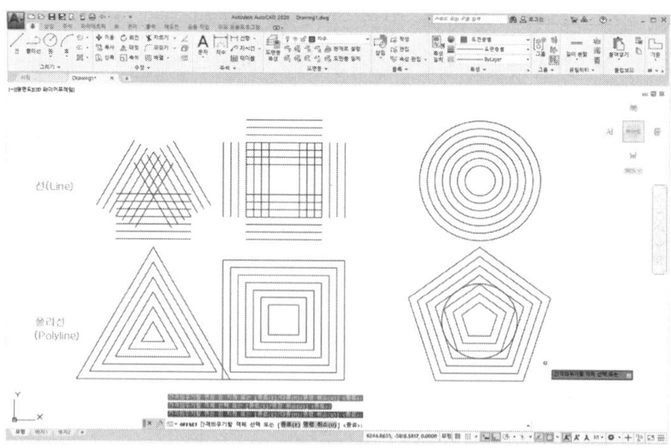

EXERCISE 19 와이파이 그리기

학습목표
- 객체를 복사(Copy), 간격띄우기(Offset)할 수 있다.
- 객체를 원하는 위치로 정확하게 복사할 수 있다.
- 원하는 간격과 방향으로 간격띄우기할 수 있다.

새로운 도구/기능
- 홈 탭 → 수정 패널 → 복사, 간격띄우기
- 명령어 행 : copy[Enter↵], co[Enter↵]
  offset[Enter↵], o[Enter↵]

중요한 도구/기능
- 홈 탭 → 그리기 패널 → 직사각형

#Copy #Multiple #Offset #Polyline # Width #Arc #Second point

와이파이 밑그림 그리기

폭(Width)을 가지는 폴리선을 이용해 와이파이 로고를 만들어 본다.

다음과 같이 한 변의 길이가 '1000'인 정사각형을 선(line)으로 작성하고, 내접하는 원(Circle)을 작성한다. 그리고 상단에 부채모양이 되도록 직선을 연결해 준다.(끝점–중심점–끝점)

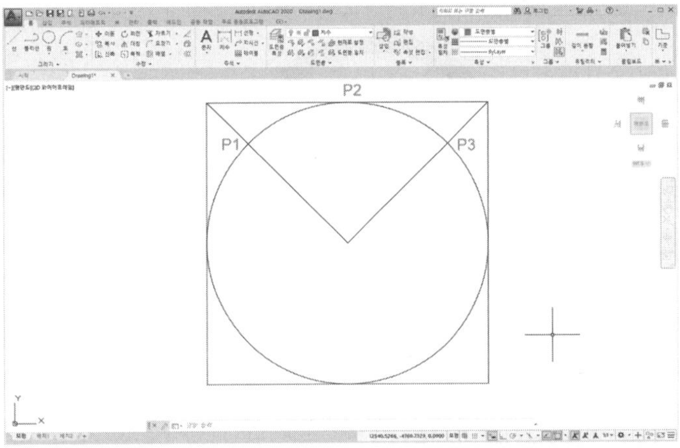

원과 사선이 교차하는 P1–P2–P3를 지나는 호 형태의 폴리선을 기본으로 작업한다. 폴리선의 폭(Width)은 '80'으로 한다.

STOP! **여기서 잠깐 !** 아래의 작업과정을 보기 전에 스스로 완성해 본다.
완성 후 책에서 제시하는 방법과 비교해 보면서 스스로 최적의 방법을 찾아본다.

폴리선으로 호 그리기

① [폴리선] 도구 실행

② 첫 번째 점(P1)을 지정한다.

③ 폴리선의 폭을 '80'으로 변경한다.(시작 폭, 끝 폭 모두 '80')

```
다음 점 지정 또는 [호(A)/반폭(H)/길이(L)/명령 취소(U)/폭(W)]: W
시작 폭 지정 <0.0000>: 80
끝 폭 지정 <80.0000>:
```

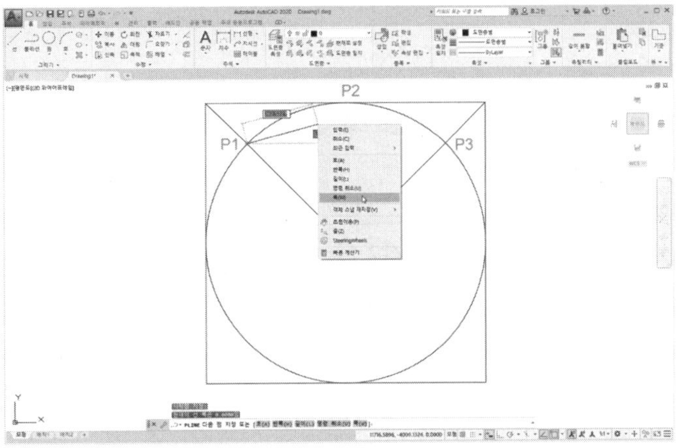

④ ‘호(A)’ 옵션을 실행한다.

⑤ ‘두 번째 점(S)’ 옵션을 실행한다.

⑥ 호의 두 번째 점으로 ‘P2’점을 정확하게 지정한다.

⑦ 호의 끝점으로 ‘P3’점을 정확하게 지정한다.

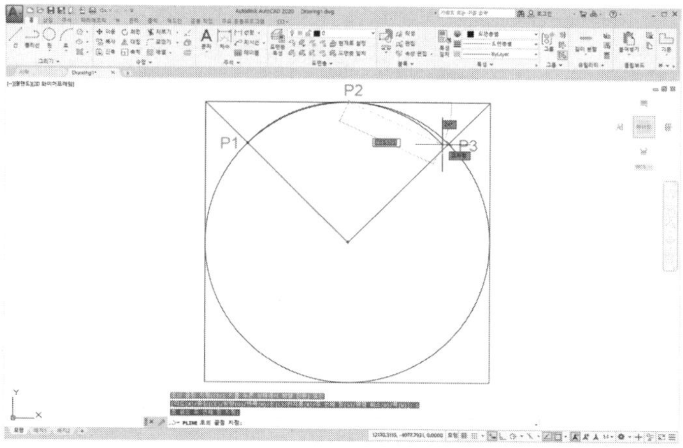

⑧ 완성된 폴리선의 첫 번째 세그먼트는 다음과 같이 나타난다.

⑨ Enter↵를 눌러서 폴리선 명령을 완전히 종료한다.

⑩ ‘간격띄우기(Offset)’ 도구를 이용해 작성된 폴리선을 안쪽으로 간격띄우기한다. 이때 간격띄우기 거리는 폴리선 폭(Width)의 2배 값인 ‘160’이 된다.

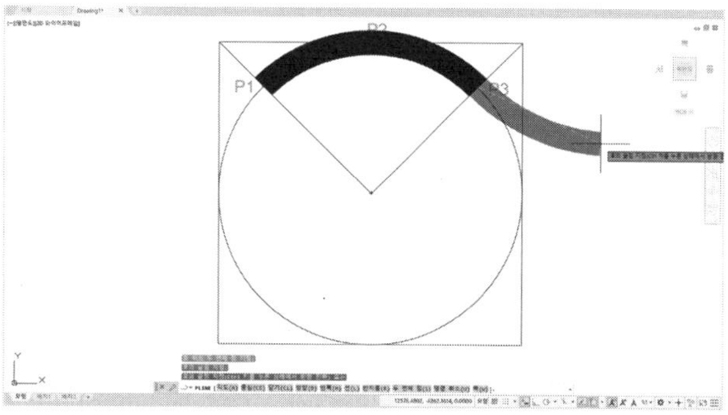

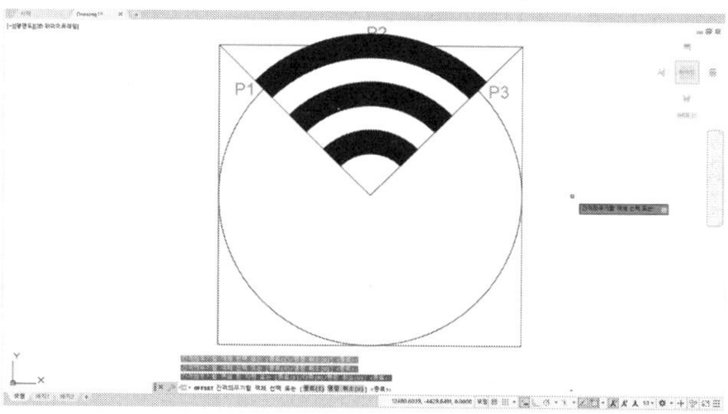

폴리선으로 점 그리기

중심에 반지름 20인 원을 그리고 이 원의 크기만큼 폴리선을 반원과 반원으로 완성한다. 이때 폴리선의 폭이 ‘40’이 되면 솔리드한 점의 형태로 보이게 된다. 물론 점을 만드는 여러 방법들이 있지만 지금까지 학습한 도구들만을 사용해 제한적 조건에서 아이디어를 만들어내는 과정이다.

점 모양의 폴리선(Width=40)을 완성한 다음, 각 상단의 사분원 폴리선의 끝점에 복사한 결과 와이파이 로고가 완성되었다.

불필요한 선들을 삭제하여 ‘와이파이 그리기’ 예제를 완성한다.

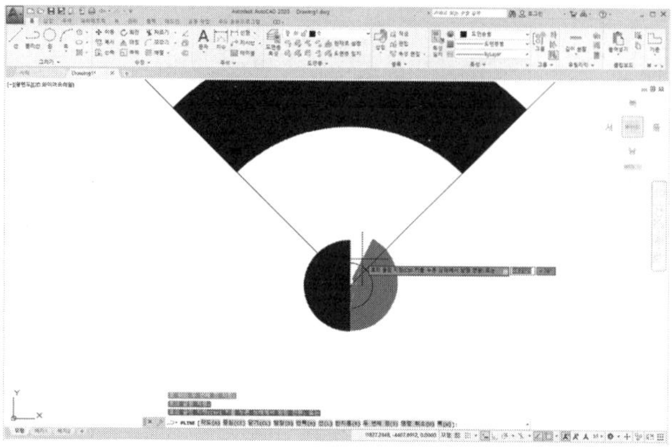

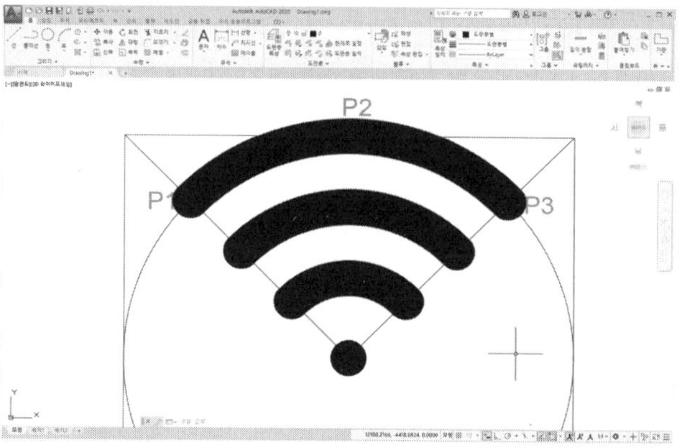

EXERCISE 20 강당의자 배치하기

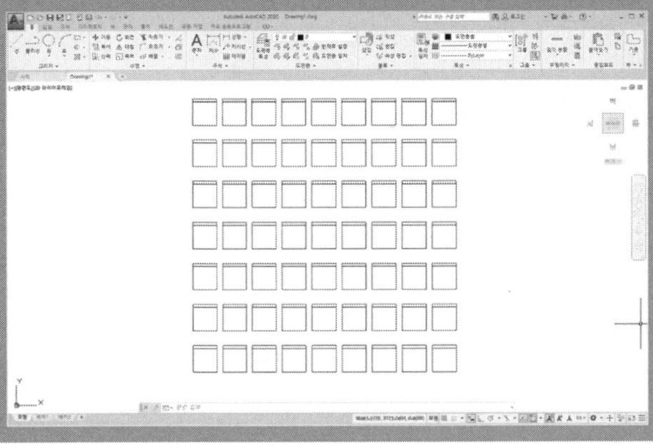

학습목표
- 직사각형 배열을 할 수 있다.
- 경로 배열을 할 수 있다.
- 원하는 간격과 방향으로 배열을 할 수 있다.

새로운 도구/기능
- 홈 탭 → 수정 패널 → 직사각형 배열, 경로 배열
- 명령어 행 : array Enter↵, ar Enter↵

중요한 도구/기능
- 홈 탭 → 그리기 패널 → 직사각형

#Array #Rectangular #Path #Row #Column #Associative #Align

선택한 객체를 일정한 간격과 방향으로 다중복사하는 도구이다. 배열 형태에 따라 세 가지 형태의 배열을 사용할 수 있다.

직사각형 배열(Rectangular Array)
경로 배열(Path Array)
원형 배열(Polar Array)

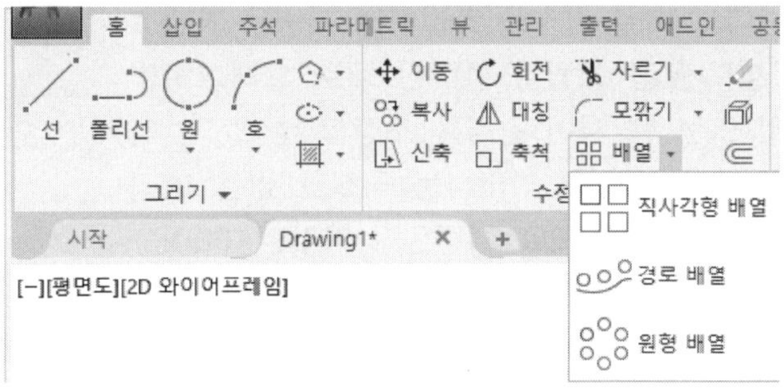

직사각형 배열

① 직사각형 도구를 이용하여 시트 크기 400×400, 등받이 크기 400×50인 의자를 작성한다.

② 배열 도구를 실행하면 각 도구별 상황에 맞는 리본 메뉴가 나타난다.

① 직사각형 배열 도구 실행

② 배열을 적용할 객체들을 선택한다.

③ 객체 선택을 종료하기 위해 Enter↵를 누르면 오른쪽과 같이 리본메뉴에 '배열 작성' 탭이 나타난다. 또한 선택한 객체는 직사각형 배열이 미리 적용된 결과를 보여준다.

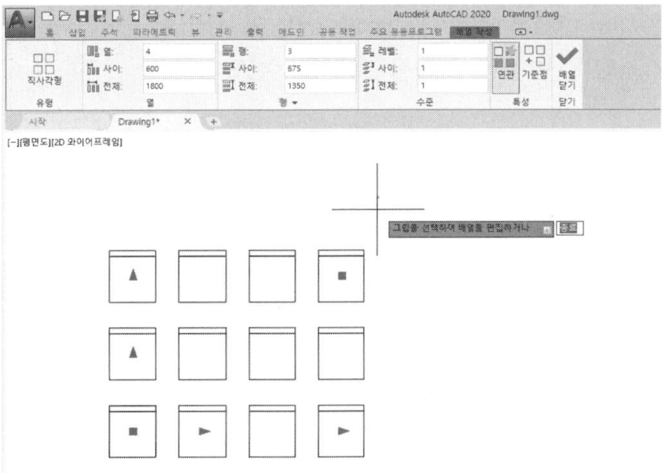

화면에 표시된 파란색의 편집 그립을 이용하여 옵션들을 변경할 수 있다.

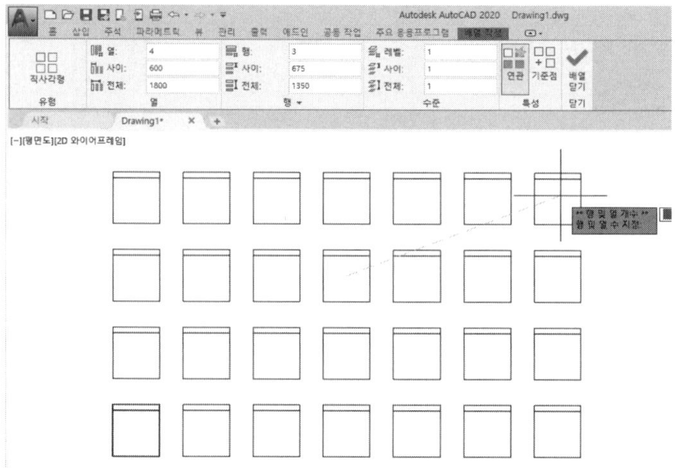

④ 기준 객체에서 멀리 떨어진 편집 그립은 각 방향의 배열 개수를 조절한다. 대각선 방향의 편집 그립을 클릭한 채로 드래그하면 열 방향과 행 방향의 배열 개수를 한꺼번에 조정할 수 있다.

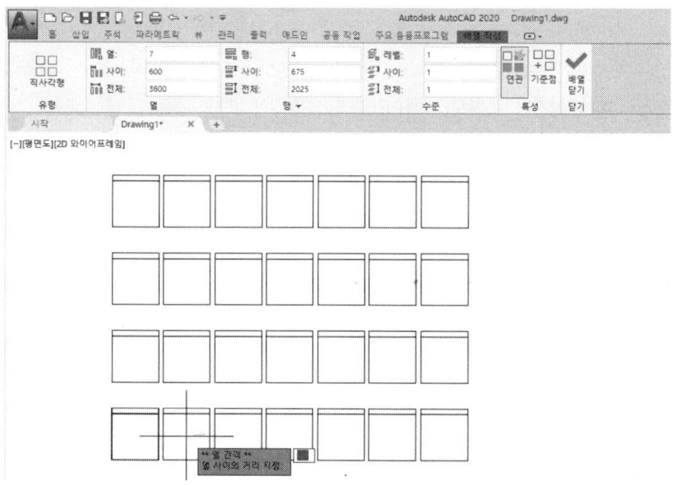

⑤ 기준 객체에 바로 인접한 편집 그립은 각 방향의 배열 간격을 조절하는 기능을 가지고 있다. 편집 그립을 클릭한 채로 드래그하면 열 또는 행 사이 간격을 조정할 수 있다. 이때 드래그할 때 나타나는 극좌표 값은 미리보기에서 자동으로 지정된 사이값인 '600'으로부터 시작된 값이다.

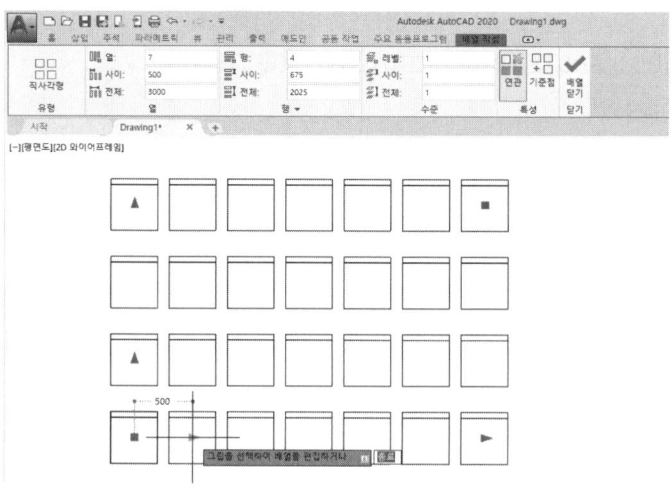

⑥ 정확한 사이 간격을 입력하기 위해 키보드에서 수치를 입력하면 동적 입력창에 값이 입력되는데, 이때 사이 간격값은 원본의 기준점으로부터 간격값이 되므로 미리보기에서 나타난 '600' 값은 무시해야 한다. '500'을 입력한다.

⑦ Enter↵를 누르면 오른쪽과 같이 열 사이의 간격값이 변경된 결과를 확인할 수 있다.

⑧ 리본 메뉴 '배열 작성' 탭에서 직접 변경하여 결과물을 작성할 수도 있다.

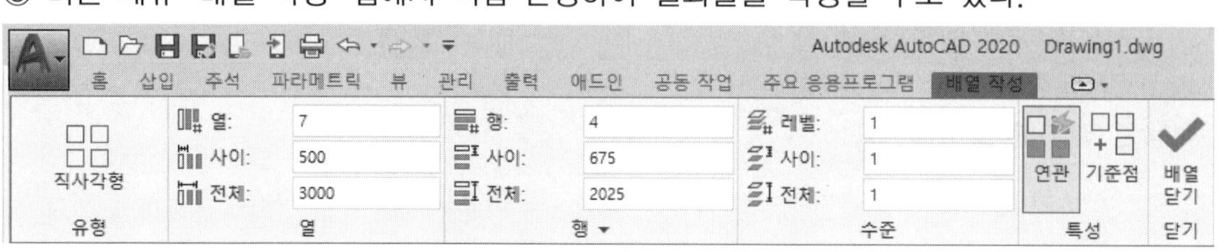

⑨ 리본 메뉴에서 [배열 닫기] 도구를 실행하거나 키보드에서 [Enter↵]를 누르면 Array 도구가 종료되고 결과물이 나타난다.

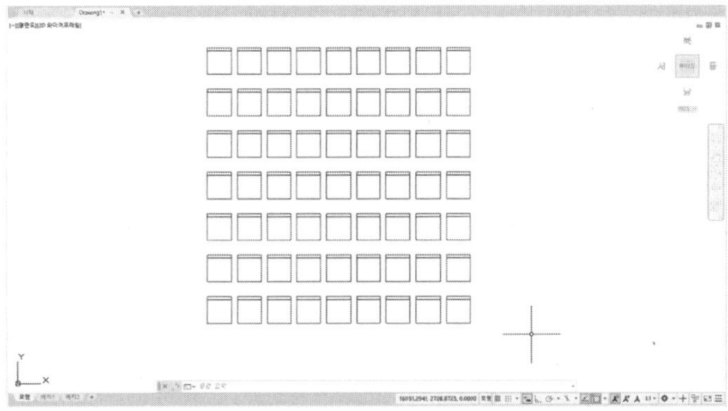

경로 배열

경로 배열은 경로를 따라 객체가 배열되는 도구이다.

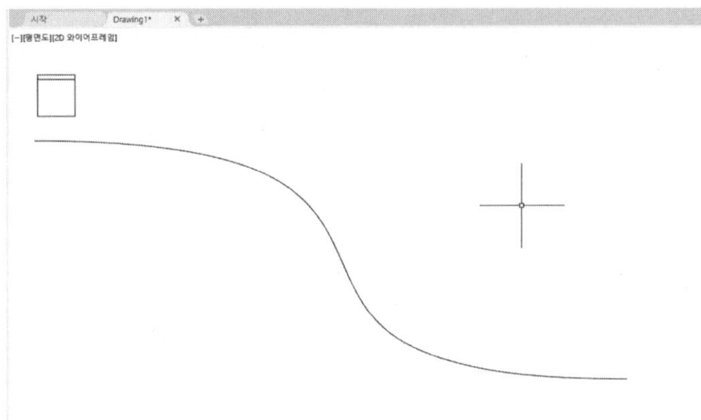

① 배열을 적용할 객체를 작성한다. 앞서 작성한 의자와 동일한 의자를 사용한다.

② 경로(Path)로 사용할 스플라인을 작성한다.

③ [경로 배열] 도구 실행

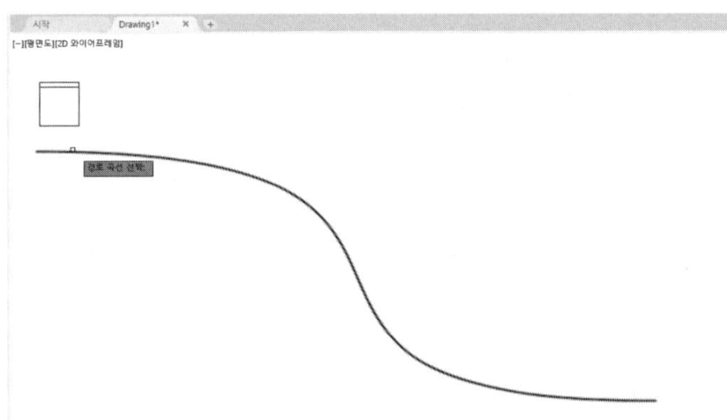

④ 배열을 적용할 객체를 선택한다.(정사각형 선택)

⑤ [Enter↵]를 눌러 선택을 종료한다.

⑥ 경로 곡선(path curve)을 선택한다.(스플라인 선택)

⑦ 경로 곡선을 지정하면 오른쪽과 같이 리본메뉴에 배열 작성 탭이 나타난다. 또한 선택한 객체는 경로 배열이 미리 적용된 결과를 보여준다.

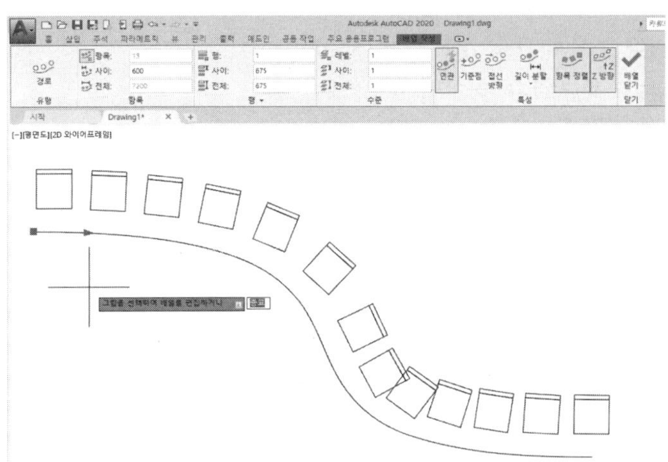

⑧ 배열 구간의 끝은 스플라인 길이에 의해 정해져 있으므로 기준객체 옆의 편집 그립을 드래그하면 객체간의 사이 간격이 조절되어 총 배열 개수가 변경된다.

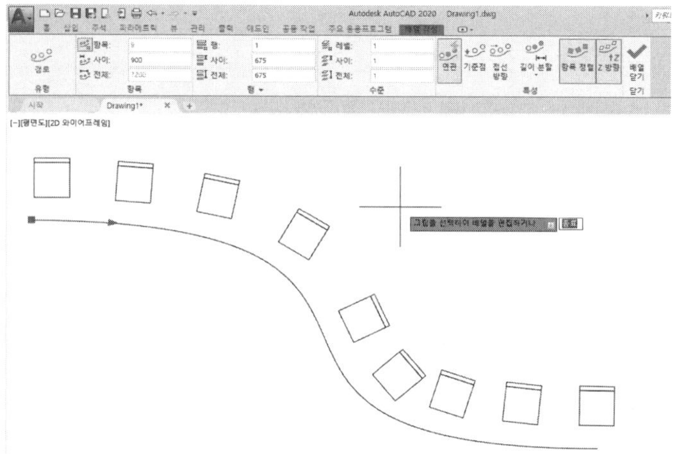

⑨ 리본 메뉴 '배열 작성(Array Creation)' 탭에서 직접 변경하여 결과물을 작성할 수도 있다.

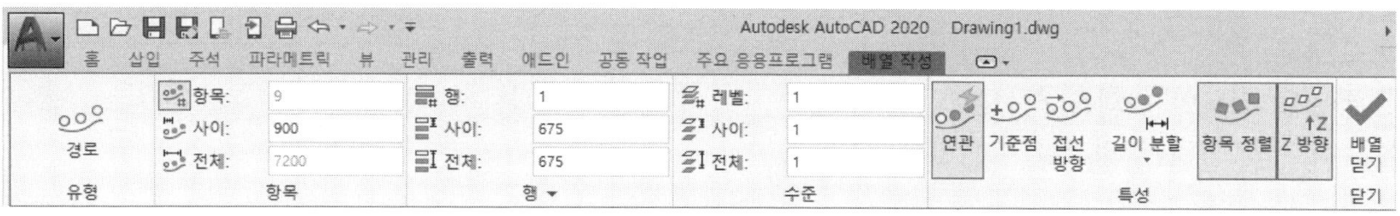

⑩ 항목 정렬 항목 정렬 도구를 클릭하여 비활성화시키면 다음과 같이 배열되는 객체의 자체회전 없이 원본과 같은 방향으로 배열이 된다.

다시 '항목 정렬' 도구를 클릭하면 활성화되어서 경로에 정렬되는 방향으로 객체가 회전되어 나타난다.

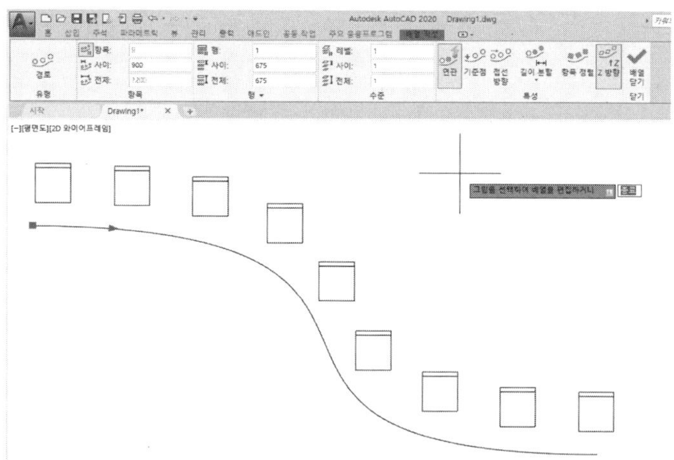

⑪ 리본 메뉴에서 배열 닫기 도구를 실행하거나 키보드에서 Enter↵를 누르면 배열(Array) 도구가 종료되고 결과물이 나타난다.

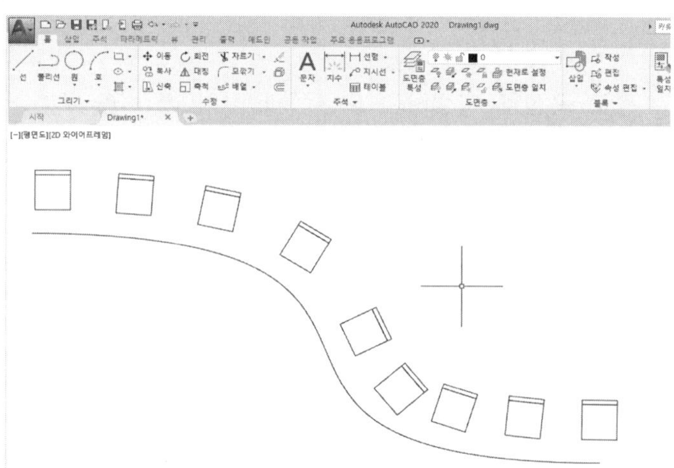

EXERCISE 21 원형 테이블 그리기

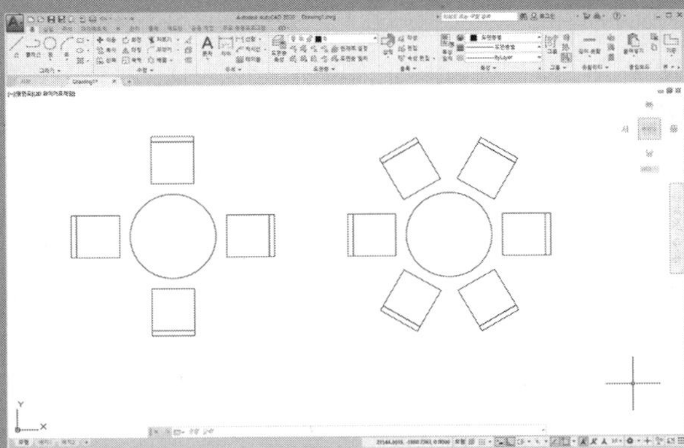

학습목표
- 원형 배열을 할 수 있다.
- 원하는 개수와 각도에 맞게 배열을 할 수 있다.

새로운 도구/기능
- 홈 탭 → 수정 패널 → 원형 배열
- 명령어 행 : array Enter↵, ar Enter↵

중요한 도구/기능
- 홈 탭 → 그리기 패널 → 직사각형

#Array #Polar #Center #Angle #Align #Rotate item

원형 배열은 회전의 중심점을 기준으로 객체를 회전시키면서 다중복사하는 도구이다.

반지름이 400인 원(테이블)과 앞서 작성한 의자를 다음 그림과 같이 작성한다. 테이블과 의자 사이의 간격은 100으로 설정한다.

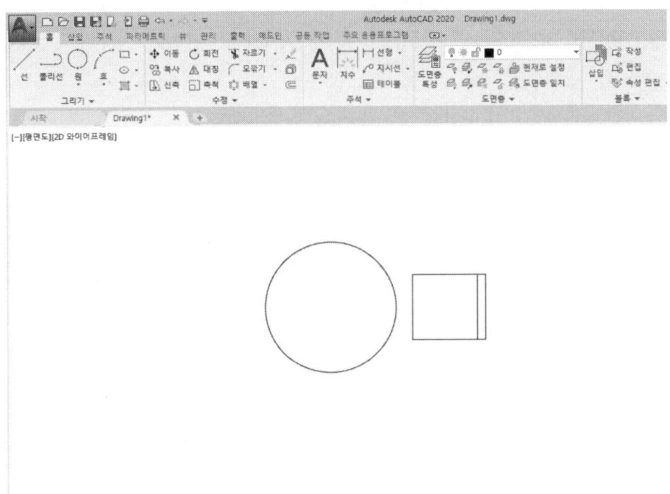

원형 배열

① 원형 배열 도구 실행

② 배열을 적용할 객체를 선택한다. 정사각형을 선택한 다음 Enter↵를 눌러 선택을 종료한다.

③ 원형 배열의 기준이 되는 중심점을 지정한다. 원의 중심을 지정한다.

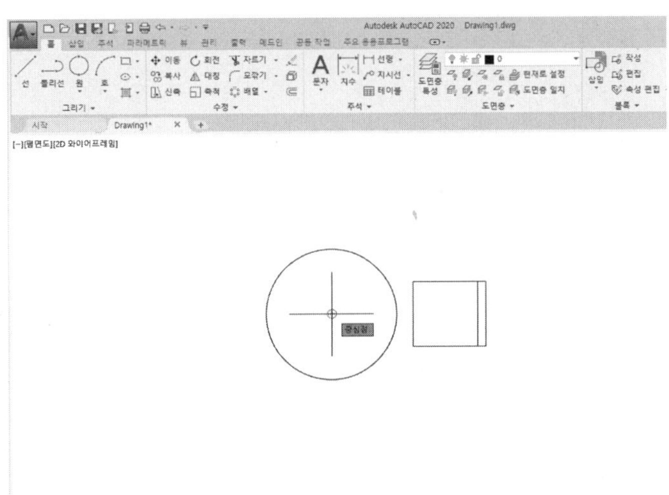

④ 중심점을 지정하면 리본 메뉴에 배열 작성 탭이 활성화되고 객체의 원형 배열 결과가 미리보기로 나타난다.

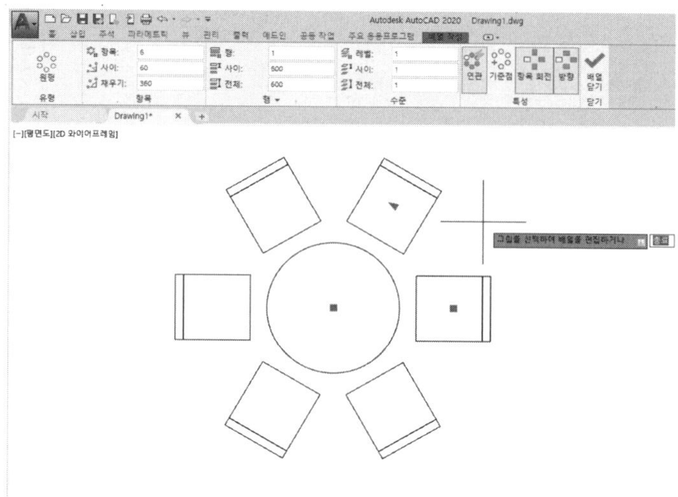

⑤ 화살표 모양의 편집 그립을 선택하여 드래그하면 배열되는 객체의 항목 사이 각도를 조정할 수 있다.

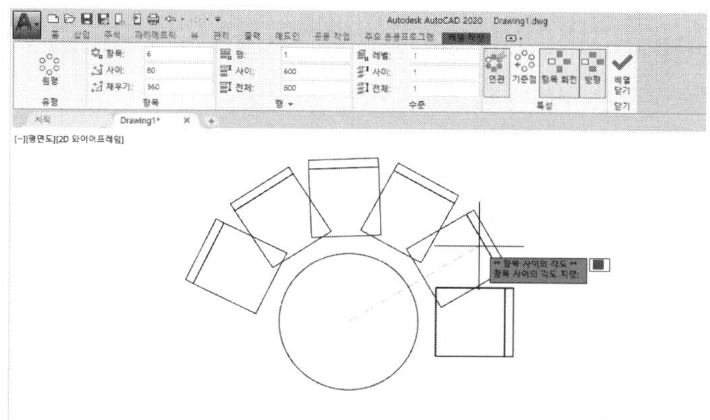

⑥ 원형 배열에 포함되는 객체의 개수를 조절하기 위해서는 리본 메뉴 '항목' 패널 [항목:]에서 개수를 입력한다. '4'를 입력한다.

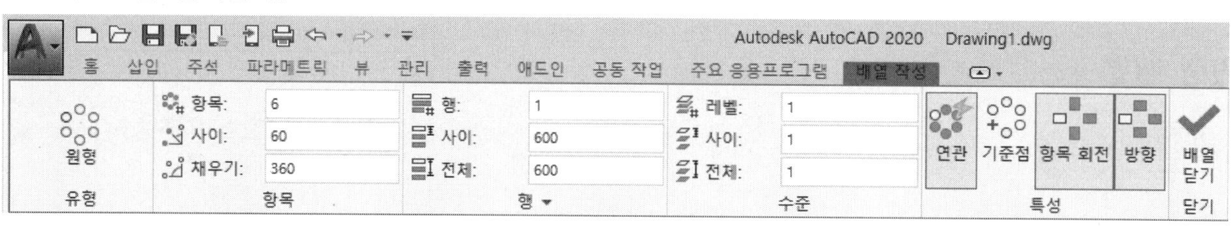

⑦ 리본 메뉴에서 [배열 닫기] 도구를 실행하거나 키보드에서 [Enter↵]를 누르면 배열(Array) 도구가 종료되고 결과물이 나타난다.

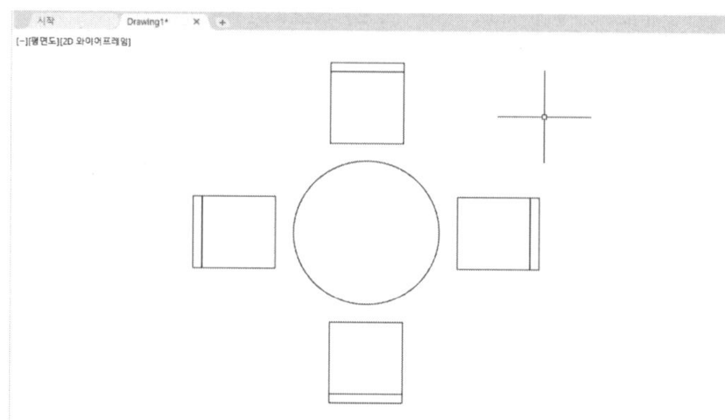

EXERCISE 22 가구그리기 종합예제

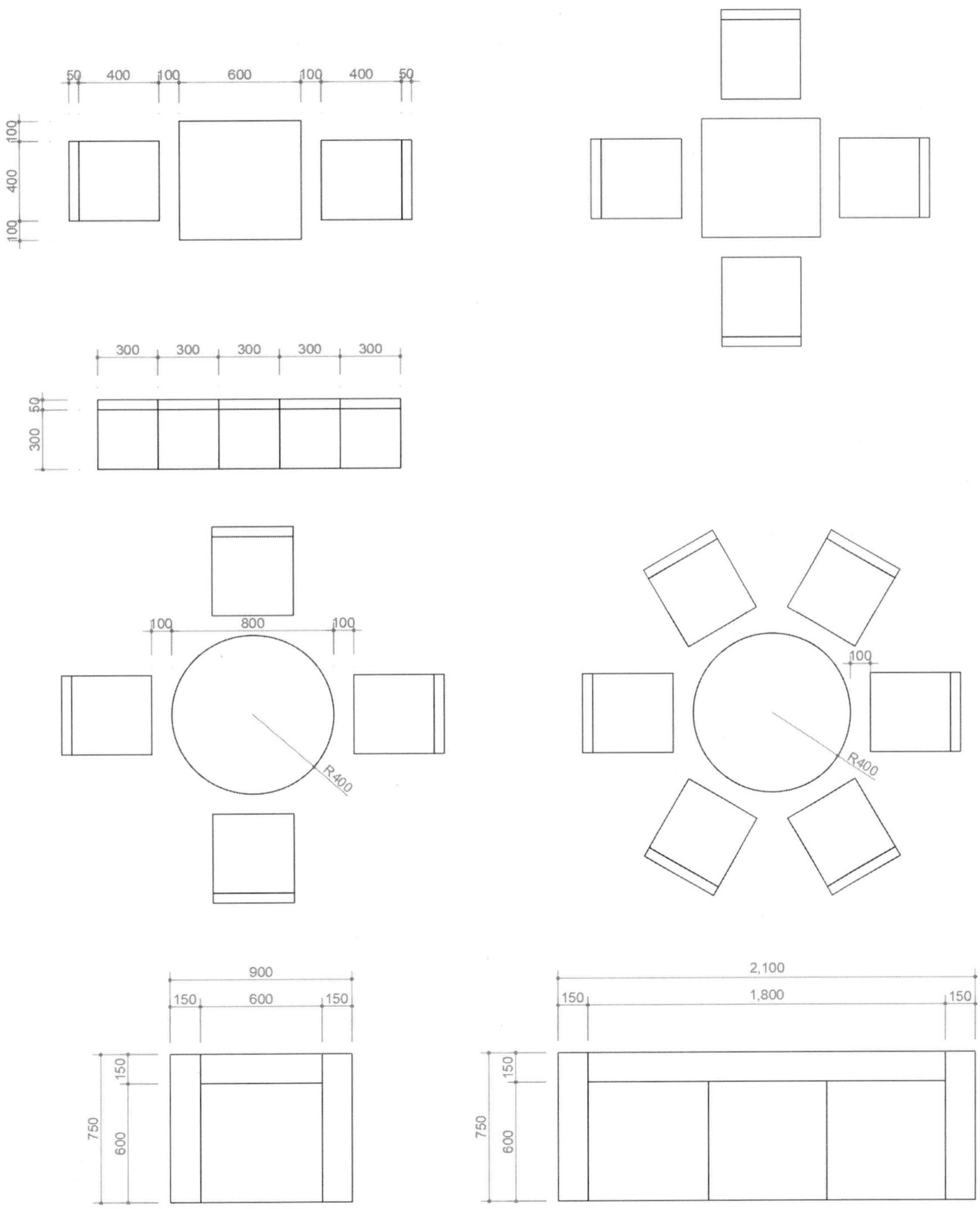

1인/3인 소파 그리기

앞서 작성한 예제를 제외한 1인 소파와 3인 소파를 직사각형 도구와 복사 도구를 이용해 작성한다. 간단한 예제이므로 스스로 완성하는데 큰 어려움이 없을 것이다.

STOP!

여기서 잠깐 ! 아래의 작업과정을 보기 전에 스스로 완성해 본다.
완성 후 책에서 제시하는 방법과 비교해 보면서 스스로 최적의 방법을 찾아본다.

① 시트(600×600), 팔걸이(150×750)에 해당하는 직사각형을 작성한다.

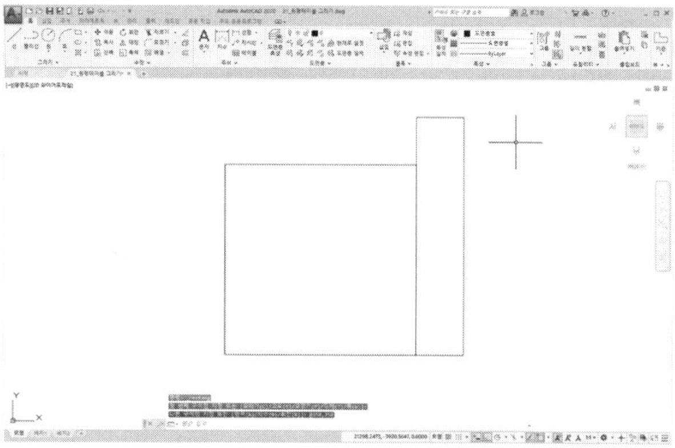

② 팔걸이를 복사(Copy)한다.

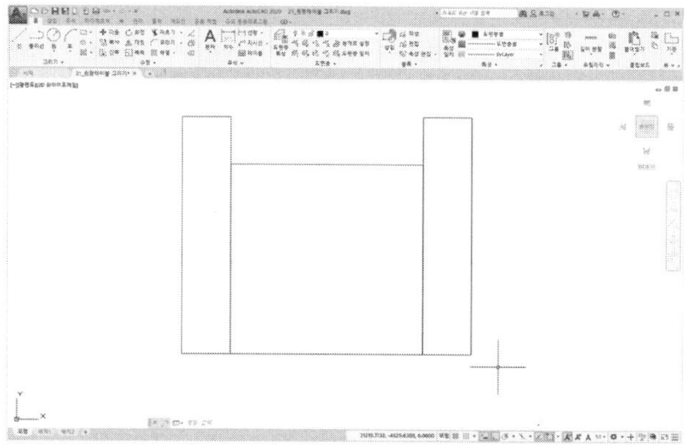

③ 직사각형으로 등받이를 작성하여 1인 소파를 완성한다.

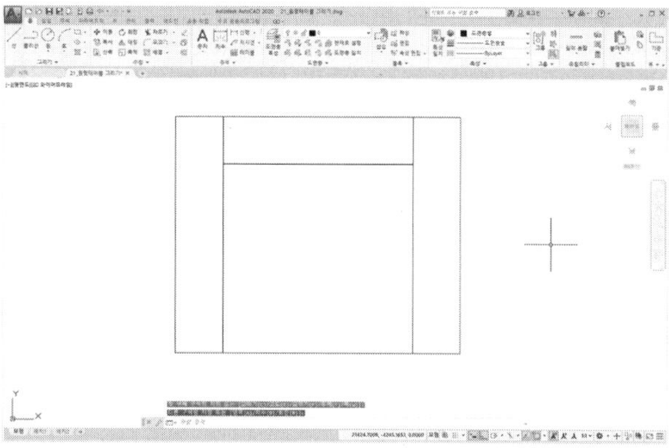

④ 1인 소파의 좌측 팔걸이와 시트를 복사하여 3인 소파 작업을 시작한다.

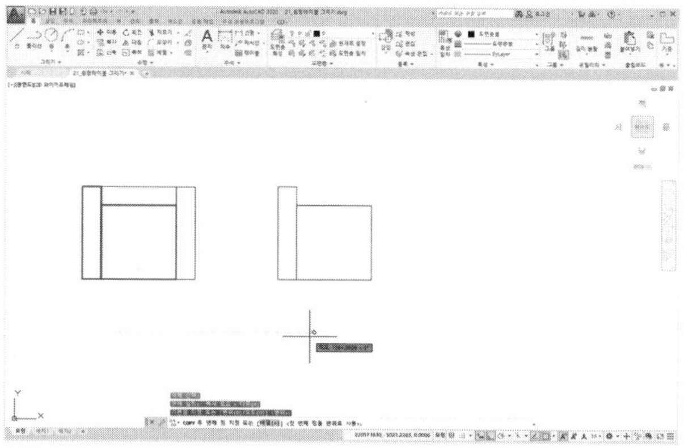

⑤ 시트를 복사하여 모두 3개가 되도록 배치한다.

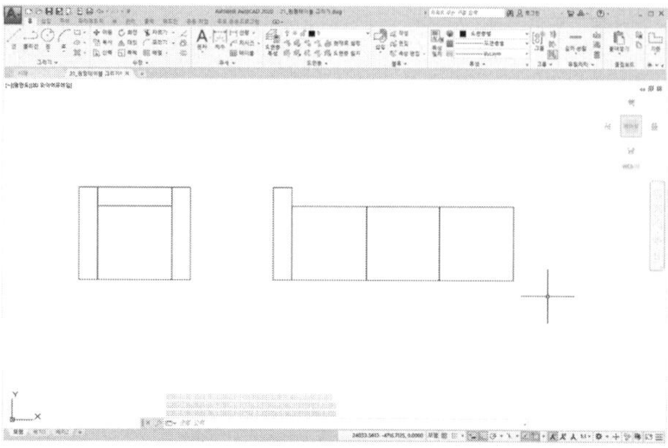

⑥ 우측 팔걸이를 복사하고, 직사각형으로 등받이를 작성하여 예제를 완성한다.

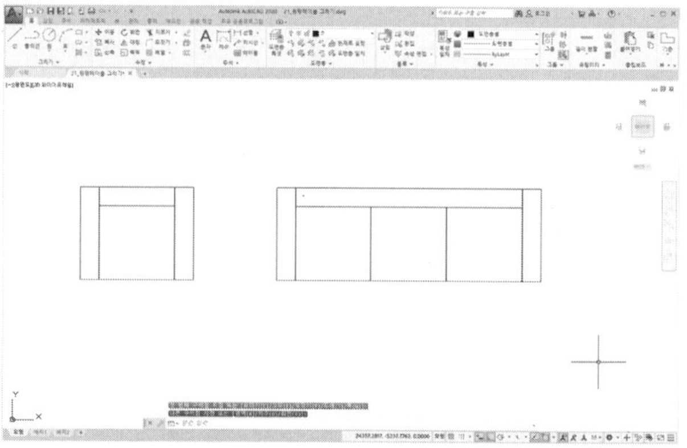

EXERCISE 23 계단 그리기

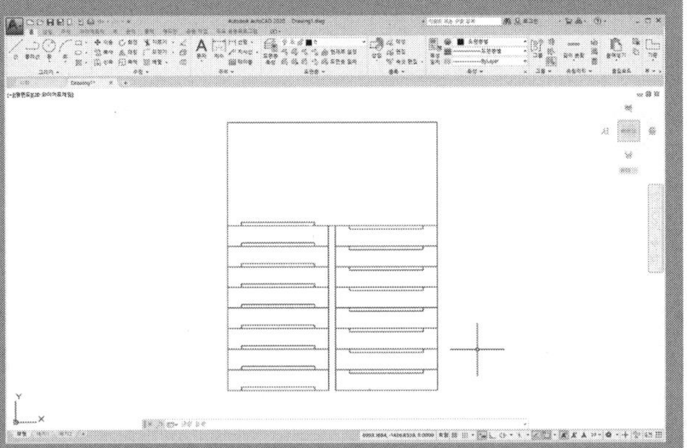

학습목표
- 자르기와 연장하기를 사용할 수 있다.
- 신축도구를 사용할 수 있다.

새로운 도구/기능
- 홈 탭 → 수정 패널 → 자르기, 연장, 신축
- 명령어 행 : trim Enter↵, tr Enter↵
  extend Enter↵, ex Enter↵
  stretch Enter↵, s Enter↵

중요한 도구/기능
- 상태막대 → 사용자화 → 동적 입력
- 걸침 윈도우(Crossing Window)

#Trim #Extend #Cutting Edge #Boundary Edge #Stretch #Crossing Window

자르기(Trim)

절단 모서리(Cutting Edge)를 기준으로 교차하는 객체들을 잘라낸다.

한 변의 길이가 500인 정사각형을 '선(line)' 도구로 작성한 다음, '간격띄우기(Offset)' 도구로 수평선만 '100' 간격으로 간격띄우기를 한다. 마지막으로 정사각형의 대각 모서리를 연결하는 사선을 작성한다.

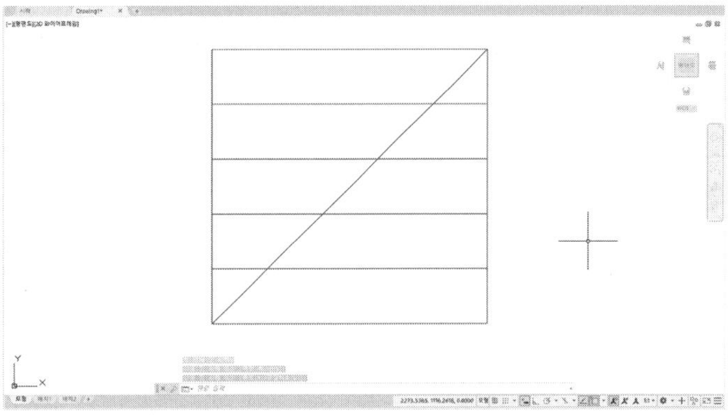

①  도구 실행

② 절단 모서리(Cutting Edge)를 선택한다. (사선을 선택)

③ Enter↵를 눌러 선택을 종료한다. 즉 절단 모서리는 하나가 아니라 여러 개가 될 수도 있다.

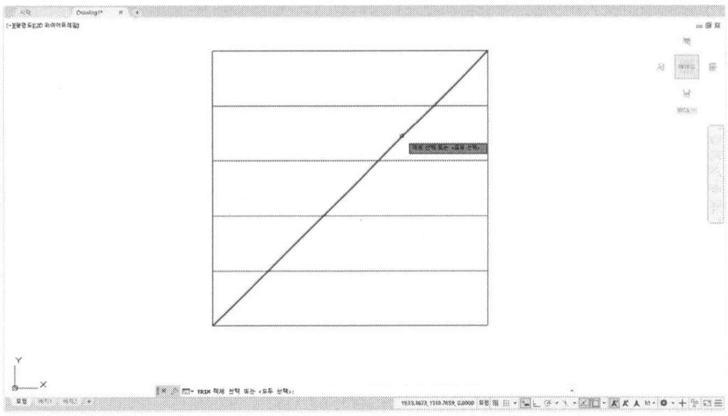

④ 잘려나갈 객체를 선택한다.
객체 위에 마우스를 위치하면 잘려나갈 부분의 색상이 흐리게 표현되며 커서 상단에 붉은색 '×' 표시가 나타난다.
반드시 절단 모서리와 교차해야 하며, 선택과 동시에 선택한 위치의 객체 일부가 잘려나가게 된다.

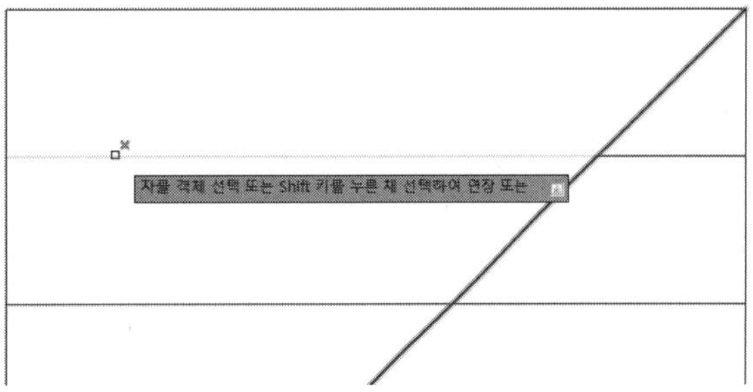

⑤ 마우스를 클릭하면 절단 모서리를 기준으로 선택한 위치의 객체 일부가 잘려나가게 된다.

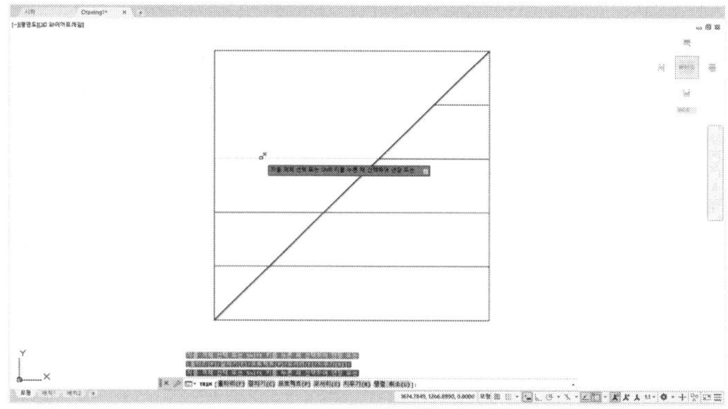

⑥ 연속해서 자르기 작업을 진행할 수 있다.

⑦ Enter↵를 누르면 작업이 종료된다.

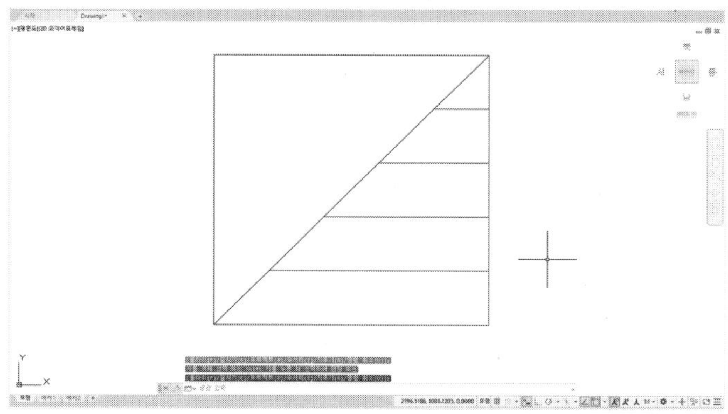

연장(Extend)

경계 모서리(Boundary Edge)를 기준으로 선택한 객체를 연장하는 도구이다. 자르기 도구의 반대개념이다.

① [연장] 도구 실행

② 경계 모서리를 선택한다.(왼쪽 수직선 선택)

③ Enter↵를 눌러 선택을 종료한다. 즉 경계 모서리는 하나가 아니라 여러 개가 될 수도 있다.

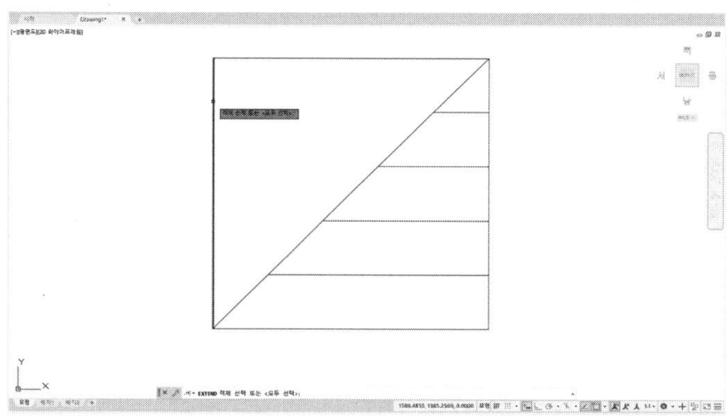

④ 연장할 객체를 선택한다.
연장할 객체 위에 마우스를 가져가면 오른쪽과 같이 연장한 결과가 미리보기되어 나타난다. 이때 연장하는 객체의 중간점을 기준으로 경계 모서리에 가까운 쪽을 선택하면 연장이 되지만, 반대쪽을 선택하면 연장되지 않는다.

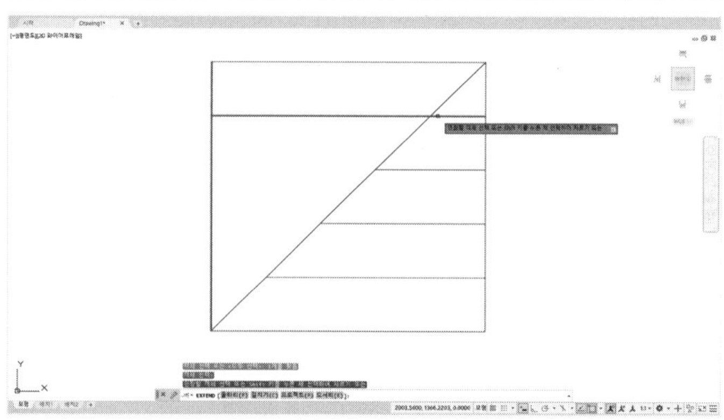

⑤ 마우스를 클릭하면 객체가 경계 모서리까지 연장되어 나타난다.

⑥ 나머지 선들도 연장하기를 적용한다.

⑦ Enter↵를 누르면 작업이 종료된다.

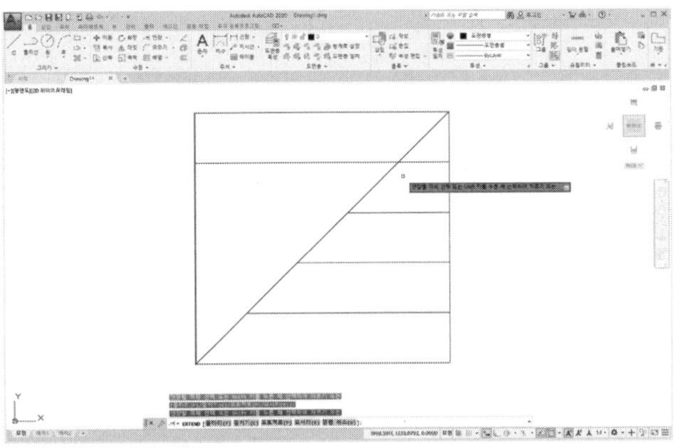

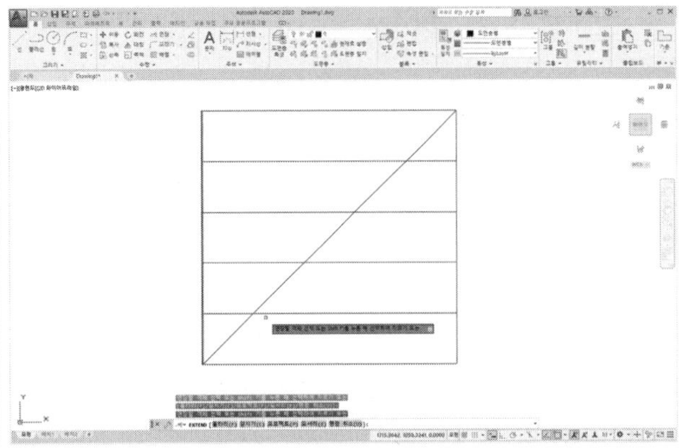

신축(Stretch)

선택 윈도우 또는 다각형과 교차하는 객체들을 신축하는 도구이다. 신축이란 객체를 늘리고 줄인다는 것으로 객체 자체가 이동하는 것이 아니라 객체의 일부인 정점의 위치가 바뀌어 객체가 늘어나거나 줄어드는 것이다. 객체는 반드시 걸침 윈도우(Crossing-window)나 걸침 폴리곤(Crossing-polygon)을 이용하여 선택한다.

앞서 작성한 예에서 사선을 삭제하고 중간점을 연결하는 수직선을 작성한다.

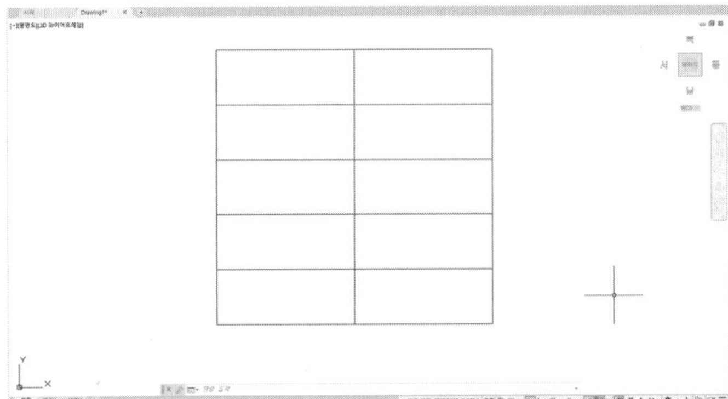

① 신축 도구 실행

② 신축할 객체를 선택하기 위해 화면의 빈 공간을 선택하고 드래그하여 직사각형 영역으로 선택 영역을 만들어준다. 즉 걸침 윈도우로 선택한다.

③ 반대편 모서리를 지정하면 걸침 윈도우에 걸쳐진 객체들이 선택된다.

④ Enter↵를 눌러서 선택을 종료한다.

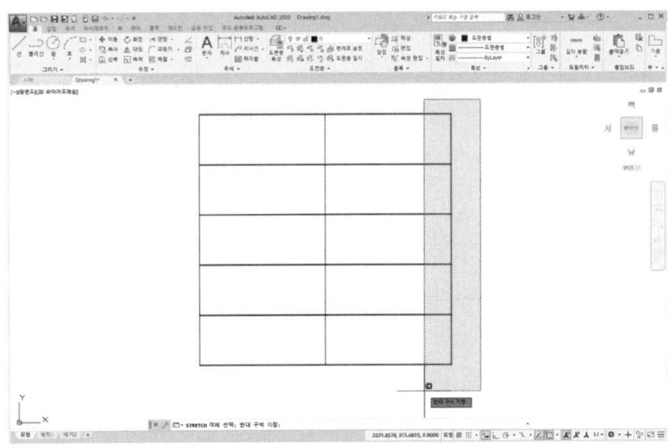

⑤ 임의의 점을 신축의 기준점으로 지정한다.

마우스를 클릭하고 드래그하면 객체가 신축되는 결과를 직접 확인할 수 있다.

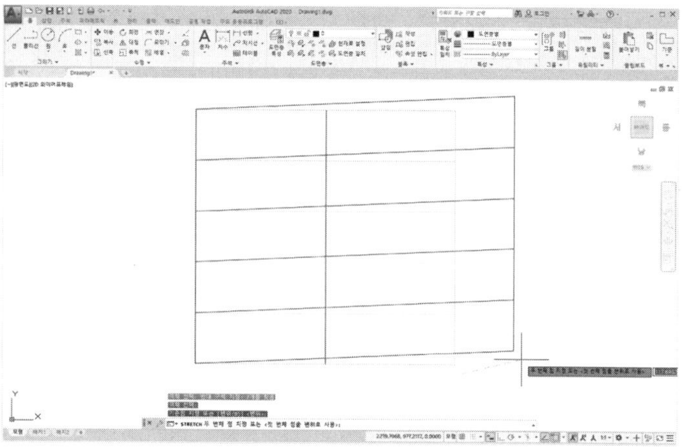

⑥ 두 번째 점의 좌표를 입력한다.('100,0'을 입력한다.)

⑦ Enter↵를 누르면 오른쪽 수평선들만 신축되어 늘어난 것을 확인할 수 있다.

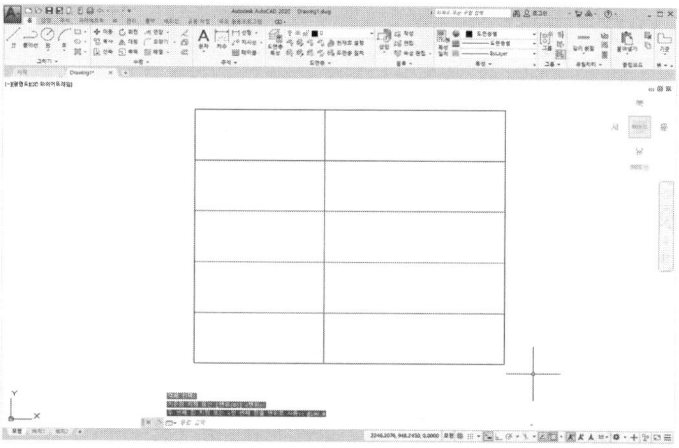

⑧ 좌측편의 선들도 신축 도구를 이용해 편집한다.

결과물은 최종 형태에서 좌우측으로 '100'만큼씩 폭을 확대한 것이 된다. 만약 이 형태을 계단으로 가정한다면 계단의 폭을 확장하는 편집방법으로 적용할 수 있다.

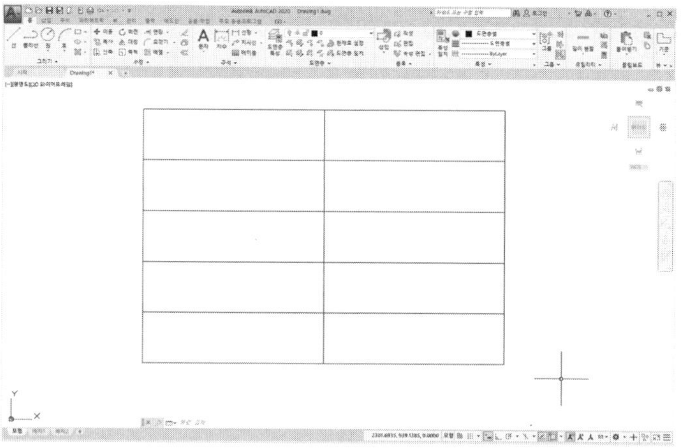

신축 도구는 도면 편집에서 대단히 유용하게 사용될 수 있다. 그리기 작업을 통해 도면을 완성시키는 단계보다는 완성된 도면을 수정하는 단계에 적절히 사용될 수 있다. 이미 완성된 도면에서 실 전체의 크기 변화, 창호의 위치 수정 등에서 매우 편리하게 사용할 수 있다.

계단 그리기

① 길이가 '2000'인 직선(Line)을 작성하고, 거리 '1500' 만큼 간격띄우기(Offset)한다.

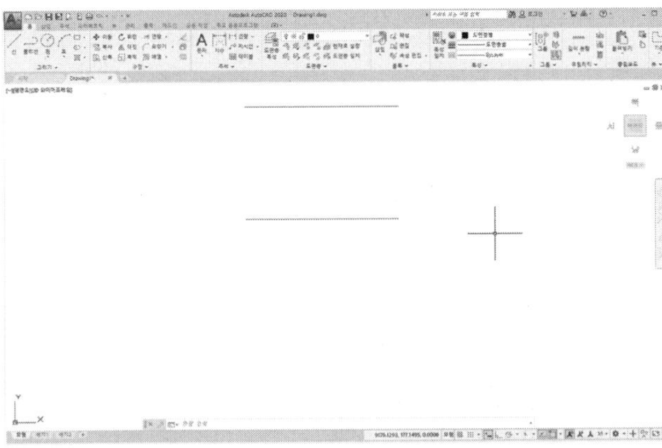

② 거리를 '300'으로 변경하여 간격띄우기(Offset)를 반복하여 다음과 같이 작성한다. 8개 정도의 수평선을 추가로 생성한다.

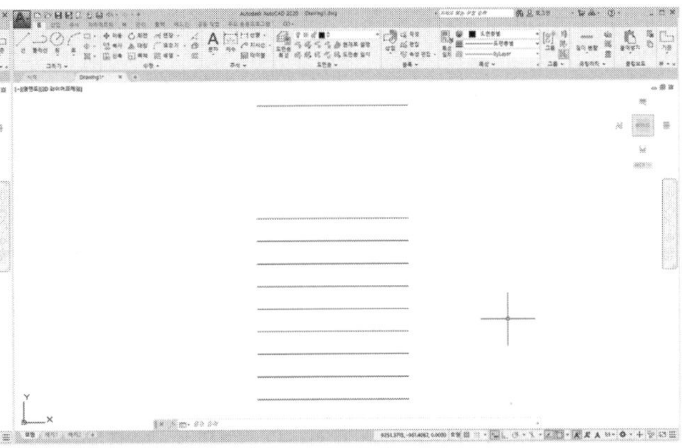

③ 양 끝은 전체를 연결하는 직선으로, 가운데는 계단참을 제외한 직선을 중간점으로 연결한다. 간단하게 계단의 모습이 완성된다.

④ 계단의 폭을 확장하기 위해 좌측 직선을 '500'만큼 이동하거나 간격띄우기를 한다.

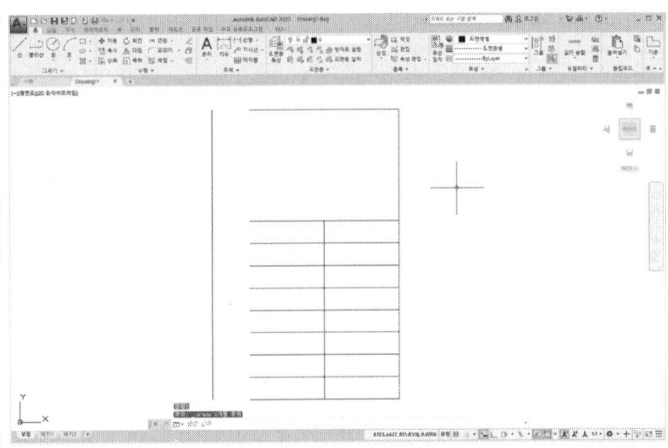

⑤ '연장(Extend)' 도구를 이용해 떨어진 직선까지 수평선들을 연장해준다.
이때, 연장할 객체 선택시 크로싱 윈도우로 선택하면 한꺼번에 연장시킬 수 있다.

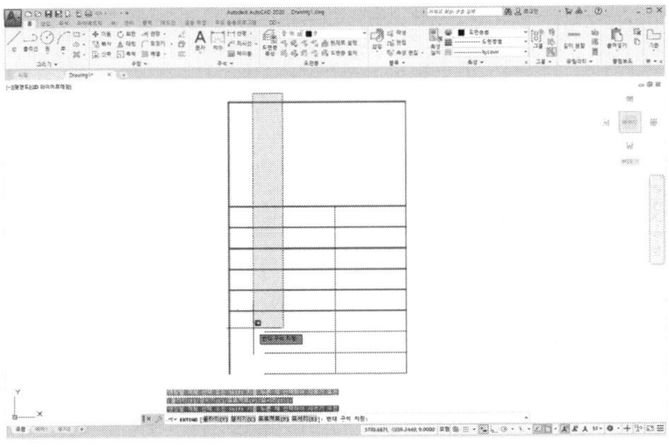

연장한 결과는 다음과 같다.
⑥ 우측의 계단은 '신축(Stretch)' 도구로 작업해 본다. 도구를 실행하고 다음과 같이 크로싱 윈도우로 이동시킬 정점들을 선택해 준다.

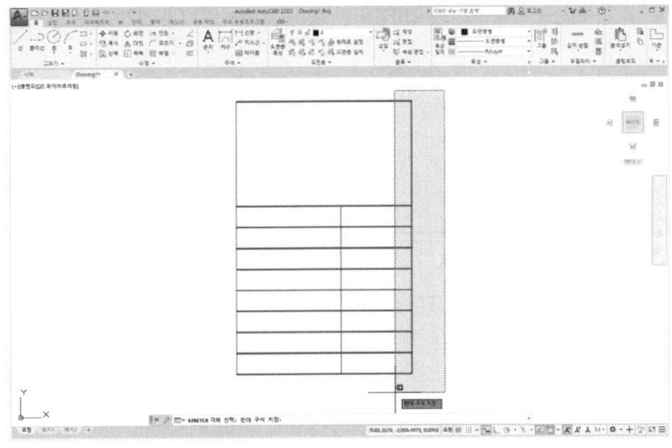

⑦ 선택한 정점들을 '500'만큼 우측으로 이동시킨다. 좌표를 이용한다.

신축(Stretch)으로 이동한 결과는 다음과 같다.

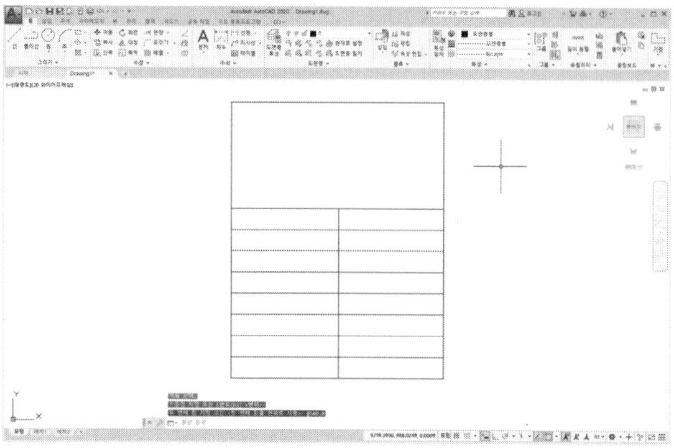

다음으로 양측 계단 사이의 틈을 만들어 준다.

⑧ 가운데 수직선을 양쪽으로 '50' 만큼 간격띄우(Offset)기한다.

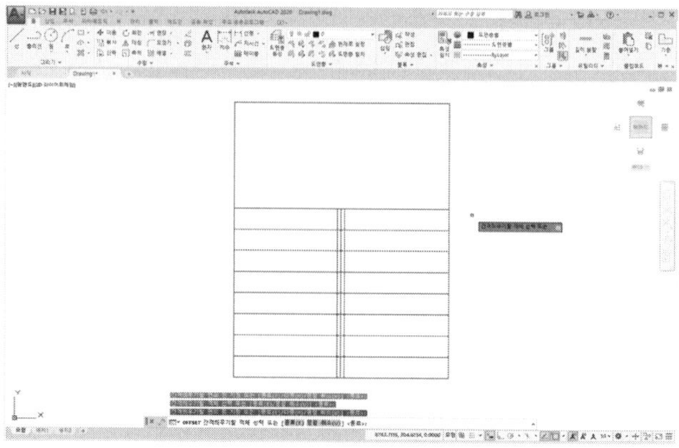

⑨ 가운데 직선은 삭제하고 '50' 간격의 두 직선을 절단 모서리(cutting Edge)로 하여 틈 사이에 있는 수평선들을 잘라내기(Trim)한다.

계단의 디테일을 추가하기 위해 논슬립(Non-slip)을 그려준다.

⑩ 좌측 하단 계단의 선들을 이용해 수평선은 '50', 수직선은 좌우측 모두 '200' 만큼 계단 안쪽으로 간격띄우기한다.

⑪ '자르기(Trim)' 도구를 실행하여 간격띄우기한 선들을 모두 '절단모서리'로 선택한다.

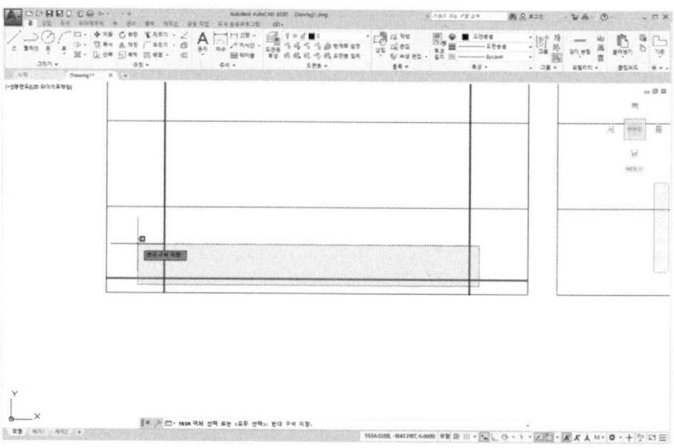

⑫ 완성된 결과는 다음과 같다. 반대쪽 계단은 반대방향으로 논슬립을 그려주어야 한다.

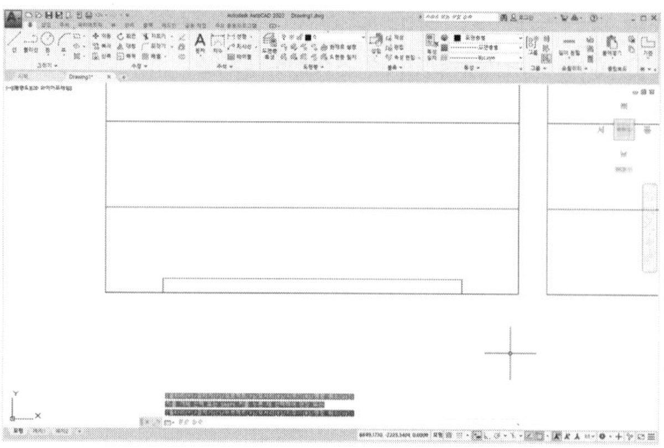

⑬ 작성된 논슬립을 계단마다 복사해 예제를 완성한다.

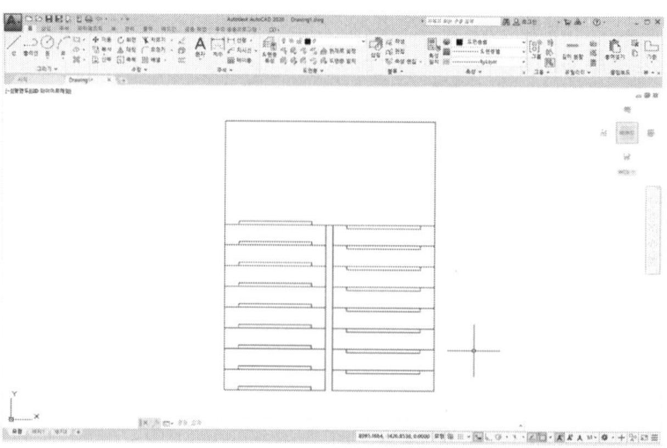

EXERCISE 24 자르기 종합예제

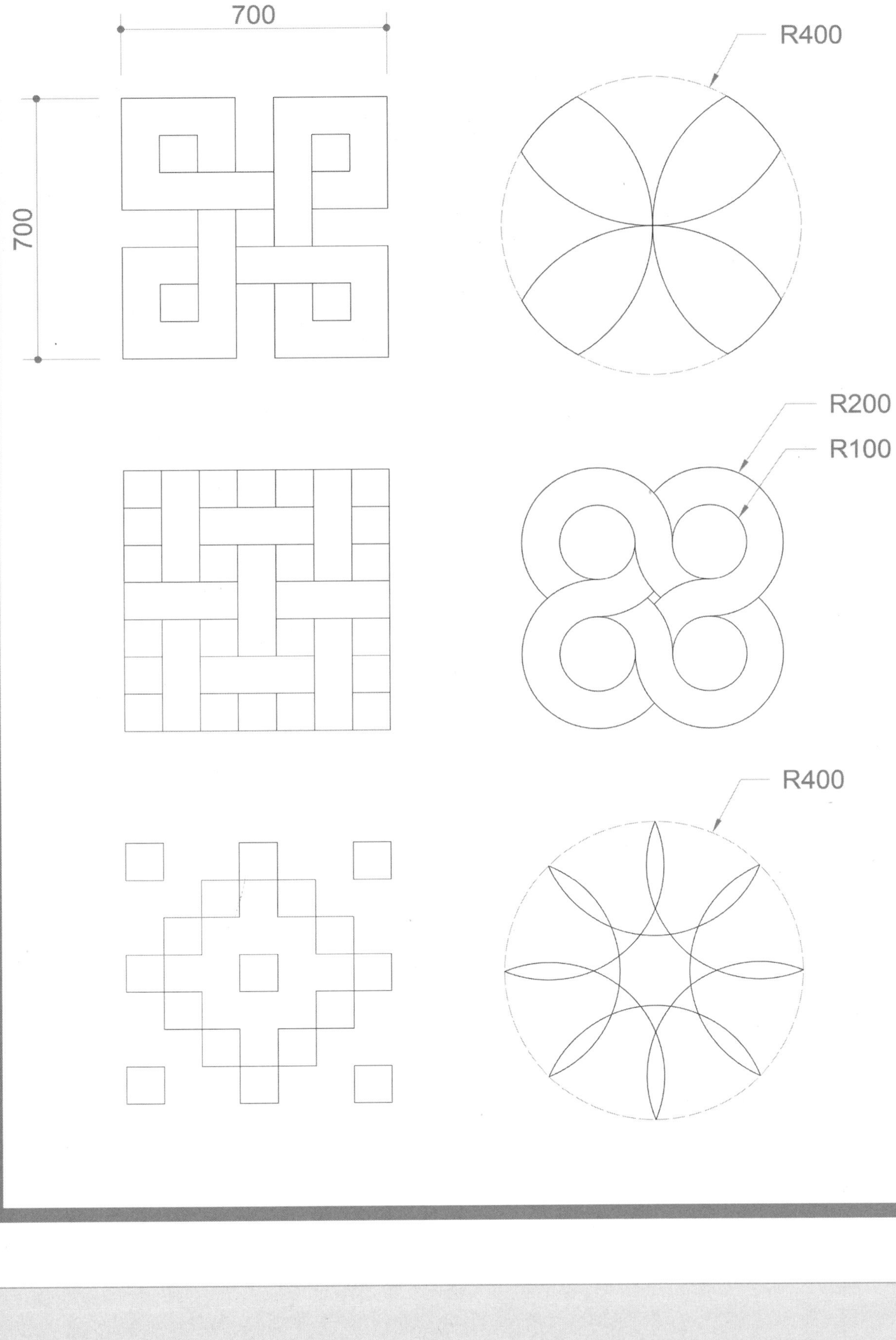

밑그림 그리기

① 직선으로 된 예제들은 한 변의 길이가 '700'인 정사각형에서 시작한다. 수평선과 수직선을 각각 '100'의 간격으로 간격띄우기를 해서 다음과 같은 형태를 만들고, 이 결과를 자르기 하는 방법에 따라 서로 다른 3가지 결과로 완성한다.

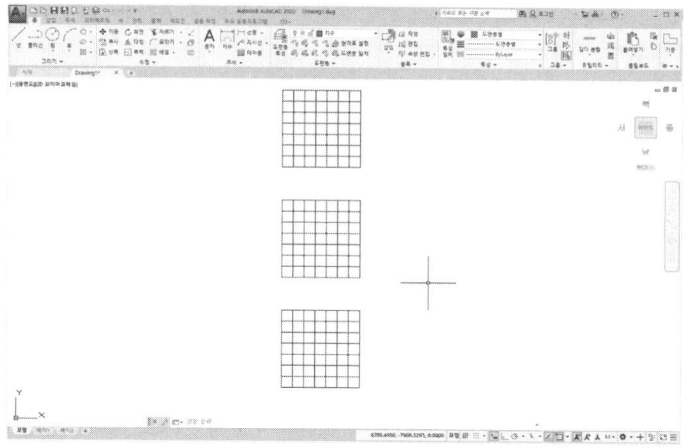

② 두 번째 예제는 반지름이 '400'인 원을 먼저 작성하고, 그 원의 중심을 기준으로 각 사분점에 복사한 결과를 이용하여 작성한다.

'자르기(Trim)' 도구를 실행하여 절단 모서리를 선택할 때 모든 원을 선택하지 않고 중심의 원만 절단모서리로 선택하여 바깥쪽으로 나온 부분들을 잘라내고 다음 자르기 작업을 진행하는 것이 편리하다.

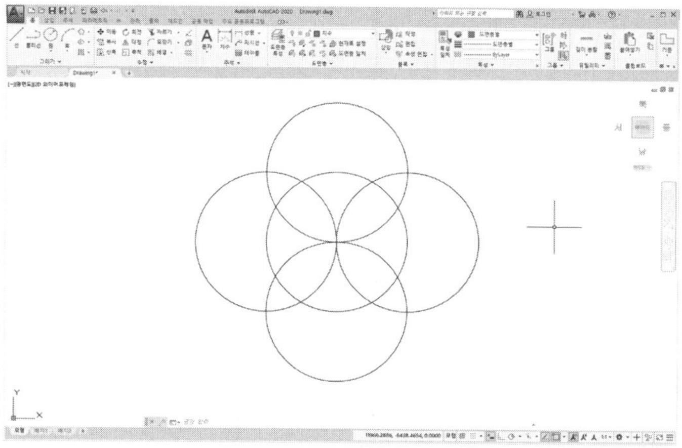

③ 같은 중심점을 가지는 반지름 '100', '200'의 원들이 서로 겹치면서 고리를 만들어주는 형상이다. '올라가고', '내려가고'를 반복하면서 자르기를 실행해 준다.

이 경우에는 모든 원을 한꺼번에 절단 모서리로 선택하는 것이 편리하다.

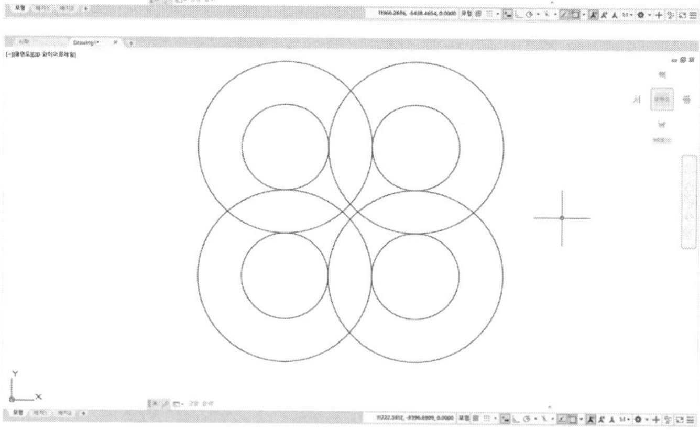

④ 마지막 예제는 반지름 400인 원에 내접하는 8각형을 이용하여 각 꼭짓점을 중심점으로 하고 정팔각형의 모서리 길이를 반지름으로 하는 8개의 원을 이용하여 작성한다. 역시 모든 원을 다 선택하여 자르기하면 굉장히 복잡하고 번거롭게 된다. 정확하게 필요한 원 하나만 선택하면 아주 손쉽게 자르기를 할 수 있다.

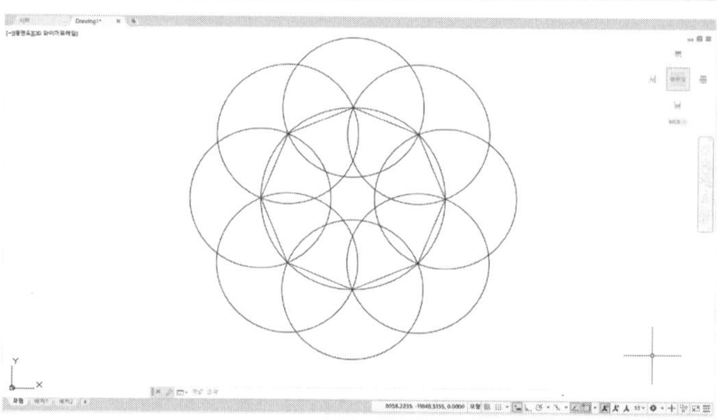

EXERCISE 25 4인 테이블 그리기

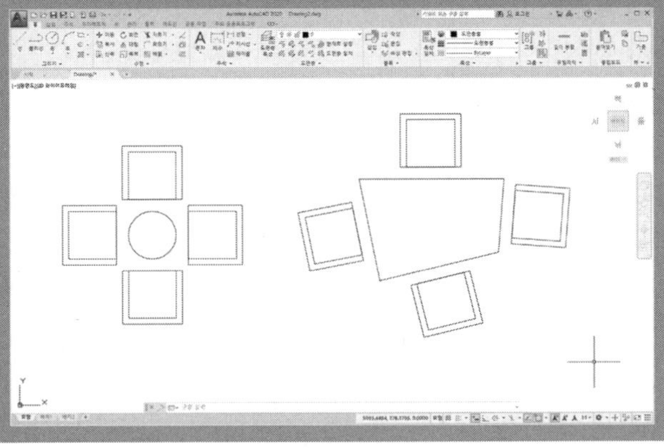

학습목표
- 회전(Rotate) 도구를 사용할 수 있다.
- 복사(Copy) 옵션을 이용하여 회전복사를 할 수 있다.
- 참조(Reference)를 이용하여 회전할 수 있다.

새로운 도구/기능
- 홈 탭 → 수정 패널 → 회전
- 명령어 행 : rotate Enter↵, ro Enter↵

중요한 도구/기능
- 그립(Grip) 편집

#Rotate #Copy #Reference #Grip

앞서 학습한 '간격띄우기' 도구와 '신축' 도구를 이용하여 간단한 의자를 작성한다. 완성한 결과를 이용하여 회전(Rotate)과 대칭(Mirror) 도구의 기본적인 사용방법을 살펴본다.

① 한 변의 길이가 '400'인 정사각형을 '직사각형(Rectangle)'으로 작성한다.

② 간격띄우기 거리 '50'을 적용하여 정사각형 바깥쪽 방향으로 간격띄우기를 실행한다.

③ '신축(Stretch)' 도구를 실행하여 큰 정사각형 아랫부분을 걸침 윈도우로 선택한다.

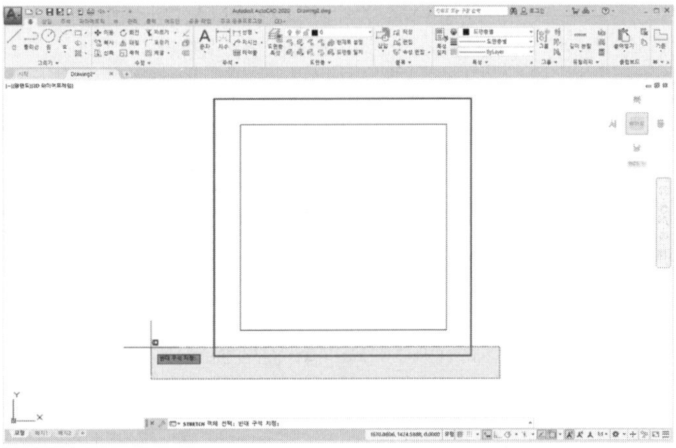

④ 큰 정사각형의 하단 수평선의 중간점을 기준점으로 지정하고, 작은 정사각형의 하단 중간점을 두 번째 점으로 지정하여 신축한다.

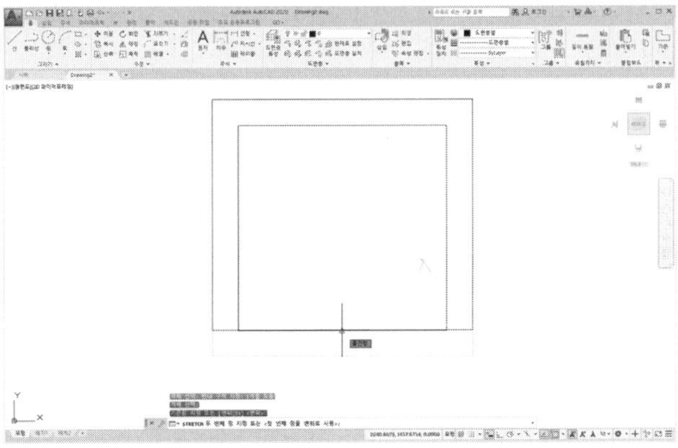

⑤ 400×400 크기의 시트와 50 폭의 등받이와 팔걸이를 가지는 의자가 완성되었다.

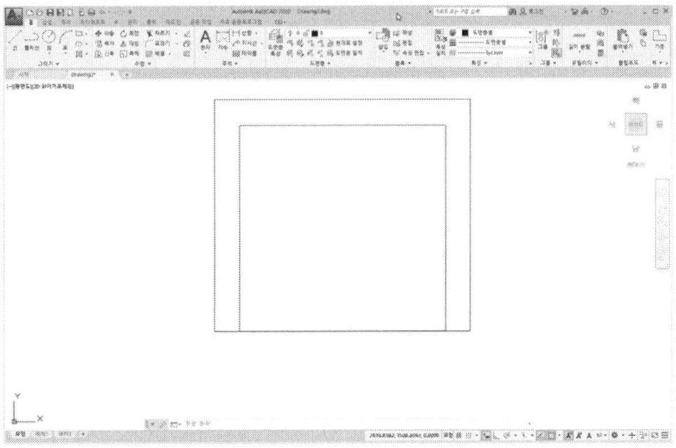

회전(Rotate)

도면의 한 부분 또는 전체를 지정한 기준점을 중심으로 일정한 각도 만큼 회전시키는 도구이다. 회전각도는 반시계방향(CCW)으로 양(+)의 방향이 된다. 앞서 작성한 1인용 소파를 회전시켜 보도록 한다.

① 회전 도구 실행

② 회전할 객체를 선택한다. 걸침 윈도우로 의자 전체를 선택한다.

③ Enter↵를 눌러 선택을 종료한다.

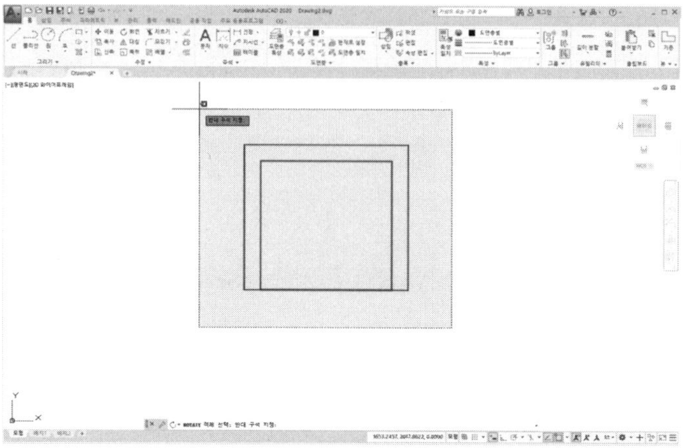

④ 회전을 위한 기준점을 지정한다. 하단 수평선의 중간점(Midpoint)을 객체 스냅으로 정확하게 선택한다.

기준점을 지정하고 마우스를 드래그하면 기준점을 중심으로 객체가 회전하는 것을 확인할 수 있다.

④ 회전각도를 지정한다. '90'을 입력한다.

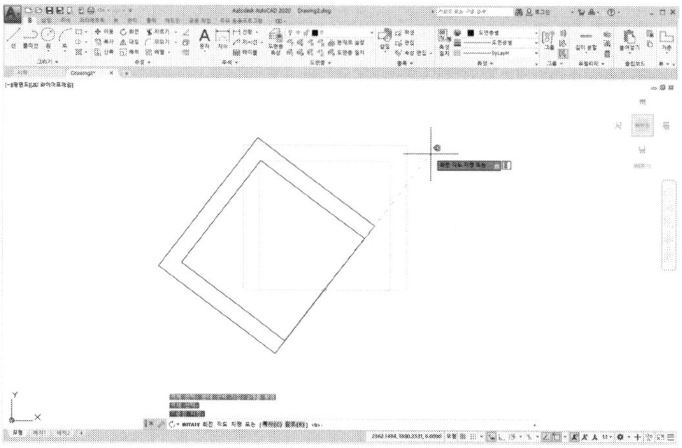

⑤ Enter↵를 누르면 90도 회전한 의자 결과물을 확인할 수 있다. 반시계방향으로 회전한 것인지 검토한다.

회전에는 '복사(C)' 옵션을 이용하여 원본 객체와 함께 회전된 복사 객체를 만들 수도 있다. 의자 앞에 원형 테이블을 작성한다. 반지름은 '200'으로 지정하며, 의자와 테이블의 간격은 '100'으로 지정한다.

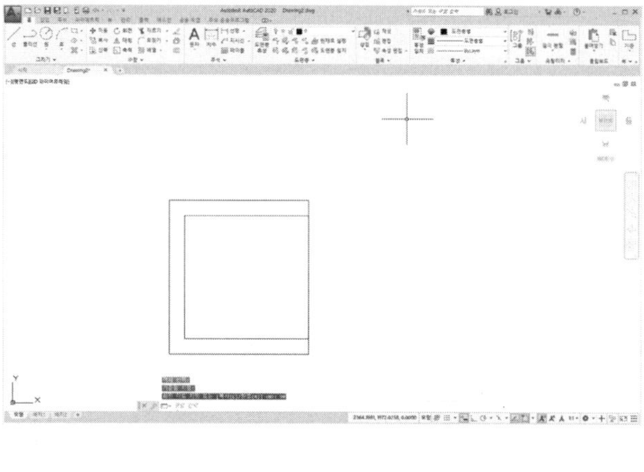

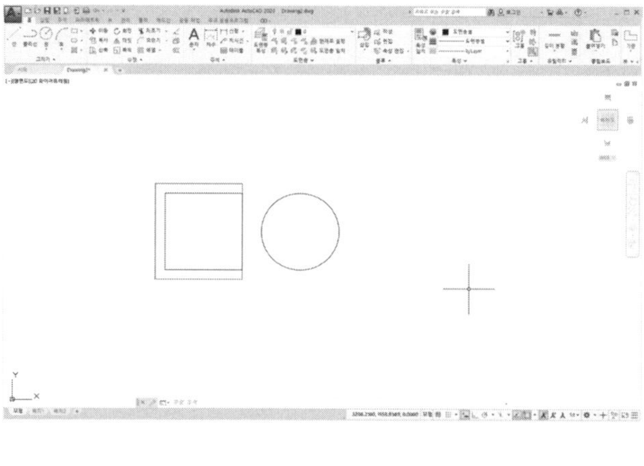

① [회전] 도구 실행

② 회전할 객체를 선택한다. 걸침 윈도우로 의자 전체를 선택한다.

③ [Enter↵]를 눌러 선택을 종료한다.

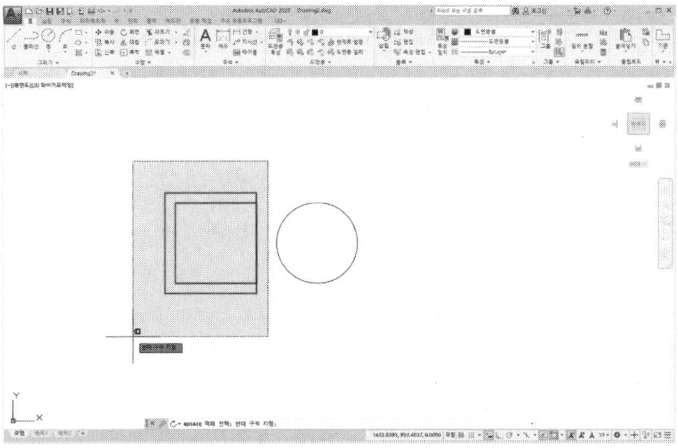

④ 회전을 위한 기준점을 지정한다. 테이블의 중심점(Center point)을 객체 스냅으로 정확하게 선택한다.

⑤ 회전 기준점을 지정한 다음 마우스 오른쪽 버튼을 클릭하여 나타나는 바로가기 메뉴에서 '복사(C)'를 선택한다.

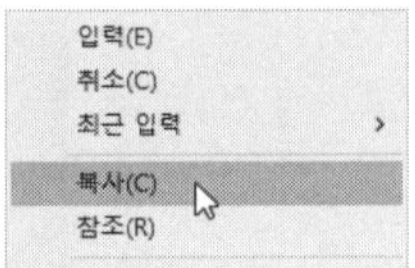

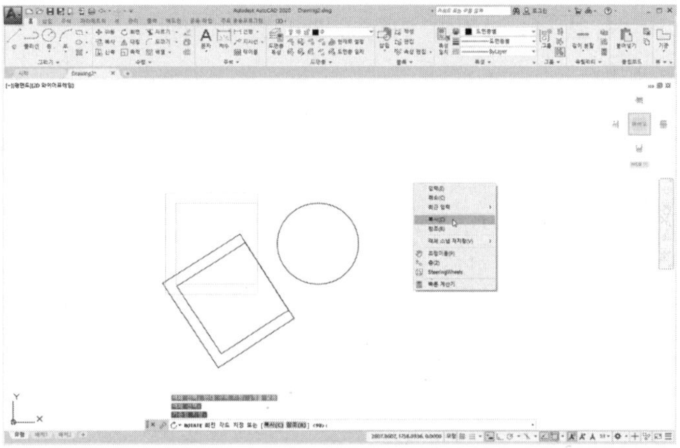

⑥ 회전각도를 지정한다. '90'을 입력한다.

⑦ [Enter↵]를 누르면 90도 회전하여 복사된 의자 결과물을 확인할 수 있다.

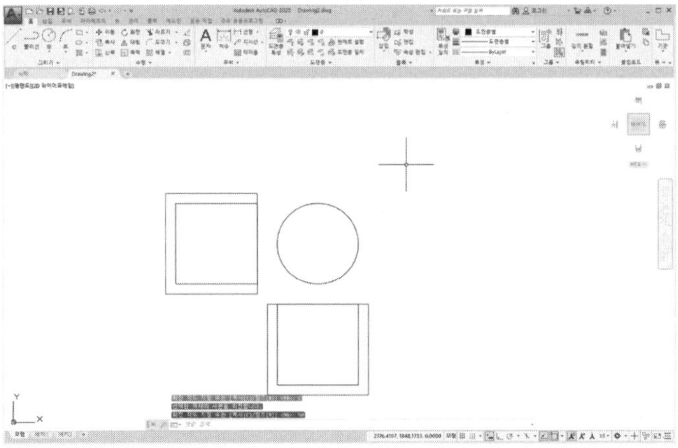

⑧ 작업을 반복하여 원형 테이블을 중심으로 4개의 의자가 배치된 결과를 얻을 수 있다.

작성된 의자 2개를 동시에 선택해서 180도 회전에 '복사(C)' 옵션을 이용한다.

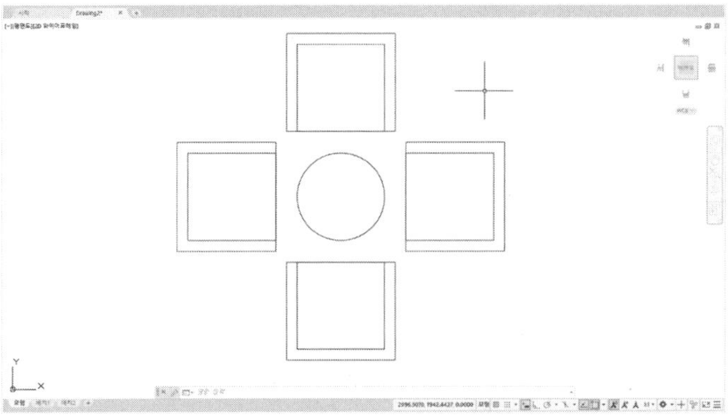

참조(Reference)를 이용한 회전(Rotate)

'참조(Reference)' 옵션은 입력 불가능한 특정 각도에 맞춰 객체를 정확하게 회전할 수 있는 기능이다.

① 다음과 같이 의자 하나를 복사(Copy)하고 크기가 정해지지 않은 직사각형(Rectangle)을 작성한다.

② 명령어 없이 직사각형을 선택하면 다음과 같이 파란색으로 강조되고 각 꼭짓점에 사각형 박스점이 만들어지는데, 이를 그립(Grip)이라 하고, 이 그립을 이용해 객체를 편집할 수 있다.

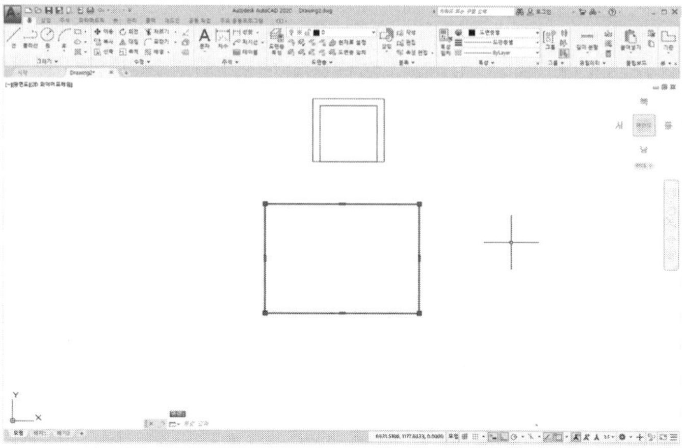

③ 각 그립을 선택하여 이동시키면 그립에 연결된 직선들이 늘어나거나 줄어들어 형태가 변형된다. 이 작업 자체가 바로 '신축(Stretch)'이다. 다음과 같이 수평, 수직선이 하나도 없는 부정형의 테이블을 만들어 본다.

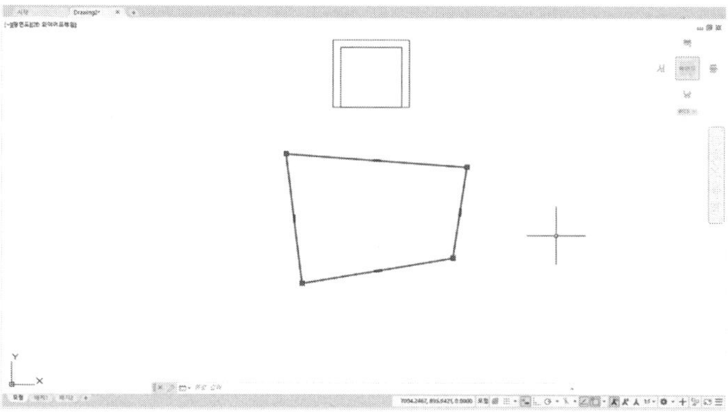

④ Esc를 눌러 선택을 해제한다.

⑤ 테이블에서 의자가 유지할 간격을 확보하기 위해 간격띄우기 도구를 이용해 '100' 만큼 폴리선을 확장한다.

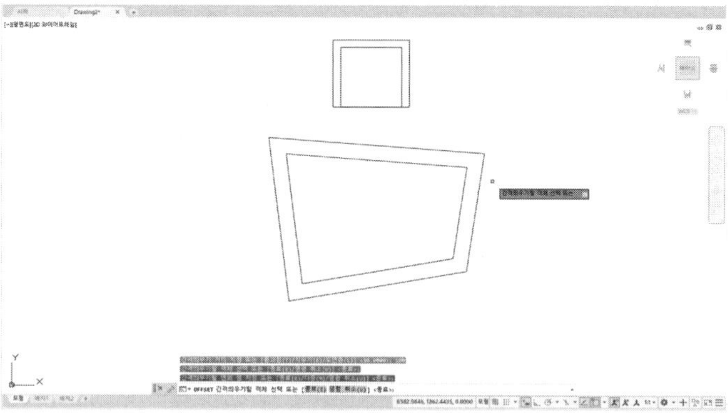

⑥ '이동(Move)' 도구를 이용하여 의자를 이동한다. 의자 하단의 중간점을 기준점으로, 폴리선의 중간점을 두 번째 점으로 이동한다.

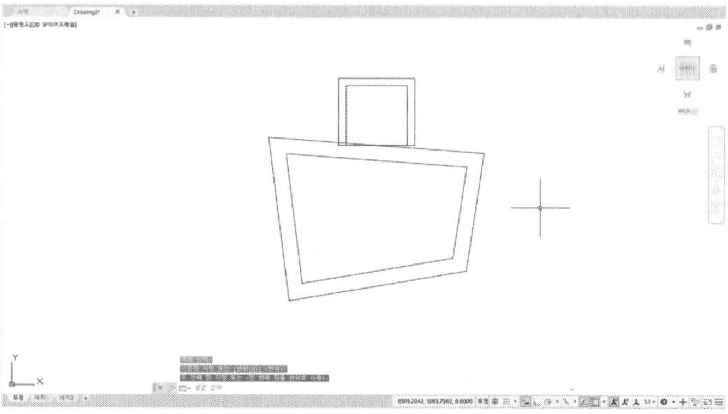

⑦ [회전] 도구를 실행한 다음, 회전할 객체를 선택한다. 의자를 모두 선택한다. [Enter↵]를 눌러 선택을 종료한다.

⑧ 회전 기준점을 지정한다. 의자와 폴리선의 교차점을 정확하게 선택한다.

⑨ 마우스를 움직여 부정형 사각형의 끝점에 가져가면 두 선이 일치하도록 회전할 수 있다.

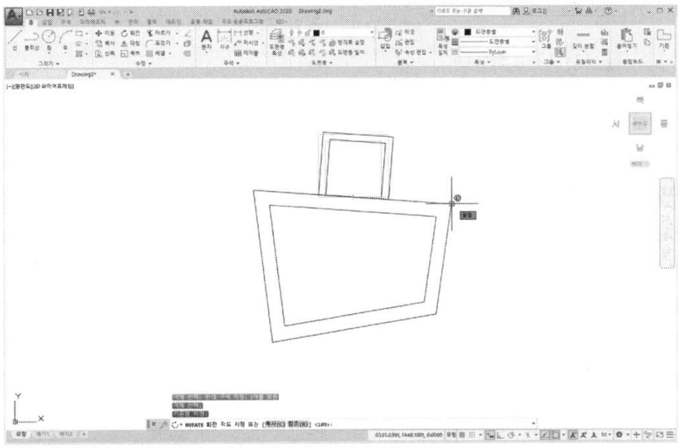

⑩ 복사(Copy) 도구로 회전된 의자를 다른 위치에 복사해 준다.

첫 번째 회전에서는 의자의 수평선이 회전의 기준각도인 0도와 일치했기 때문에 마우스 지정만으로도 원하는 각도를 선택할 수 있었다. 하지만 지금처럼 의자 자체가 기울어진 각도를 알지 못할 경우, 회전각도 지정만으로는 기울어진 테이블 각도와 일치시킬 수가 없다.

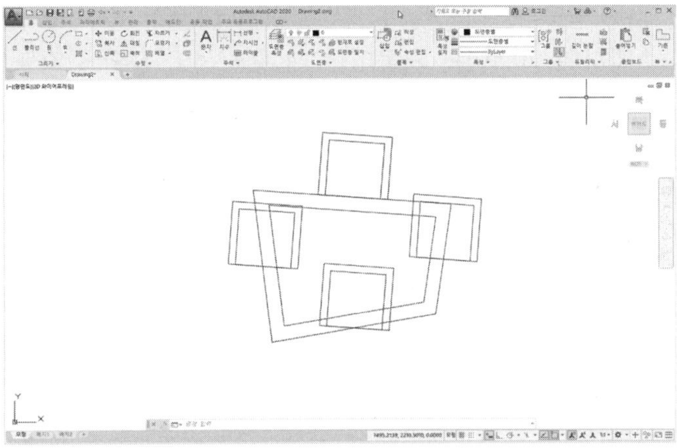

① [회전] 도구를 실행한 다음, 좌측에 있는 의자를 선택한다. 교차점 회전의 기준점으로 지정해 준다.

② 마우스 오른쪽 버튼을 클릭하여 바로가기 메뉴를 실행한다. 바로가기 메뉴에서 '참조(R)'를 실행한다.

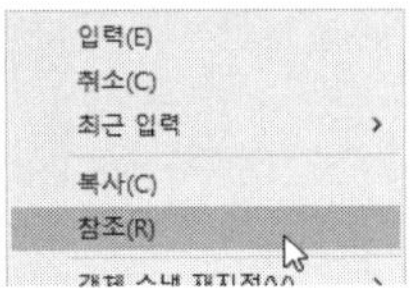

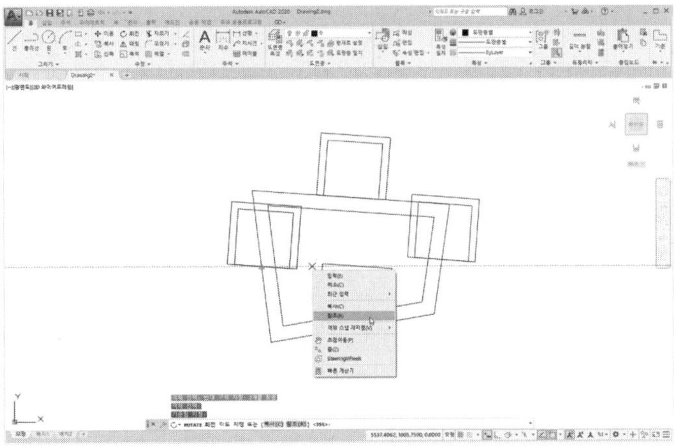

③ 먼저 참조 각도를 지정한다. 'P1'을 먼저 선택하고 'P2'를 선택한다.

의자 아랫변의 각도가 테이블의 기울어진 각도와 일치하게 회전시켜야 한다. 즉 'P1–P2' 각도가 회전하여 'P1–P3' 각도가 되도록 하는 것이다. 'P1–P2' 각도가 '참조 각도'가 되고 'P1–P3' 각도가 목표 각도가 된다.

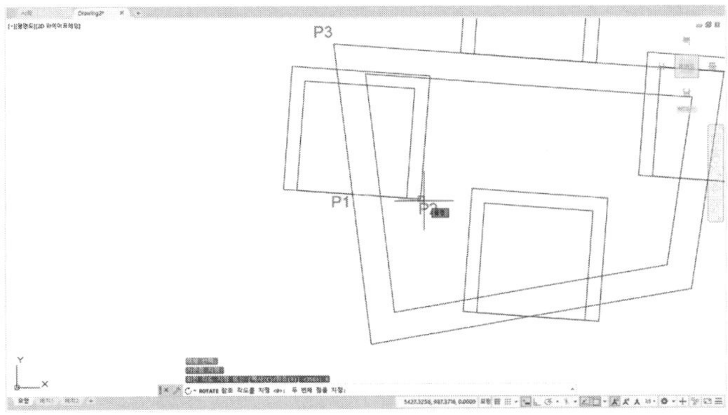

④ 이제 새 각도를 지정한다. 'P1'은 이미 고정되어 있기 때문에 'P3'만 선택하면 된다.

수치로는 알 수 없으므로 마우스를 클릭하여 지정해 주어야 한다. 폴리선의 끝점에 마우스를 가져가면 의자가 회전되어 폴리선에 일치되는 것을 확인할 수 있다.

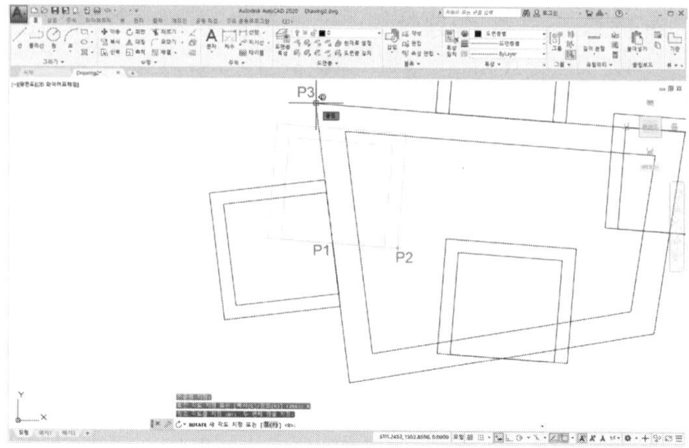

⑤ 'P3'점을 클릭하면 회전된 결과는 다음과 같다. 의자의 아랫변과 기울어진 테이블 선이 정확하게 일치한다.

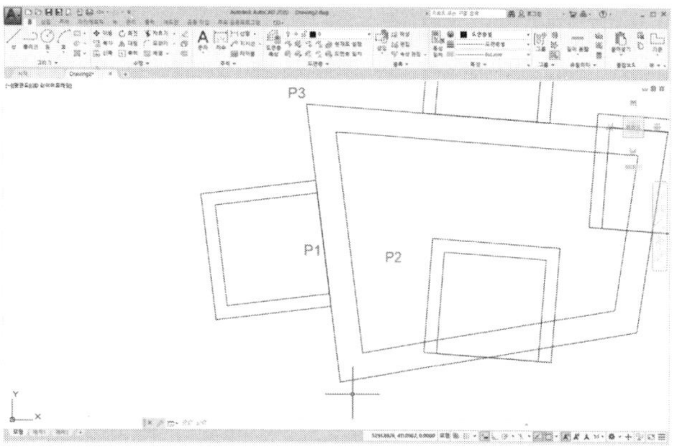

⑥ '참조(R)' 옵션을 이용하여 나머지 부분의 의자들도 회전한다.

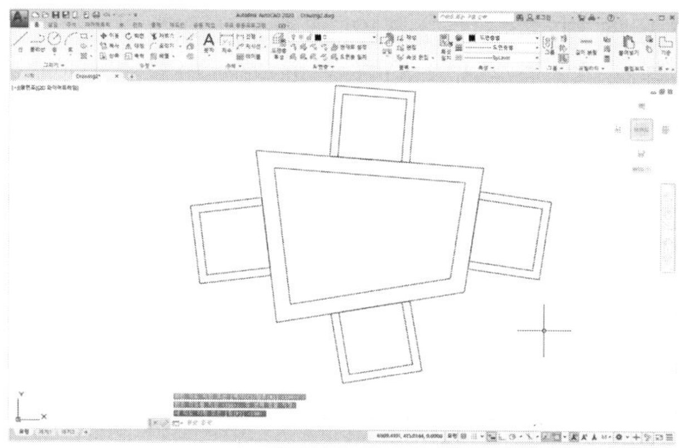

⑦ 마지막으로 폴리선을 삭제하면 결과가 완성된다.

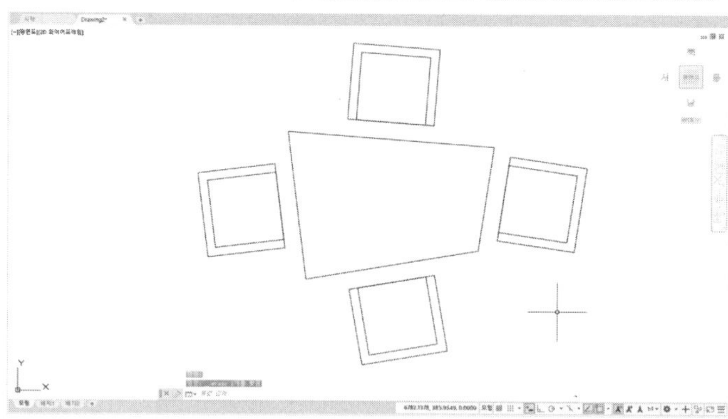

⑧ 반대로 임의의 각도로 기울어진 객체를 수평 또는 수직으로 맞춰 회전할 수도 있다. 기울어진 테이블의 상단 사선이 참조 각도가 되고 새 각도는 '0'이 된다.

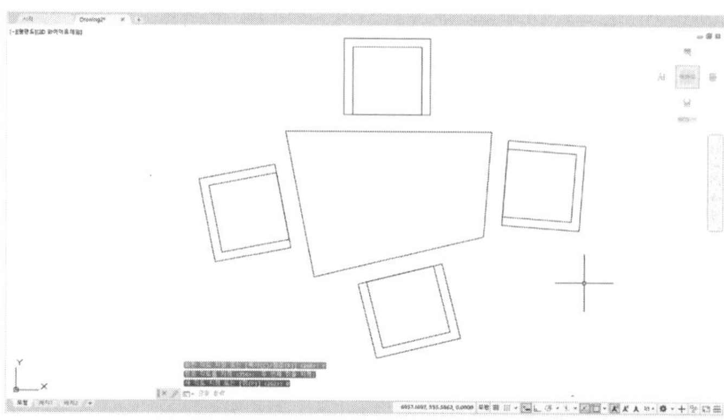

EXERCISE 26 2인 소파 그리기

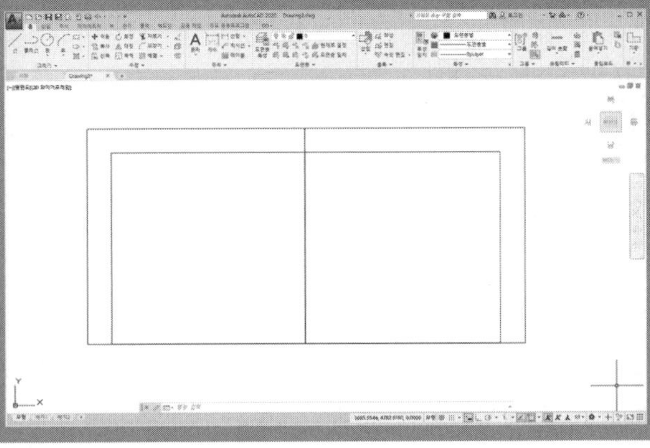

학습목표
- 대칭(Mirror) 도구를 사용할 수 있다.
- 대칭선(Mirror Line)을 정확하게 지정할 수 있다.

새로운 도구/기능
- 홈 탭 → 수정 패널 → 대칭
- 명령어 행 : mirror Enter↵, mi Enter↵

중요한 도구/기능
- 홈 탭 → 수정 패널 → 신축

#Mirror #Mirror Line

대칭(Mirror)

객체를 대칭축을 기준으로 대칭하여 복사하거나 이동시킬 수 있는 도구이다. 앞서 작성한 의자의 우측 팔걸이 부분을 신축 명령으로 제거하도록 한다.

① '신축(Stretch)' 도구 실행

② 걸침 윈도우로 우측의 외곽점들을 선택한다.

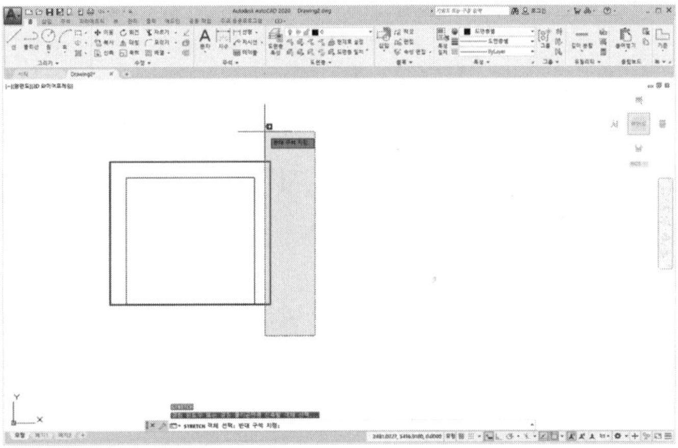

③ 하단의 끝점들을 이용하여 신축시켜 결과를 완성한다.

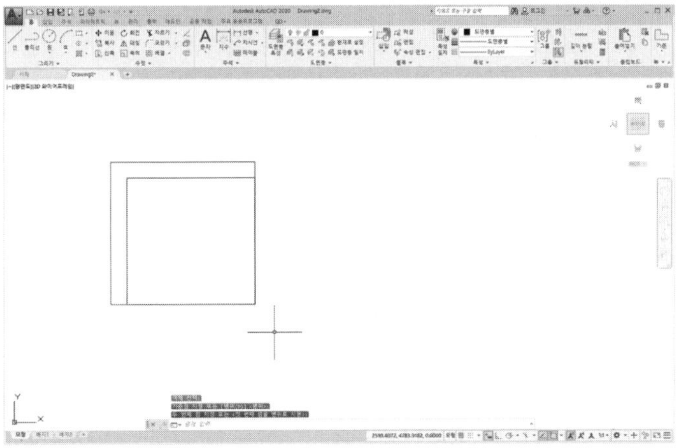

작성된 결과물의 좌우측이 뒤집힌 형태의 복사물을 만들어 2인용 소파를 완성한다. 대칭의 기준선은 현대 객체의 우측 끝 수직선이 된다.

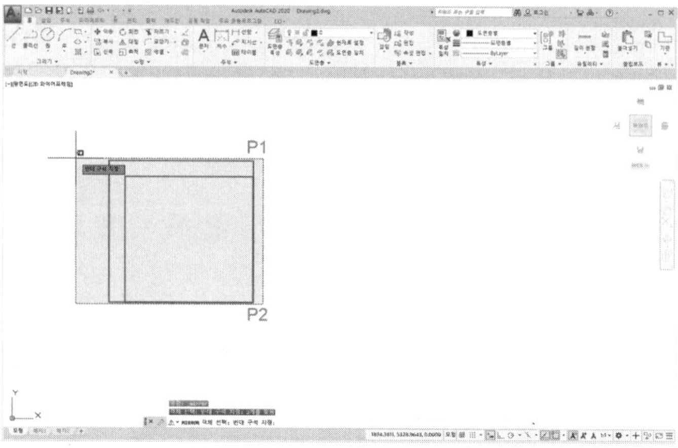

④ 대칭 도구 실행

⑤ 대칭할 객체를 선택한다. Enter↵를 눌러 선택을 종료한다.

⑥ 대칭선의 첫 번째 점(P1)을 지정한다.

대칭선의 첫 번째 점 지정:

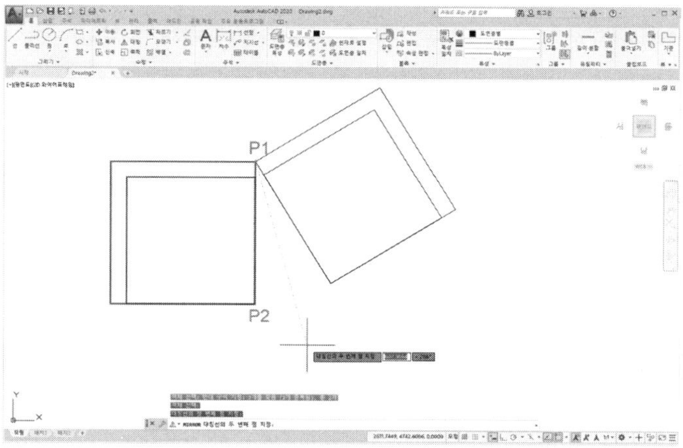

대칭선의 첫 번째 점을 지정하고 마우스를 드래그하면 주황색 점선의 대칭선을 기준으로 대칭된 결과가 미리보기되어 나타난다.

⑦ 대칭선의 두 번째 점(P2)을 지정한다.

대칭선의 두 번째 점 지정:

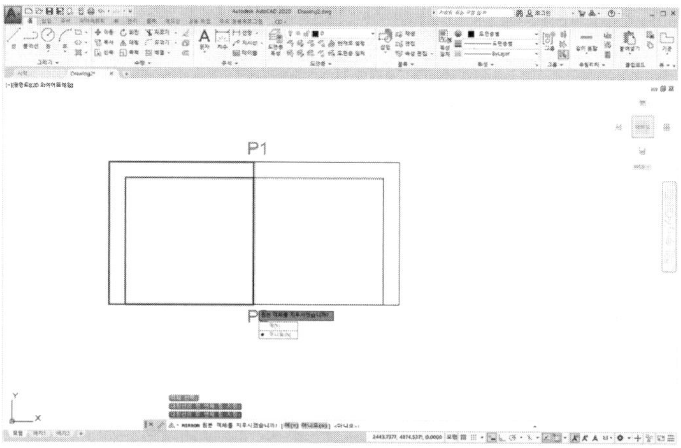

끝점을 지정하면 결과가 바로 나오지 않고 동적 입력창에 다음과 같이 원본 객체를 지울 것인지를 묻는다.

원본 객체를 지우시겠습니까?

예(Y)

● 아니오(N)

⑧ '아니오(N)'가 기본 설정이므로 마우스로 클릭하거나 키보드에서 Enter↵를 눌러 결과를 완성한다.

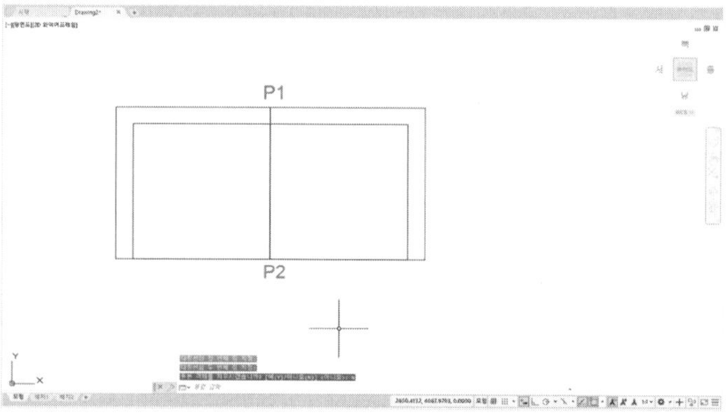

EXERCISE 27 소파 모서리 라운딩

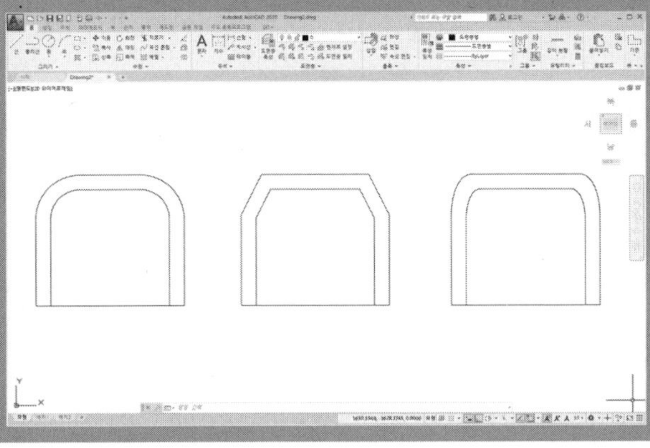

학습목표
- 모깎기, 모따기 도구를 사용할 수 있다.
- 곡선 혼합(Blend) 도구를 사용할 수 있다.

새로운 도구/기능
- 홈 탭 → 수정 패널 → 모깎기, 모따기, 곡선혼합
- 명령어 행 : fillet Enter↵, f Enter↵
  chamfer Enter↵, cha Enter↵
  Blend Enter↵

중요한 도구/기능
- 홈 탭 → 수정 패널 → 간격띄우기(Offset)

#Fillet #Chamfer #Radius #Distance #Blend

모깎기(Fillet)

모깎기 도구는 객체의 모서리 부분을 둥글게 깎아서 라운딩된 모서리를 작성하는 도구이다. 라운딩의 크기는 모깎기 반지름(Fillet Radius)을 정의하여 조절한다. 앞서 작성한 1인용 의자를 이용하여 모깎기 도구의 기능들을 살펴보도록 한다.

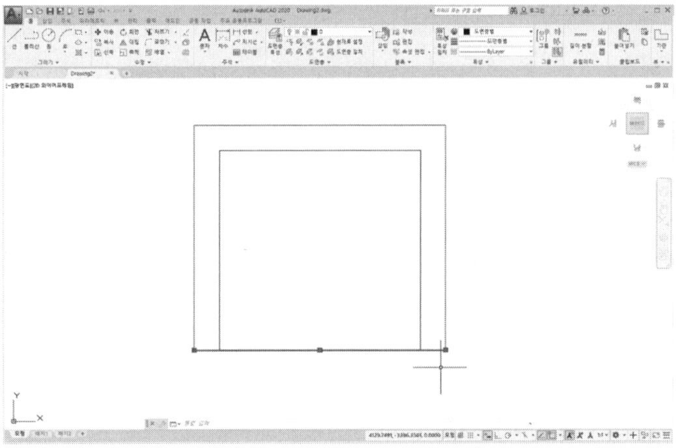

① 수정 패널에서 (분해, Explode) 도구 실행

분해 도구는 정사각형과 같이 폴리선 객체를 각각의 선으로 분해하는 도구이다.

② 의자를 구성하는 정사각형을 모두 선택하고 Enter↵를 누른다.

③ 큰 정사각형 하단의 수평선을 클릭하여 선택한다. 분해 후에는 '선'으로 인식된다.

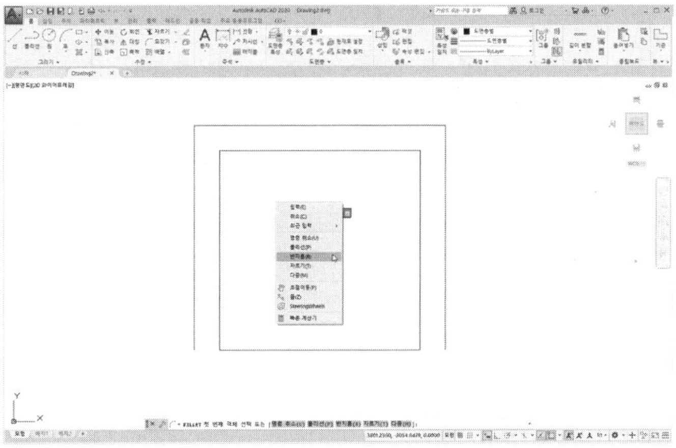

④ Del 키를 눌러서 직선을 삭제한다.

⑤ 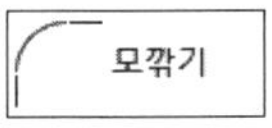

도구 실행

⑥ 마우스 오른쪽 버튼을 클릭하여 나타나는 바로가기 메뉴에서 '반지름(R)'을 선택한다.

⑦ 키보드를 이용하여 모깎기 반지름 값을 입력한다. '100'을 적용한다.

⑧ 첫 번째 객체를 선택한다. 작은 정사각형 좌측 수직선을 선택한다.

⑨ 두 번째 객체를 선택한다. 작은 정사각형 상단 수평선으로 마우스를 가져가면 모깎기 된 결과가 미리보기되어 나타난다.

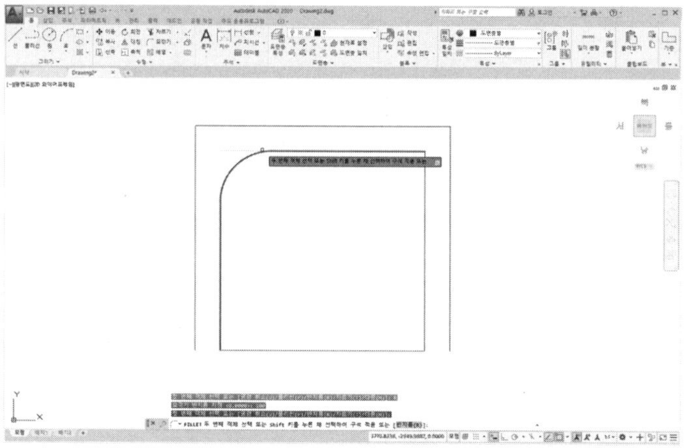

⑩ 완성된 결과는 오른쪽과 같다.

⑪ 다시 모깎기 도구를 실행하고 오른쪽 모서리도 모깎기를 적용한다.

⑫ 큰 정사각형의 상부 모서리를 모깎기하기 위해 다시 모깎기 도구를 실행한다. 모깎기 반지름은 '150'으로 변경한다.

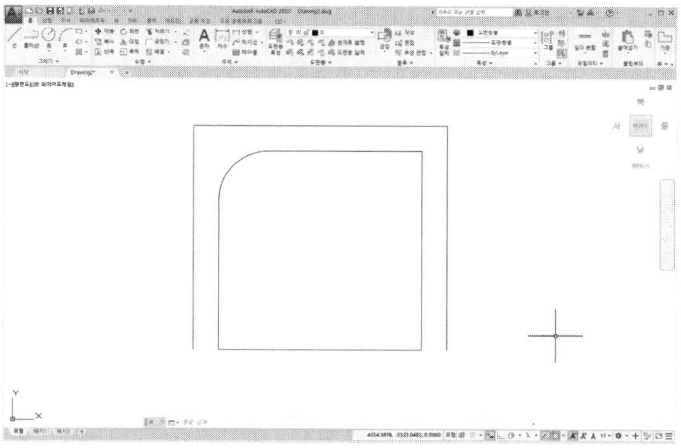

⑬ 완성된 결과는 오른쪽과 같다.

하단의 모서리는 라운드하지 않고 직교하도록 한다. '연장(Extend)' 도구를 이용하여 직선을 연장할 수도 있지만, 모깎기 도구를 이용하여 작업한다면 모깎기 반지름을 '0'으로 설정하면 된다.

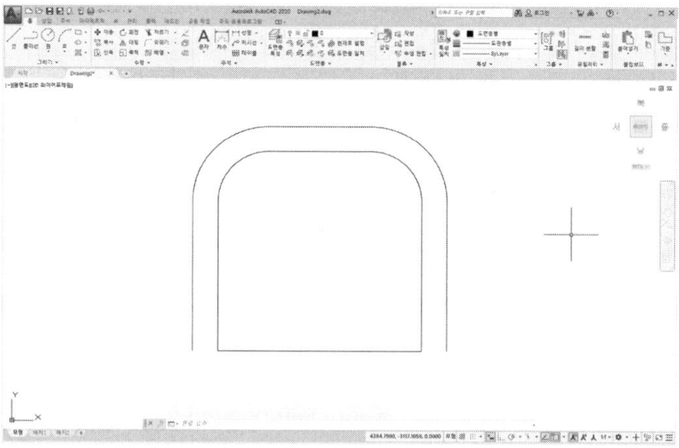

⑭ Fillet 도구를 실행하고 모깎기 반지름를 '0'으로 지정한다.

⑮ 하단 좌측과 우측의 직선들을 모깎기시키면 직교하는 모서리가 작성된다.

모깎기 명령이 가장 많이 사용되는 용도가 바로 이 직교하는 모서리를 만들어 줄 때이다.

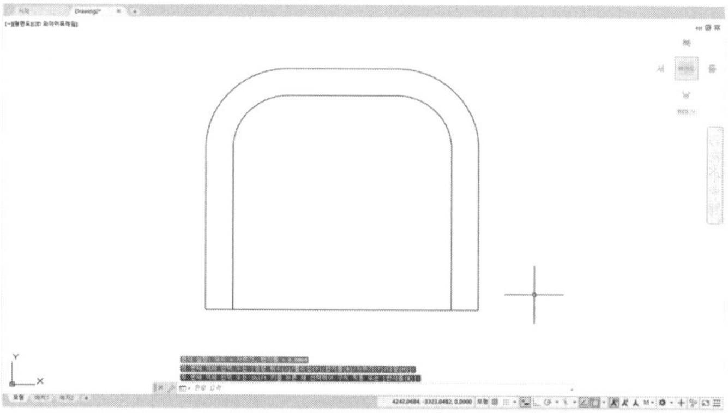

모따기(Chamfer)

객체의 모서리를 비스듬한 사선으로 잘라내는 도구이다. 모따기의 경우 직선 객체에만 적용할 수 있으며, 모따기 거리(Chamfer distance)는 서로 다른 값을 적용할 수 있다. 모따기 거리가 서로 다른 경우 객체를 선택하는 순서에 따라 결과가 달라진다.

앞서 작성한 의자의 라운드 부분 호를 모두 삭제한다.

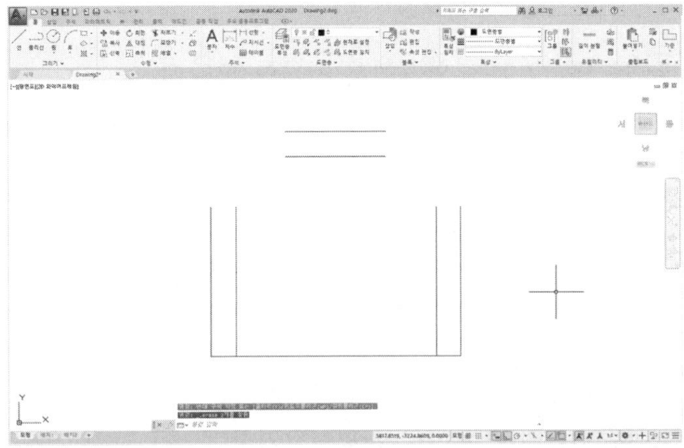

① 모따기 도구 실행

② 마우스 오른쪽 버튼을 클릭하여 바로가기 메뉴를 실행한 다음 '거리(D)' 옵션을 실행한다.

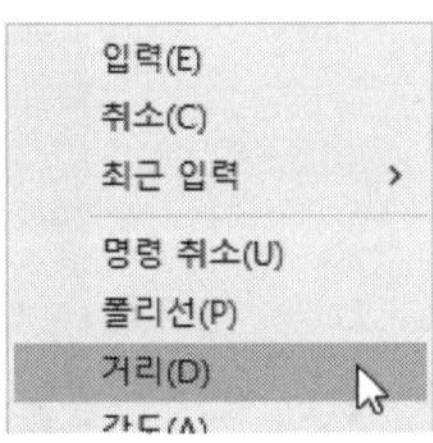

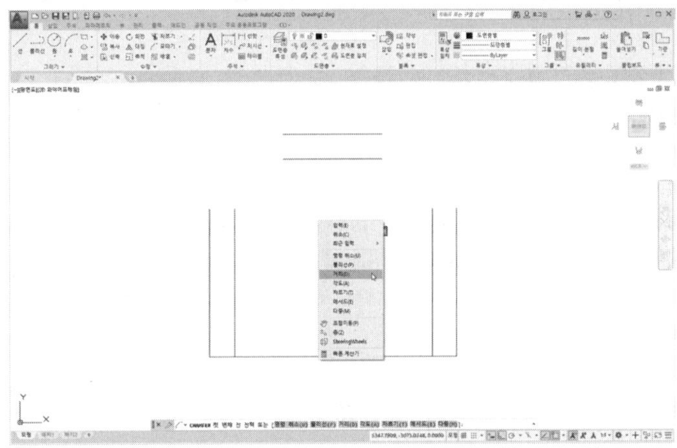

③ 첫 번째 모따기 거리를 지정한다. '100'을 적용한다.

첫 번째 모따기 거리 지정 <0.0000>: 100

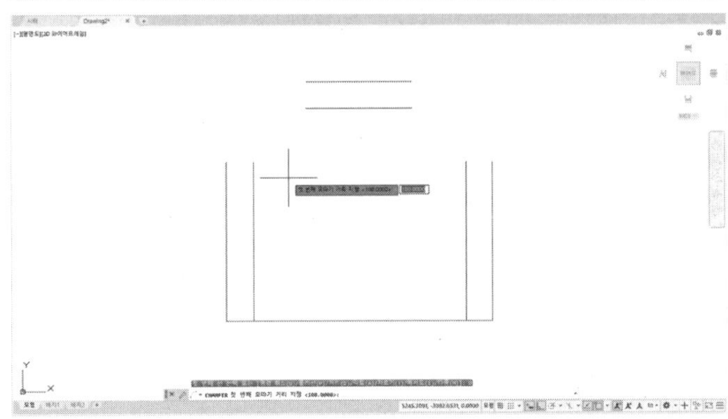

④ 두 번째 모따기 거리를 지정한다. 기본적으로 첫 번째 모따기 거리와 동일한 값이 나타나지만 변경할 수 있다. '50'을 적용한다.

두 번째 모따기 거리 지정 <100.0000>: 50

⑤ 첫 번째 선으로 좌측 수직선을 선택한다. 첫 번째 모따기 거리(100)가 적용된다.

⑥ 두 번째 선으로 상단 수평선을 선택한다. 두 번째 모따기 거리(50)가 적용된다. 마우스를 가져가면 미리보기 결과가 먼저 나타난다.

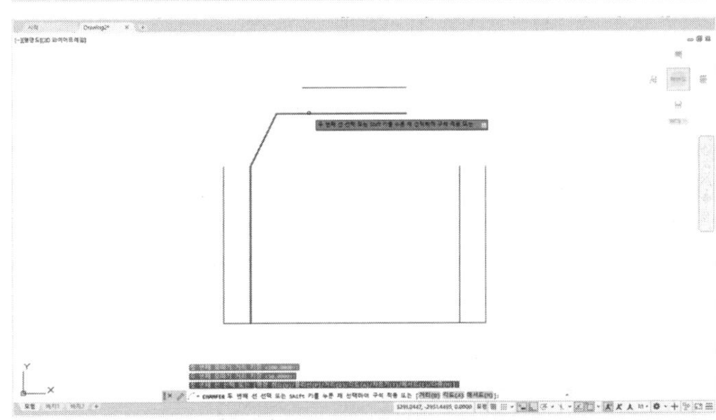

⑦ 오른쪽 모서리에도 모따기를 적용한다.

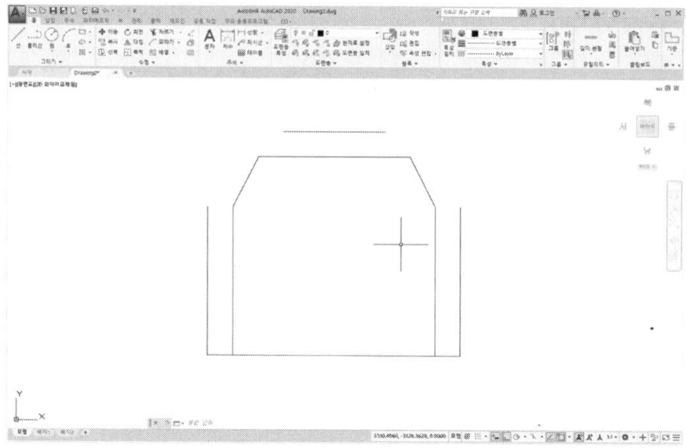

바깥쪽 모서리에는 안쪽에서 사용한 모따기 거리를 그대로 사용할 수 없다. 정확하게 등받이와 팔걸이의 폭을 유지하기 위해서는 간격띄우기로 기울어진 선의 평행선을 작성하여야 한다.

⑧ '간격띄우기(Offset)' 도구를 실행하여 '50' 거리를 지정하여 사선을 간격띄우기한다.

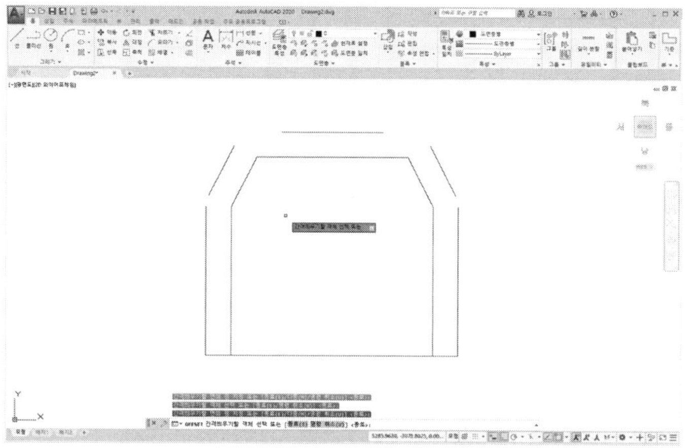

간격띄우기된 사선과 수직선, 수평선의 모서리선을 정리하여야 한다. 이 경우에는 ---/ 연장 도구조차 사용할 수 없다. 앞서 모깎기 반지름을 '0'으로 지정하여 직교하는 모서리를 만든 것처럼, 모따기 거리를 '0'으로 지정하여 직선으로 만나는 모서리를 작성할 수 있다.

⑨ 모따기 도구를 실행하고 첫 번째 모따기 거리와 두 번째 모따기 거리를 모두 '0'으로 지정한다.

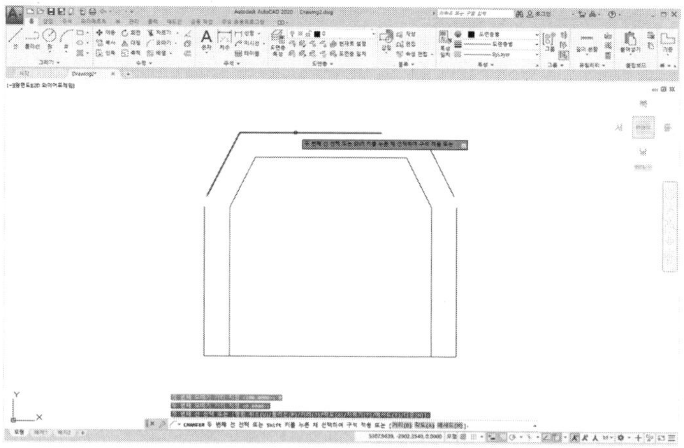

⑩ 모따기를 적용할 첫 번째 직선을 선택한 다음 두 번째 직선 위에 마우스를 가져가면 두 직선이 만나 직선 모서리가 만들어지는 결과가 미리보기로 나타난다.

⑪ 마우스를 클릭하여 두 번째 직선을 선택하면 모서리가 완성된다.

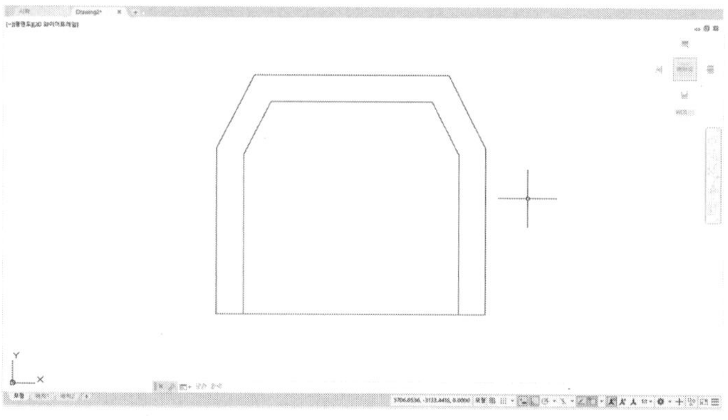

⑫ 나머지 모서리에도 모두 적용한다.

곡선 혼합(Blend)

선택한 두 선이나 곡선 사이의 간격에 자연스럽게 연결되는 스플라인을 작성하는 도구이다. 앞서 작성한 모따기 결과에서 사선 부분을 모두 삭제한다.

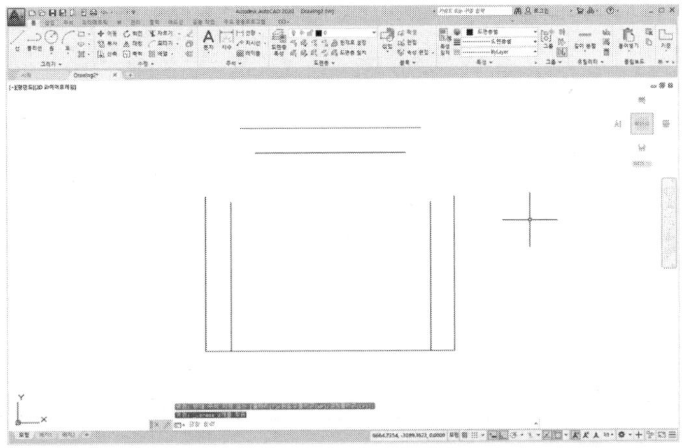

삭제된 결과에서 서로 다른 길이로 떨어진 직선을, 곡선혼합을 이용하면 자연스럽게 연결되는 곡선으로 만들 수 있다.(사분타원을 이용해 작업할 수 있다.)

① [곡선 혼합] 도구 실행

② 첫 번째 객체를 선택한다.

③ 두 번째 객체 위로 마우스를 가져가면 미리보기 결과가 나타난다.

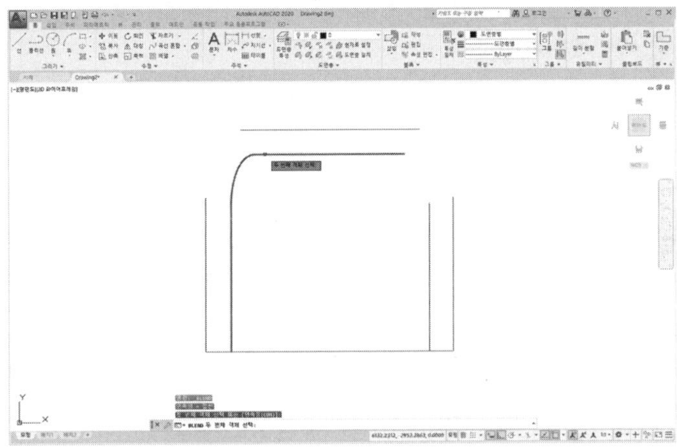

④ 두 번째 객체를 선택하여 실행한다.

모든 모서리에 적용한 결과는 오른쪽과 같다.

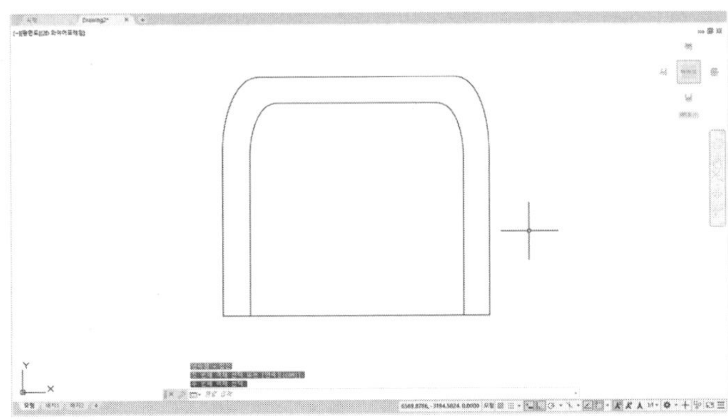

모깎기, 모따기, 곡선혼합을 이용하여 1인 소파의 모서리를 정리한 결과는 다음과 같다.

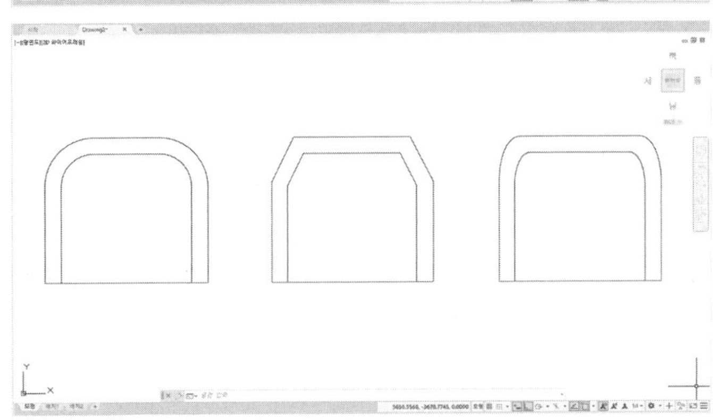

EXERCISE 28 원과 정사각형 내접/외접 반복하기

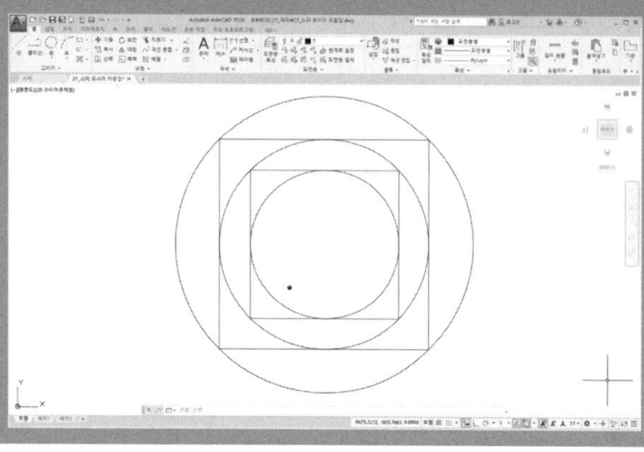

학습목표
- 축척(Scale) 도구를 사용할 수 있다.
- 참조(Reference)를 이용하여 축척을 조절할 수 있다.

새로운 도구/기능
- 홈 탭 → 수정 패널 → 축척
- 명령어 행 : scale Enter↵, sc Enter↵

중요한 도구/기능
- 내접/외접

#Scale #Reference #Copy

축척(Scale)

객체의 크기를 변경(확대 또는 축소)하는 도구이다. 줌(Zoom)을 이용한 화면상에서의 확대보기 또는 축소보기가 아닌 객체의 물리적 특성(길이, 넓이, 부피 등) 자체가 변화하는 명령이다. 축척 도구의 가장 기본적인 축척 지정 방법은 축척 비율(Scale factor)을 입력하는 것이다. 하지만 정확한 축척 비율을 입력할 수 없을 경우 참조(Reference) 옵션을 이용하여 객체 요소 간의 거리를 활용하여 축척을 지정할 수 있다. 참조(Reference) 옵션은 앞서 배운 회전 도구와 함께 축척 도구에서만 사용된다.

한 변의 길이가 '1000'인 정사각형을 [직사각형] 도구로 작성한다. 정사각형에 내접하는 원을 '원(Circle)' 도구로 작성한 다음 원의 축척을 변화시켜 보도록 한다.

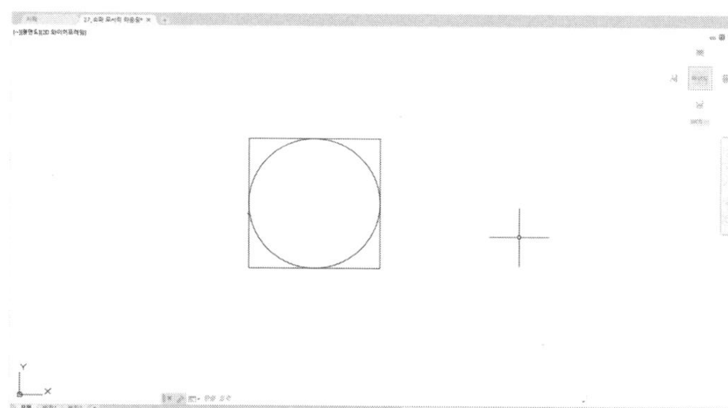

① 수정 패널에서 [축척] 도구 실행

② 축척을 변경할 객체를 선택한다. 원을 선택한다. Enter↵를 눌러서 객체선택을 종료한다.

③ 객체의 축척 변화의 기준점을 지정한다. 정사각형과 원의 좌측 교차점을 지정한다. 마우스를 드래그하면 원의 크기가 변경되는 것을 확인할 수 있다.

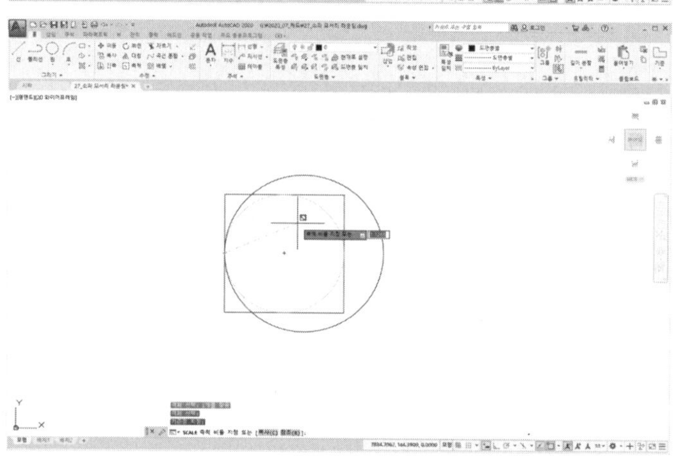

④ 마우스 드래그로는 원 축척 변화에 대한 정확한 비율을 지정할 수 없으므로 직접 입력한다.
0에서 1 사이의 값이 되면 축소되고 1보다 큰 값을 지정하면 확대된다. 음수의 값은 입력할 수 없다.

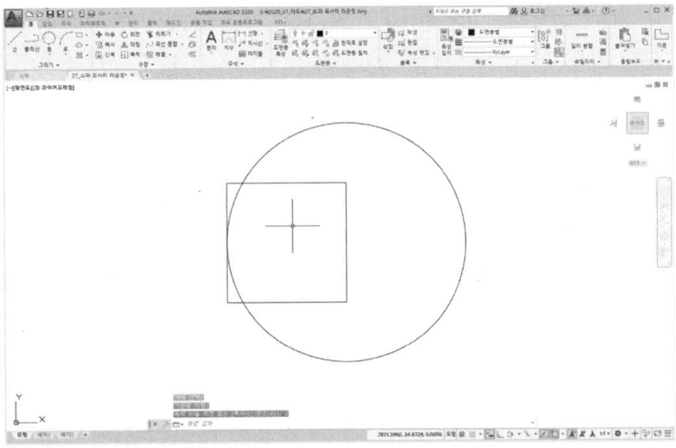

'2'를 입력하여 두 배 확대된 원으로 수정한다.

축척 비율 지정 또는 2

⑤ 다시 '축척(Scale)'을 실행하고 원을 선택한다. 동일한 기준을 지정하고 축척 비율을 '0.5'로 지정하면 원래의 크기로 돌아온다. (분수개념으로 '1/2'를 입력해도 된다.)

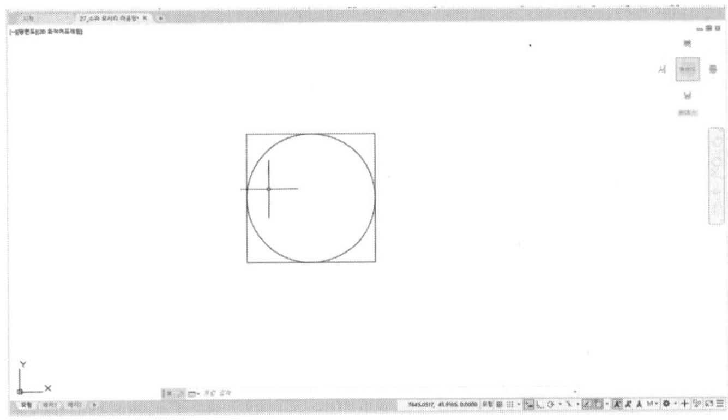

만약 원을 확대하여 정사각형에 외접하게 한다면 축척 비율을 입력하는 방법으로는 불가능하다. 이러한 경우 참조 길이를 지정하는 방법으로 두 객체의 길이를 일치시켜 원하는 크기로 확대 또는 축소할 수 있다. '축척(Scale)' 도구에서도 '복사(C)' 옵션을 사용해 복사본을 만들 수 있다.

⑥ 축척 도구를 실행하고 원을 선택한다. Enter↵를 눌러서 선택을 종료한다.

⑦ 축척의 기준점을 지정한다. 원의 중심점을 기준점으로 정확하게 지정한다.

⑧ 마우스 오른쪽 버튼을 클릭하여 바로가기 메뉴가 나타나면 '복사(C)'를 실행한다.

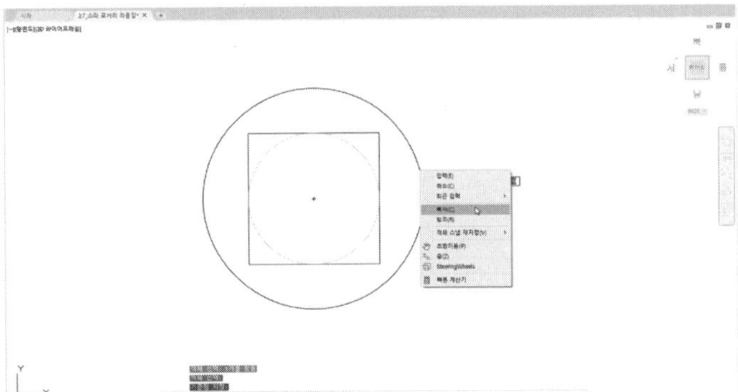

⑨ 다시 한번 더 마우스 오른쪽 버튼을 클릭하여 바로가기 메뉴가 나타나면 '참조(R)'를 실행한다.

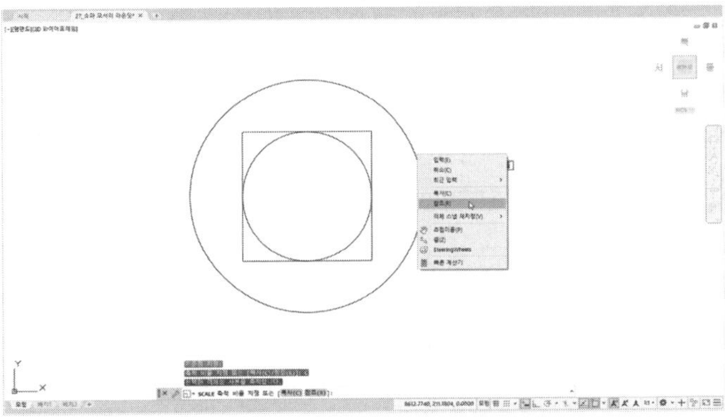

⑩ 참조길이를 지정한다. 숫자를 입력해도 되고 마우스로 두 점을 선택하여 그 길이로 지정하는 것도 가능하다.

참조 길이 지정 <1.0000>: 1.0000

원의 중심이 축척의 기준이므로 반지름 '500'을 입력하거나, 중심점과 원 위의 임의의 점을 선택하여 그 길이인 '500'을 지정해도 된다.

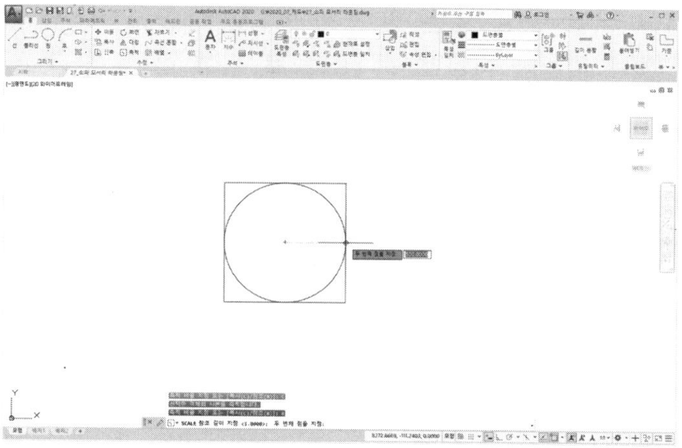

⑪ 새 길이를 입력한다. 직접 입력해도 되고 마우스로 지정해도 된다.

외접하는 원이 되기 위해서는 대각선 길이인 '500√2'를 입력하여야 하므로 정확한 값을 입력할 수 없다. 마우스를 이용해 정사각형의 모서리점을 지정함으로써 새로운 길이를 지정할 수 있다.

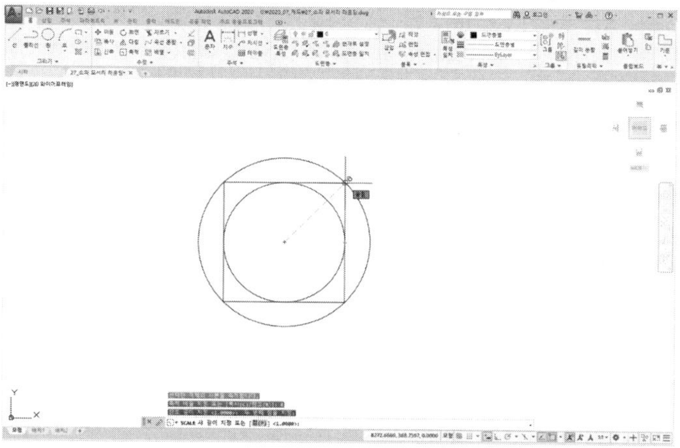

⑫ 완성된 결과는 다음과 같다.

'축척(Scale)' 도구의 '복사(C)' 옵션과 '참조(R)' 옵션을 모두 사용하여 완성한 결과이다.

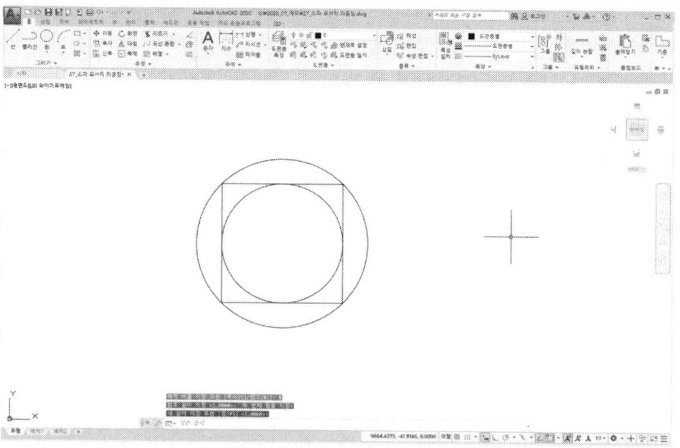

⑬ 정사각형을 대상으로 축척(Scale) 도구를 이용하여 큰 원에 외접하도록 작업할 수 있다. 이때도 역시 복사(C)' 옵션과 '참조(R)' 옵션을 모두 사용한다.

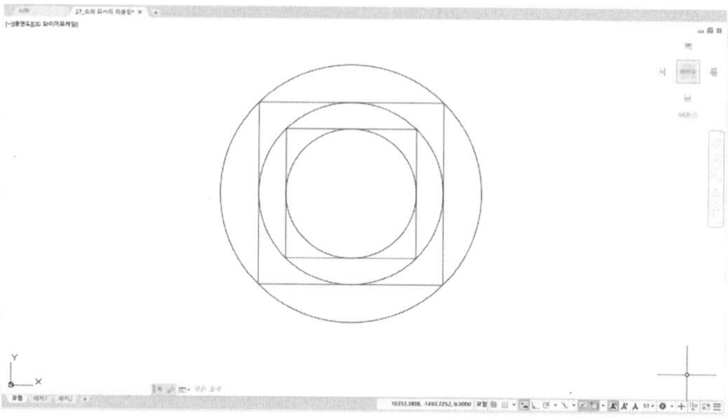

EXERCISE 29 방사형 도형 그리기

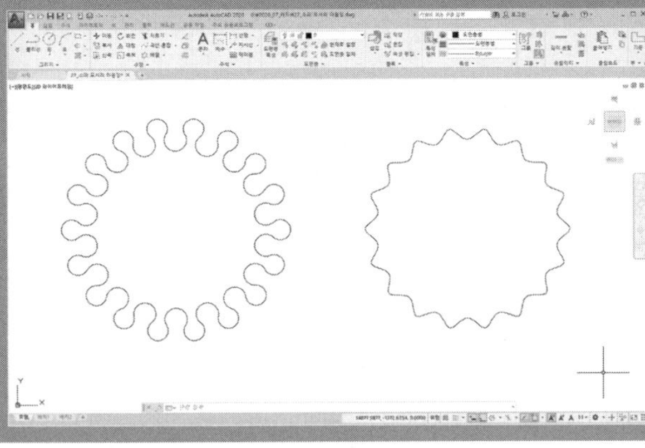

학습목표
- 폴리선 편집 도구를 사용할 수 있다.
- 단일 객체를 폴리선으로 변경하여 편집할 수 있다.

새로운 도구/기능
- 홈 탭 → 수정 패널(확장) → 폴리선 편집
- 명령어 행 : pedit Enter↵, pe Enter↵

중요한 도구/기능
- 홈 탭 → 수정 패널 → 원형 배열

#Pedit #Close #Open #Join #Width #Fit #Spline #Decurve #Ltype gen

폴리선 편집 기본 기능

'폴리선 편집(Pedit)' 도구는 폴리선을 수정하는 기능이다. 폴리선 편집 도구는 리본 메뉴 수정패널의 확장 패널에서 실행할 수 있다.

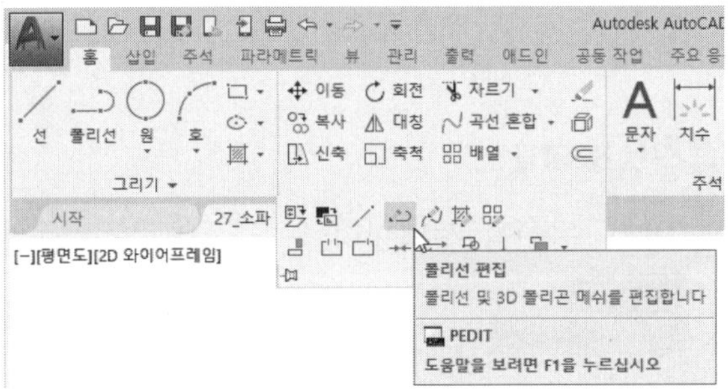

연습을 위한 도형을 준비한다.

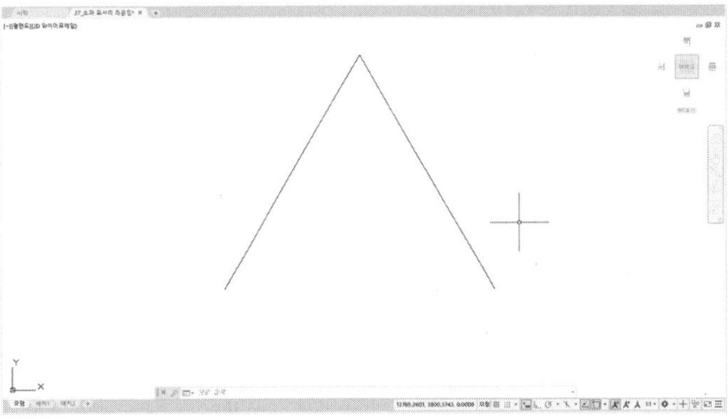

① 홈 탭 → 그리기 패널 → 폴리선 도구 실행

② 한 변의 길이가 1000인 정삼각형의 좌우측 사면을 작성한다.

③ 홈 탭 → 수정 패널 → 도구 실행

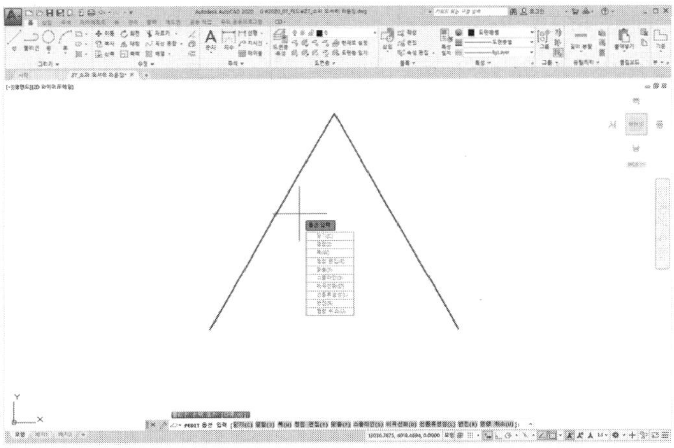

④ 폴리선 선택 또는 에서 작성된 폴리선을 선택한다.

객체 선택과 동시에 바로가기 메뉴 형식으로 사용 가능한 옵션들이 나타난다. 이 중 하나를 선택하여야 편집을 계속 진행할 수 있다.

폴리선 편집 도구로 일반 도형을 선택하여 진행할 수도 있다. 이 경우 선택한 객체가 폴리선 객체가 아니므로 전환하기를 원하십니까? <Y> Y라는 물음으로 먼저 폴리선으로 전환할 것인지 물어온다. Enter↵를 눌러 전환하면 폴리선으로 바뀌어 편집을 진행할 수 있다.

닫기(Close)

① '닫기' 옵션을 선택한다.

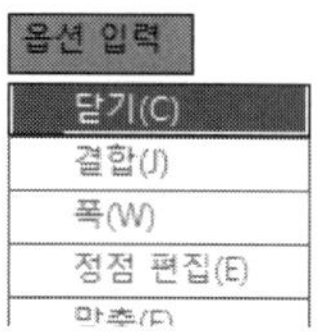

'닫기(Close)' 옵션은 열린 폴리선의 시작과 끝을 연결하여 닫힌 폴리선으로 편집한다.

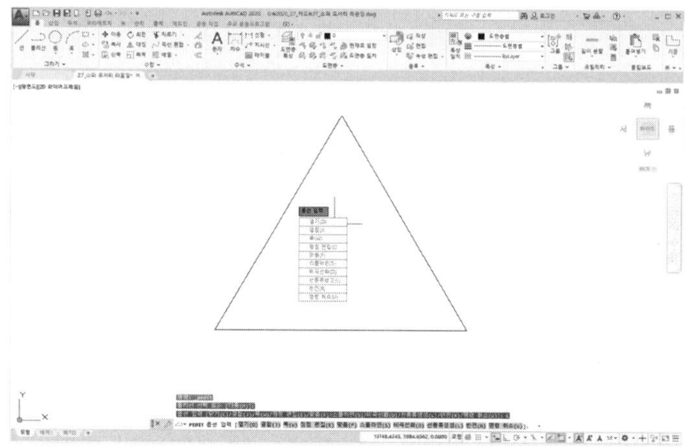

열기(Open)

① '열기' 옵션을 선택한다.

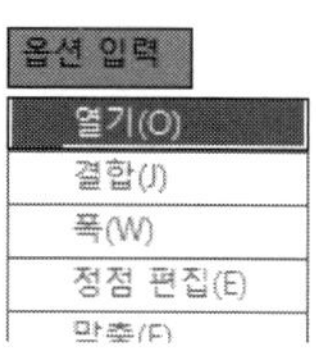

'열기(Open)' 옵션은 닫힌 폴리선의 시작과 끝을 열어주어 열린 폴리선으로 편집한다. 최초의 형태로 돌아간다. '폴리선 편집' 도구를 종료하기 위해서는 옵션 입력 상태에서 Enter↵를 눌러야 한다.

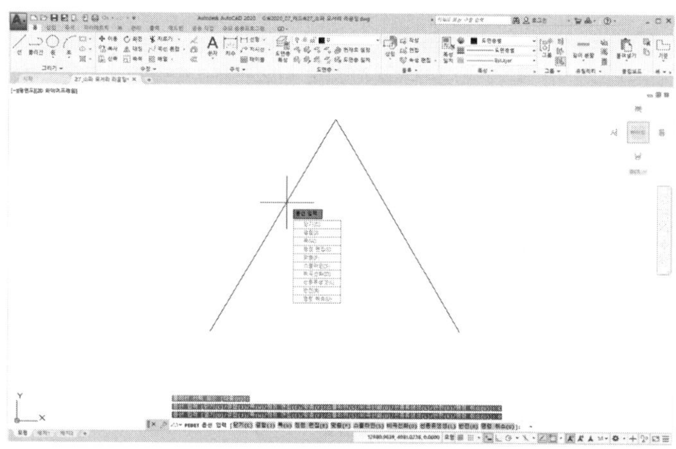

결합(Join)

'결합(Join)' 옵션은 하나 이상의 폴리선이 연속되어 있는 경우 하나의 폴리선으로 결합시켜주는 기능이다.

① 작성된 폴리선을 복사하여 세 개의 폴리선이 연속되도록 한다.

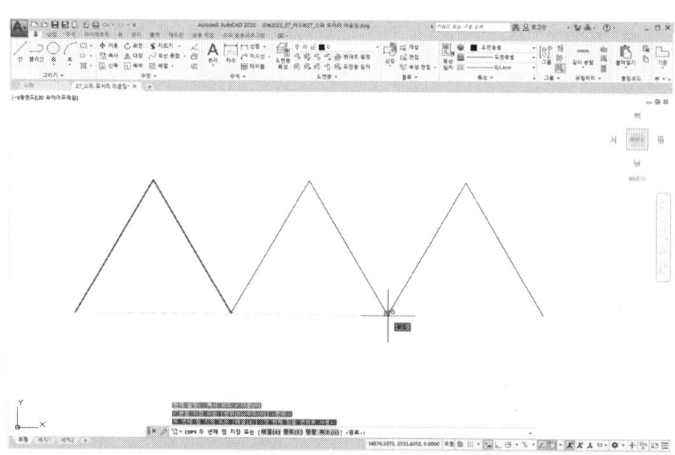

② (폴리선 편집) 도구 실행

③ 3개의 폴리선 중 하나를 선택한다.

④ '결합' 옵션을 선택한다.

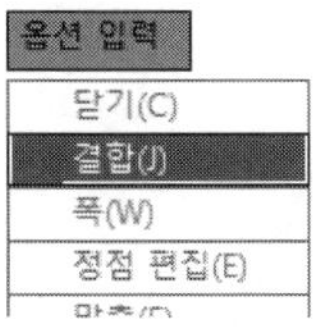

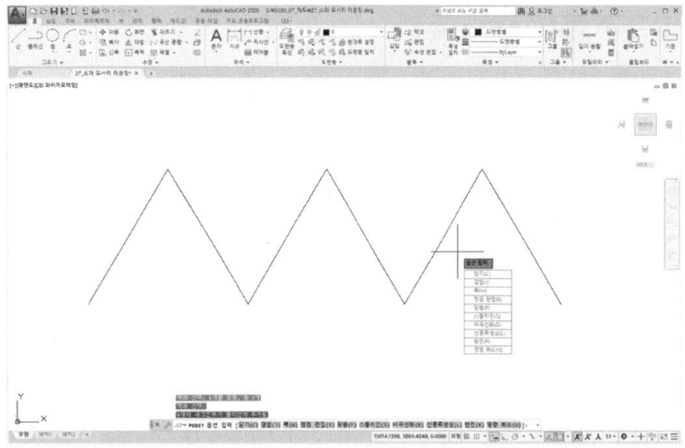

⑤ 나머지 폴리선들을 선택하고 Enter↵를 누르면 하나의 폴리선으로 결합된다.

폭(Width)

'폭(Width)' 옵션은 폴리선의 폭(Width)을 변경한다. 단, 모두 동일한 폭만 가능하다.

① '폭' 옵션을 선택한다.

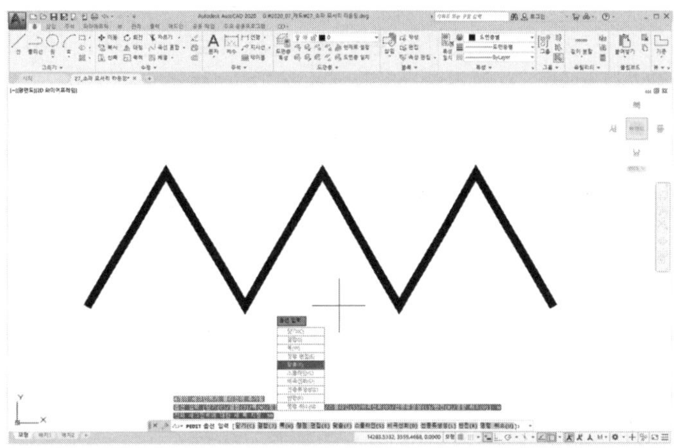

② 전체 세그먼트에 대한 새 폭 지정: 50 에서 폴리선의 폭을 '50'로 지정하고 Enter↵를 누르면 폭(Width)이 적용된 폴리선으로 나타난다.

맞춤(Fit)

'맞춤(Fit)' 옵션은 직선상태의 폴리선을 각 정점을 지나는 부드러운 곡선으로 변형하는 기능이다.

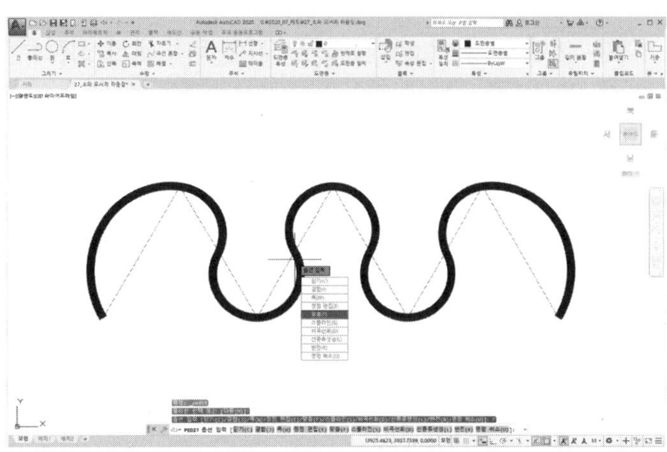

① '맞춤' 옵션을 선택한다.

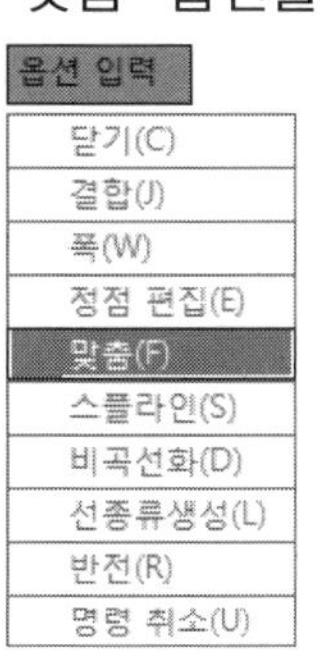

비곡선화(Decurve)

'비곡선화(Decurve)' 옵션은 맞춤(Fit) 또는 스플라인(Spline) 옵션을 실행하여 곡선화된 폴리선을 본래의 직선형태 폴리선으로 환원시킨다.

① '비곡선화' 옵션을 선택한다.

옵션 입력
닫기(C)
결합(J)
폭(W)
정점 편집(E)
맞춤(F)
스플라인(S)
비곡선화(D)
선종류생성(L)
반전(R)
명령 취소(U)

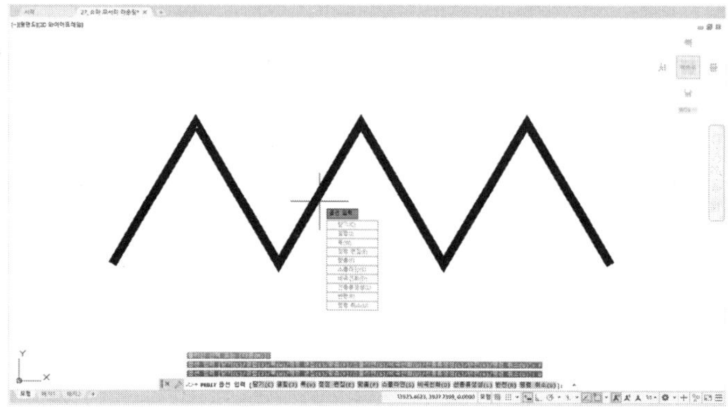

스플라인(Spline)

'스플라인(Spline)' 옵션은 선택된 폴리선의 정점들을 곡선의 조정점이나 틀로 이용을 하고 첫 번째와 마지막 조정점을 통과하는 완만한 곡선으로 변환된다. 이러한 곡선을 B-스플라인이라 한다. 틀의 특정 부분에서 많은 조정점을 지정할수록 곡선쪽으로 더 많이 당겨지게 된다.

① '스플라인' 옵션을 선택한다.

옵션 입력
닫기(C)
결합(J)
폭(W)
정점 편집(E)
맞춤(F)
스플라인(S)
비곡선화(D)
선종류생성(L)
반전(R)
명령 취소(U)

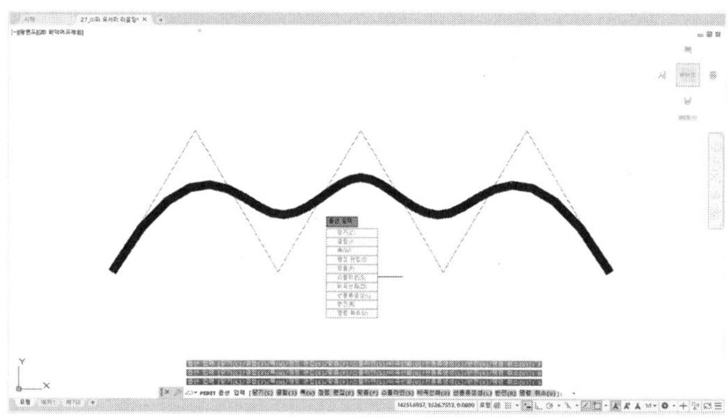

선종류 생성(Ltype gen)

'선종류 생성(Ltype gen)' 옵션은 정점 위치에서 선종류의 패턴을 설정하는데 각 정점마다 점선으로 시작해서 끝나도록 생성한다.

① '선종류 생성' 옵션에서 '끄기'를 선택한다.

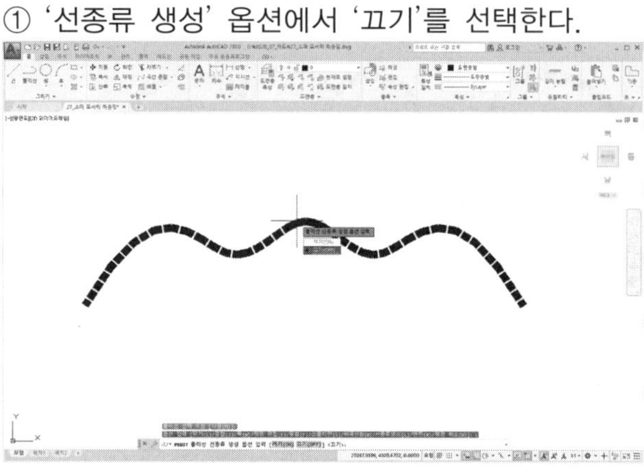

② '선종류 생성' 옵션에서 '켜기'를 선택한다.

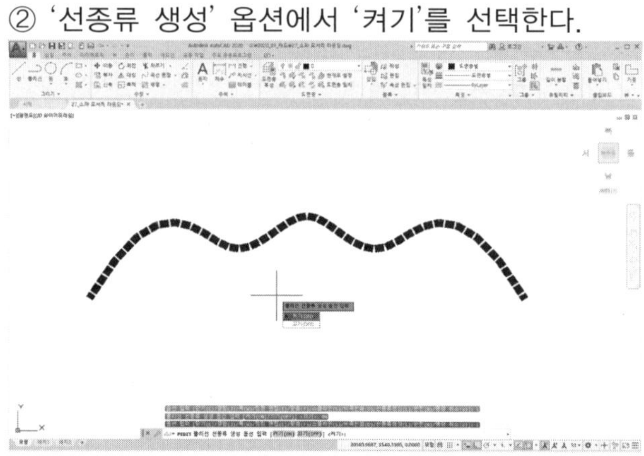

방사형 도형 그리기

① 길이가 '500'인 수평선 작성

② 수평선의 좌측 끝점에서부터 길이가 '350', 각도가 10도 기울어진 직선 작성

③ 수평선의 좌측 끝점에서부터 길이가 '500', 각도가 20도 기울어진 직선 작성

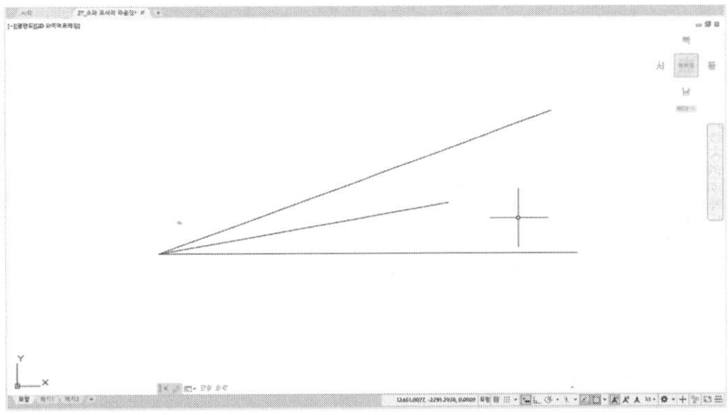

④ 3개의 직선 끝점을 연결하는 직선을 '폴리선(Polyline)'으로 작성

⑤ 수평선을 제외한 기울어진 선 2개를 삭제

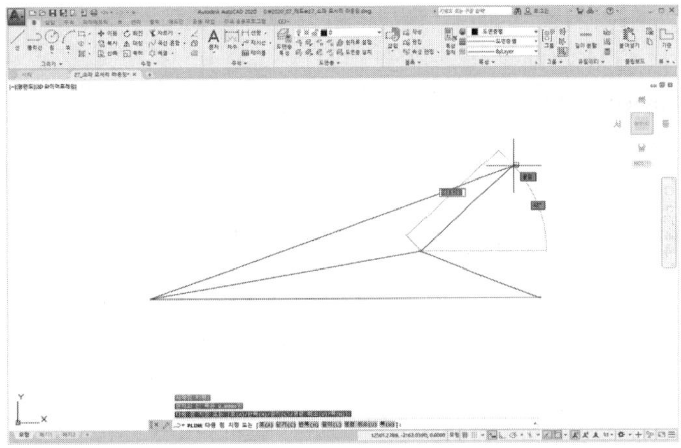

⑥ '원형 배열(Polar Array)'에서 폴리선을 수평선의 좌측 끝점을 중심점으로 하여 원형 배열

'항목: 18, 사이: 20, 채우기: 360'이 되도록 설정

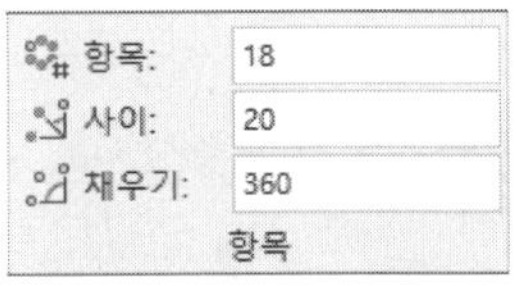

이때 반드시 

을 '비활성화'한다.

⑦ 

를 클릭하여 명령을 종료한다.

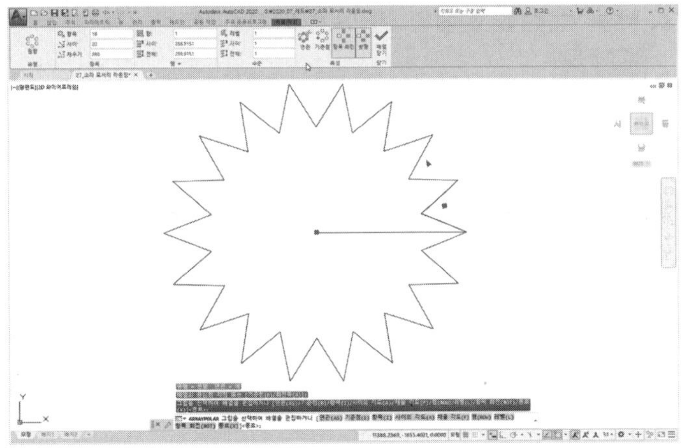

⑧ 수평선은 삭제하고, 명령없이 폴리곤을 선택해 보면 모두 조각이 나 있는 것을 확인할 수 있다.

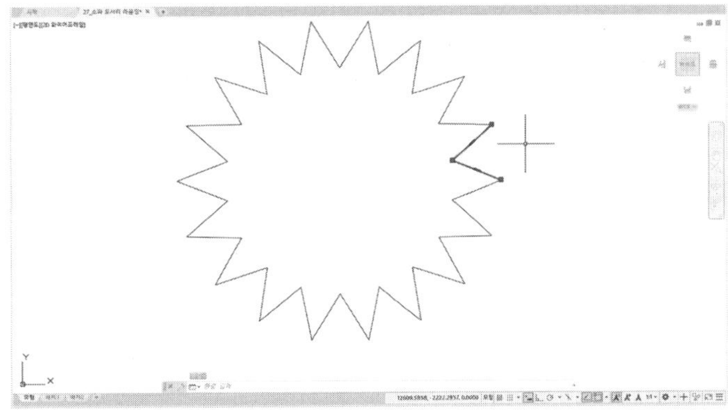

⑨ (폴리선 편집) 도구 실행
먼저 선택한 폴리선이 있기 때문에 폴리선 선택을 묻지 않고 옵션 선택으로 바로 넘어간다.

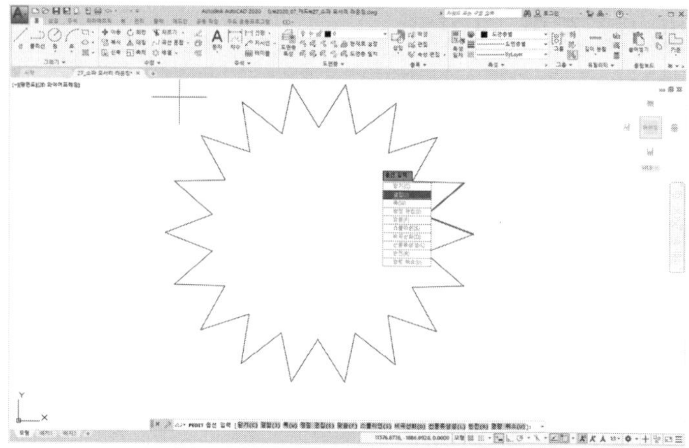

⑩ '결합' 옵션을 선택한다.

옵션 입력
닫기(C)
결합(J)
폭(W)
정점 편집(E)
맞춤(F)

⑪ 결합시킬 나머지 폴리곤을 모두 선택한다. 앞서 선택한 폴리곤을 다시 포함시켜 선택하여도 무방하기 때문에 크로싱 윈도우로 모두 선택한다.

⑫ Enter↵를 눌러 선택을 종료한다.

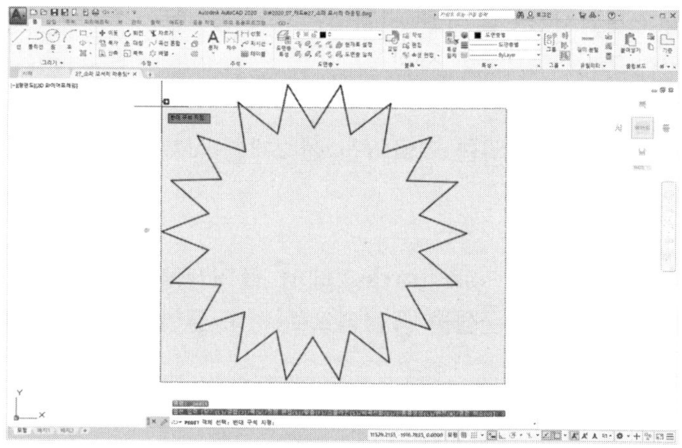

⑬ '맞춤' 옵션을 선택한 결과는 다음과 같다.

옵션 입력
닫기(C)
결합(J)
폭(W)
정점 편집(E)
맞춤(F)
스플라인(S)
비곡선화(D)
선종류생성(L)
반전(R)
명령 취소(U)

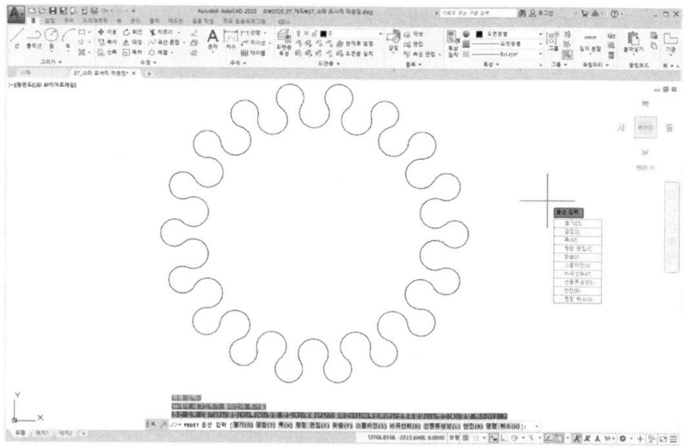

⑭ '스플라인' 옵션을 선택한 결과는 다음과 같다.

옵션 입력
닫기(C)
결합(J)
폭(W)
정점 편집(E)
맞춤(F)
스플라인(S)
비곡선화(D)
선종류생성(L)
반전(R)
명령 취소(U)

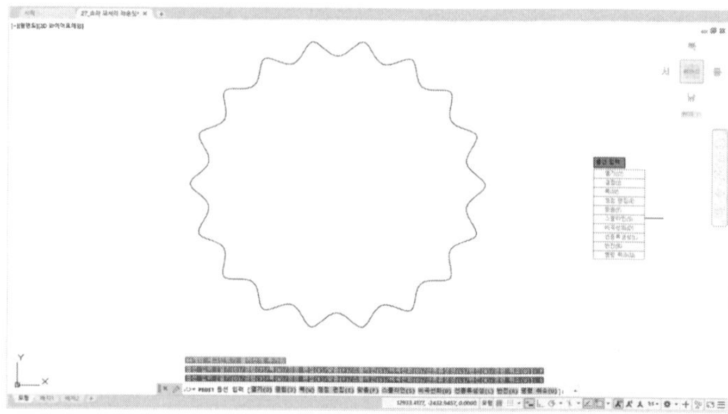

EXERCISE 30 침대 그리기

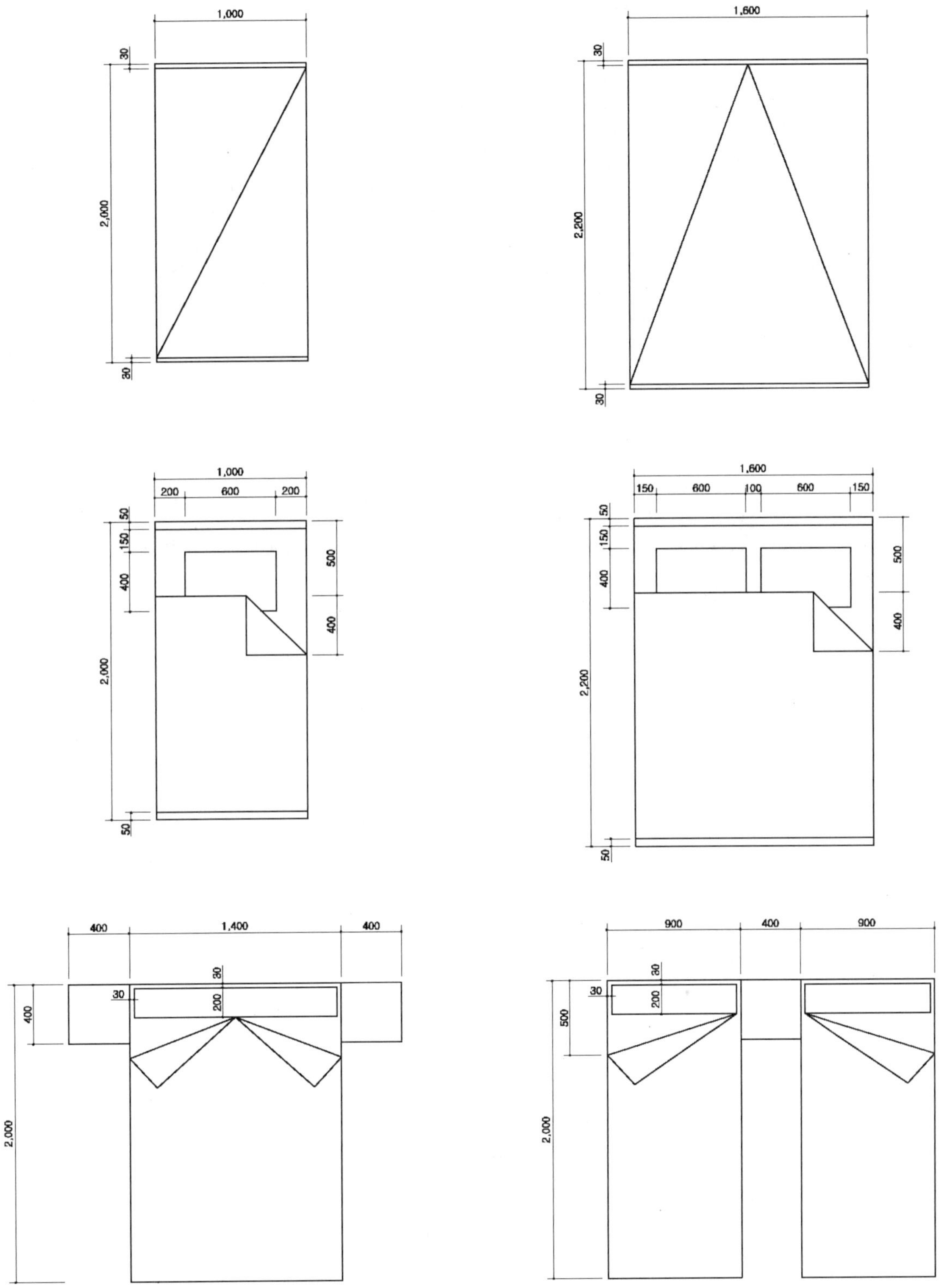

EXERCISE 31 의자 그리기

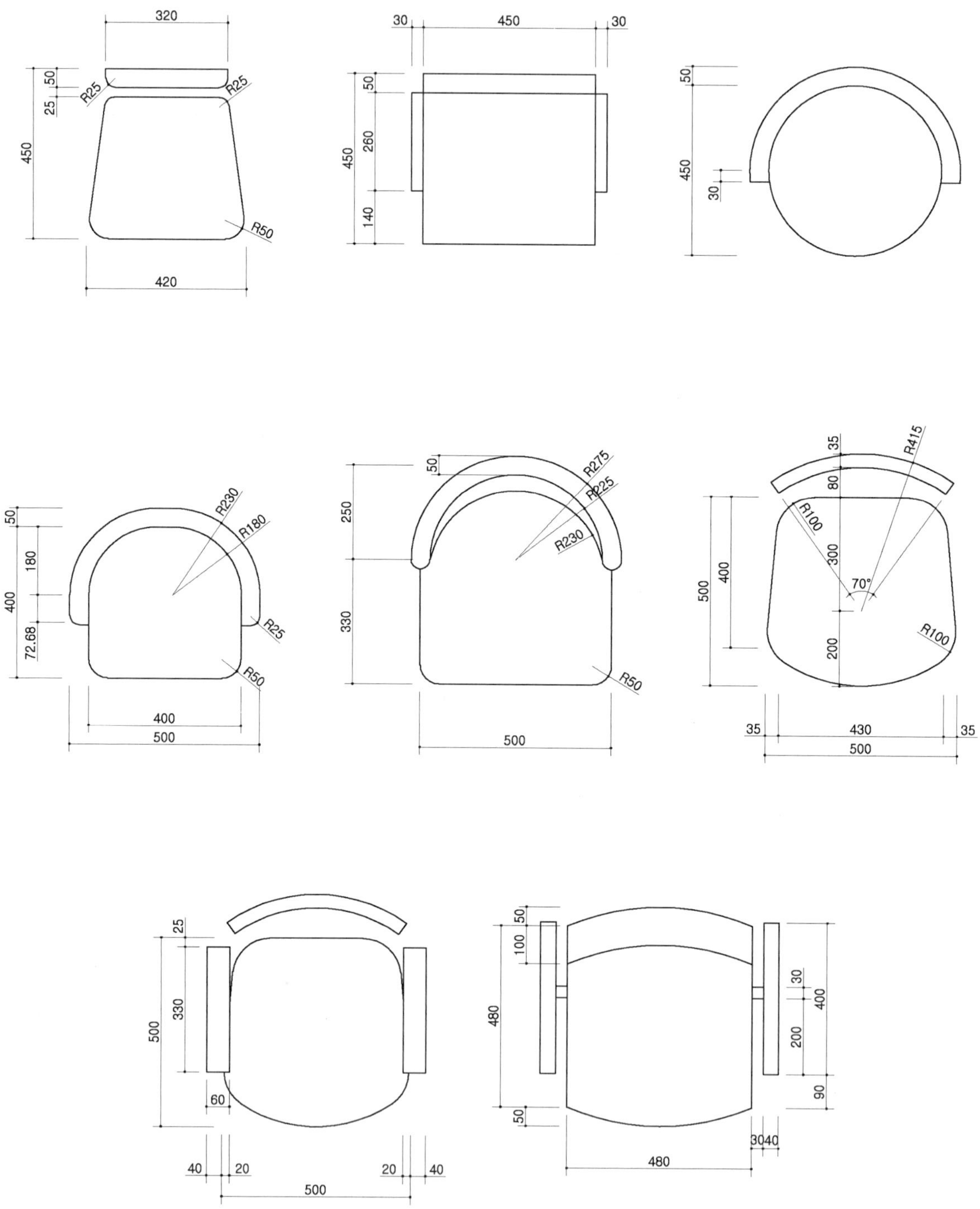

의자 그리기(Exercise 31 다섯 번째 예제)

① '500×330'인 직사각형 작성

② 직사각형 상단에 반원 작성

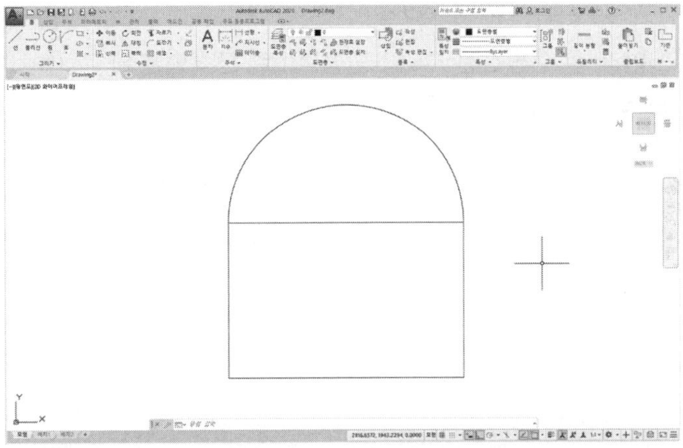

③ 반원을 양쪽으로 '25'씩 간격띄우기하고 좌우측 끝단에 반원으로 마무리

④ 의자 시트 모서리를 둥글게 라운딩(모깎기, Fillet, 반지름=50) 처리

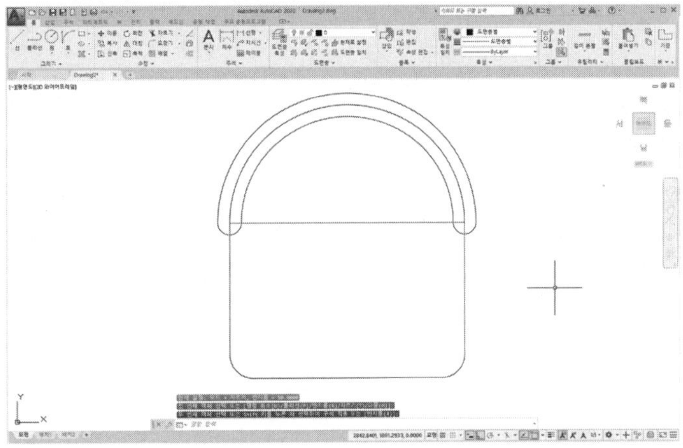

시트 뒷부분 호(Arc)를 작성한다. 양 끝점을 지나고 반지름 '230'인 호(Arc)를 작성하면 된다.

⑤ [시작점, 끝점, 반지름] 도구를 이용하여 작성

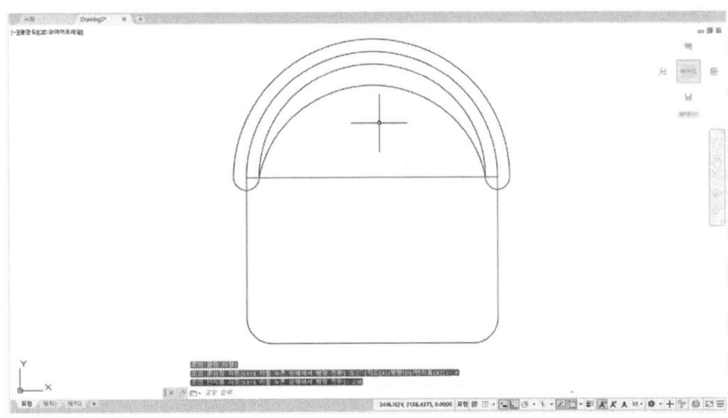

⑥ 불필요한 선들을 정리

삭제(Delete)와 자르기(Trim) 등 수정 도구를 사용한다.

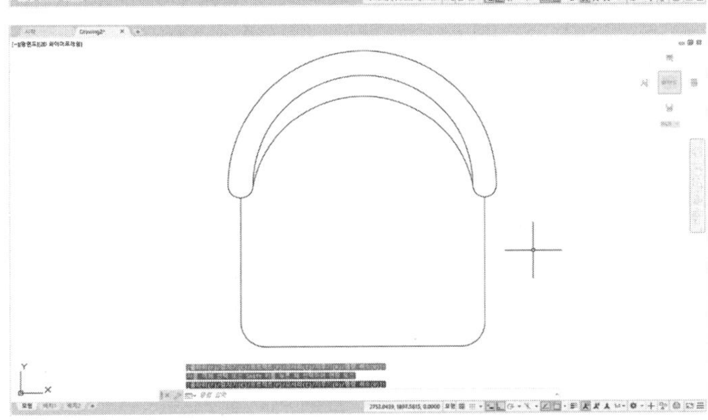

의자 그리기(Exercise 31 여섯 번째 예제)

① '500×500'인 정사각형 작성

② 아래쪽 수평선은 '100' 만큼 위로 간격띄우기, 좌우의 수직선은 안쪽으로 '35' 만큼 간격띄우기

③ 아래쪽에는 끝점-중간점-끝점을 연결하는 호(Arc)를 그려주고,

④ 좌우측은 앞쪽의 바깥쪽 끝점과 뒤쪽의 안쪽 끝점을 연결하는 사선을 그려준다.

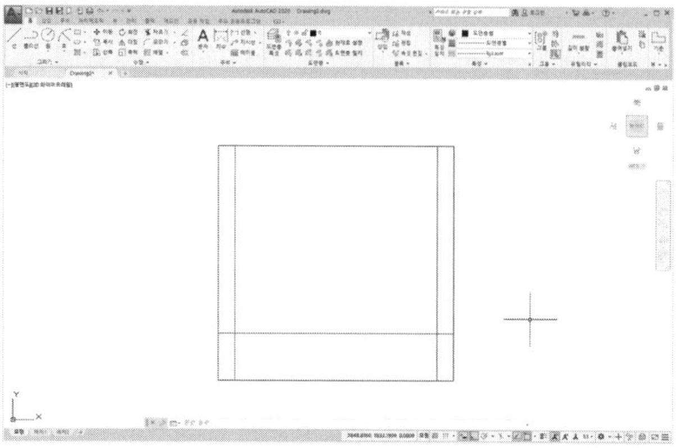

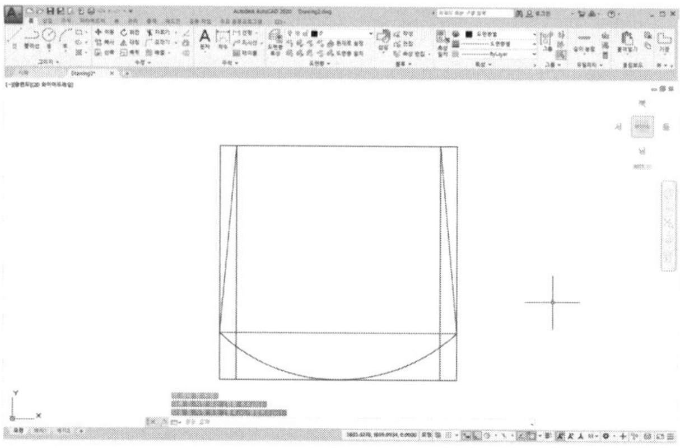

⑤ 수직선들을 모두 삭제한다.

⑥ 모서리들을 라운딩한다(모깎기, Fillet)

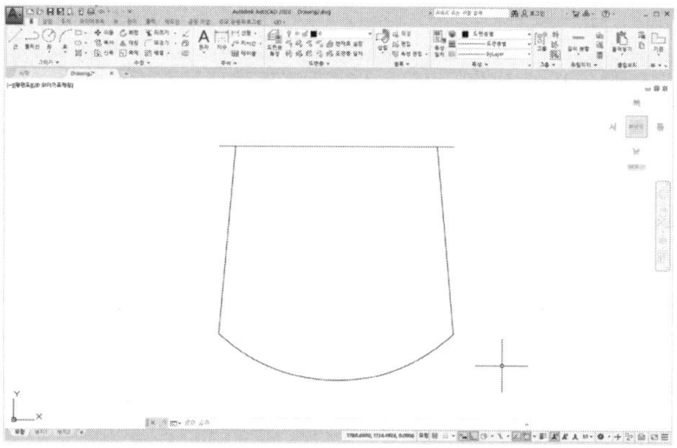

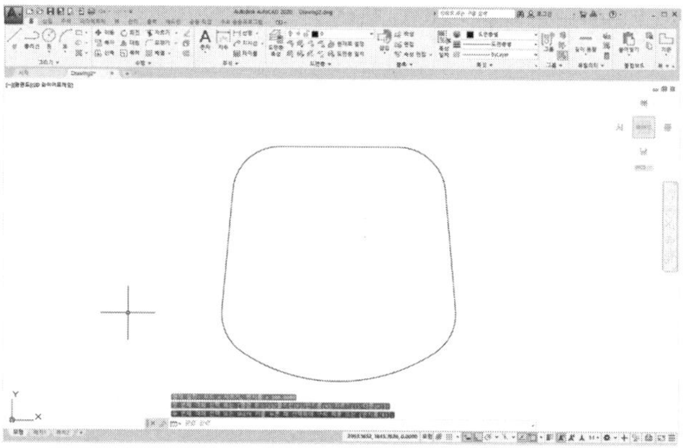

⑦ 등받이 호들의 중심선은 뒤쪽 수평선을 '300' 간격띄우기하여 확보

⑧ 반지름 '380', '415'인 원을 두 개 작성

⑨ 원의 반지름 크기 만큼 직선을 '55'도, '125'도 두 개 작성

⑩ 등받이 형태를 정리해주고, 불필요한 선들을 삭제한다.

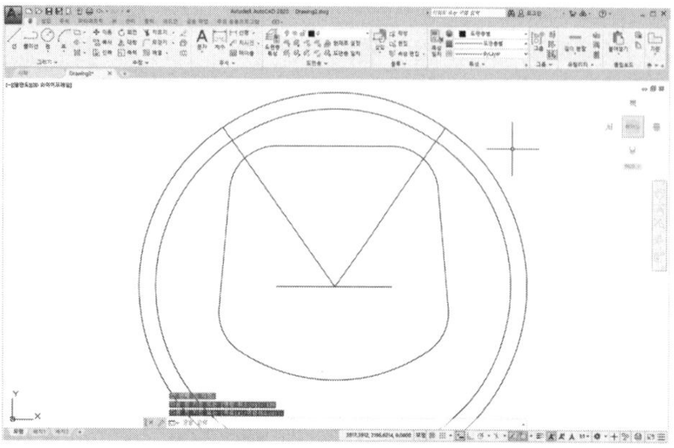

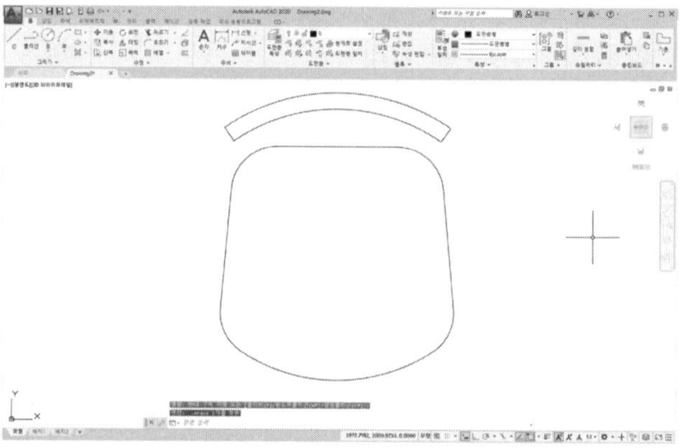

EXERCISE 32 소파 그리기

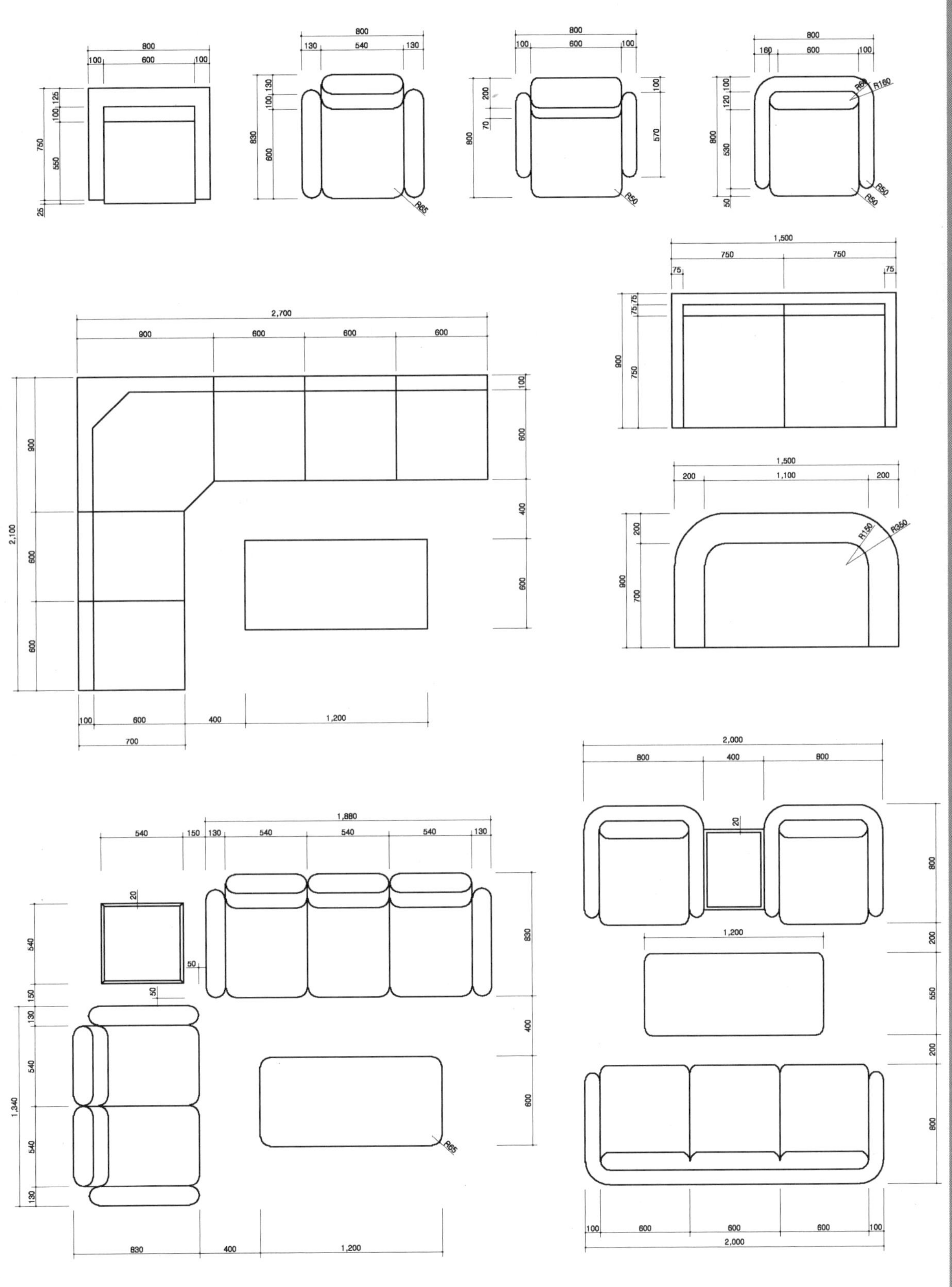

EXERCISE 33 테이블 그리기

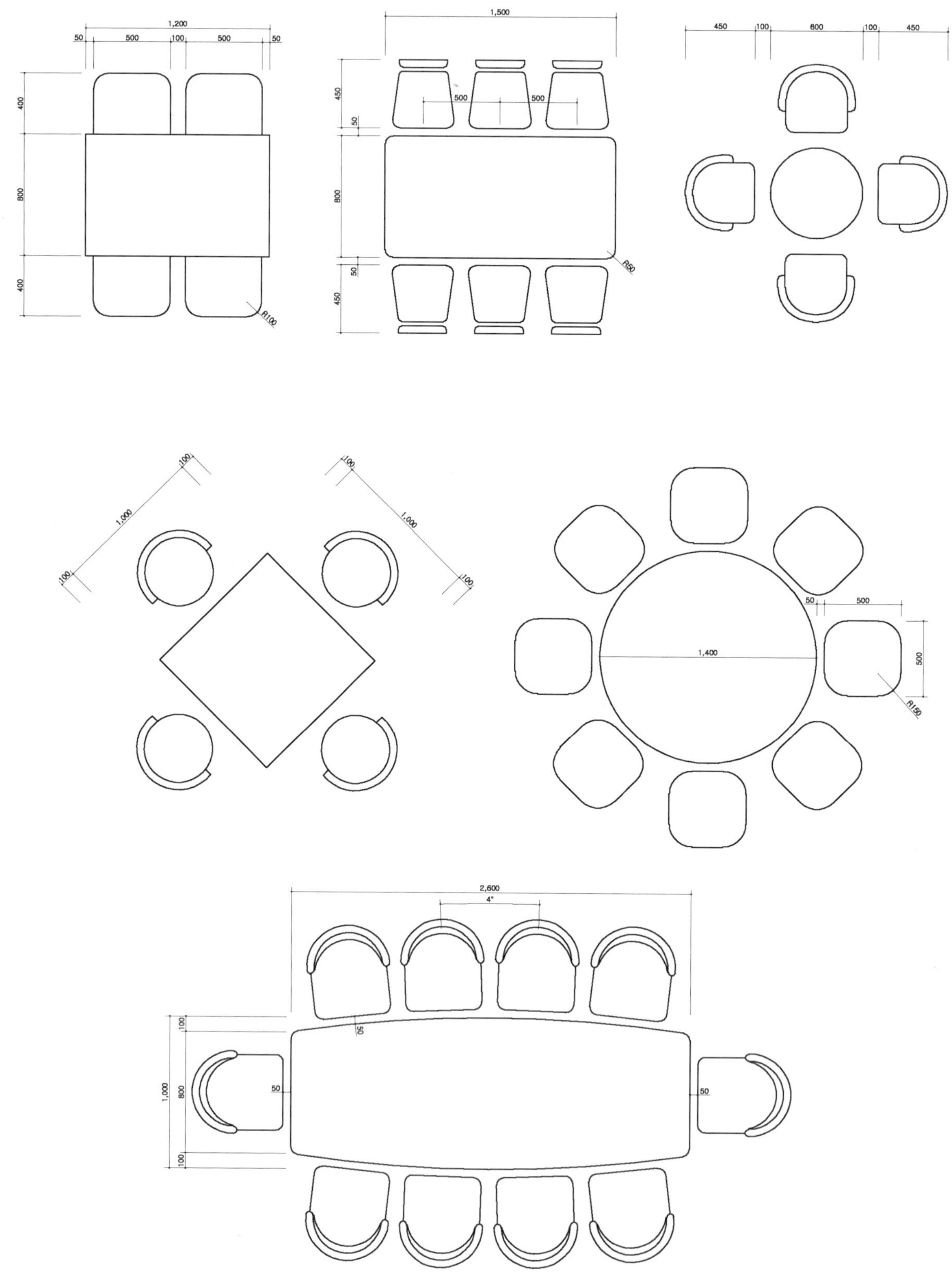

테이블 그리기(Exercise 33 여섯 번째 예제)

① ‘2600×1000’인 직사각형 작성

② 상하 수평선은 ‘100’ 만큼 안쪽으로 간격띄우기

③ 테이블의 곡선 라운드 부분을 작성(3점)

③ 수평선을 삭제하고 모서리 라운딩(반지름=50)

④ 의자의 위치를 잡기 위해 테이블 선 바깥쪽으로 ‘50’ 만큼 간격띄우기

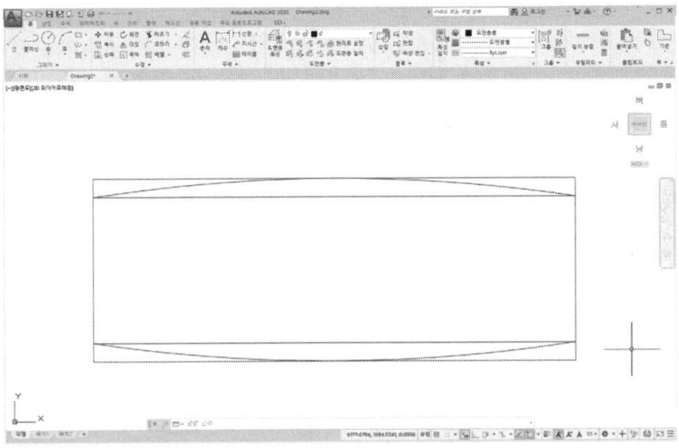

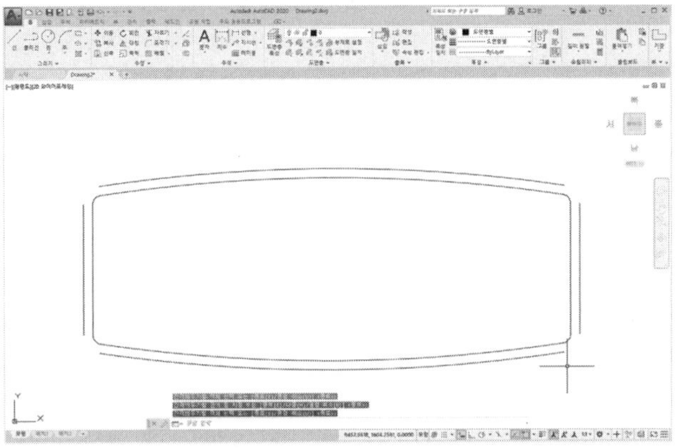

⑤ 앞서 작성한 의자를 상단 호의 중심점에 일치하도록 이동(또는 복사)

⑥ 의자를 상단 호의 중심점을 기준으로 ‘2도’ 회전(Rotate)

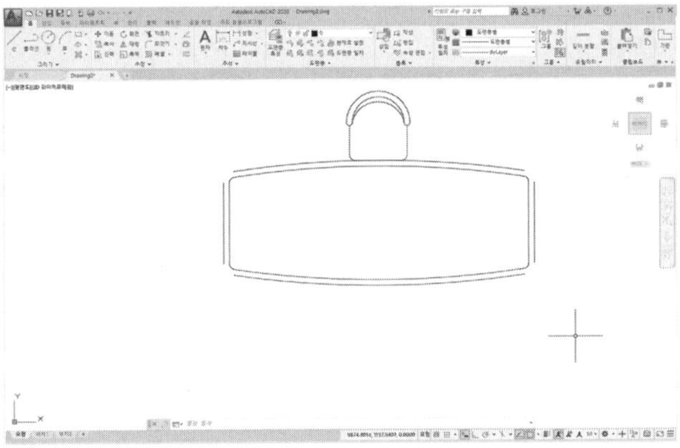

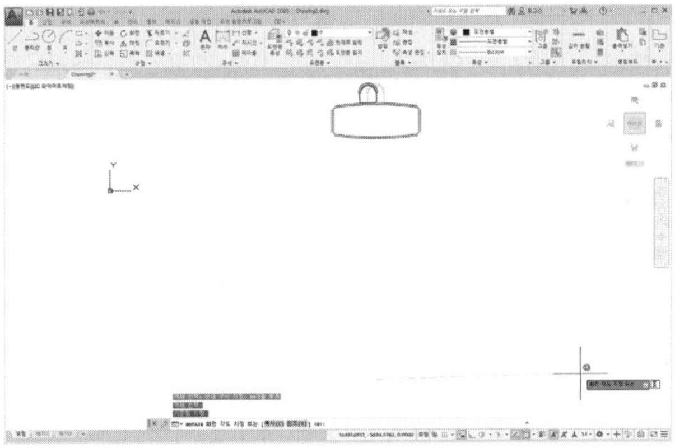

⑦ 회전한 의자를 다시 4도 회전하면서 복사(Copy) 옵션 사용, 중심점 동일

⑧ 대칭(Mirror) 도구를 이용해 좌우, 상하 의자 대칭 복사

⑨ 불필요한 선을 삭제하면 테이블이 완성된다.

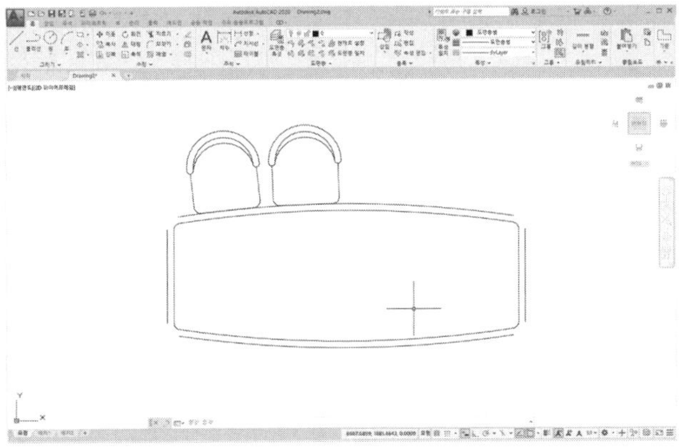

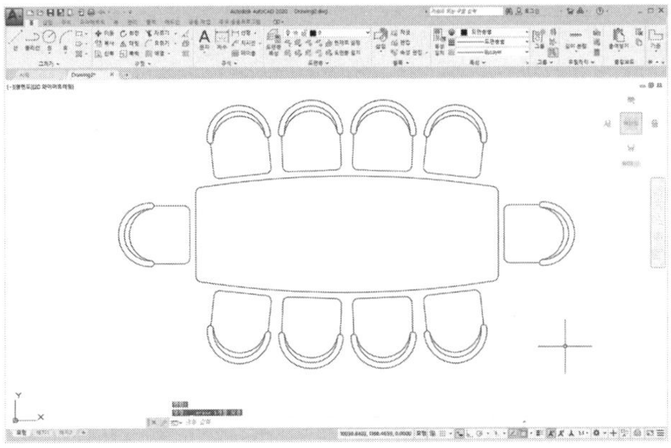

EXERCISE 34 출입문 그리기

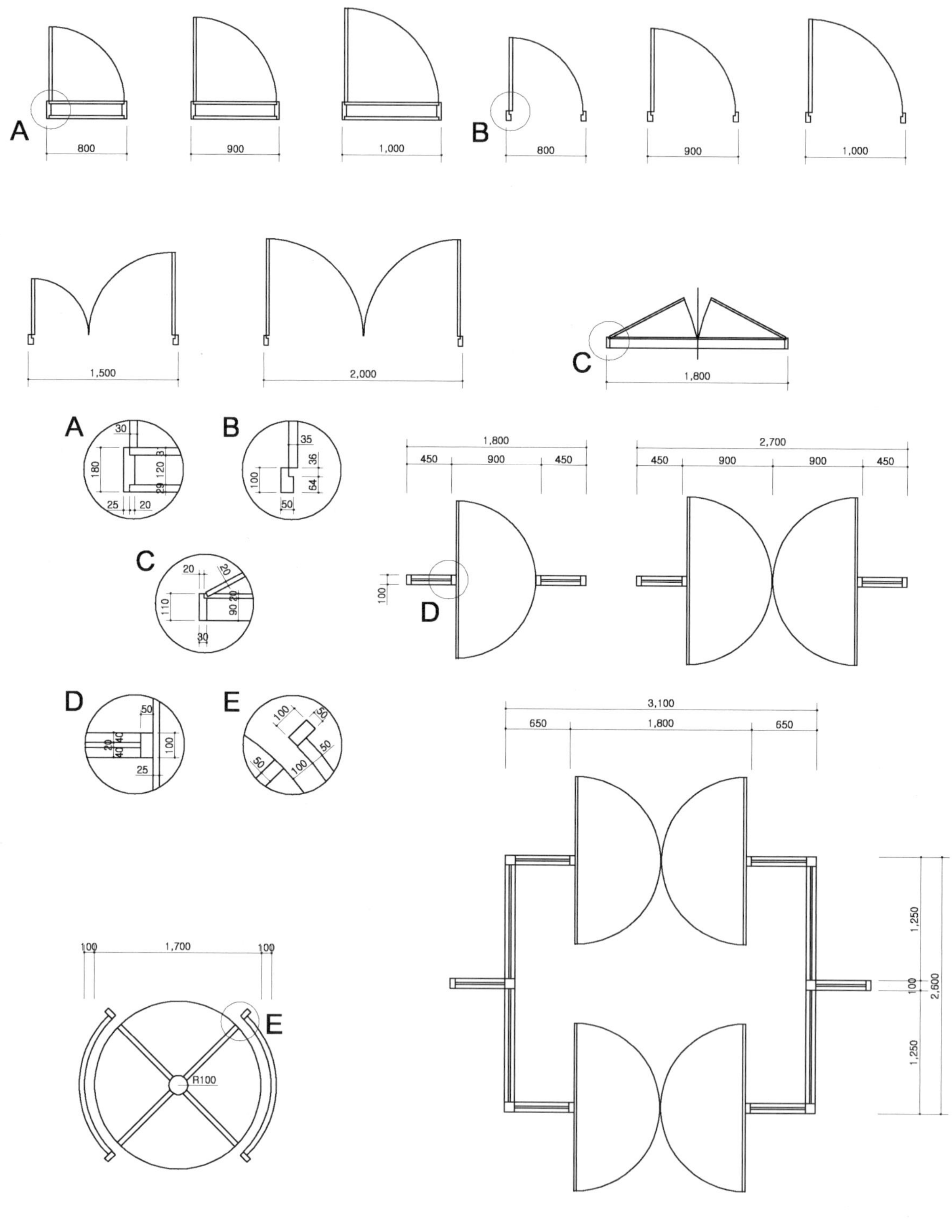

EXERCISE 35 창문 그리기

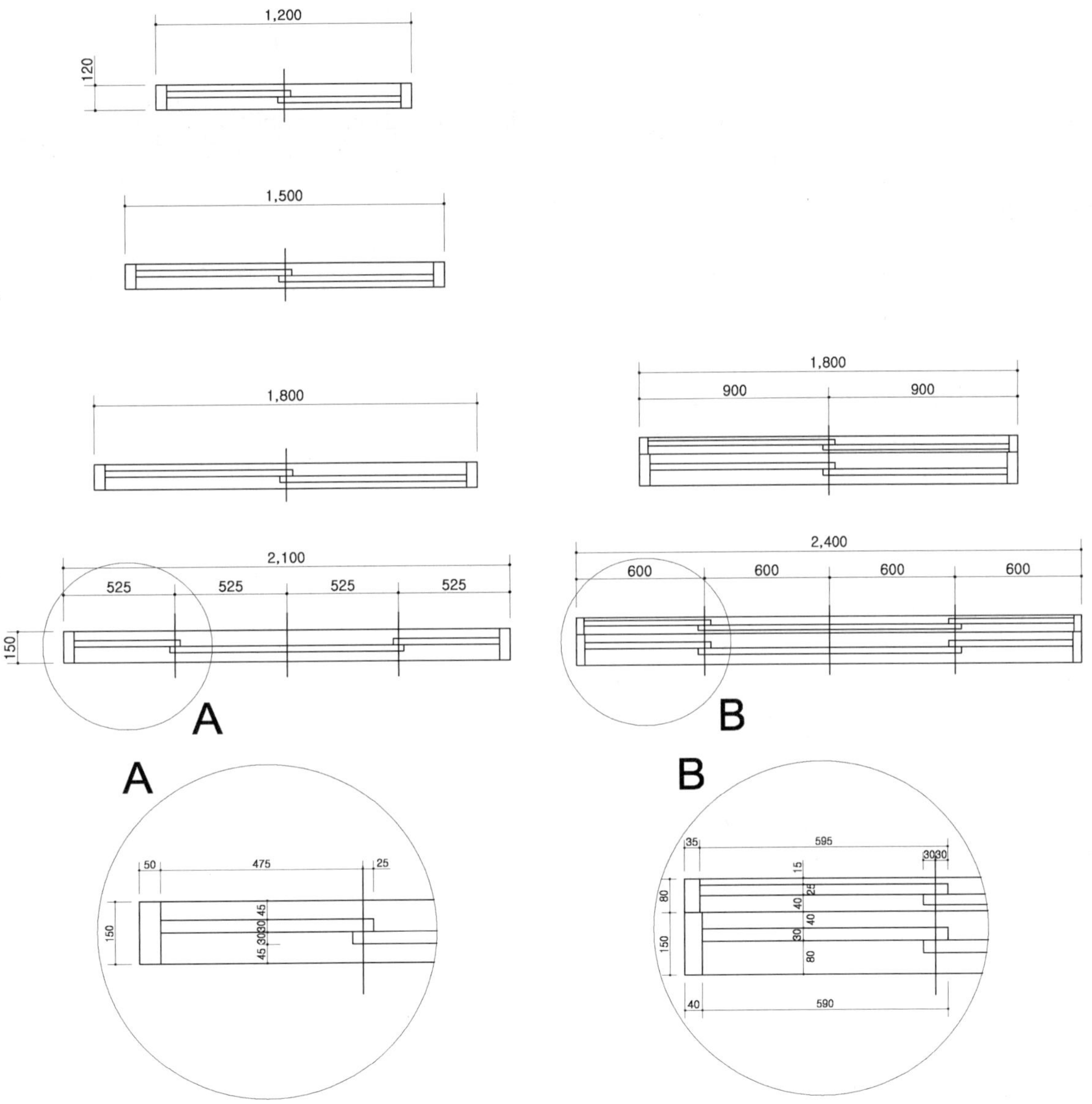

EXERCISE 36 주택입면 해치하기

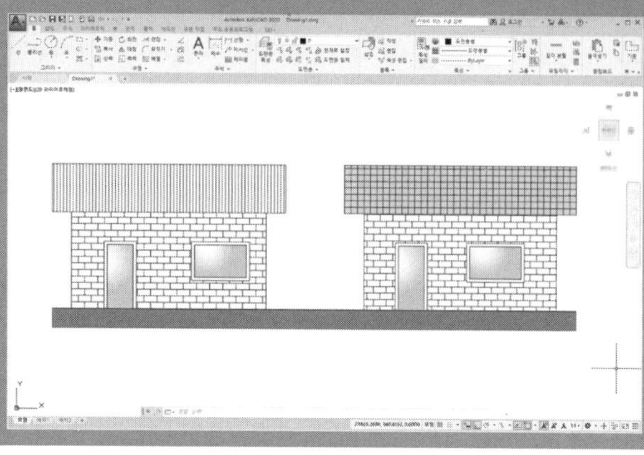

학습목표
- 해치, 그라데이션 도구를 사용할 수 있다.
- 작성된 해치, 그라데이션을 편집할 수 있다.

새로운 도구/기능
- 홈 탭 → 그리기 패널 → 해치, 그라데이션, 경계
- 명령어 행 : hatch[Enter↵], h[Enter↵]
  gradient[Enter↵]
  boundary[Enter↵], bo[Enter↵]

중요한 도구/기능
- 해치 작성, 해치 편집기

#Hatch #Gradient #Boundary

입면 만들기

해치는 닫힌 영역 또는 선택한 객체를 이용하여 그 내부를 해치 패턴으로 채우는 도구이다.

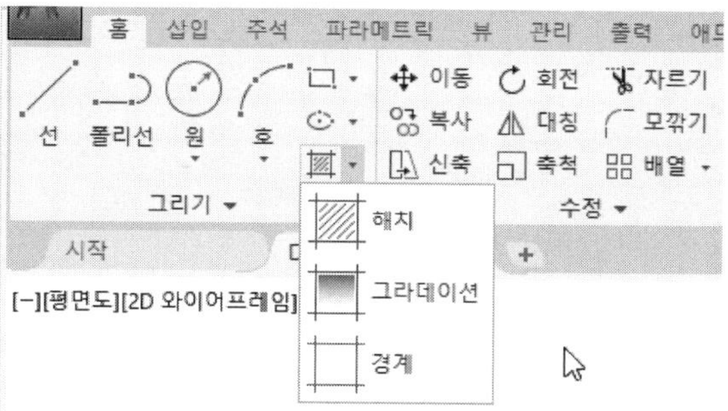

리본 메뉴의 그리기 패널에서 '해치' 도구를 실행하여 작성할 수 있다. '그라데이션' 도구와 '경계' 도구를 함께 실행할 수 있다.

해치 연습을 위해 다음과 같이 주택의 입면을 간단하게 작성한다.

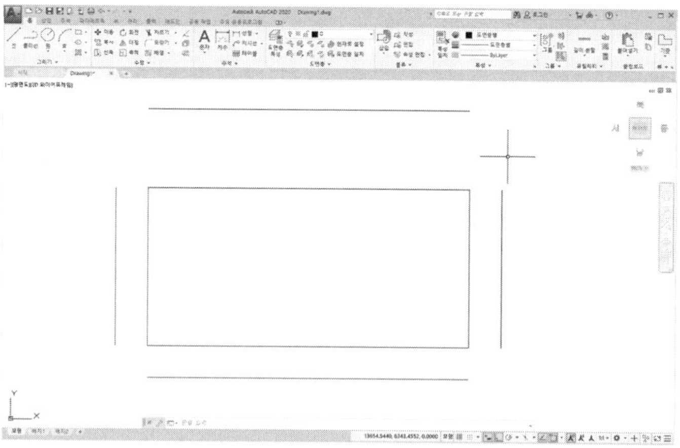

① 벽면을 '6000×3000' 크기로 선(line)을 이용해 직사각형 형태로 작성한다.

② 벽면에서 '600' 만큼 돌출되고, 높이 '1500'인 지붕을 작성한다. '600' 돌출된 선을 이용해 두께 '600' 만큼 지면 표현을 위한 범위도 함께 작업한다.(간격띄우기)

③ 모깎기, 잘라내기 등의 편집 명령을 사용하여 다음 그림과 같이 지붕, 벽체, 지면이 구분될 수 있도록 한다.

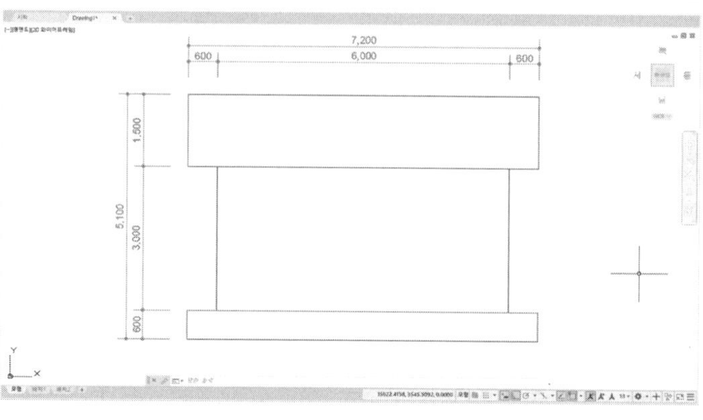

④ 다음 치수와 같이 개구부를 만들어준다. 출입문의 크기는 '1000×2100', 창문의 크기는 '1800×1200'으로 한다.

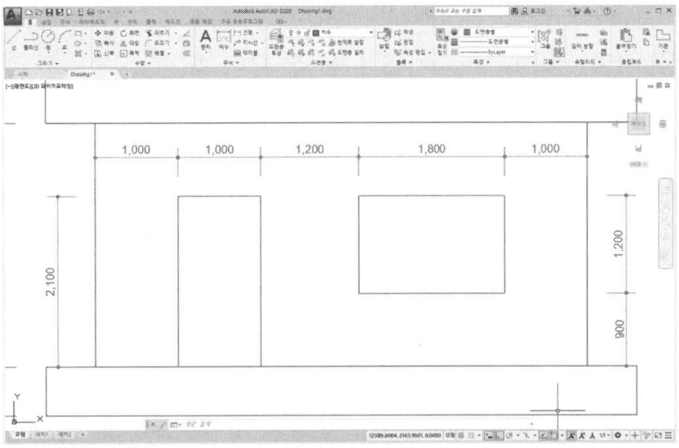

⑤ 문틀과 창틀의 표현을 위해 '100' 만큼 간격띄우기로 띠를 만들어준다. 간단한 입면을 완성하였다.

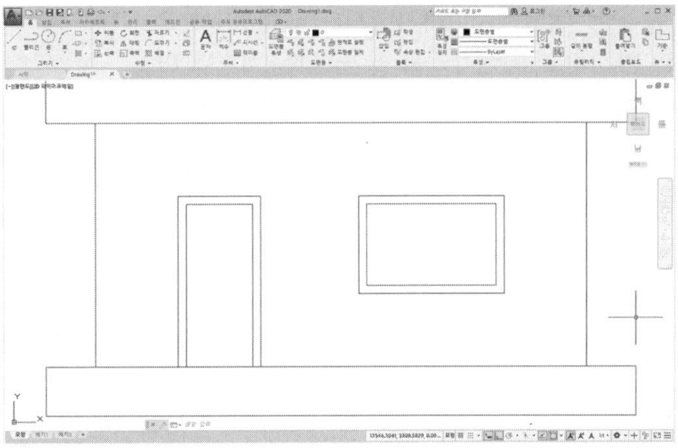

지붕 해치

① 리본 메뉴 그리기 패널에서 해치 도구를 실행한다. 다음과 같은 '해치 작성(Hatch Creation)' 탭이 나타난다.

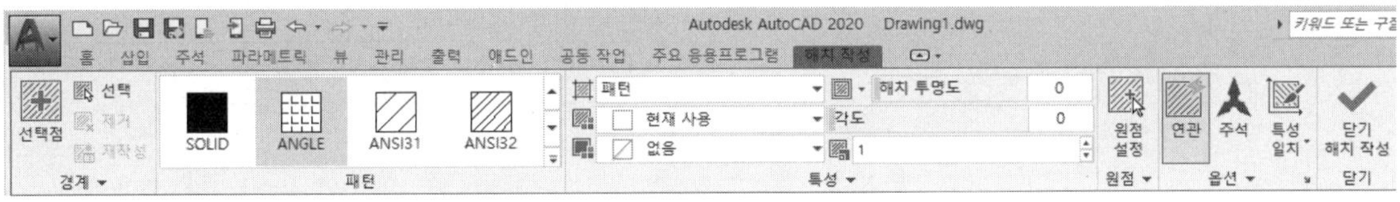

'해치 작성' 탭은 경계(Boundaries), 패턴(Pattern), 특성(Properties), 원점(Origin), 옵션(Options), 닫기(Close) 패널로 구성된다.

② 먼저 특성 패널에서 해치 유형을 '사용자 정의'로 변경한다. 패턴 패널에 직선형태의 해치인 'USER' 한 가지만 나타난다.

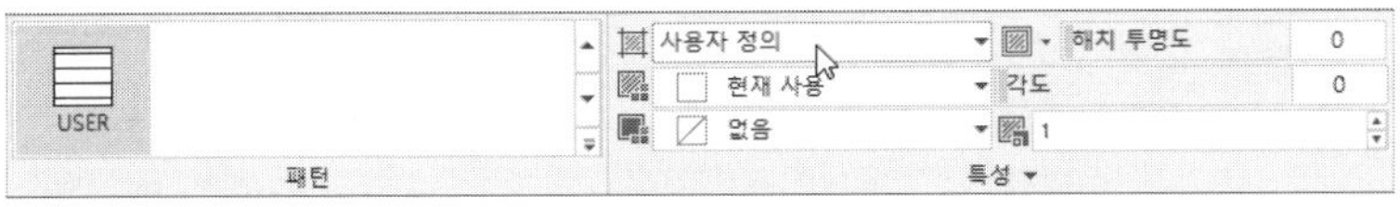

현재 해치 명령이 실행된 상태이므로 마우스를 지붕 안으로 가져가면 다음과 같이 해치 미리보기가 나타난다. 검게 채워진 것은 해치 간격이 너무 조밀하여 색칠된 것처럼 보이는 것이다.

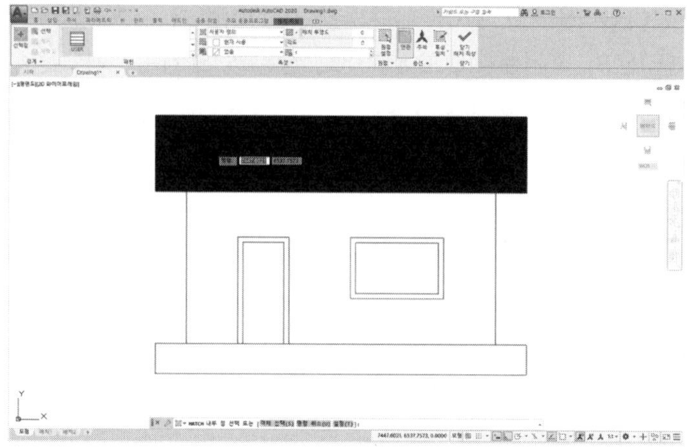

③ 특성 패널에서 '해치 간격' 값을 '100'으로 변경하고 Enter↵ 키를 누른 다음, 다시 마우스를 지붕 안으로 가져가면 다음과 같이 간격이 넓어진 해치가 미리보기된다.

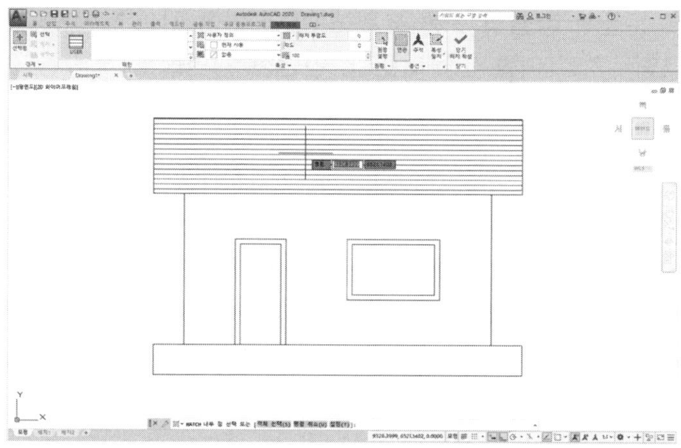

④ 특성 패널에서 '각도' 값을 '90'으로 변경한 다음 Enter↵ 키를 누르고, 다시 마우스를 지붕 안으로 가져가면 다음과 같이 수직선 해치가 미리보기된다.

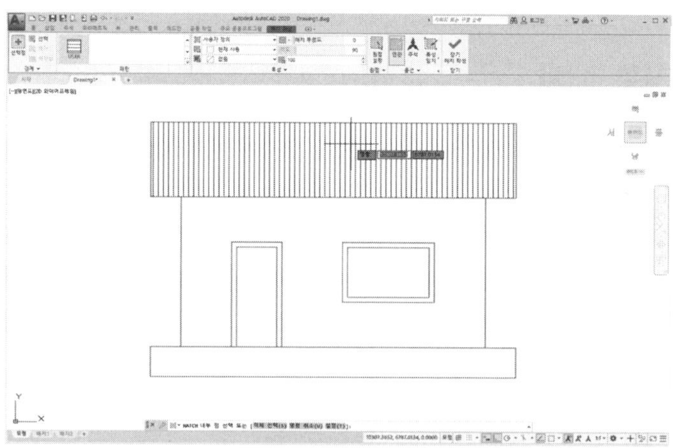

⑤ 미리보기 결과를 적용하기 위해 마우스 왼쪽 버튼으로 지붕 안쪽 영역을 지정해준다. 지붕 경계가 파란색 선으로 강조되어 나타난다.

⑥ '닫기' 패널에서 [닫기 해치 작성] 도구를 클릭하거나 Enter↵ 키를 누르면 해당 해치가 최종적으로 완성된다. 명령이 종료된다.

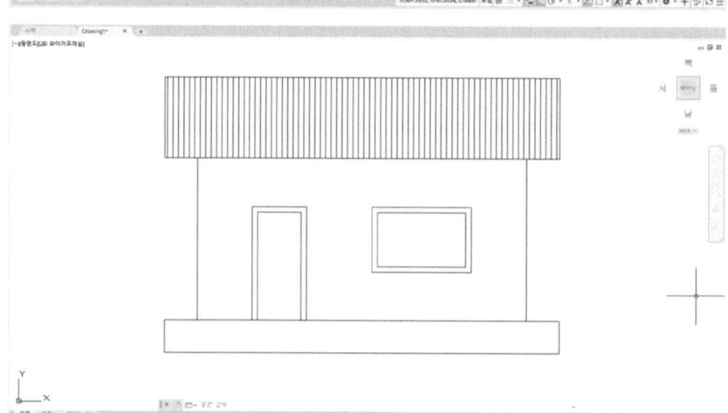

벽체 해치

다음으로 벽체에 패턴(Pattern)을 이용하여 해치를 적용한다.

① [해치] 도구 실행

② 특성 패널에서 해치 유형을 '패턴'으로 변경

③ 패턴 패널에서 벽체에 적용할 사전에 만들어진 패턴을 선택한다. 'AR–B816'을 선택한다.

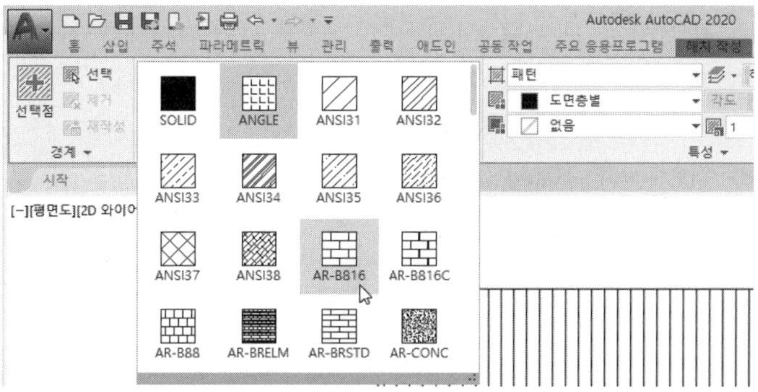

벽체 안으로 마우스를 가져가면 다음과 같이 벽돌 패턴이 채워져 미리보기가 된다. 앞서 설정한 각도 값이 그대로 적용되고 있다.

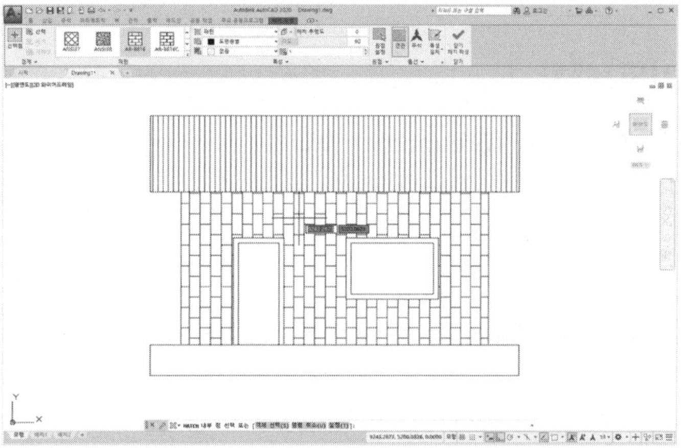

④ 특성 패널에서 '각도' 값을 '0'으로 변경한 다음 [Enter↵] 키를 누르고, 다시 마우스를 지붕 안으로 가져가면 벽돌 패턴이 수평으로 돌아간 것을 확인할 수 있다.

⑤ 또한, 특성 패널에서 '해치 패턴 축척' 값을 '2'로 변경하면 2배 커진 벽돌 패턴을 확인할 수 있다.

2

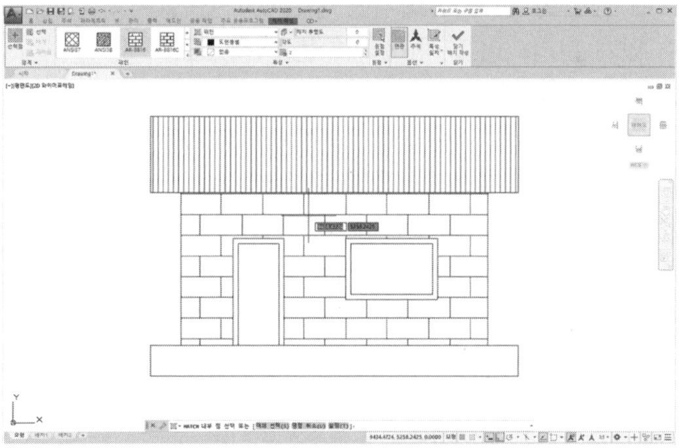

앞서, 해치 유형이 '사용자 정의'의 경우 실제 선의 간격을 지정하였지만, '패턴'의 경우 특정한 모양을 사전에 미리 만들어둔 것이기 때문에 간격이 아닌 '축척'으로 그 크기를 조절하게 된다.

원점의 위치를 변경하여 벽돌선과 입면선을 일치시켜 정돈된 모양을 만들어 줄 수 있다.

⑥ 원점 패널에서 [원점 설정] 도구를 실행하고 벽체 좌측 하단을 클릭하여 원점으로 지정하면 다음과 같이 벽돌선이 입면선에 맞춰지게 된다.

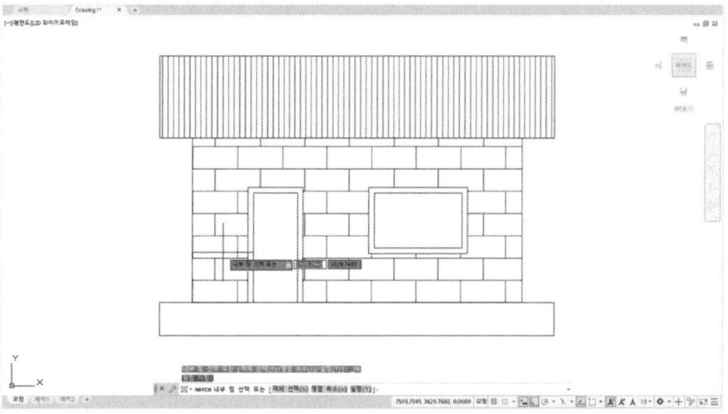

⑦ 벽돌이 좀 크게 느껴지므로 ‘해치 패턴 축척’ 값을 다시 ‘1’로 변경하고, 벽체 내부 점을 클릭하여 패턴을 적용한다.

⑧ ‘닫기’ 패널에서 [닫기 해치 작성] 도구를 클릭하거나 [Enter↵] 키를 눌러 완성한다.

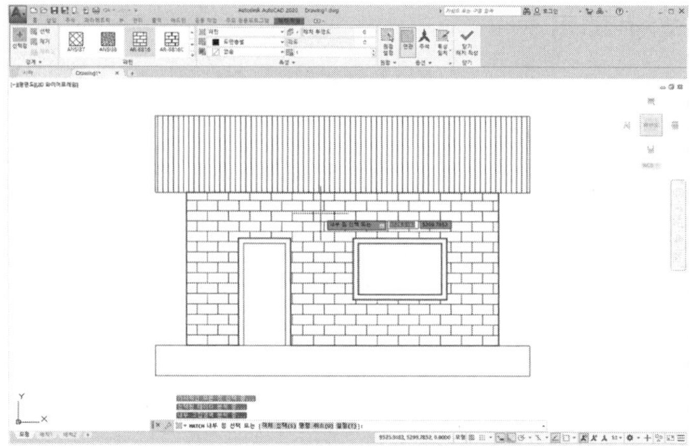

지면 해치

다음으로 지면(Ground)에 솔리드(Solid)을 이용하여 해치를 적용한다.

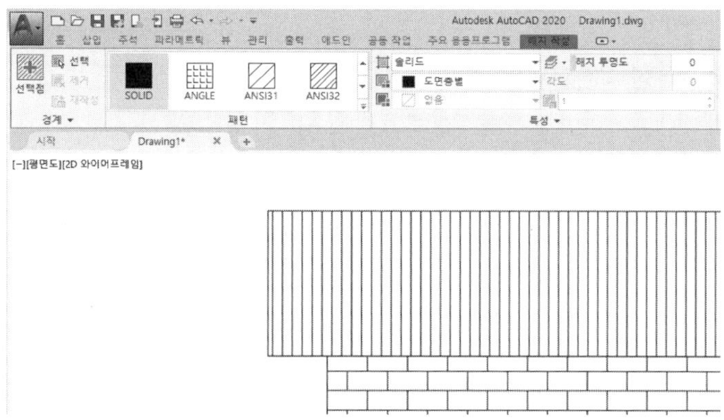

① [해치] 도구 실행

② 특성 패널에서 해치 유형을 ‘솔리드’로 변경

패턴 패널에서 솔리드가 선택되어진다. 솔리드도 패턴의 한 종류이지만 별도로 선택할 수 있게 분리되어 있다. 솔리드는 축척, 각도 설정이 불필요하다.

③ 지면 안으로 마우스를 가져가면 다음과 같이 솔리드로 채워지는 것을 미리보기할 수 있다. 이때 채워지는 색상은 레이어의 색상이며 색상만 따로 변경할 수도 있다.

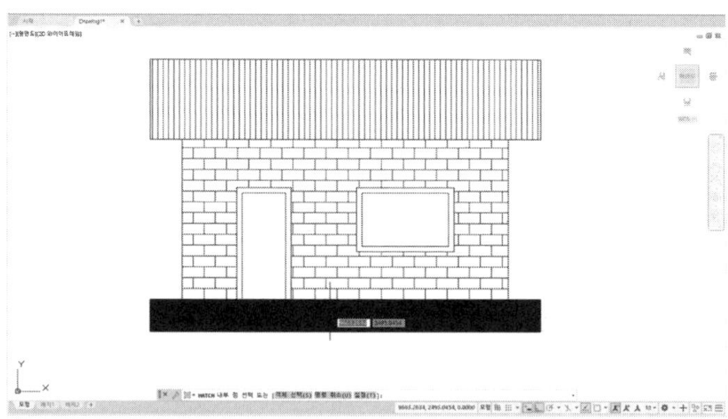

④ 특성 패널의 ‘해치 색상’ 도구에서 원하는 색상으로 변경할 수 있다. 가능한 색상은 도면층(Layer)의 기본 색상을 따르는 것이 좋다.

지면에 솔리드 색상을 사용하는 경우 화려한 색상보다는 어두운 회색을 사용하는 것이 일반적이다.

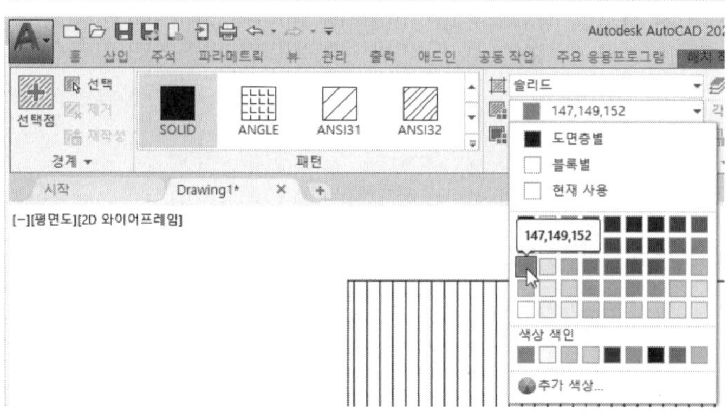

⑤ 색상을 변경한 다음, 지면 부분의 안쪽에 마우스를 클릭하여 솔리드 해치를 적용한다.

⑥ '닫기' 패널에서 [닫기 해치 작성] 도구를 클릭하거나 Enter↵ 키를 눌러 완성한다.

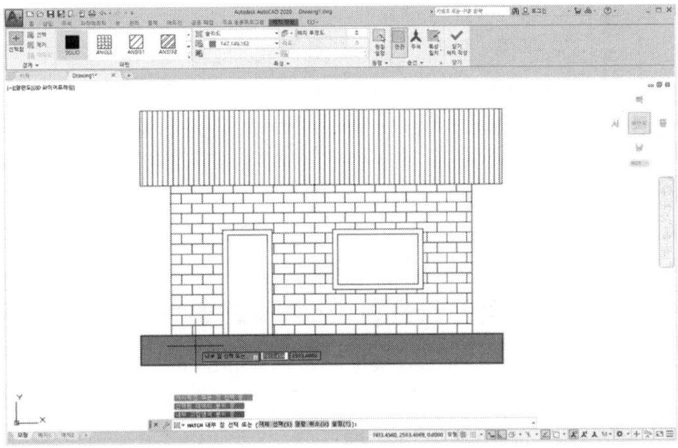

창문 그라데이션

창문, 문에는 그라데이션을 적용하여 유리를 표현한다.

① 그리기 패널에서 [그라데이션] 도구를 실행하여도 되고, [해치] 도구를 실행하여 특성 패널에서 해치 유형을 '그라데이션'으로 변경하여도 된다. 똑같은 명령이기 때문에 편리한 방법을 사용하면 된다. 도구를 실행하면 '해치 작성' 탭이 나타나고 그라데이션에 맞게 도구들이 변경되어 있다.

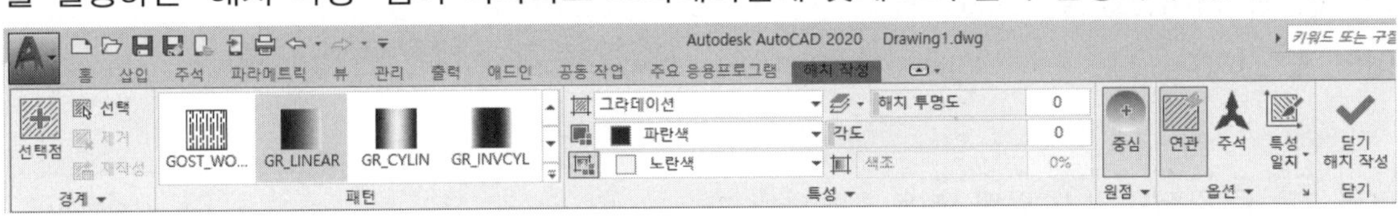

② 먼저 그라데이션 색상을 변경한다. 창문을 표현하기 위해서는 화려한 색상보다는 차분한 하늘색 정도를 사용하고 빛을 받는 부분에 대한 표현으로 흰색을 사용한다. '그라데이션 색상 1'은 흰색, '그라데이션 색상 2'는 하늘색을 지정한다.

③ 패턴에서 창문 표현에 적합한 그라데이션 패턴(GR_INVSPH)을 선택한다.

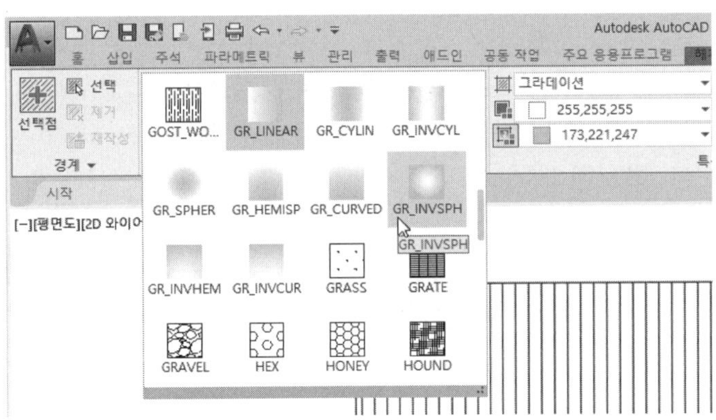

④ 마우스를 문 안쪽에 가져가면 다음과 같이 그라데이션이 적용되어 미리보기할 수 있다.

영역의 중심에 흰색 부분이 위치하는 것을 조정하기 위해 '원점' 패널의 '중심' 도구를 비활성화하여 한쪽으로 그라데이션이 몰리도록 연출할 수도 있다.

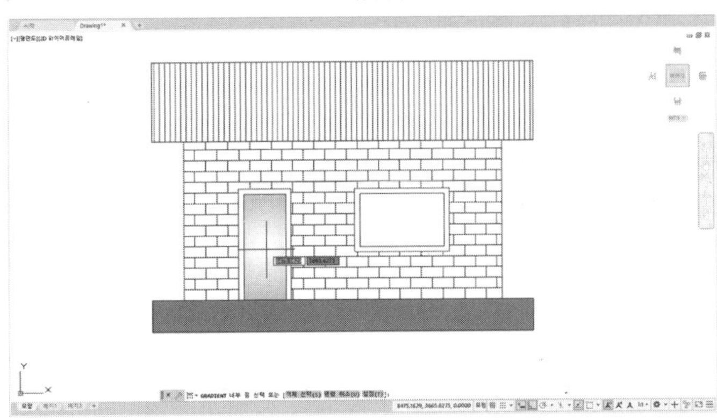

⑤ 

도구를 클릭하여 비활성화시킨 다음, 마우스를 문 안쪽으로 가져가면 다음과 같이 한쪽으로 그라데이션이 몰린 효과를 연출할 수 있다.

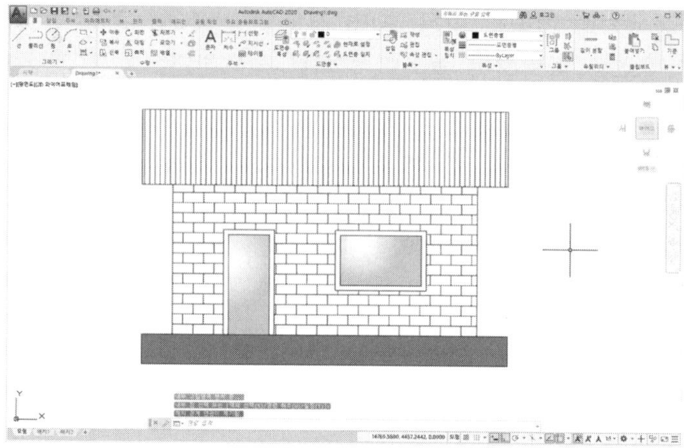

⑥ 마우스를 클릭한 다음 

도구를 클릭하여 완성한다.

⑦ 창문에도 동일하게 작업한다.
여기서 만약 문과 창문을 따로 작업하지 않고 동시에 선택하여 한꺼번에 그라데이션을 적용하면 다음과 같이 각각 흰색 중심이 생기는 것이 아니라 하나의 그라데이션 영역으로 보고 흰색 중심부도 하나가 된다.

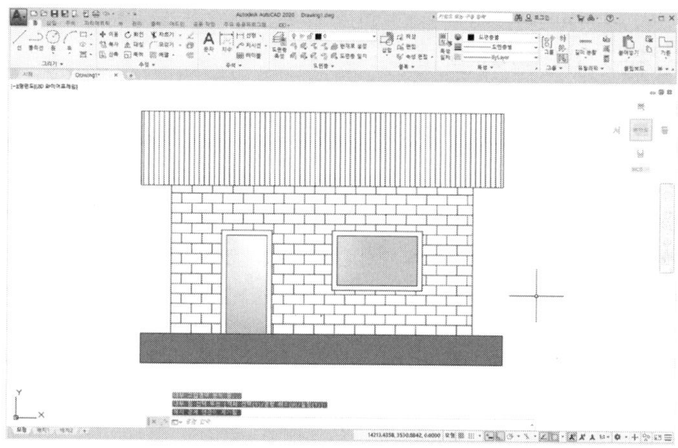

도구의 개념과 차이점을 알고 필요시 잘 활용하여야 할 것이다.

해치의 다양한 기능들을 알아보기 위해 옆에 주택을 하나 더 만들도록 한다.

⑧ '복사(copy)' 도구를 이용하여 기준점으로부터 '9000' 만큼 떨어진 위치에 주택을 모두 복사한다.

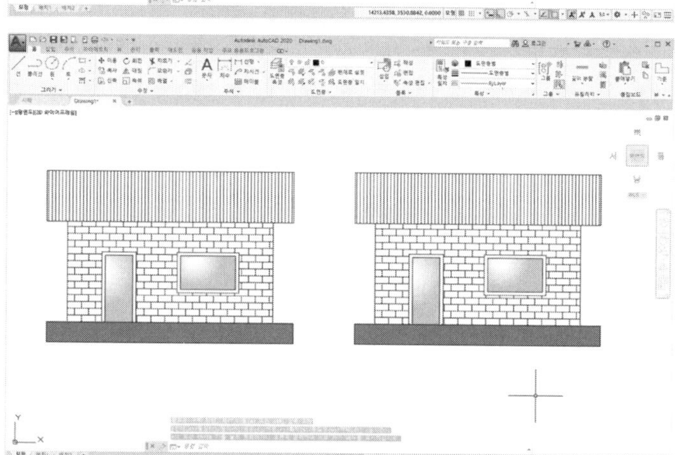

⑨ 해치는 다시 작업할 것이기 때문에 오른쪽 주택의 해치는 모두 선택하여 삭제한다.

결과는 다음과 같다.

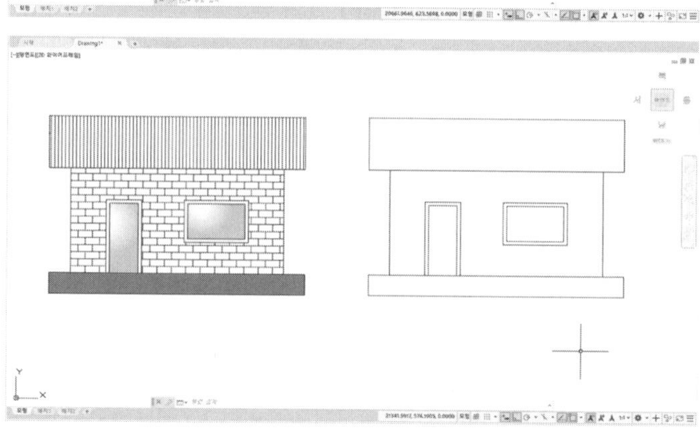

특성 일치(Match Properties)

이전에 작성한 해치의 설정값들을 그대로 가져와서 동일한 해치 결과물을 만들 수 있도록 하는 도구이다. 도면작업을 진행하는데 있어 다양한 관련업체와의 협업을 진행하면서 다른 사용자가 정의한 해치 결과들을 그대로 이용하여 수정작업 등을 진행할 때 매우 유용하다.

① [해치] 도구를 실행한다.

마우스를 이동하여 지붕 내부에 가져가면 가장 최근에 사용한 '솔리드' 패턴이 미리보기 되는 것을 확인할 수 있다.

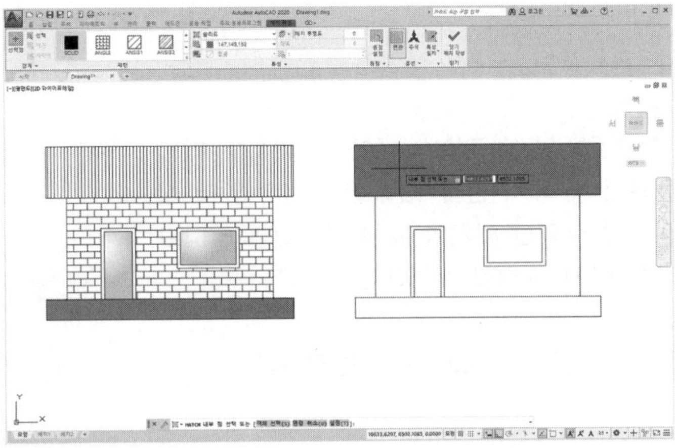

② 옵션 패널에서 '특성 일치' 도구를 실행한다.

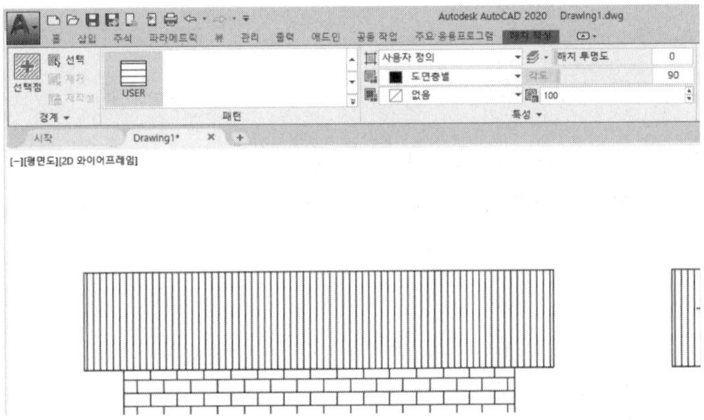

③ 앞서 작성한 지붕의 수직선 해치를 클릭한다. 클릭과 동시에 해치 작성의 설정들이 수직선 해치의 내용으로 변경된 것을 확인할 수 있다.

④ 비어 있는 정사각형 내부로 마우스를 이동하면 복제된 해치 결과가 미리보기되는 것을 확인할 수 있다.

⑤ 정사각형 내부를 클릭하여 해치결과를 적용한다.

⑥ [Enter↵]를 눌러 해치 작업을 종료한다.

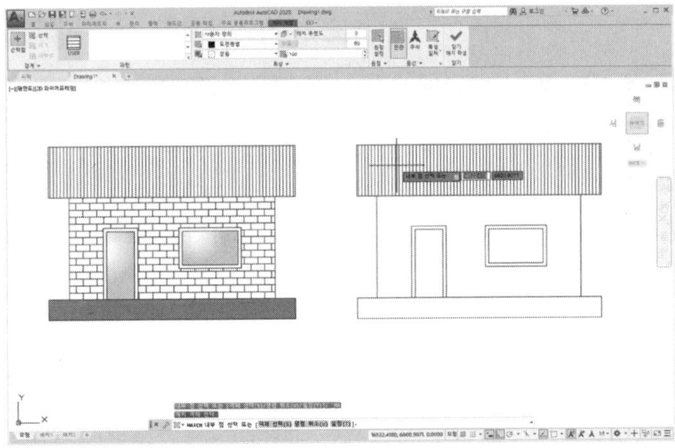

특성 일치 도구는 오른쪽과 같이 '현재 원점 사용'과 '원본 해치 원점 사용'의 두 가지 도구로 구성되어 있다. 기본 설정은 '현재 원점 사용'으로 지정되어 있으나, 해치작업의 상황에 따라 떨어진 영역의 해치가 동일한 영역의 해치로 연속성을 가져야 하는 경우 '원본 해치 원점 사용'으로 변경하여 사용한다.

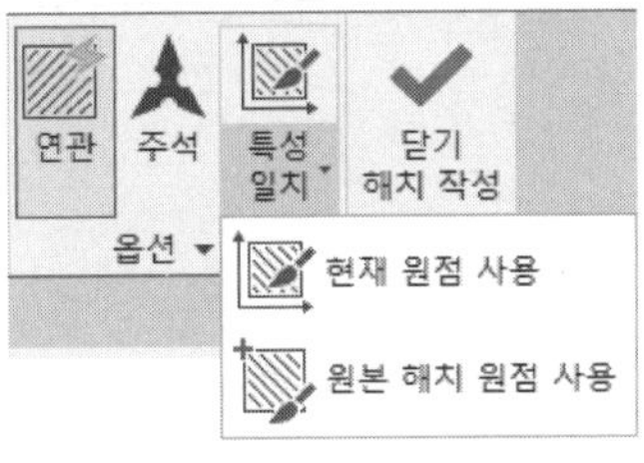

해치 특성의 더 많은 기능

특성 패널의 숨은 확장 기능들과 배경색 옵션에 대해 살펴 본다.
해치를 더블클릭하면 선택한 해치를 수정할 수 있는 '해치 편집기' 탭이 실행된다.

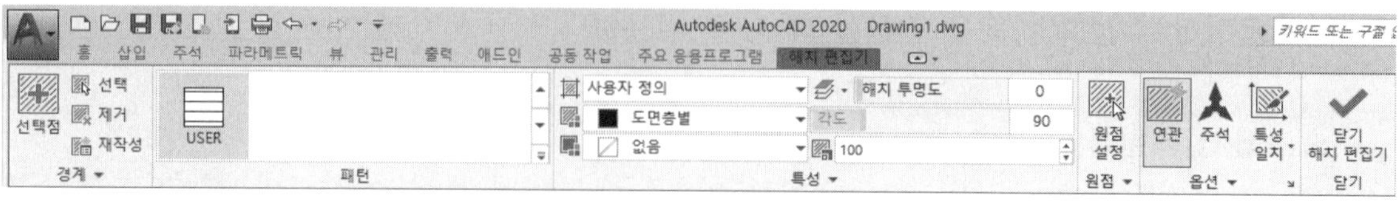

① 오른쪽 주택 지붕의 수직선 해치를 더블 클릭하여 '해치 편집기'를 실행한다. 앞서 설정했던 수직선 해치의 특성 값들이 나타나고 이를 다시 수정할 수 있다.

② 해치 간격을 '200'으로 변경한다.

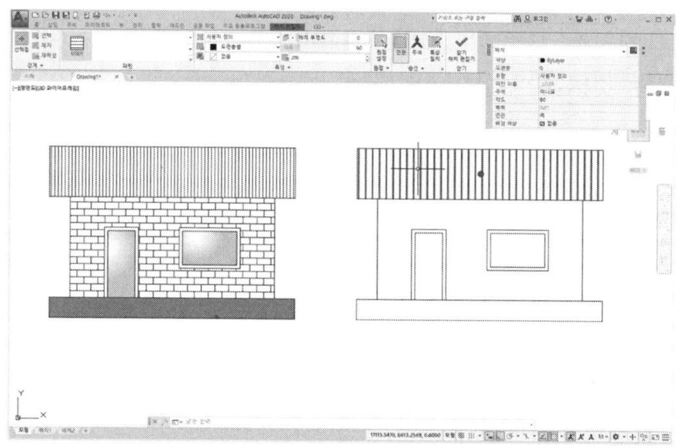

③ 특성 패널을 확장하면 '이중(Double)' 옵션이 있다. 선택하면 해치를 이루는 수직선이 교차된 선으로 나타난다.

'이중(Double)' 옵션은 해치 유형이 '사용자 정의'일 때만 사용할 수 있다.

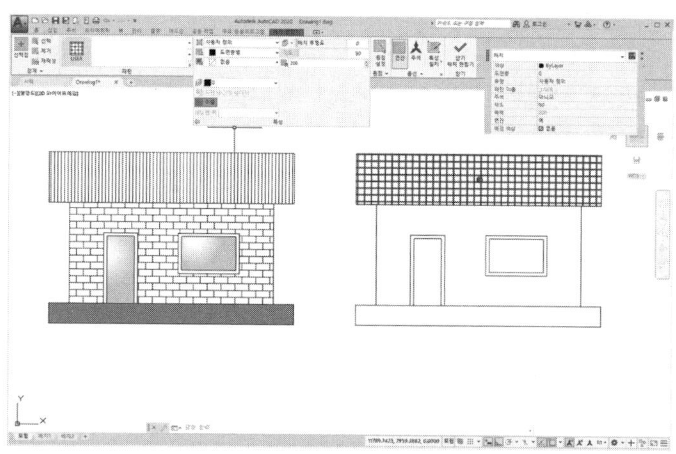

④ 추가로 원점 패널에서  도구를 실행하여 격자 해치선이 지붕선과 일치하도록 조정한다.

⑤ 배경색을 지정하면 교차선으로 된 해치와 함께 색상을 배경으로 사용할 수 있다.

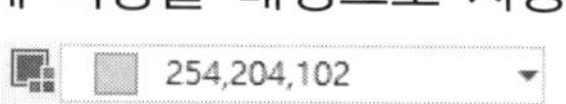

⑥  도구를 클릭하여 완성한다.

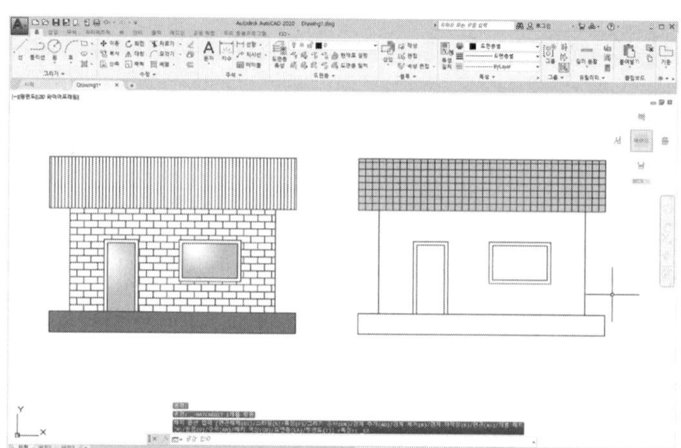

연관/비연관(Associate/Non-associate)

이번에는 벽돌벽체를 이용해 연관/비연관 기능에 대해 살펴본다. '비연관' 도구가 따로 있는 것은 아니고 '연관' 도구가 활성화된 상태에서는 '연관(Associate)' 상태로 해치 결과가 만들어지고, '연관' 도구가 비활성화된 상태에서 작업하면 '비연관(Non-associate)' 상태로 해치 결과가 작성되는 것이다.

① 해치 도구를 실행한다.

② 옵션 패널에서 '특성 일치' 도구를 실행한다.

③ 앞서 작성한 벽체의 벽돌 패턴을 클릭한다. 클릭과 동시에 해치 작성의 설정들이 변경된 것을 확인할 수 있다.

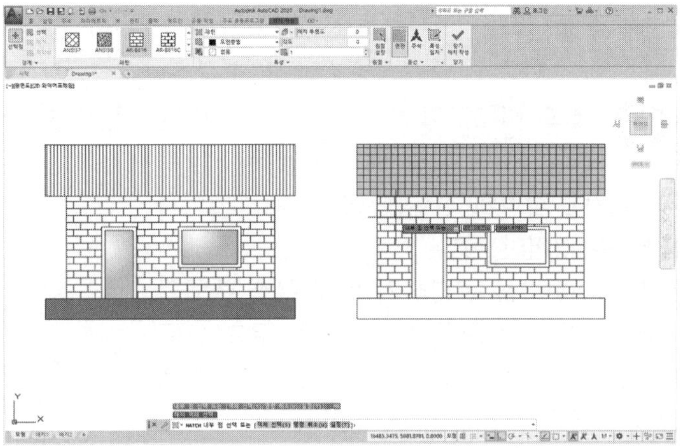

④ 벽돌벽체를 적용하기 전에 옵션 패널에서 '연관' 도구를 클릭하여 비활성화되도록 한다.

⑤ 벽체 내부를 클릭하면 다음과 같이 벽체 선들이 파란색으로 강조되어 나타나는데, 이 선들이 해치가 적용되는 경계(Boundary)로 인식되는 것이며, 해치가 적용된 후에 이 경계와 해치결과가 연관(Associate)되어 있는가 비연관(Non-associate)되어 있는가를 설정하는 옵션이다. 해치를 완성한다.

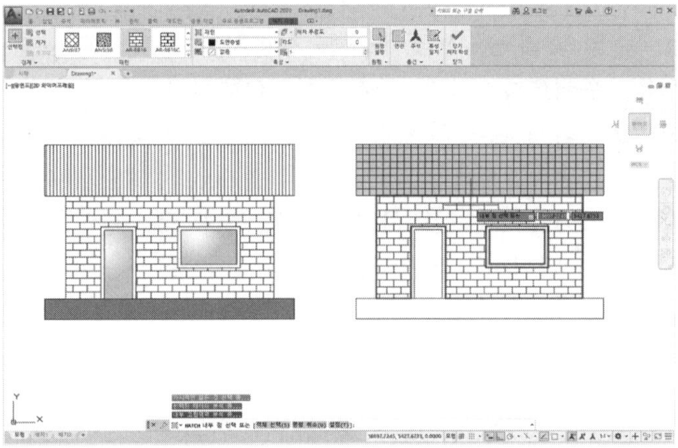

⑥ '이동(Move)' 도구를 이용하여 좌측 주택의 창문에 해당하는 두 직사각형을 선택하여 오른쪽으로 '500' 만큼 이동시키면 해치 모양은 창문을 따라 변하게 된다.

즉 벽돌 패턴 해치가 창문의 경계를 이루는 선들과 연관(Associate)되어 있기 때문에 상호 연동되어 작동한다는 것이며, 창문 내부의 그라데이션도 함께 이동한 것을 볼 수 있다.

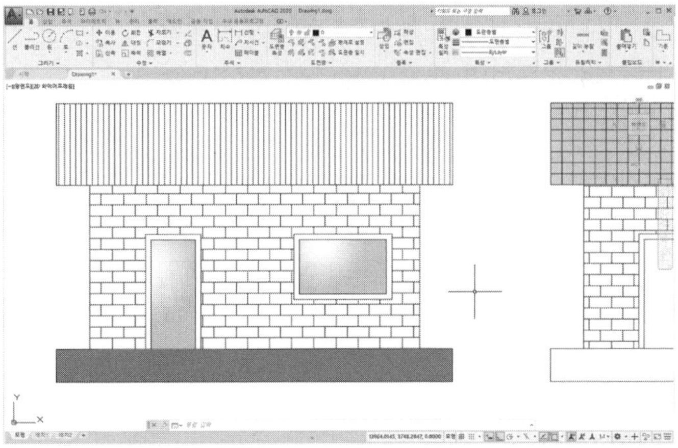

⑦ 반면에, 비연관(Non-associate)으로 작성한 오른쪽 주택의 경우 창문을 '500' 만큼 이동해도 해치에 아무런 변화가 없는 것을 확인할 수 있다.

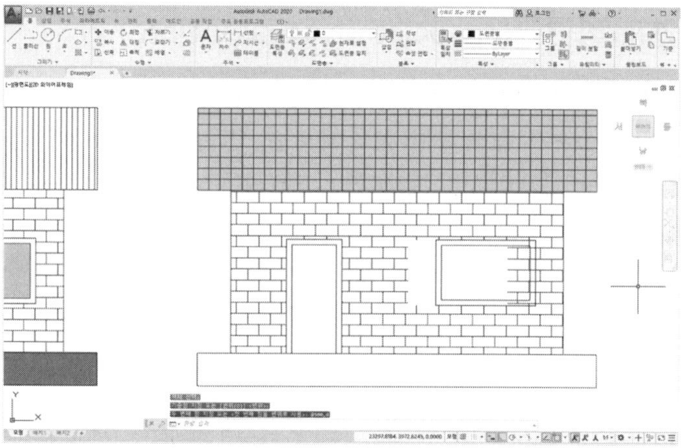

⑧ 'Ctrl + z'로 명령을 취소하여 원래 위치로 돌려 놓는다.

연관이 좋고 비연관이 좋지 않은 것은 아니다. 작업의 경우에 따라 필요한 경우가 다르기 때문에 각각의 성질을 정확하게 알고 사용할 수 있어야 한다.

지면(Ground)을 연결하기 위해 우측 주택의 지면선 중 가장 오른쪽 수직선만 두고 모두 삭제한다. 또한 좌측 주택에서는 지면 경계선의 오른쪽 수직선만 삭제한다.

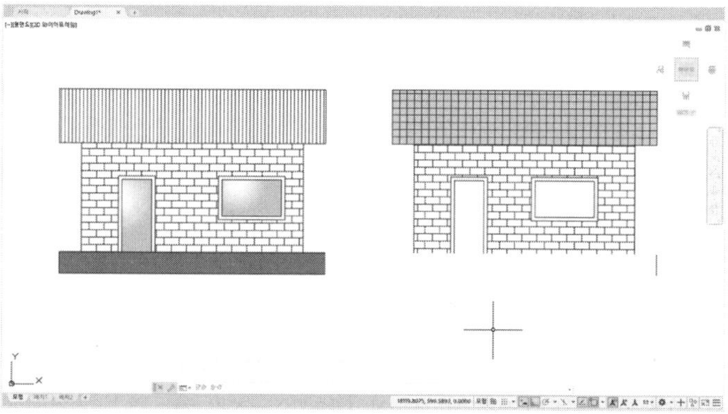

① '수정 패널 → 연장' 도구를 실행하고 우측의 수직선을 경계 모서리로 선택한다. Enter↵를 눌러 경계 모서리 선택을 완료한다.

② 수평선은 각각 선택하여 오른쪽 경계 모서리까지 연장하기를 한다. 해치의 경우 연장하기를 할 수 없는 객체라는 툴 팁이 나타난다. 명령을 종료한다.

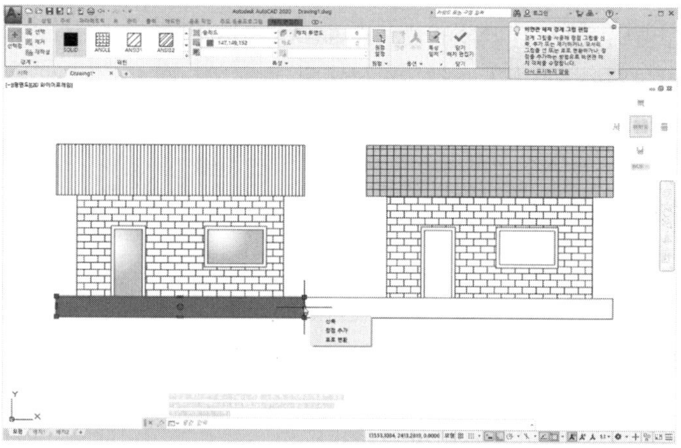

③ 명령을 실행하지 않은 상태에서 해치를 한번 클릭하면 그립 모드로 변환된다. 이때 모서리에 위치한 길쭉한 막대 모양의 그립을 선택하여 이동하면 해치의 영역을 확장할 수 있다.

④ 지면에 솔리드 해치를 적용한 경우, 직사각형 선을 모두 남겨놓을 필요가 없다. 정확한 지면선에 해당하는 상단의 수평선을 제외하고 나머지 선들은 삭제한다.

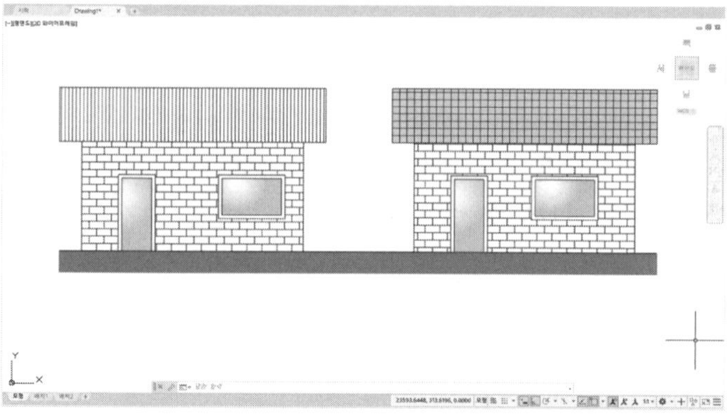

⑤ 문, 창문에 그라데이션을 작성하여 예제를 완성한다.

경계(Boundaries)

'해치 작성' 탭의 '경계' 패널의 도구들은 해치를 적용하는 영역을 정의하기 위해 사용되는 것들이다. 지금까지 해치 영역을 지정하기 위해 사용된 기본 도구는 '선택점'이며, 내부의 점을 지정하고 그 점이 포함된 닫힌 영역을 자동 인식하여 해치영역을 정의하게 된다. '선택' 도구는 객체를 직접 지정하는 방식으로 객체의 내부 또는 객체와 교차된 영역들을 무시하고 오로지 선택된 객체에 의해 형성되는 영역만을 정의하는 방식이다. 각각의 장단점이 있으며 상황에 따라 특정 도구만을 사용하여야 하는 경우도 있으므로 각 도구의 정확한 특성을 이해하고 사용하여야 한다.

경계 연습을 위해 오른쪽과 같이 반지름 '500'인 원을 작성하고 복사하여 겹치는 영역이 생기도록 한다.

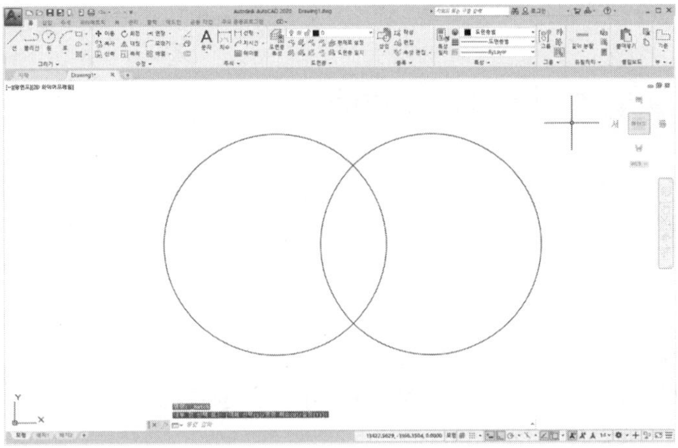

① [해치] 도구를 실행한다.

해치 유형은 '사용자 정의', 각도는 '45', 해치 간격은 '100'으로 설정한다.

② 각 영역 내부로 마우스를 이동하면 마우스가 위치한 해당 영역에만 해치가 적용되는 것을 미리보기로 확인할 수 있다.

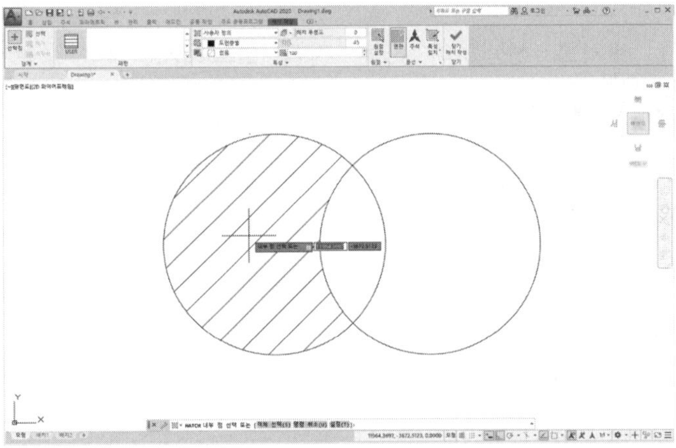

③ 경계 패널에서 [선택] 도구를 실행한다.

마우스를 이동하면 객체 선택 프롬프트가 나타나며, 원 객체를 선택할 수 있다.

④ 원을 선택하면 오른쪽과 같이 원 전체 영역에 해치가 적용되는 것을 미리보기로 확인할 수 있다.

⑤ [Enter↵]를 눌러 해치 작업을 종료한다.

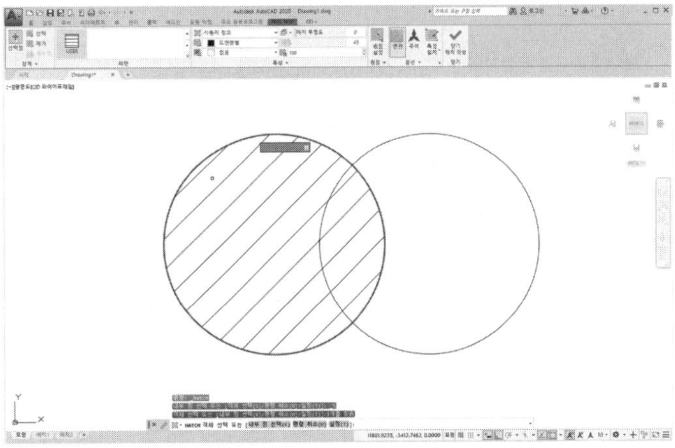

고립영역

해치를 적용하는 영역 내부에 독립된 영역이 섬처럼 존재하는 경우를 고립영역이라 하며, 이 내부 영역에 대한 해치 적용 여부를 옵션을 통해 변경할 수 있다.

고립영역에 대한 옵션들을 알아보기 위해 오른쪽과 같이 고립영역이 존재하는 예시를 작성한다.

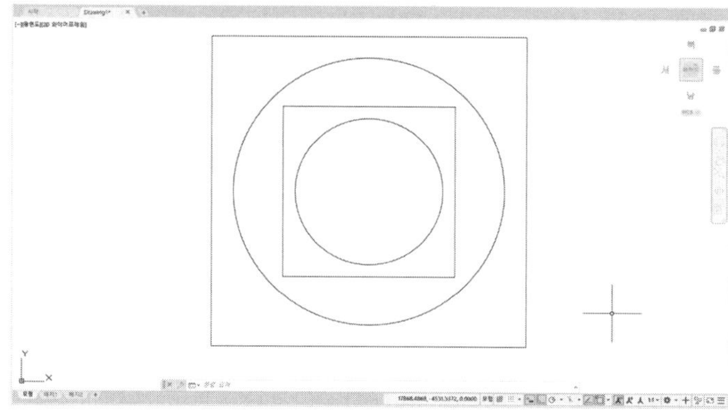

① 해치 도구를 실행한다.

② 선택점으로 가장 바깥쪽의 영역을 지정하면 오른쪽과 같은 결과가 나타난다.

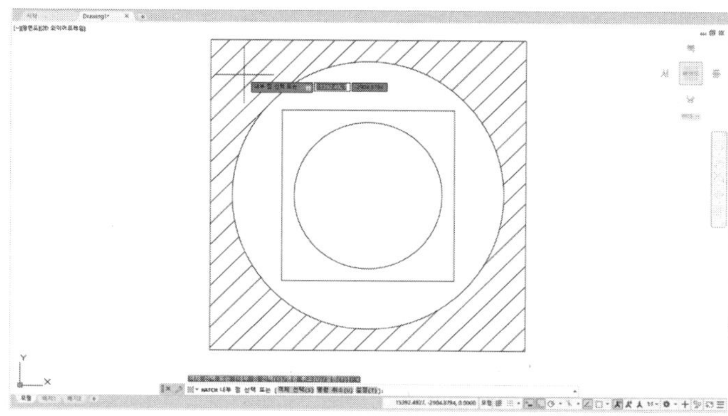

숨겨진 옵션에서 외부 고립영역 탐지가 기본으로 설정된 결과, 선택점으로 지정한 영역에만 해치가 적용된다.

③ 해치를 선택하여 해치 편집 모드에서 일반 고립영역 탐지로 설정을 변경하면 내부영역으로 번갈아가며 해치 적용과 비적용이 반복된다.

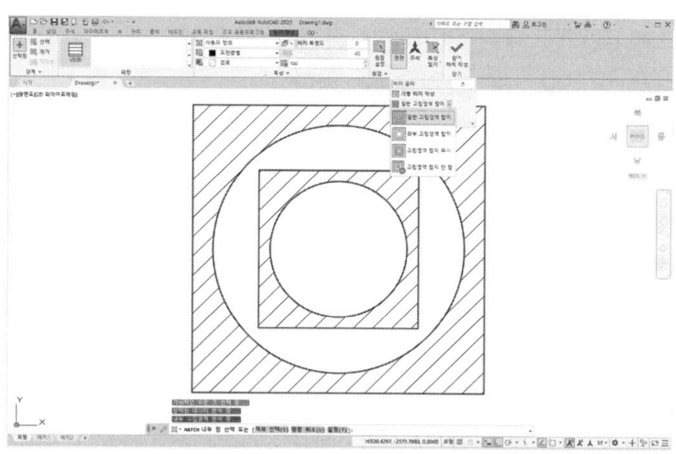

④ 고립영역 탐지 무시로 설정을 변경하면 내부 고립영역들을 모두 무시한 채 가장 외곽의 영역만을 인식하여 전체 해치 적용 결과가 나타난다.

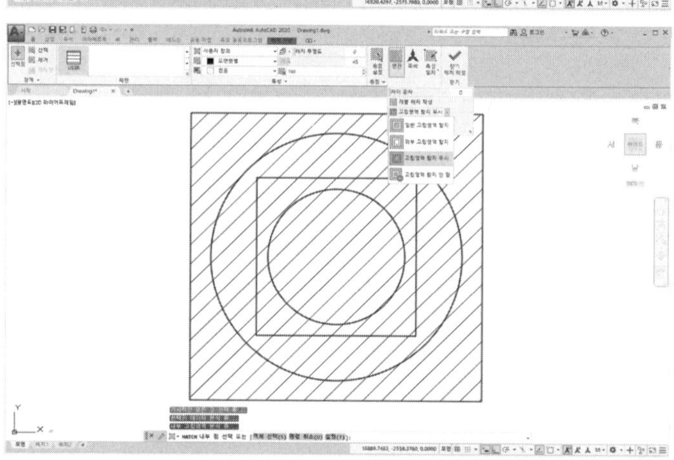

EXERCISE 37 도면기호 그리기

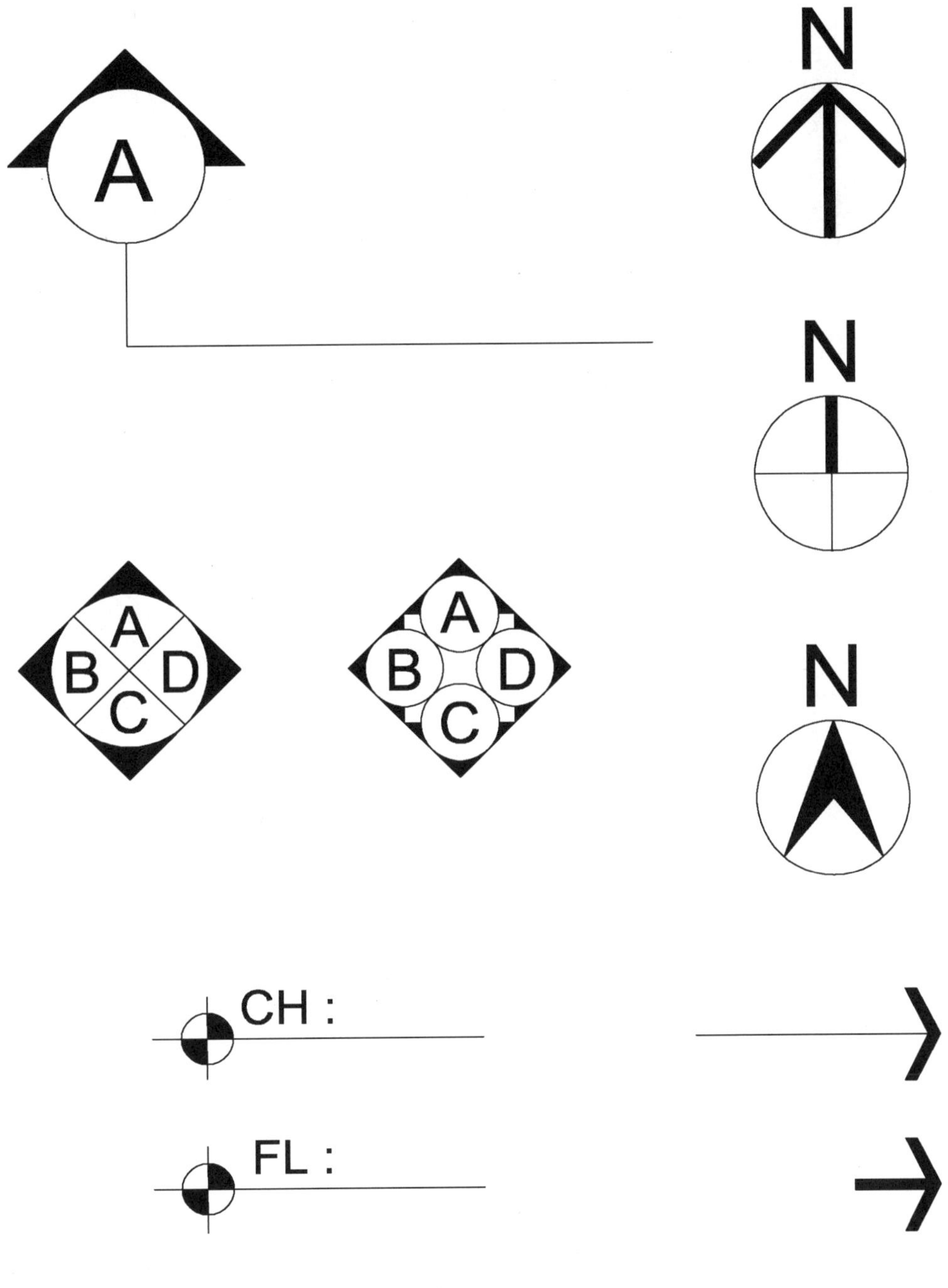

EXERCISE 38 벽체단면 그리기

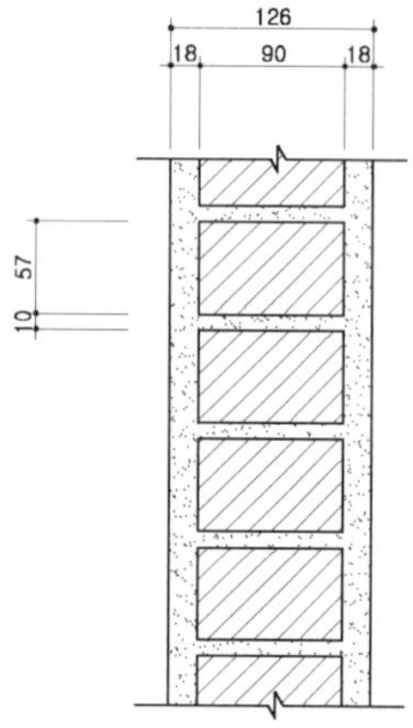

0.5B 쌓기

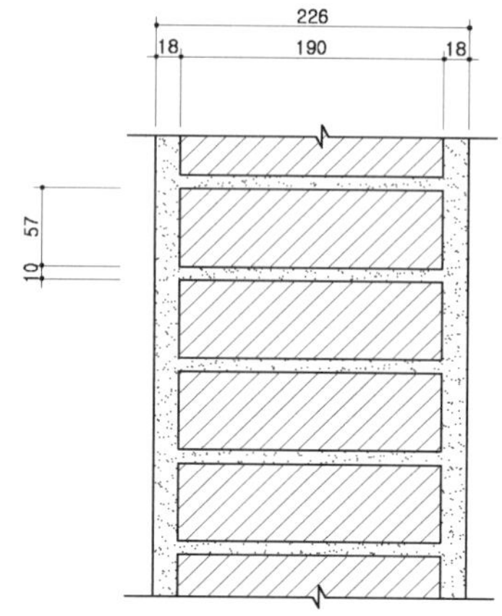

1.0B 쌓기

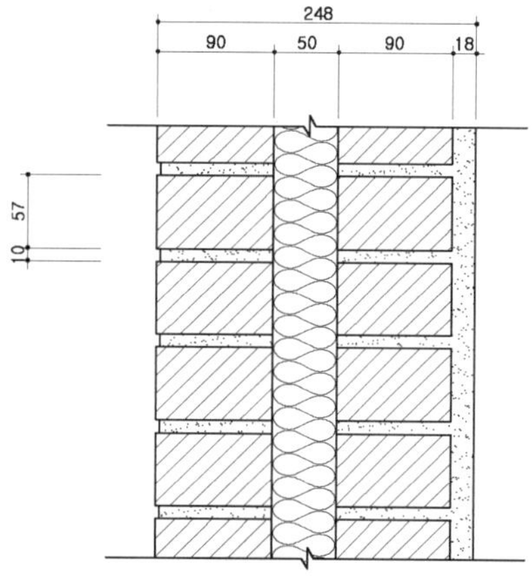

1.0B 공간 쌓기

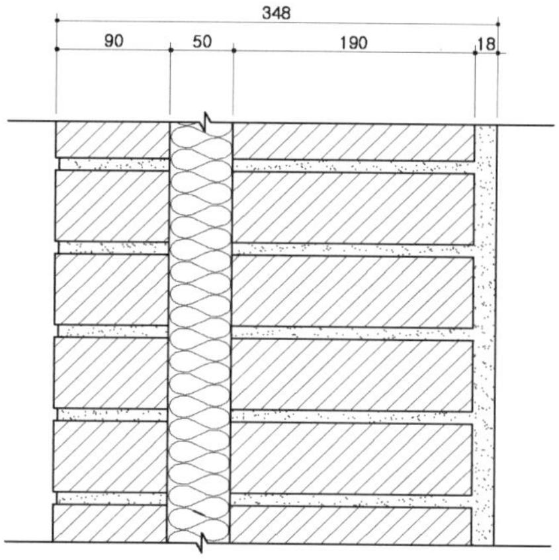

1.5B 공간 쌓기

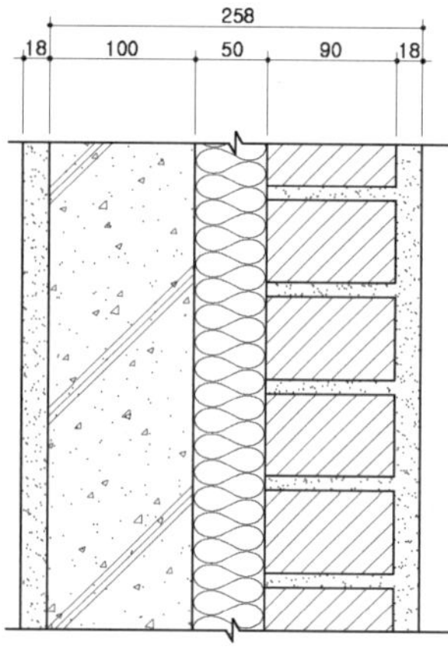

콘크리트 + 0.5B 공간 쌓기

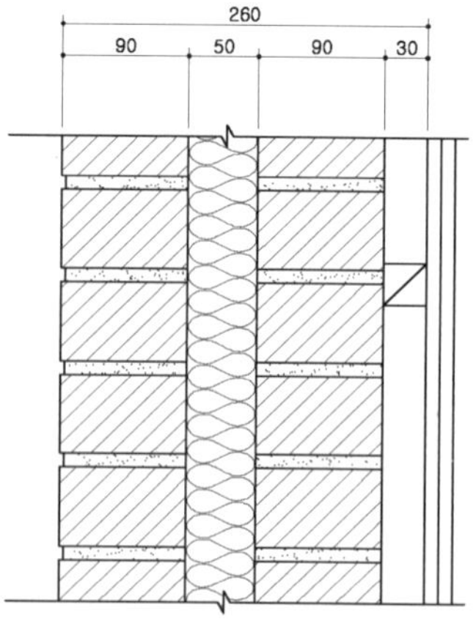

1.0B 공간 쌓기

EXERCISE 39 간단한 도면양식

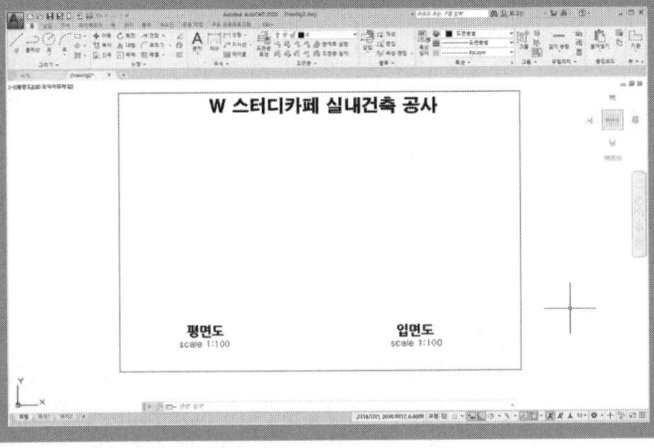

학습목표
- 여러 줄 문자를 사용할 수 있다.
- 오토캐드에서 문자를 쓸 수 있다.

새로운 도구/기능
- 홈 탭 → 주석 패널 → 문자(여러 줄 문자)
- 명령어 행 : mtext Enter↵, t Enter↵

중요한 도구/기능
- 문자 편집기 탭
- 문자 스타일 대화상자

#Multiline Text #Mtext #Text Style

여러 줄 문자 작성하기

여러 개의 문자 단락을 하나의 여러 줄 문자(Multiline Text) 객체로 작성할 수 있다. 내장 편집기를 사용하여 문자 모양, 열 및 경계에 대한 형식을 지정할 수 있다. 문자의 입력과 편집은 전문 문서편집 프로그램(한글, MS-Word 등)의 기능에는 턱없이 부족하지만 도면작성에는 전혀 무리가 없다. 리본메뉴 주석 패널에서 '여러 줄 문자' 도구를 클릭하여 실행할 수 있다.

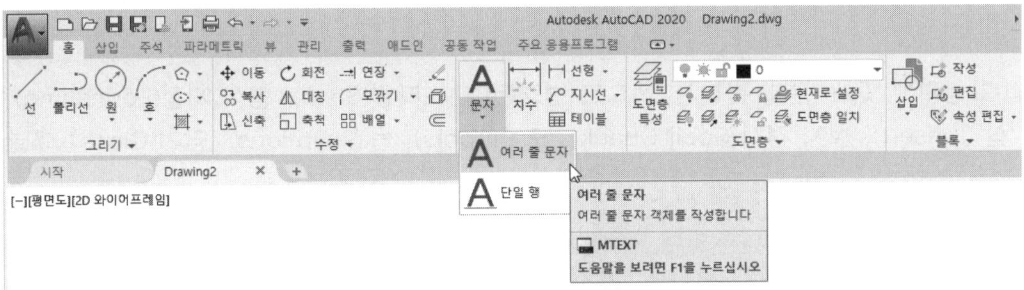

①  도구 실행

② 마우스 휠을 조절하여 샘플문자가 나타나도록 확대한다.

최초 문자의 크기는 높이가 2.5밖에 되지 않아 샘플문자가 너무 작아서 보이지 않는다. 충분히 확대해야만 샘플문자가 나타난다. 마우스 커서의 위치는 여러 줄 문자의 정렬 기준점이 된다.

③ 첫 번째 구석을 임의로 지정하고 마우스를 드래그하여 반대 구석을 지정한다.

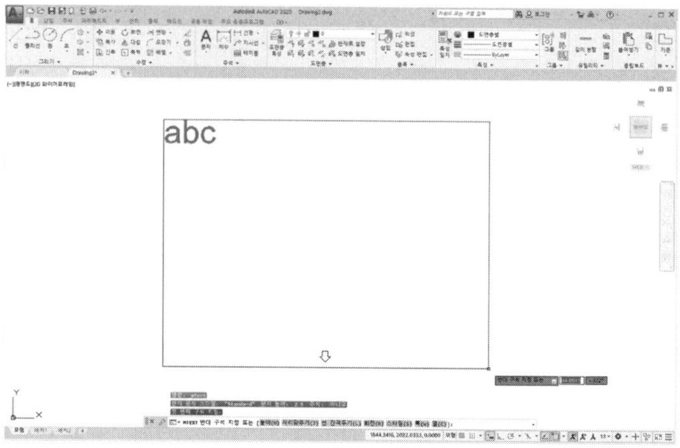

이때 지정하는 사각형 영역이 문자 범위의 한계를 제한하는 역할을 한다. 우측 기준범위를 넘어서는 문자가 나타나지 않는다. 다만, 한 단어가 기준을 넘을 경우는 허용된다. 화살표가 나타나는 하단으로는 영역의 제한이 없다.

첫 번째 구석과 반대 구석이 지정되면 지정된 영역의 폭 만큼 문자 입력창이 나타난다. 문자 입력창에는 커서가 깜빡거리고 있다.

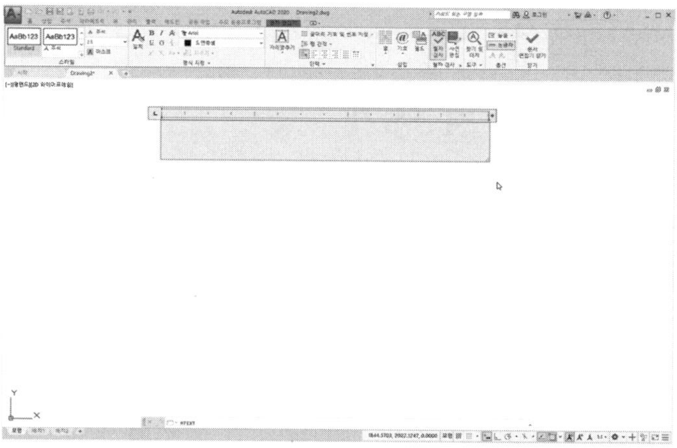

리본메뉴는 문자 입력 상황에 맞게 '문자 편집기' 탭으로 변경된다. 스타일(Style), 형식 지정(Formatting), 단락(Paragraph), 삽입(Insert), 철자 검사(Spell Check), 도구(Tools), 옵션(Options), 닫기(Close) 패널들로 구성된다.

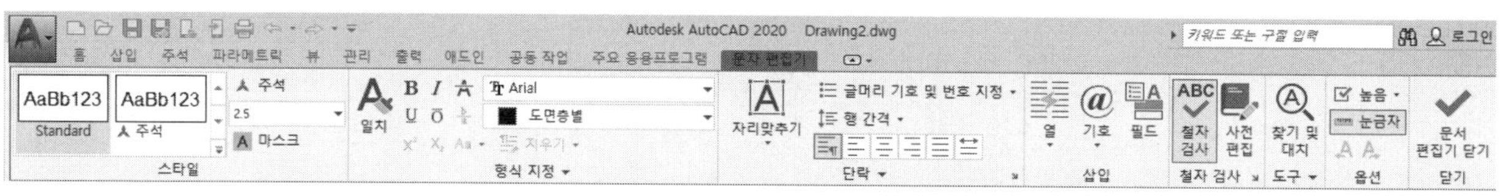

④ 키보드를 이용하여 문자를 입력한다. 'AutoCAD'를 입력하고 Enter↵를 누르면 다음과 같이 줄 바꿈이 된다.

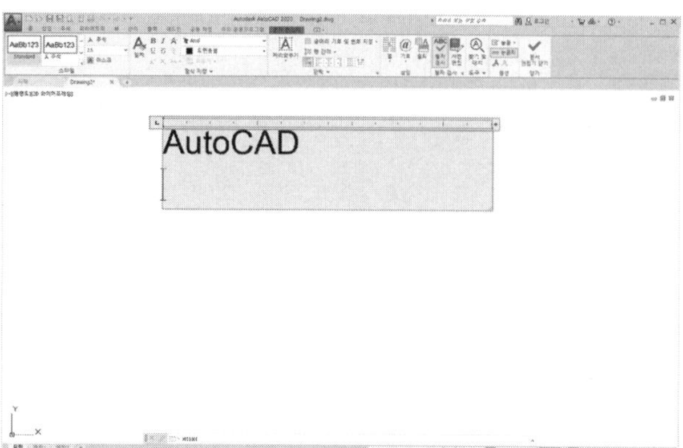

⑤ 이번에는 'AUTODESK AutoCAD'를 입력한다. 'AUTODESK'와 'AutoCAD' 사이는 스페이스 바를 이용해 한 칸 띄어쓰기 한다.

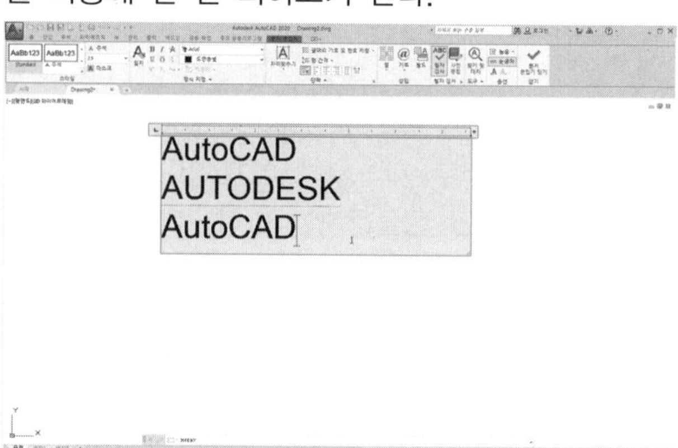

'AutoCAD'는 Enter↵를 눌러 줄을 바꾸었지만 'AUTODESK AutoCAD'는 문자 입력창의 우측한계에 도달하여 'AutoCAD' 문자가 자동으로 다음 줄로 줄바꿈이 되었다.

⑥ 문자 입력창 상단 눈금자 우측에 있는 마름모를 클릭하여 조절하면 문자 입력창의 '열 폭'을 조절하여 우측 한계선을 변경한다.

⑦ 한글로 전환하여 문자를 입력한다. 키보드의 한영 전환키를 누르고 다음과 같이 입력한다.

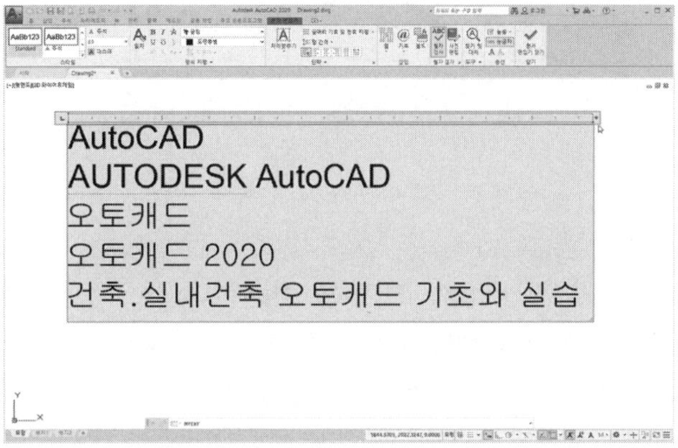

⑧ 문서 편집기 탭에서 '문서 편집기 닫기' 도구를 실행하면 문자작성이 완료된다.

여러 줄 문자 수정하기

여러 줄 문자의 편집을 통해서 글꼴, 문자 높이, 색상, 글꼴 유형, 문단 정렬 등에 대해 살펴보도록 한다.

① 작성된 문자를 더블클릭하면 문서 편집기 모드로 다시 전환된다.

② 편집하려는 문자를 마우스 커서를 클릭한 채로 드래그하여 선택한다.

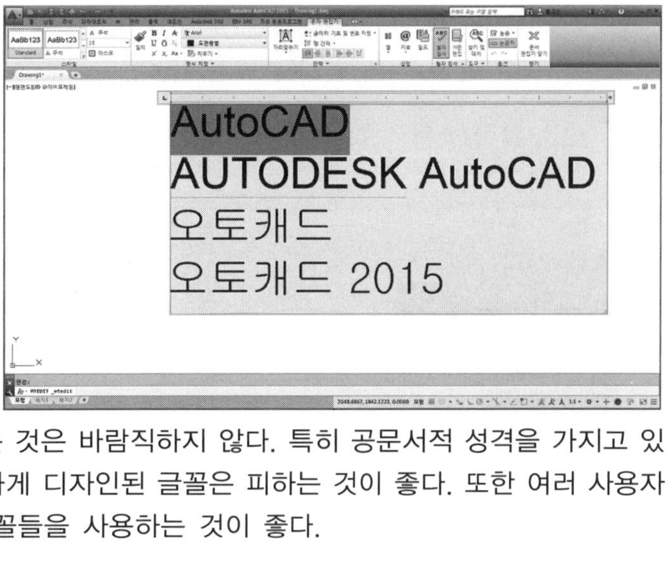

AutoCAD 도면에서 너무 많은 폰트를 사용하는 것은 바람직하지 않다. 특히 공문서적 성격을 가지고 있기 때문에 정자체를 사용하도록 하고 너무 과하게 디자인된 글꼴은 피하는 것이 좋다. 또한 여러 사용자들이 공유해서 사용하기 때문에 잘 알려진 글꼴들을 사용하는 것이 좋다.

먼저 글꼴(Font)을 변경한다.

③ '형식 지정' 패널에서 글꼴을 변경한다.

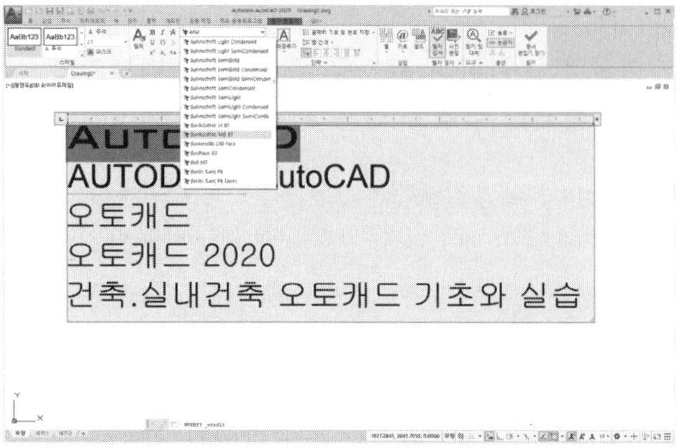

④ 다른 문자에 대해서도 폰트를 변경한다. 필요한 경우 '눈금자'의 '열 폭'을 조절한다.

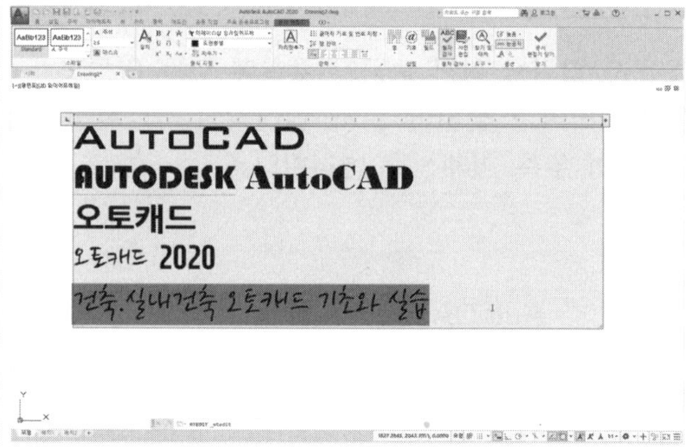

문자의 높이(Height, 크기)를 변경한다.

⑤ 스타일 패널에서 문자 높이를 변경한다.

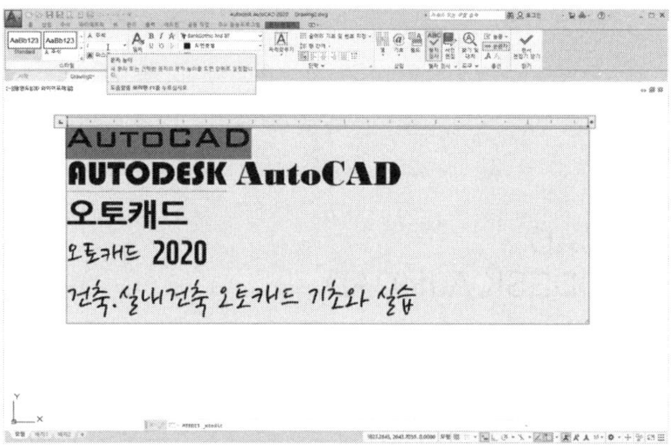

⑥ 각 단어뿐만 아니라 글자 하나하나 다른 문자 크기를 지정할 수 있다.

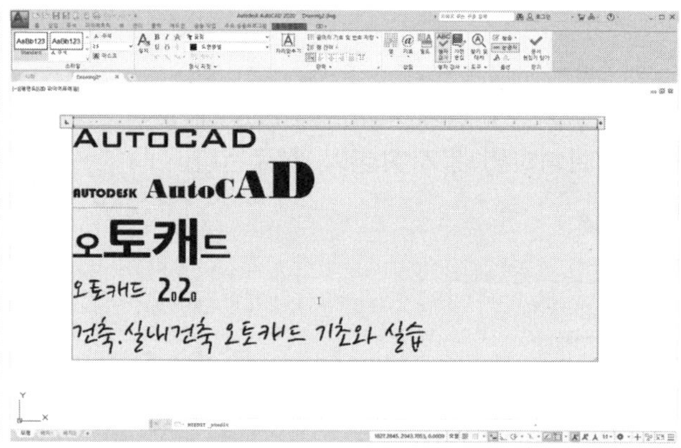

이외에도 Font Style을 변경하여 문자를 굵게, 기울이게, 밑줄 등 글꼴의 스타일을 변경할 수 있다. Text Color에서는 문자의 색상을 변경할 수 있다. 하지만 앞서 설명한 바와 같이 정보전달의 목적에 필요한 문자들이기 때문에 너무 많은 변화를 주는 것은 좋지 않다.

 도구를 이용해 지금까지 다양한 글꼴과 문자높이를 사용한 결과를 하나의 글꼴과 문자높이로 통일한다. 이때 전체 문자를 모두 선택하여 글꼴을 변경하고 문자 높이를 지정할 수도 있으나, '일치' 도구를 이용하면 기준이 되는 문자에 나머지 문자들의 특성을 일치(Match)시켜 준다.

⑦ 기준이 되는 문자 위에 커서를 위치시킨다.

⑧  도구를 실행한 다음 나머지 문자들을 클릭하여 드래그한다.

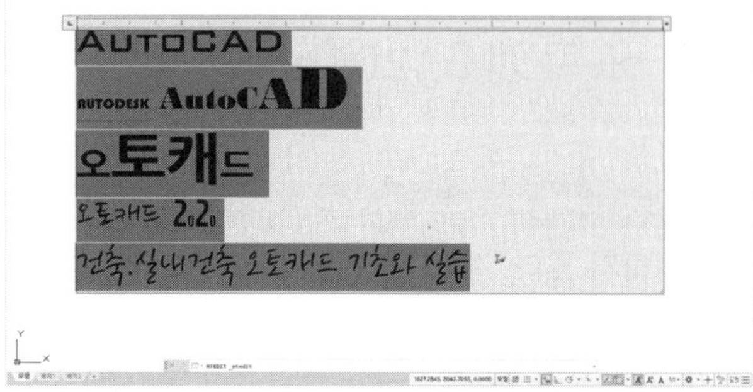

⑨ 마우스 클릭을 해제하면 모든 문자가 기준 문자의 특성에 맞춰 일치된 것을 확인할 수 있다.

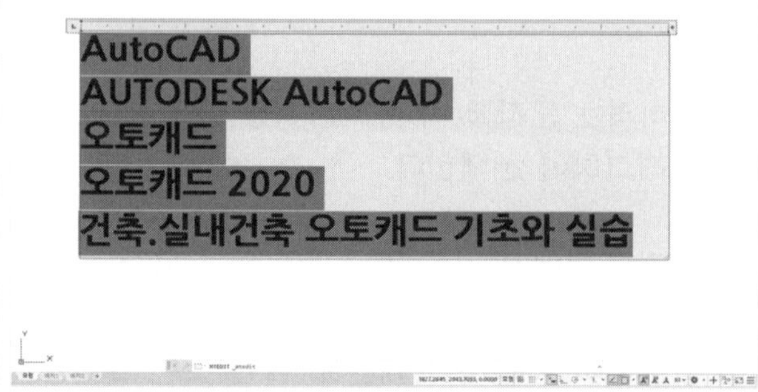

⑩ 단락의 자리 맞추기를 정의한다. 흔히 왼쪽 정렬, 중간정렬, 오른쪽 정렬과 같이 여러 단락들의 정렬 기준을 설정한다.

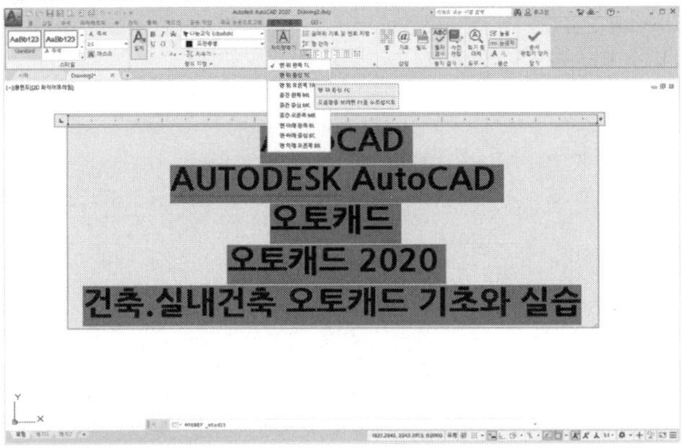

⑪ 문단의 폰트, 문자 높이 등을 통일시켜서 하나의 문장처럼 보이게 하여 자리 맞추기를 적용한다.

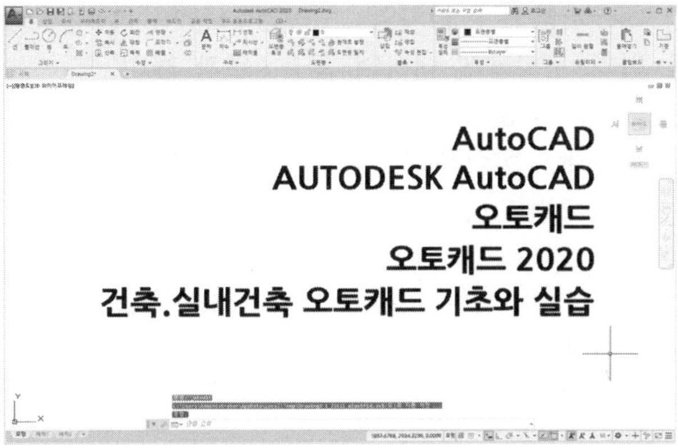

기호 입력하기

건축도면 작성에 필요한 부호, 단위 등 기호(Symbol) 및 특수문자의 입력에 대해 살펴보록 한다. 삽입 패널의 기호 도구에서 워드프로세스 수준의 심벌 및 특수문자를 사용할 수 있다.

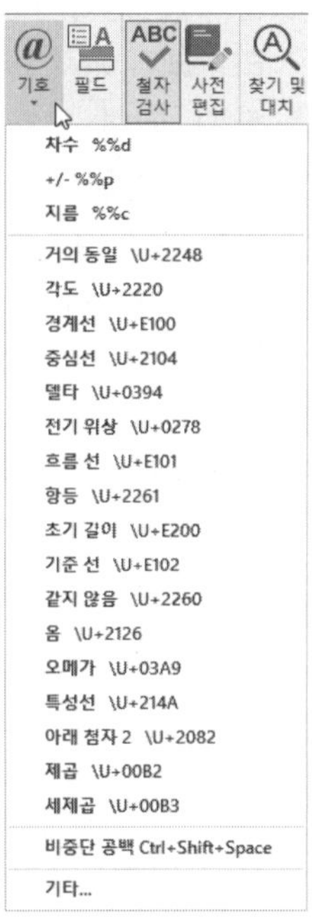

문자 편집기에서 커서의 현재 위치에서 기호 도구를 클릭하면 다음 그림과 같이 중요한 심벌들의 목록이 나타난다.
현재 목록에 없는 심벌 및 특수문자는 가장 하단의 '기타...'를 실행하여 윈도우즈의 '문자표'를 이용하여 입력할 수 있다.

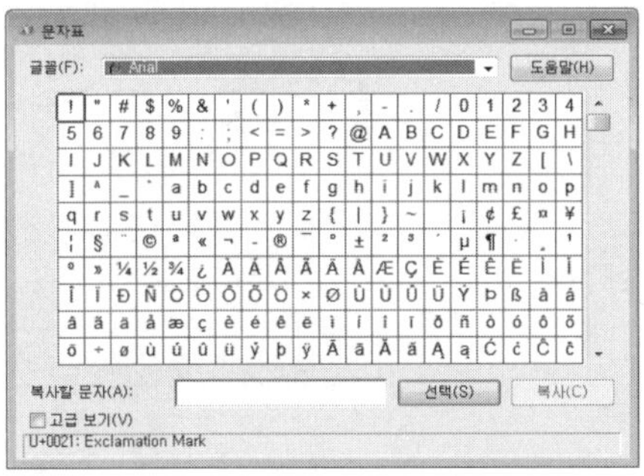

① 다음과 같이 입력한 다음, '제곱'을 선택하면 제곱표시가 나타난다.

④ '+/−' 심벌을 사용하여 대지 높이 등을 표현할 수도 있다.

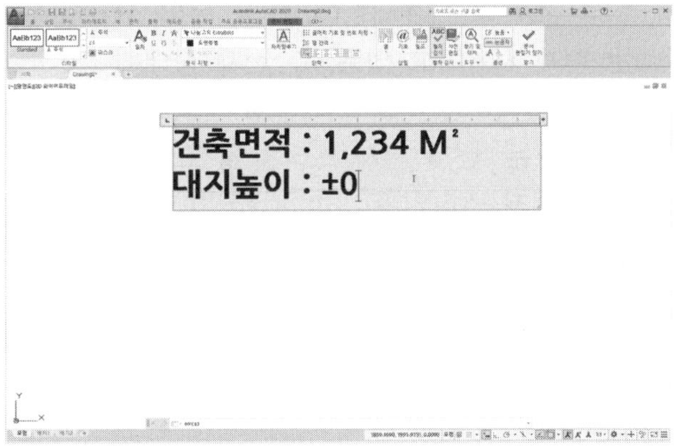

문자 스타일

'문자 스타일(Text Style)'은 도면마다 반복적으로 사용되는 공사명, 도면명, 도면주석 등 여러 문자들에 대하여 글꼴, 문자 높이, 글꼴 유형 등을 사전에 지정해 두어 스타일만 지정하면 설정된 포맷대로 문자를 입력할 수 있는 기능이다.

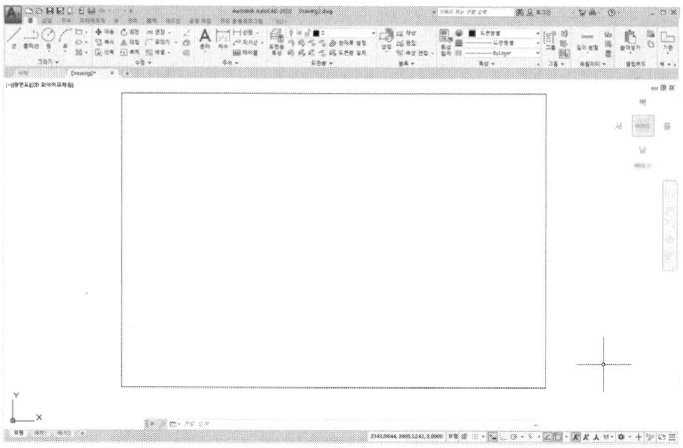

연습을 위해 A4 크기(297×210)의 직사각형을 작성한다.

문자 스타일을 사용하기 위해서는 먼저 문자 스타일에 대한 정의가 우선되어야 한다. 앞서 작업한 것처럼 문자 편집상태에서는 문자 스타일을 정의할 수 없으므로 미리 스타일을 정의한다.

① 리본메뉴에서 '주석(Annotate)' 탭을 선택한다.
② 문자 패널 우측 상단의 'Standard' 우측에 있는 삼각형 버튼을 클릭한다.
③ 현재 작성된 문자 스타일 목록이 나타나고 하단의 '문자 스타일 관리...' 버튼을 클릭하면 [문자 스타일] 대화 상자가 실행된다.

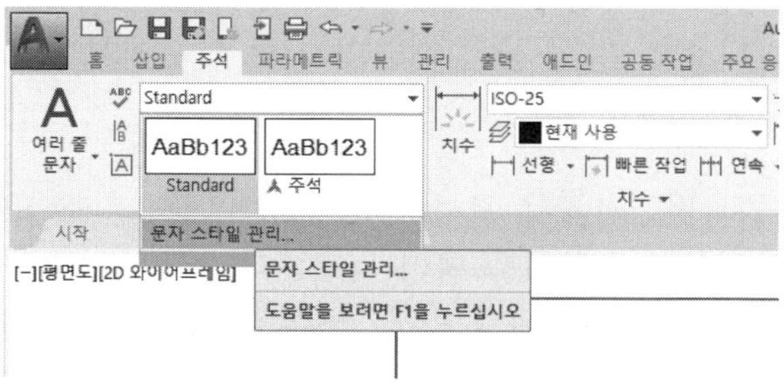

좀 더 빠르게 실행하는 방법으로 문자 패널의 패널명 우측에 있는 ↘ 버튼을 클릭하여 [문자 스타일] 대화상자를 실행할 수도 있다.

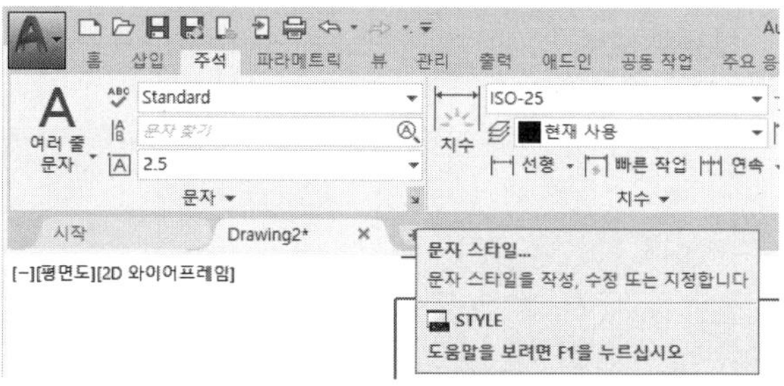

[문자 스타일] 대화상자 좌측에 현재 도면에서 사용가능한 문자 스타일 목록이 나타난다. 기본적으로 제공하는 'Standard' 스타일과 '주석' 스타일만 존재한다. 또한 목록 상단에는 현재 사용하고 있는, 즉 현재 상태에서 문자를 입력하면 어느 스타일로 작성되는가를 나타내는 '현재 문자 스타일'을 표시한다. '현재 문자 스타일'은 'Standard'이다.

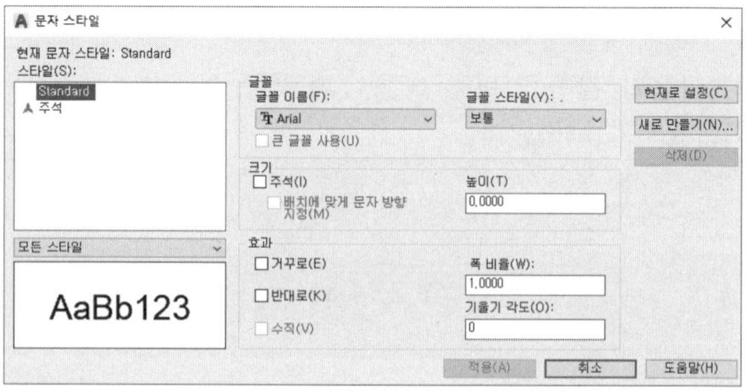

문자 스타일은 가능한 한 타 도면과의 중복 등을 미연에 방지하기 위하여 기존의 스타일은 배제하고 새로운 스타일을 만들어서 사용하는 것이 바람직하다.

먼저 문자 스타일을 새로 만들고 그 속성을 정의한다.

① [문자 스타일] 대화상자 우측의 '새로 만들기(N)...' 버튼 실행

② [새 문자 스타일] 대화상자가 나타나는데 새로 추가할 문자 스타일의 이름을 입력한다. 스타일의 이름은 사용자가 임의로 지정할 수 있으므로 구별하기 쉬운 이름을 입력하도록 한다.

③ 확인 버튼을 누르면 다시 [문자 스타일] 대화상자로 돌아간다. 스타일 목록에 '공사명' 스타일이 추가된 것을 확인할 수 있다. 또한 '현재 문자 스타일'도 '공사명' 스타일로 변경되었다.

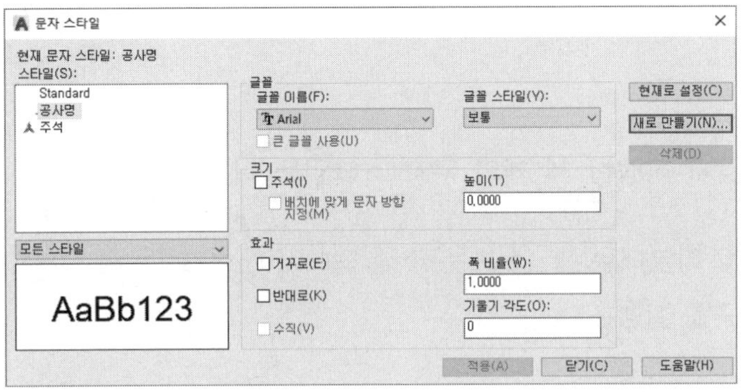

이제 새로 만든 문자 스타일의 형태를 변경한다. 글꼴, 크기, 효과를 '공사명' 스타일의 사용 특성에 맞게 변경한다.

④ 글꼴 이름은 'HY견고딕'으로 변경한다. 만약 'HY견고딕' 글꼴이 없다면 큰 제목에 어울리는 다른 글꼴을 사용한다.

⑤ 문자 높이는 '10'으로 변경한다.

⑥ 하단의 적용(A) 버튼을 실행하여 변경한 내용들이 '공사명' 스타일에 적용되도록 한다.

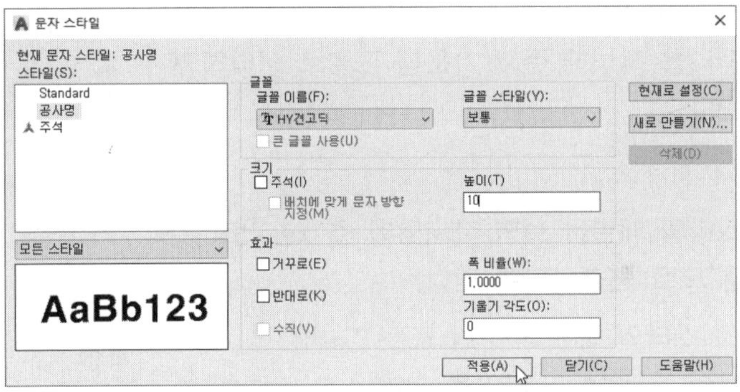

⑦ 또 다른 문자 스타일을 추가한다. 새로 만들기(N)... 버튼을 실행하고 [새 문자 스타일] 대화상자에서 '도면명'이라는 이름의 문자 스타일을 새로 만든다.

⑧ [문자 스타일] 대화상자에서 글꼴은 '나눔고딕 ExtraBold'로 변경하고 문자 높이는 '7'로 변경한다.

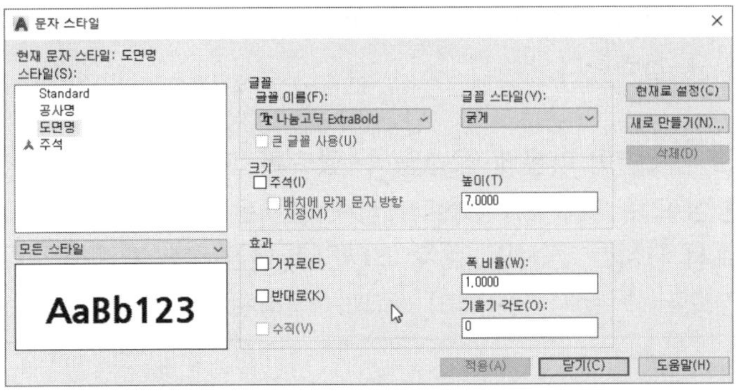

⑨ 마지막으로 '도면주석'이라는 이름의 문자 스타일을 새로 만든다.

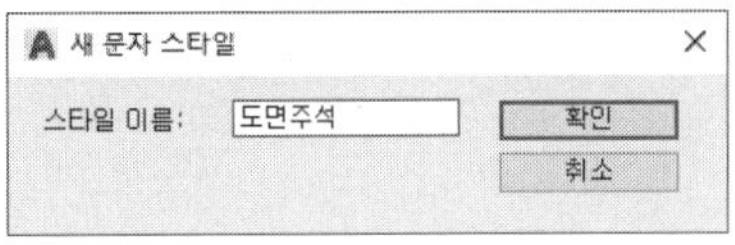

⑩ 글꼴은 '돋움'으로 변경하고 문자 높이는 '5'로 변경한다.

⑪ [닫기(C)] 버튼을 클릭하면 [문자 스타일] 대화상자가 종료된다.

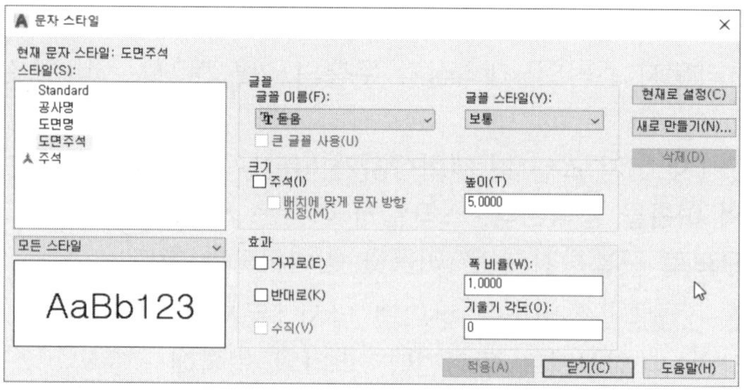

앞서 작성한 세 개의 문자 스타일을 이용하여 직사각형 내부에 문자를 작성하도록 한다.

① 리본메뉴 홈 탭 또는 주석 탭에서 [A 문자] 도구를 실행한다.

② 직사각형 내부 상단에 공사명을 입력할 정도의 문자 입력창을 드래그한다. 공사명이 길 수도 짧을 수도 있기 때문에 가능한 넓게 자리를 확보해 주고 가운데 정렬로 정리하면 된다.

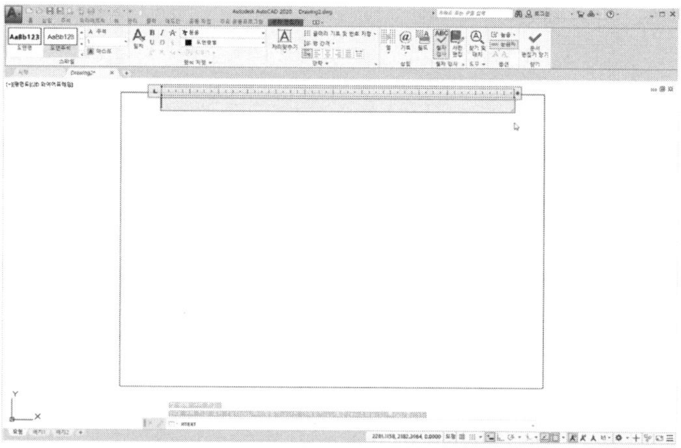

스타일 패널을 보면 마지막에 추가한 '도면주석' 스타일이 현재 스타일로 지정되어 있다. 스타일을 '공사명'으로 변경하도록 한다.

③ 스타일 패널에서 [▲] 또는 [▼] 버튼을 클릭하여 '공사명' 스타일을 찾거나 [⊟] 버튼을 클릭하여 전체 목록을 이용하여 '공사명' 스타일을 선택한다.

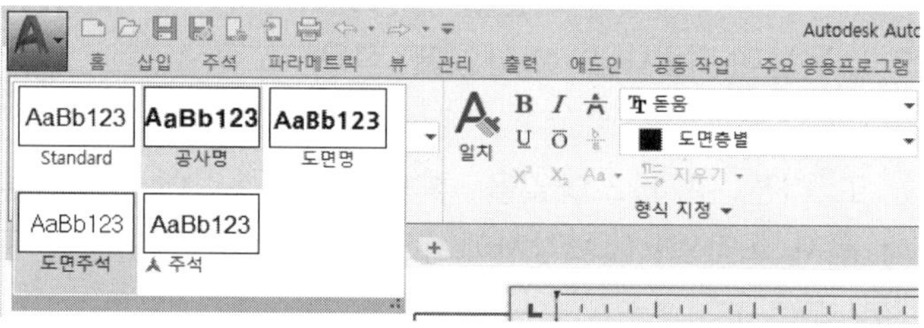

④ 문자 입력창에 다음과 같이 임의로 공사명을 입력한다.

⑤ 공사명이 가운데 정렬될 수 있도록 '맨 위 중심'으로 자리맞추기한다. 입력되는 문자는 앞서 지정한 '공사명' 문자 스타일의 글꼴(HY견고딕)과 문자 높이(10) 그대로 작성된다.

⑥ [문서 편집기 닫기] 도구를 실행하여 명령을 종료한다.

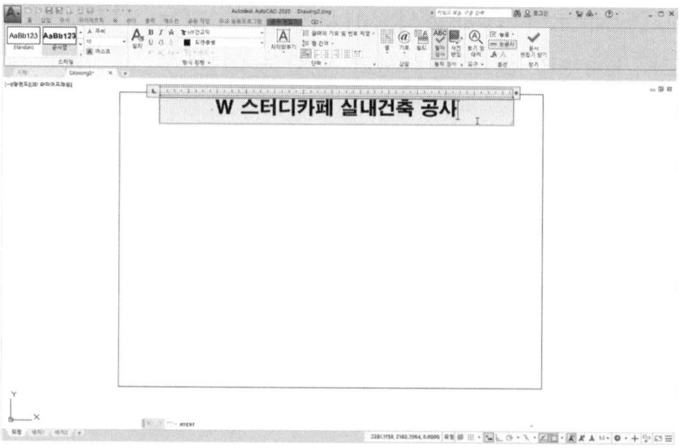

다음으로 도면명을 작성한다. 동일한 방법으로 '여러 줄 문자' 도구를 실행한 다음 문자 입력창을 지정하고, 문자 스타일을 변경하여 도면명을 입력하면 된다. 하지만 또 다른 방법으로 미리 사용할 문자 스타일을 먼저 변경한 다음 '여러 줄 문자' 도구를 실행하여 문자를 입력할 수도 있다.

① 현재 리본메뉴가 홈 탭인 경우에는 '주석' 패널의 확장패널을 펼치면 주석 객체들의 각종 스타일이 현재 스타일로 표시된다.

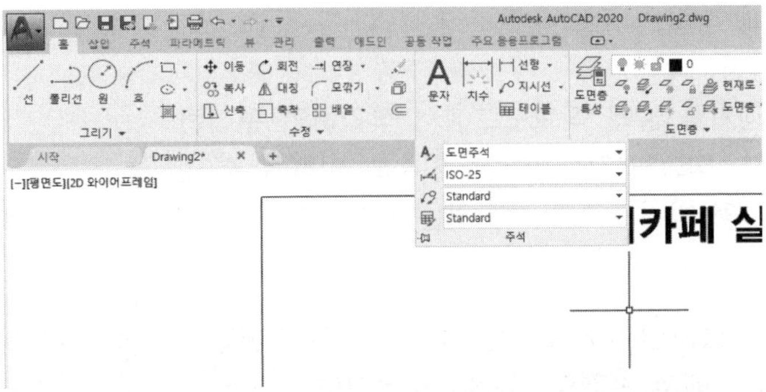

② 가장 상단이 문자 스타일을 지정하는 항목으로 우측의 ▾ 버튼을 클릭하여 나타나는 전체 문자 스타일 목록에서 '도면명' 문자 스타일을 선택하여 현재 문자 스타일로 지정한다.

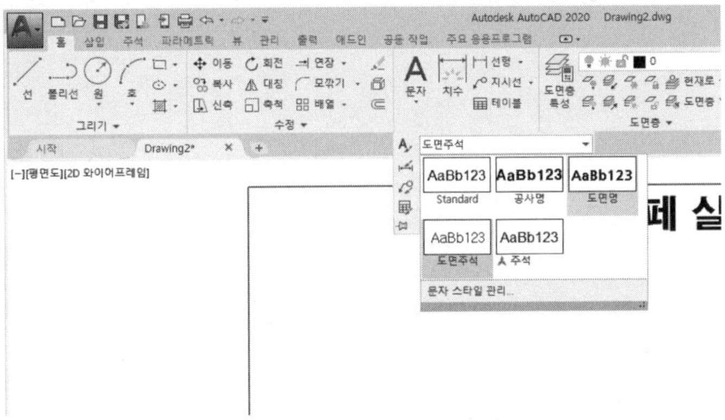

만약 리본 메뉴의 주석 탭인 경우에는 스타일 패널의 우측 상단 현재 문자 스타일 버튼에서 변경할 수 있다.

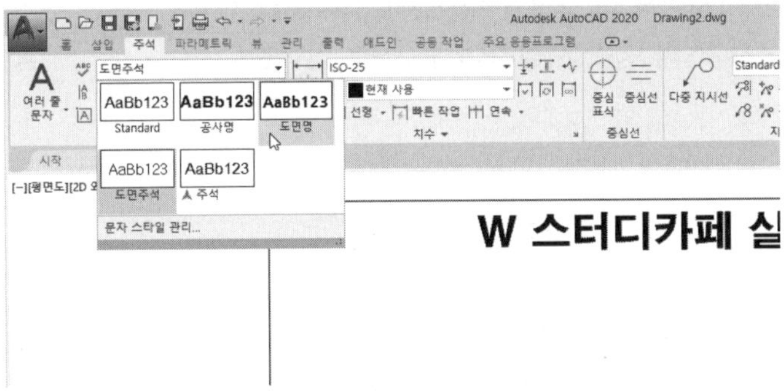

③ [A 여러 줄 문자] 도구 실행

④ 직사각형 내부 좌측 하단에 도면명을 입력할 정도의 문자 입력창을 드래그한다.

⑤ '평면도'라고 입력하면 현재 지정된 '도면명' 문자 스타일의 글꼴과 문자 높이로 문자가 입력된다.

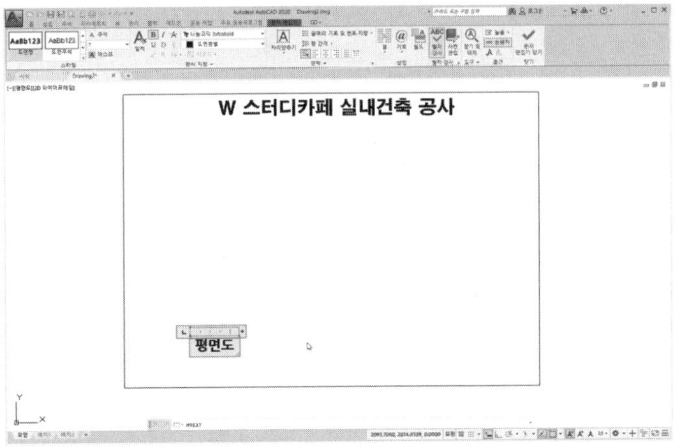

또 다른 도면명은 '여러 줄 문자' 명령을 다시 실행하지 않고 앞서 작성한 문자를 복사(Copy)한 다음 문자만 변경하여 작성한다.

⑥ '평면도' 문자를 복사하여 복사본을 우측에 배치

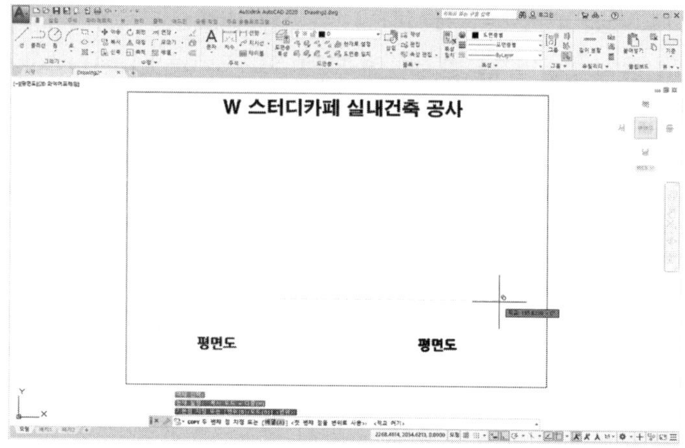

F8키를 눌러 직교모드에서 작업하면 편리하다. 직교모드는 마우스 커서의 이동을 수직, 수평 방향으로만 제한하는 모드이다.

⑦ 복사된 문자를 더블클릭하여 문자 편집기 상태에서 변경할 글자만 수정한다.

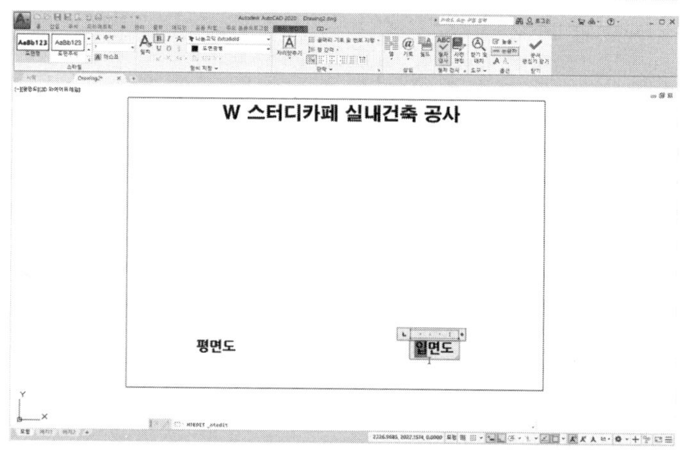

⑧ 마지막으로 '도면주석' 문자 스타일을 현재 문자 스타일로 지정하여 문자를 입력한다.

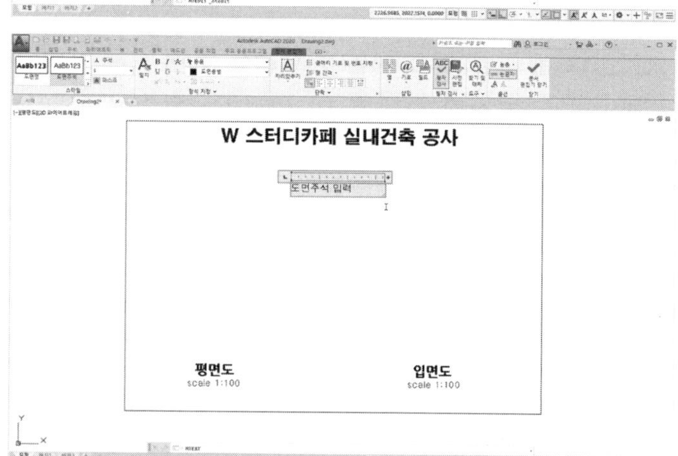

이와 같이 도면에서 자주 작성되는 형태의 문자들을 미리 스타일로 지정해 둠으로써 해당 문자를 작업할 때 지정된 글꼴과 문자 높이 등을 그대로 사용하는 것이 문자 스타일의 활용 방법이다. 물론 스타일을 사용하지 않더라도 충분히 '형식 지정' 패널을 이용해 원하는 결과를 얻을 수 있지만, 도면작성의 규격화, 신속성, 통일성 등의 측면에서는 반드시 사용하도록 권장한다. 특히 치수작업에서는 필수적으로 문자 스타일을 사용해야 하기 때문에 정확하게 이해하고 사용할 수 있어야 한다.

EXERCISE 40 설계개요 작성하기 ※ 가로방향으로 작성

세종 노인종합복지회관 신축공사

■ 설계개요

구 분	내 용
대지 위치	세종시 세종구 세종동 100번지
지역.지구	일반주거지역, 역사문화미관지구
대지 면적	119.6M² (36.18PY)
용 도	마을회관
규 모	지상2층
구 조	벽식 구조
건축 면적	55.04M² (16.65PY)
연 면 적	107.92M² (32.65PY)
건 폐 율	46.02%
용 적 율	90.23%
	외벽 : 치장벽돌 + 리노코트
외벽 마감	지붕 : 한식기와
	창호 : T-12 복층유리

■ 층별면적표

층 별	면 적	용 도
1 층	53.96M² (16.32PY)	사 무 실
2 층	53.96M² (16.32PY)	사 무 실
지상 합계	107.92M² (32.65PY)	

■ 도면목록표

도면번호	도면명	축척 A1	축척 A3
A-000	도면목록표	NONE	
A-101	배치도(Master Plan)	400	800
A-102	위치도(Site Plan)	5000	10000
A-103	면적표-1	150	300
A-104	면적표-2	150	300
A-105	대지종횡단면도(Site Main Section)	300	600
A-201	지하층 평면도(Base Floor Plan)	150	300
A-202	1층 평면도(First Floor Plan)	150	300
A-203	2층 평면도(Second Floor Plan)	150	300
A-204	3층 평면도(Third Floor Plan)	150	300
A-205	지붕층 평면도(Roof Floor Plan)	150	300
A-206	입면도-1(Elevation-1)	150	300
A-207	입면도-2(Elevation-2)	150	300
A-208	주단면도(Main Section)	150	300

ABC Design Group ABC ARCHITECTURE & INTERIOR DESIGN GROUP	작성자 : 홍 길 동 검토자 : 이 세 종	축척 : 1/100 날짜 : 2015. 10	책임기술자 : 변 학 도	공사명 : 세종 노인종합복지회관 신축공사 시행청 : 세종시 세종구청	도면명 : 설계개요 외	도면번호 A - 000 일련번호 2010-01-001

EXERCISE 41 조명범례 작성하기 ※ 가로방향으로 작성

구분	기호	명칭	수량
등	○	팬던트	18
	◎	매입등(DOWN LIGHT)	36
	CH	샨들리아(CHANDELIER)	3
	CL	일반 천정등	4
		U-LAMP	4
		메탈 하이라이트	12
		SPOT LIGHT(방향표시)	5
		FL및 파라보릭 LIGHTING BOX	2
		형광등 40W * 1EA	4
		형광등 40W * 2EA	4
		형광등 40W * 3EA	4
		할로겐	9

구분	기호	명칭	수량
보조등	B	일반벽등(BRACKET)	18
		벽체 비상등	36
		유도등	3
		비상용 겸용 유도등	4
	S	객석 유도등	4
		유도등 방향 표시	12
		스탠드형 램프(STAND LAMP)	5
		외부등(가로등용)	2

EXERCISE 42 기본치수 작성하기

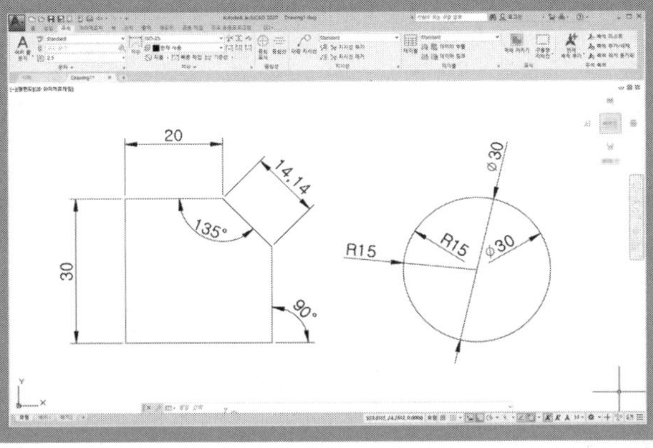

학습목표
- 치수를 작성할 수 있다.
- 연속치수와 기준선 치수를 작성할 수 있다.

새로운 도구/기능
- 홈 탭 → 주석 패널 → 치수(선형, 정렬, 각도,....)

중요한 도구/기능
- 치수 스타일 관리자

#Dim #Dimension #Liner #Aligned #Radius #Diameter

치수 용어

치수(Dimension)는 도면 객체를 이용하여 객체 부분에 대한 측정값 주석을 작성하는 도구이다. 치수 도구는 선형, 정렬, 각도, 호 길이, 반지름, 지름, 세로좌표, 꺾기 치수의 8가지 입력방법이 있다. 치수 입력 작업은 리본메뉴를 이용하여 실행하는 것이 가장 편리하다.

① 홈 탭의 주석 패널에서 치수 도구를 실행할 수 있다.

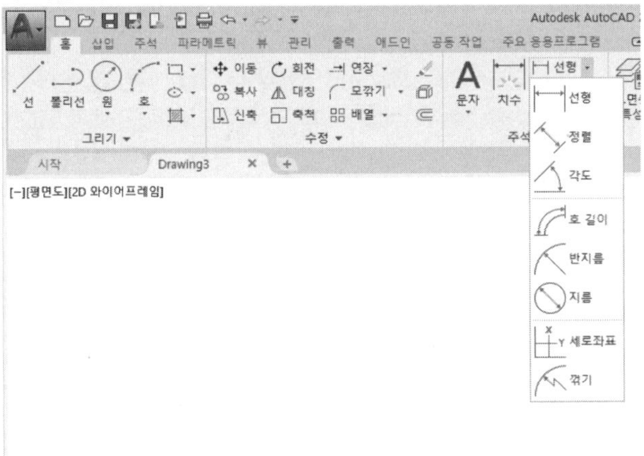

② 주석 탭의 치수 패널에서 치수 도구를 실행할 수 있다.

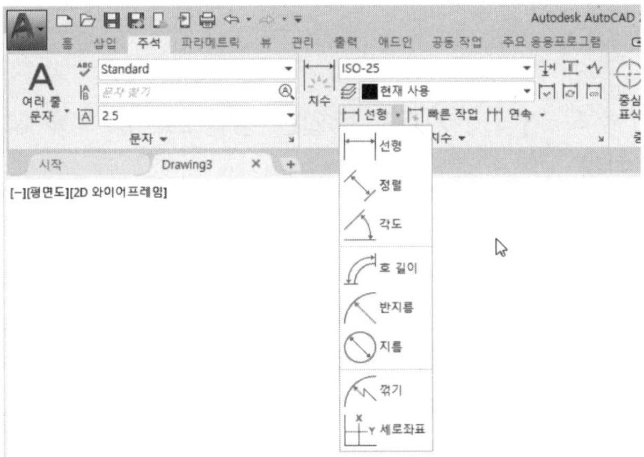

먼저 치수기입에 사용되는 용어, 즉 치수 표현을 위해 사용되는 각 부분의 명칭을 알아본다.

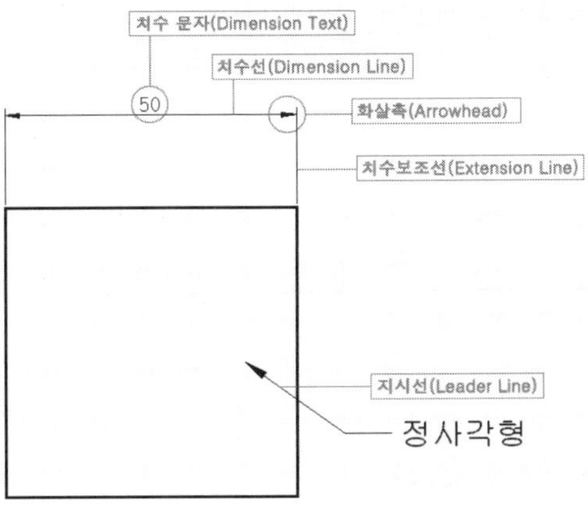

① 치수 문자(Dimension Text)
치수의 길이, 각도 등 측정값을 나타낸다.

② 치수선(Dimension Line)
치수의 방향과 범위를 나타내는 선, 양끝에는 화살촉

③ 화살촉(Arrowhead)
치수선 양 끝에 위치하여 치수선의 범위(경계)를 표현

④ 치수보조선(Extension Line)
치수기입의 범위를 표시하기 위한 객체에서 치수선까지 연장되는 선

⑤ 지시선(Leader Line)
수치적인 치수가 아닌 도면작성자의 주석을 입력

치수기입의 연습을 위해 오른쪽과 같은 도형을 작성한다. 폴리선으로 정사각형을 작성하여 한쪽 모서리에 모따기를 실행할 수도 있으며, 선으로 작성하여 모따기한 후 폴리선 편집으로 결합해도 된다.

도형의 크기가 작은 것은 현재 기본으로 설정된 치수의 스타일이 'ISO-25'로서 10, 20, 30 정도의 치수를 표기하는데 적합하기 때문이다.

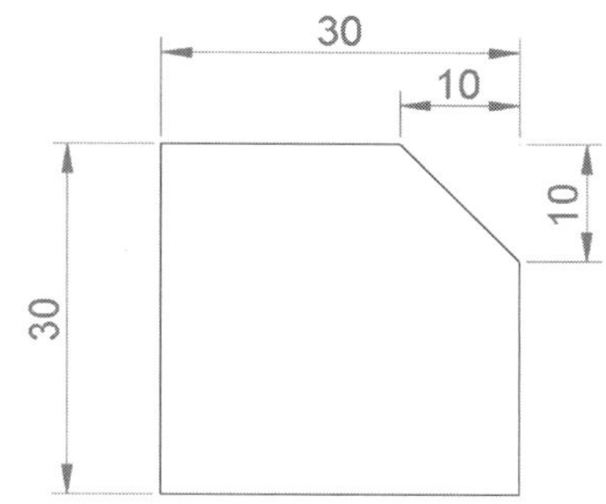

선형 치수(Linear Dimension)

수평 또는 수직 거리의 치수를 기입한다. 사선의 경우 치수선의 위치에 따라 수평 또는 수직이 자동으로 변경된다.

① [선형] 도구 실행
② 첫 번째 치수보조선의 원점을 지정한다.
③ 두 번째 치수보조선의 원점을 지정한다.
④ 치수선의 위치를 지정한다.

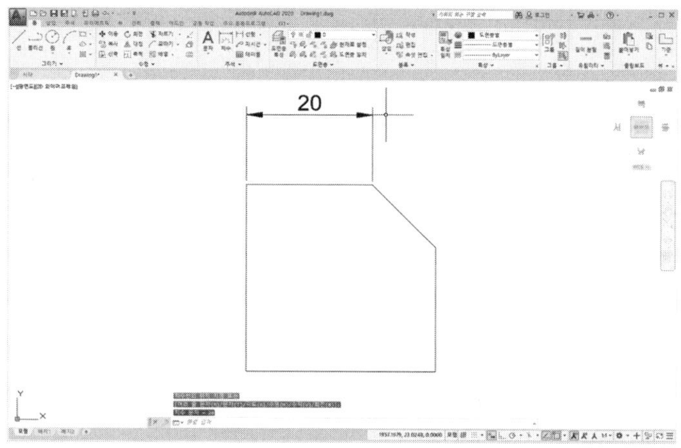

⑤ 수직 거리의 치수도 동일한 방법으로 작성한다.

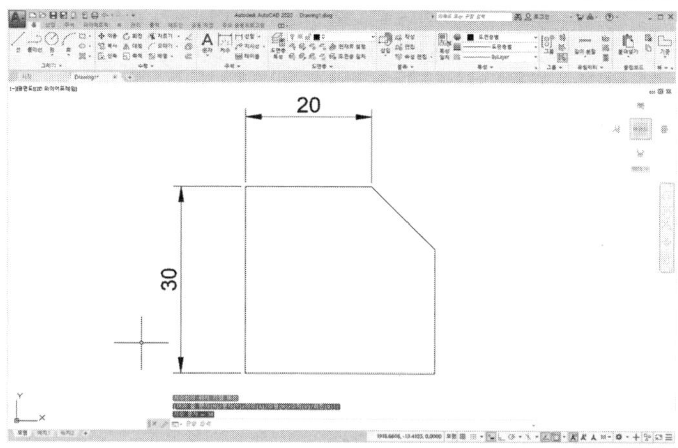

⑥ 사선의 경우 사선 자체의 길이가 표시되는 것이 아니라 선택한 두 지점의 X 변위 또는 Y 변위가 나타난다.

마지막 치수를 삭제한다. 마우스로 선택하면 치수문자, 치수선, 치수보조선이 한꺼번에 선택된다. Del 키를 누르면 삭제된다.

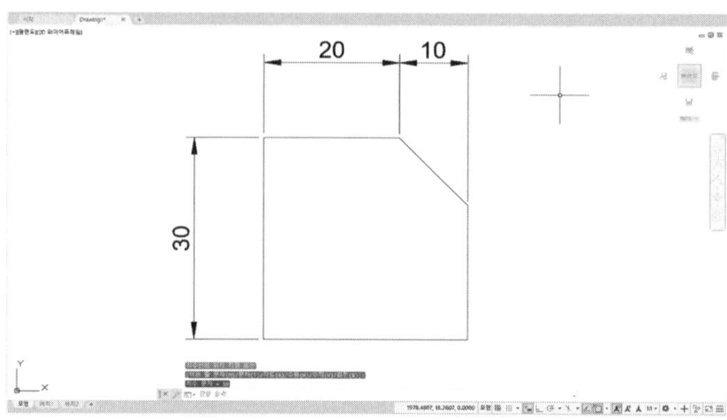

정렬 치수(Aligned Dimension)

정렬된 치수를 기입한다. 정렬된 치수란 치수선이 치수보조선의 원점에 평행한 것을 의미한다.

① 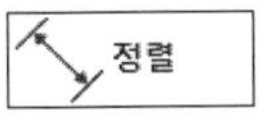

도구 실행

② 첫 번째 치수보조선의 원점을 지정한다.

③ 두 번째 치수보조선의 원점을 지정한다.

④ 치수선의 위치를 지정한다.

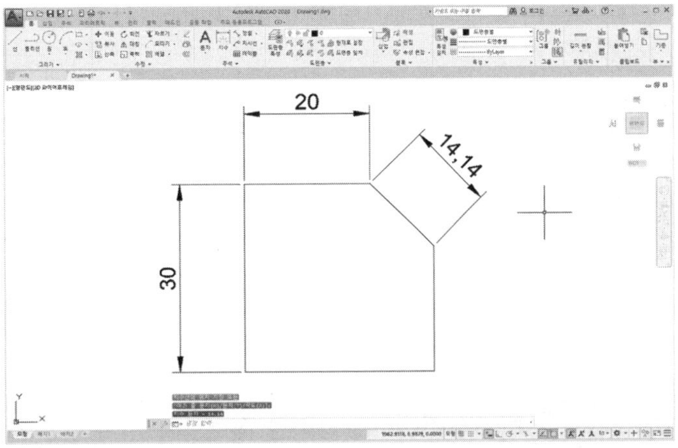

각도 치수(Angular Dimension)

두 선 또는 세 점 사이의 각도를 측정한다. 호의 내부각, 원의 두 반지름 사이의 각도를 측정할 수 있다.

① 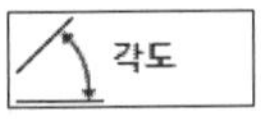

도구 실행

② 호, 원을 선택하거나 선을 순서대로 선택한다.

③ 치수, 호, 선의 위치를 지정한다.

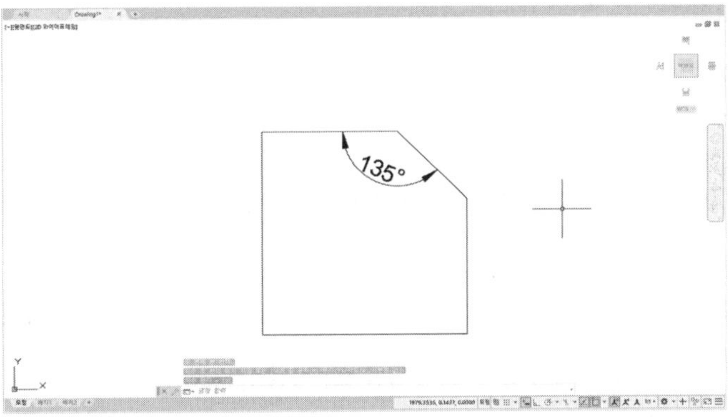

같은 두 직선을 선택하더라도 치수, 호, 선의 위치에 따라 다른 값으로 표시될 수도 있다.

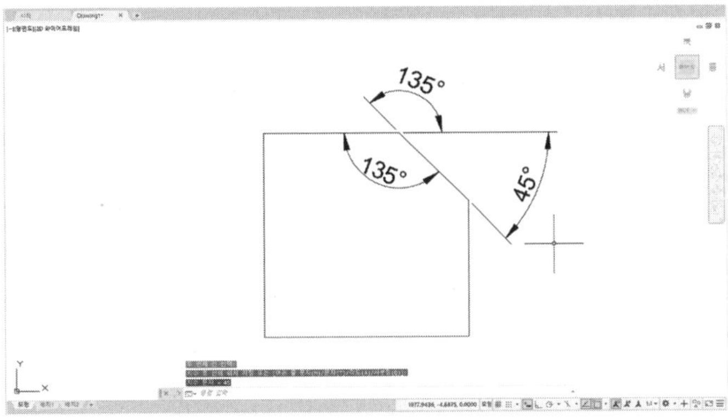

④ 호를 선택하면 호의 내부각을 표시한다.

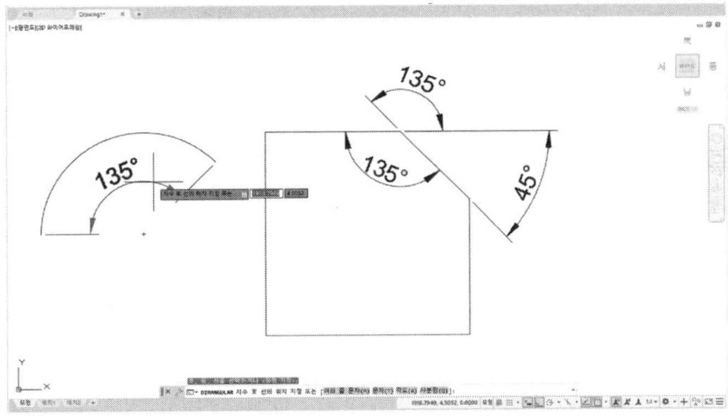

호 길이 치수(Arc Length Dimension)

호 또는 폴리선 호 세그먼트를 따라 거리를 측정한다.

① 호 길이 도구 실행

② 호 또는 폴리선 호 세그먼트를 선택한다.

③ 치수선의 위치를 지정한다.

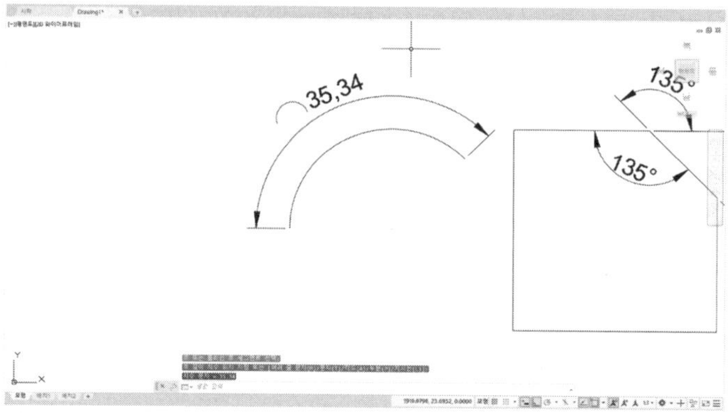

반지름 치수(Radius Dimension)

원이나 호의 반지름을 표시한다.

① 반지름 도구 실행

② 원 또는 호를 선택한다.

③ 치수선의 위치를 지정한다.

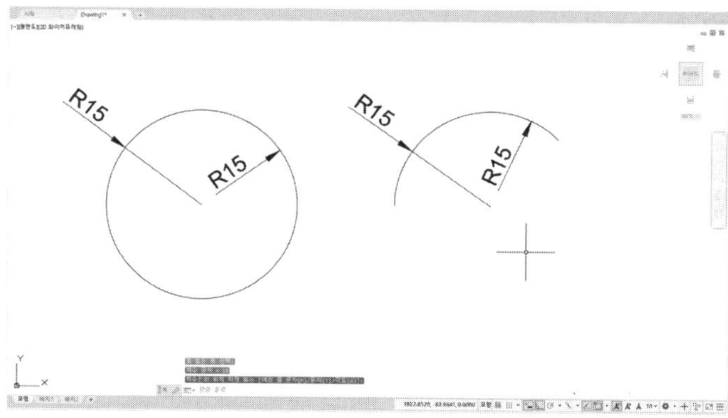

지름 치수(Diameter Dimension)

원이나 호의 지름을 표시한다.

① 지름 도구 실행

② 원 또는 호를 선택한다.

③ 치수선의 위치를 지정한다.

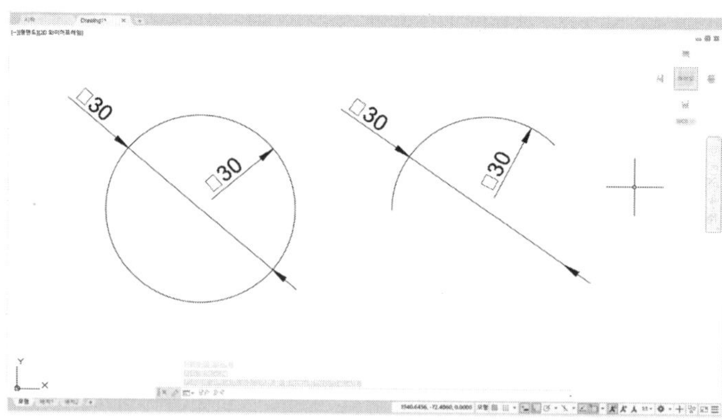

지름 치수를 기입하면 지름 기호인 '∅(파이)'가 나타나지 않고 '□'가 표시되는 경우가 있다. 이것은 현재 치수에 지정된 치수문자 스타일이 기본 문자스타일인 'Standard'로 지정되어 있어, 이 스타일의 글꼴인 'Arial'이 지원하지 않는 문자를 '□'로 표시한 것이다. 글꼴을 변경하면 정상적인 '∅'로 바뀌게 된다.

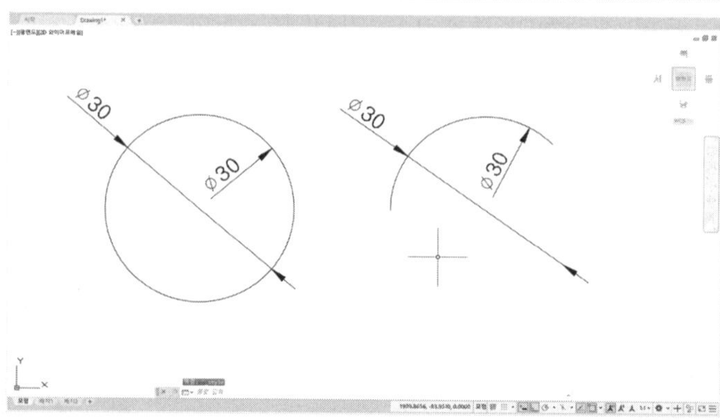

세로좌표 치수(Ordinate Dimension)

지시선과 함께 X 또는 Y 값을 표시한다.

① [세로좌표] 도구 실행

② 점을 지정한다.

③ 치수선의 위치를 지정한다.

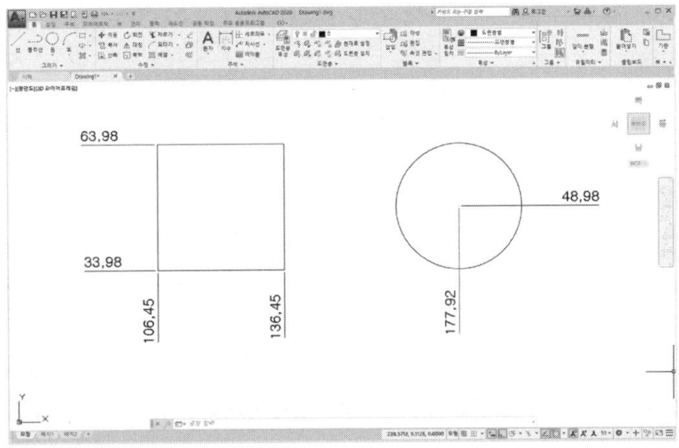

꺾어진 치수(Jogged Dimension)

원 또는 호의 꺾어진 치수를 작성한다. 호 또는 원의 중심이 출력 범위 밖에 있어서 실제 중심의 위치에 표시할 수 없는 경우 꺾기 반지름 치수를 작성한다.

① [꺾기] 도구 실행

② 원 또는 호를 선택한다.

③ 중심 위치를 화면상의 임의의 점으로 재지정한다

④ 치수선의 위치를 지정한다.

⑤ 치수선이 꺾어지는 위치를 지정한다.

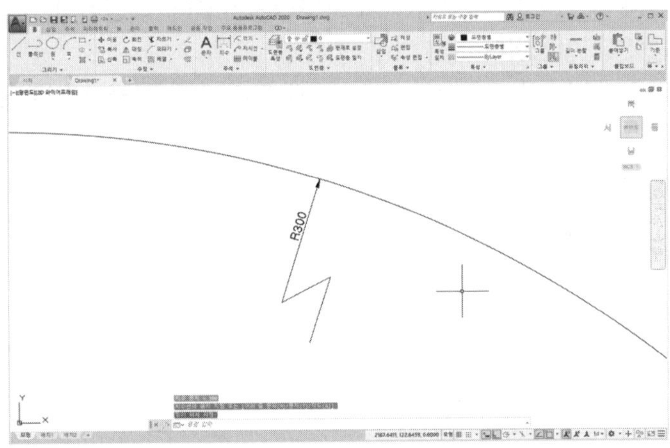

EXERCISE 43 연결된 치수 작성

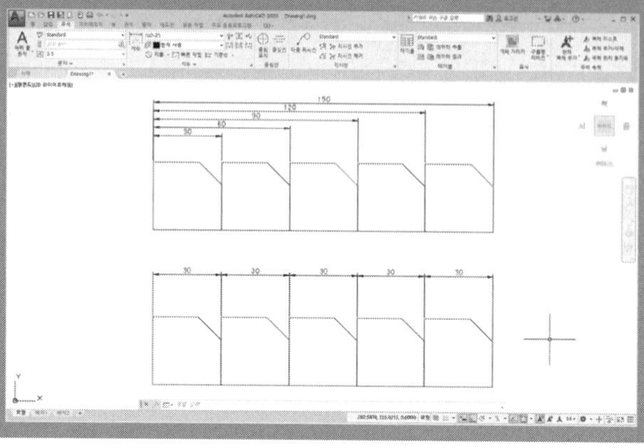

학습목표
- 치수를 작성할 수 있다.
- 연속치수와 기준선 치수를 작성할 수 있다.
- 치수 끊기와 공간 조정을 할 수 있다.

새로운 도구/기능
- 주석 탭 → 치수 패널 → 연속/기준선
- 주석 탭 → 치수 패널 → 끊기
- 주석 탭 → 치수 패널 → 공간조정

중요한 도구/기능
- 선형 치수

#Dim #Dimension #Liner #Continue #Baseline #Dimension Break #Adjust Space

다중 치수는 여러 개의 치수가 동일한 유형으로 반복적으로 작성되는 치수이다. 연속(Continue)은 마지막에 작성된 치수에 연속되어 연결되는 다중 치수이며, 기준선(Baseline)은 같은 기준선을 기준으로 측정된 다중 치수이다. 다중 치수는 원점(기준 객체)으로 다른 점을 지정하지 않는 한 가장 마지막에 작성한 치수보조선으로부터 측정된다. 다중 치수는 주석 탭에서 실행한다.

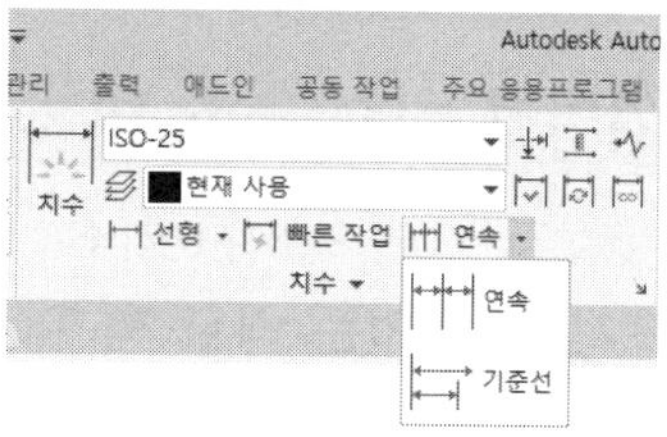

다중 치수 작성을 연습하기 위해 모따기한 정사각형을 일렬로 복사한다.

연속(Continue)

마지막으로 기입한 치수나 선택한 치수에 연속해서 선형 치수, 각도 치수 등을 다중으로 기입한다.

① 선형 치수를 작성한다.

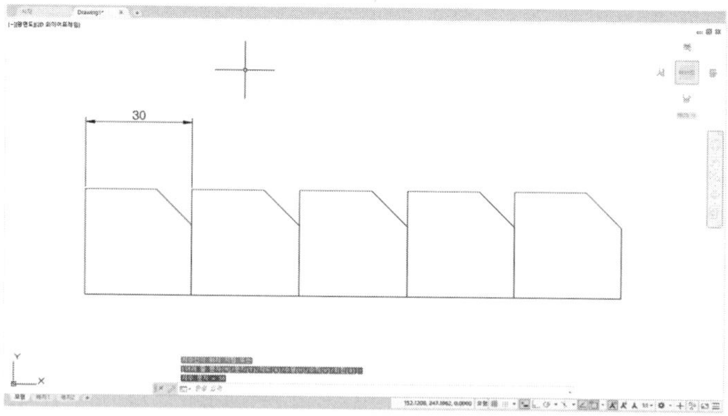

② [연속] 도구 실행

③ 연속해서 두 번째 지점을 지정한다.

④ Enter↵를 두 번 눌러 명령을 종료한다.

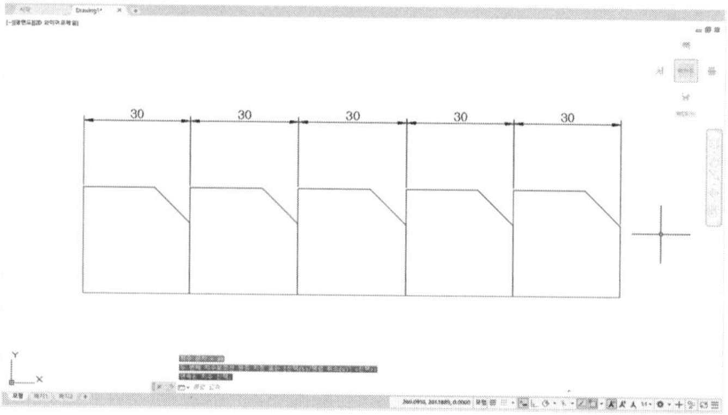

'선택(S)' 옵션을 이용하면 연속될 치수의 연속 방향을 재지정할 수 있다.

기준선(Baseline)

마지막으로 기입한 치수나 선택한 치수의 치수보조선을 기준으로 누적되는 거리 또는 각도의 값을 다중으로 기입하는 치수이다. 마지막 치수를 사용할 경우 첫 번째 치수보조선이 기준이 되고, 치수 객체를 선택할 경우 기준이 되는 치수보조선을 직접 선택하면 된다.

① 선형 치수를 작성한다.

또는 이미 작성된 치수가 있다면 기준선 도구를 실행한 다음 기준 치수를 선택한다.

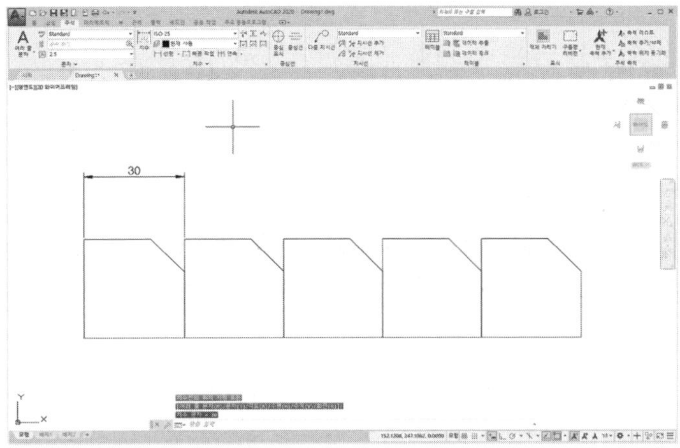

② [기준선] 도구 실행

③ 연속해서 두 번째 지점을 지정한다.

④ [Enter↵]를 두 번 눌러 명령을 종료한다.

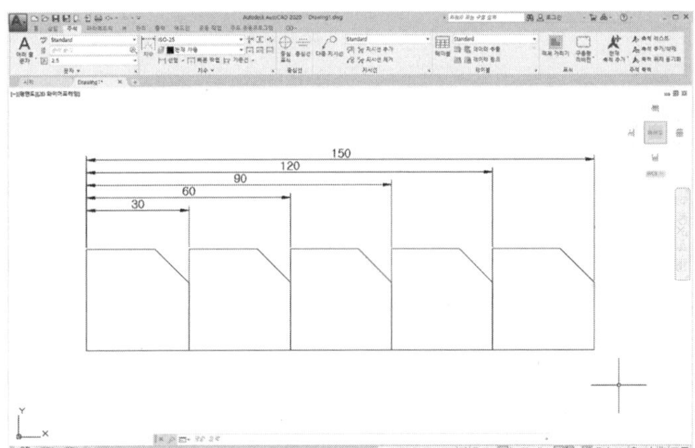

치수 끊기(Dimension Break)

다른 객체와 교차하는 치수선, 치수보조선의 교차지점을 끊어 주거나 또는 끊어진 치수선, 치수보조선을 복원하는 기능이다.

치수 끊기를 사용하면 치수선, 치수보조선 또는 지시선이 마치 도면의 일부분인 것처럼 보이는 것을 방지할 수 있다.

오른쪽의 사례에서 첫 번째 치수 기입방법이 가장 이상적이 방법이지만, 상황에 따라 치수선이나 치수보조선들이 교차하는 결과가 나타날 수도 있다.

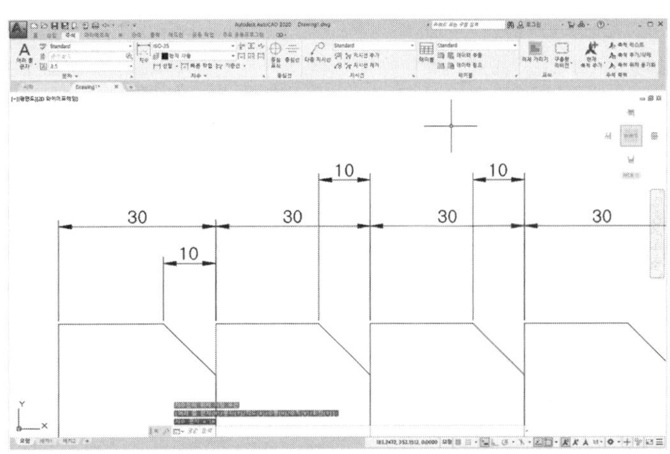

① 주석 탭 → 치수 패널 → (끊기) 도구 실행

② 끊기를 추가할 치수를 선택한다.('10' 치수 선택)

③ 치수를 끊을 객체를 선택한다.('30' 치수 선택)

④ Enter↵를 눌러 종료한다.

끊기를 추가할 치수와 치수를 끊을 객체를 바꿔서 선택하면 오른쪽과 같은 결과가 나타난다.

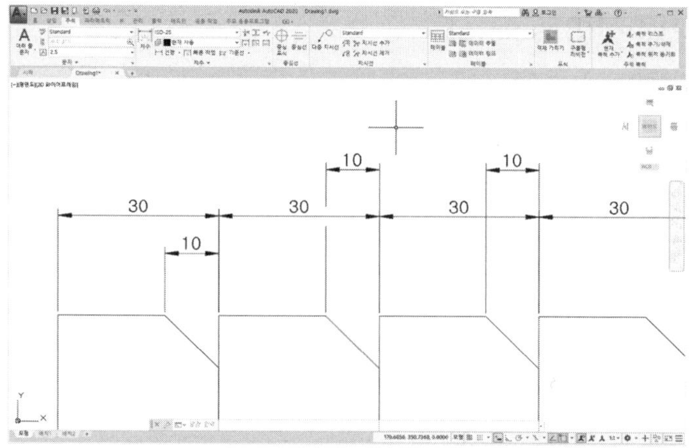

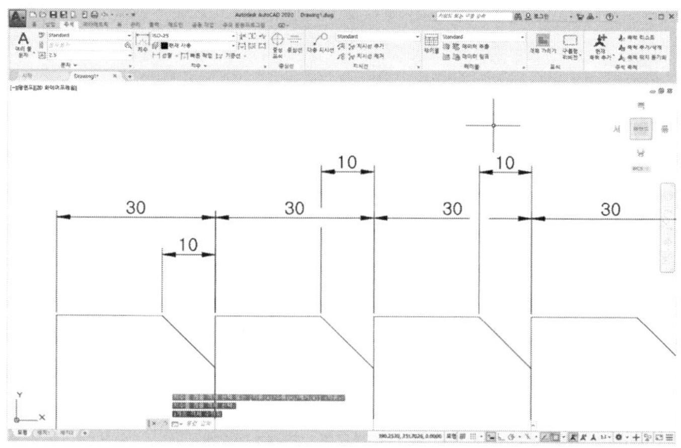

공간 조정(Adjust Space)

선형 치수 또는 각도 치수 사이의 간격을 조정한다. 평행하는 치수선 사이의 간격을 동일하게 만들어 기준선 치수와 같이 정렬된 형태로 변경할 수 있다.

① 기준선을 사용하지 않고 다음과 같이 치수를 작성한다.

② (공간 조정) 도구 실행

③ 기준 치수를 선택한다.

④ 정렬될 치수들을 선택한다.

⑤ 간격 거리를 지정하고 Enter↵를 누르면 자동으로 정렬한다.(아래는 간격을 '5'로 정의)

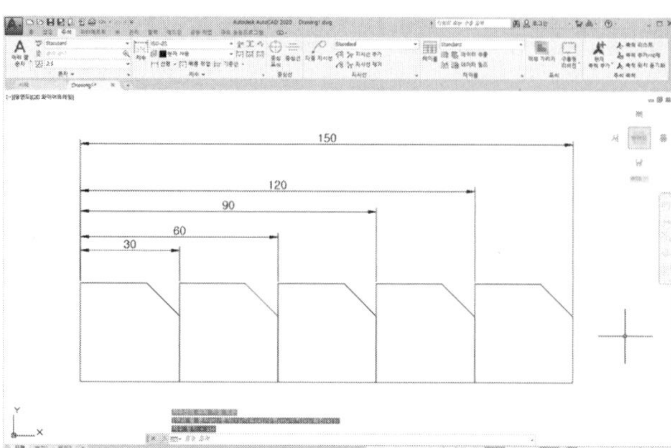

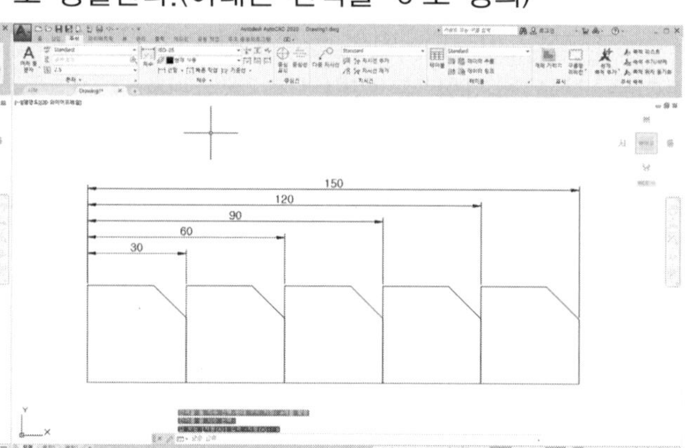

EXERCISE 44 1인 소파 치수 작성

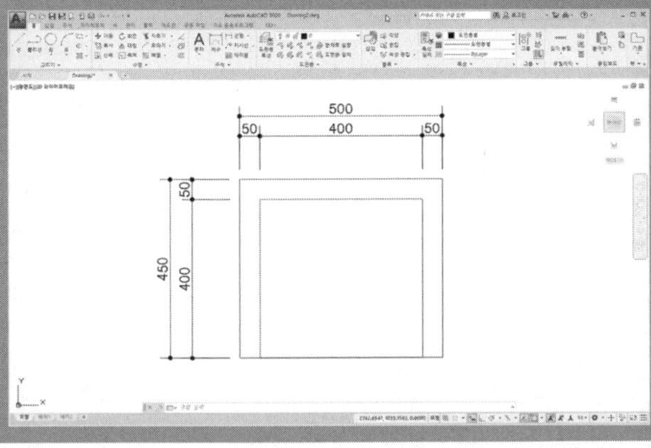

학습목표
- 치수 스타일을 생성하고 정의할 수 있다.
- 전체축척을 이용해 치수 전체 크기를 조절할 수 있다.

새로운 도구/기능
- 홈 탭 → 주석 패널(확장) → 치수 스타일
- 주석 탭 → 치수 패널 → 치수 스타일

중요한 도구/기능
- 치수 스타일 대화상자
- 문자 스타일 대화상자

#Dimension style #ISO-25 #Overall Scale #Dot #Windows Desktop

AutoCAD는 건축, 실내건축, 토목, 조경, 기계, 전자, 전기 등 다양한 분야에서 사용되고 있기 때문에 각 분야마다 사용하는 치수의 형태는 조금씩 다르다. 지금까지 사용하고 있는 치수 스타일은 'ISO-25'로써 건축도면에 사용하기에는 매우 부적합하다. 새로운 치수 스타일을 만들어 상황에 맞는 치수를 표기해 보도록 한다.

앞서 작성한 의자를 대상으로 치수를 표시하도록 한다. 의자 시트의 크기는 400×400이며 등받이와 팔걸이의 폭은 50이다.

직사각형(Rectangle) 도구 - 간격띄우기(Offset) 도구 - 신축(Stretch) 도구 순으로 작업하여 완성한다.

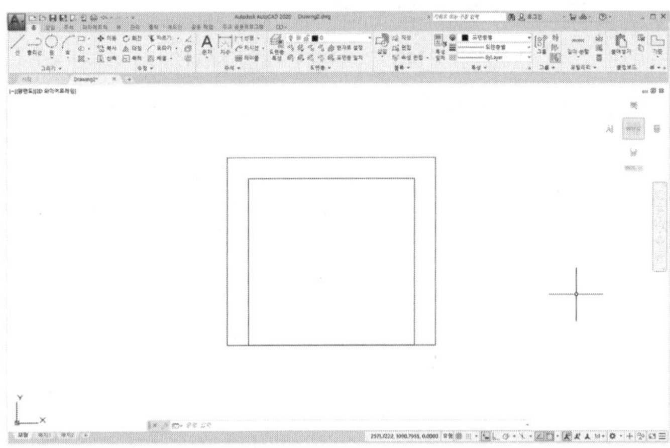

새 치수 스타일 만들기

홈 탭에서 주석 패널을 확장하고 하단의 화살표 버튼을 클릭하면 문자, 치수, 다중지시선, 테이블의 스타일 선택창이 나타난다. 좌측 앞에 있는 도구들이 각각의 스타일 관리자 도구이다.

① '(치수 스타일...)' 도구를 실행하면 [치수 스타일 관리자] 대화상자가 나타난다.

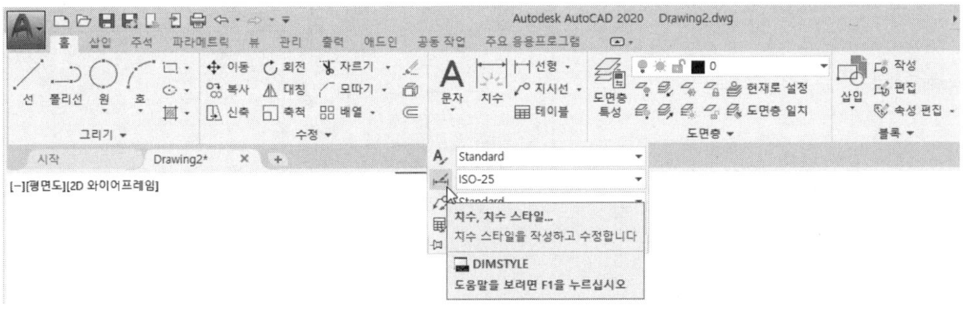

[치수 스타일 관리자] 대화상자는 좌측에는 현재 도면에 포함된 치수 스타일 목록이 나열된다. 현재 사용중인 치수 스타일은 'ISO-25'로 '현재 치수 스타일'에 표시되어 있다. 기존 치수 스타일은 사용하지 않도록 새로운 치수 스타일을 만들어 사용한다.

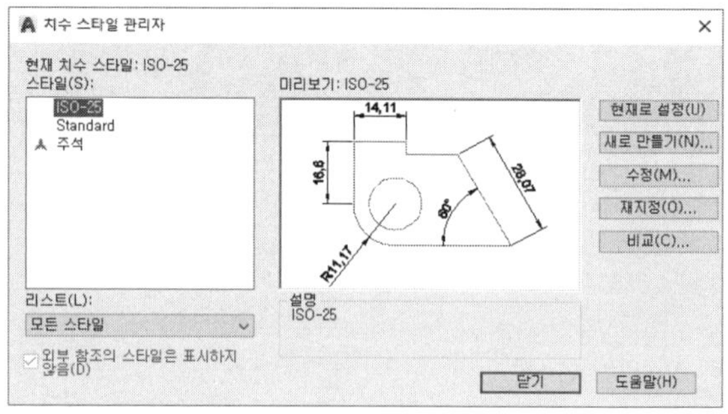

② 새로 만들기(N)... 를 실행하여 새로운 치수 스타일을 생성한다.

③ [새 치수 스타일 작성] 대화상자에서 이름은 알기 쉽게 '건축_가구용'과 같이 입력한다.

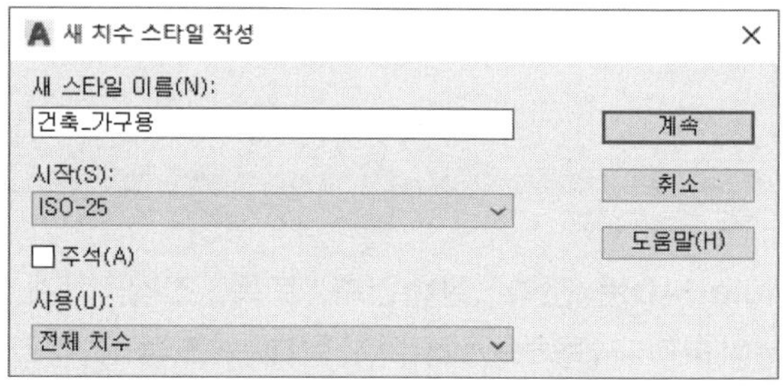

'시작(S):'은 치수 스타일의 여러 설정값을 미리 설정해 둔 스타일 중 하나를 선택하여 시작할 수 있도록 하는 기능이다. 치수 스타일을 새로 만들 때 'ISO-25'를 선택한 상태에서 '새로 만들기'를 하였기 때문에 '시작(S):'에도 'ISO-25'가 기본으로 선택되어 있다.

④ 계속 버튼을 클릭한다.

⑤ [새 치수 스타일: 건축_가구용] 대화상자에서 여러 설정들을 변경하여 도면에 맞는 치수를 표기할 수 있다.

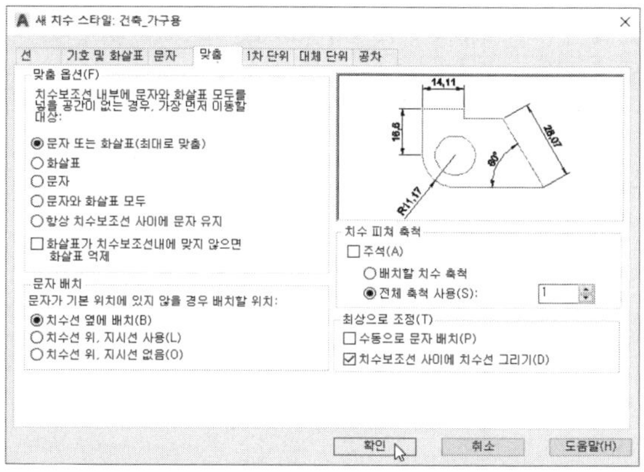

선, 기호 및 화살표, 문자, 맞춤, 1차 단위, 대체 단위, 공차의 7개의 탭으로 구성된 아주 복잡한 설정값들로 이루어져 있다.

이 설정값들을 하나하나 처음부터 살펴보기 보다는 실제 변경해야만 하는 중요 설정만 살펴보기 위해 우선 현재 설정대로 사용하여 치수를 표기하고 그 다음 문제점들을 찾아서 수정하는 방법으로 살펴보도록 한다.

⑥ 확인 버튼을 클릭한다.

[치수 스타일 관리자] 대화상자로 돌아오면 스타일 목록에 '건축_가구용' 스타일이 생성된 것을 확인할 수 있다. 또한 현재 치수 스타일로도 설정되어 있다.

⑦ 닫기 버튼을 클릭한다.

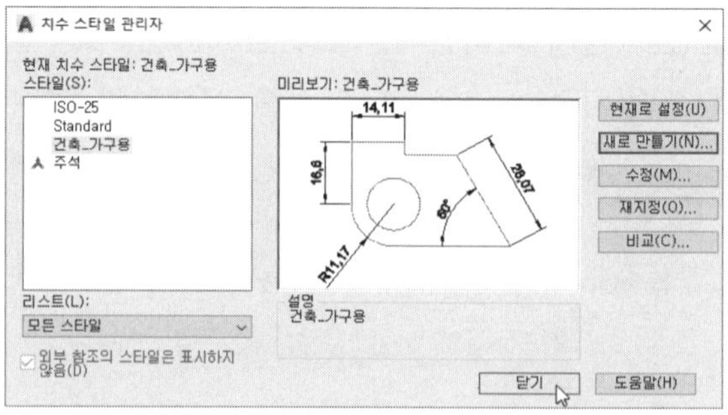

치수 작성

의자의 상단 수평선에 대해 선형치수를 작성한다.

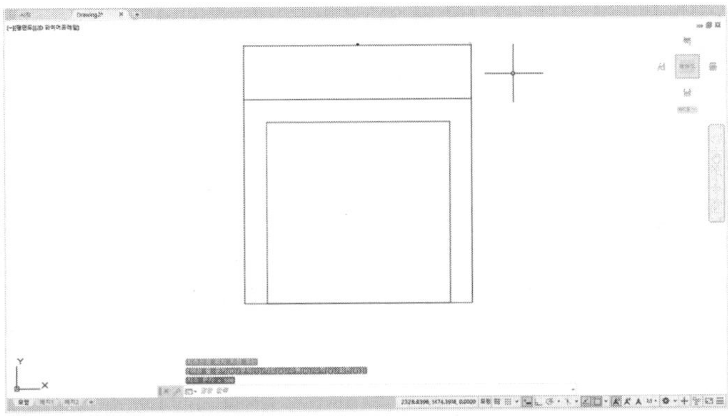

① [선형] 도구 실행

② 상단 수평선의 좌측 끝점과 우측 끝점을 지정한다.

③ 치수선의 위치를 지정한다.

결과를 살펴보면 화살표와 문자 등 치수 요소들이 너무 작아서 확인을 할 수가 없다. 줌 도구로 확대하면 분명히 존재는 하지만 너무 작다. 주석도구의 가장 기본적인 역할인 정보전달 자체가 불가능하다. 'ISO-25' 치수 스타일의 설정값을 그대로 가져온 결과이므로 크기와 관련된 설정을 변경하여 의자 전체적인 뷰에서도 치수가 확인될 수 있도록 한다.

전체 축척(Overall Scale)

치수의 모든 크기를 한꺼번에 확대한다. 문자 크기, 화살표 크기 등을 각각 조정하는 것이 아니라 스타일 내에 설정된 모든 수치를 한꺼번에 증가 또는 감소시킬 수 있다.

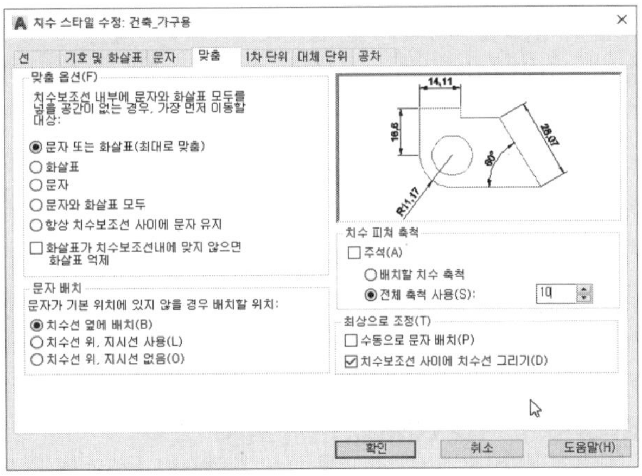

① [치수 스타일 관리자]를 실행한다.

② [수정(M)...] 버튼을 클릭한다.

③ [치수 스타일 수정: 건축_가구용] 대화상자의 '맞춤' 탭을 선택한다.

④ '전체 축척 사용(S): '의 값을 '10'으로 변경한다.

⑤ [확인] 버튼을 클릭한다.

⑥ [치수 스타일 관리자]로 돌아오면 [닫기] 버튼을 클릭한다.

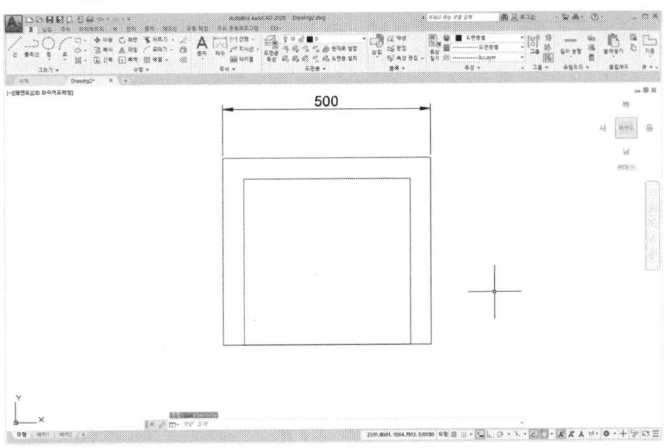

전체 축척을 '10'으로 변경한 결과가 바로 적용되어 나타난다.

즉 모든 설정 값이 10배 더 커졌다는 것이다. 화살표 크기, 문자 크기 등 모든 길이, 높이 등이 10배 확대된다. 도면상에서 치수 문자를 기준으로 더 확대할 것인지, 축소할 것인지 비교한다.

화살촉(Arrowhead)

화살촉 모양을 변경한다.
우리나라의 건축도면에서 일반적으로 사용하는 '점(Dot)'으로 변경한다.

① [치수 스타일 관리자]를 실행한다.

② 수정(M)... 버튼을 클릭한다.

③ [치수 스타일 수정: 건축_가구용] 대화상자의 '기호 및 화살표'탭을 선택한다.

④ 화살촉의 '첫 번째(T):'를 '점'으로 변경한다. '두 번째(D):'는 자동으로 변경된다.

⑤ '화살표 크기(I):'는 '1'로 변경한다.

⑥ 확인 버튼을 클릭한다.

⑥ [치수 스타일 관리자]로 돌아오면 닫기 버튼을 클릭한다.

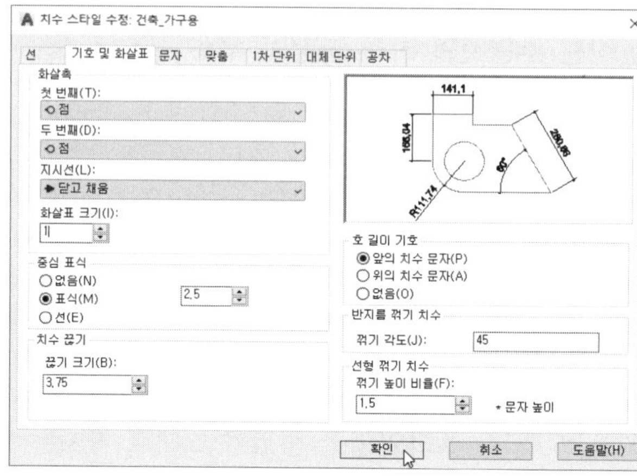

화살촉의 모양과 크기를 변경한 결과가 적용되어 나타난다.

화살촉의 크기는 출력결과를 통해 다시 검토할 필요가 있다.

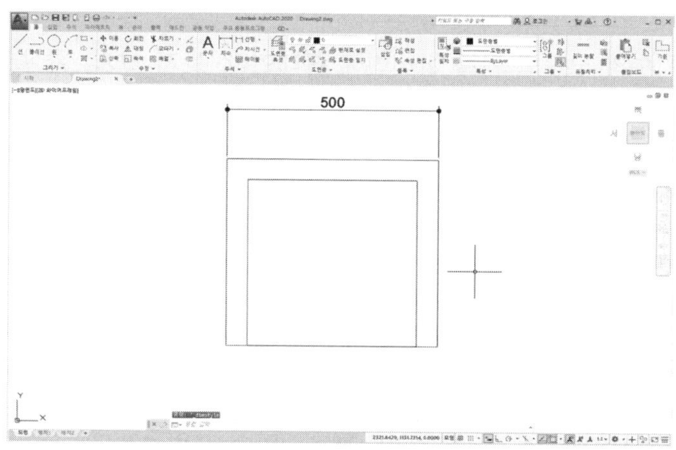

치수보조선(Extension Line)

치수보조선을 확대한다.

치수보조선에서 연장된 길이와 치수 원점에서 떨어진 거리를 조금씩 더 늘리도록 한다.

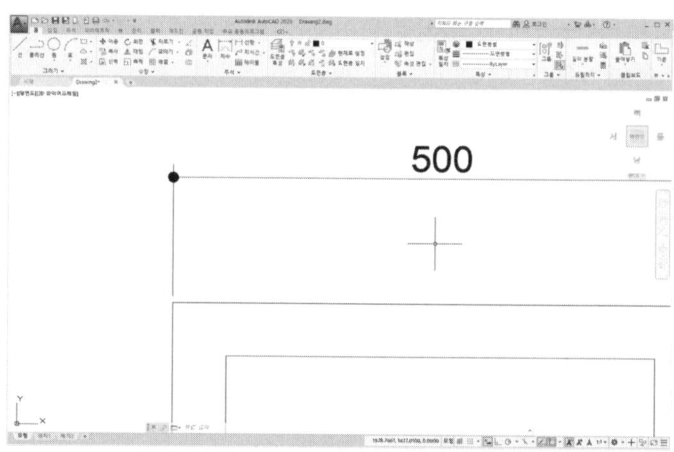

① [치수 스타일 관리자]를 실행한다.
② [수정(M)...] 버튼을 클릭한다.
③ [치수 스타일 수정: 건축_가구용] 대화상자의 '선' 탭을 선택한다.
④ 치수보조선의 '치수선 너머로 연장(X):'을 '2.5'로 변경한다.
⑤ '원점에서 간격띄우기(F):'를 '2.5'로 변경한다.
⑥ [확인] 버튼을 클릭한다.

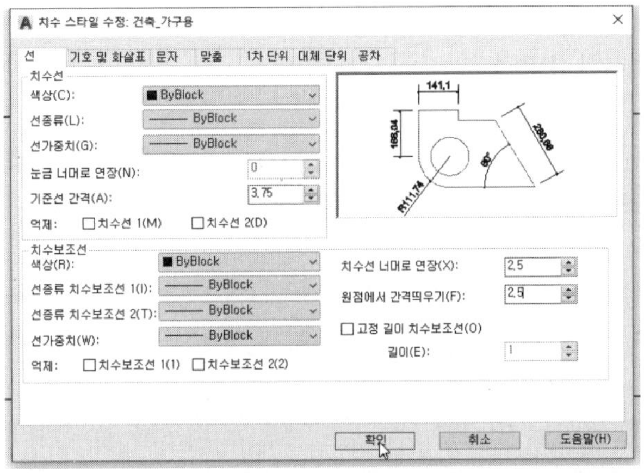

⑥ [치수 스타일 관리자]로 돌아오면 [닫기] 버튼을 클릭한다.

치수보조선이 치수선 너머로 연장되는 거리, 치수보조선이 객체에서 떨어진 거리가 모두 증가되어 나타난다.

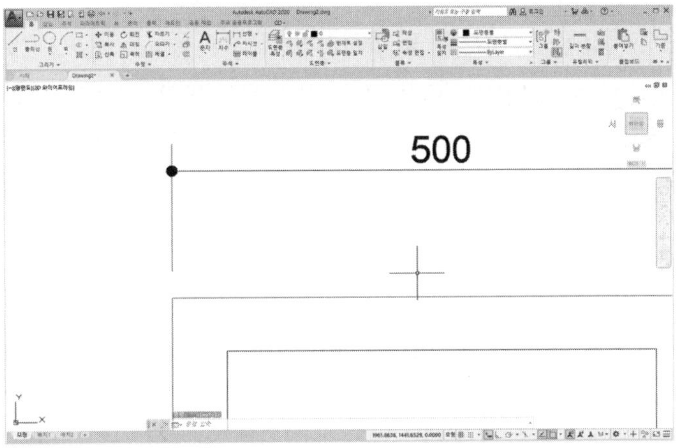

치수 문자 스타일(Dimension Text Style)

치수 문자의 문자스타일을 변경한다. 치수 문자의 문자스타일을 변경하는 이유는 대부분 글꼴 때문이다. 물론 현재의 글꼴도 나쁘지 않지만 도면의 기본 문자스타일인 'Standard' 문자스타일을 사용하는 것이 문제이다. 치수에 사용되는 문자스타일은 다른 도면 요소와 분리하여 별도로 사용하고 관리하는 것이 좋다. 또한 특정 문자 미지원 등의 문제와 'Arial' 글꼴이 너무 강하기 때문에 '굴림' 또는 '돋움'을 추천한다.

① [치수 스타일 관리자]를 실행한다.

② [수정(M)...] 버튼을 클릭한다.

③ [치수 스타일 수정: 건축_가구용] 대화상자의 '문자' 탭을 선택한다.

④ 문자 스타일(Y):의 [...] 버튼을 클릭하여 [문자 스타일] 대화상자를 실행한다.

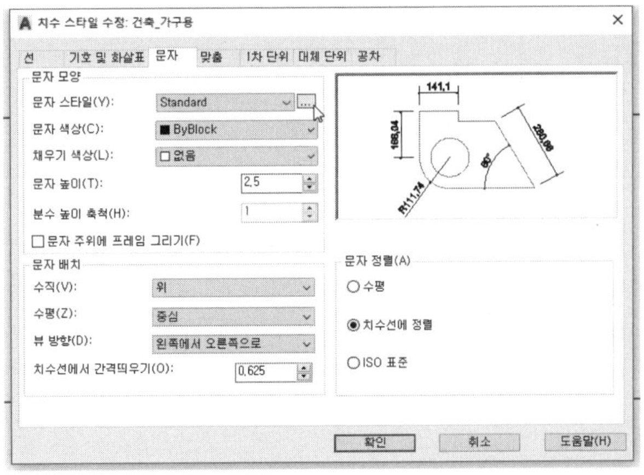

⑤ [문자 스타일] 대화상자에서 새로 만들기(N)... 버튼을 클릭한다.

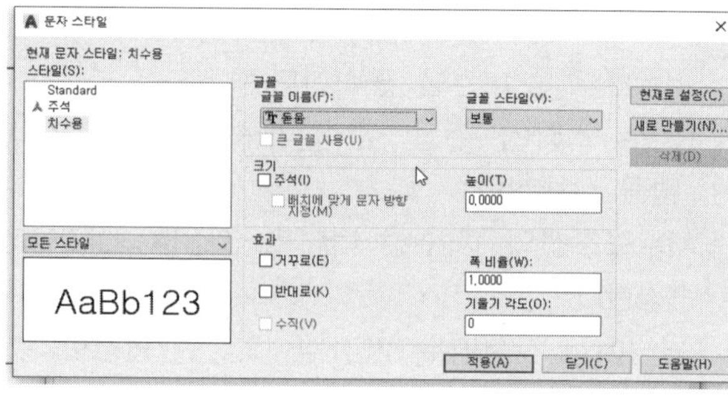

⑥ [새 문자 스타일] 대화상자에서 '치수용'을 입력하고 확인 버튼을 클릭한다.

⑦ 글꼴을 변경한 다음 적용(A) 버튼을 클릭한다.

⑧ 닫기 버튼을 클릭한다.

⑨ [치수 스타일 수정: 건축_가구용] 대화상자의 '문자' 탭으로 돌아오면 문자 스타일:을 '치수용'으로 변경한다.

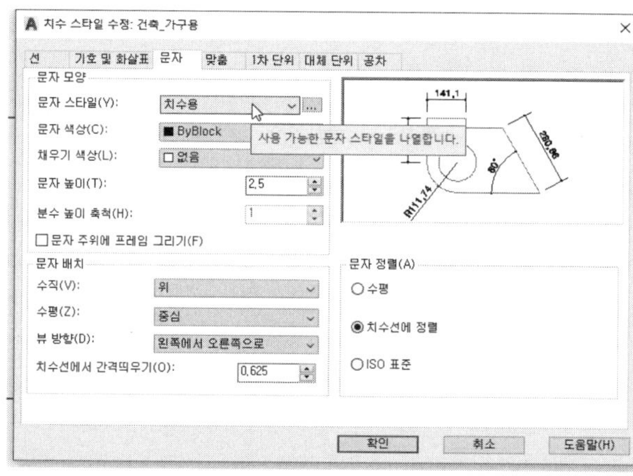

⑩ 확인 버튼을 클릭한다.

⑪ [치수 스타일 관리자]로 돌아오면 닫기 버튼을 클릭한다.

변경된 치수 문자 스타일이 적용되어 나타난다.

지금까지 변경한 치수 스타일을 이용하여 나머지 의자 치수도 작성한다.

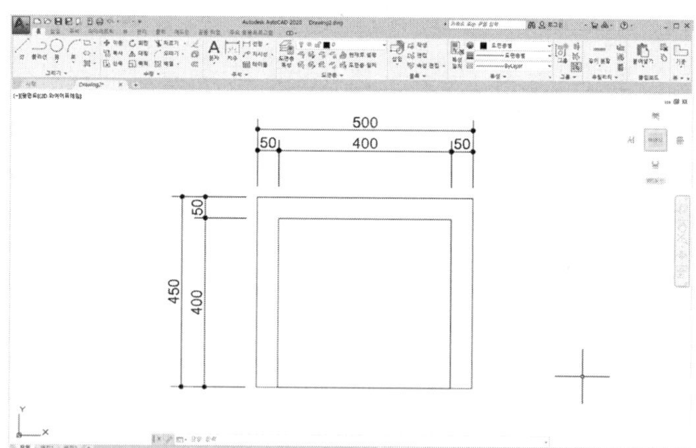

새로운 치수 스타일

의자를 포함한 작은 공간을 작성한다. '4000×3000' 크기의 직사각형을 작성한다.

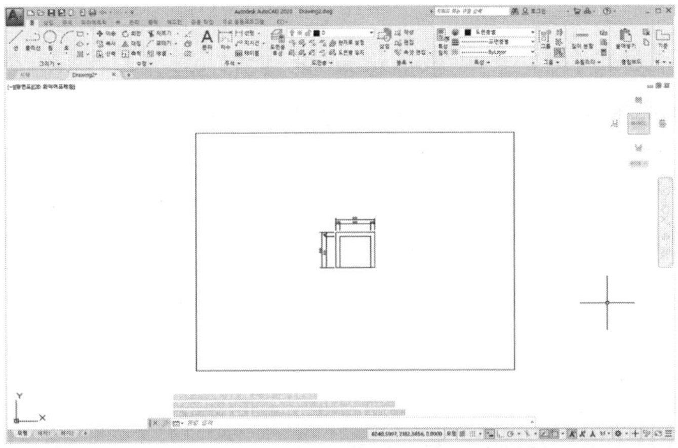

앞서 가구에 적용한 치수 스타일은 공간의 규모에서는 너무 작아 사용할 수 없다. 다시 새로운 치수 스타일을 만들어 공간의 치수에 사용한다.

① [치수 스타일 관리자]에서 새로운 치수 스타일 '건축_단위실용'을 생성한다. '시작(S):'에서 '건축_가구용'을 선택하여 모든 설정을 그대로 가져온다.

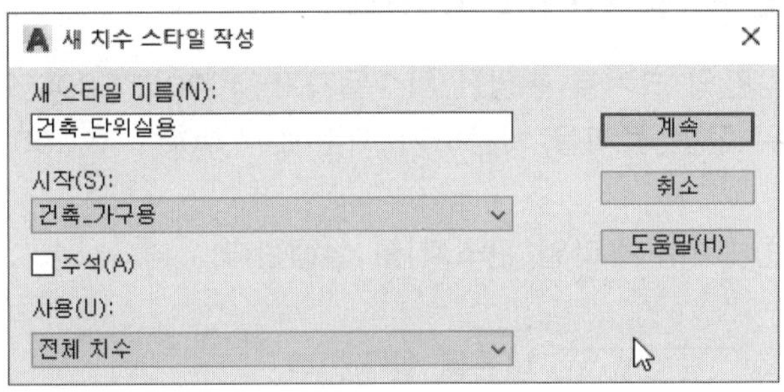

② '맞춤' 탭 '전체 축척 사용(S):'의 값을 '40'으로 변경한다.

③ [확인] 버튼을 클릭한다.

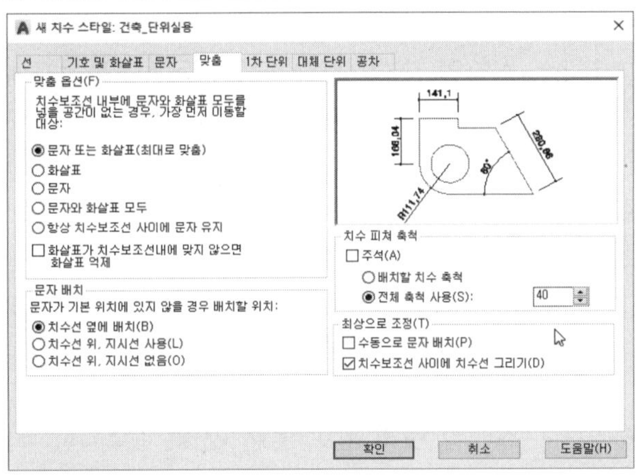

④ [치수 스타일 관리자]로 돌아오면 '건축_단위실용' 치수 스타일이 생성된 것을 확인할 수 있다.

⑤ [닫기] 버튼을 클릭한다.

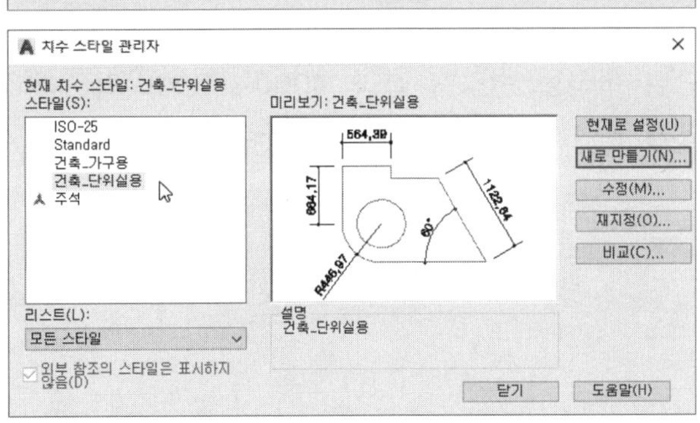

'전체 축척 사용(S): '의 값을 '40'으로 변경하여 선형 치수를 작성한 결과는 오른쪽과 같다.

치수 문자의 크기, 화살촉(점)의 크기, 치수 보조선의 연장 길이, 치수보조선 이격거리 모든 것이 증가되어 표시된다.

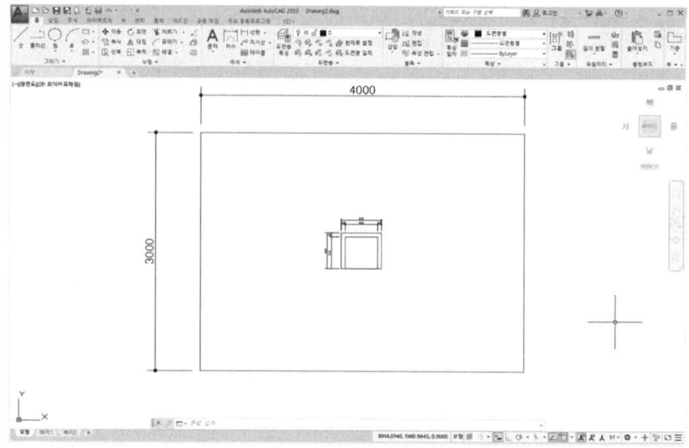

단위 형식(Unit format)

공간의 크기를 측정한 치수문자가 '4000', '3000'으로 표기되어 있다. 일반적으로 건축도면에서는 천 단위 구분 콤마를 사용하기 때문에 '4,000', '3,000'으로 표기되어야 한다.

① [치수 스타일 관리자]를 실행한다.

② [수정(M)...] 버튼을 클릭한다.

③ [치수 스타일 수정: 건축_단위실용] 대화상자의 '1차 단위(Primary Units)' 탭을 선택한다.

④ '단위 형식(U):'을 'Windows 바탕화면'으로 변경한다.

⑤ [확인] 버튼을 클릭한다.

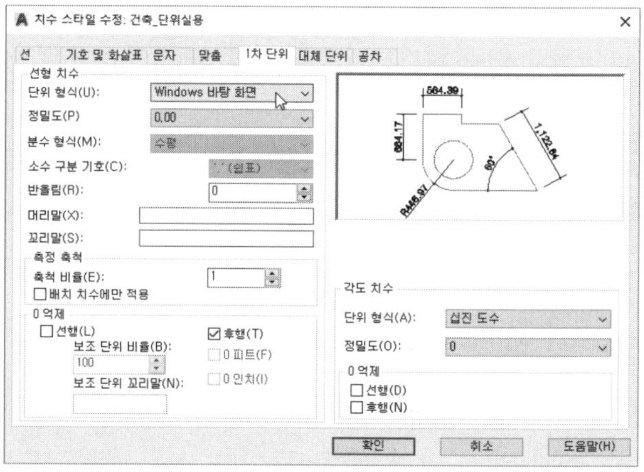

⑥ [치수 스타일 관리자]로 돌아오면 [닫기] 버튼을 클릭한다.

단위 형식을 변경한 결과 '4000', '3000'의 표기가 '4,000', '3,000'으로 변경되었다.

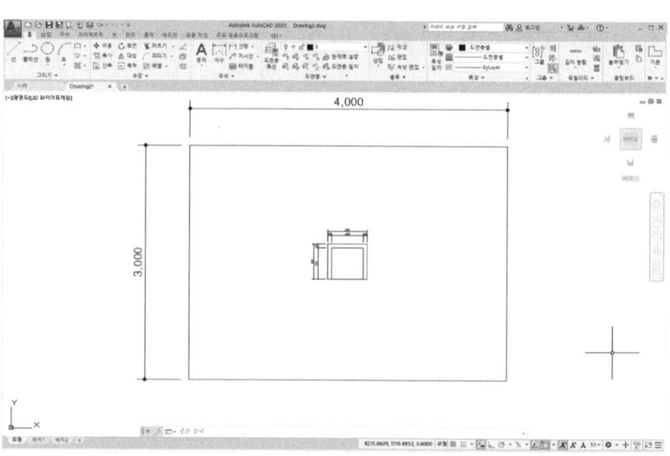

맞춤 옵션

공간을 표현한 직사각형을 벽체로 만들기 위해 공간 내부로 '200' 만큼 간격띄우기를 실행한다.

작성된 벽체의 두께를 선형 치수로 기입하면 오른쪽과 같이 치수문자가 치수보조선 바깥에 나타난다. 문자가 돌출되는 방향은 두 번째 치수보조선 바깥으로 돌출되므로 상황에 따라 잘 조정해야 한다. 경우에 따라서는 반드시 치수보조선 사이에 위치하도록 강제하는 경우도 필요하다.

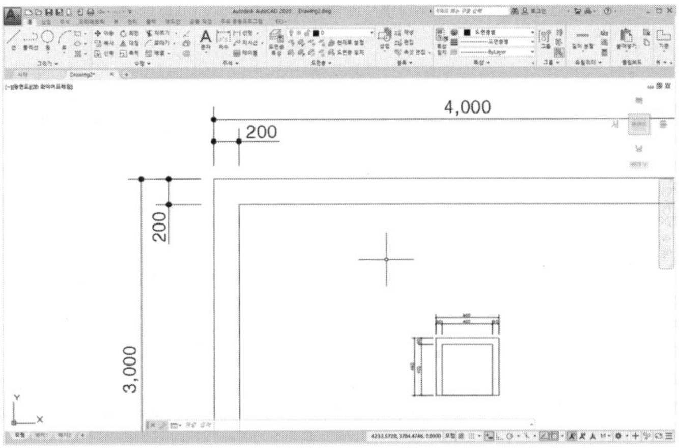

① [치수 스타일 관리자]를 실행한다.

② [수정(M)...] 버튼을 클릭한다.

③ [치수 스타일 수정: 건축_단위실용] 대화상자의 '맞춤' 탭을 선택한다.

④ '맞춤 옵션(F)'에서 '항상 치수보조선 사이에 문자 유지'로 변경한다.

⑤ [확인] 버튼을 클릭한다.

⑥ [치수 스타일 관리자]로 돌아오면 [닫기] 버튼을 클릭한다.

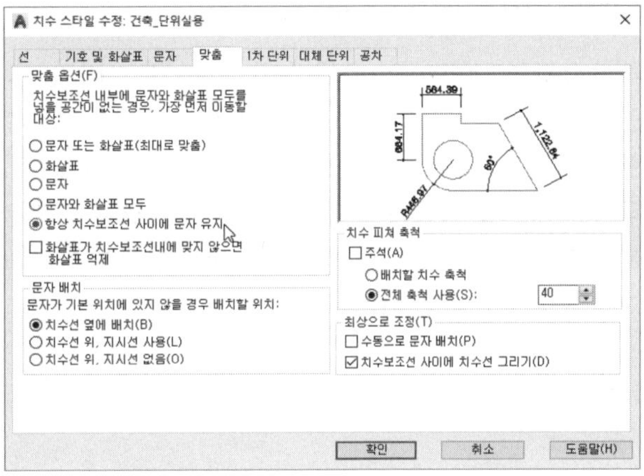

맞춤 옵션을 변경한 결과 치수 문자가 치수보조선에 겹치더라도 치수보조선 사이에 위치하게 된다. 문자 자체가 충분한 선 두께를 가지고 있기 때문에 시각적으로 구분하기에는 큰 문제가 없다.

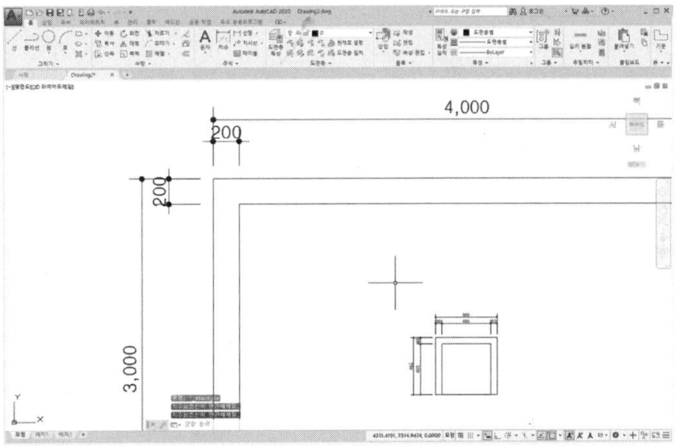

EXERCISE 45 기본 다중지시선 작성하기

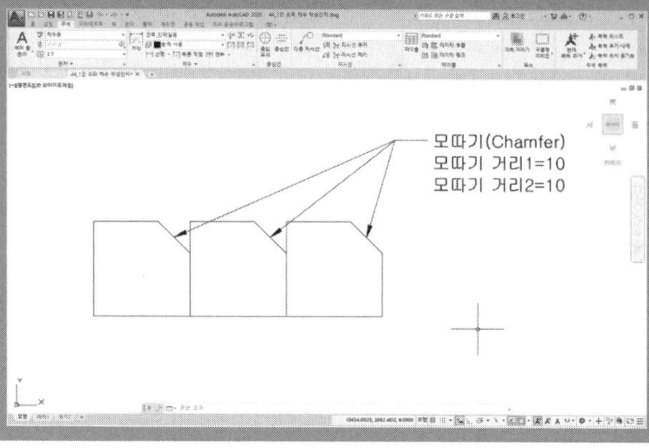

학습목표
- 다중지시선 도구를 사용할 수 있다.
- 다중지시선을 수정하고 지시선을 추가할 수 있다.

새로운 도구/기능
- 홈 탭 → 주석 패널 → 지시선(다중지시선)
- 주석 탭 → 지시선 패널 → 다중지시선

중요한 도구/기능
- 다중지시선 스타일 대화상자

#Multileader #Landing #Add #Remove

다중지시선(Multileader) 용어

다중지시선(Multileader)은 특정 부분을 가리키거나 특정 부분의 설명을 위하여 스플라인과 직선의 세그먼트에 화살촉이 붙어 있는 객체를 말하며 모든 주석문은 지시선의 끝에 위치한다. 지시선과 주석은 연관성이 있어 주석을 수정하면 지시선도 자동으로 갱신된다.
다중지시선의 형식과 각 부위의 명칭은 오른쪽과 같다.
화살촉(Arrowhead), 지시선(Leader), 연결선(Landing), 그리고 내용(Content)로 구성된다.

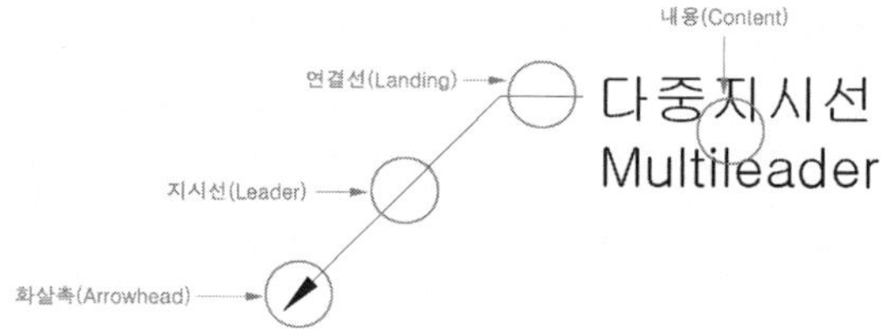

화살촉의 유형과 지시선의 유형을 변경하여 오른쪽과 같은 다양한 형태의 다중지시선을 작성할 수 있다.

다중지시선의 실행 역시 리본메뉴를 이용하는 것이 가장 편리하다.

① 홈 탭의 주석 패널에서 다중지시선 도구를 실행할 수 있다.

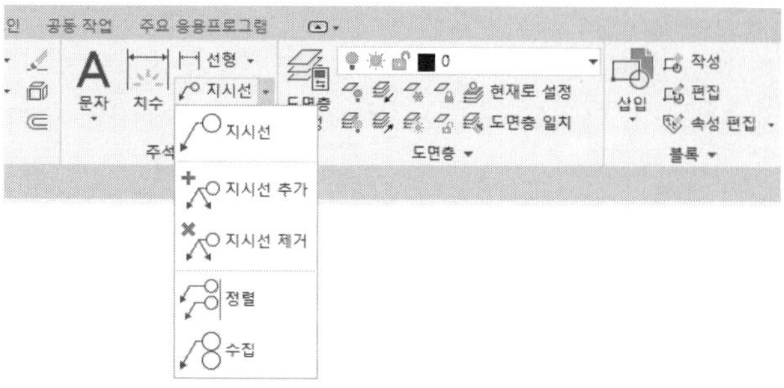

② 주석 탭의 다중지시선 패널에서 다중지시선 도구를 실행할 수 있다.

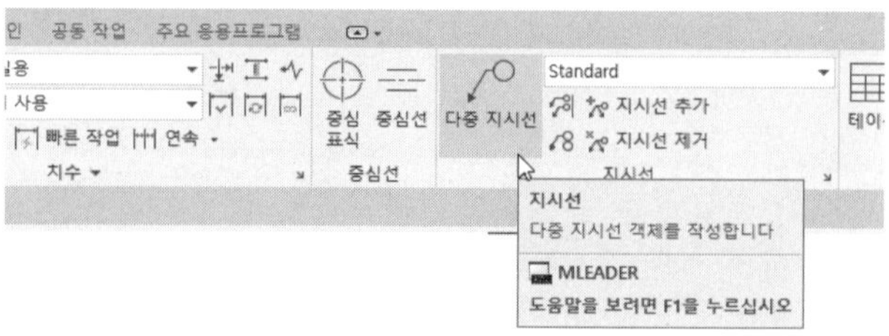

다중지시선 작성

다중지시선의 경우도 스타일에 유의하여 작업해야 한다. 현재 기본으로 설정된 다중지시선 스타일은 'Standard'로 치수 스타일의 'ISO-25' 스타일과 유사한 설정을 가지고 있다. 앞서 'ISO-25' 치수 스타일에서 작업한 모따기가 적용된 30×30 정사각형 도형을 이용하여 다중지시선을 적용하도록 한다.

① [다중 지시선] 도구 실행

② [지시선 화살촉 위치 지정 또는] 에서 지시선의 시작 위치를 지정한다. 모따기한 사선의 중간점을 화살촉의 위치로 지정한다.

③ [지시선 연결선 위치 지정:] 에서 지시선의 다음 점을 지정한다.

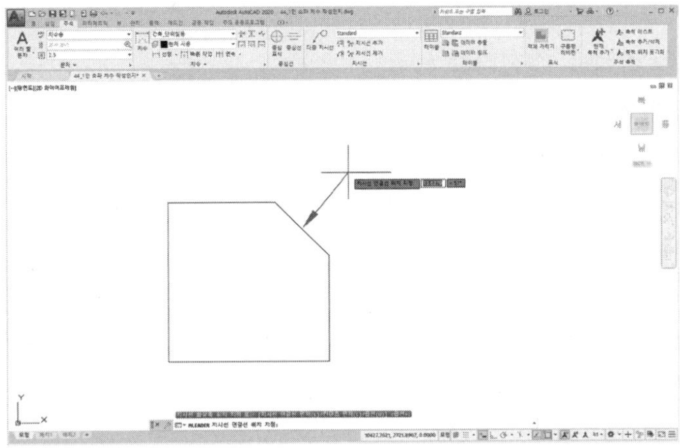

'Standard' 스타일은 연결점의 개수가 2개로 제한되어 있기 때문에 다음 점을 지정하면 지시선의 정의는 끝나게 된다. 마우스 커서의 우측으로는 수평의 연결선이 함께 나타나 문자의 입력 위치를 정확하게 판단할 수 있다.

④ 문자 입력창이 나타나면 관련 주석을 입력한다. 작성방법은 다중 문자 입력방법과 동일하다.

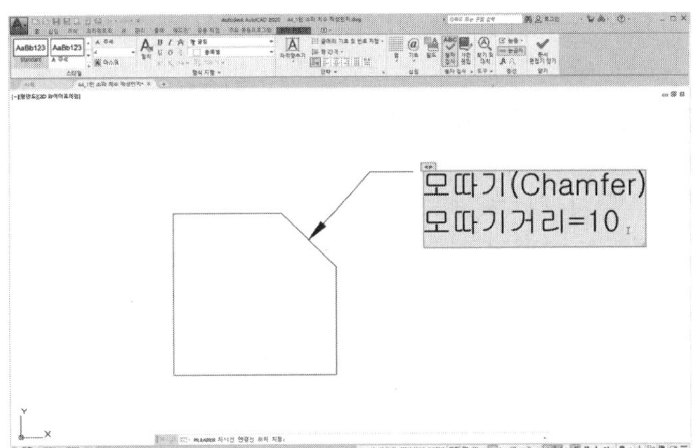

⑤ [문서 편집기 닫기] 도구를 클릭하여 다중지시선 작업을 종료한다.

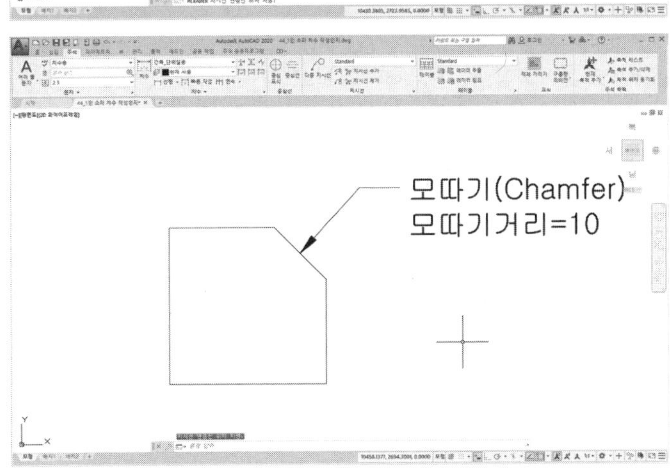

다중지시선의 수정

① 다중지시선의 주석문자를 변경하고자 할 경우 문자를 더블클릭하면 문자 편집모드로 변경된다.

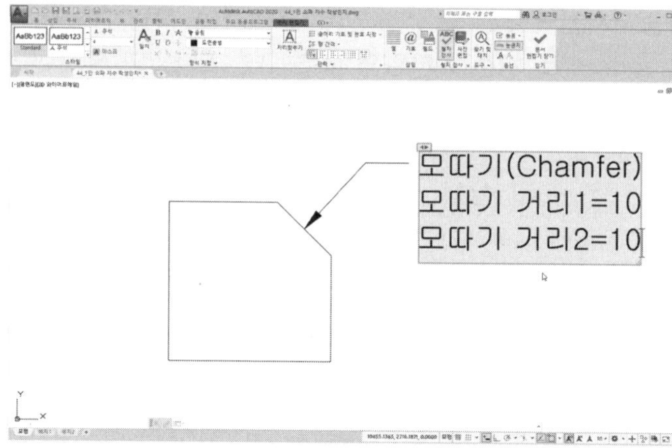

② 주석을 수정한다.

③ 

도구를 클릭하여 종료한다.

다중지시선을 수정하고자 할 경우 그립 모드를 이용해 손쉽게 편집할 수 있다.

④ 다중지시선의 그립(Grip) 점들이 오른쪽과 같이 나타난다.

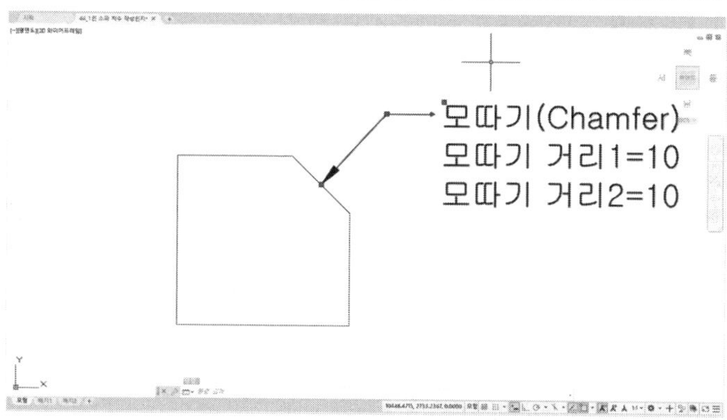

⑤ 다중 문자 좌측 상단에 위치한 문자 그립을 이용하여 다중지시선의 문자 위치를 변경한다. 문자 위치에 따라 지시선도 변경되지만 머릿점 그립은 고정이다.

또한, 연결선 그립을 이동하여 문자의 위치를 변동할 수도 있다. 연결선 좌측에 위치한 그립점을 이동하면 연결선과 함께 문자 또한 이동하게 된다.

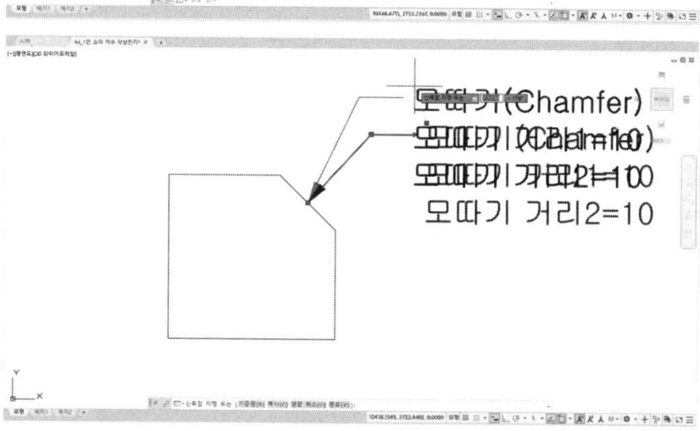

⑥ 머릿점 그립을 이용해 화살표의 위치를 변경할 수 있다. 문자의 위치에는 영향을 주지 않으므로 연결선 또한 변동이 없다.

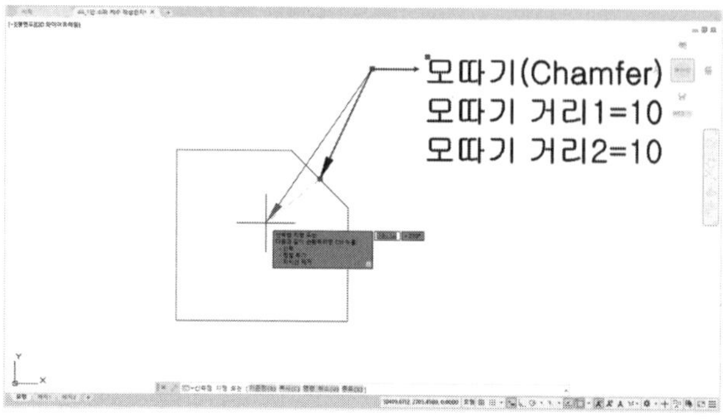

⑦ 연결선의 우측에 위치한 길이조정 그립을 이용하여 연결선의 길이를 변경할 수 있다. 연결선과 함께 주석의 위치도 변동된다.

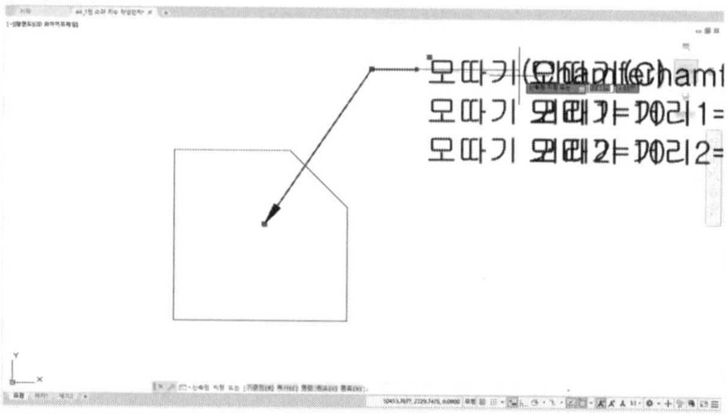

다중지시선의 추가와 삭제

다중지시선은 여러 개의 지시선을 포함할 수 있다. 오른쪽과 같이 도형을 복사하고 그립을 이용하여 다중지시선의 위치를 변경한다.

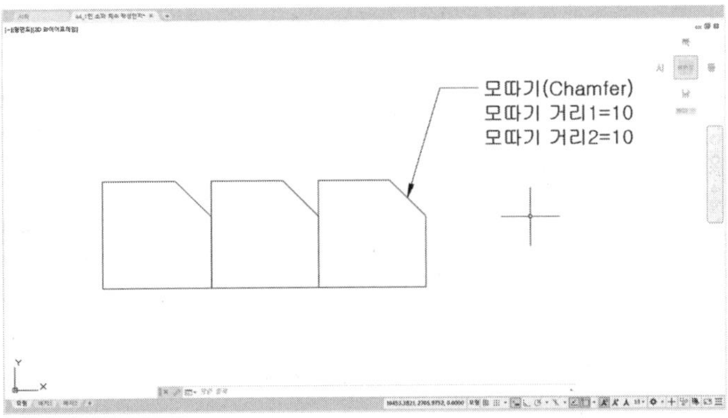

① 주석 탭 → 지시선 패널 → [지시선 추가] 도구 실행

② [다중 지시선 선택:] 에서 지시선을 추가할 다중지시선 객체를 선택한다.

③ [지시선 화살촉 위치 지정 또는] 에서 마우스를 드래그하면 오른쪽과 같이 연결선에서부터 새로운 지시선이 나타난다. 위치를 지정하면 새로운 지시선이 추가된다.

④ [Enter↵]를 눌러 명령을 종료한다.

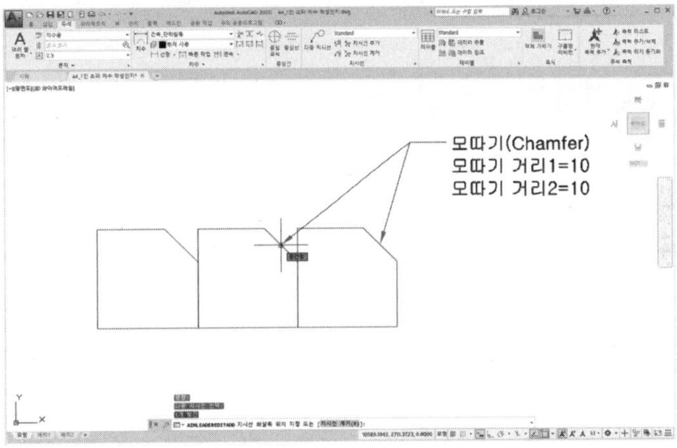

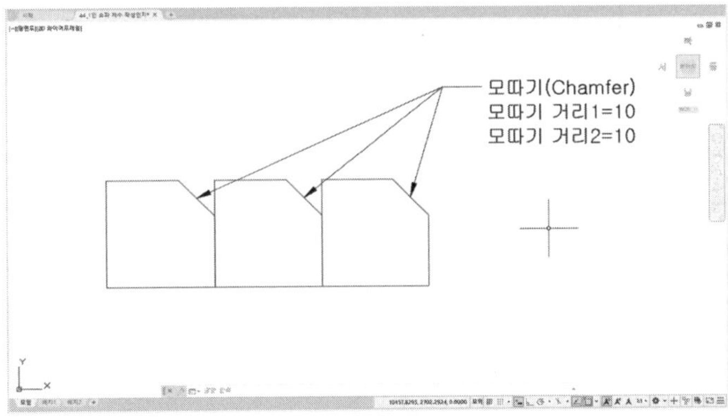

다음으로 지시선을 제거하도록 한다.

⑤ 주석 탭 → 지시선 패널 → [지시선 제거] 도구 실행

⑥ 다중지시선을 선택한다.

⑦ 제거할 지시선을 선택한다.

⑧ [Enter↵]를 눌러 명령을 종료한다.

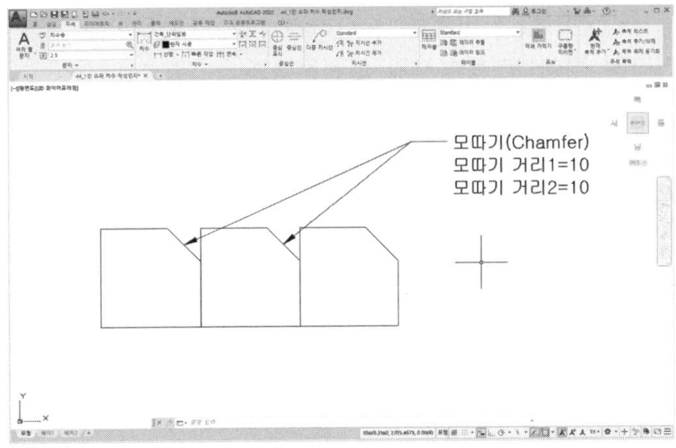

EXERCISE 46 1인 소파 다중지시선 작성하기

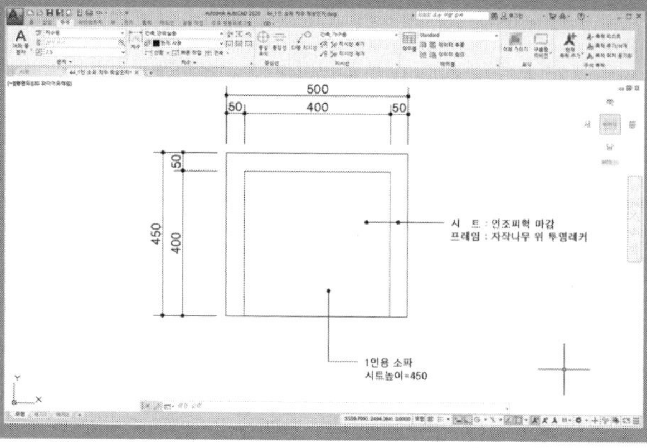

학습목표
- 도면 축척에 맞는 다중지시선을 작성할 수 있다.
- 다중지시선의 스타일을 관리할 수 있다.

새로운 도구/기능
- 홈 탭 → 주석 패널(확장) → 다중지시선 스타일
- 주석 탭 → 지시선 패널 → 다중지시선 스타일

중요한 도구/기능
- 다중지시선 스타일 관리자
- 문자 스타일 대화상자

#Multileader #Style #Scale #Dot

다중지시선 스타일 추가

새 다중지시선 스타일을 작성하여 앞서 작업한 의자에 다중지시선을 이용한 주석을 입력한다. 새 다중지시선 스타일을 추가하기 위해서는 [다중지시선 스타일 관리자] 대화상자를 실행하여야 한다.

① 홈 탭의 주석 패널을 확장하여 다중지시선 스타일 관리자 도구를 실행한다.

② 주석 탭의 지시선 패널의 패널이름 오른쪽 끝에 있는 ↘ 버튼을 실행한다.

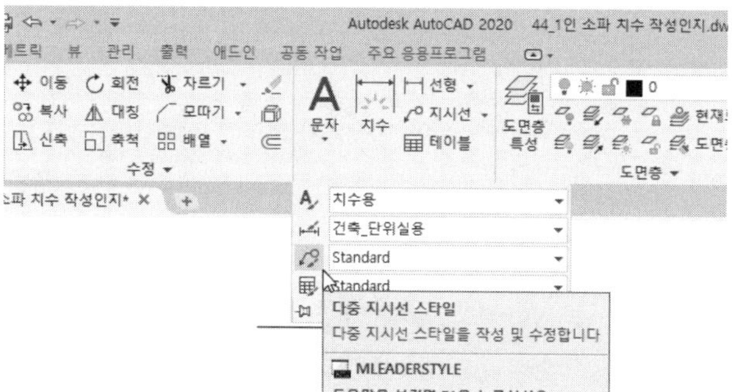

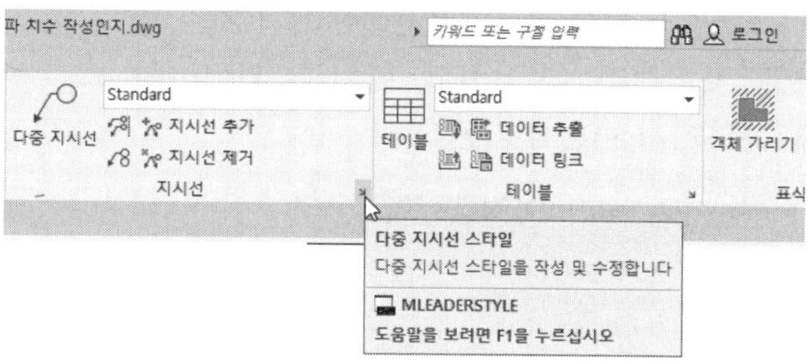

[다중지시선 스타일 관리자] 대화상자는 좌측의 목록, 중앙의 미리보기, 그리고 우측의 기능 버튼들로 이루어져 있다.

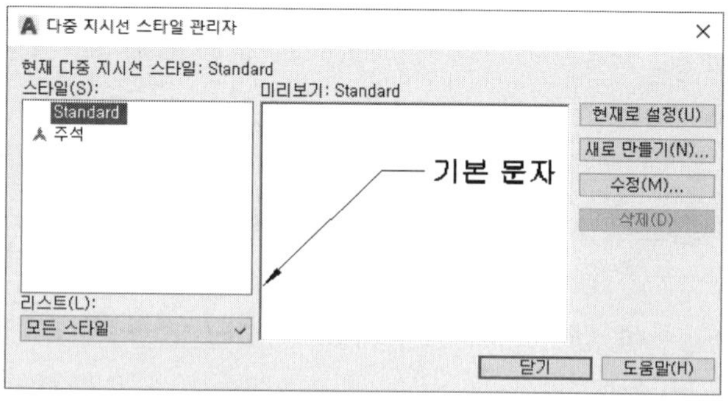

③ [새로 만들기(N)...] 버튼을 클릭하면 [새 다중지시선 스타일 작성] 대화상자가 실행된다.

④ [새 다중지시선 스타일 작성] 대화상자에서 '새 스타일 이름(N):'은 '건축_가구용'과 같이 정확한 이름을 입력하고 '시작(S):'은 'Standard' 설정을 그대로 사용한다.

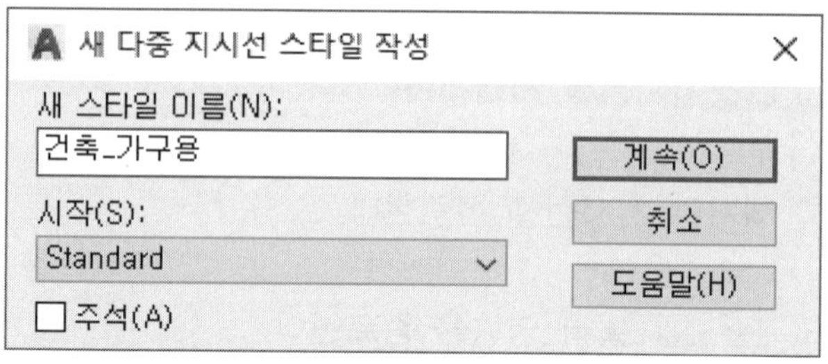

⑤ [계속(O)] 버튼을 클릭한다.

[다중지시선 스타일 수정] 대화상자에서 여러 설정들을 변경할 수 있으나 일단 기존의 설정을 그대로 사용하여 다중지시선을 작성하고, 결과를 확인하면서 설정값들을 수정한다.

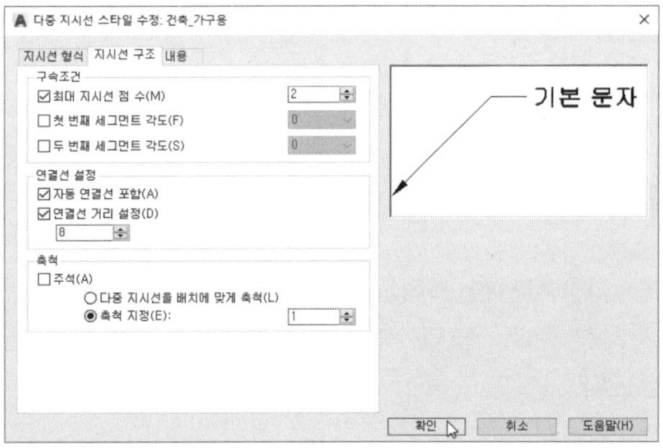

⑥ 확인 버튼을 클릭하여 [다중지시선 스타일 수정] 대화상자를 종료한다.

⑦ [다중지시선 스타일 관리자]로 돌아오면 현재 다중지시선 스타일이 변경된 것을 확인할 수 있다. 닫기 버튼을 클릭한다.

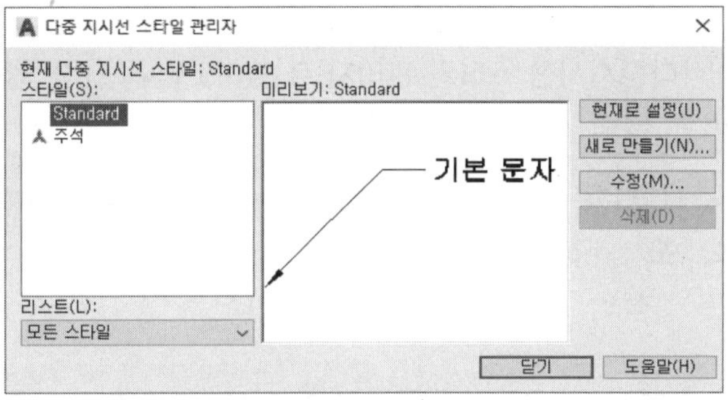

다중지시선 작성

① 다중 지시선 도구 실행

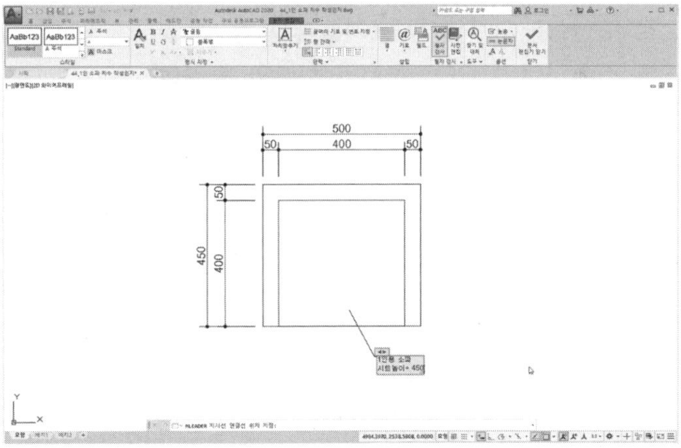

② 지시선의 화살촉 위치를 지정한 다음 드래그하여 지시선 연결선의 위치를 지정한다.

③ 다중 문자 입력창이 나오면 관련 주석을 입력한다.

④ 문서 편집기 닫기 도구를 클릭하여 종료하면 오른쪽과 같은 결과가 나타난다. 입력한 다중 문자가 더욱 작게 나타나 내용을 확인할 수가 없다.

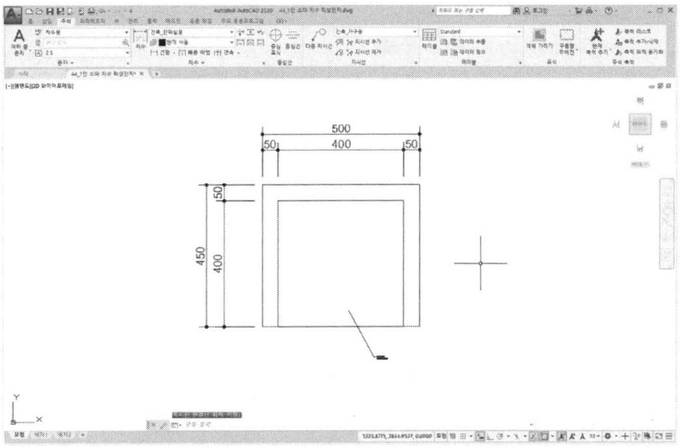

다중지시선 문자 스타일 수정을 통해 주석 내용과 다중지시선의 요소들이 도면에 적합한 형태가 되도록 조정한다.

축척 지정

① [다중지시선 스타일 관리자] 대화상자 실행

② 수정(M)... 버튼 클릭

③ [다중지시선 스타일 수정] 대화상자가 나타나면 '지시선 구조' 탭의 '축척 지정'의 값을 '10'으로 변경한다.

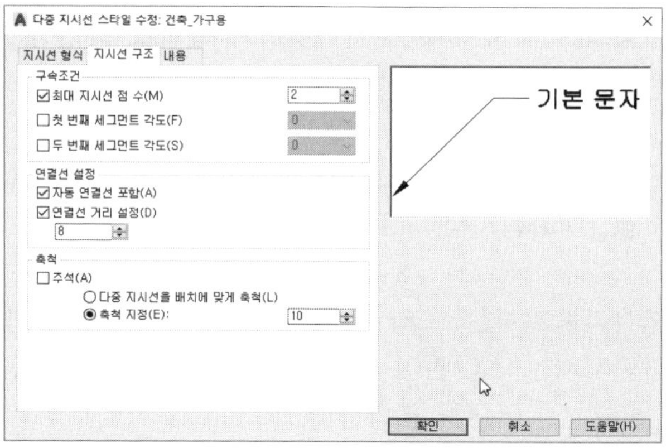

④ 확인 버튼 클릭

⑤ [다중지시선 스타일 관리자]로 돌아오면 닫기 버튼 클릭

'축척 지정' 값을 변경한 결과 지시선 화살촉의 크기, 연결선의 길이, 문자의 크기 등 모든 설정의 크기가 10배 증가되었다.

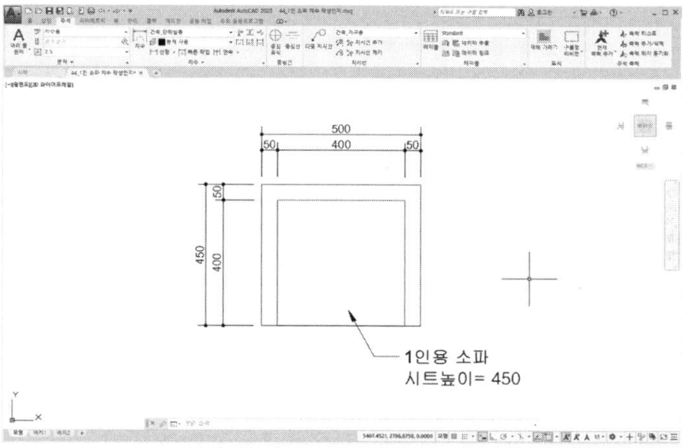

치수에서 '전체 축척'을 '10'으로 설정하였다고 다중지시선 축척 또한 동일하게 '10'으로 설정할 필요는 없다. 다중지시선은 치수와 별도로 도면상에서 적절한 크기를 유지할 수 있도록 조절하여야 한다. 하지만 치수와 동일한 축척값을 유지하기 위해 다중지시선의 문자 높이를 변경시켜 작업하는 것도 바람직하다.

화살촉

다중지시선의 화살촉 역시 건축, 실내건축 등의 도면에서는 점(Dot)을 많이 사용하므로 기호를 변경하도록 한다.

① [다중지시선 스타일 관리자] 대화상자 실행

② 수정(M)... 버튼 클릭

③ [다중지시선 스타일 수정] 대화상자가 나타나면 '지시선 형식' 탭에서 화살촉의 '기호(S)'를 '점'으로 변경하고, '크기(Z)'도 '1'로 변경한다.

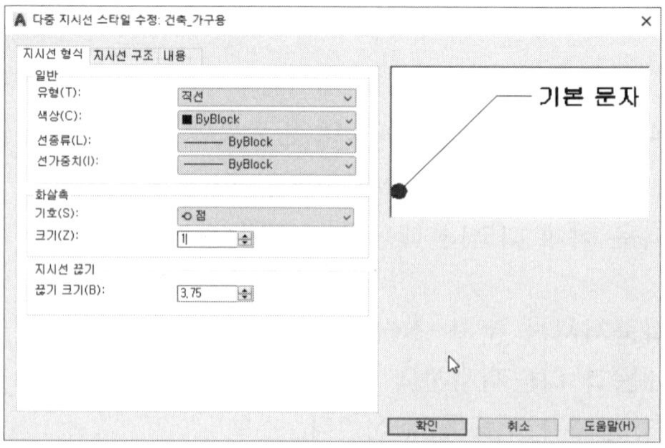

④ 확인 버튼 클릭

⑤ [다중지시선 스타일 관리자]로 돌아오면 닫기 버튼 클릭

화살촉의 형태와 크기를 변경한 결과는 오른쪽과 같다. 동일한 축척 값을 가지기 때문에 다중지시선의 점과 치수 점의 크기가 동일하다.

필요한 경우 문자 높이를 조정하여 도면 전체에서 다중지시선 문자의 비율을 조정하는 것이 바람직하다.

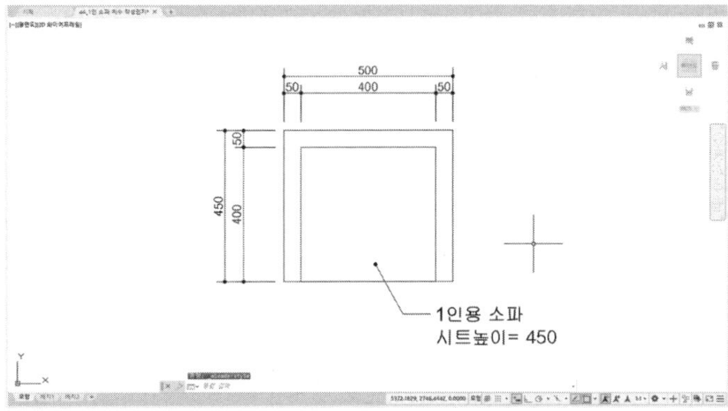

지시선 문자

① [다중지시선 스타일 관리자] 대화상자를 실행하고 [수정(M)...] 버튼을 클릭한다.

② [다중지시선 스타일 수정] 대화상자가 나타나면 '내용' 탭을 선택한다.

③ 문자 옵션의 '문자 스타일(S)'을 '치수용'으로 변경하고, '문자 높이(T)'를 '2'로 변경한다.

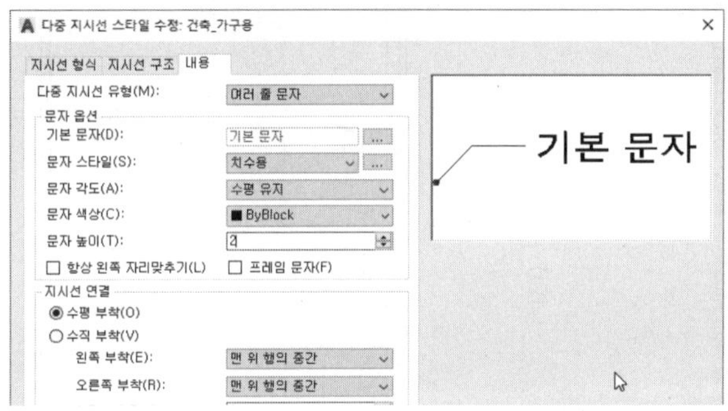

문자 스타일은 치수 문자 스타일에서 '굴림' 글꼴을 사용하므로 동일하게 사용하려면 '치수용' 문자 스타일을 그대로 사용하고, 다른 글꼴을 사용하거나 치수와는 별도로 관리하고 싶다면 새로운 문자 스타일을 만들어 지정하면 된다.

④ [확인] 버튼 클릭

⑤ [다중지시선 스타일 관리자]로 돌아오면 [닫기] 버튼 클릭

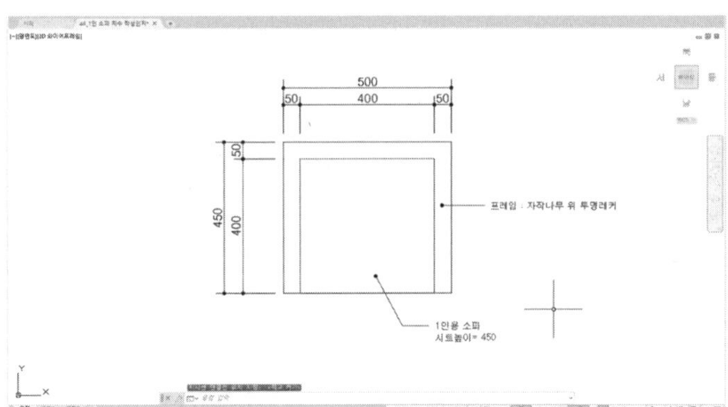

다중지시선의 문자 스타일과 문자 높이를 변경한 결과는 오른쪽과 같다.
의자 프레임에 추가로 다중지시선을 이용하여 주석을 기입한다.
일반적으로 기울어진 지시선보다는 수평 또는 수직의 지시선을 더 많이 사용한다.

다음과 같이 수직으로 지시선을 내리고 수평의 연결선에 다중 문자를 기입하거나, 하나 이상의 지시선을 겹치게 사용하여 각각의 주석을 하나의 다중문자에 순차적으로 기입하는 것이 바람직하다.

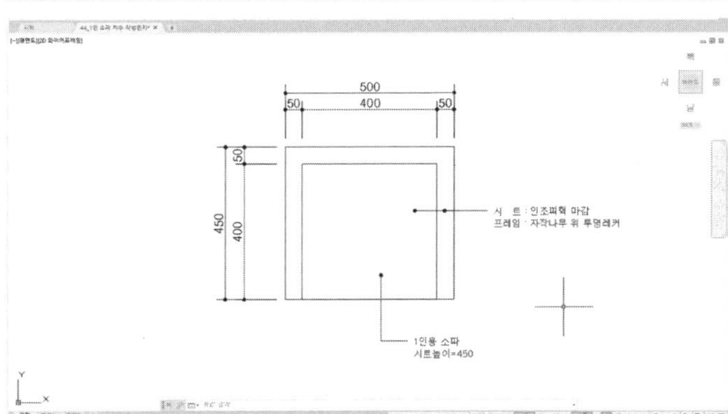

EXERCISE 47 주방 싱크대 그리기 ※ 가로방향으로 작성

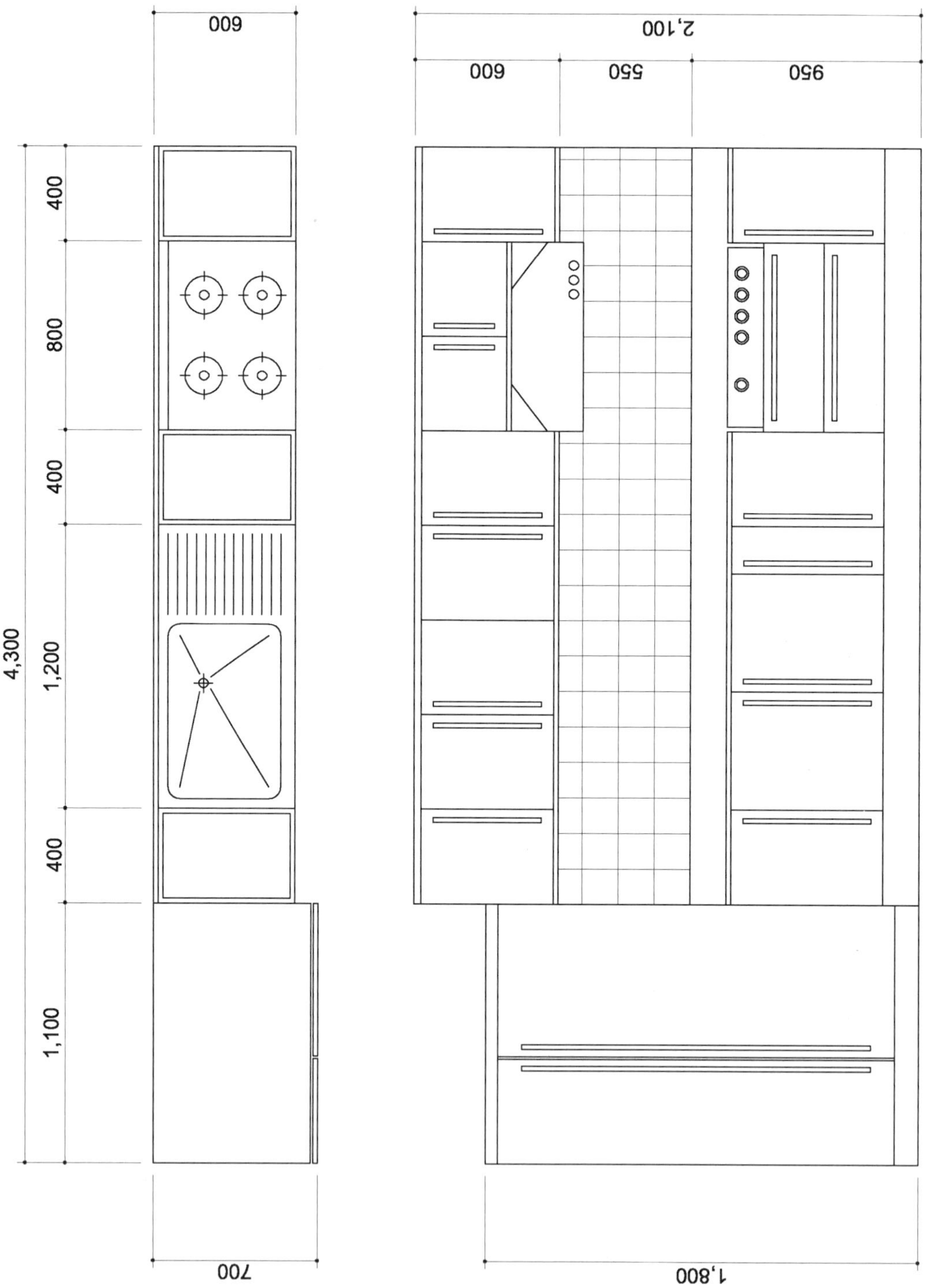

EXERCISE 48 커튼박스 상세도 ※ 가로방향으로 작성

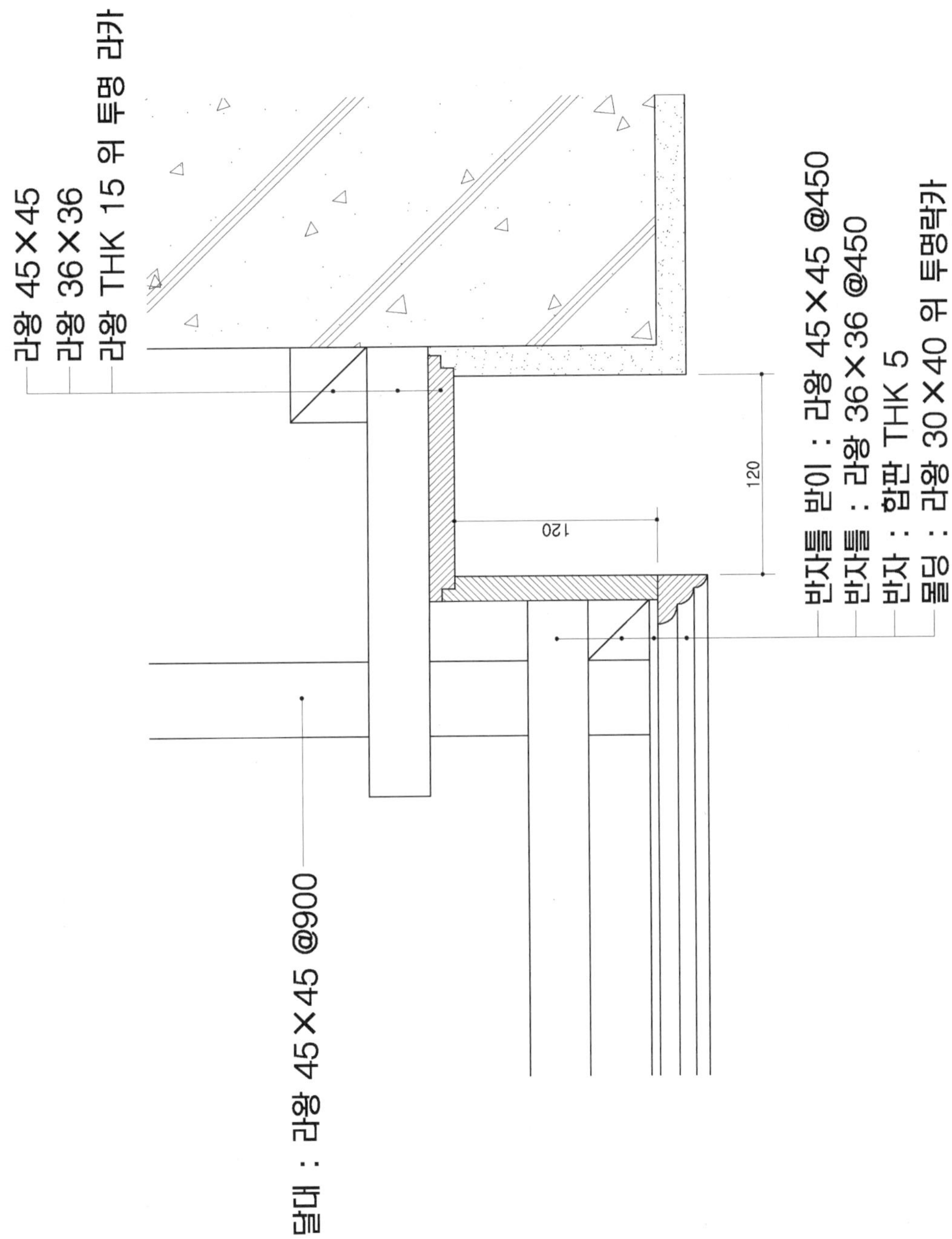

EXERCISE 49 도면층으로 자녀방 그리기

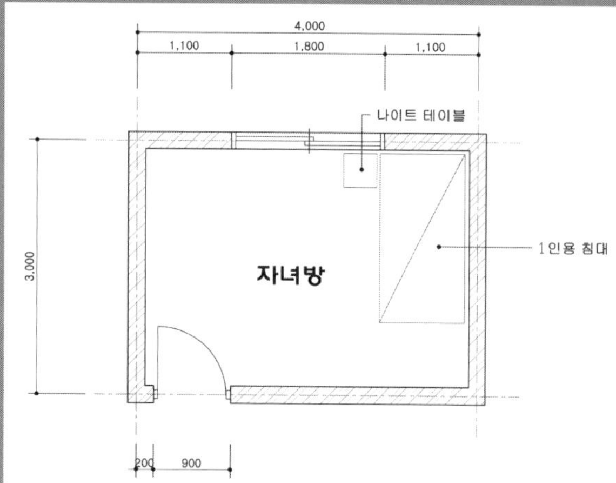

평 면 도

학습목표
- 도면층 도구의 개념을 이해하고 사용할 수 있다.
- 도면층을 이용하여 간단한 평면도를 완성한다.

새로운 도구/기능
- 홈 탭 → 도면층 패널 → 도면층 특성
- 명령어 행 : layer Enter↵, la Enter↵
  ltscale Enter↵
  dimdisassociate Enter↵

중요한 도구/기능
- [도면층 특성 관리자] 대화상자
- 선가중치 표시/숨기기

#Layer #Color #Linetype #Ltscale #Match Properties #Dimdisassociate #Lineweight

복잡한 도면작업을 할 때 도면의 공통된 요소들을 그룹화하여 관리할 수 있다면 보다 신속하고 정확한 작업을 진행할 수 있을 것이다. 예를 들면, 평면도의 중심선, 벽체, 창호, 가구, 해치, 문자, 치수 등의 요소를 각각 그룹으로 관리하고, 마지막으로 이 그룹들을 중첩시켜 최종 결과물을 완성하는 것이다. 이러한 도면 요소들을 그룹화하여 대표 특성을 부여하여 다른 도면 요소들과 분리해서 작업 관리하도록 하는 것이 바로 도면층(Layer)이다.

도면층은 투명한 특성이 있기 때문에 각기 다른 도면층에서 작업을 진행하더라도 마치 한 장의 도면에서 작업한 것 같은 결과를 얻을 수 있다. 또한 도면층에 대해 각기 다른 색상(Color)과 선유형(Linetype), 선가중치(Lineweight)를 부여한다면 시각적으로 훨씬 명확하게 작업할 수 있다.

도면층 특성 관리자

도면층을 생성하고 도면층의 특성을 변경하는 작업은 주로 [도면층 특성 관리자]에서 이루어진다. 리본 메뉴 홈 탭의 도면층 패널과 그 확장 패널에 모든 기능이 포함되어 있다.

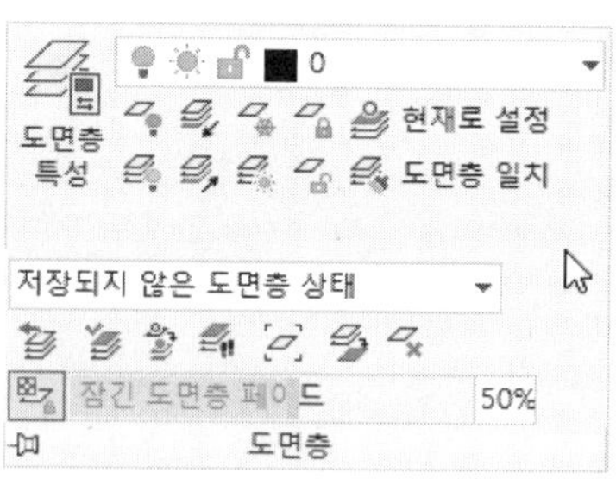

① [도면층 특성] 도구를 실행하면 [도면층 특성 관리자]가 실행된다.

[도면층 특성 관리자]가 실행되면 기본으로 생성되어 있는 '0' 도면층이 나타난다. 지금까지 모든 작업이 '0' 도면층에서 이루어졌다. 앞으로는 '0' 도면층은 사용하지 않고 작업 단계에 적합한 새 도면층을 만들어 사용한다. 각 도면층에는 켜기, 동결, 잠금, 색상, 선종류, 선가중치 등의 특성을 정의할 수 있다.

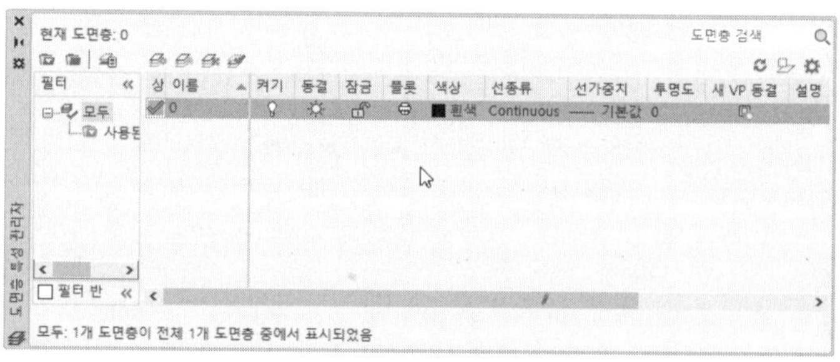

(1) 중심선 그리기

새 도면층

우선 도면의 중심선을 먼저 작성한다. 중심선을 작성하기에 앞서 중심선이 소속될 도면층을 새로 만들어야 한다.

① 도면층 특성 도구를 클릭하여 [도면층 특성 관리자]를 실행한다.

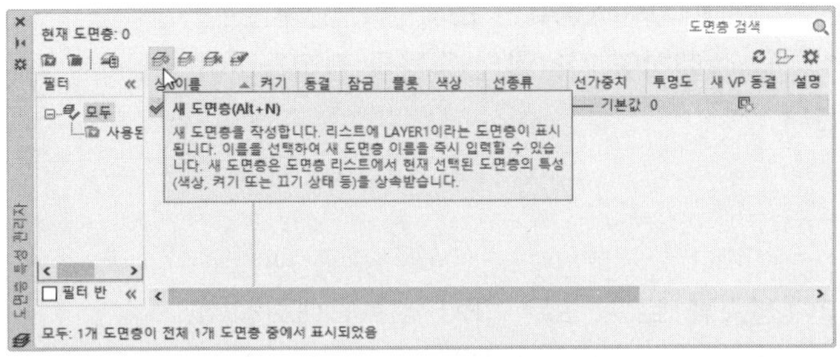

② (새 도면층) 도구를 클릭하면 도면층 목록에 새 도면층이 생성되고 이름을 입력할 수 있다. 새 도면층의 이름을 '중심선'으로 변경한다.

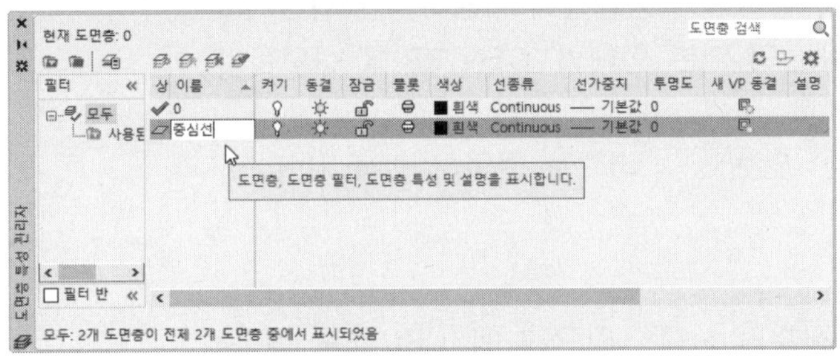

③ 중심선 도면층의 색상 항목이 '흰색'으로 기본 설정되어 있는데, 색상 샘플을 클릭하면 [색상 선택] 대화상자가 나타난다. 중심선 도면층의 색상을 '빨간색'으로 변경한다.

④ 확인 버튼을 클릭하여 색상 변경을 적용한다.

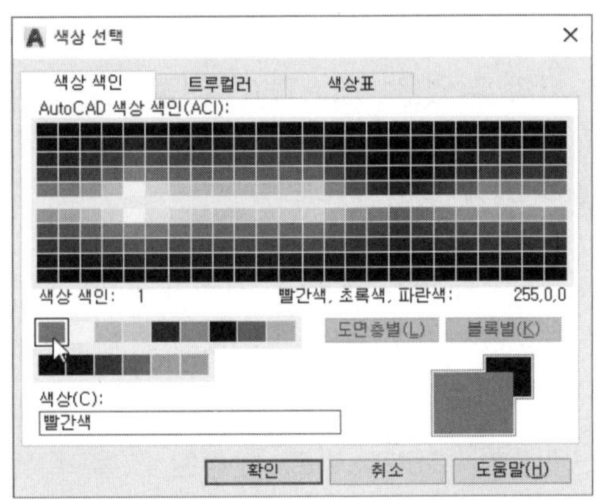

중심선 도면층의 색상이 빨간색으로 변경되어 적용된 것을 확인할 수 있다.

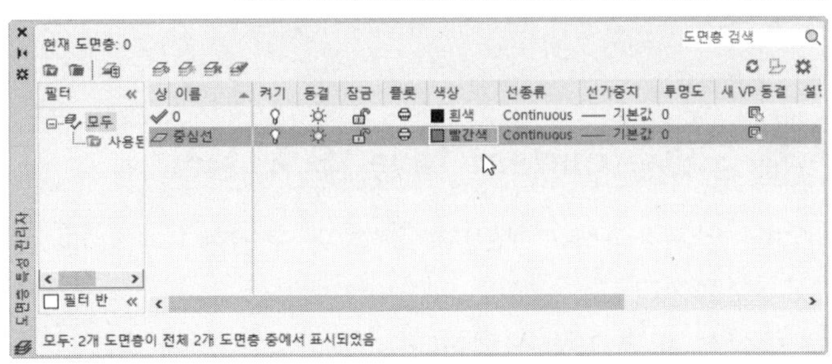

선종류(linetype)

도면에서 사용되는 모든 선에는 그 선의 유형에 따라 조금씩 다른 선종류가 적용된다. 평면도를 기준으로 보았을 때 실선은 실제 보이는 선, 점선은 존재하지만 보이지 않는 선, 일점쇄선은 실존하지 않는 선을 일반적으로 의미한다. 중심선은 도면작성에서 가장 기본이 되고 중요한 기준이지만 실존하지 않는 선이므로 일점쇄선을 사용한다.

① [도면층 특성 관리자]에서 중심선 도면층의 선종류 항목에서 기존에 설정된 'Continuous'를 직접 클릭한다.

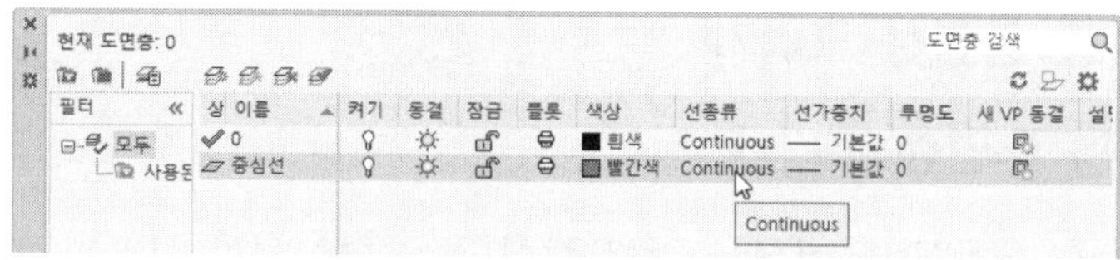

② [선종류 선택] 대화상자가 나타나지만 현재는 'Continuous' 선종류만 존재한다. 로드(L)... 버튼을 실행하여 사용할 선종류를 불러들여야 한다.

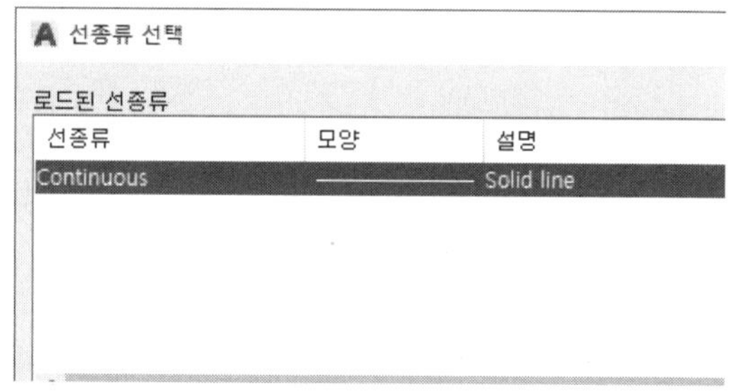

③ [선종류 로드 또는 다시 로드] 대화상자가 나타나면 중심선에 사용하기 적합한 일점쇄선의 기본 형태인 'CENTER'를 선택한다.

④ 확인 버튼을 클릭하여 불러온다.

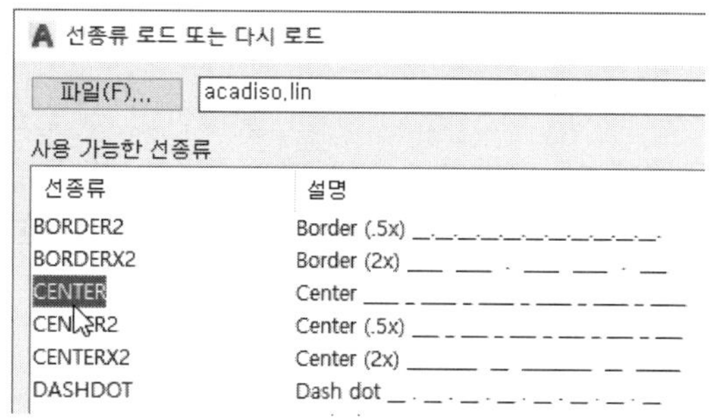

[선종류 선택] 대화상자에 'CENTER' 선종류가 추가된 것을 확인할 수 있다. 하지만 지금까지의 작업은 'CENTER' 선종류를 불러온 것이지, 중심선 도면층에 'CENTER' 선종류를 지정한 것은 아니다.

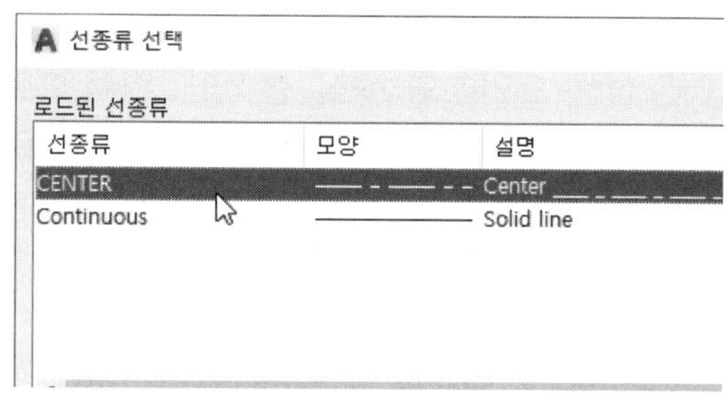

⑤ 'CENTER' 선종류를 선택한다.

⑥ 확인 버튼을 클릭한다.

[도면층 특성 관리자]에서 중심선 도면층의 선종류가 'CENTER'로 변경된 것을 확인할 수 있다.

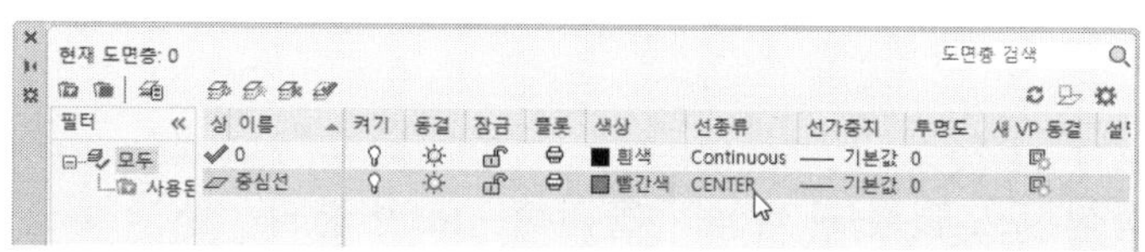

현재 도면층(Current Layer)으로 설정

작업에 앞서 '중심선' 도면층을 현재 도면층으로 설정한다.

① 중심선 도면층을 선택한다.

② (현재로 설정) 도구를 클릭하여 중심선 도면층을 현재 도면층으로 설정한다.

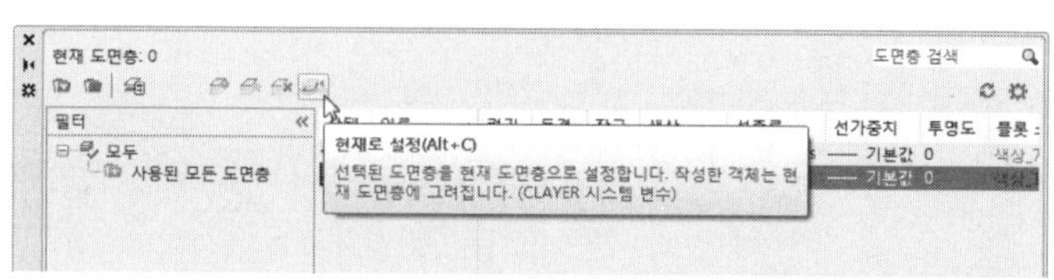

③ 또는 도면층 특성 항목들 중 도면층 이름 앞에 있는 상태를 더블클릭하면 현재 도면층으로 변경된다.

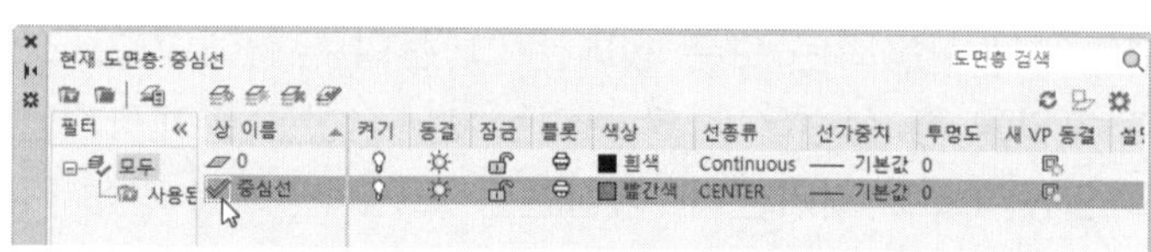

자동 숨기기

도면작업을 위해서는 [도면층 특성 관리자]가 화면에 나타나지 않는 것이 좋다. 창을 완전히 닫아버리는 것도 좋은 방법이지만 자주 사용해야 하는 경우라면 자동 숨기기를 해서 [도면층 특성 관리자]를 최소화시켜 도면작업을 하는 것이 편리하다.

① '자동 숨기기'를 설정하고 도면으로 마우스를 가져가면 [도면층 특성 관리자]가 최소화되어 바(Bar) 형태로만 남아 있다.

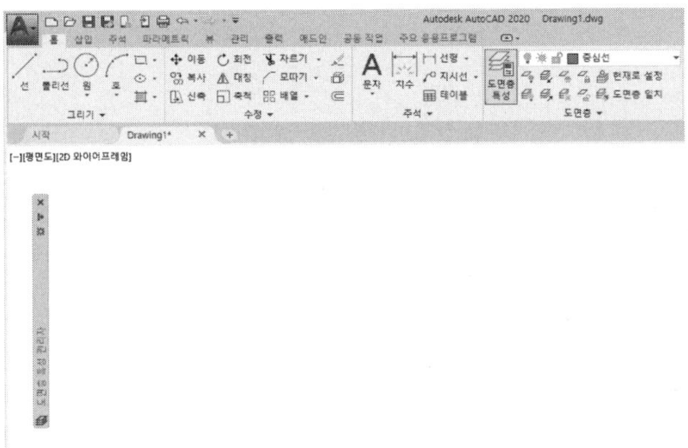

② 다시 마우스를 최소화된 [도면층 특성 관리자] 위로 가져가면 [도면층 특성 관리자] 전체가 펼쳐진다.

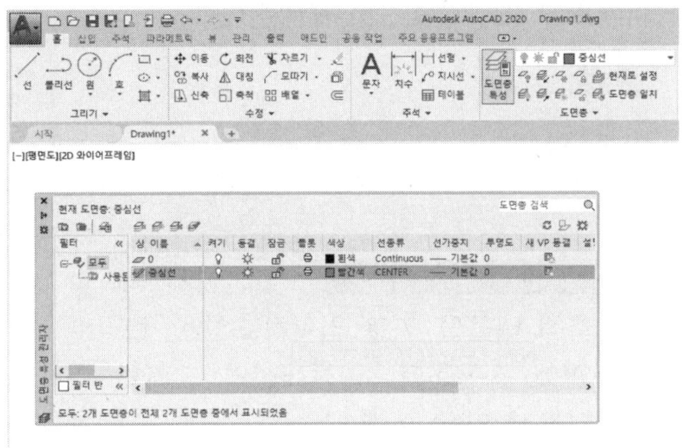

중심선 작성하기

평면도의 크기가 '4000×3000'이다. 중심선은 이보다 더 크게 그려야 벽체 바깥으로 돌출될 수 있다. 수평중심선은 5000 정도, 수직중심은 4000 정도가 되도록 작성한다.

① 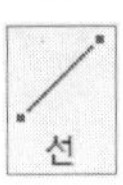 도구 실행

② 임의의 첫 번째 점을 지정하고, '5000' 길이의 수평선을 작성한다.

작성된 수평선은 도면층 설정에 따라 색상은 '빨간색', 선종류는 'CENTER'로 표현된다.

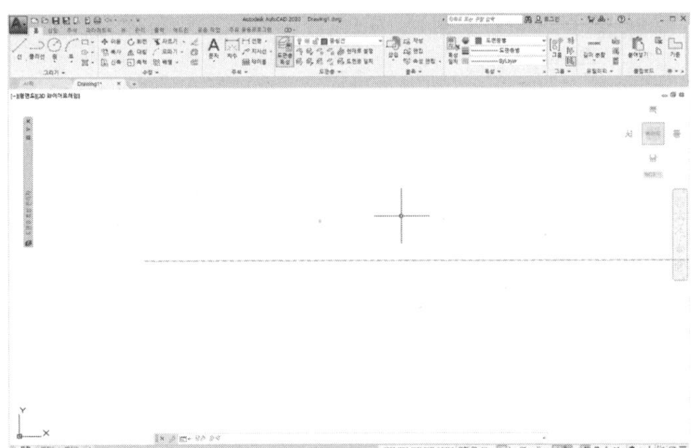

③ 마우스 휠을 더블클릭하여 객체 전체 보기를 실행한다.

선종류 축척

중심선이 화면에 꽉 차게 표시되면 일점쇄선이 아니라 실선처럼 보인다. 일점쇄선의 간격이 너무 좁아 실선처럼 보이는 것이므로 선종류 축척(Linetype scale)을 변경한다.

리본메뉴에서 [선종류 관리자] 대화상자를 실행하여 '선종류 축척'을 변경하는 방법과 키보드를 이용한 명령어 실행으로 변경하는 방법이 있다. 명령어는 'Ltscale', 단축키는 'lts'이다.

① 키보드에서 'ltscale'을 입력하면 동적 입력창에 자동으로 입력된다. Enter↵를 누르거나 마우스로 'LTSCALE'을 클릭한다.

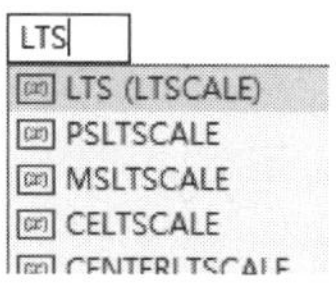

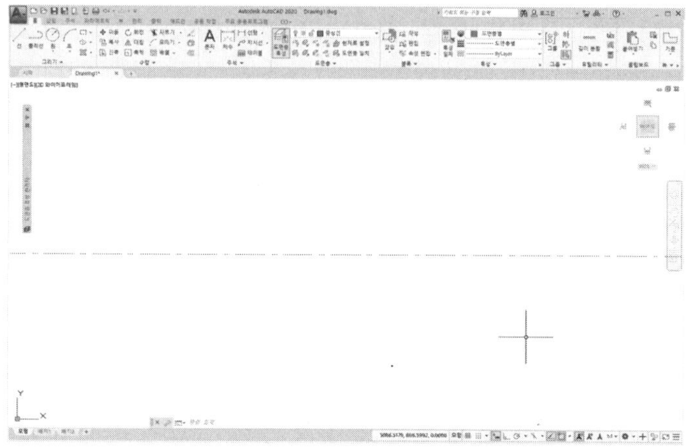

② 새 선종류 축척 비율 입력 <1.0000>: 7 에서 새 선종류 축척 비율을 '7'로 입력하고 Enter↵를 눌러 도면에 적용한다. 일점쇄선의 크기가 확대된 것을 확인할 수 있다.

리본메뉴에서 실행하기 위해서는 '특성' 패널의 선종류 리스트 창에서 '기타'를 클릭하면 [선종류 관리자] 대화상자가 실행된다.

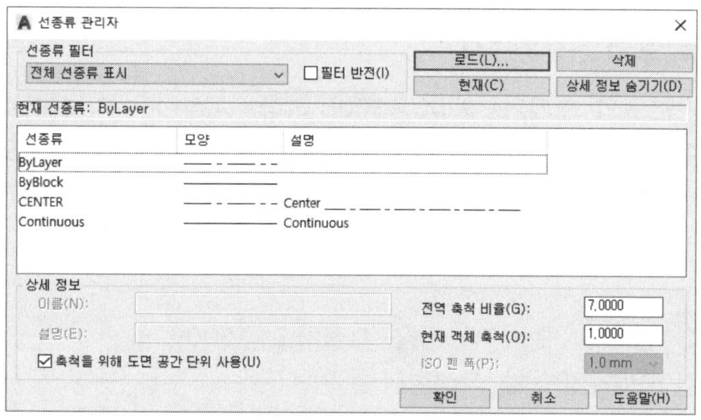

대화상자의 상세보기 부분에서 '전역 축척 비율(G):' 값이 '7'로 나타나는 것을 확인할 수 있다. 이 값이 바로 'LTSCALE' 명령값과 동일하다.

중심선 완성하기

이번에는 길이가 4000인 수직 중심선을 작성한다. 이때 수직 중심선의 위치를 적절히 잘 지정하여야 전체적인 균형이 맞게 된다.

① 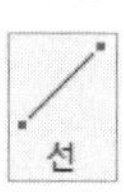 도구 실행

② 임의의 첫 번째 점을 지정하고, '4000' 길이의 수평선을 작성한다.

작성된 수평 중심선과 수직 중심선을 각각 도면의 치수에 따라 4000, 3000 만큼 '간격띄우기(Offset)' 한다.

① '간격띄우기(Offset)' 실행

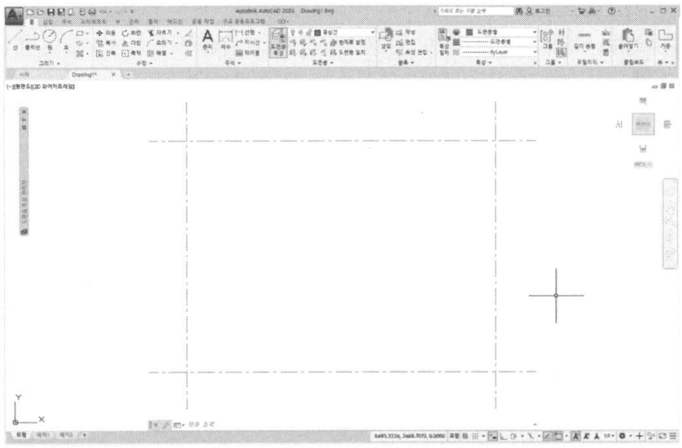

② 수평 중심선을 '3000' 간격으로 간격띄우기한다.

③ 수직 중심선을 '4000' 간격으로 간격띄우기한다.

중심선 여유 부분이 비슷하게 돌출될 수 있도록 편집 명령으로 정리해준다. 단, 중심선 간격이 변해서는 안 된다.

(2) 벽체 그리기

새 도면층

① [도면층 특성 관리자]를 펼친다.

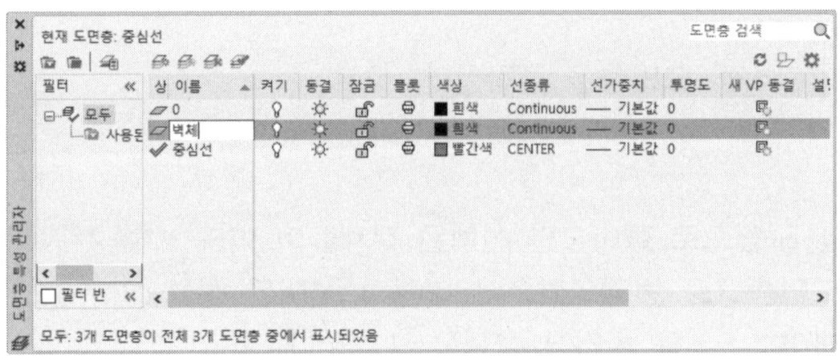

② (새 도면층) 도구를 클릭한 다음, 도면층 이름을 '벽체'로 변경한다. '0' 도면층을 마우스로 클릭하고 '새 도면층' 도구를 클릭하면 '0' 도면층의 특성값이 승계된다.

③ 도면층 색상은 '흰색', 선종류는 'Continuous'로 지정한다.

④ 벽체 도면층을 현재로 설정한다.

벽체의 작성

앞서 작성한 중심선을 간격띄우기하여 벽체를 작성한다. 간격띄우기에 의한 결과는 원본 객체의 도면층을 따라가므로 객체 작성 후 도면층을 변경하여야 한다.

① '간격띄우기(Offset)' 실행

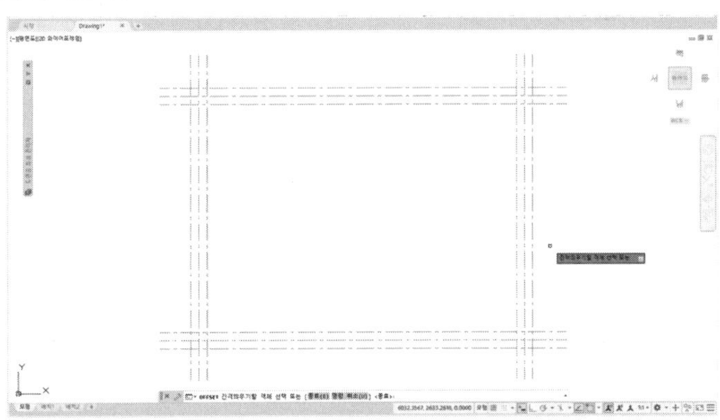

② 간격띄우기 거리 지정 또는 100 에서 벽체 두께의 절반인 '100'을 입력한다.

③ 중심선을 양쪽으로 간격띄우기한다.

④ Enter↵를 눌러 명령을 종료한다.

벽체 도면층 변경

중심선을 간격띄우기한 결과는 중심선 도면층이다. 객체의 도면층을 변경하는 방법들은 다양하며 각 방법들에 대해 정확하게 이해하고 사용하여야 도면작업에서의 오류를 없앨 수 있다.

가장 간단하고 일반적인 방법은 명령어 없이 마우스로 변경할 객체들을 선택하고 도면층 패널의 도면층 목록에서 변경하는 방법이다.

① 도면층을 변경할 객체를 선택한다. 상단 수평선의 두 객체를 선택한다.

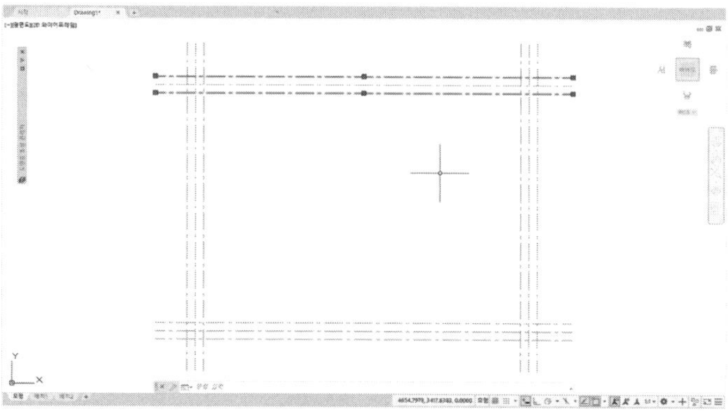

② 도면층 패널의 도면층 목록을 펼친 다음 벽체 도면층 위로 마우스를 가져가면 선택된 객체가 벽체 도면층으로 변경되는 것을 확인할 수 있다.

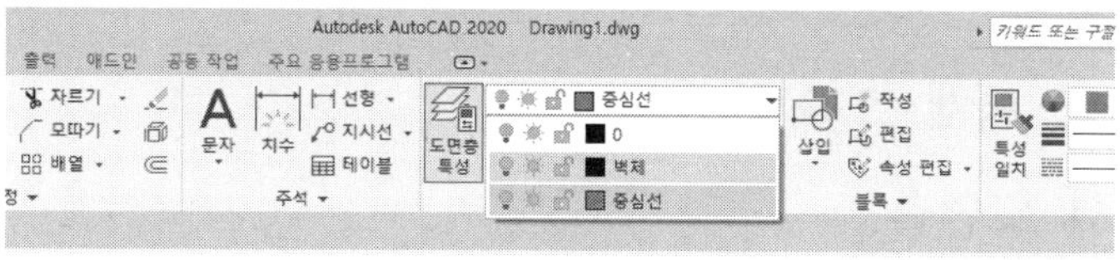

③ '벽체' 도면층을 클릭한다.

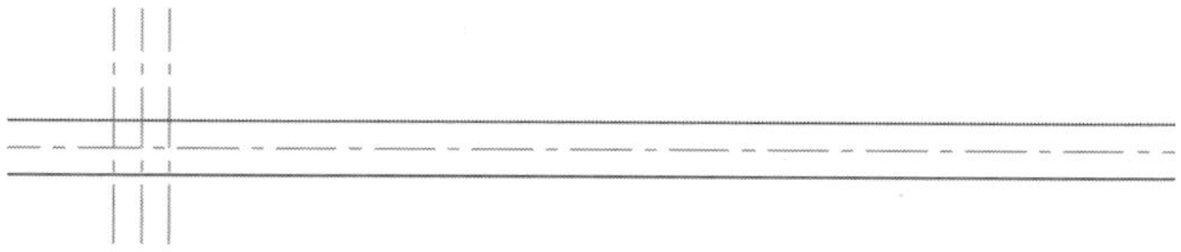

④ 도면으로 돌아오면 선택된 객체들이 벽체 도면층으로 변경되었으나 여전히 선택된 상태이다. Esc를 눌러서 선택을 해제한다.

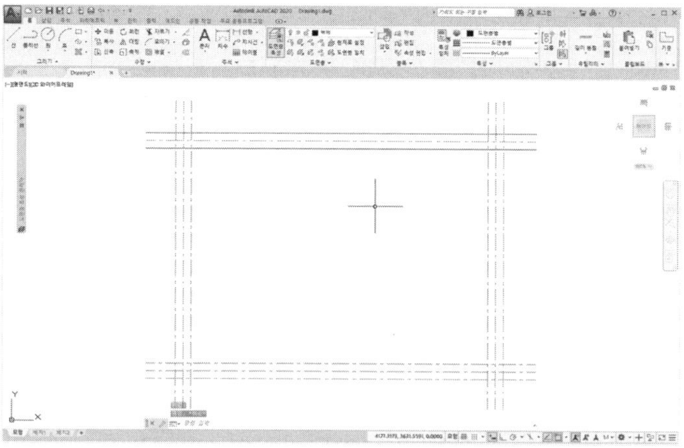

다른 방법으로는 도면층 일치 도구를 사용하는 것이다.

⑤ 도면층 일치 도구를 실행한다.

⑥ 도면층을 변경할 객체를 선택한다. 좌측의 수직선 두 개를 선택한다.

⑦ Enter↵를 누른다.

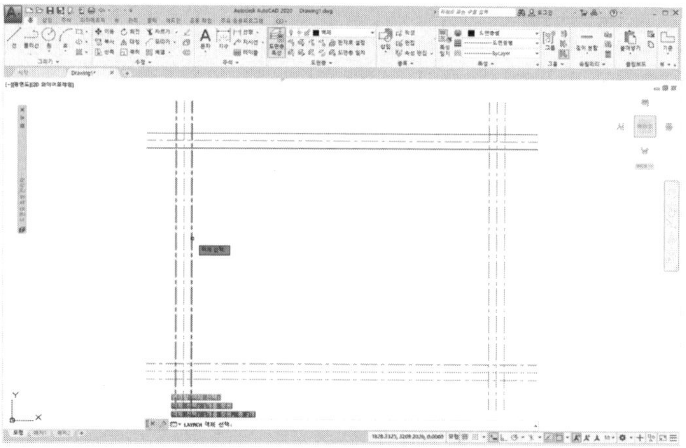

⑧ 대상 도면층의 객체 선택 또는 에서 변경 대상이 되는 도면층의 객체를 선택한다. 앞서 변경한 벽체를 선택한다.

⑨ 대상 도면층의 객체 선택과 동시에 도면층이 변경되고 명령이 종료된다.

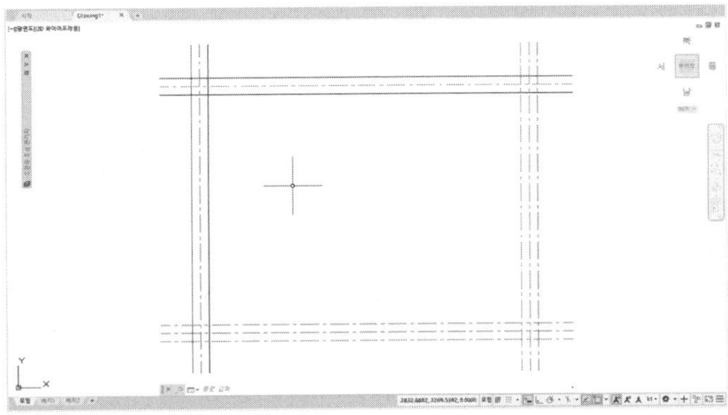

도면층 일치 도구를 사용할 때 변경 대상이 되는 도면층은 있지만 대상이 되는 객체가 없을 때도 변경이 가능하다.

⑩ 도면층 일치 도구를 실행한다.

⑪ 도면층을 변경할 객체를 선택한다. 아래쪽의 수평선 두 개를 선택한다.

⑫ Enter↵를 누른다.

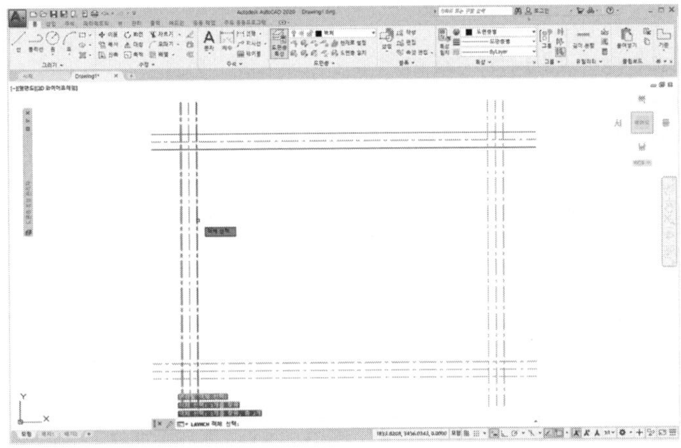

⑬ 대상 도면층의 객체 선택 또는 에서 변경 대상이 되는 도면층의 객체가 없을 경우 마우스 오른쪽 버튼을 클릭하여 바로가기 메뉴를 실행한다.

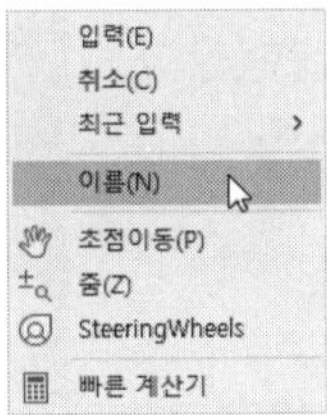

⑭ 바로가기 메뉴에서 '이름(N)'을 실행한다.

⑮ [도면층으로 변경] 대화상자에서 변경 대상이 되는 도면층을 선택하고 확인 버튼을 실행하여 도면층을 변경할 수 있다.

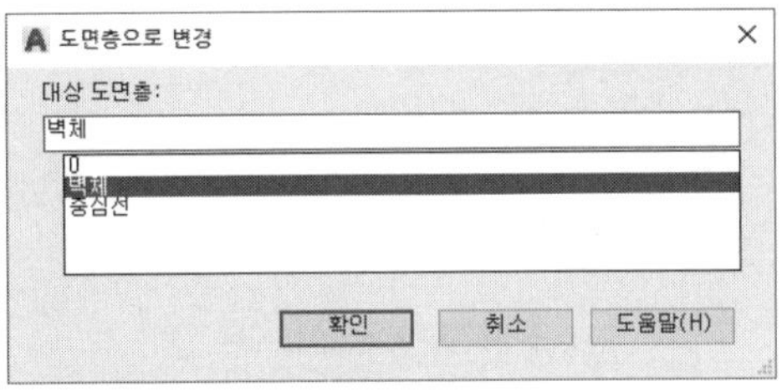

마지막으로 특성일치 도구를 사용하는 방법으로 변경 대상이 되는 객체를 먼저 선택하고, 그 다음 변경할 객체를 선택하는 도구이다.

⑯ 홈 탭 → 특성 패널 → 특성 일치 도구 실행

⑰ 원본 객체를 선택하십시오: 에서 변경의 대상이 되는 원본 객체를 선택한다. 원본 객체는 여러개가 될 수 없고 하나만 가능하다.

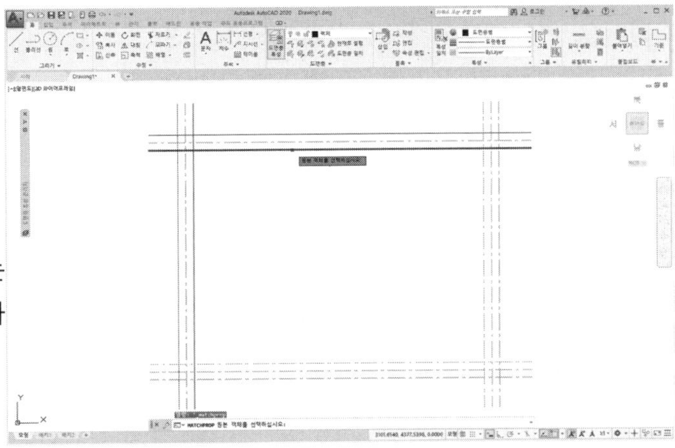

⑱ [대상 객체를 선택 또는] 에서 도면층을 변경할 객체를 선택하면 앞서 선택한 원본 객체의 도면층으로 즉시 변경된다.

⑲ [Enter↵]를 눌러 명령을 종료한다.

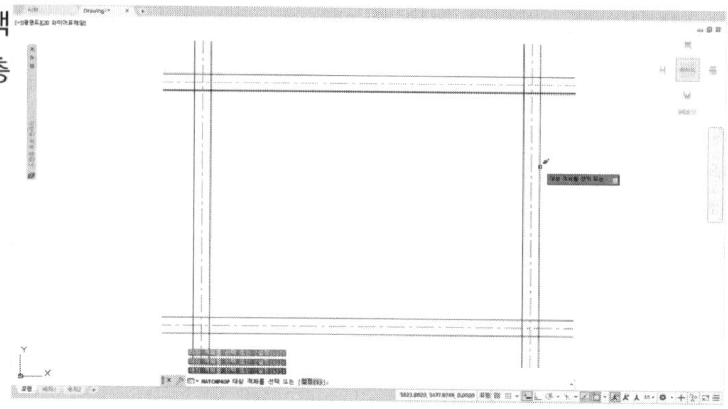

벽체선 모서리 정리

벽체선을 교차선이 아닌 연결선으로 만들기 위해 편집한다. 자르기(Trim) 도구를 사용할 수도 있으나 현재 작업의 경우 '모깎기(Fillet)' 도구를 사용하는 것이 더 편리하다. 모깎기 도구를 이용해 모서리를 만드는 경우 반드시 모깎기 반지름이 '0'인지 확인하여야 한다.

① '모깎기(Fillet)' 도구 실행

명령어 윈도우에서 모깎기 반지름이 '0'인지 반드시 확인하고, 아닌 경우 '0'으로 변경하여야 한다.

② 내부 벽체를 순차적으로 돌아가면서 모깎기를 실행한다.

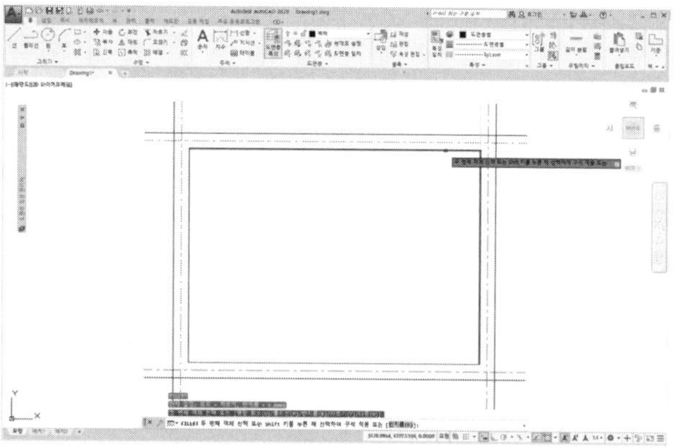

③ 외부 벽체를 순차적으로 돌아가면서 모깎기를 실행한다.

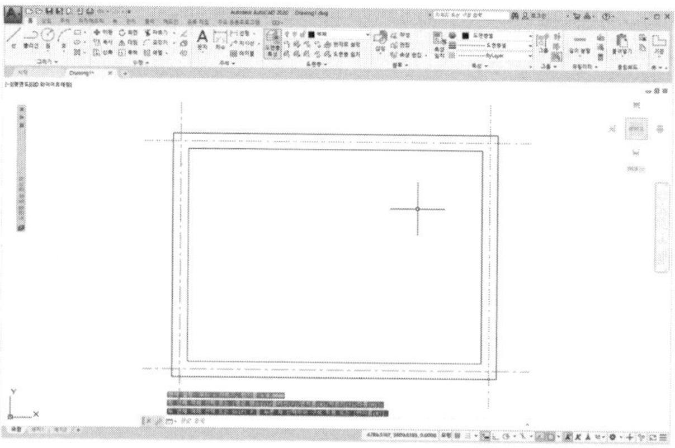

중심선을 간격띄우기한 다음 벽체선을 정리하기 위해 자르기 도구는 꼭 필요한 기능이다. 하지만 절단 모서리를 정확하게 지정하지 않으면 상당수의 경우 도면에 오류가 발생하게 된다. 대부분의 벽체는 'ㄱ', 'T', '+'의 형태를 가지므로 각 경우에 대해 최소한의 자르기 과정을 연습해 줄 필요가 있다. 특히 중심선을 절단 모서리로 지정하지 않도록 주의한다.

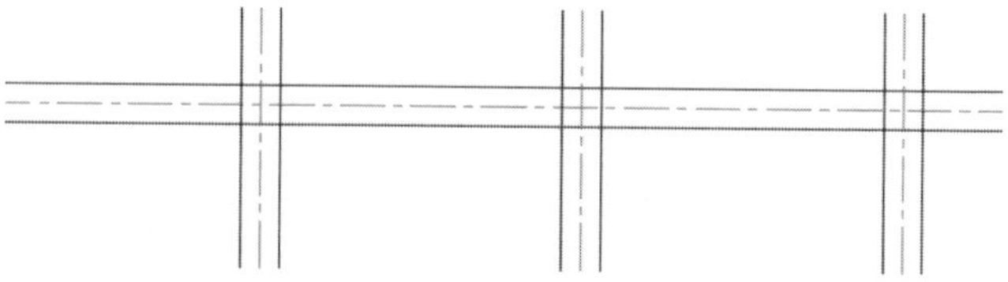

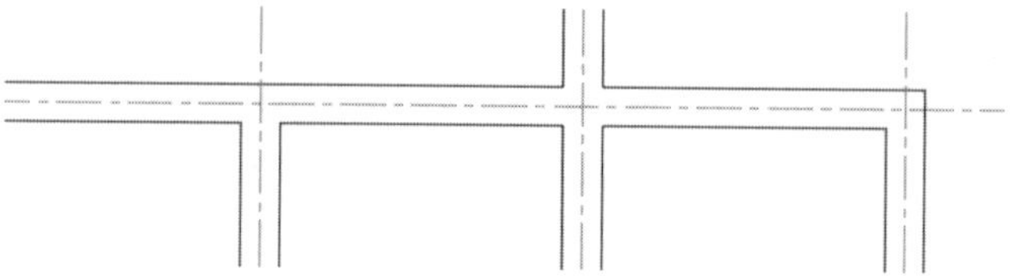

벽체 개구부

벽체의 문, 창문에 해당하는 개구부를 작성한다.

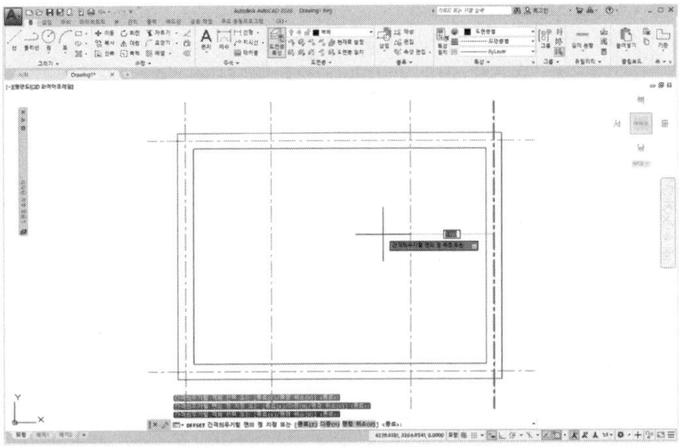

① 먼저 창문 개구부를 작성하기 위해 수직의 중심선을 안쪽으로 '1100' 만큼 간격 띄우기한다.

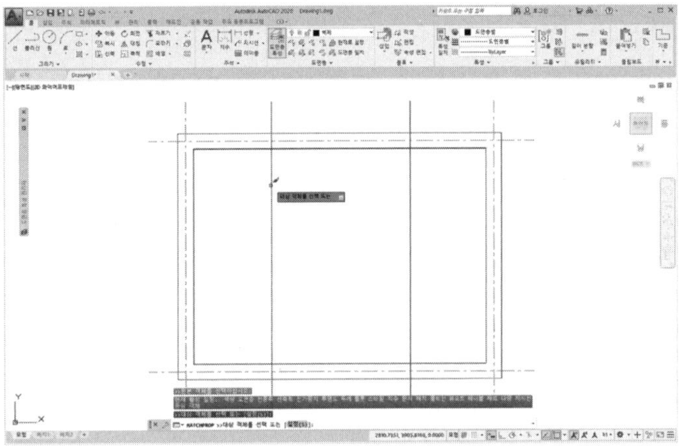

② 간격띄우기한 선들의 도면층을 '벽체' 도면층으로 변경한다.

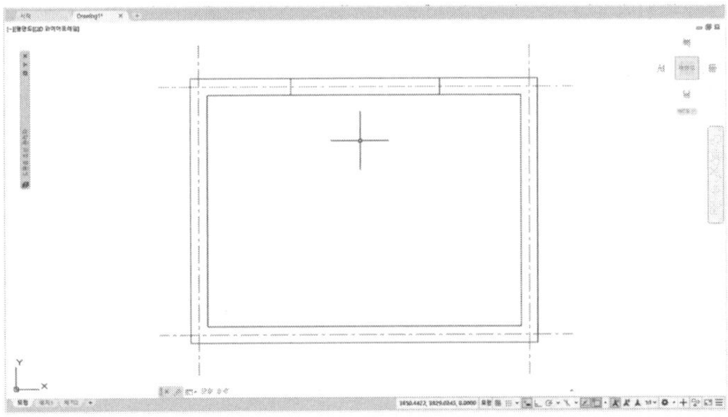

③ 자르기 도구를 이용해 불필요한 선들을 정리한다.

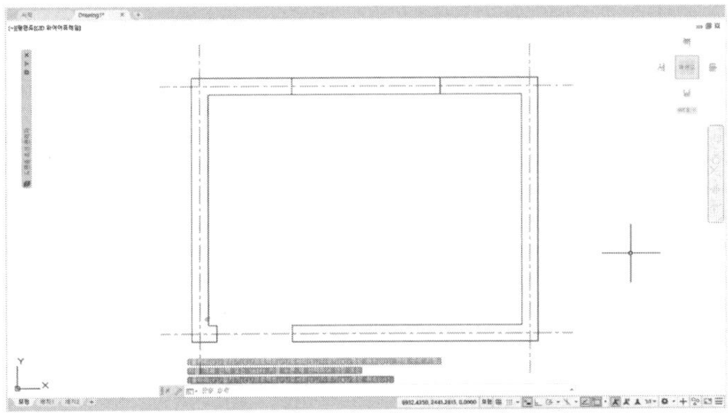

이제 출입문을 위한 개구부를 작성한다.

④ 창문작업과 동일하게 수직 중심선을 간격 띄우기하여 개구부 경계를 작성한다.

⑤ 도면층을 변경한 다음 자르기 도구 등을 이용하여 편집한다.

(3) 창호/가구 그리기

창호 도면층

① [도면층 특성 관리자]에서 새 도면층을 작성한다.

② 도면층 이름을 '창호'로 변경한다.

③ 도면층 색상은 '파란색', 선종류는 'Continuous'로 지정한다.

④ 창호 도면층을 현재로 설정한다.

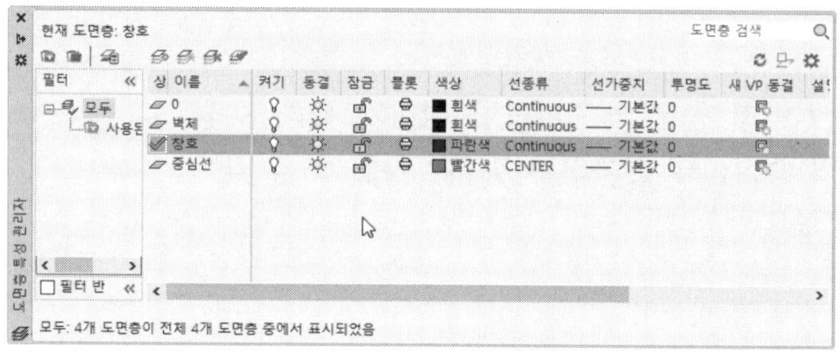

출입문 작성

먼저 출입문을 작성한다. 도면에서 출입문을 표현하는 방법은 문의 종류뿐만 아니라 도면 축척에 따라서도 표현 디테일이 매우 다양하다. 간단하게 문이 종류 정도만을 인지할 수 있는 수준으로 작성하도록 한다.

① 양끝의 문틀을 먼저 작업한다. 개구부의 단부를 '50' 만큼 간격띄우기한다.

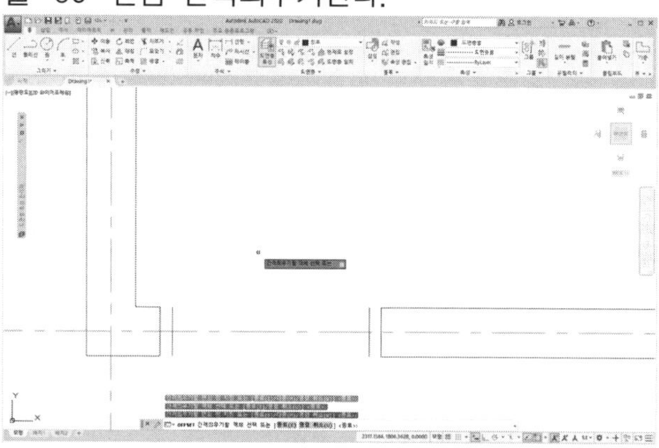

② 벽체의 중심선을 위아래 양쪽으로 '50' 만큼 간격띄우기한다.

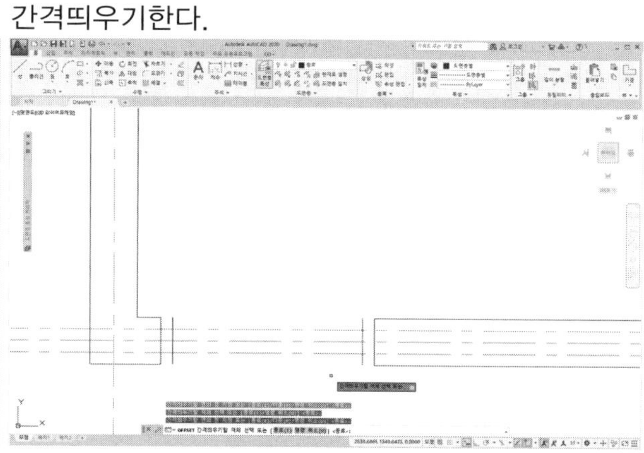

③ 간격띄우기로 작성된 모든 객체들을 '창호' 도면층으로 변경하고 자르기 도구로 선을 정리하여 문틀 부분을 완성한다.

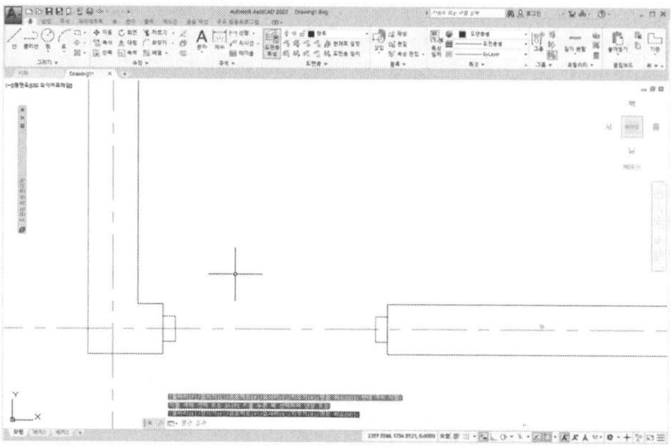

④ 문과 문의 궤적을 작성한다.

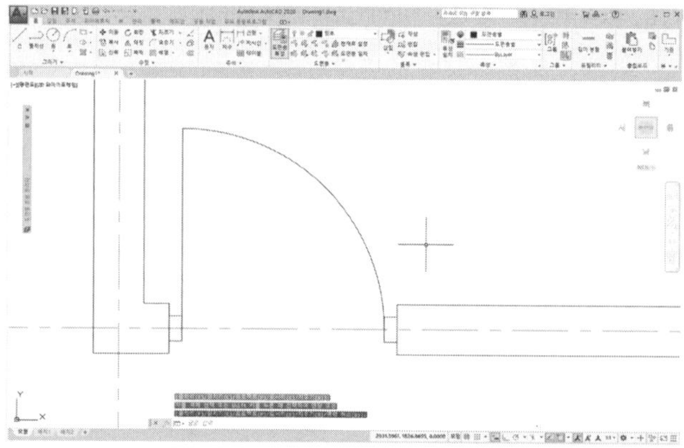

창문 작성

먼저 창문작업에 앞서 중심선 도면층을 현재 화면에 나타나지 않게 설정하도록 한다. 중심선과 창문의 선이 겹쳐서 작업의 혼란을 가져오기 때문이다.

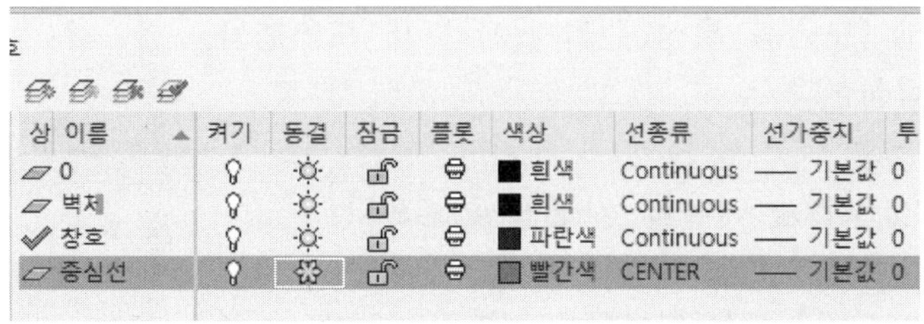

① [도면층 특성 관리자]에서 중심선 도면층을 동결시킨다.

② 창문 개구부의 양 끝단을 각각 ‘50’ 만큼 간격띄우기한다.

③ 간격띄우기한 결과물을 ‘창호’ 도면층으로 변경한다.

④ 양 끝단의 중간점을 연결하는 직선을 작성한다.

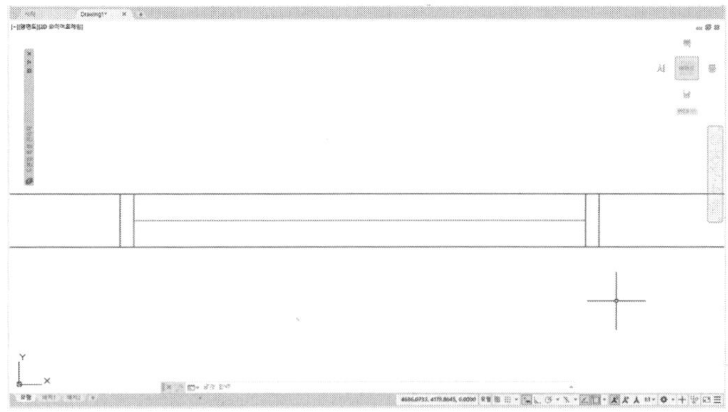

⑤ 앞서 작성한 수평선을 아래 위로 ‘50’ 만큼 간격 띄우기한다.

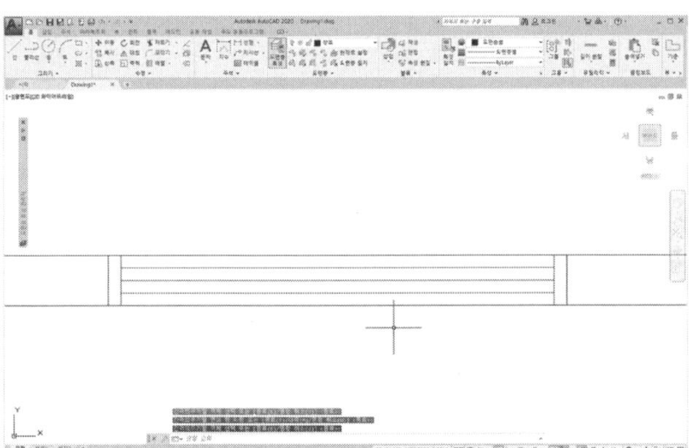

⑥ 간격띄우기한 두 수평선의 중간점을 연결하는 수직선을 작성한 다음, 좌우방향으로 ‘50’ 만큼 간격띄우기한다.

⑦ 자르기 도구로 선을 정리한다. 가운데 수직선은 연장하여 창문 중심선으로 사용한다.

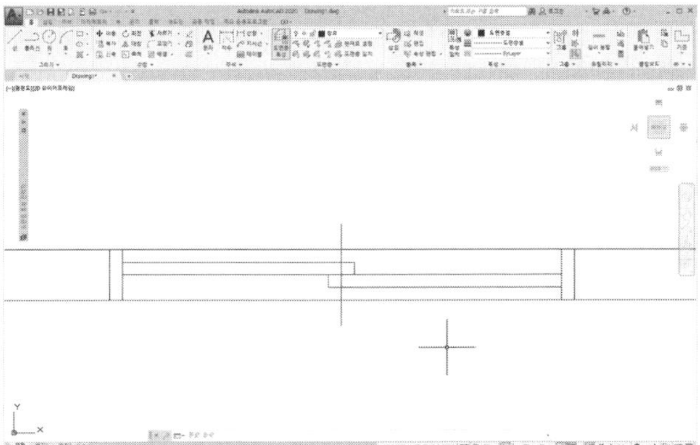

⑧ 창문 작업이 완성되면 ‘중심선’ 도면층을 ‘동결해제’하여 다시 나타나게 한다.

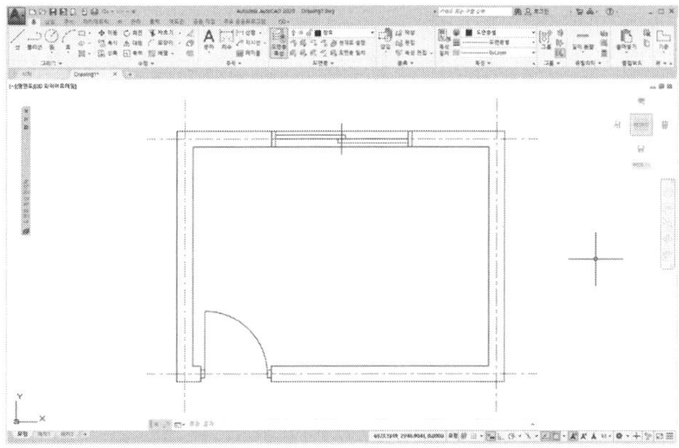

가구 도면층

① [도면층 특성 관리자]에서 새 도면층을 작성한다.

② 도면층 이름을 '가구'로 변경한다.

③ 도면층 색상은 '선홍색', 선종류는 'Continuous'로 지정한다.

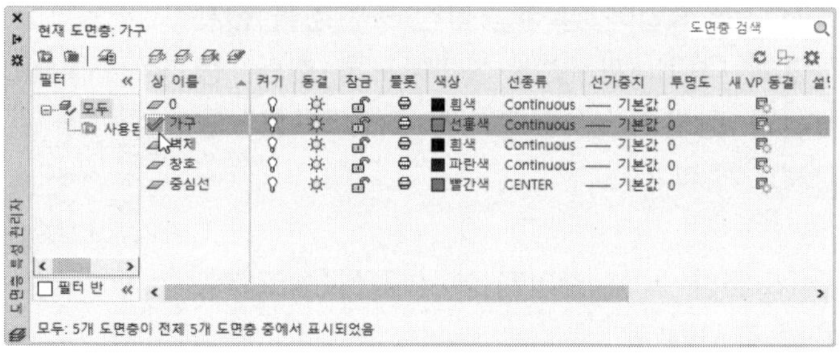

④ 가구 도면층을 현재로 설정한다.
가구의 경우 가변성이 있는 객체이므로 이용자에 따라 선종류를 점선(DASHED)으로 표시하기도 한다.

가구 그리기

실의 우측 상부에 위치한 침대와 나이트 테이블을 작성한다.

① 직사각형 도구를 이용하여 '1000×2000' 크기의 직사각형을 작성한다. 침대 모서리를 연결하는 대각선을 작성한다.

② 침대의 좌측 상단에 '400×400' 크기의 나이트 테이블을 작성한다.

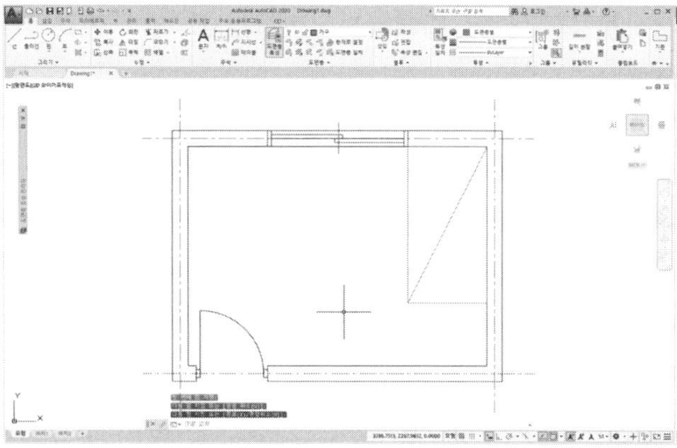

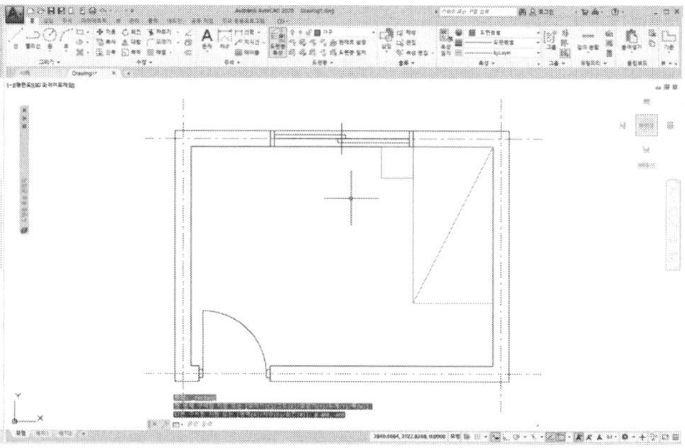

붙박이 가구의 경우 벽에 완전히 밀착시켜 작성해야 하지만, 이동이 가능한 가구의 경우 약간씩 벽체와 이격할 수도 있다.

③ '이동(Move)' 도구를 이용하여 침대와 나이트 테이블을 이격시킨다.

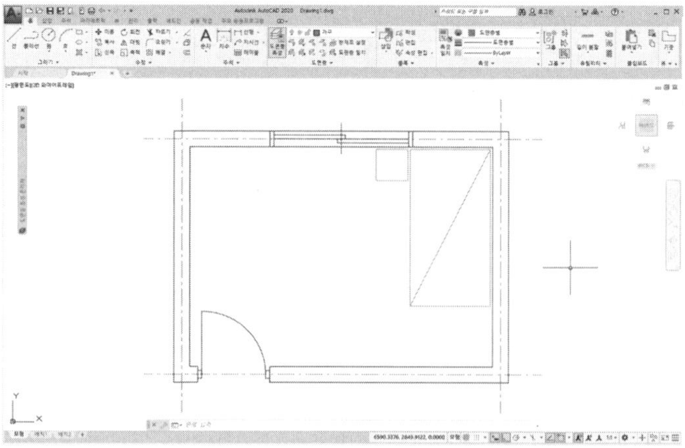

(5) 도면 완성하기

문자 도면층

① [도면층 특성 관리자]에서 새 도면층을 작성한다.

② 도면층 이름을 '문자'로 변경한다.

③ 도면층 색상은 '흰색', 선종류는 'Continuous'로 지정한다.

④ 문자 도면층을 현재로 설정한다.

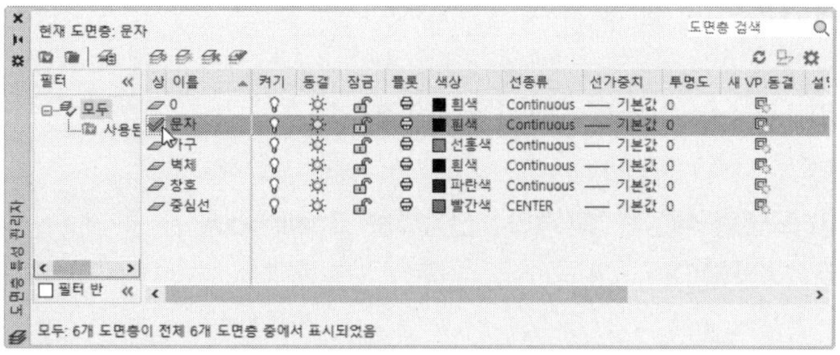

여러 줄 문자 작성

문자 작성을 위해 기본적으로 용도에 맞게 '문자 스타일'을 추가하고, 이를 이용하여 도면에 문자를 입력하는 것이 정석일 수도 있다. 하지만 소량의 문자작업에서 문자 스타일의 정의는 오히려 작업의 양에 부담이 되므로 기본 스타일을 사용하여 여러 줄 문자를 입력하고 문자 편집기에서 원하는 형태를 만들어 가는 것도 필요한 작업방식 중 하나이다.

① 여러 줄 문자 도구를 실행하고 도면명을 입력한다. 문자 높이는 일단 '200'으로 설정한다.

② 도면명을 복사하여 실명을 작성한다.

③ 실명을 변경한다.

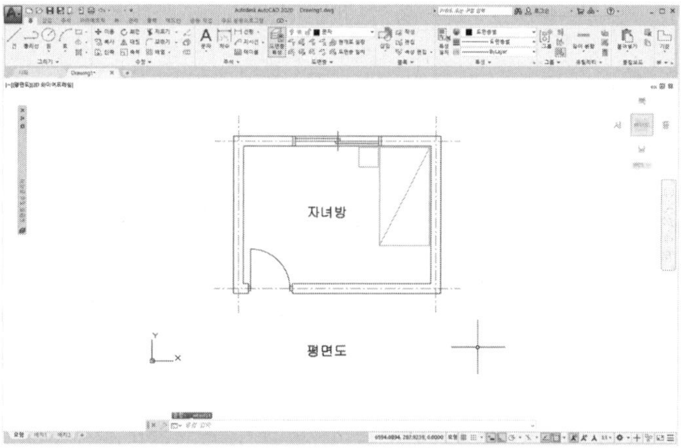

④ 각 문자를 편집하여 도면 상황에 맞는 글꼴과 크기가 되도록 편집한다.

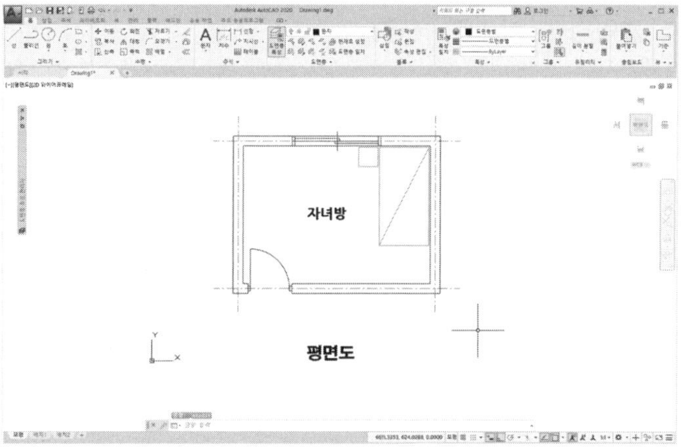

해치 도면층

① [도면층 특성 관리자]에서 새 도면층을 작성한다.

② 도면층 이름을 '해치'로 변경한다.

③ 도면층 색상은 '회색(8)', 선종류는 'Continuous'로 지정한다.

④ 해치 도면층을 현재로 설정한다.

⑤ 또한, 해치 작업시 불필요한 도면층은 동결시키는 것이 유리한데, 일반적으로 벽체 내부에 해치를 적용할 경우 벽체의 중심선을 동결하는 것이 바람직하다.

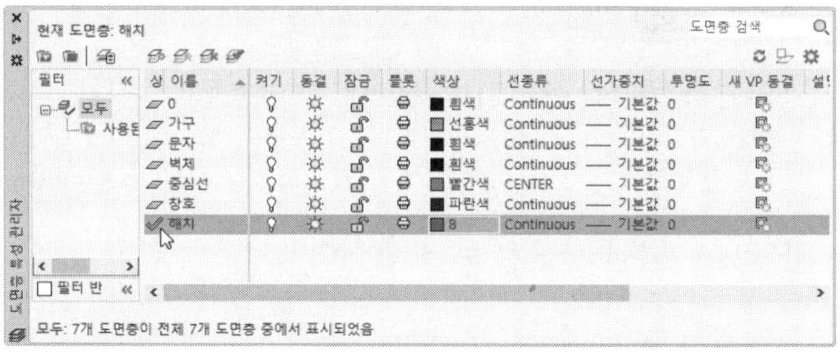

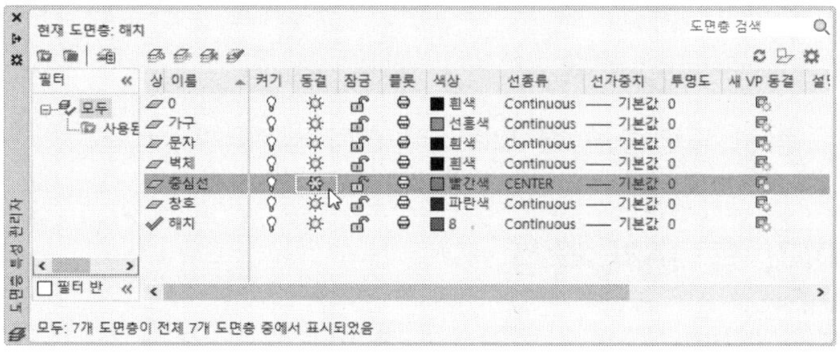

해치 넣기

벽체 내부에 가장 일반적인 해치 형태인 45도 기울어진 사선으로 해치를 채워넣는다.

① '해치(Hatch)' 도구를 실행한다.

② 해치 유형을 '사용자 정의'로 변경한다.

③ 해치 각도는 '45'도로 변경한다.

④ 해치 간격은 '50'으로 변경한다.

⑤ 마우스 커서를 해치 영역인 벽체 내부로 가져가면 해치 결과가 미리보기된다.

⑥ 개구부에 의해 분리된 두 영역을 모두 마우스로 클릭하여 해치를 적용한다.

⑦ 중심선 도면층을 동결해제한다.

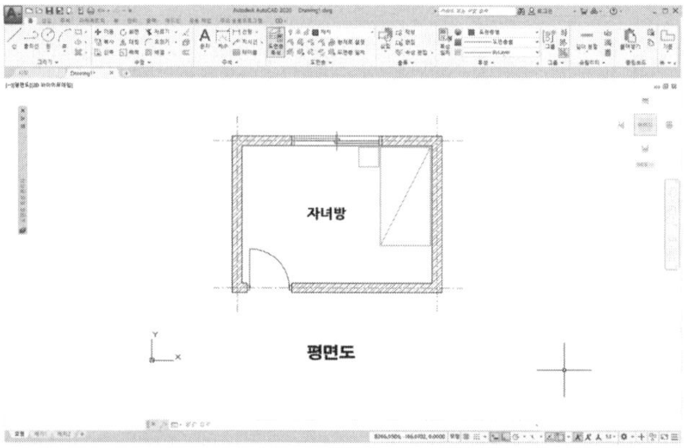

치수 도면층

① [도면층 특성 관리자]에서 새 도면층을 작성한다.

② 도면층 이름을 '치수'로 변경한다.

③ 도면층 색상은 '파란색', 선종류는 'Continuous'로 지정한다.

④ 치수 도면층을 현재로 설정한다.

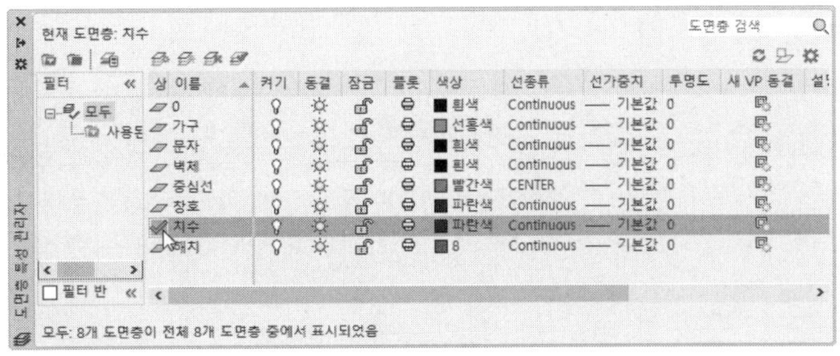

신규 치수 스타일 추가

① [치수 스타일 관리자]를 실행한다.

② 새로 만들기(N)... 버튼을 클릭한다.

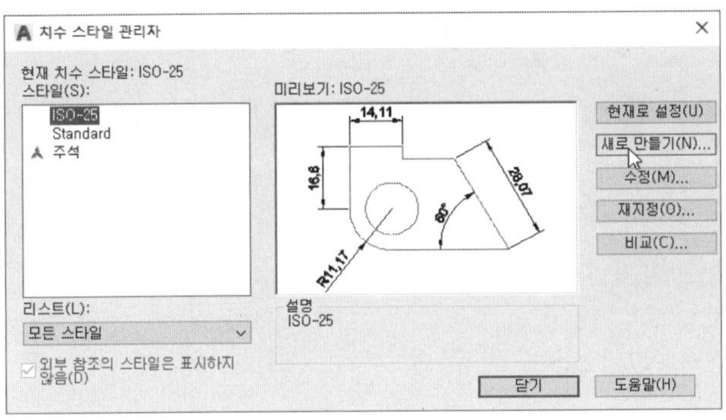

③ [새 치수 스타일 작성] 대화상자에서 새 스타일의 이름(건축_단위실용)을 지정한다.

④ 계속 버튼을 클릭한다.

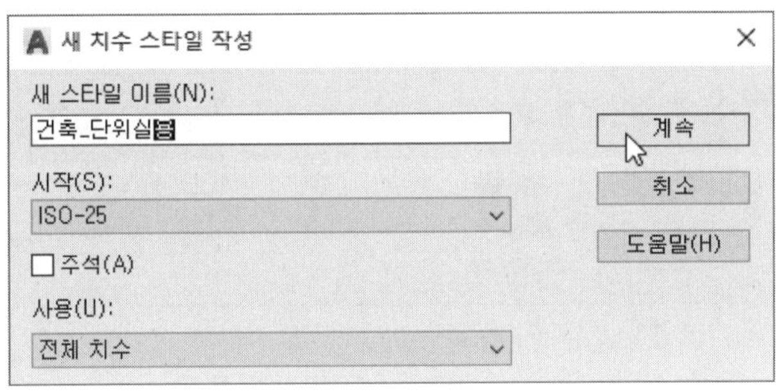

⑤ '선' 탭에서 '치수선 너머로 연장(X):' 값을 '2.5'로 변경하고, '원점에서 간격띄우기(F):' 값도 '2.5'로 변경한다.

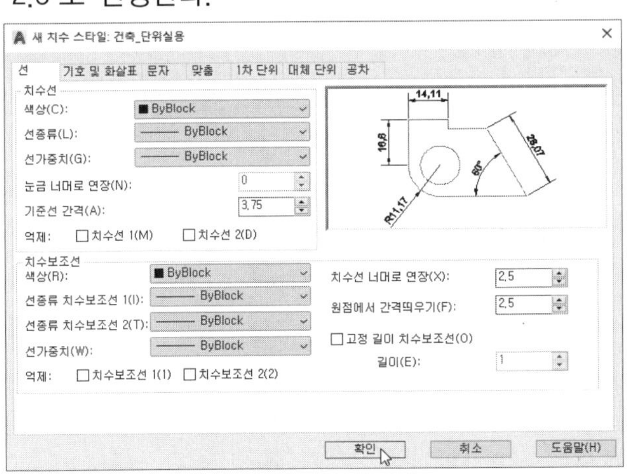

⑥ '기호 및 화살표' 탭에서 첫 번째와 두 번째 화살촉을 '점'으로 변경하고, '화살표 크기(I):'도 '1'로 변경한다.

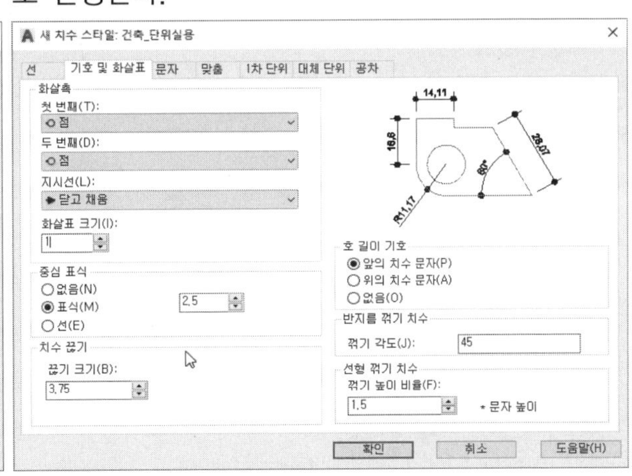

⑦ '문자' 탭에서 새로운 문자 스타일을 만들기 위해 [...] 버튼을 클릭하여 [문자 스타일] 대화상자를 실행한다.

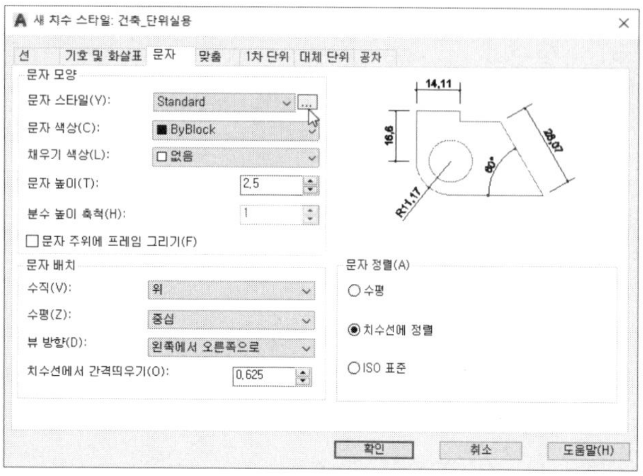

⑧ [문자 스타일] 대화상자에서 [새로 만들기(N)...] 버튼을 클릭한다.

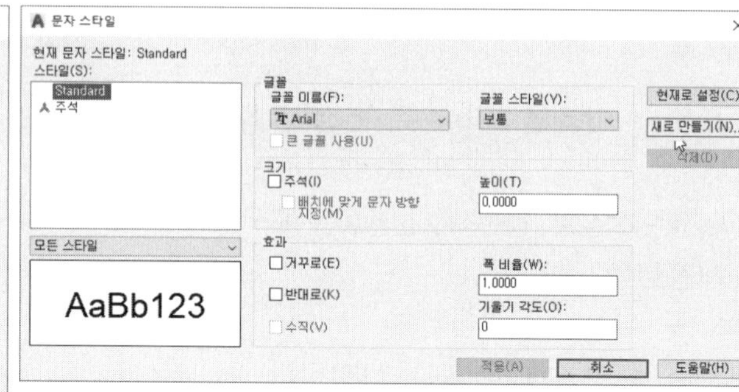

⑨ [새 문자 스타일] 대화상자에서 '치수용'을 입력하고 [확인] 버튼을 클릭한다.

⑩ [문자 스타일] 대화상자에서 '치수용' 문자 스타일의 글꼴을 '굴림'으로 변경하고 [적용(A)]과 [닫기(C)] 버튼을 순서대로 클릭한다.

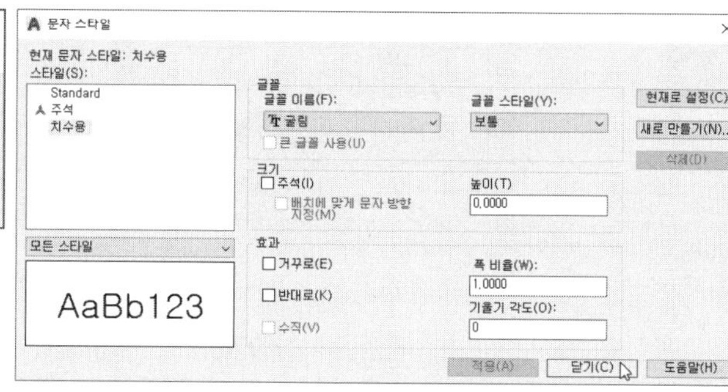

⑪ 문자 스타일을 '치수용'으로 변경한다.

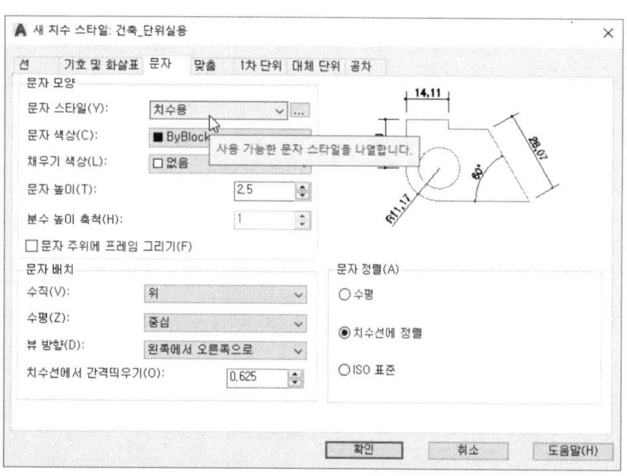

⑫ '맞춤' 탭에서 맞춤 옵션을 '항상 치수보조선 사이에 문자 유지'로 변경하고, '전체 축척 사용'의 값은 '40'으로 변경한다.

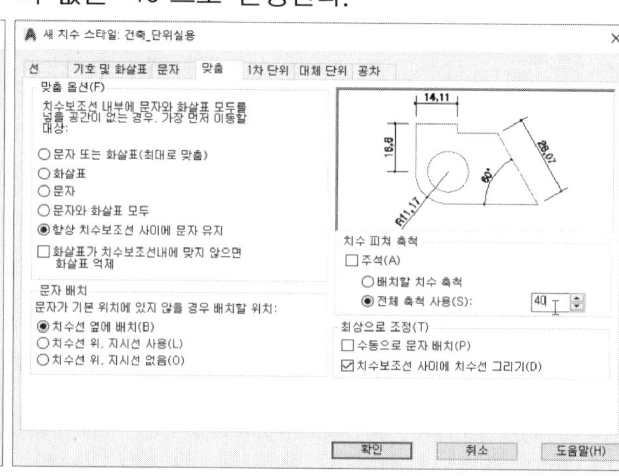

⑬ '1차 단위' 탭에서 단위 형식을 'Windows 바탕 화면'으로 변경한다. [확인] 버튼을 클릭하여 치수 스타일 설정을 완료한다.

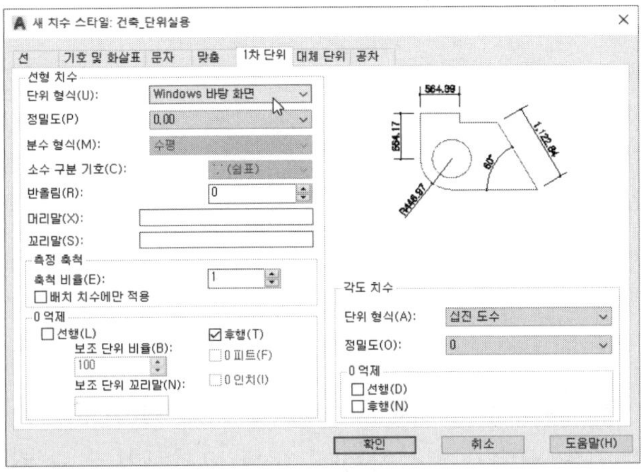

⑭ [닫기] 버튼을 클릭하여 [치수 스타일 관리자]를 종료한다.

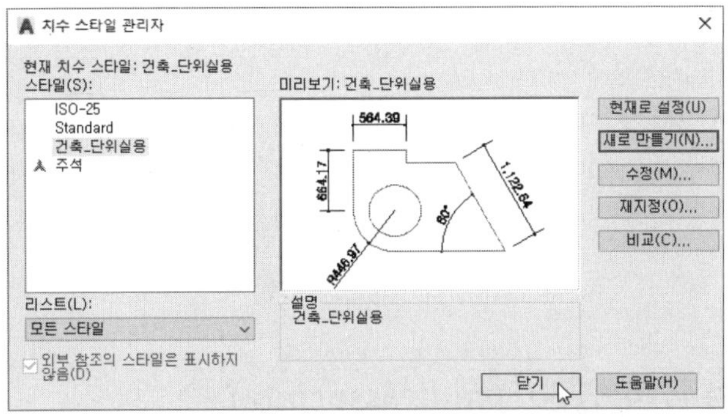

치수 작성

앞서 작성한 '건축_단위실용' 치수 스타일을 이용하여 도면에 치수를 작성하도록 한다.

① 중심선을 이용하여 치수를 작성한다.

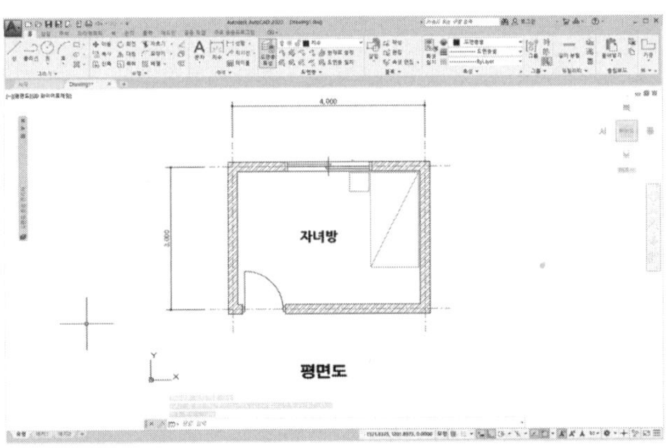

② 필요한 경우 중심선을 다시 간격띄우기하여 치수를 작성한 후 중심선을 삭제할 수도 있다.

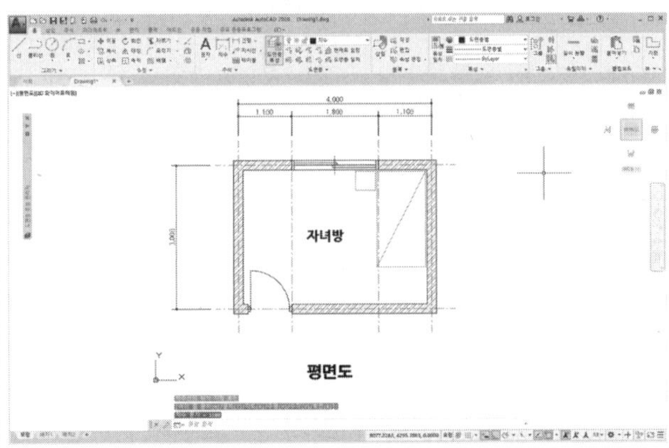

③ 치수를 직접 입력하여 치수보조선 원점을 지정할 수도 있다.

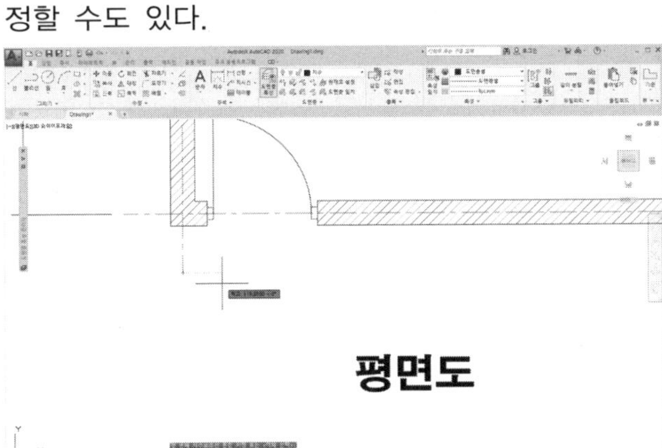

④ 객체 스냅의 노드와 연장선 기능을 이용하여 치수보조선 원점을 지정할 수도 있다.

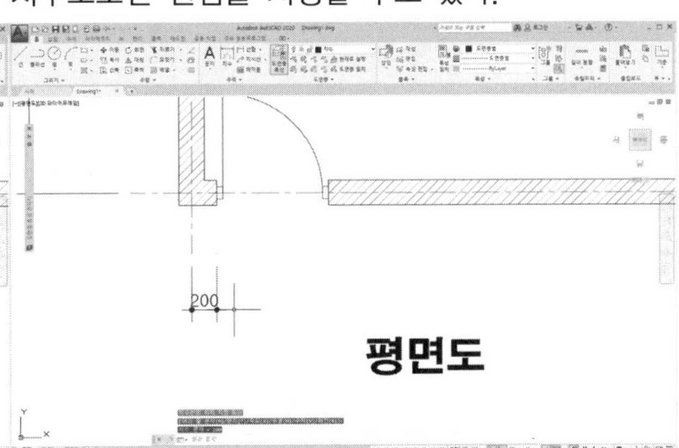

치수 작업이 완성된 결과는 오른쪽과 같다.

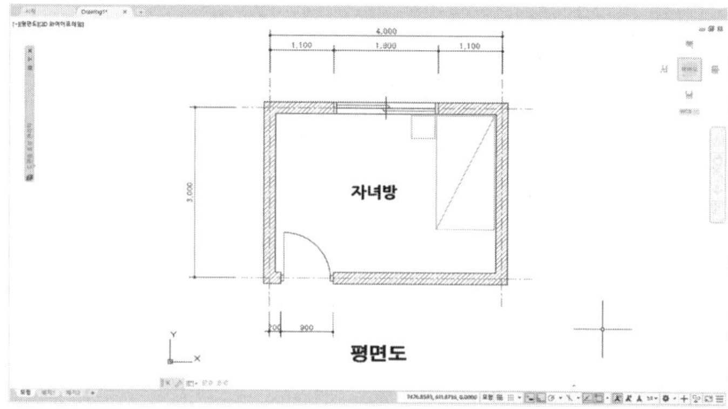

치수 비연관(Dimdisassociate)

치수 작성시에는 기본적으로 치수보조선의 원점이 지정될 때 참조한 점들과 연관지어지게 된다. 따라서 참조 점의 변화가 생길 경우 치수보조선도 따라서 변동되는 경우가 발생하는데, 이를 방지하기 위해 치수를 비연관시켜 완전히 독립된 객체로 분리시키는 방법이 있다.

① 예를 들면 좌측 수직 중심선을 오른쪽으로 '500' 만큼 이동하도록 한다.

② 이동 결과 이동한 중심선을 이용해 작성된 치수들이 모두 변동된 것을 확인할 수 있다.

③ 명령을 취소한다.

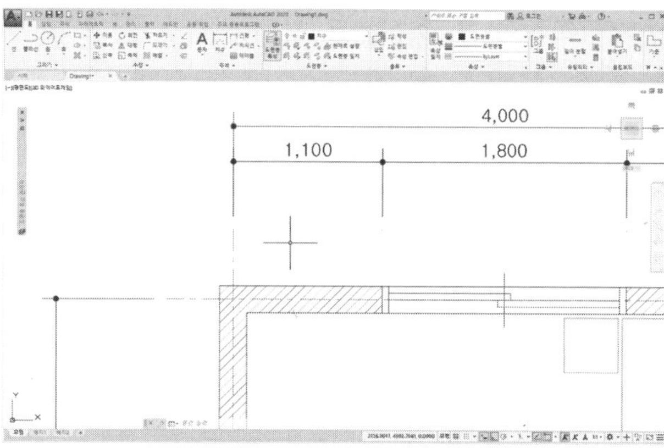

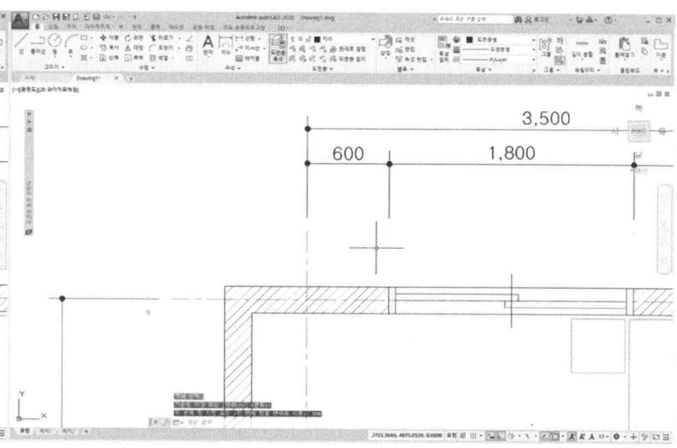

④ 'dimdisassociate'를 입력하여 실행한다.

⑤ 연관되어 있는 치수(4,000과 1,100)를 모두 선택하여 연관을 해제한다.

⑥ 중심선을 이동하여도 치수에는 아무런 변동이 없다.

⑦ 명령을 취소한다.

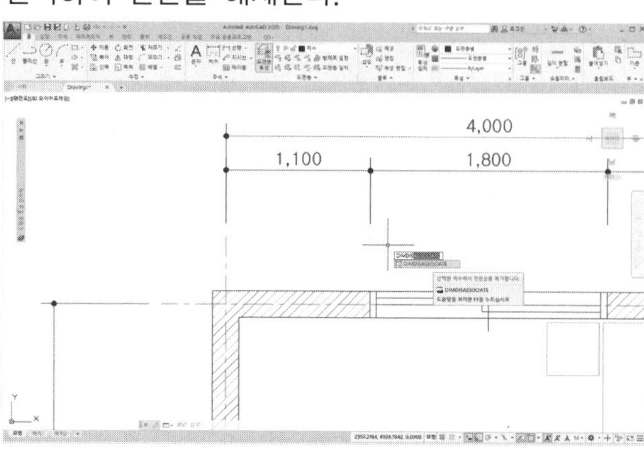

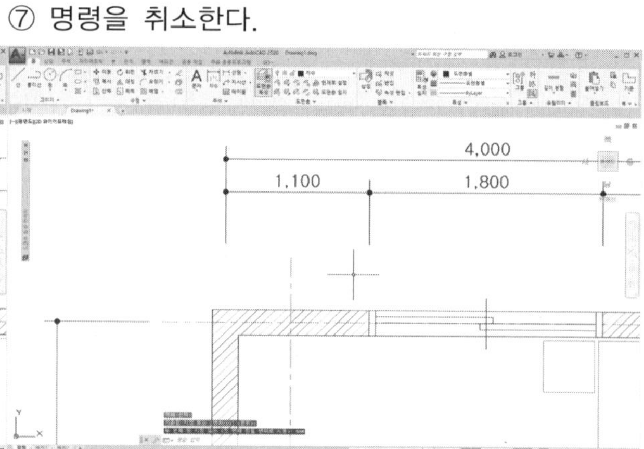

다중지시선 스타일 추가

간단한 도면의 경우 다중지시선은 별도의 레이어로 분리하지 않고 치수 또는 문자 레이어와 함께 사용하여도 무방하다. 별도의 도면층 추가 없이 치수 레이어에 함께 작업하도록 한다.

① [다중지시선 스타일 관리자]를 실행한다.

② 새로 만들기(N)... 버튼을 클릭한다.

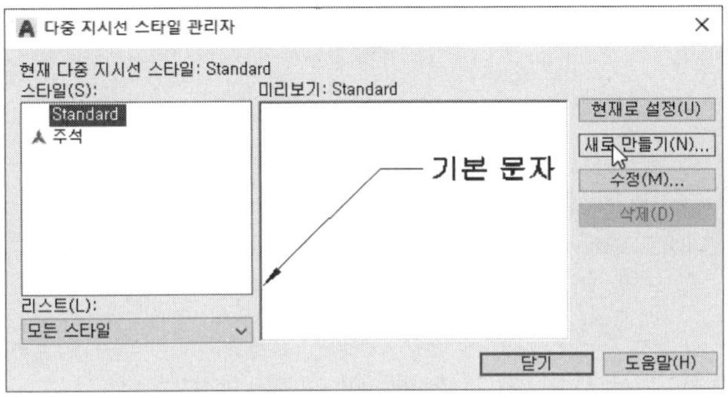

③ [새 다중지시선 스타일 작성]에서 새 스타일의 이름(건축_단위실용)을 지정한다.

④ 계속(O) 버튼을 클릭한다.

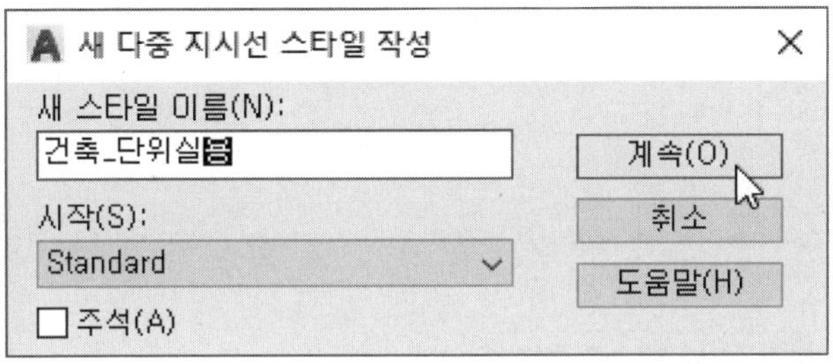

⑤ '지시선 형식' 탭에서 화살촉의 '기호(S):'를 '점'으로 변경하고, '크기(S):' 값도 '1'로 변경한다.

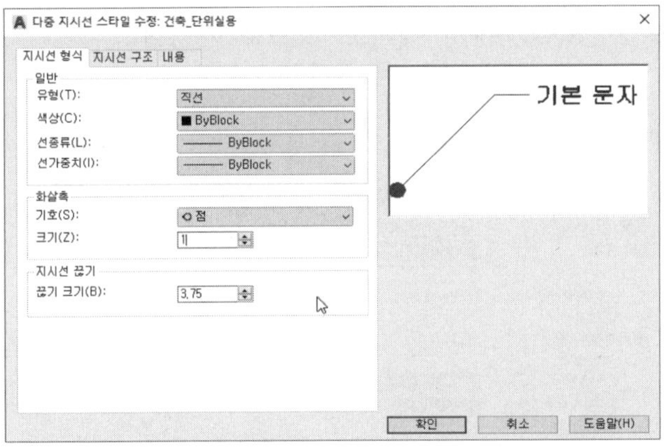

⑥ '지시선 구조' 탭에서 '축척 지정(E):' 값을 '40'으로 변경한다.

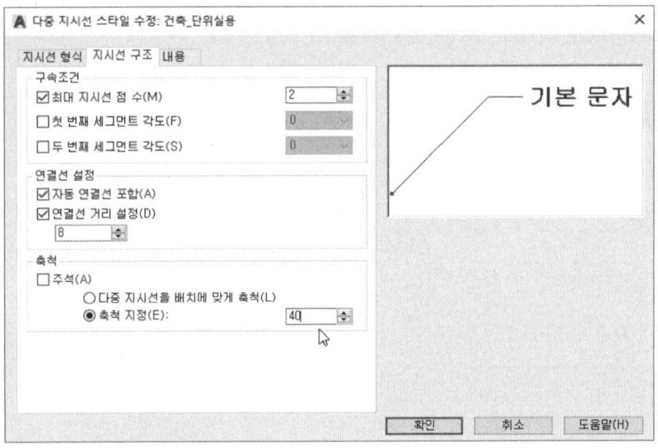

⑦ '내용' 탭에서 문자 스타일을 '치수용'으로 변경하고, 문자 높이를 '2.5'로 변경한다. 확인 버튼을 클릭하여 설정을 완료한다.

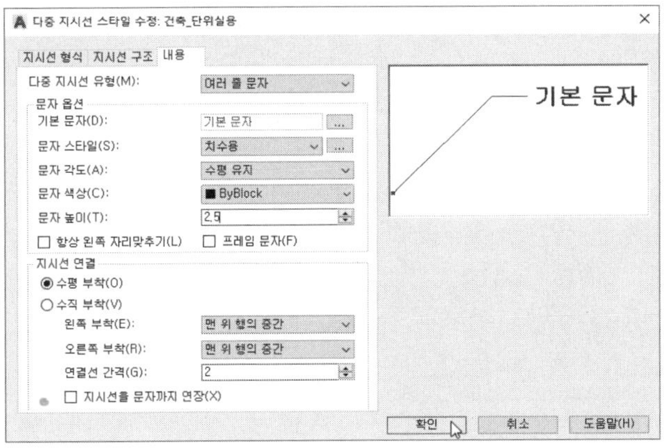

⑧ [다중지시선 스타일 관리자] 대화상자에서 닫기 버튼을 클릭한다.

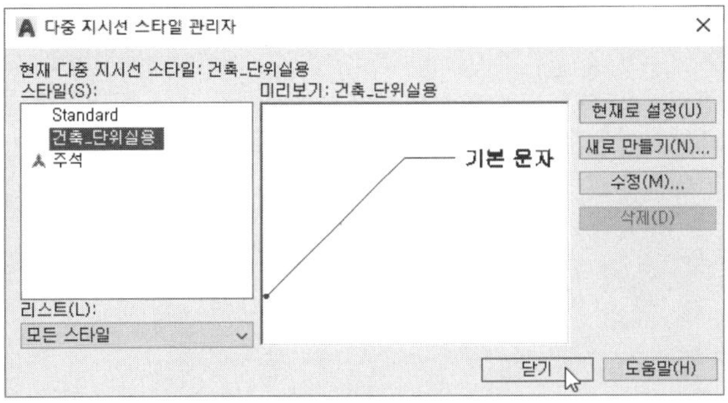

다중지시선 작성

① 침대에 대한 다중지시선을 작성한다.

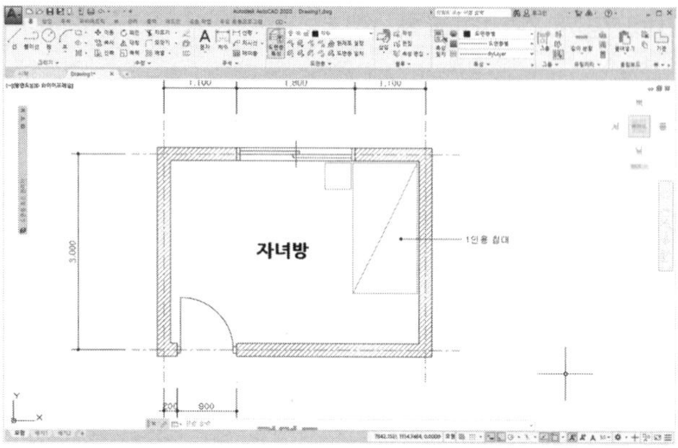

② 나이트 테이블에 대한 다중지시선을 작성한다.

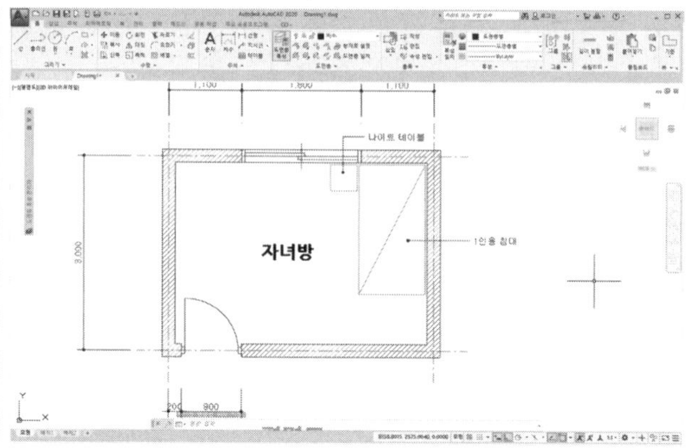

다중지시선 수정

다중지시선 문자를 좀 더 강조하기 위해 글꼴을 변경하고 문자의 크기도 좀 더 증가시킨다.

① '다중지시선용' 문자 스타일을 새로 만들고 '맑은 고딕'과 같은 글꼴을 지정한다.

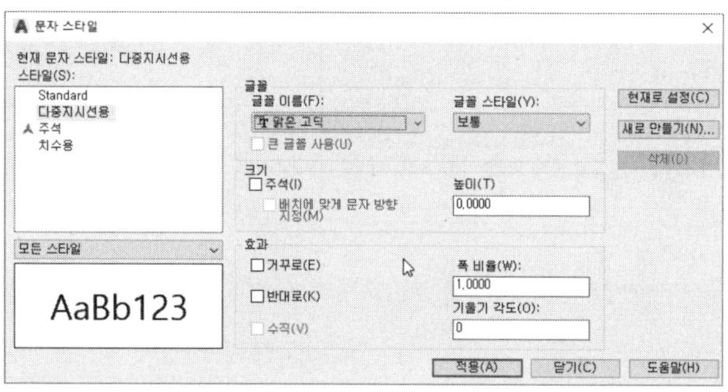

② '내용' 탭에서 문자 스타일을 '다중지시선용'으로 변경하고, 문자 높이도 '3'으로 변경한다.

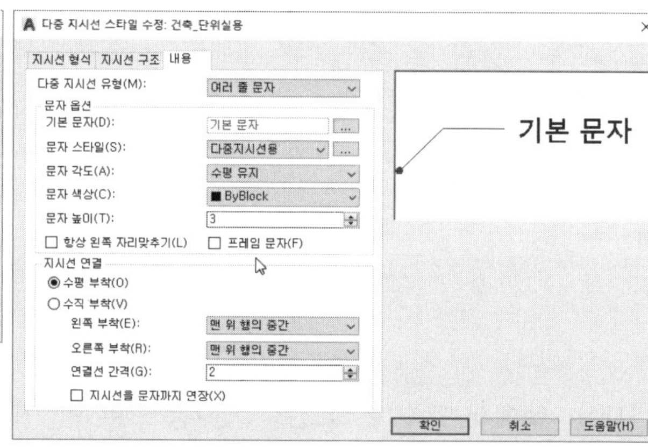

다중지시선의 스타일이 변경되어 적용된 결과는 다음과 같다.

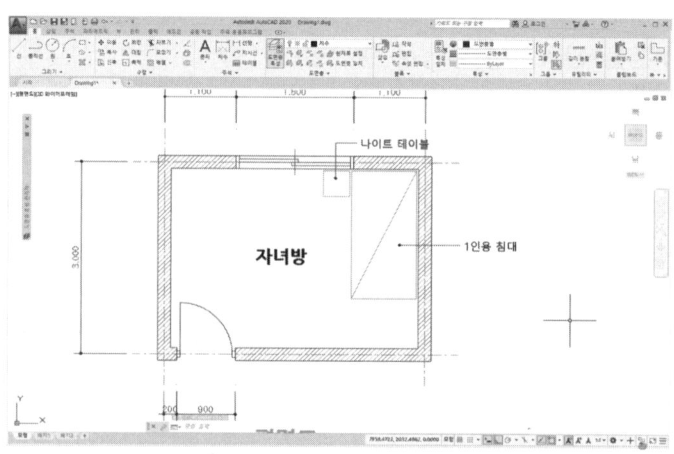

선가중치

선가중치는 폴리선의 폭(Width)처럼 화면에서 선을 굵게 표현하고 출력에도 적용하는 것이다. 물론 선택적으로 출력에는 적용하지 않을 수도 있다.

도면층별로 선가중치를 설정하면 도면의 중요한 도면층 선들을 굵게 표현할 수 있어 객체들 간의 식별성을 향상시킬 수 있다. 예를 들면 같은 색상을 사용하는 도면층들 간에 선가중치를 조절하여 벽체의 단면선 같은 선들은 더 강하게 표현함으로써 다른 선들과 차별화시킬 수 있다.

① [도면층 특성 관리자]를 실행한다. 현재 모든 도면층의 선가중치가 '기본값'으로 지정되어 있다.

② '벽체' 도면층의 선가중치 항목에서 '기본값'을 클릭한다.

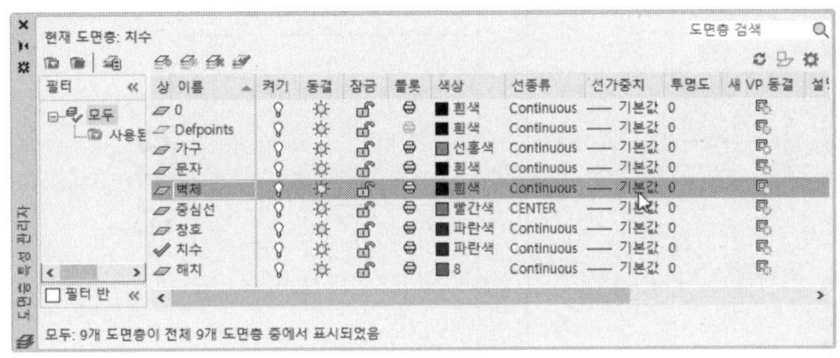

③ [선가중치] 대화상자가 나타나면 '0.30mm'를 선택한다.

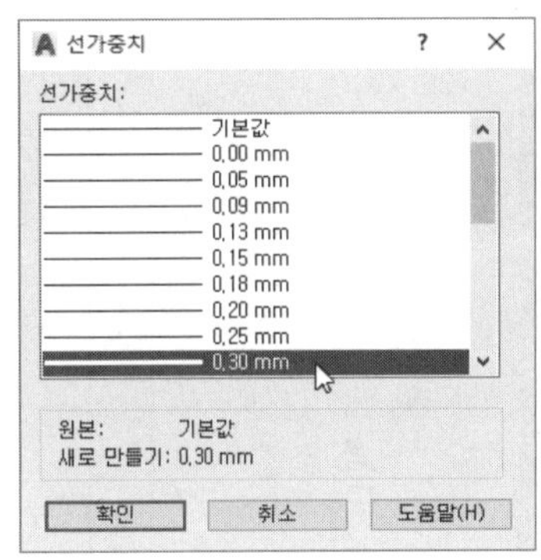

선가중치에 나타나 있는 리스트들은 도면에서 자주 사용하는 값으로 미리 구성되어 있다. 필요한 경우 사용자가 추가하여 사용할 수도 있다. '기본값'의 경우 '0.25mm'로 정의되어 있다. '0.30mm' 미만의 경우 출력시에는 구분이 되지만, 화면 표시에 있어서는 표시가 나타나지 않는다.

④ [확인] 버튼을 클릭하여 변경값을 적용한다.

선가중치가 변경되었지만 도면에 변화가 없는 경우 선가중치 표시 설정이 숨기기로 되어 있는 것이다.

⑤ 화면 하단의 상태막대에서 '선가중치 표시/숨기기' 상태 버튼을 활성화시킨다.

선가중치가 적용된 도면의 결과는 오른쪽의 결과와 같다.

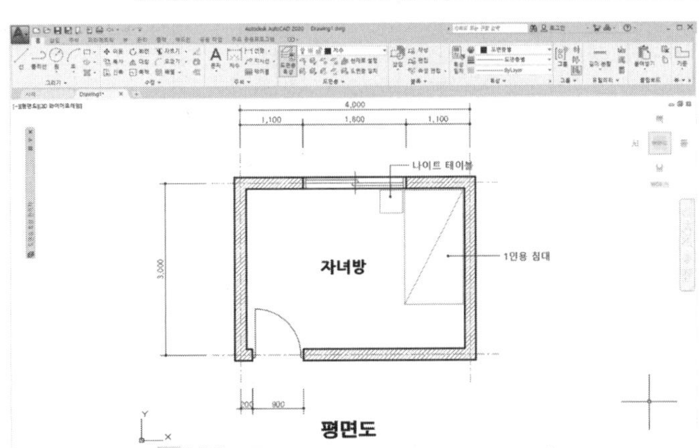

EXERCISE 50 기숙사 단위실 평면도 그리기

※ 가로방향으로 작성

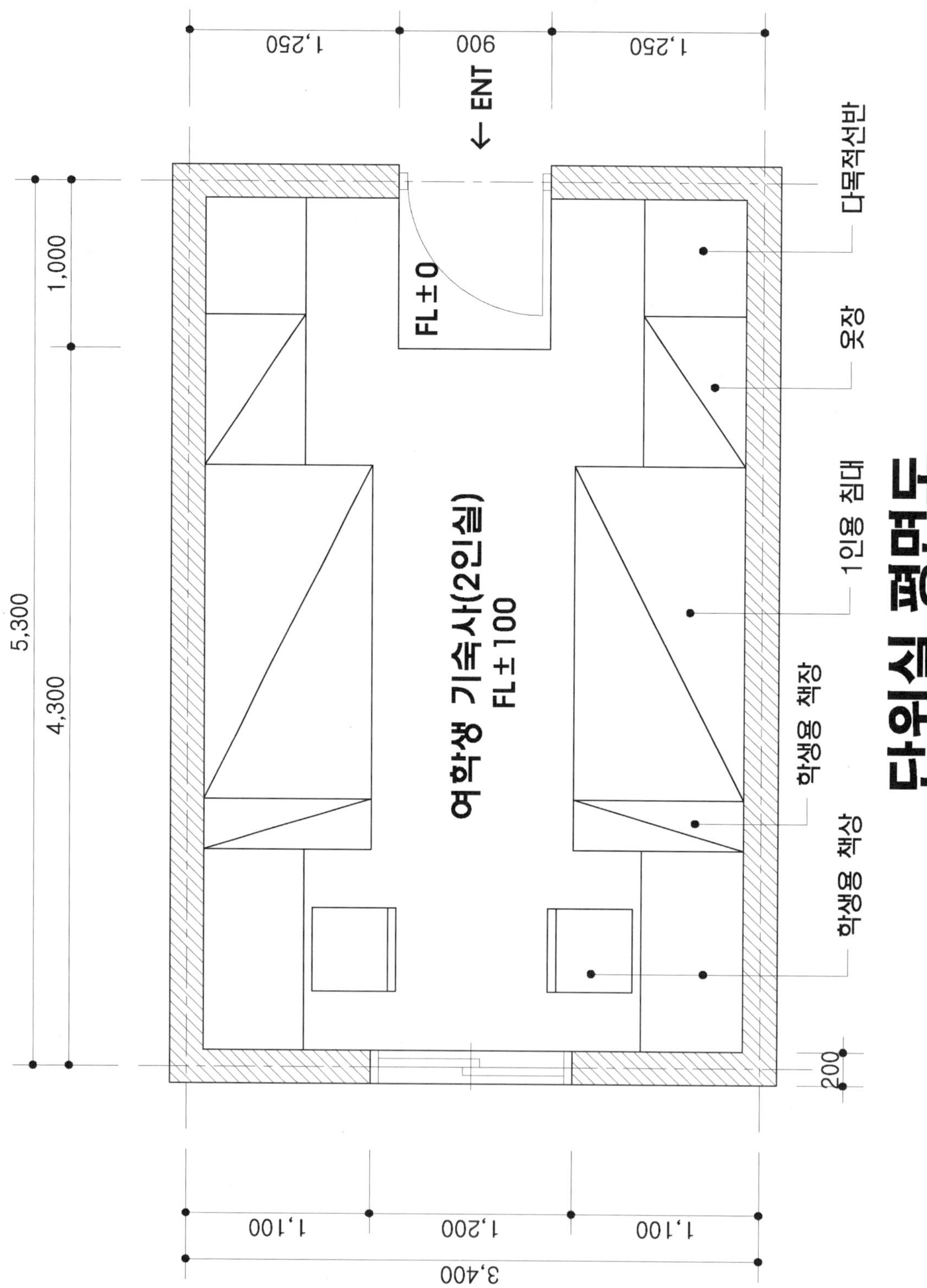

EXERCISE 51 욕실 평면도 그리기 ※ 가로방향으로 작성

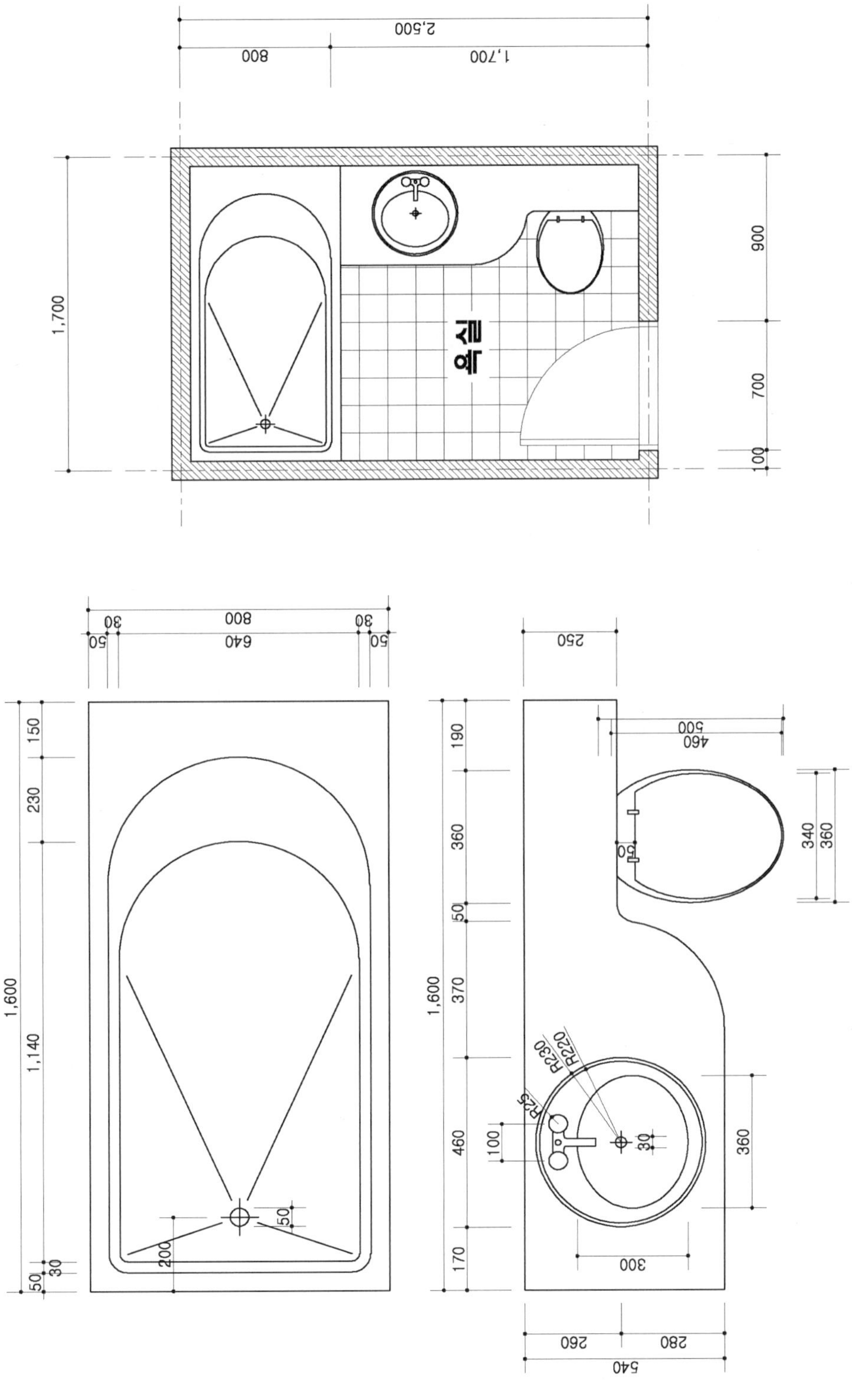

EXERCISE 52 단독주택 평면도 ※ 가로방향으로 작성

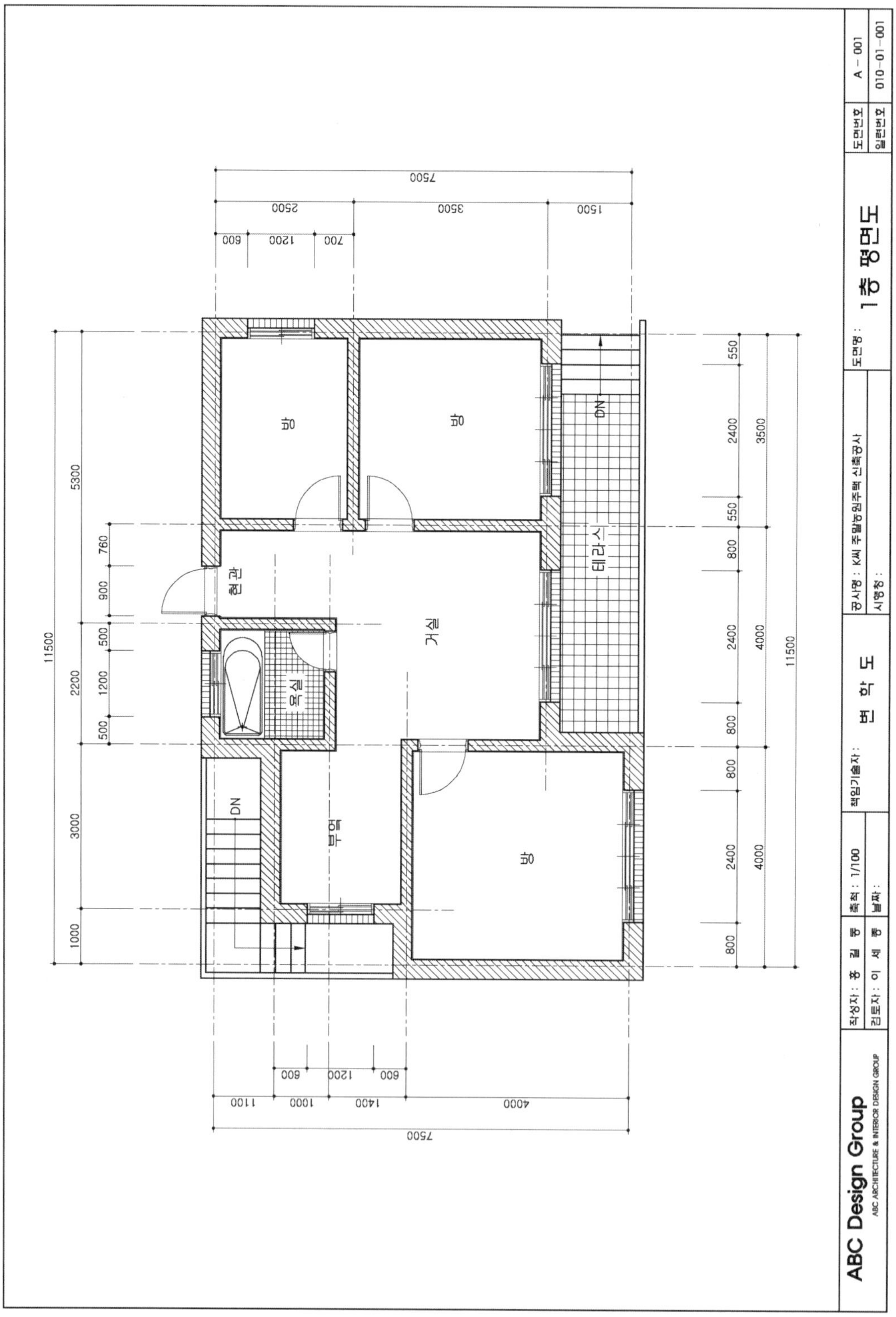

EXERCISE 53 기숙사 가구 그리기 /블록 작성하기

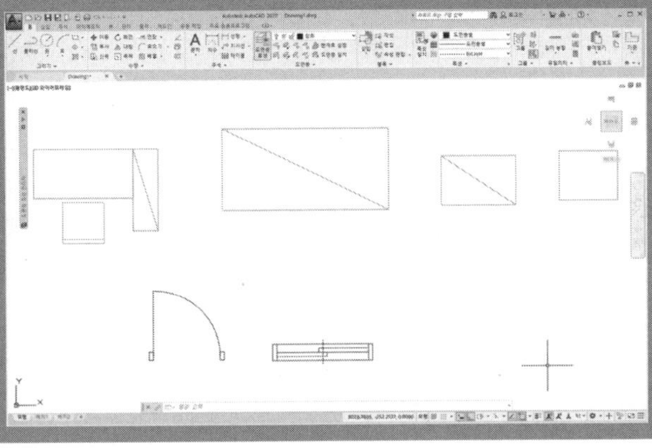

학습목표
- 도면층 도구를 사용할 수 있다.
- 블록을 정의하고 삽입할 수 있다.
- 블록의 동작/매개변수를 이해하고 사용할 수 있다.

새로운 도구/기능
- 홈 탭 → 블록 패널 → 작성/삽입/편집
- 명령어 행 : block Enter↵, b Enter↵
  insert Enter↵, i Enter↵

중요한 도구/기능
- 도면층(Layer)

#Block #Insert #DesignCenter

블록(Block)은 하나 이상의 객체를 그룹으로 묶고 그 이름을 지정하여 하나의 그룹객체를 작성하는 도구이다. 건축, 실내건축 분야의 도면에서 문, 창문, 가구, 수목, 자동차 등은 여러 도면에서 반복적으로 사용하게 되는 요소들이다. 이들 요소들을 도면작성시 마다 매번 그리고 수정해야 한다면 엄청난 시간 낭비가 된다.(과거 수작업으로 도면 그리던 시절 이러한 도면 요소들을 스탬프로 찍기도 하였다) 블록은 이러한 시간, 인력의 낭비를 최소화하고 도면 요소의 통일성을 통해 규격화된 도면작업을 지원하는 기능이다.

블록 기능에서 사용되는 주요 도구는 '블록 작성(Block)'과 '삽입(Insert)'이다. '블록 작성' 도구는 개별 도면 요소들을 블록으로 정의(definition, 하나의 그룹 객체로 묶고 이름을 부여)하는 기능이며, '삽입(Insert)' 도구는 정의된 블록을 도면에 삽입하는 기능이다.

'디자인센터(DesignCenter)'는 서로 다른 도면 간에 정의된 블록을 비롯하여 도면층, 선종류, 문자 스타일, 치수 스타일, 다중지시선 스타일, 배치 등을 교환하여 사용할 수 있는 기능이다. 따라서 템플릿을 사용하지 않더라도 도면 간의 설정과 작업을 공유하여 사용할 수 있다.

블록과 관련된 도구들은 리본메뉴 홈 탭의 '블록' 패널에서 실행할 수 있다.

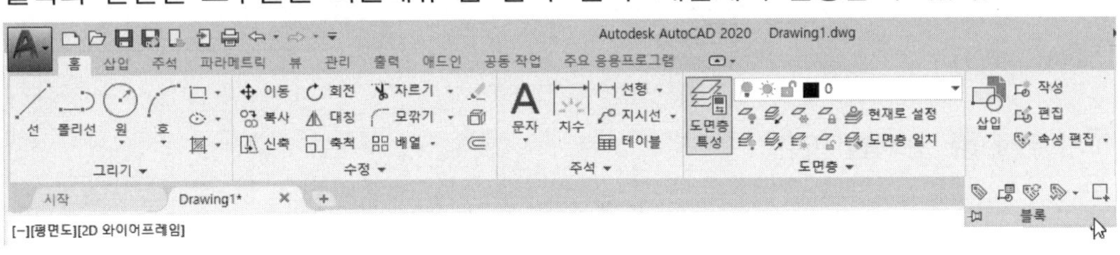

삽입 탭의 '블록' 패널과 '블록 정의' 패널에서 보다 상세한 기능들을 사용할 수 있다.

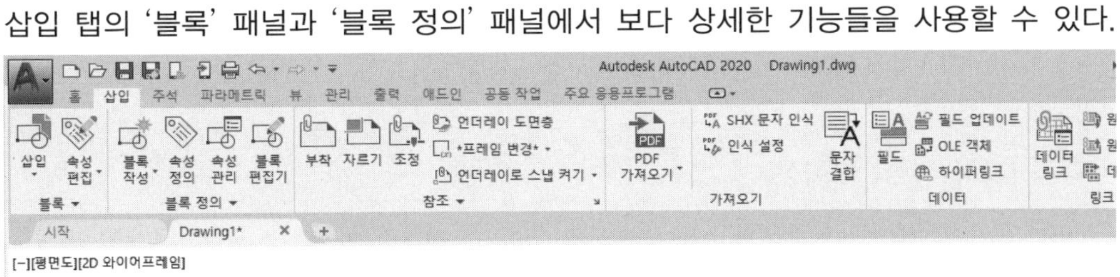

블록 작성

블록 작성에 대한 이해도를 높이기 위하여 예제와 함께 관련 도구들을 설명하도록 한다. 도면층 실습예제 중 여학생 기숙사의 단위실 평면도를 이용하여 블록에 대해 살펴보도록 한다. 먼저 '가구' 도면층을 생성하여 해당 도면층에서 가구를 작성한다.

① [도면층 특성 관리자]에서 새 도면층을 작성한다.

② 도면층 이름을 '가구'로 변경한다.

③ 도면층 색상은 '선홍색', 선종류는 'Continuous'로 지정한다.

④ 가구 도면층을 현재로 설정한다.

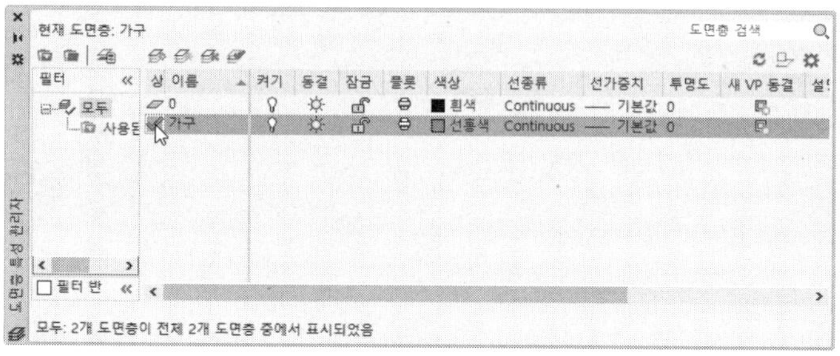

책상 세트

① 다음의 치수를 참고하여 책상 세트를 작성한다.

책상 : 1200×600

의자 : 500×500

책장 : 300×1000

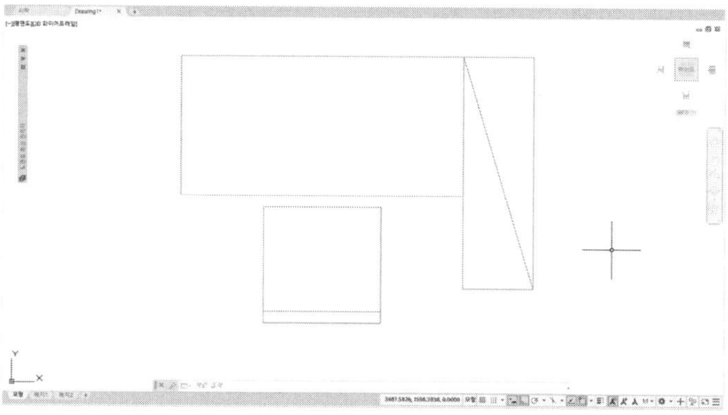

완성된 책상 세트 전체를 하나의 블록으로 정의한다.

② 홈 탭 → 블록 패널 → 작성 도구 실행

③ [블록 정의] 대화상자가 나타나면, 먼저 블록을 정의할 이름을 입력한다. '가구_책상세트_치수'와 같이 가장 직접적이고 정보를 포함한 이름이 바람직하다.

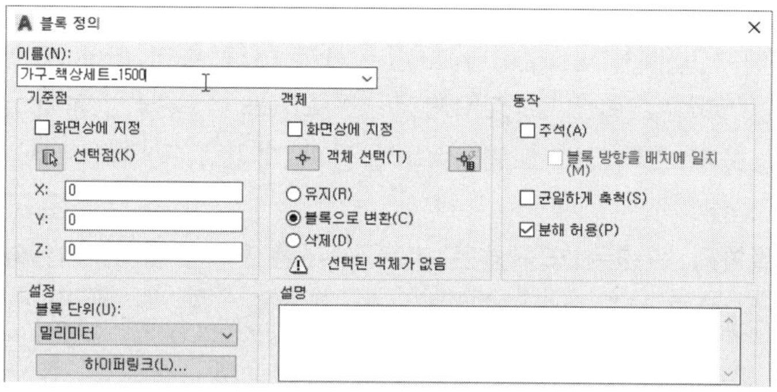

④ 기준점을 정의하기 위해 선택점 버튼을 클릭한다.

⑤ 작업화면으로 전환되면 블록을 삽입할 때 기준이 되는 점을 지정한다. 책상의 좌측 상단 모서리를 지정한다.

기준점을 지정하면 다시 [블록 작성] 대화상자로 전환된다.

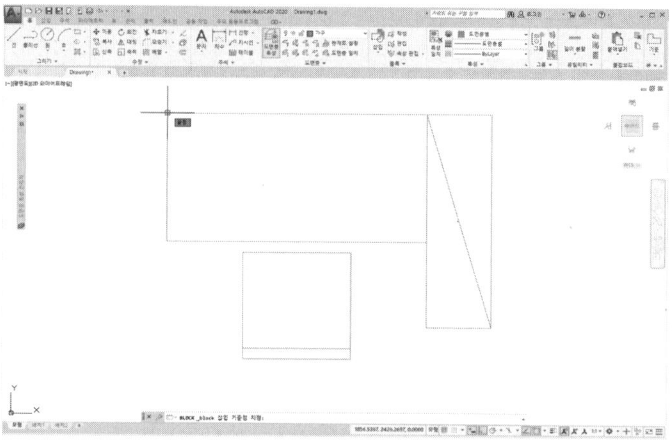

⑥ 블록에 포함되는 객체를 선택하기 위해 [객체 선택] 객체 선택 버튼을 클릭한다.

⑦ 작업화면으로 전환되면 블록에 해당되는 객체 모두를 선택한다.

⑧ [Enter↵] 키를 눌러 선택을 종료하면 다시 [블록 작성] 대화상자로 전환된다.

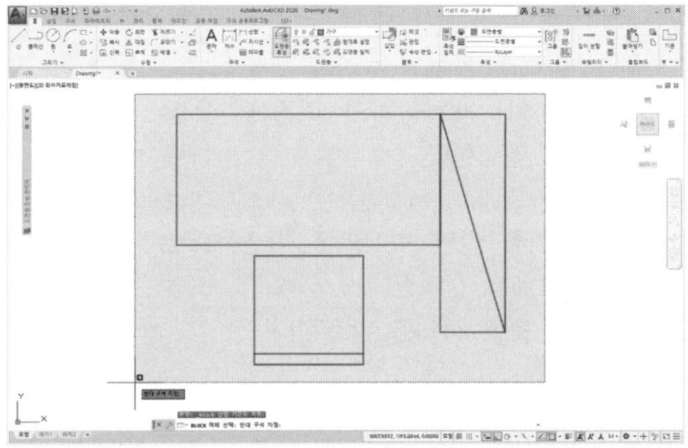

⑨ 객체 항목에서 '삭제(D)'를 선택한다. 블록 지정 후 원본 객체에 대한 처리 옵션으로 상황에 따라 '유지, 블록으로 변환, 삭제' 중 하나를 선택할 수 있다.

⑩ 블록 단위를 '밀리미터'로 설정한 다음, [확인] 버튼을 클릭하면 블록 정의가 완료된다.

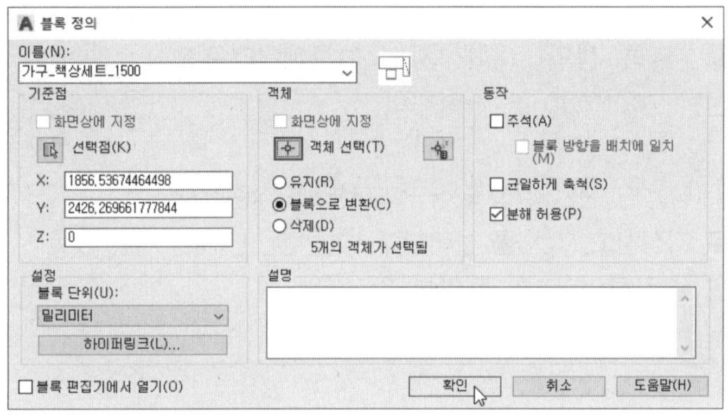

침대, 옷장, 다용도 선반

① 다음의 치수를 참고하여 침대, 옷장, 다용도 선반을 각각 작성한다.

침대 : 2000×1000
옷장 : 900×600
다용도 선반 : 700×600

각 가구별로 독립된 블록을 정의한다.

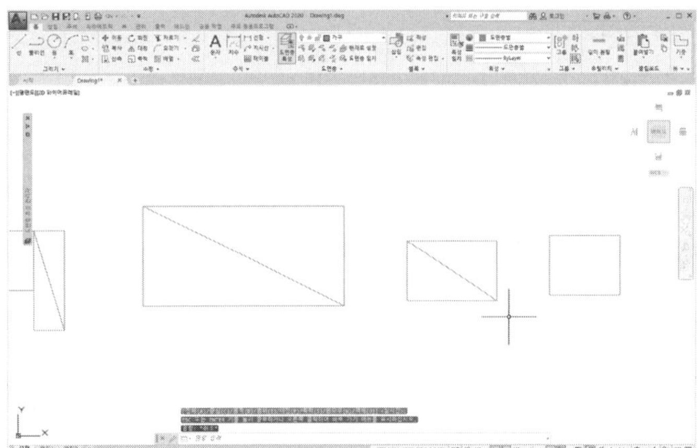

② 홈 탭 → 블록 패널 → [작성] 도구 실행

③ [블록 정의] 대화상자의 이름에 '침대 2000X1000'를 입력한다.

④ 침대의 좌측 상단 모서리를 기준점으로 지정하고, 객체를 선택한다. [확인] 버튼을 클릭하여 블록 정의를 완료한다.

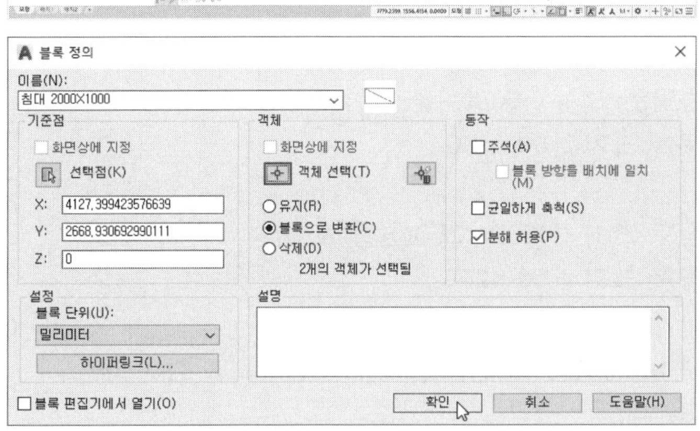

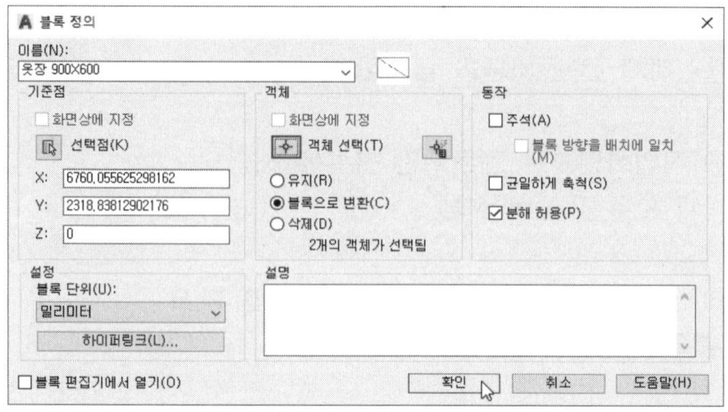

⑤ 작성 도구 실행

⑥ [블록 정의] 대화상자의 이름에 '옷장 900X600'을 입력한다.

⑦ 옷장의 좌측 상단 모서리를 기준점으로 지정하고, 객체를 선택한다. 확인 버튼을 클릭하여 블록 정의를 완료한다.

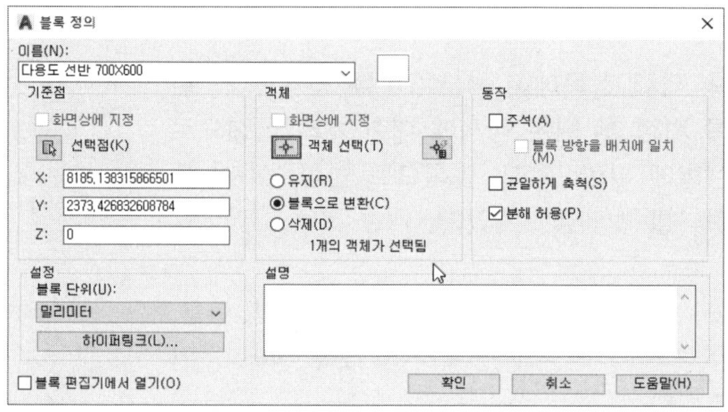

⑧ 작성 도구 실행

⑨ [블록 정의] 대화상자의 이름에 '다용도 선반 700X600'을 입력한다.

⑩ 다용도 선반의 좌측 상단 모서리를 기준점으로 지정하고, 객체를 선택한다. 확인 버튼을 클릭하여 블록 정의를 완료한다.

창호

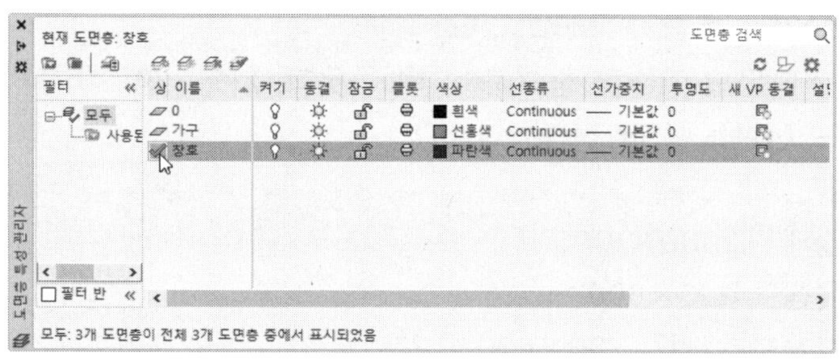

① [도면층 특성 관리자]에서 새 도면층을 작성한다.

② 도면층 이름을 '창호'로 변경한다.

③ 도면층 색상은 '파란색', 선종류는 'Continuous'로 지정한다.

④ 창호 도면층을 현재로 설정한다.

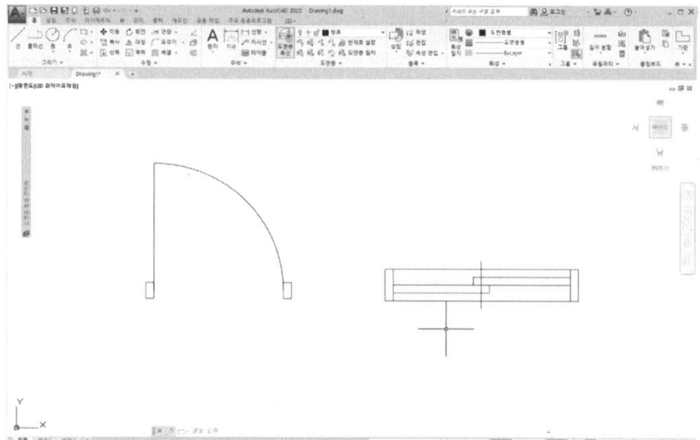

⑤ 다음의 치수를 참고하여 출입문과 창문을 작성한다.

출입문 크기 : 900(문틀 포함)
문틀 크기 : 50×100

창문 크기 : 1200×200(창틀 포함)
창틀 크기 : 50×200

완성된 출입문과 창문을 각각의 블록으로 정의한다.

⑥ 홈 탭 → 블록 패널 → [작성] 도구 실행

⑦ [블록 정의] 대화상자의 이름에 '여닫이문_900'을 입력한다.

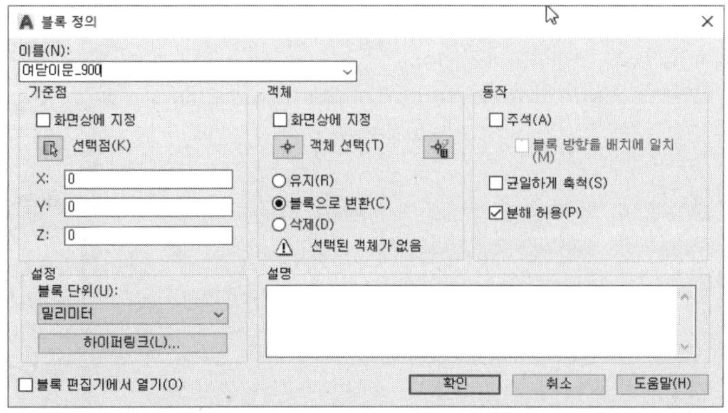

⑧ 벽체와 닿는 문틀의 중간점(Midpoint)을 기준점으로 지정한다.

⑨ 객체를 선택하고 [확인] 버튼을 클릭하여 블록 정의를 완료한다.

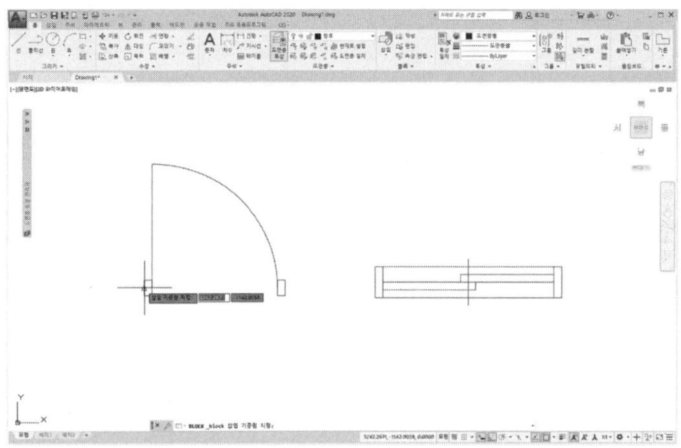

⑩ [작성] 도구 실행

⑪ [블록 정의] 대화상자의 이름에 '미닫이창_1200'을 입력한다.

⑫ 미닫이 창문의 좌측 끝단 중간점을 기준점으로 지정하고, 객체를 선택한다. [확인] 버튼을 클릭하여 블록 정의를 완료한다.

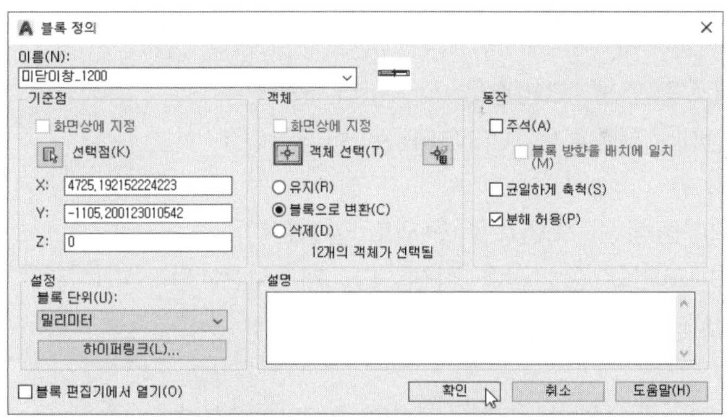

기숙사 가구를 모두 블록으로 작성한 결과이다. 옵션으로 지정할 수 있는데, 현재는 도형으로 그림 가구들이 블록으로 정의되면서 블록으로 변환되어 남아 있는 상태이다.

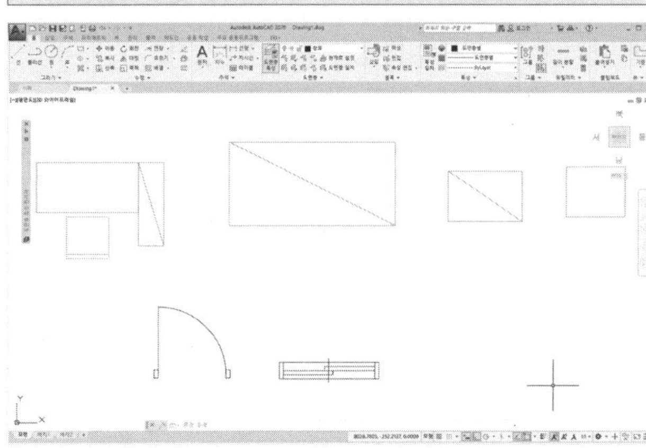

EXERCISE 54 여학생 기숙사

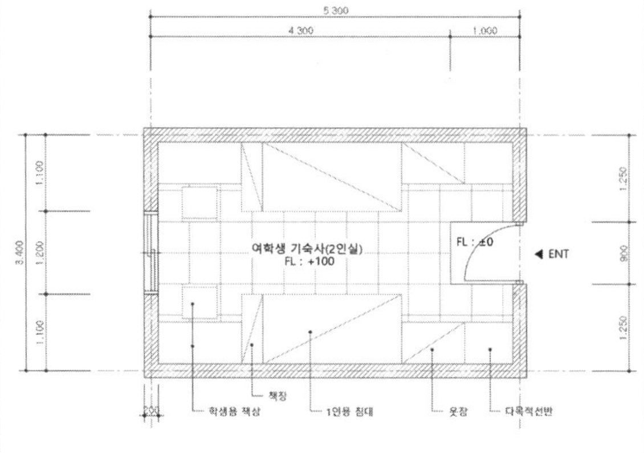

단위실 평면도

학습목표

- 도면층 도구를 사용할 수 있다.
- 블록을 정의하고 삽입할 수 있다.
- 블록의 동작/매개변수를 이해하고 사용할 수 있다.

새로운 도구/기능

- 홈 탭 → 블록 패널 → 작성/삽입/편집
- 명령어 행 : block Enter↵, b Enter↵
  insert Enter↵, i Enter↵

중요한 도구/기능

- 도면층, 해치, 치수, 다중지시선
- 반전, 대칭

#Block #Insert #DesignCenter

(1) 중심선, 벽체 작성

앞서 작성한 블록들은 모두 삭제한다. 블록들이 삭제되더라도 블록 정의는 저장되어 있기 때문에 필요한 작업 시점에 불러와서 삽입하면 된다. 가구와 창호가 적용될 평면도를 먼저 작성한다. 여학생 기숙사 도면을 참고하여 평면도의 중심선과 벽체를 작성한다.

중심선 작성

① '중심선' 도면층을 작성한다. 색상은 '빨간색', 선종류는 'CENTER'로 변경한다.

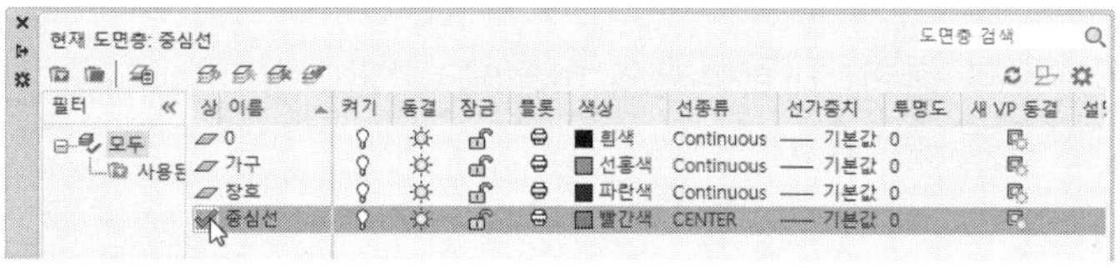

② '중심선' 도면층을 현재로 설정한다.

③ 도면의 중심선을 작성한다. 개구부는 신경쓰지 말고 벽체 중심선만 작성한다.

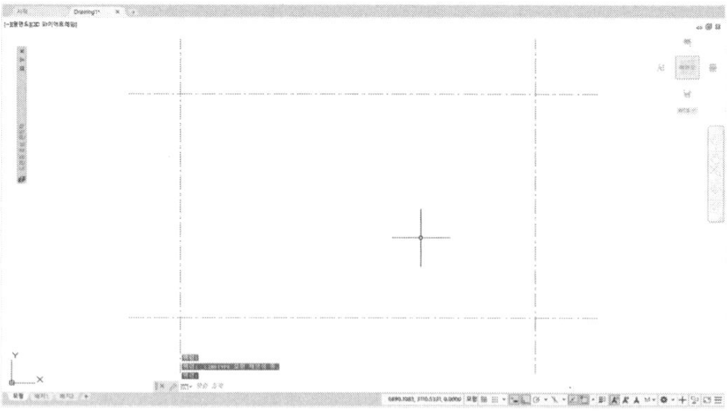

수평 중심선의 간격은 '3,400'이고, 수직 중심선의 간격은 '5,300'이다. 각 방향의 간격 이상 충분히 돌출될 수 있도록 작업한다. 선종류 축척(Linetype Scale)을 보기 편하게 조정한다.

벽체 작성

① '벽체' 도면층을 작성한다. 색상은 '흰색', 선종류는 'Continuous'로 변경한다.

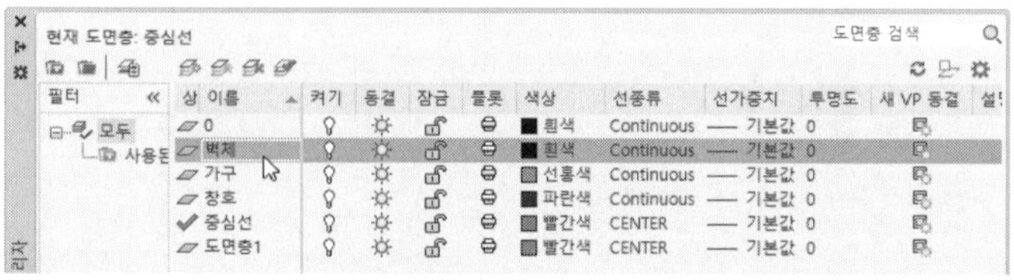

② '벽체' 도면층을 현재로 설정한다.

③ 중심선을 양쪽으로 '100' 만큼씩 간격띄우기 한다.

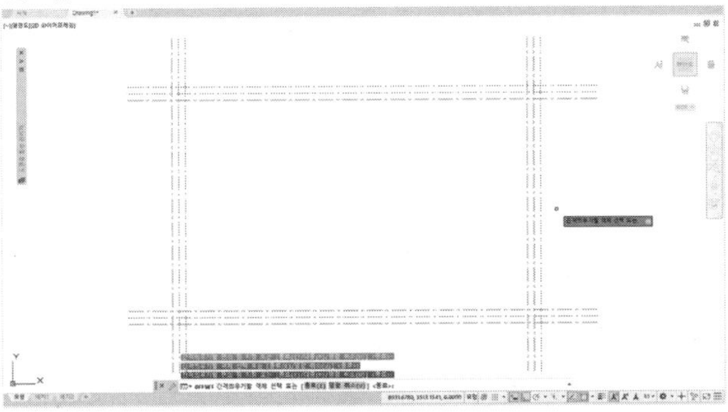

④ 간격띄우기한 객체들을 '벽체' 도면층으로 변경하고, 모서리를 정리한다.

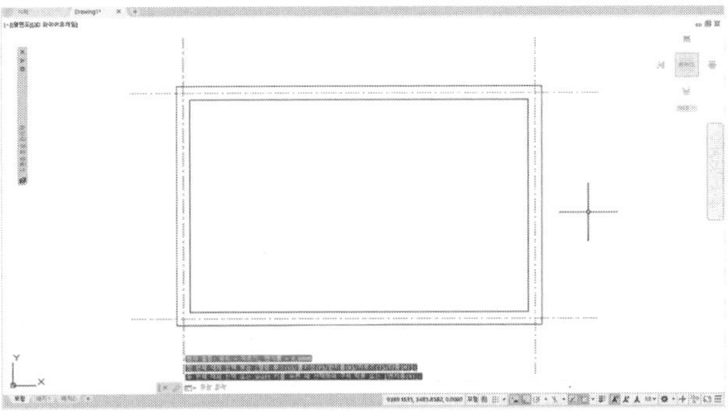

⑤ 창문 개구부 위해 수평 중심선을 실 내부쪽으로 '1,100' 만큼씩 간격띄우기한다.

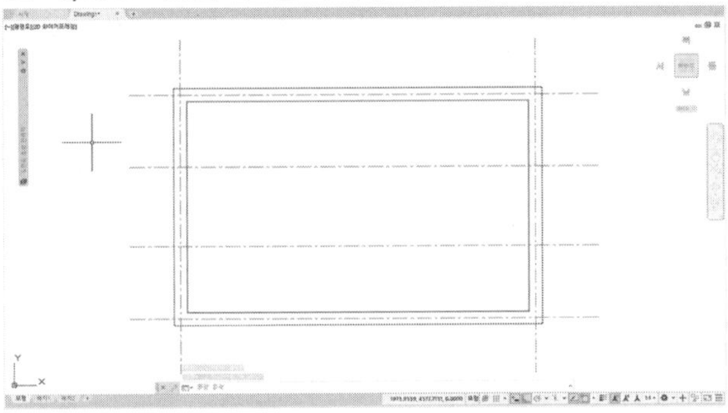

⑥ 도면층을 변경하고 기존 벽체선을 이용하여 불필요한 선을 정리한다.

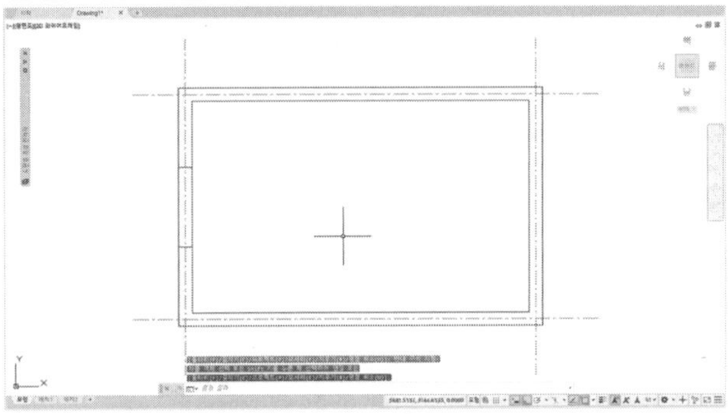

⑦ 출입문 개구부를 위해 수평 중심선을 실 내부쪽으로 '1,250' 만큼씩 간격띄우기한다.

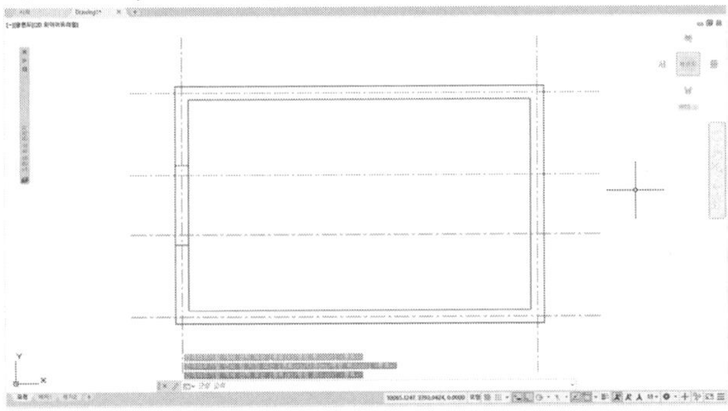

⑧ 도면층을 변경하고 기존 벽체선을 이용하여 불필요한 선을 정리한다.

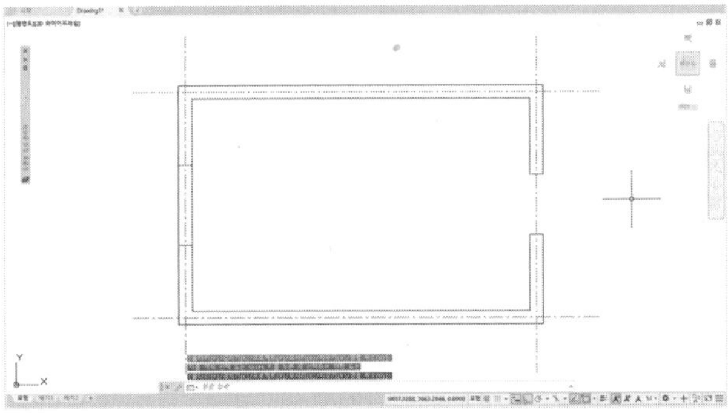

⑨ 현관 바닥선을 작성하기 위해 오른쪽 수직 중심선을 실 내부로 '1,000' 만큼 간격띄우기한다.

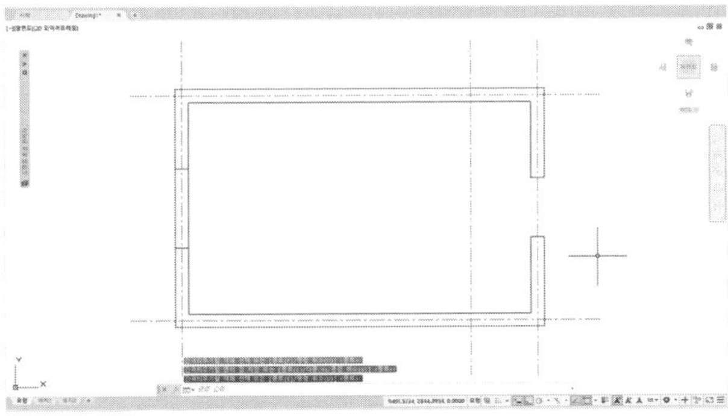

⑩ 출입문 개구부의 벽체 끝점에서 직접 수평선을 그려 현관 바닥선을 완성한다.

⑪ 선을 정리하고 도면층을 변경한다.

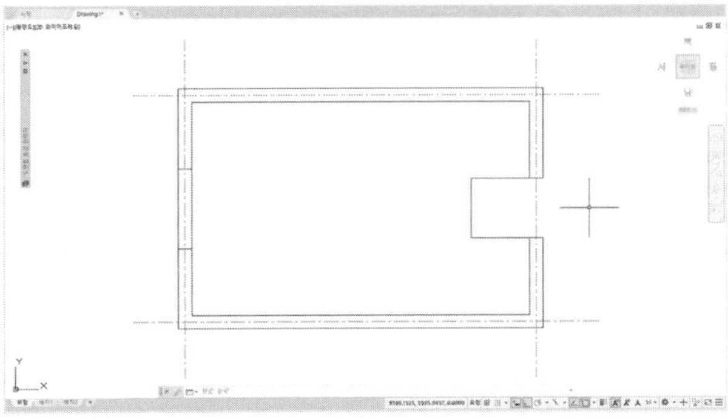

(2) 블록 삽입

이상과 같이 작성한 도면에 앞서 정의한 블록들을 삽입하도록 한다. 블록 삽입 후 문자, 해치, 치수, 다중지시선 등의 도면작업을 진행하도록 한다.

출입문 삽입

① 현재 도면층을 '창호'로 변경한다.

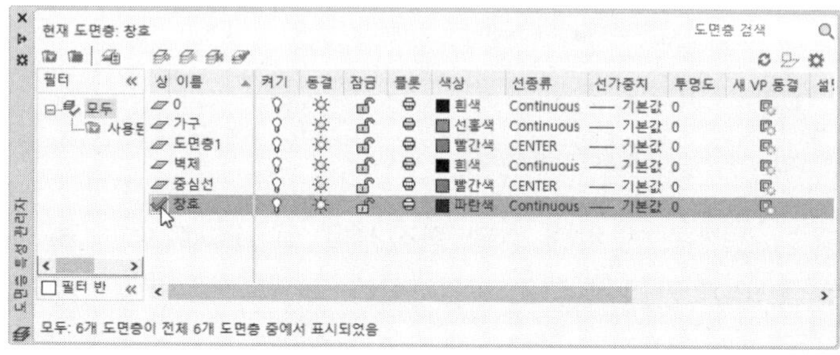

블록 삽입시 제일 중요한 부분이 바로 현재 도면층이다. 삽입되는 블록은 블록 작성 당시 도면층을 포함하고 있는데, 다른 도면층에서 삽입하게 되면 블록이 현재 도면층에 종속되게 된다. 따라서 블록을 작성한 도면층을 그대로 사용하던가, 만약 그럴 수 없다면 '0' 도면층을 사용한다.

② 홈 탭 → 블록 패널 → [삽입] 도구를 클릭하면 오른쪽과 같이 포함되어 있는 블록 전체 리스트가 나타난다.

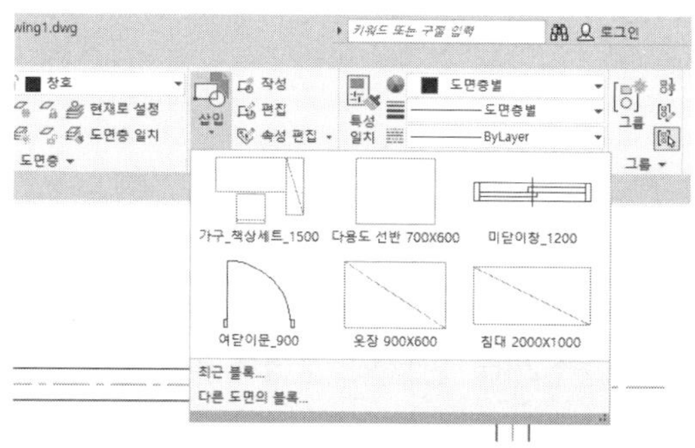

③ 마우스 휠로 드래그하여 '여닫이문_900' 블록을 찾아서 선택한다.

④ [삽입점 지정 또는] 이 나타나지만 현재 여닫이문의 방향이 도면과 맞지 않아 문을 회전하여야 한다. 마우스 오른쪽 버튼을 클릭하여 바로가기 메뉴를 실행한다.

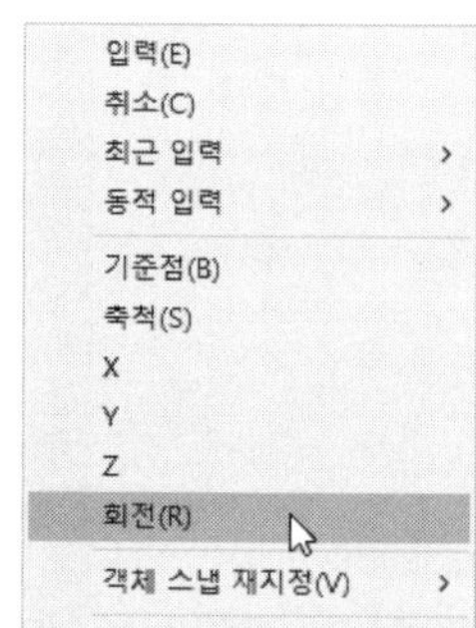

⑤ 바로가기 메뉴가 나타나면 '회전(R)'을 실행한다.

⑥ 동적 입력창에 여닫이문의 회전값인 '90'을 입력하고 [Enter↵] 키를 누른다.

[회전 각도 지정 <0>: 90]

⑦ [삽입점 지정 또는] 에서 회전된 블록의 기준점이 위치할 목표점을 지정한다. 출입문 개구부의 벽체 단면과 중심선의 교차점을 선택한다.

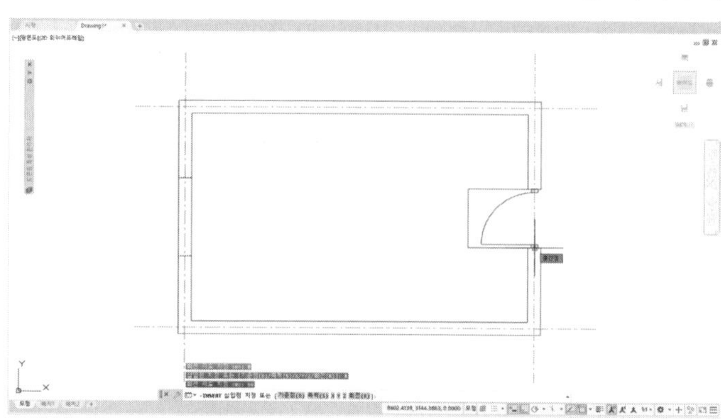

창문 삽입

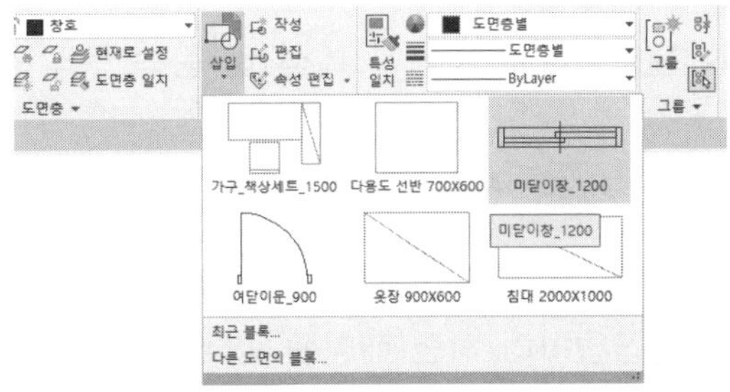

① 삽입 도구를 클릭하고 블록 리스트에서 '미닫이창_1200' 블록을 찾아서 선택한다.

② 삽입점 지정 또는 이 나타나지만 미닫이창의 방향이 도면과 맞지 않다. 바로가기 메뉴에서 '회전(R)'을 실행하여 '90' 회전한다.

③ 삽입점 지정 또는 에서 회전된 블록의 기준점이 위치할 목표점을 지정한다. 창문 개구부의 벽체 단면과 중심선의 교차점을 선택한다.

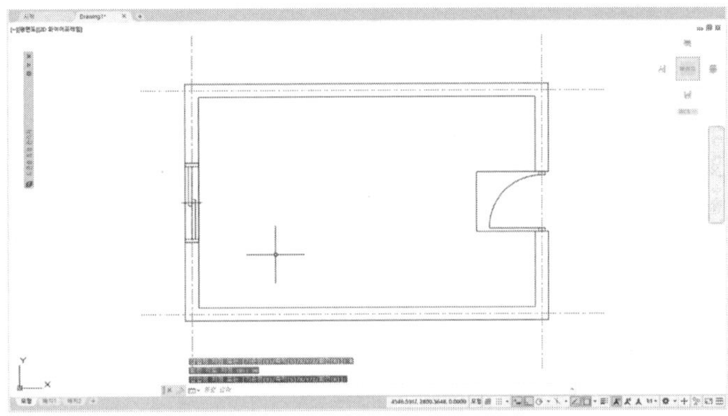

가구 삽입

① 현재 도면층을 '가구'로 변경한다.

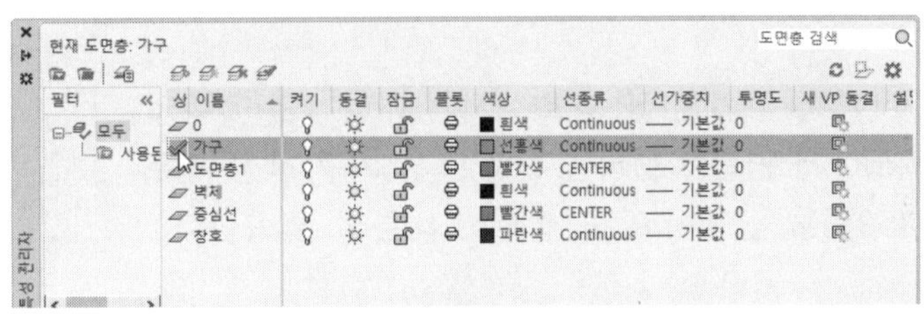

앞서 언급한 바와 같이 가구 삽입시에는 '가구' 도면층이 현재 도면층이 되어야 한다. 만약 창호에서 가구를 삽입하면, 가구 블록들이 '창호' 도면층에 종속된다.

② 삽입 도구를 클릭하고 블록 리스트에서 '가구_책상 세트_1500' 블록을 찾아서 선택한다.

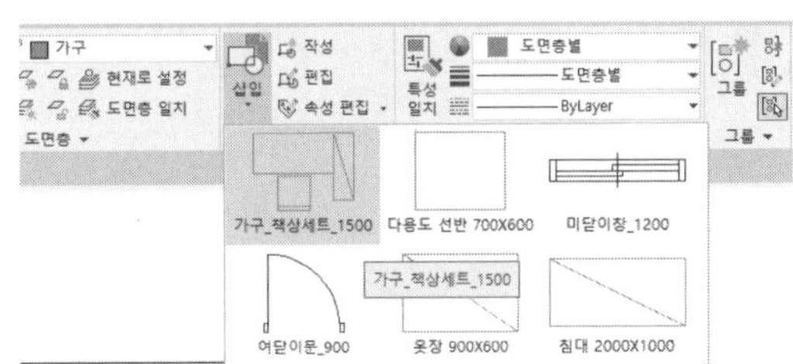

③ 삽입점 지정 또는 이 나타나면 좌측 상단의 내벽 모서리점을 삽입점으로 지정한다.

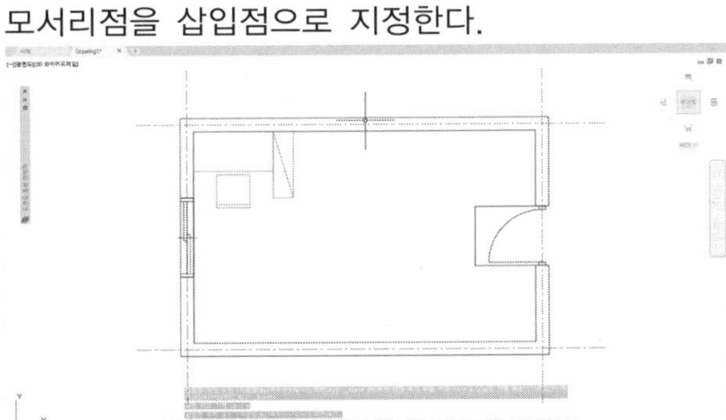

④ 나머지 가구도 동일한 방법으로 삽입하여 오른쪽과 같은 결과를 완성한다.

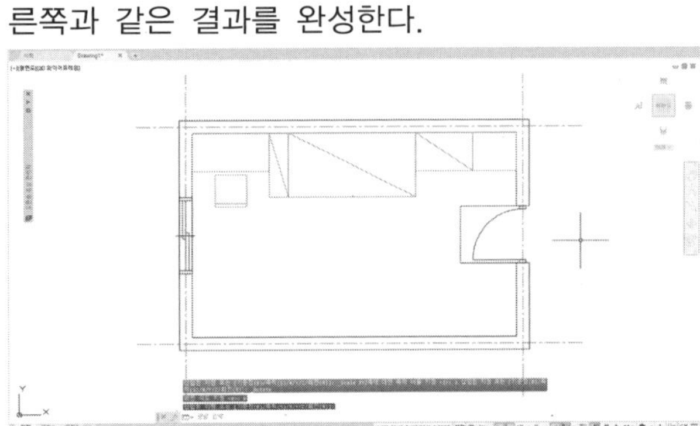

(3) 블록 편집

블록 편집기를 사용하여 도면에 포함된 블록을 편집하거나 블록 정의의 동적 동작을 정의할 수 있다. 블록 편집기에서 사용자 특성 및 동적 동작을 정의하는 매개변수 및 동작을 추가할 수 있다.

책상 세트 삽입

① '가구_책상 세트_1500' 블록을 반대편 벽면에 삽입하려 하면 대칭된 형태가 될 수 없다. 회전 옵션을 사용하더라도 대칭되는 형태를 만들 수 없으며, 대칭 도구를 사용하여야만 원하는 결과를 얻을 수 있다. 현재와 같은 모습으로 일단 삽입한 다음 블록 편집으로 바로잡도록 한다.

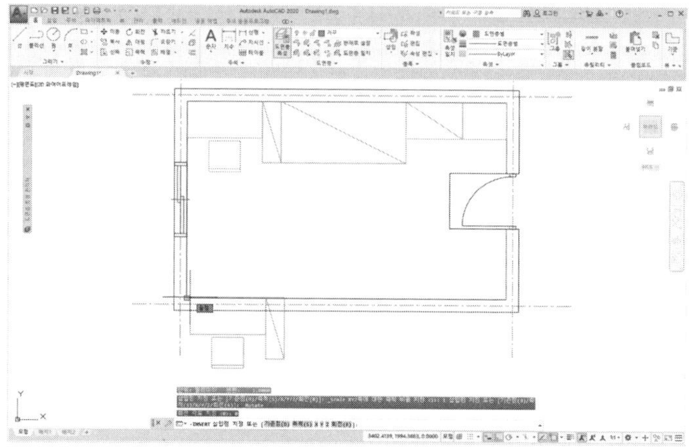

블록 편집기

① 홈 탭 → 블록 패널 → [편집] 도구 실행

② [블록 정의 편집] 대화상자가 나타나면 좌측의 목록에서 편집할 블록을 선택한다. '가구_책상 세트_1500'을 선택하고 [확인] 버튼을 클릭한다.

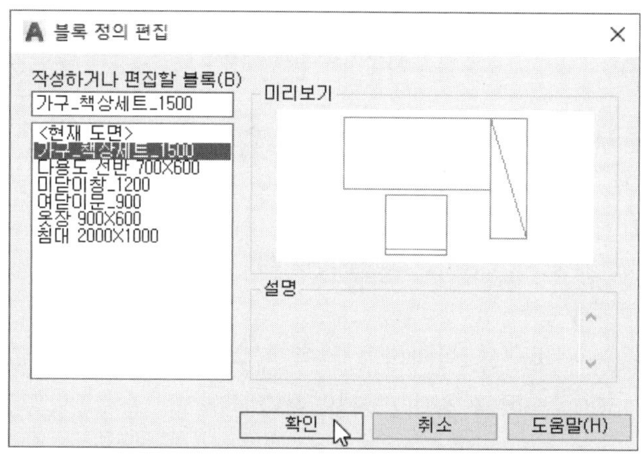

③ 화면이 블록 편집 모드로 바뀌면서 리본 메뉴에는 블록 편집기 메뉴가 나타난다.

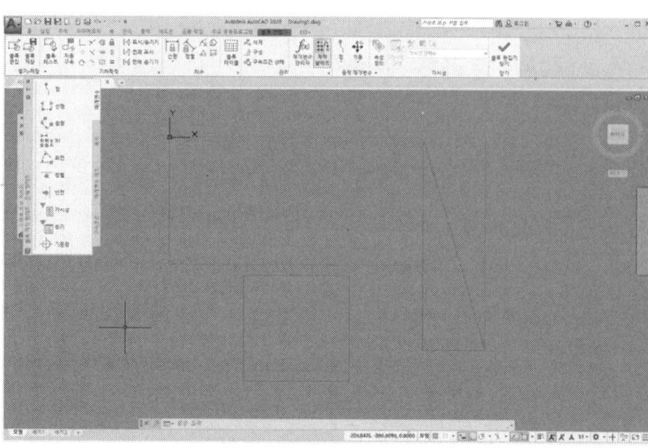

④ '홈' 탭을 선택하고 [대칭] 도구를 실행하여 책상 세트 전체를 상하로 대칭시켜 준다.

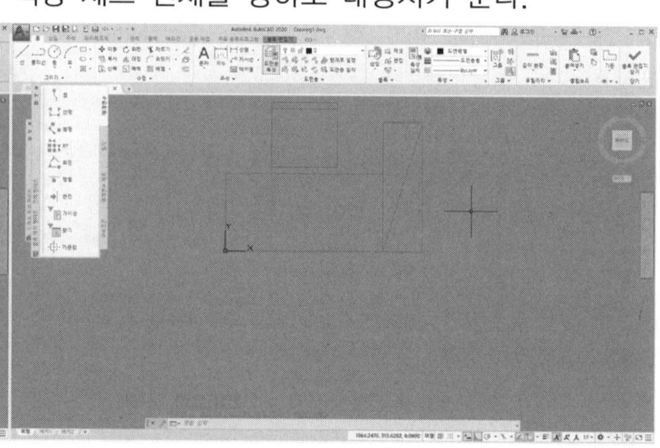

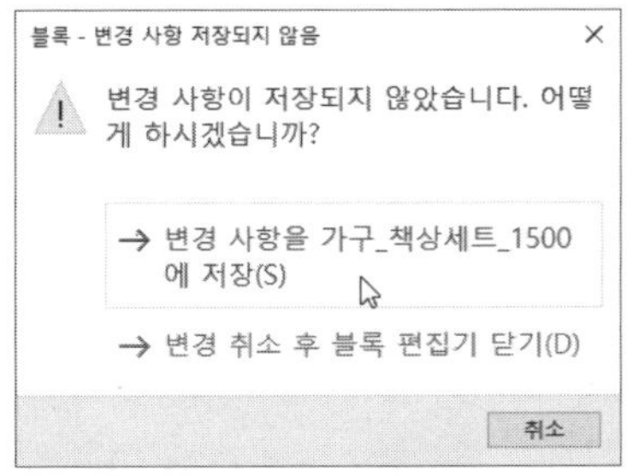

⑤ 리본메뉴 가장 우측에 위치한 [블록 편집기 닫기] 도구를 실행하면 대칭된 결과를 블록에 저장할 것인지 확인한다.

⑥ '변경 사항을 가구_책상 세트_1500에 저장'을 선택한다.

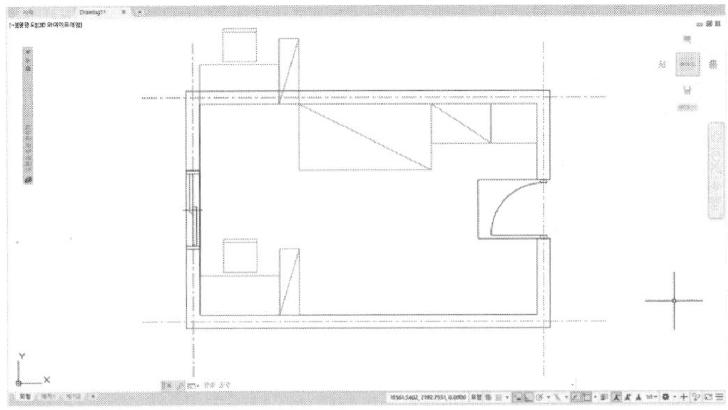

⑦ 블록 편집이 적용된 결과는 오른쪽과 같이 두 번째 삽입한 책상 세트를 기준으로 수정하면 첫 번째 삽입한 책상 세트에 문제가 생기는 것을 확인할 수 있다.

⑧ 명령을 취소하여 블록을 편집하기 이전으로 되돌려준다.(Ctrl+z)

매개변수와 동작

매개변수와 동작을 지정하게 되면 블록 자체에 편집동작이 지정되어 하나의 블록으로 여러 형태의 블록 결과물을 작성할 수 있다. 즉 앞에서와 같이 '가구_책상 세트_1500'과 별도로 '가구_책상 세트_1500_좌측책장' 블록을 추가하는 것이 아니라 '가구_책상 세트_1500' 블록 자체에 반전 기능을 포함시켜 삽입 상태에 따라 대칭시킬 수 있게 된다.

매개변수와 동작 기능의 실행은 블록 편집기를 실행할 때 자동으로 나타나는 [블록 제작 팔레트]에서 실행할 수 있으며, 블록 편집기 탭의 '동작 매개변수' 패널에서도 실행할 수 있다.

① [편집] 도구 실행

② [블록 정의 편집] 대화상자가 나타나면 '가구_책상 세트_1500'을 선택하고 [확인] 버튼을 클릭한다.

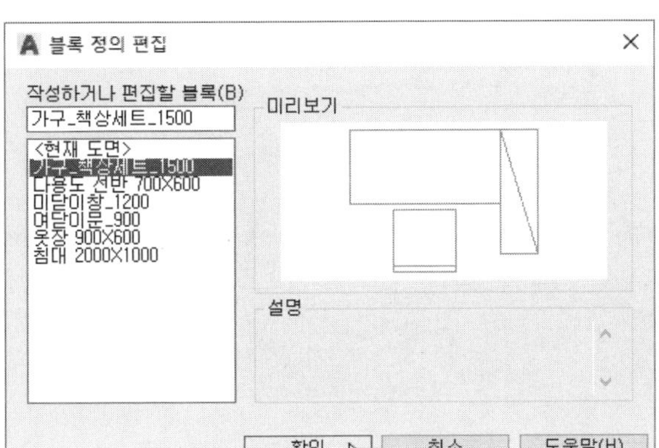

매개변수와 동작은 항상 세트로 묶여 정의되는데 매개변수를 먼저 지정하고 동작에 매개변수를 연관시키면 된다.

③ [블록 제작 팔레트]의 '매개변수' 탭에서 [반전] 도구를 실행한다.

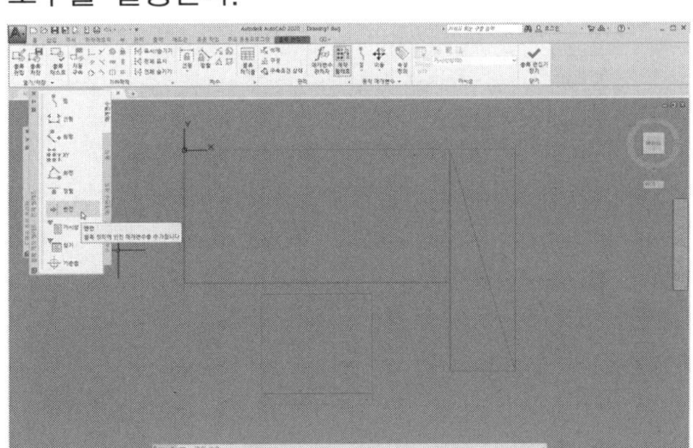

④ [반사 선의 첫 번째 점 지정 또는] 에서 대칭 도구를 사용할 때와 동일하게 반사선을 직선으로 정의한다. 그 첫 번째 점을 책상 상단 좌측점으로 지정한다.

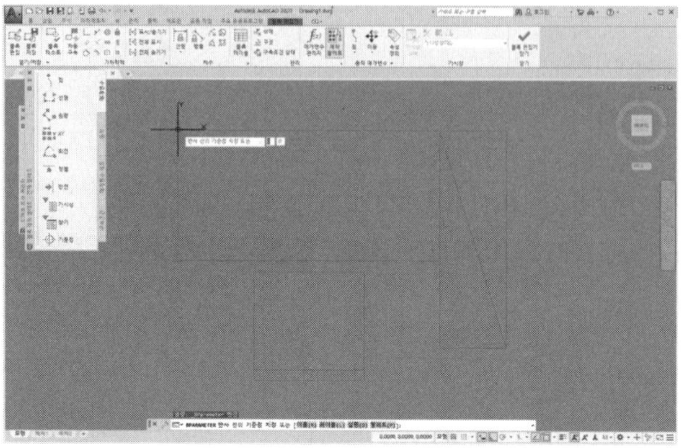

⑤ [반사 선의 두 번째 점 지정:]에서 책상 상단의 오른쪽 끝점을 지정한다. 첫 번째 점과 두 번째 점을 지나는 직선이 반사선으로 정의되었다.

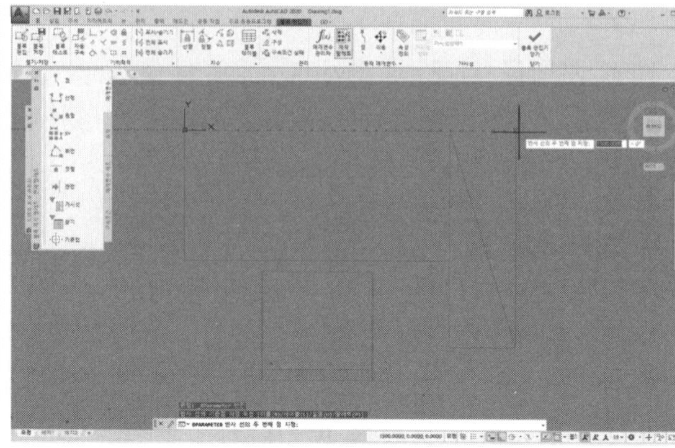

⑥ [레이블 위치 지정:]에서는 화면에 나타나는 '반전 상태1'이라는 매개변수의 레이블(라벨)을 위치시킨다.

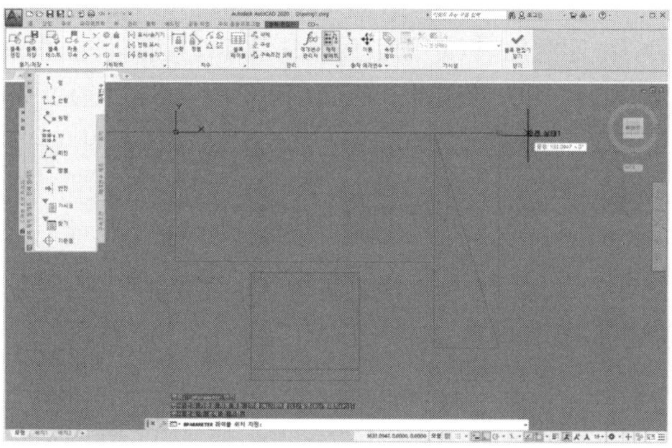

⑦ 매개변수 지정이 완료되면 반사선을 정의한 첫 번째 점에 하늘색의 화살표인 '반전 그립'이 생성되고, 노란색의 경고 표시 아이콘이 나타난다. 이는 동작이 지정되지 않았다는 의미로 동작을 지정하면 경고가 사라진다.

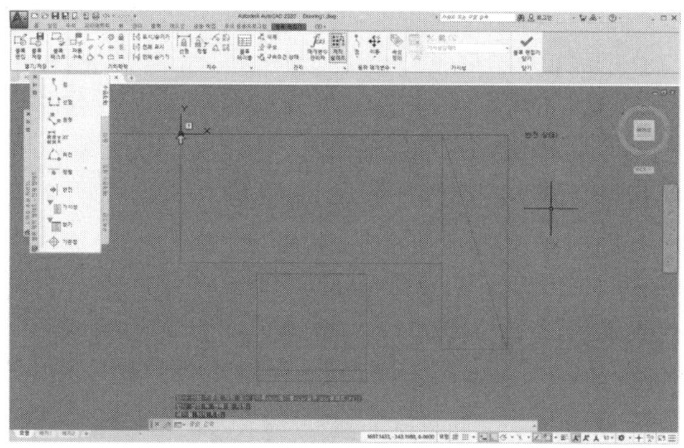

⑧ [블록 제작 팔레트]의 '동작' 탭에서 [반전] 도구를 실행한다.

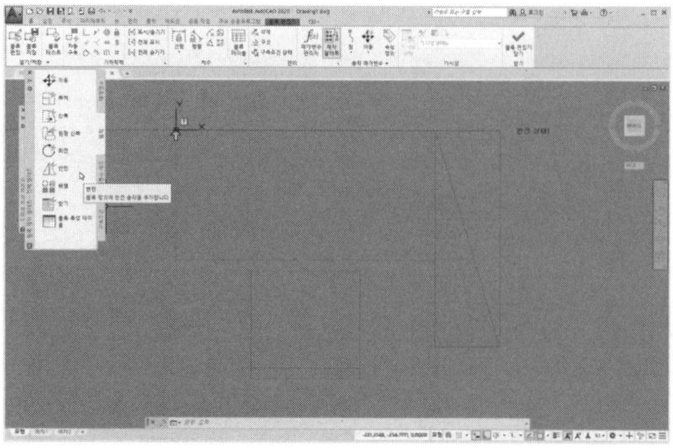

⑨ [매개변수 선택:]에서 앞서 작성한 반전 매개변수에서 정의한 '반전 상태1'이라는 레이블을 직접 선택한다.

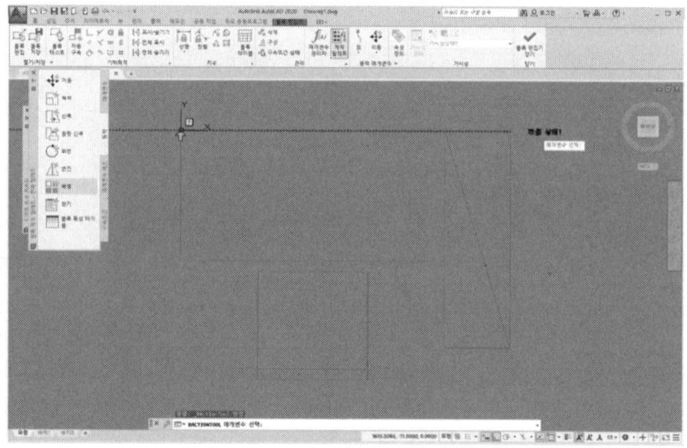

⑩ 객체 선택: 에서 반전이 적용되어야 할 객체들을 선택하는데, 매개변수를 선택하지 않도록 주의하여 모든 객체를 선택한다. Enter↵ 키를 눌러 선택을 종료한다.

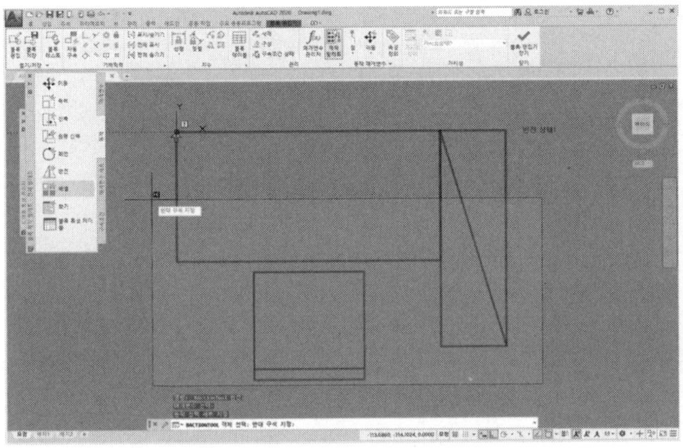

⑪ 동작 정의가 완료되면 노란색의 경고 표시 아이콘이 사라지고 반전 동작 아이콘이 새롭게 생성된다.

⑩ 블록편집기를 종료하고 대칭된 결과를 블록에 저장한다.

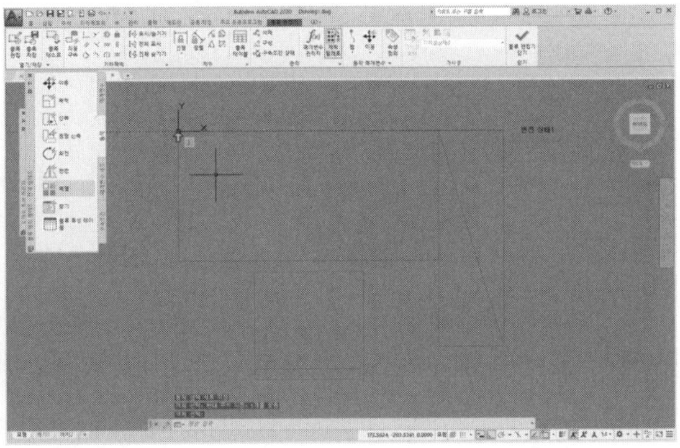

⑪ 도면으로 돌아와서 '건축_책상 세트_1500'을 마우스로 클릭하면 다음과 같이 '반전 그립'이 나타난다.

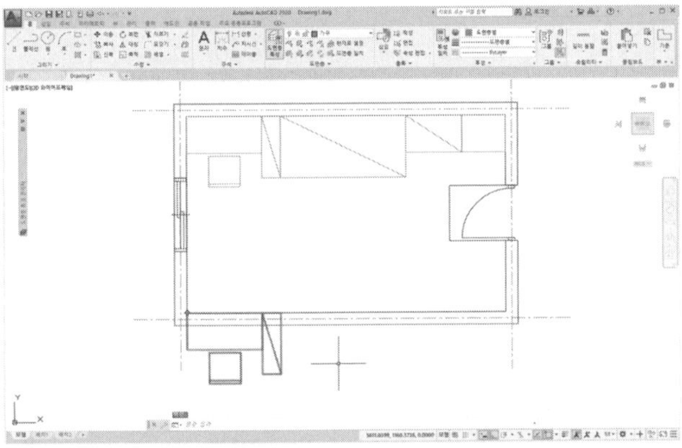

⑫ '반전 그립'을 클릭하면 오른쪽과 같이 블록이 반전된 결과로 나타난다.

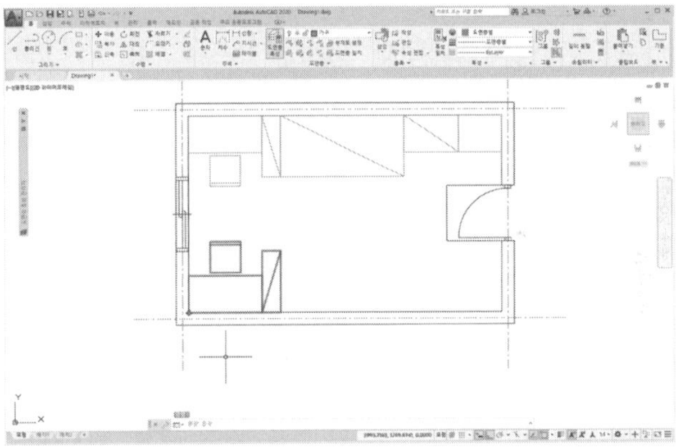

⑬ 나머지 가구에도 반전을 이용한 매개변수와 동작을 정의하여 삽입한다.

'블록 편집 - 매개변수 - 동작'의 순서를 기억하며 반복해서 완성한다.

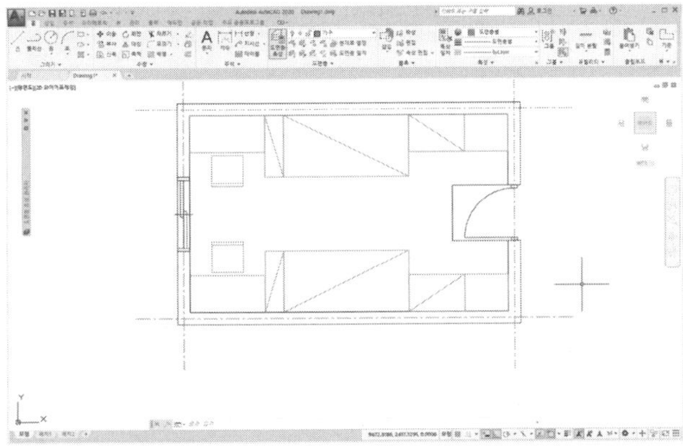

⑭ 여닫이문의 경우 4가지 방향으로 문이 위치할 수 있다. 반전 매개변수를 2개 정의하고, 동작도 2개를 정의하면 자유롭게 문의 방향을 변경할 수 있다. 반전의 대칭선은 중심에 있어야 다시 이동(Move)하지 않아도 된다.

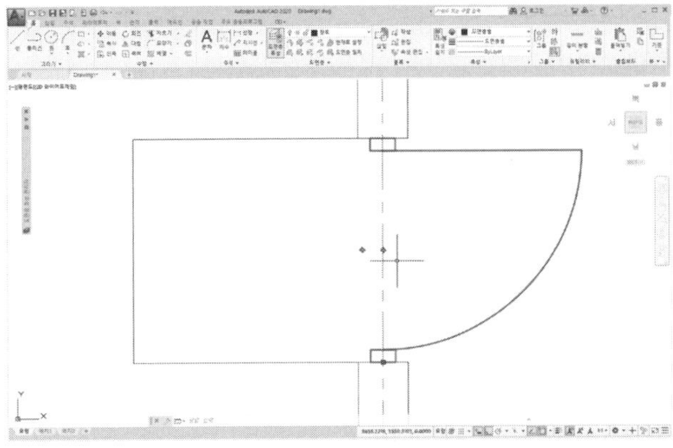

도면 완성

① 문자 도면층을 만들고 현재로 설정한다.(색상 : 흰색)

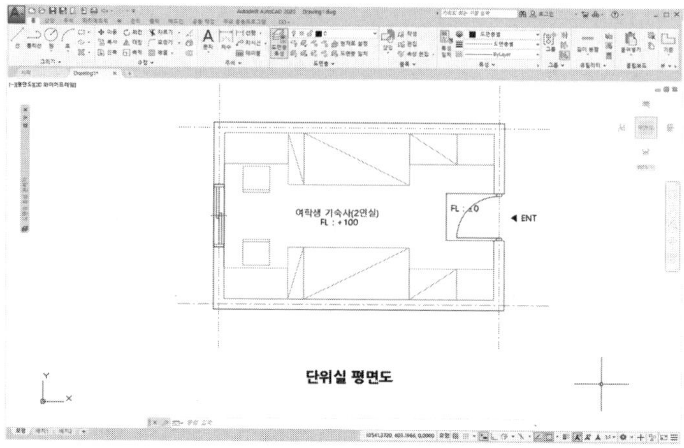

② 문자 스타일을 만들고 도면에 다중 문자를 입력한다.

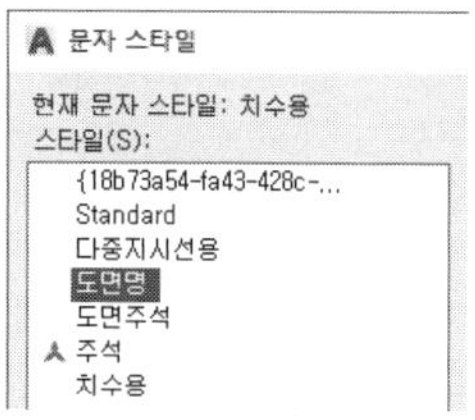

③ 해치 도면층을 만들고 현재로 설정한다.(색상 : 8)

④ '중심선' 도면층을 동결하고 해치를 작성한다.

⑤ 해치 유형은 '사용자 정의', 각도는 '45'도, 해치 간격은 '50'으로 설정하여 벽체 내부에 해치를 작성한다.

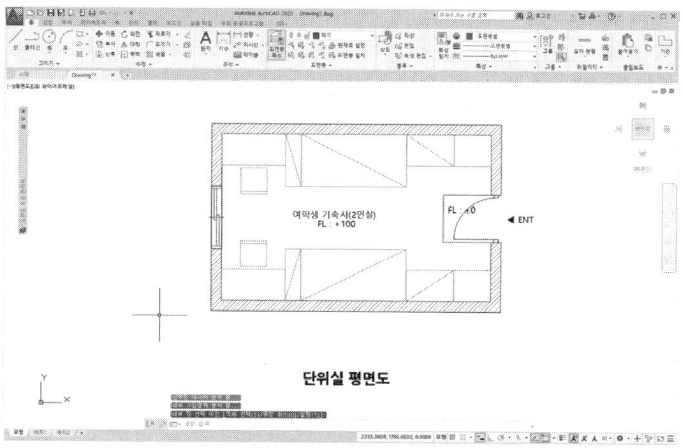

⑥ 실 바닥의 경우에도 해치를 적용할 수 있다.(해치 유형은 '사용자 정의', 각도는 '0'도, 해치 간격은 '450', '이중' 옵션 사용, '원점 설정')

⑦ '중심선' 도면층을 동결 해제한다.

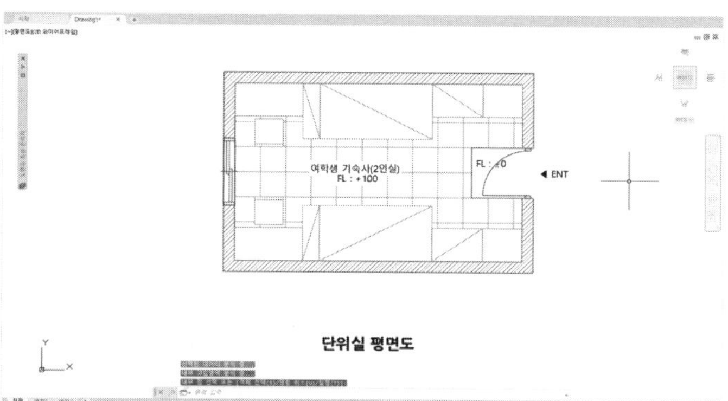

⑧ 치수 도면층을 만들고 현재로 설정한다.(색상 : 파란색)

⑨ 치수 스타일을 새로 만들고 평면도에 치수작업을 진행한다.

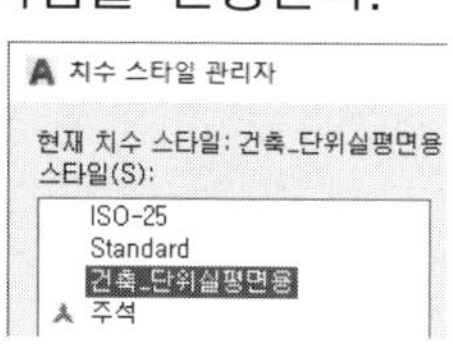

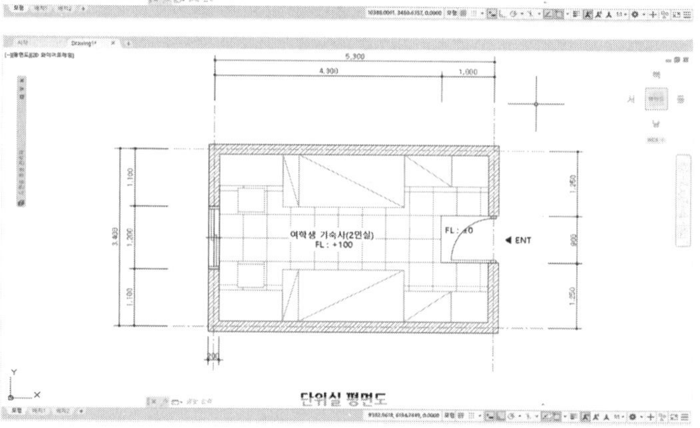

⑩ 다중지시선 도면층을 만들고 현재로 설정한다.(색상 : 파란색)

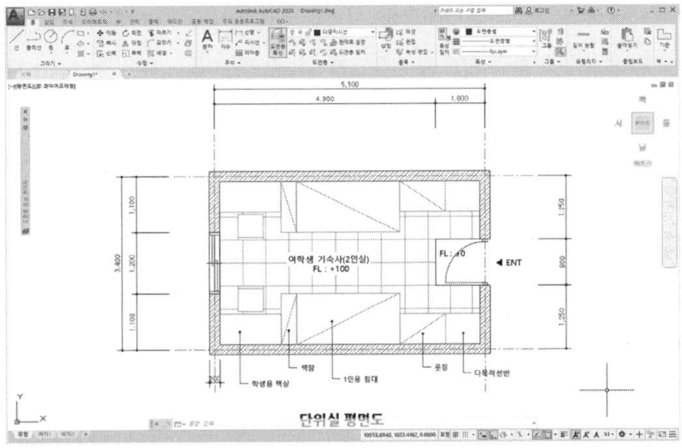

⑪ 다중지시선 스타일을 새로 만들고 평면도에 다중지시선 작업을 진행한다.

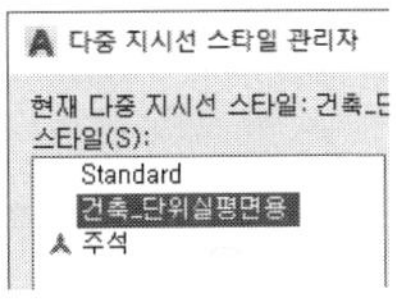

⑫ 지시선 추가 도구를 이용해 다중지시선의 지시선을 추가할 수 있다.

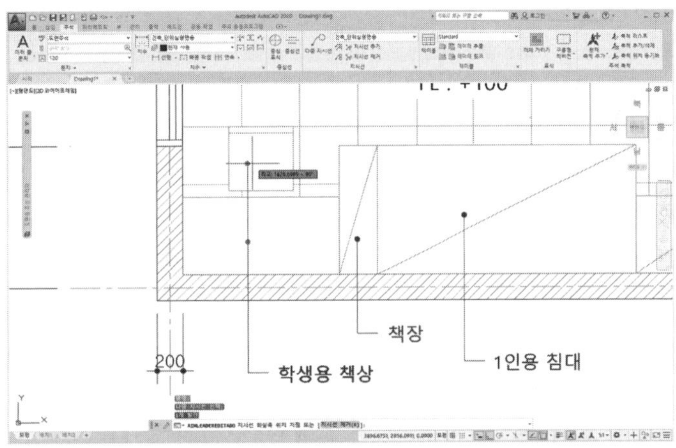

⑬ (정렬) 도구를 이용하면 다중지시선 문자의 높이를 수평 정렬할 수 있다.

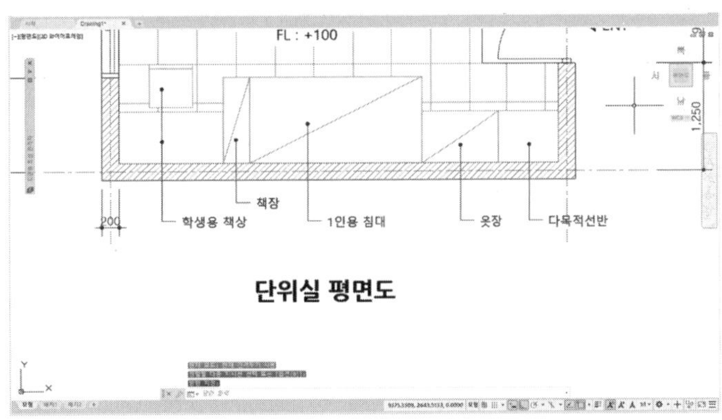

⑭ 완성된 도면을 저장한다. 신속접근 도구막대에서 '저장' 도구를 실행한다.

'여학생기숙사.dwg'로 저장한다.

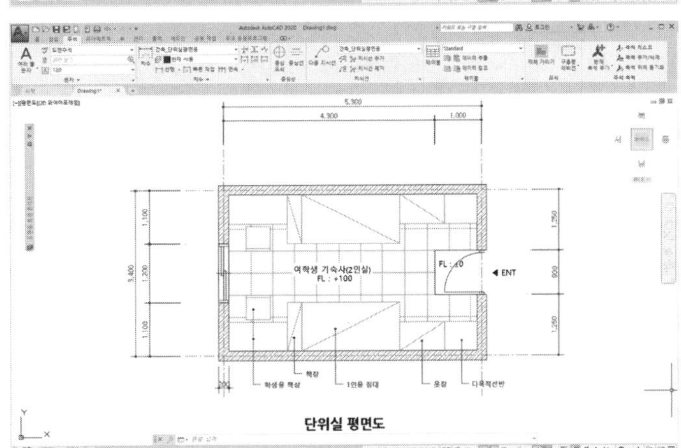

EXERCISE 55 남학생 기숙사

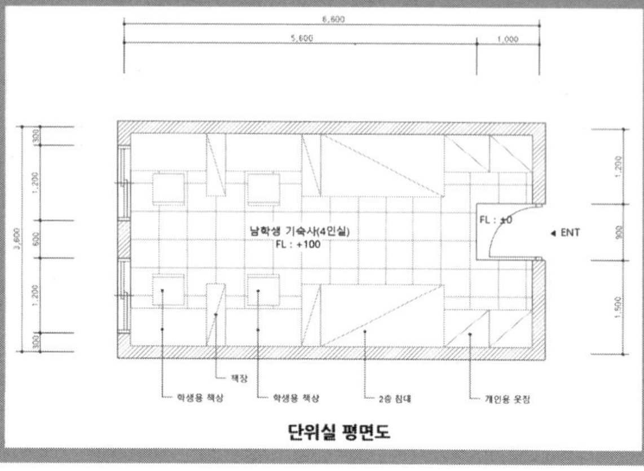

단위실 평면도

학습목표
- DesignCenter 도구를 사용할 수 있다.
- 도면 요소들을 공유할 수 있다.

새로운 도구/기능
- 뷰 탭 → 팔레트 패널 → DesignCenter
- 명령어 행 : designcenter Enter↵, adcenter Enter↵
  adc Enter↵

중요한 도구/기능
- 윈도우 탐색기

#DesignCenter #Ctrl+2

'DesignCenter'는 서로 다른 도면 간에 블록을 비롯하여 도면층, 선종류, 문자 스타일, 치수 스타일, 다중지시선 스타일, 배치 등을 상호 교환하여 사용할 수 있는 기능이다. 템플릿 파일의 사용과 함께 도면 표준화에 유용하게 사용할 수 있으며, 반복적으로 진행되는 도면층 추가, 스타일 작성 등에 소요되는 시간과 인력을 절감할 수 있어 업무 효율성 측면에서도 매우 우수하며 체계적인 업무 시스템을 구현할 수 있다.

특히 협업시스템에서 표준화되지 않은 도면 간의 도면요소 공유에 있어 상당히 유용하게 사용 가능하다. 또한 DesignCenter 온라인에서는 블록, 기호 라이브러리, 제조업체 콘텐츠 및 온라인 카탈로그와 같은 콘텐츠를 사용할 수 있어 도면작성을 더욱 손쉽게 지원한다.

① 리본 메뉴 → 뷰 탭 → 팔레트 패널 → [아이콘] 도구를 실행하면 [DesignCenter] 윈도우가 실행된다. 또한, 키보드를 이용한 단축키는 'Ctrl+2'이므로 편리한 방법을 사용하면 된다.

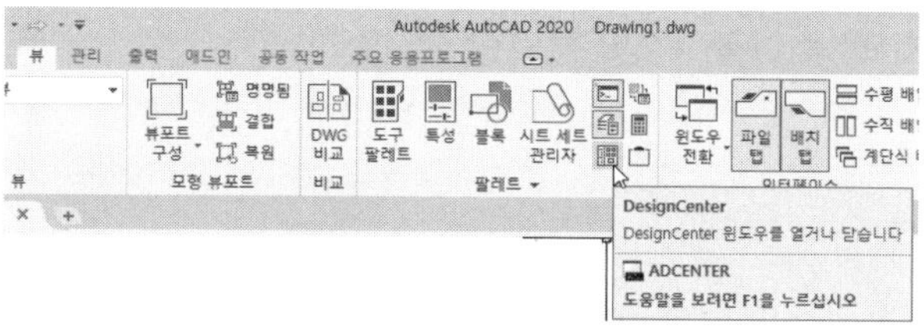

② 실행된 [DesignCenter] 윈도우는 상당히 많은 면적을 차지하고 있으므로 반드시 자동 숨기기를 하여야 한다.

③ 또는 [DesignCenter] 윈도우를 작업영역의 좌측 또는 우측에 부착시켜 고정형식으로 사용할 수도 있다.

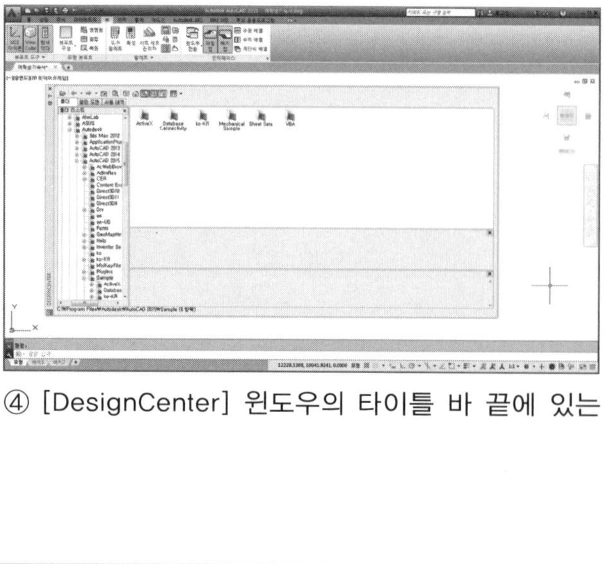

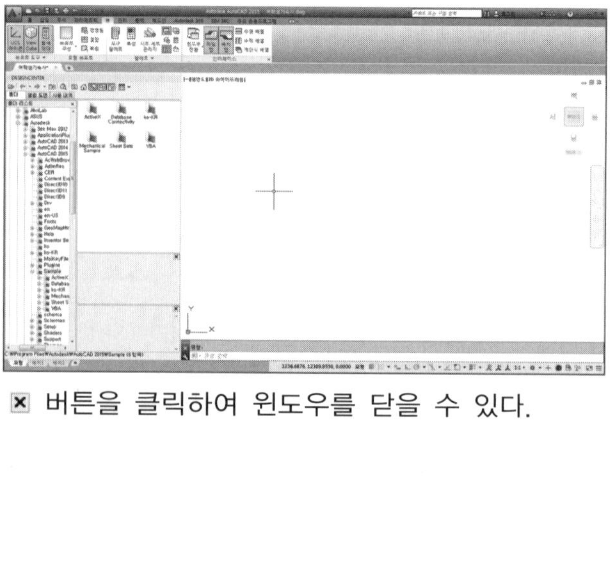

④ [DesignCenter] 윈도우의 타이틀 바 끝에 있는 ☒ 버튼을 클릭하여 윈도우를 닫을 수 있다.

도면층 공유

앞서 작성한 여학생기숙사의 도면 요소들을 공유하는 남학생기숙사를 작성하면서 DesignCenter를 활용하도록 한다. 남학생기숙사 단위실은 6,600×3,600으로 설정하며, 하나의 출입구와 두 개의 창문으로 구성한다.

먼저 새 도면을 시작한다.

① 신속접근 도구막대에서 '새로 만들기' 도구를 실행한다.

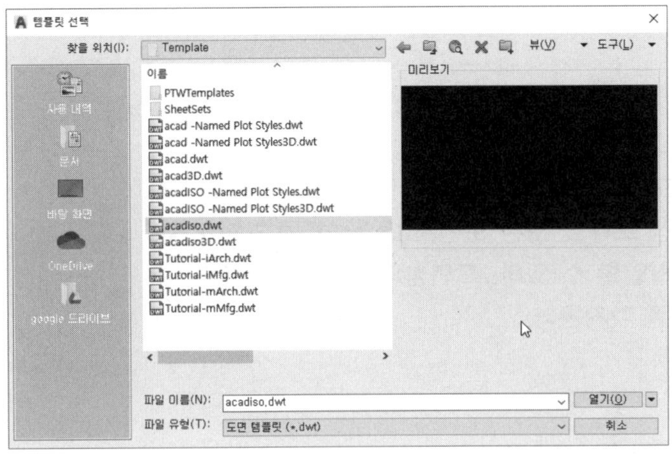

② [템플릿 선택] 대화상자에서 기본으로 설정된 'acadiso.dwt'가 선택된 것을 확인하고 열기(O) 버튼을 클릭한다.

간혹 'acadiso.dwt' 파일이 없는 경우가 있는데, 다른 컴퓨터 등에서 복사하여 'Template' 폴더에 붙여넣기하면 그대로 사용할 수 있게 된다.

도면작업을 시작하면서 새로운 도면층을 만들지 않고 앞서 작성한 여학생기숙사의 도면층을 그대로 가져와서 사용한다.

③ [DesignCenter] 윈도우를 실행한다.(Ctrl+2) 윈도우의 구조는 파일탐색기의 구조를 그대로 사용하고 있다.

④ 여학생기숙사 파일을 찾아야 하는데, 가장 손쉬운 방법으로는 좌측 상단의 '열린 도면' 탭이나 '사용 내역' 탭을 이용하면 된다.

⑤ 좌측 트리구조의 목록에서 '도면층'을 선택한다. 또는 우측 목록에서 '도면층'을 더블 클릭하면 여학생기숙사 작업의 도면층 목록이 모두 나타난다.

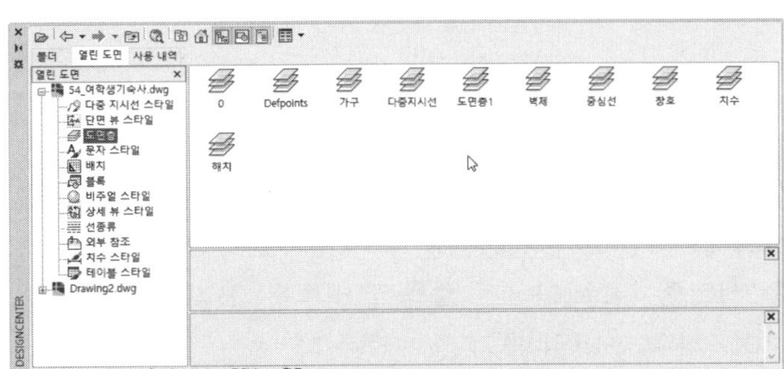

⑥ '0' 도면층과 'Defpoints' 도면층을 제외하고 나머지 도면층을 모두 선택한 다음 마우스 오른쪽 버튼을 클릭하여 '도면층 추가'를 실행한다.

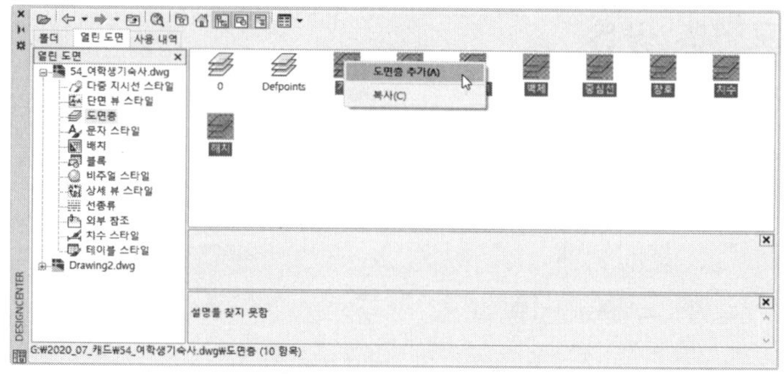

⑦ [도면층 특성 관리자]를 실행한다.

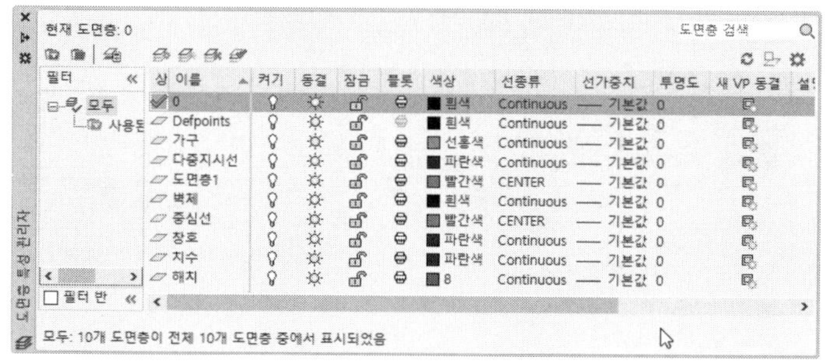

오른쪽과 같이 여학생기숙사에서 정의한 특성 그대로 모든 도면층(layer)이 추가된 것을 확인할 수 있다. 도면층의 색상, 선종류도 모두 가져온다.

중심선 작성

① '중심선' 도면층을 현재로 설정한다.

② 중심선을 작성한다. 실 전체의 크기가 6,600×3,600임을 감안하여 충분히 여유를 가질 수 있도록 작성한다.

③ 'ltscale' 명령을 실행하여 새 선종류 축척을 '8'로 변경한다.

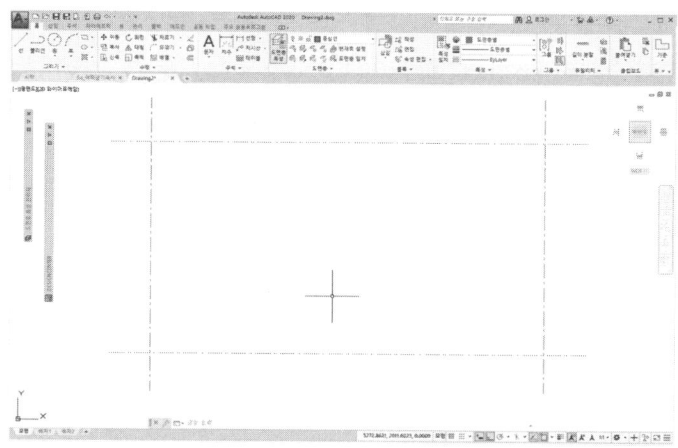

치수 스타일 공유

중심선을 작성하고 치수를 먼저 작성하면 도면을 실수없이 정확하게 그릴 수 있다.

① [DesignCenter] 윈도우를 실행한다.

② 치수 스타일 항목을 선택하여 나타나는 목록에서 '건축_단위실평면용' 치수 스타일을 선택한 다음 마우스 오른쪽 버튼을 클릭하여 '치수 스타일 추가'를 실행한다.

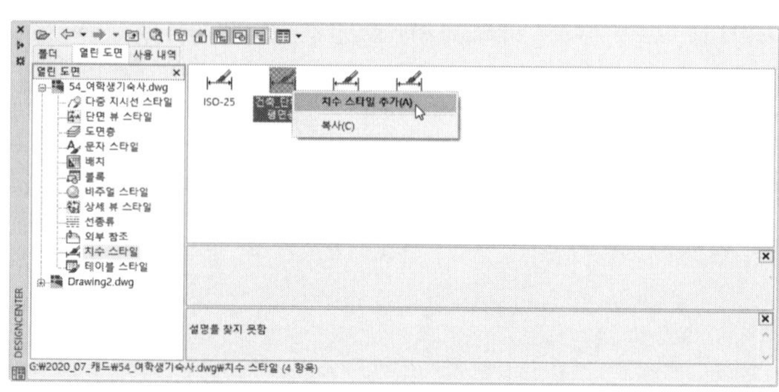

이때 '건축_단위실평면용' 치수 스타일에서 지정한 '치수용' 문자 스타일도 함께 불러온다.

③ 도면으로 돌아와 '치수' 도면층을 현재로 설정한다.

④ '건축_단위실평면용' 치수 스타일을 현재로 설정한다.

⑤ 중심선을 이용하여 치수를 작성한다.

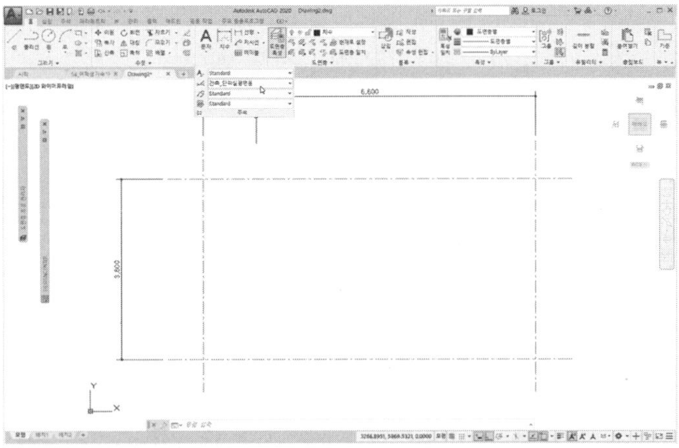

벽체 작성

① '벽체' 도면층을 현재로 설정한다.

② 중심선을 기준으로 양쪽으로 '100'씩 간격띄우기한다.

③ '중심선' 도면층을 '벽체' 도면층으로 변경하고, 벽체 모서리를 정리한다.

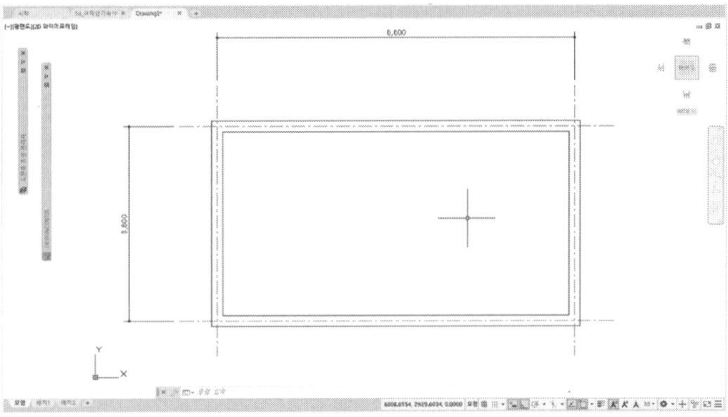

중심선을 간격띄우기(Offset)하여 개구부의 위치를 확보하면서 치수작업을 병행한다.

① '치수' 도면층을 현재로 설정한다.

② 좌측 벽체에 창문 개구부를 만들기 위해 수평 중심선을 실 내부로 '300'씩 간격띄우기하고 다시 '1200'씩 간격띄우기를 반복한다.

③ 치수를 작성한다. 동일 위계에서 여러 치수가 연속되어 이어질 경우 '연속(Continue)' 도구를 활용하면 더욱 편리하게 작성할 수 있다.

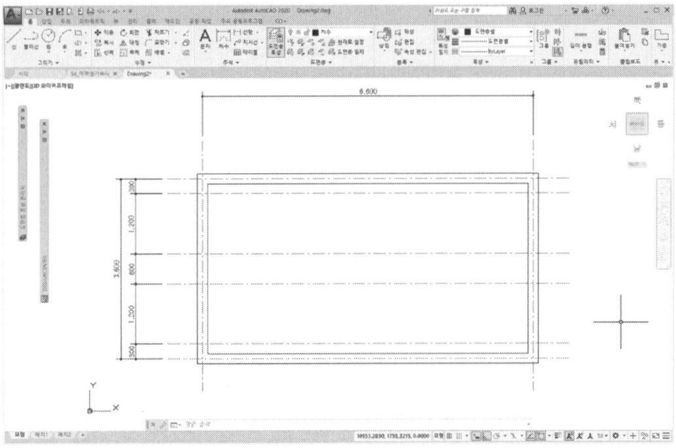

④ 'dimdisassociate'를 실행하여 '300' 치수와 '1200' 치수, 그리고 '600' 치수의 중심선과의 연관을 해제한다. 이후 작업에서 이 중심선을 직접 편집하게 되면 중심선의 변화에 치수 보조선이 연관되어 있어서 따라가지 않도록 하기 위함이다.

⑤ 간격띄우기한 중심선들을 '벽체' 도면층으로 변경한다.

⑥ '자르기' 도구 등을 이용하여 창문 개구부를 완성한다.

치수 비연관(dimdisassociate)을 실행하였기 때문에 치수의 형태가 그대로 유지된다.

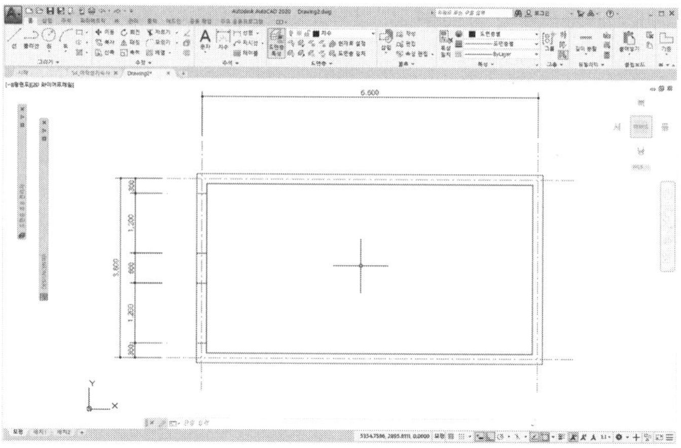

출입구쪽 개구부를 작성한다.

⑦ 상단의 수평 중심선을 '1200', '900' 거리로 간격띄우기를 실행한다.

⑧ 치수를 작성한다.

⑨ 치수 비연관을 적용한다.

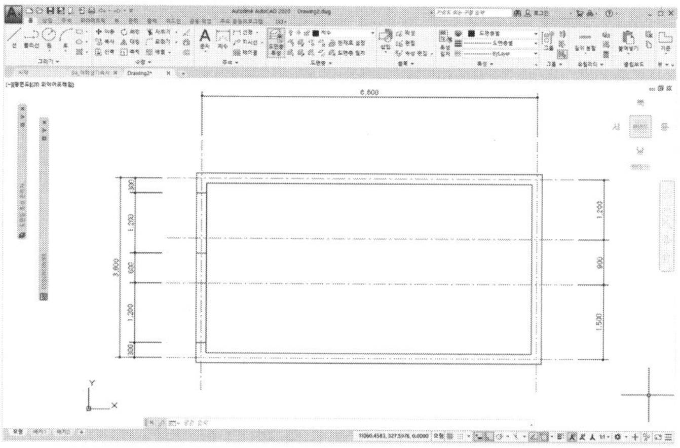

⑩ 간격띄우기한 중심선들을 '벽체' 도면층으로 변경한다.

⑪ '자르기' 도구 등을 이용하여 출입문 개구부를 완성한다.

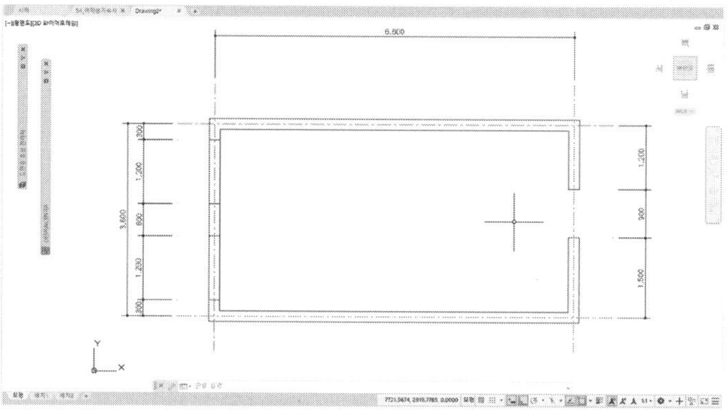

현관 바닥선 작성

① 우측의 수직 중심선을 실 내부로 '1000' 만큼 간격띄우기한다.

② 치수를 작성한다.

③ 치수 비연관을 적용한다.

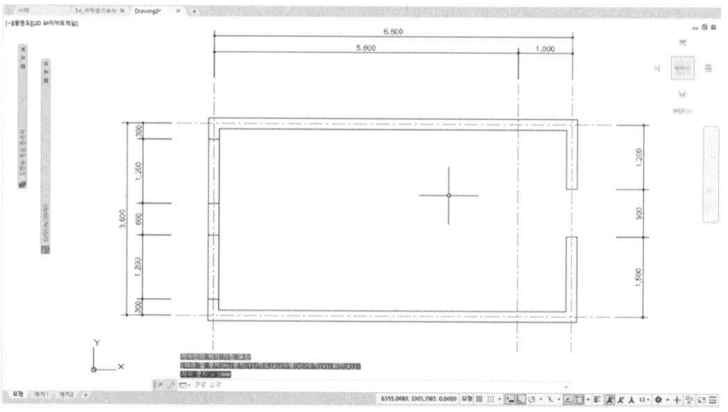

④ 간격띄우기한 중심선을 '벽체' 도면층으로 변경한다.

⑤ '벽체' 도면층을 현재로 설정한다.

⑥ 출입구 벽체 끝점에서 직접 수평선을 작성하고 모서리를 정리하여 현관 바닥선을 완성한다.

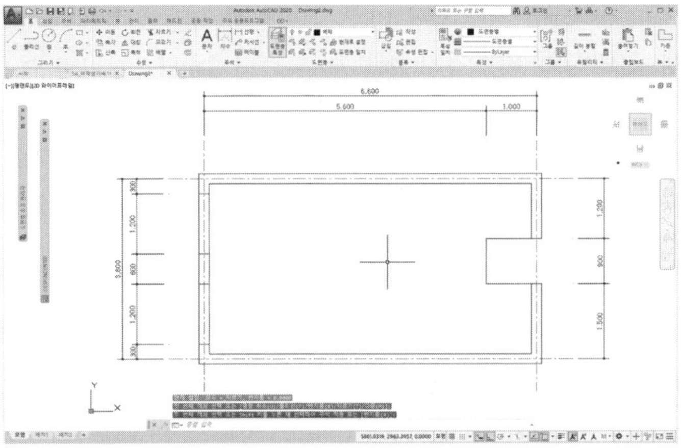

일반적으로 현관 바닥선은 벽체선과 다른 레이어로 사용하는 것이 바람직하다. 벽체 단면선은 굵은선으로 표현되어야 하기 때문에 단면이 아닌 벽체선과 바닥선 등과 구별되어야 한다.

블록 공유

창호, 가구 등의 블록들도 [DesignCenter]로 공유하여 가져온다.

① '창호' 도면층을 현재로 설정한다.

② [DesignCenter] 윈도우를 실행한 다음, 좌측 항목에서 블록을 선택한다.

③ 블록 목록에서 '여닫이문_900'을 선택하고 마우스 오른쪽 버튼을 클릭한다.

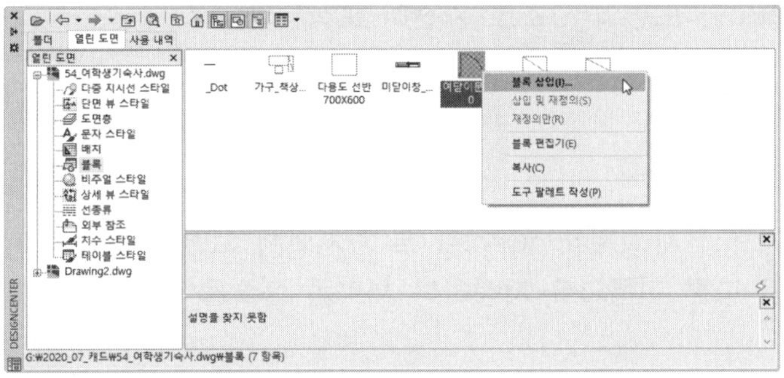

④ '블록 삽입'을 선택하면 작업 화면으로 돌아오고 [삽입] 대화상자가 나타난다.

⑤ [삽입] 대화상자에서 '회전' 각도값을 지정할 수 있지만, 삽입되는 도면의 상황을 직접 보면서 지정하는 것이 더 유리하므로 각도 값을 변경하지 않고 확인 버튼을 클릭한다.

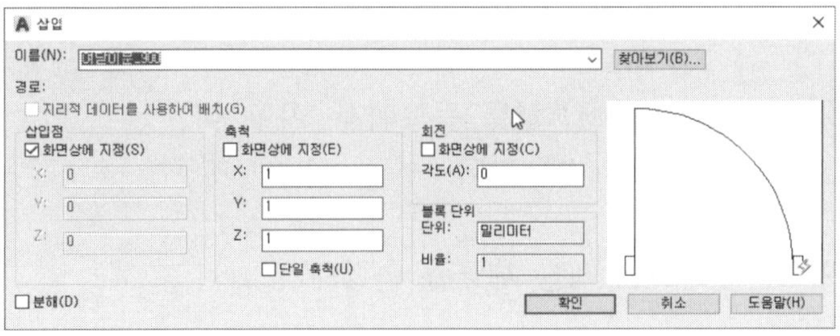

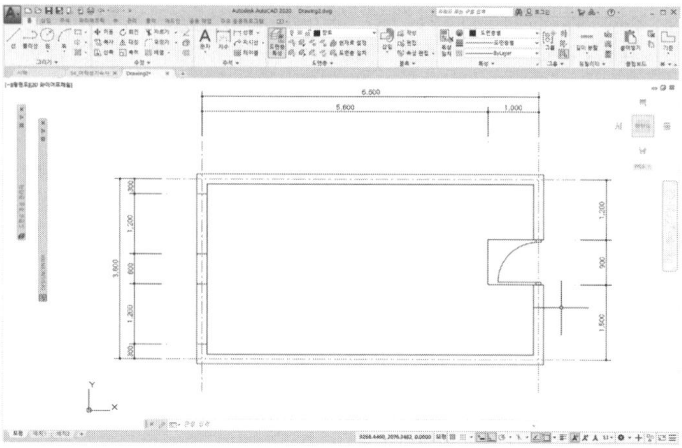

⑥ 도면 삽입 상태에서 마우스 오른쪽 버튼을 클릭하여 바로가기 메뉴가 나타나면 '회전(R)'을 실행한다.

⑦ 동적 입력창에 여닫이문의 회전값인 '90'을 입력하고 Enter↵ 키를 누른다.

회전 각도 지정 <0>: 90

⑧ 여닫이문을 삽입한다. 매개변수를 이용해 여닫이 방향을 변경할 수 있다.

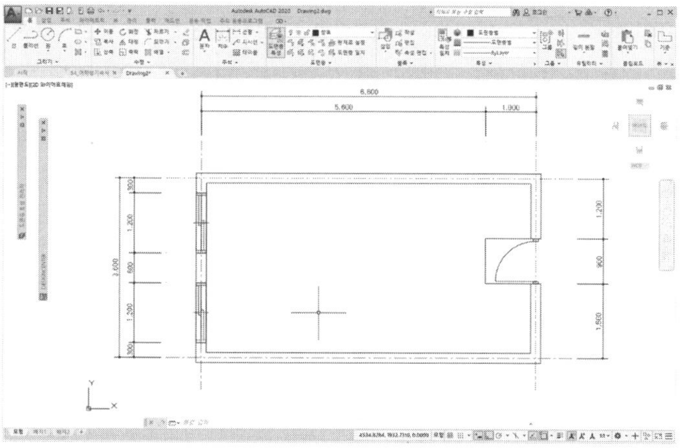

⑨ [DesignCenter] 윈도우로 돌아가서 '미닫이창_1200'을 선택하고 동일한 방법으로 도면에 삽입한다.

두 번째 창문을 삽입할 때는 다시 [DesignCenter]로 가지 않고 '블록' 패널에서 바로 선택하여 삽입할 수 있다. [DesignCenter]에서 한번 불러오면 도면의 요소로 완전히 포함된다.

가구 역시 [DesignCenter]로 가져와서 도면에 삽입하고, 수정이 필요할 경우 블록 편집으로 작업한 다음 다른 이름으로 저장하여 새로운 블록을 생성하면 된다.

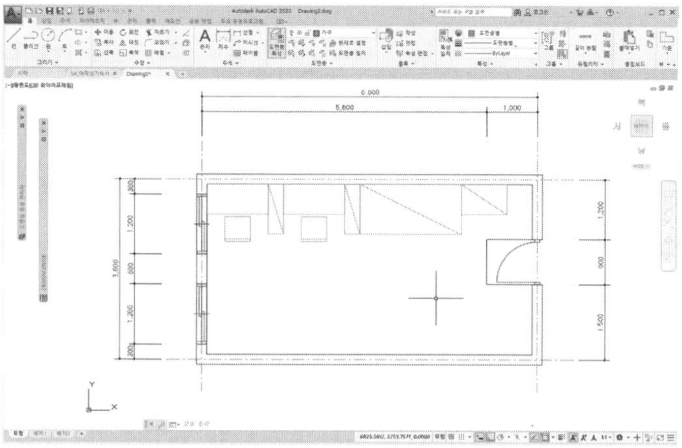

① '가구' 도면층을 현재로 설정한다.

② [DesignCenter] 블록 목록에서 '가구_책상 세트_1500'을 선택한다.

③ 4인실이므로 책상 세트를 연속해서 배치한다.

④ 나머지 가구들도 4인실 구조에 맞게 배치한다. 그런데 공간이 협소하여 옷장 두 개가 배치되지 않는다.

⑤ 홈 탭 → 블록 패널 → [편집] 도구 실행

⑥ [블록 정의 편집] 대화상자에서 '옷장 900X600'을 선택하고 [확인] 버튼을 클릭한다.

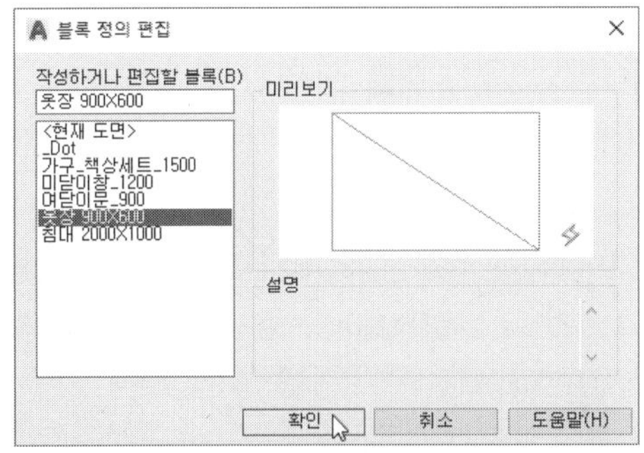

⑦ 블록 편집 모드로 바뀌면 '홈' 탭에서 [신축] 도구를 실행한다. 블록 편집기 탭이 활성화되어도 홈 탭 등 다른 탭으로 전환해 사용 가능하다.

⑧ 오른쪽 그림과 같이 신축(Stretch)을 위해 옷장의 우측면 점들을 모두 선택한다.

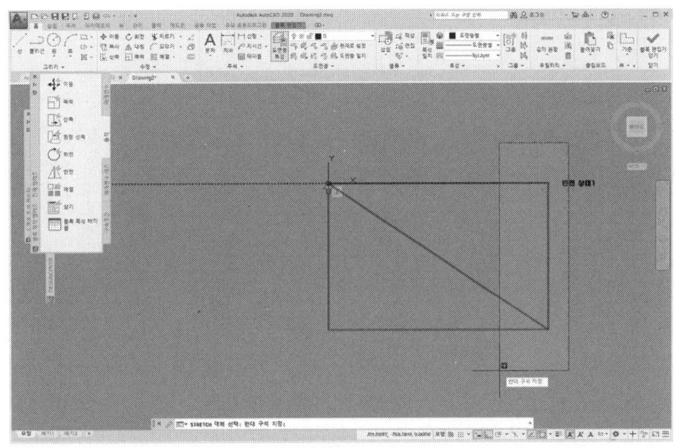

⑨ 선택된 객체들을 좌측으로 '200' 만큼 신축시킨다.

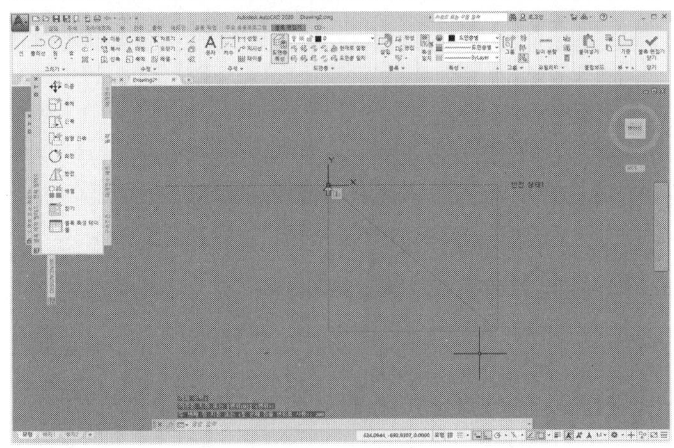

⑩ 블록 편집기 탭을 클릭하고 가장 왼쪽에 있는 '열기/저장' 패널을 확장하여 '다른 이름으로 블록 저장' 도구를 실행한다.

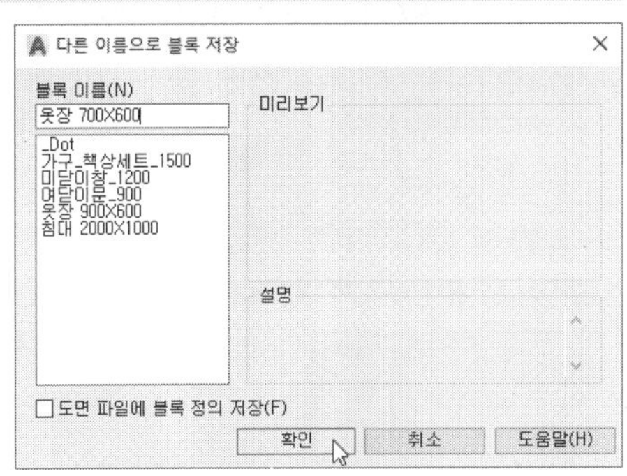

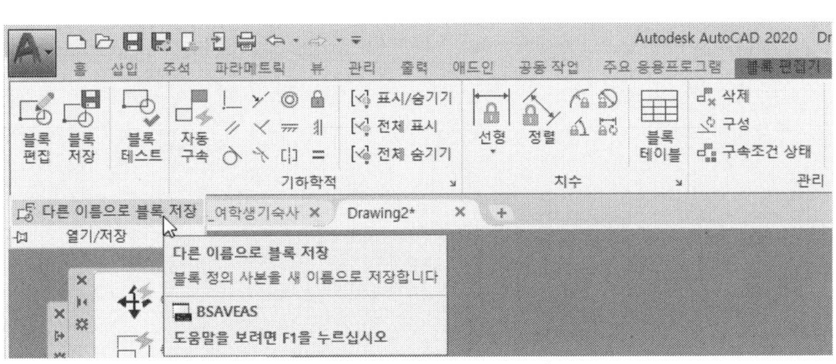

⑪ [블록 편집기 닫기] 도구를 클릭하여 블록 편집을 종료한다.

⑫ 삽입된 '옷장 900X600' 블록을 삭제하고, '옷장 700X600' 블록을 2개 연속하여 삽입한다.

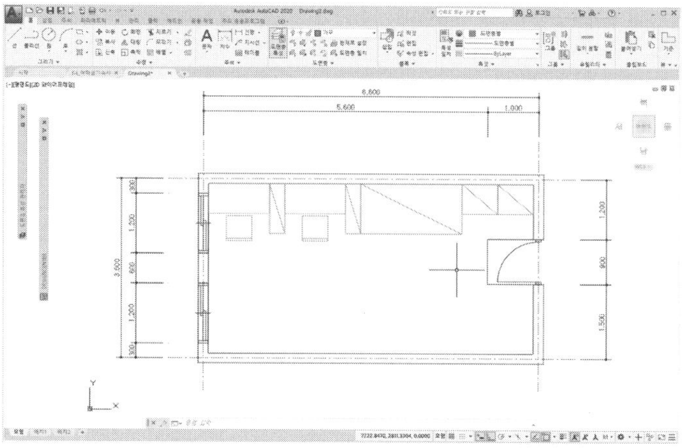

⑬ 반대편에도 가구 블록을 삽입하고, 정의되어 있는 반전 동작을 실행한다.

⑭ 출입문 하단에 900×300 크기의 직사각형을 작성하여 다목적 선반으로 사용한다.

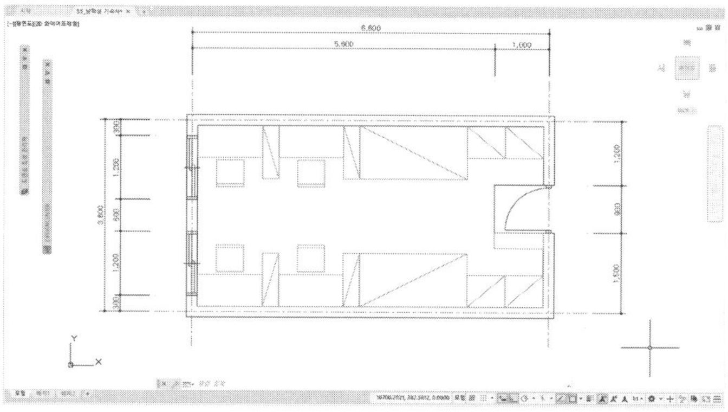

문자 스타일 공유

여러 줄 문자 도구를 이용해 도면에 필요한 문자를 작성한다. 문자 작성시 먼저 설정되어야 할 문자 스타일 역시 [DesignCenter]를 통해 공유한다.

① '문자' 도면층을 현재로 설정한다.

② [DesignCenter] 문자 스타일 목록에서 '다중지시선', '도면명', '도면주석'을 선택하고 오른쪽 버튼을 클릭하여 문자 스타일을 추가한다.

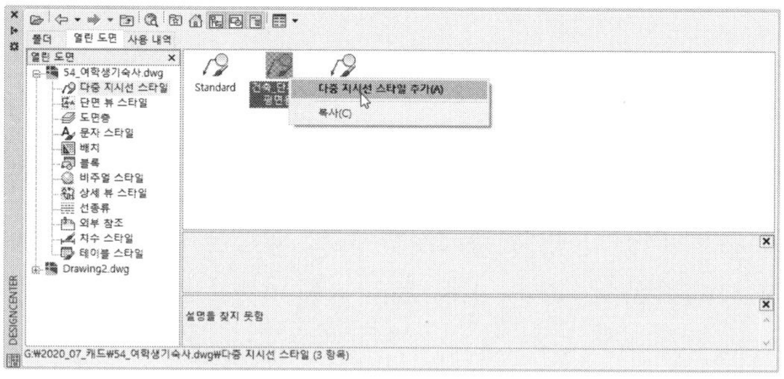

③ 도면을 참고하여 문자를 입력한다. 문자 스타일을 정확하게 사용하여 작성한다.

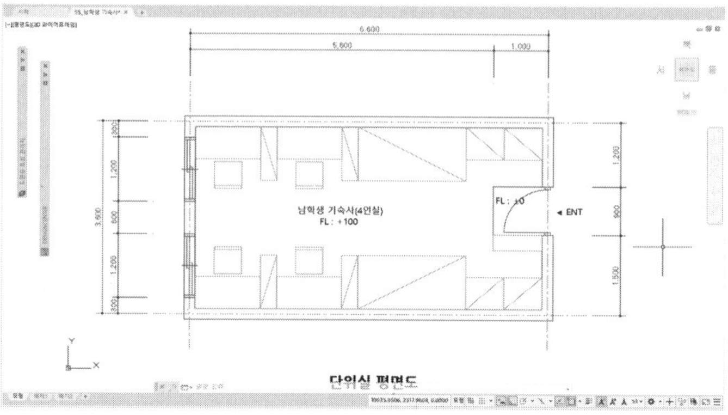

해치 작성

해치의 경우 따로 스타일 저장 등이 없기 때문에 [DesignCenter]를 이용한 공유는 되지 않지만, 도면 요소의 복사와 함께 해치의 '특성 일치' 도구를 활용한다면 동일한 해치 패턴을 연출할 수 있다.

① '해치' 도면층을 현재로 설정한다. '중심선' 도면층은 동결한다.

② 벽체 내부에 해치를 적용한다.

해치 유형 : 사용자 정의
해치 각도 : 45도
해치 간격 : 50

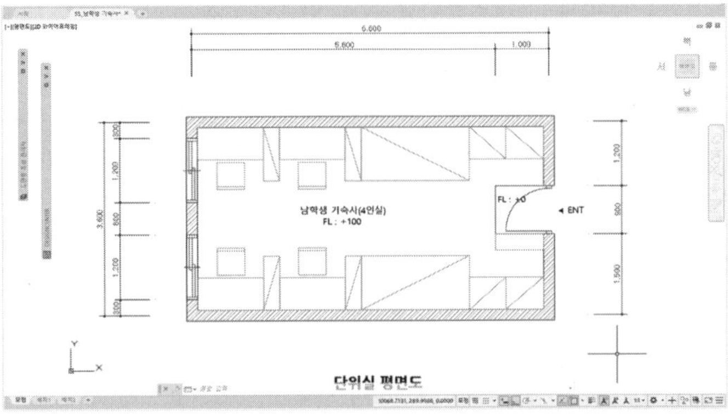

③ 실 바닥에 해치를 적용한다.

해치 유형 : 사용자 정의
해치 각도 : 0도
해치 간격 : 450
이중 옵션 사용
원점 설정 : 좌측 벽체 중심에 일치

④ '중심선' 도면층을 동결해제한다.

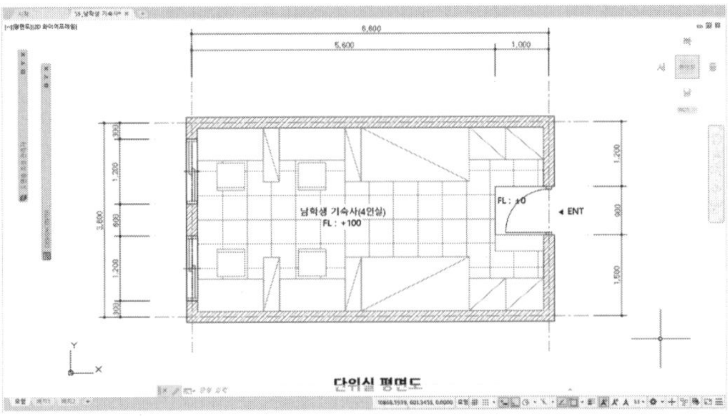

다중지시선 스타일 공유

① '다중지시선' 도면층을 현재로 설정한다.

② [DesignCenter] 다중지시선 스타일 목록에서 '건축_단위실평면용'을 선택하고 오른쪽 버튼을 클릭하여 다중지시선 스타일을 추가한다.

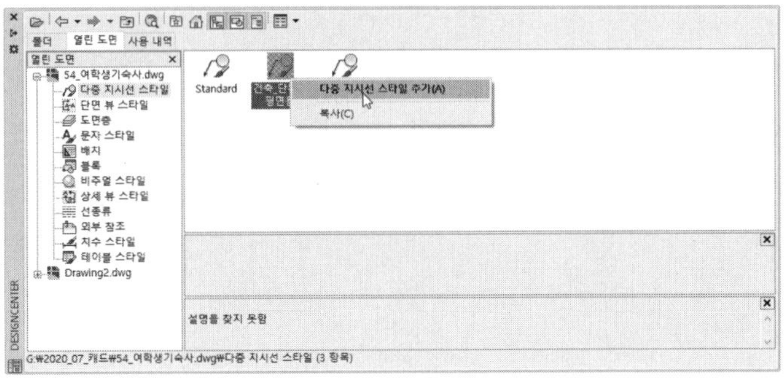

③ 도면을 참고하여 다중지시선을 입력한다.

④ 다중지시선을 추가하거나 정렬하여 도면을 정리한다.

⑤ '남학생기숙사.dwg'로 저장한다.

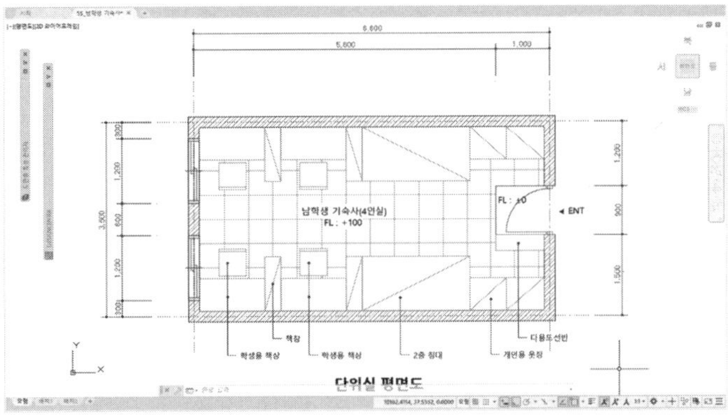

EXERCISE 56 위생기구 그리기/블록 작성하기

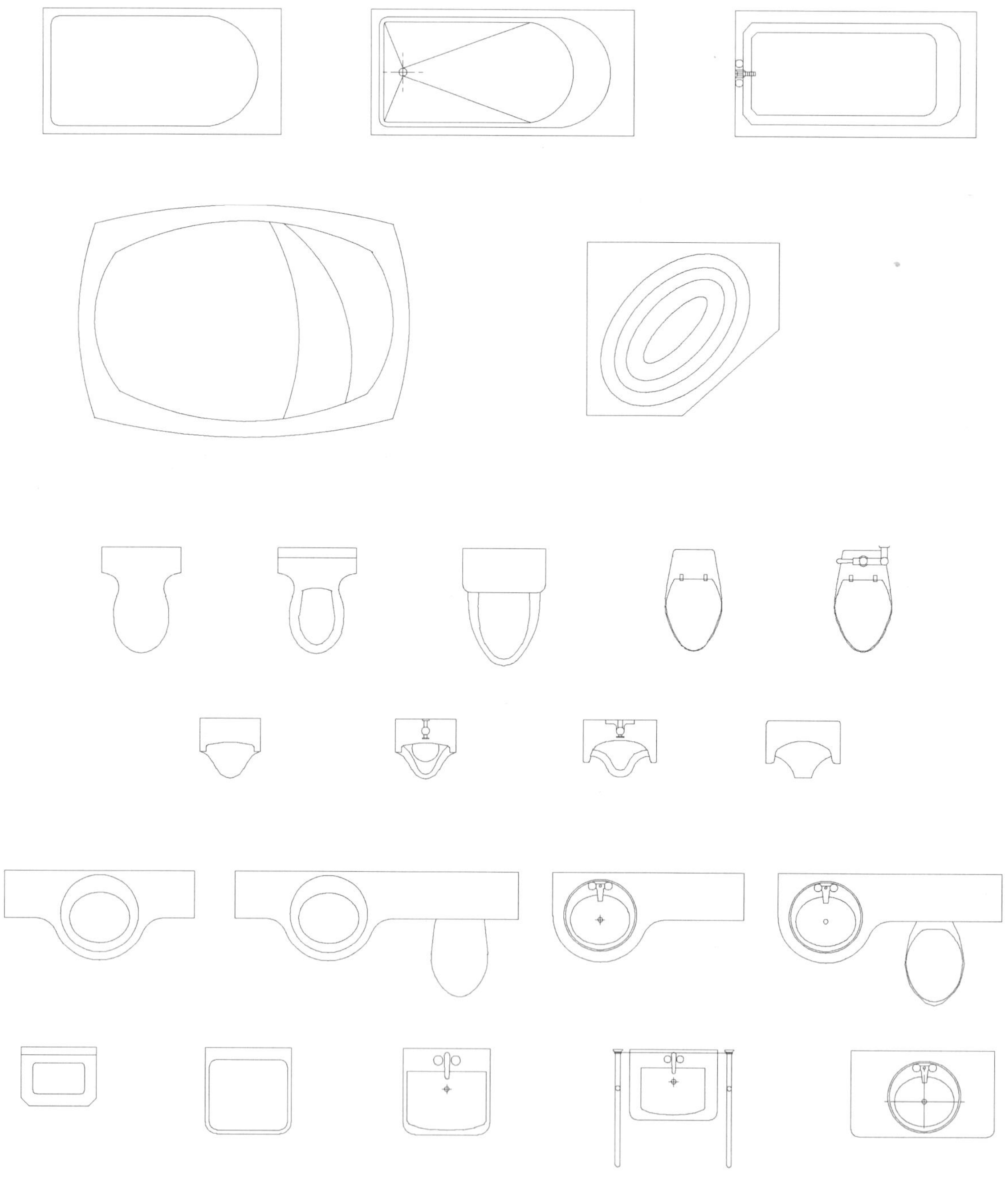

EXERCISE 57 수목평면 그리기/블록 작성하기

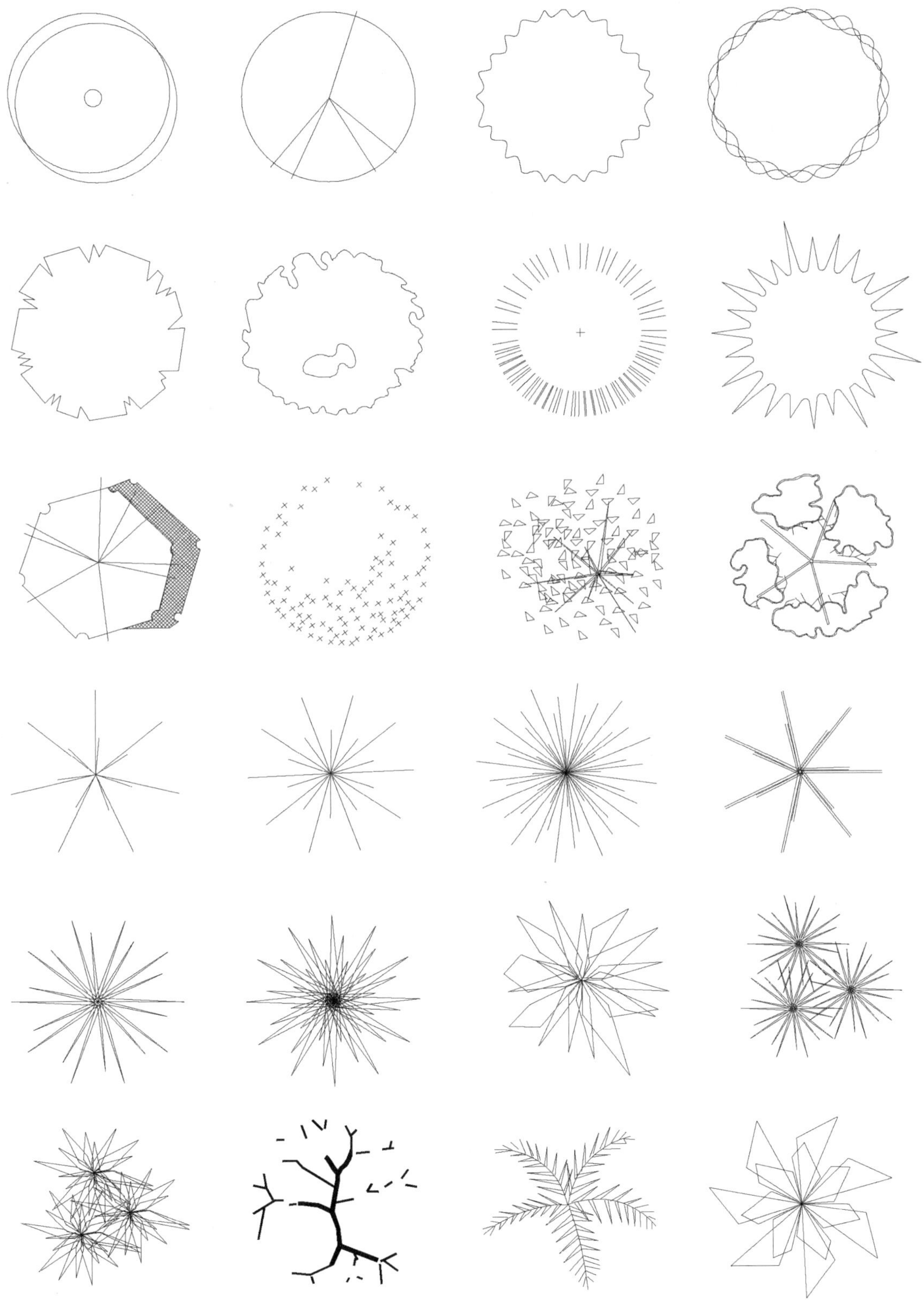

EXERCISE 58 수목입면 그리기 /블록 작성하기

EXERCISE 59 자동차 그리기 /블록 작성하기

EXERCISE 60 남학생 기숙사 A4가로 배치하기

※ A4 가로방향으로 작성

#Plot #Print #Layout #Viewport #MS #PS #Psltscale

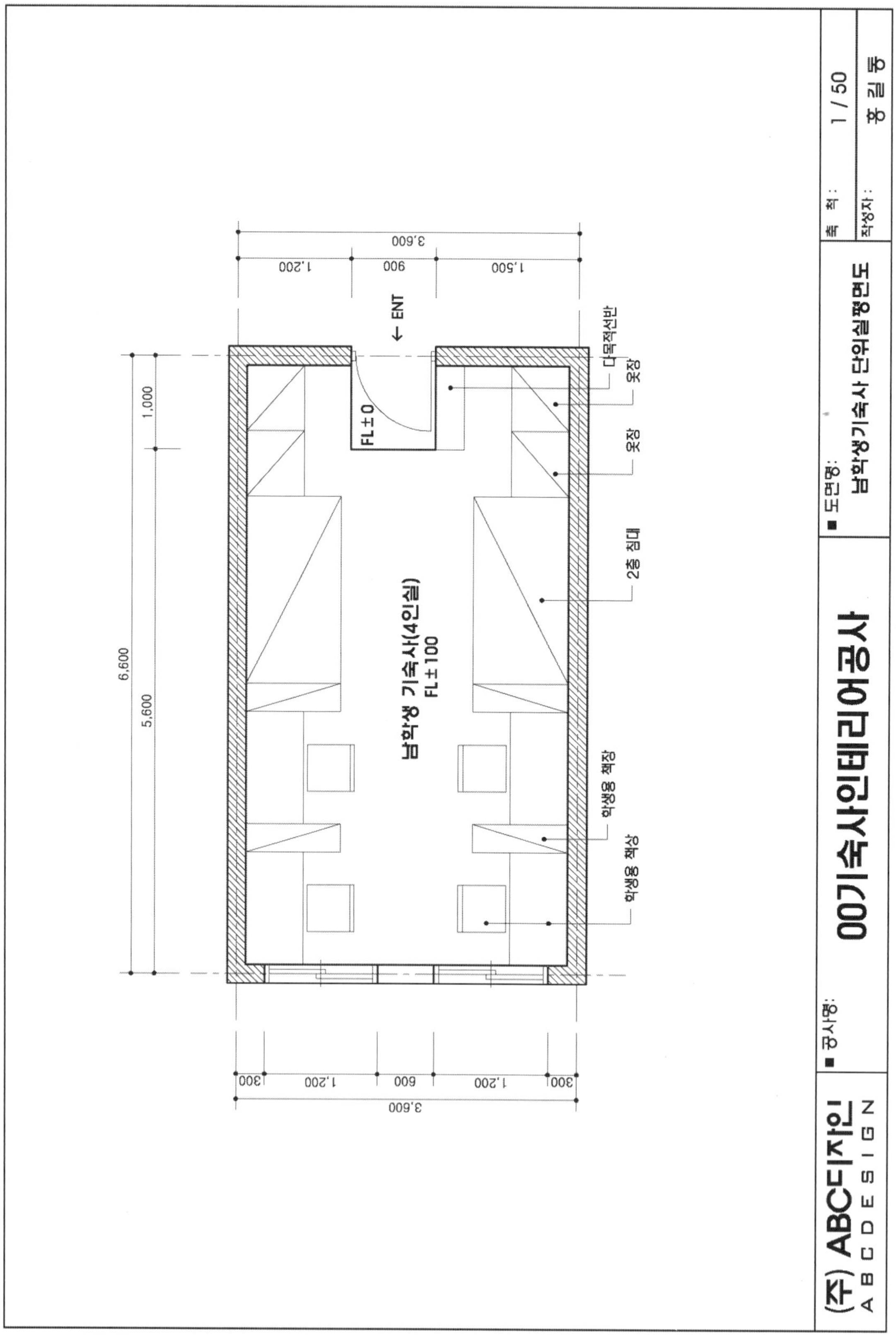

(1) 플로터 추가

본인이 사용하는 컴퓨터에 인식된 프린터 기기는 모두 AutoCAD에서 사용할 수 있다. 하지만 사용자마다 사용하는 프린터 기기가 모두 다르기 때문에 가상 플로터를 이용한 출력으로 통일하여 설명한다. 특히 가상 플로터를 이용한 출력은 Photoshop 등의 2D 그래픽 프로그램에서 캐드 파일을 사용할 수 있으므로 패널, 포트폴리오 작업 등에 유용하게 활용할 수 있다.

플로터 관리자

Adobe Photoshop에서 호환되는 EPS 형식의 파일 출력을 위해 필요한 가상 플로터를 추가한다.

① 응용프로그램 메뉴의 '인쇄'에서 '플로터 관리(Plotter Manager)'를 실행한다.

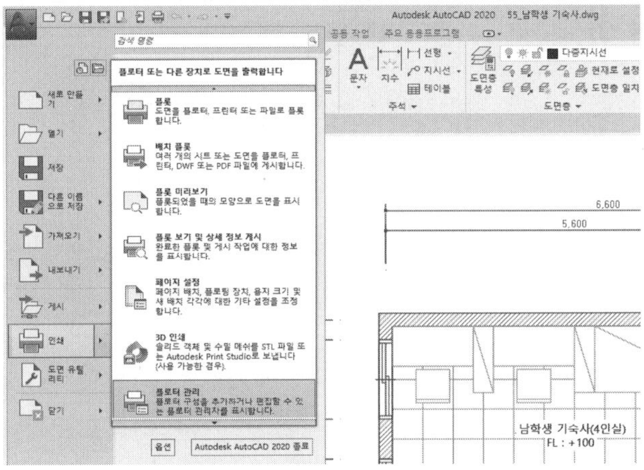

② 리본 메뉴 출력 탭의 '플롯' 패널의 '플로터 관리자'를 실행한다.

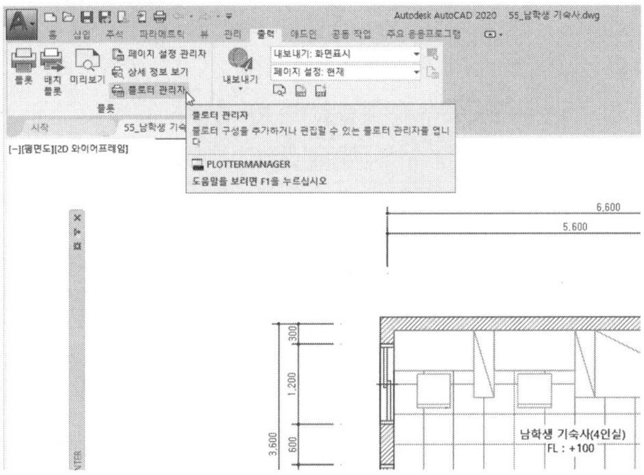

③ '플로터 관리'를 실행하면 AutoCAD의 대화상자가 아닌 윈도우즈의 'Plotters' 폴더가 열리게 된다. 현재 폴더 안에는 여러 종류의 가상 플로터들이 기본적으로 설치되어 있다.

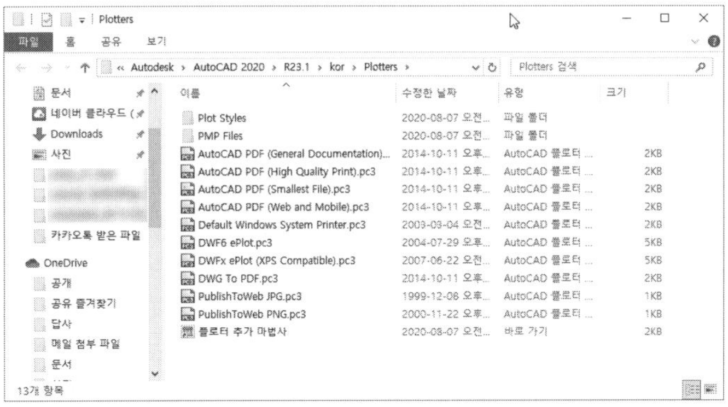

여기서 'Plotters' 폴더의 위치를 정확하게 알아두도록 한다. 이후에 진행 과정을 통해 새로운 플로터가 추가되면 그 설정값들과 함께 저장되어 새로운 pc3 파일이 만들어진다. 이 파일을 복사하면 다른 컴퓨터에서 동일한 설정으로 출력을 할 수 있다. 특히 'Plot Styles' 폴더 내에 있는 ctb 파일은 도면 요소의 색상별로 출력값을 저장한 것으로 도면 공유시 반드시 함께 공유되어야 하기 때문에 해당 폴더의 정확한 위치를 알아두어야 한다.

플로터 추가 마법사

① [플로터 추가 마법사]를 실행한다.

② [개요 페이지]에서 '다음' 을 클릭한다.

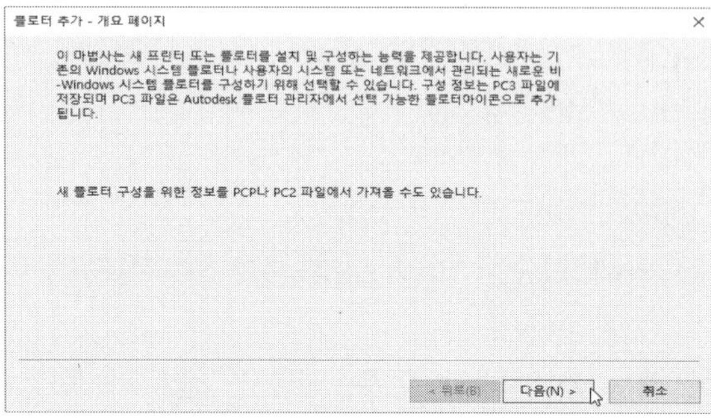

③ [시작] 단계에서 새 플로터 구성을 위해 '내 컴퓨터(M)'를 선택한다.

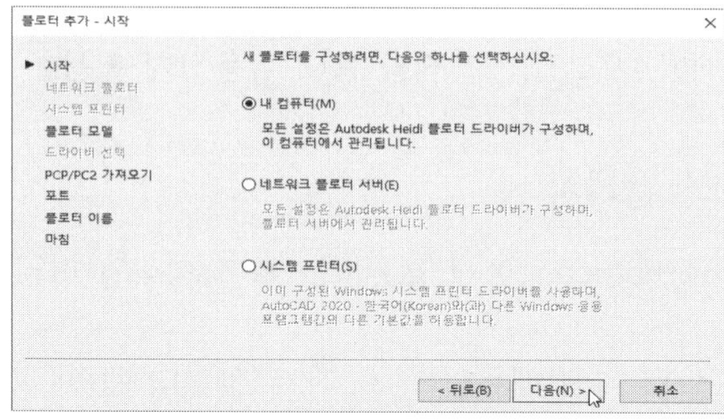

④ [플로터 모델] 단계에서 'Adobe'사의 'PostScript Level 2' 모델을 선택한다.

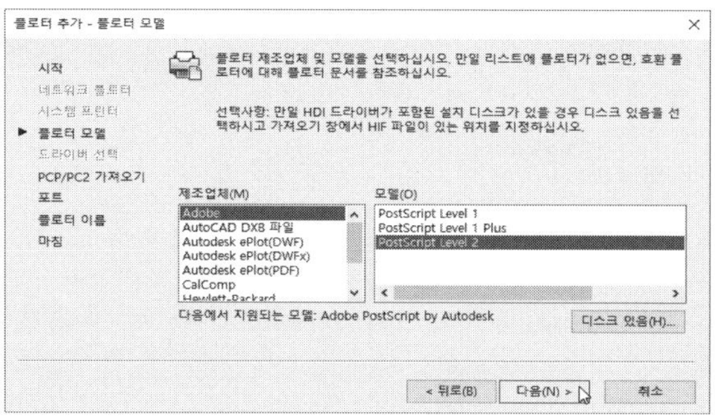

⑤ [PCP/PC2 가져오기] 단계에서는 해당 사항이 없으므로 '다음' 버튼을 클릭한다.

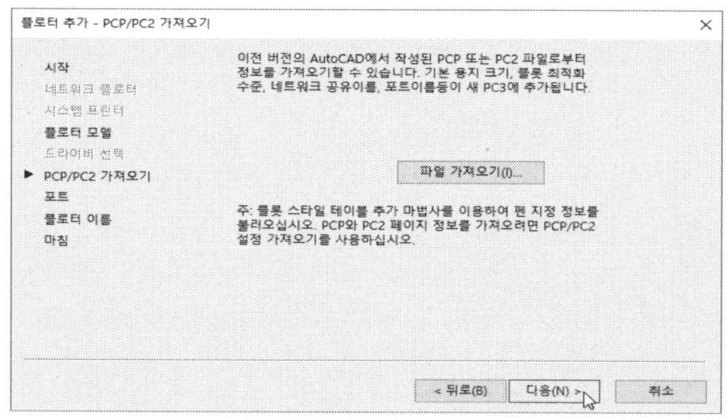

⑥ [포트] 단계에서 '파일에 플롯(Plot to File)'을 선택하고 '다음' 버튼을 클릭한다.

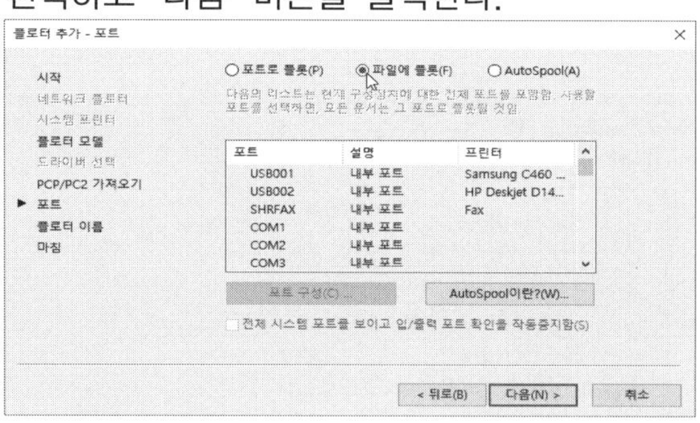

⑦ [플로터 이름] 단계에서 알기 쉬운 이름으로 'EPS출력가상플로터'로 입력한다.

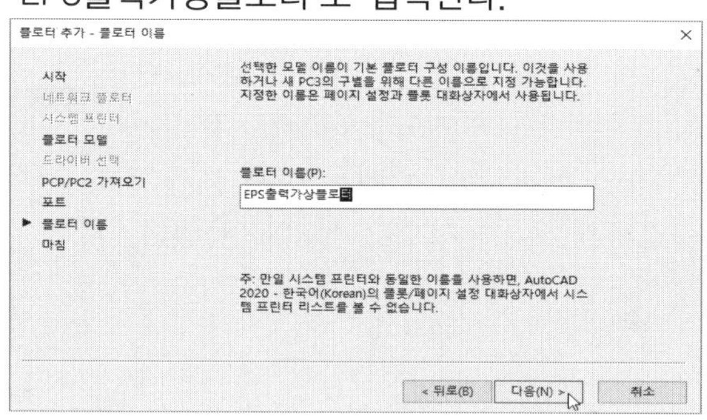

⑧ [마침] 단계에서 '플로터 구성 편집' 및 '플로터 교정'을 할 수 있다. '마침' 버튼을 클릭하여 플로터 추가 작업을 종료한다.

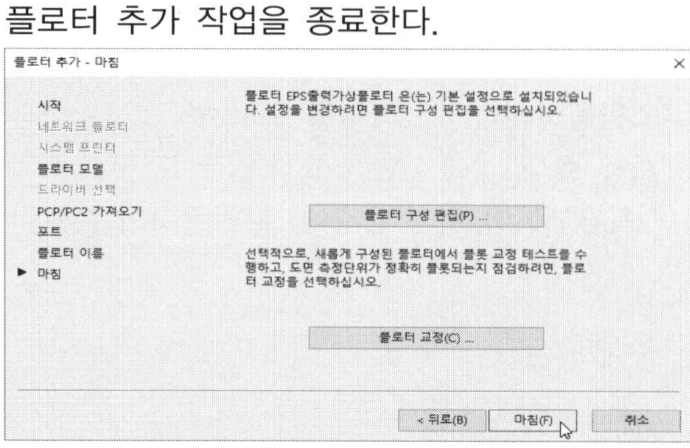

⑨ 'Plotters' 폴더에 'EPS출력가상플로터.pc3'가 생성되었다. 폴더를 닫아준다.

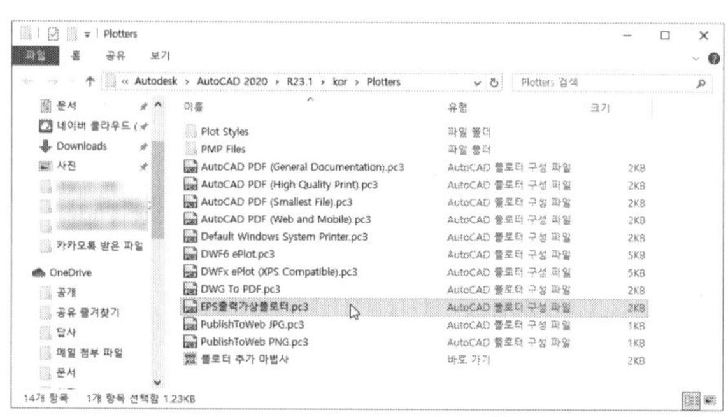

(2) 배치의 작성

앞서 추가한 가상플로터를 기본으로 배치(Layout)를 작성한다. 플로터 기기마다 가지고 있는 특성들이 모두 다르고, 이러한 특성들이 배치에도 영향을 미치게 된다. 'EPS출력가상플로터'를 이용하여 동일한 조건에서 설명하도록 한다.

배치공간

① 작업공간의 좌측 하단에 있는 '배치1' 탭을 클릭한다.

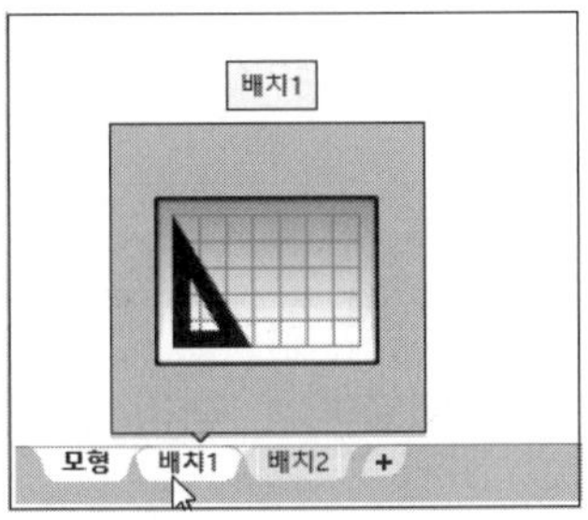

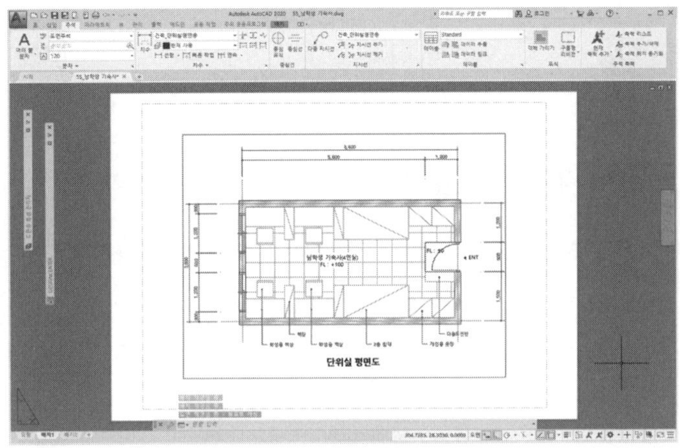

작업 공간이 '배치1'로 변경되었다.

배치 공간에서 가장 눈에 띄는 부분은 바로 흰색 영역으로 실제 출력되는 종이 그 자체다. 종이 영역 바깥의 회색 영역은 작업은 가능하나 출력되지 않는 여유공간으로 협업자 간의 코멘트나 필요한 소스 도면 보관 등의 여러 가지 용도로 활용되고 있다. 기본적으로 설정되어 나타나는 종이 영역은 A4를 기준으로 하고 있는데, 마우스를 움직여 좌측 하단의 좌표와 우측 상단의 좌표를 비교하면 대략 297×210 정도의 크기인 것을 확인할 수 있다. 용지의 가장자리에 있는 점선은 출력한계선으로 플로터의 특성상 용지 끝까지 출력되지 않으므로 점선 내부에 출력 화면을 배치하여야 한다. 그리고 점선 내부에 도면과 그 외곽선이 나타나는데 배치공간에서 보이는 도면은 도면 그 자체가 아니라 도면을 투영하는 창이 만들어진 것으로 뷰포트라 부른다.

② 마우스를 이용해 도면의 일부를 클릭하면 아무것도 선택되지 않고 외곽선을 클릭하면 뷰포트가 선택된다. Del 키를 눌러 삭제하면 도면이 사라지는데 도면이 사라지는 것이 아니라 도면을 투영하는 뷰포트가 삭제된 것이다.

이제 완전 백지 상태의 A4 종이만 남게 되었다.

실무에서는 각 사무실마다 보유하고 있는 프린터와 출력 용지별로 여러 개의 배치 공간을 만들어서 사용한다. 따라서 알아보기 쉬운 이름을 지정하는 것은 필수이다. 배치탭의 이름을 변경한다.

③ '배치1' 탭 위에서 오른쪽 버튼을 클릭하면 바로가기 메뉴가 나타난다.

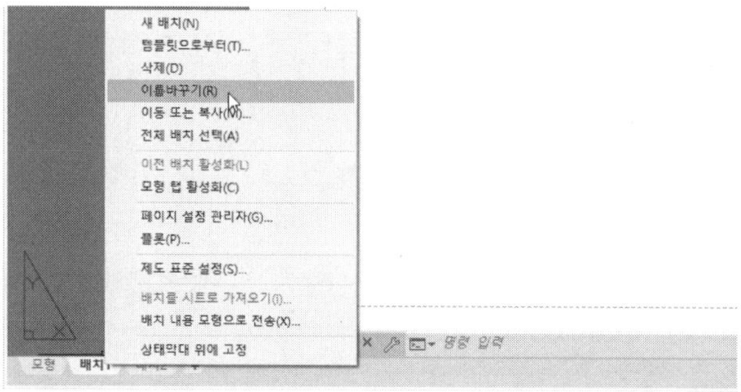

④ '이름 바꾸기(Rename)'을 선택하여 'A4가로출력'으로 배치 탭의 이름을 변경한다.

페이지 설정 관리자

배치공간에 사용하는 플로터의 설정과 출력을 위한 여러 설정들은 '페이지 설정 관리자'를 통해 진행된다.

① 'A4가로출력' 탭 위에서 오른쪽 버튼을 클릭하여 나타나는 바로가기 메뉴에서 '페이지 설정 관리자'를 실행한다.

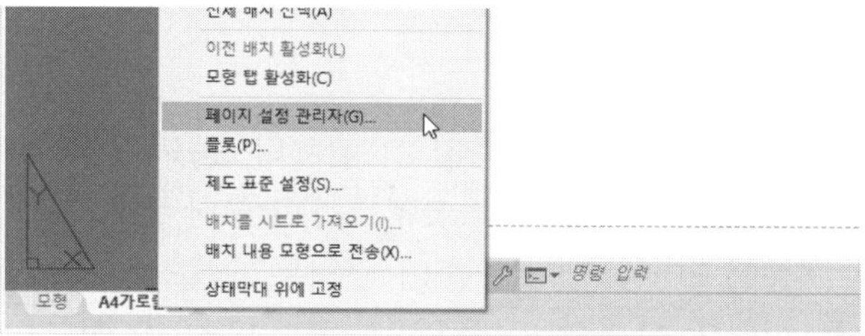

② 리본메뉴 출력 탭의 플롯 패널에서 '페이지 설정 관리자'를 실행할 수도 있다.

오른쪽과 같이 [페이지 설정 관리자] 대화상자가 나타난다. 목록이 나타나고 선택된 배치에 대한 설정 정보가 아래 부분에 나타난다.

③ [수정(M)...] 버튼을 클릭하여 'A4가로출력' 배치의 설정을 변경하도록 한다.

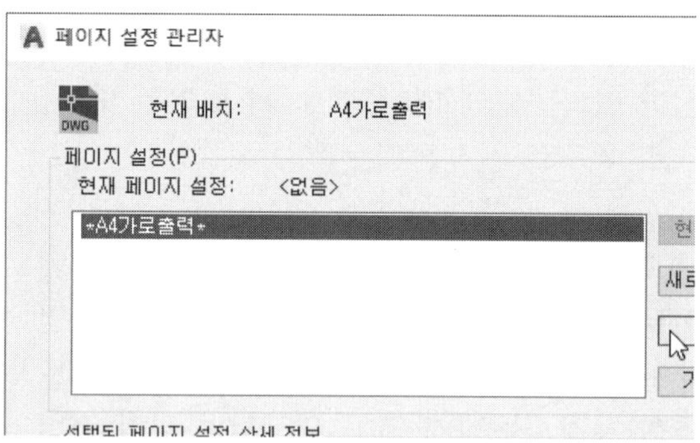

[페이지 설정 – A4가로출력] 대화상자가 나타나면 각종 설정들을 변경한다.

④ '프린터/플로터' 항목에서 'EPS출력가상플로터'를 선택한다.

실제 사용하는 프린터의 목록도 나타날 것이다. 실제 종이 출력시 해당 프린터를 선택하면 된다.

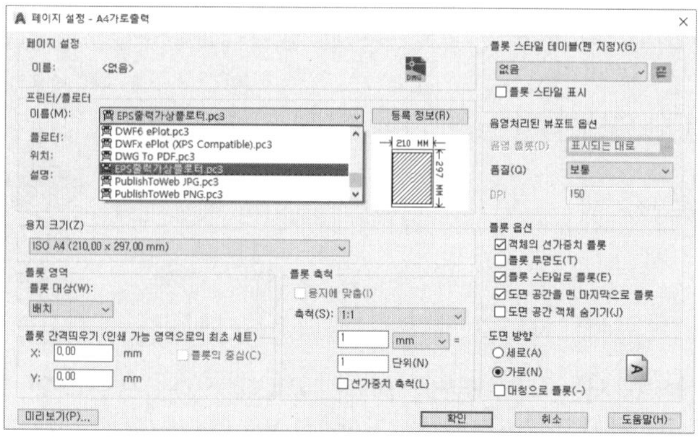

⑤ '용지 크기'는 'ISO A4(297.00×210.00mm)'로 변경한다.

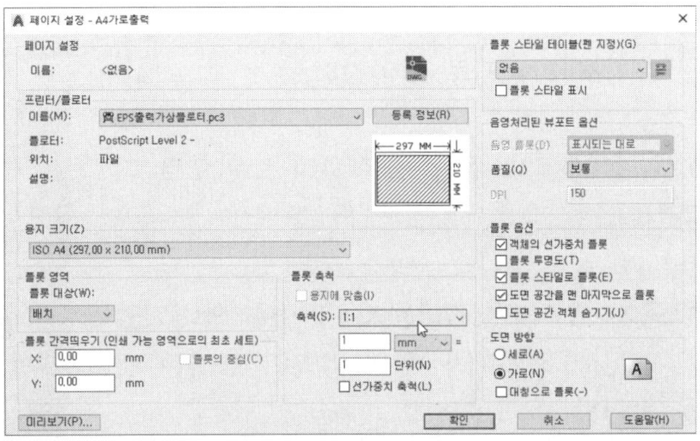

⑥ 플롯 영역의 '플롯 대상'은 '배치'를 선택한다.

⑦ '플롯 축척'에서 축척은 '1:1'을 선택한다. A4 크기의 배치(Layout)를 A4용지로 출력한다면 당연히 1:1 축척으로 출력해야 한다.

다른 설정들은 우선 그대로 두고 배치공간에서 출력물을 완성한 다음, 실제 출력과정에서 설정을 변경하도록 한다.

⑧ [확인] 버튼을 클릭하여 [페이지 설정 관리자] 대화상자로 돌아간다.

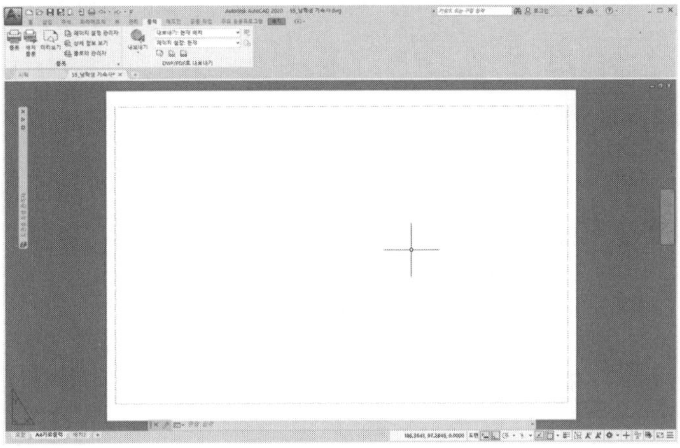

⑨ [닫기(C)] 버튼을 클릭하여 도면으로 이동한다. 'EPS출력가상플로터'와 'ISO A4(297.00×210.00mm)'가 적용된 배치의 결과는 다음과 같다.

A3 배치 설정

① '배치2' 탭을 클릭한다. '배치1'과 동일하게 기본 A4용지로 설정되어 있다.

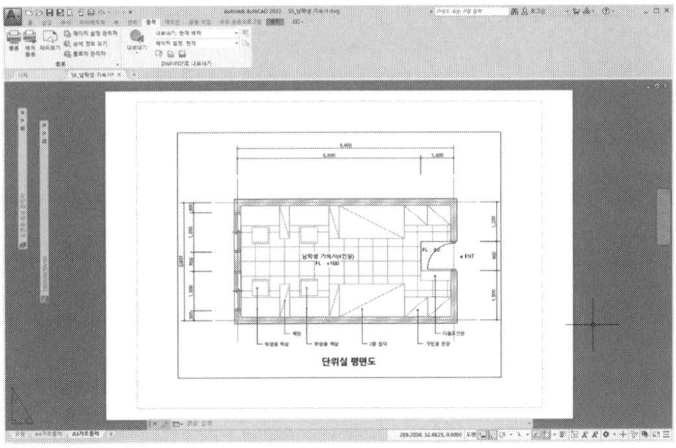

② 'A3가로출력'으로 배치 이름을 변경한다.

③ [페이지 설정 관리자]를 실행한다.

④ [페이지 설정 관리자]에서 'A3가로출력' 배치를 선택하고 [수정(M)...] 버튼을 클릭한다.

⑤ '프린터/플로터'는 'EPS출력가상플로터'를 선택한다.

⑥ '용지 크기'는 'ISO A3(420.00×297.00mm)'을 선택한다.

⑦ '플롯 대상'은 '배치'를 선택한다.

⑧ '플롯 축척'은 '1:1'을 선택한다.

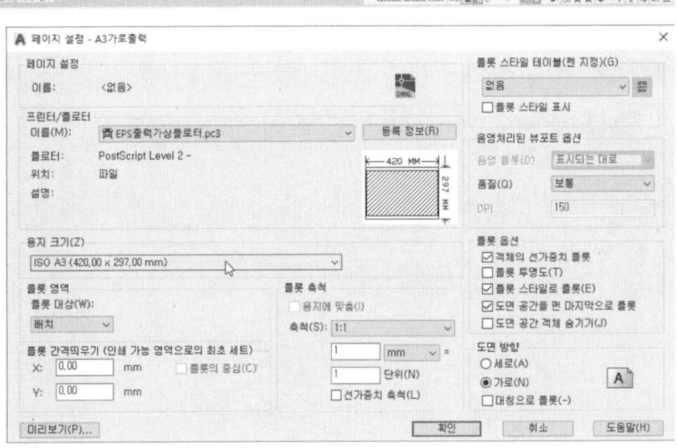

⑨ [확인] 버튼을 클릭하여 [페이지 설정 관리자] 대화상자로 돌아간다.

⑩ [닫기(C)] 버튼을 클릭하여 도면으로 이동한다.

A4용지 크기에서 A3용지 크기로 확대되었기 때문에 배치에서 흰색 영역이 확대된 것을 확인할 수 있다.

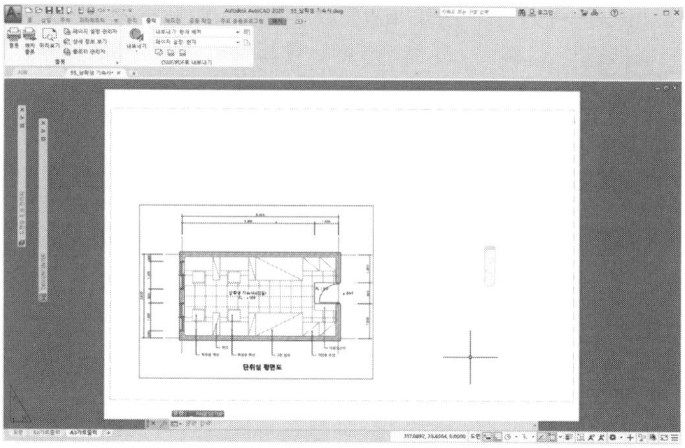

(3) 배치 변경

배치 기본틀 작성

작성된 배치에 출력을 위한 준비들을 하도록 한다. 먼저 'A4가로출력' 탭을 선택하여 해당 배치 공간으로 이동한다. 아무것도 없는 빈 종이에 배치를 위한 기본틀을 만들도록 한다. 흔히 표제란과 같이 출력 도면의 기본 포맷으로 상호, 프로젝트명, 도면명, 작성일자, 일련번호, 작성자 등의 정보가 기재되는 부분이다.

가장 먼저 작업할 것은 바로 배치공간에서만 사용하는 도면층을 추가하는 것이다. 모형공간에서 사용하는 도면층과 배치공간에서 사용하는 도면층은 완전히 분리하는 것이 바람직하다.

① [도면층 특성 관리자]를 실행하여 '배치'라는 이름의 도면층을 추가하고 현재 도면층으로 설정한다.

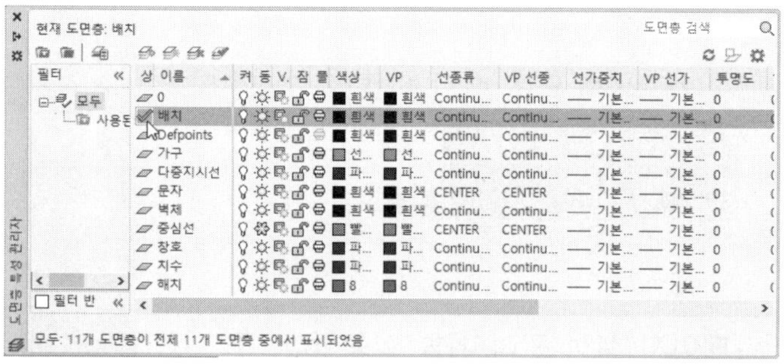

② 그리기 도구, 수정 도구, 여러 줄 문자 도구들을 이용하여 다음과 같이 출력 포맷(표제란)을 작성한다. 반드시 도면 출력 한계선인 점선 안쪽에 작성하여야 한다.

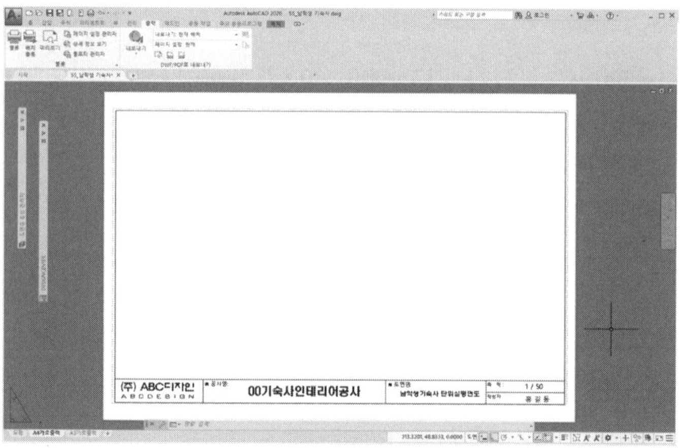

표제란에는 다양한 글꼴과 크기의 텍스트들이 있을 수 있다. 한두 번 정도 사용되는 텍스트를 위해 새로운 문자 스타일을 매번 만들기는 어렵다. 기본 스타일인 'Standard'를 이용해 작성하고 개별 편집하는 것이 합리적이다. 단, '도면명' 등 별도로 작성해둔 문자 스타일과는 혼용해서 사용하지 않는다.

배치 뷰포트 삽입 및 뷰포트 축척 변경

배치 공간에 도면을 삽입한다. 정확하게 말한다면 도면을 삽입하는 것이 아니라 도면을 보여주는 뷰포트(Viewport)를 삽입하는 것이다.

배치 공간에서는 새롭게 배치 탭이 나타나 관련 기능들을 사용할 수 있도록 지원한다.

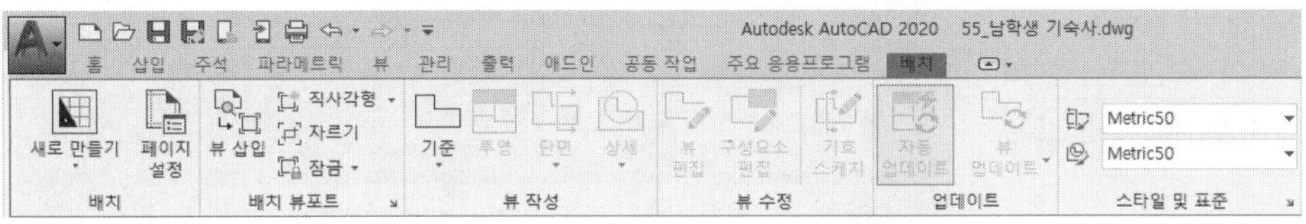

① 배치 탭 → 배치 뷰포트 → [직사각형] 도구 실행

② 그리기 도구에서 직사각형을 그리듯이 한쪽 모서리 점을 지정하고 대각 맞은편의 모서리 점을 지정한다.

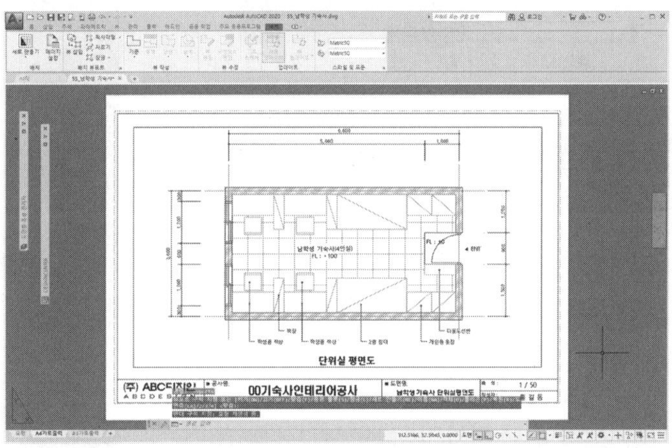

③ 배치 공간에 도면이 표시되었다. 아니 도면을 보여주는 뷰포트가 표시된 것이다. 표제란의 테두리가 있는데 뷰포트의 외곽선이 도면 내에 있으면 중복되어 보이므로 뷰포트를 클릭하여 그립을 신축시켜 표제란에 일치시켜준다.

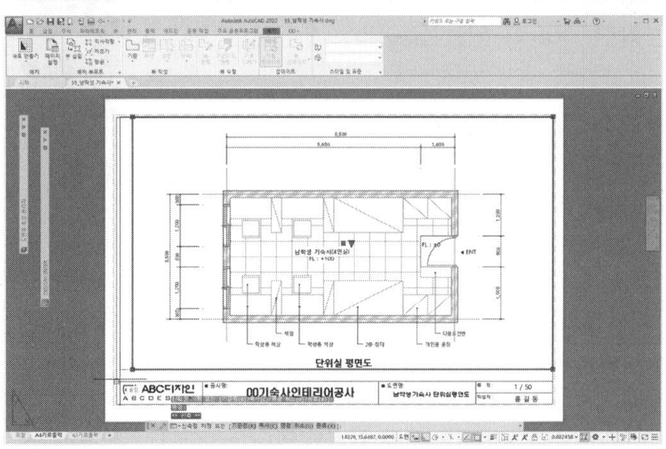

뷰포트에 표시된 도면은 정확한 축척을 가지지 않는 Non-scale 도면이다. 1/50, 1/100, 1/200 등 정확한 축척으로 도면을 출력하기 위해서는 뷰포트 내의 도면축척을 변경하여야 한다.

④ 뷰포트를 더블클릭하면 모형공간으로 이동한다.

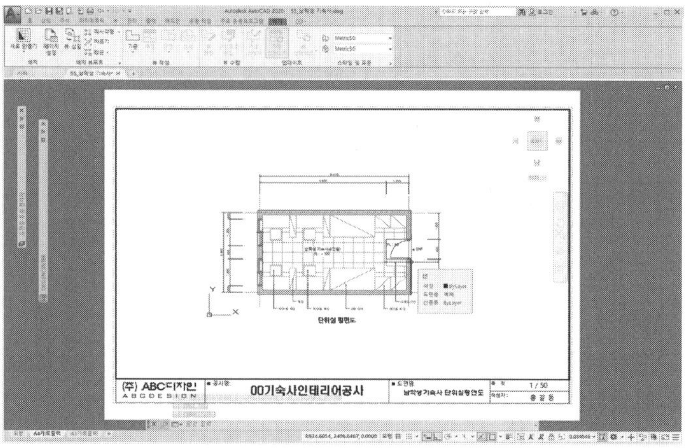

모형공간으로 이동하게 되면 뷰포트가 진하게 강조되어 나타나며 화면 좌측 하단의 축 모양의 아이콘(UCS Icon)도 모형공간의 형태로 변경되어 뷰포트 하단에 나타난다. 마우스 휠을 돌려보면 도면만 확대 · 축소되는 것을 확인할 수 있다.

⑤ 도면 상태막대 우측 하단의 뷰포트 축척에서 삼각형 버튼을 클릭하여 원하는 축척을 선택하면 된다.

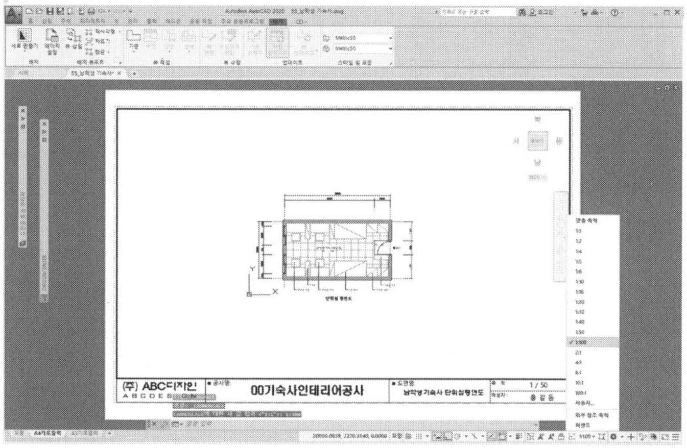

⑥ 뷰포트 축척 '1:100'을 선택한다. 오른쪽과 같이 도면이 A4 용지상에 상당히 작게 나타난다.

⑦ 뷰포트 축척을 '1:50'으로 변경한다.

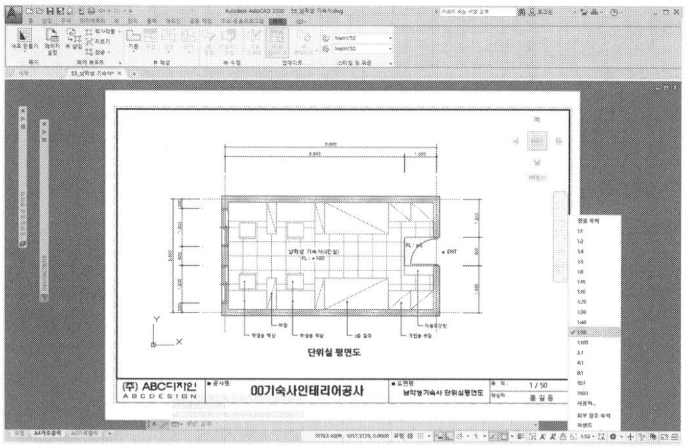

즉 뷰포트 축척을 1:50으로 정의한 현재의 배치를 1:1로 출력하면, 출력결과물의 도면은 정확한 1:50이 되는 것이다.

마우스 휠을 누른 채로 드래그(PAN)하여 도면을 뷰포트 중앙으로 배치한다. 이때 마우스 휠을 굴려 확대 · 축소가 실행되지 않도록 주의하여야 한다.

이제 뷰포트를 통한 도면공간에서 다시 배치공간으로 돌아간다.

⑧ 뷰포트의 바깥쪽을 더블클릭한다.

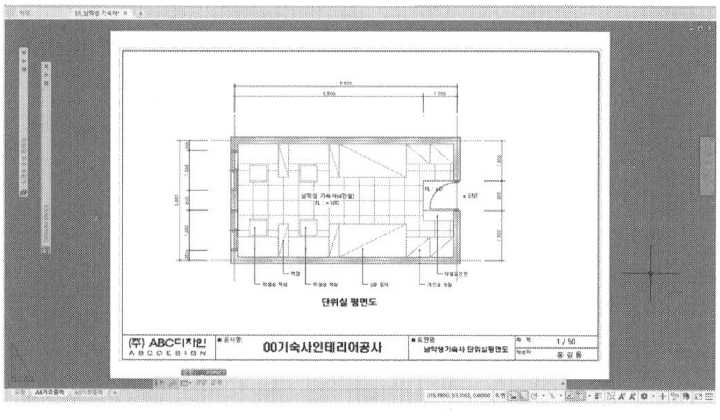

'A4가로출력' 배치가 완성되었다.

도면 결과를 살펴보면 중심선이 일점쇄선으로 나타나야 하는데 실선으로 보인다. 모형공간에서 선종류 축척(Ltscale)을 '8'로 설정하였는데, 이를 1/50 스케일로 보면 실선으로 나타나는 것이다. 만약 배치에서 선종류 축척(Ltscale)을 조정한다면 모형공간에서 다시 선종류 축척이 달라지게 되고, 축척이 다른 배치(layout)마다 선종류 축척을 변경해야 하는 번거로움이 생기게 된다. 명령어(정확하게는 변수) 'PSLTSCALE'을 이용하여 배치공간에서 모형공간에서 설정한 선종류 축척대로 보일 수 있게 설정할 수 있다. 여기서 'PS'는 'Paper Space'를 의미한다. 배치(Layout)가 이전 버전에서는 'Paper Space'로 사용되었다. 반대로 모형공간은 'MS', 등 'Model Space'가 된다.

① 다시 뷰포트 내부에서 더블클릭하여 뷰포트 내부(모형공간)으로 들어간다.

② 키보드로 'psltscale'을 입력하고 Enter↵를 누른다.

③ PSLTSCALE에 대한 새 값 입력 <1>: 0 입력에서 새 값을 '0'을 입력한다. 여기서 값은 1,2,3,4,... 같은 숫자를 의미하는 것이 아니라 '1'은 'on', '0'은 'off'의 의미를 가진다. 이러한 것을 시스템 변수라고 부른다. '0'을 입력하고 Enter↵를 누르면 일단 아무런 변화가 없다. 시스템 변수를 수정한 경우 즉각적으로 수정 내용이 반영되지 않을 경우, 재연산(Regeneration)을 시켜주면 반영이 된다.

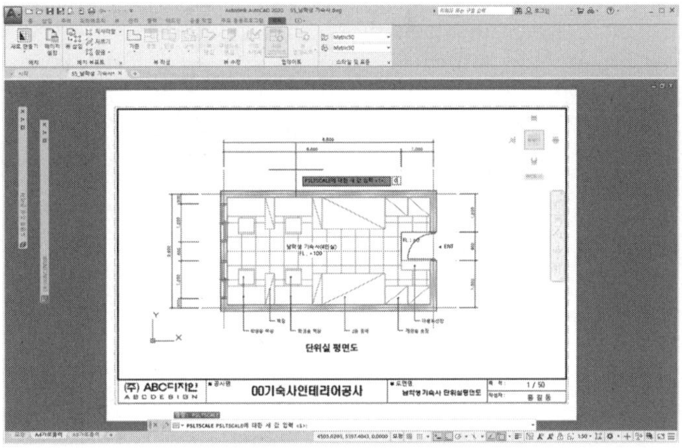

④ 키보드로 'regen'을 입력하고 Enter↵를 누른다.

선종류 축척이 변경되어 모형공간에서 작업할 때와 동일한 축척으로 중심선이 나타난다.

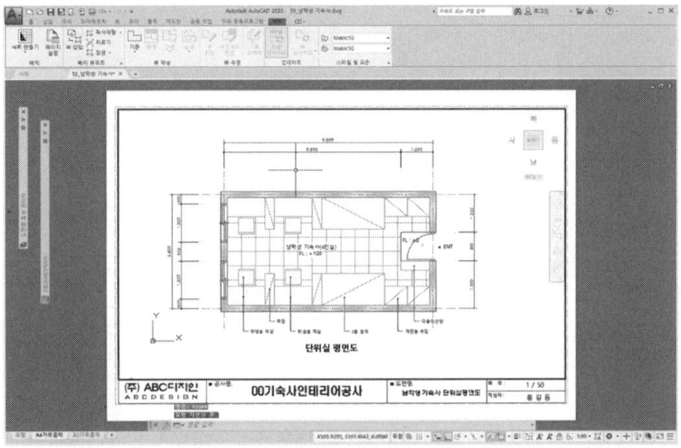

⑤ 뷰포트의 바깥쪽을 더블클릭한다.

배치 영역으로 돌아와도 변경된 선종류 축척이 유지되는 것을 확인할 수 있다.

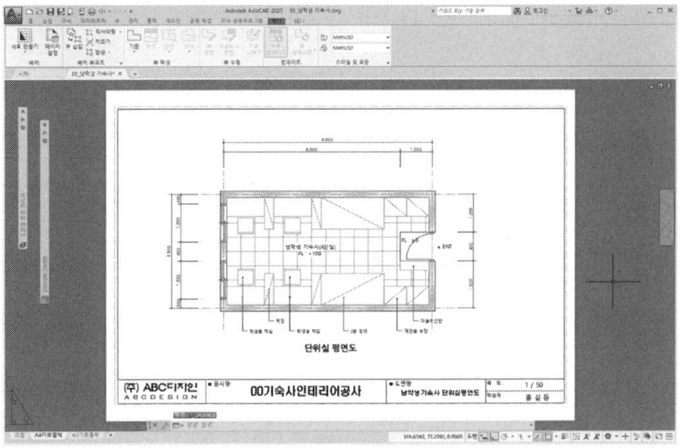

EXERCISE 61 남학생 기숙사 A3가로 배치하기

※ A3 가로방향으로 작성
#Plot #Print #Layout #Viewport #Psltscale #Freeze

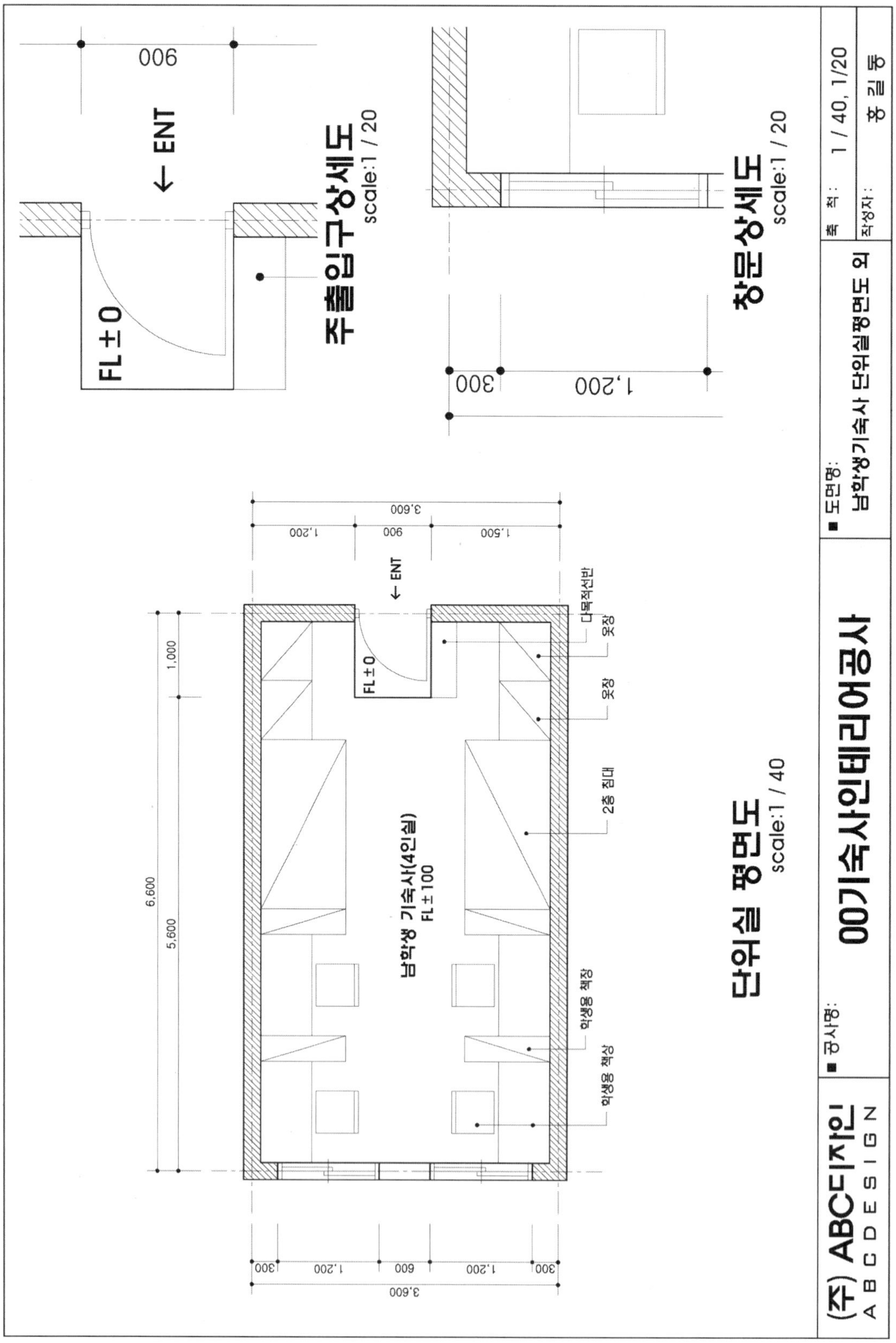

배치 뷰포트 도면 포맷 공유하기

다음으로 'A3가로출력' 배치를 수정하도록 한다.

① 'A3가로출력' 탭을 클릭하여 'A3가로출력' 배치공간으로 이동한다.

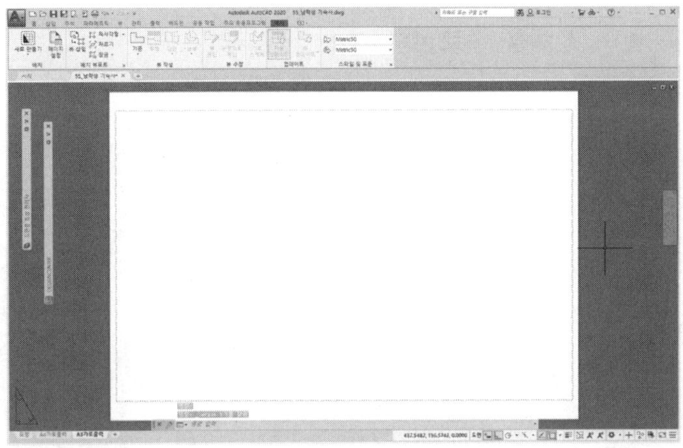

② 배치공간에 있는 기존의 배치 뷰포트는 삭제한다.

'A3가로출력' 배치에도 도면 포맷을 작성한다. A3용지의 규모에 맞게 새로 작성할 수도 있지만 여기서는 'A4가로출력'에서 사용한 포맷을 그냥 복사해서 사용한다.

③ 'A4가로출력' 배치 탭으로 이동한다.

④ 'Ctrl+C'를 누르고 모든 도면요소를 선택한다.

⑤ Enter↵ 키를 누른다. 복사하기가 완료된다.

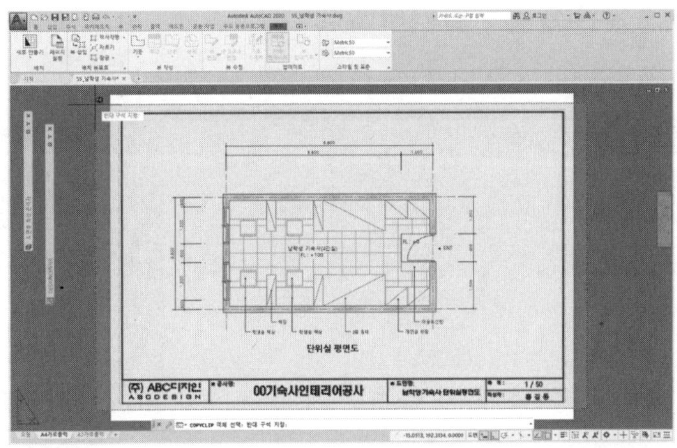

⑥ 'A3가로출력' 배치 탭으로 이동한다.

⑦ 'Ctrl+V'를 누르면 오른쪽과 같이 복사한 도면 포맷이 나타난다.

⑧ 삽입점을 지정하여 도면 포맷을 배치한다. 표제란이 완전히 안 보이는 경우 재연산(Regeneration)을 해준다. 'regen'을 입력하고 Enter↵ 키를 누른다.

⑨ 복사해온 배치 뷰포트는 삭제한다.

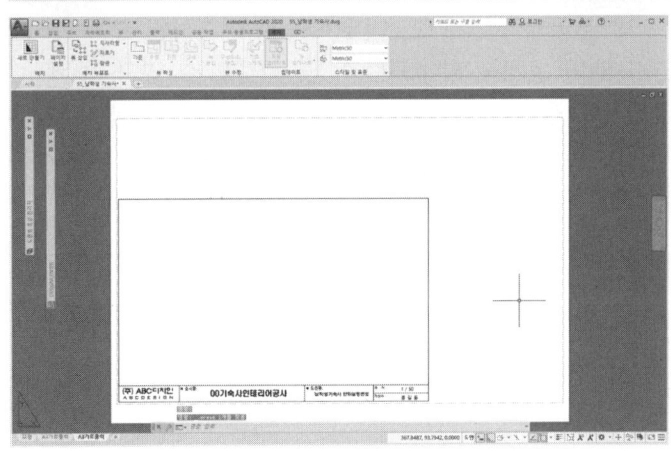

도면 포맷 축척 변경

용지에 맞춰 도면 포맷의 크기를 조절하기 위해 '축척' 도구를 사용한다. 이때 '축척' 도구의 '참조(R)' 옵션을 이용하면 정확하게 작업할 수 있다.

① [축척] 도구 실행

② 도면 포맷 객체 전부를 선택한 다음 [Enter↵] 키를 눌러 선택을 종료한다.

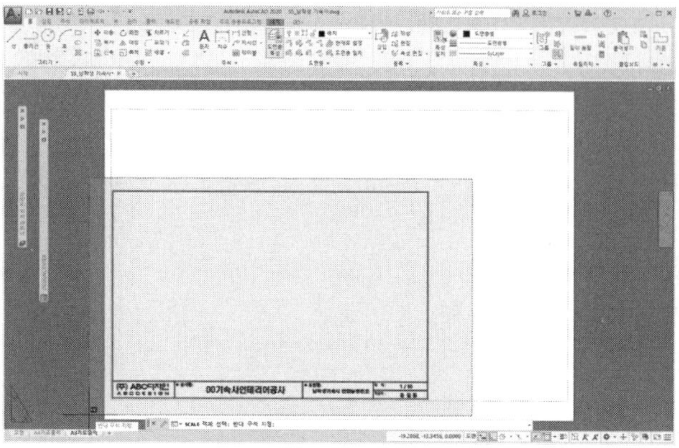

③ 축척의 기준점을 선택한다. 도면 포맷 좌측 하단의 모서리 점을 기준점으로 지정한다.

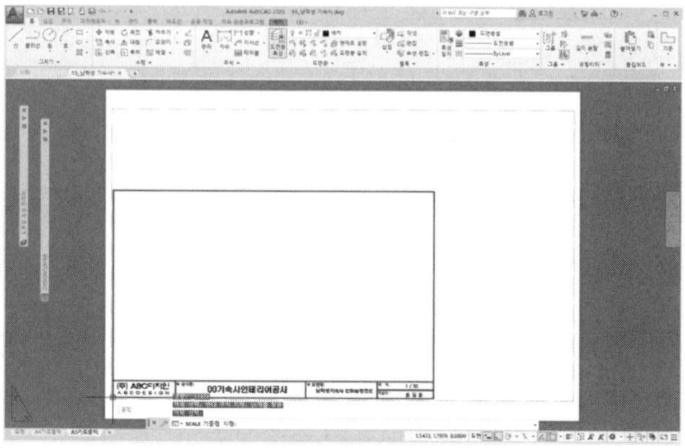

④ 축척 비율을 입력하는 대신 '참조(R)'를 실행한다. 마우스 오른쪽 버튼을 클릭하여 바로가기 메뉴가 실행되면 '참조(R)'를 선택한다.

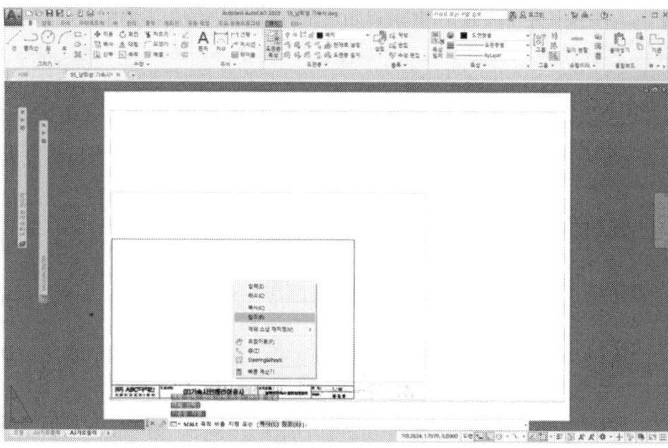

⑤ 참조길이를 지정한다. 도면 포맷 좌측 하단 모서리 점에서 우측 하단 모서리 점까지의 거리를 참조길이로 지정한다.

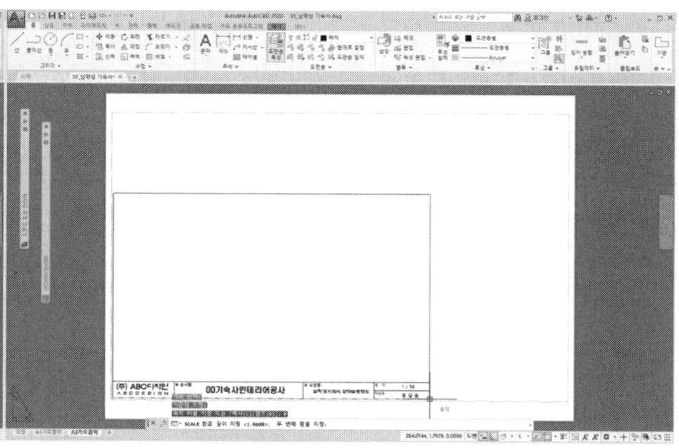

⑥ 새 길이를 지정한다. 마우스를 드래그하면 도면 포맷이 동시에 확대되는 것을 확인할 수 있다. 가로폭이 출력한계선 내에 포함되도록 새 길이를 지정한다.

⑦ [신축] 도구를 이용하여 도면 포맷이 출력한계선 상단으로 돌출된 부분을 출력한계선 내로 신축시켜 준다. 도면 포맷이 완성되었다.

여러 개의 배치 뷰포트 배치하기

먼저 A3 용지 출력에서 도면을 최적으로 확대한 결과를 만들어본다.

① 배치 탭 → 배치 뷰포트 → [직사각형] 도구 실행

② 뷰포트 경계를 지정할 때 미리 표제란의 끝점에 맞춰 외곽선이 따로 나타나지 않도록 한다.

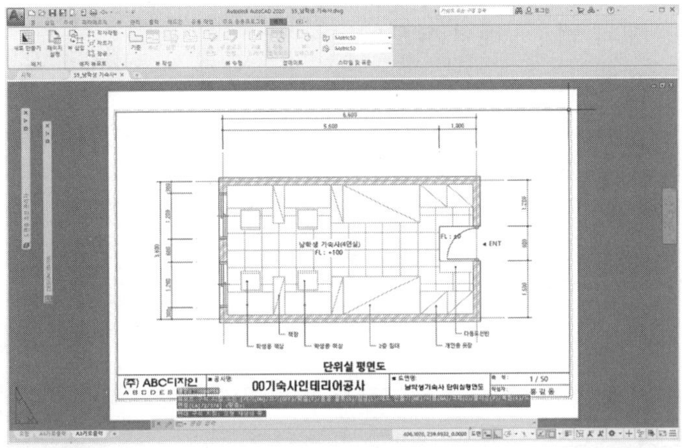

③ 배치 뷰포트를 더블클릭하여 배치 뷰포트 내부에서 모형공간으로 전환한다.

④ 뷰포트의 축척을 '1:30'으로 변경한다.

상세도를 배치할 공간을 확보하기 위해 뷰포트 축척을 축소하고 도면을 화면 한 쪽으로 치우치도록 배치한다.

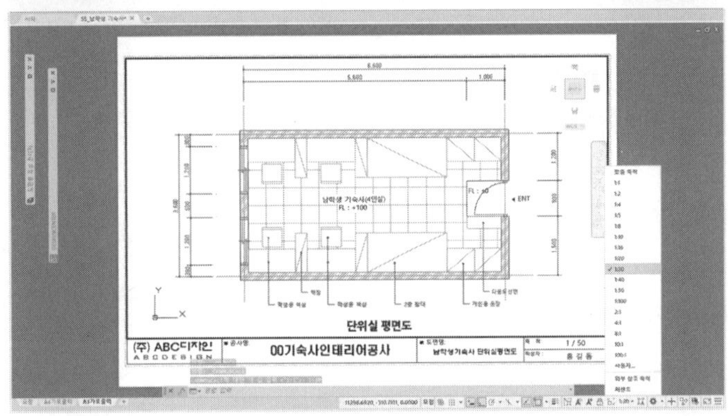

⑤ 뷰포트의 축척을 '1:40'으로 변경한다.

⑥ 도면을 배치공간 좌측으로 치우치도록 초점이동한다.

⑦ 'psltscale'을 '0'으로 변경하고, '재연산(Regen)시켜 중심선이 점선으로 보이도록 조정한다.
배치 뷰포트 바깥쪽에서 더블클릭하여 배치공간으로 돌아간다.

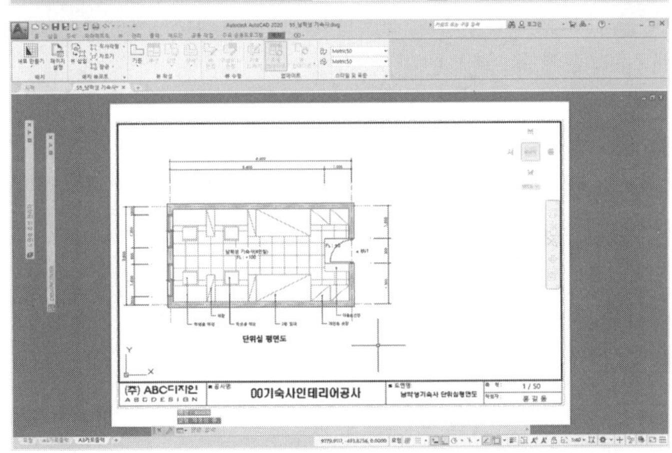

⑧ 뷰포트를 선택하여 그립 모드로 전환시켜 도면에 맞게 우측 외곽선을 이동시킨다.

모형 뷰포트의 크기가 변경되어도 뷰포트 축척에는 변화가 없다.

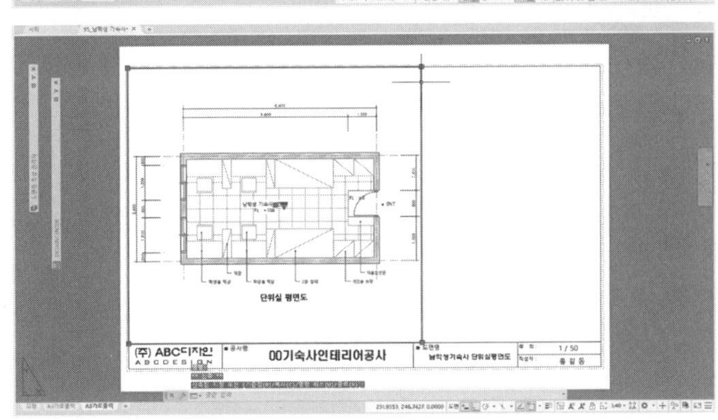

우측의 빈 공간에 상세도를 삽입한다.

⑨ 배치 탭 → 배치 뷰포트 → [직사각형] 도구 실행

⑩ 우측 상단에 배치 뷰포트를 지정한다.

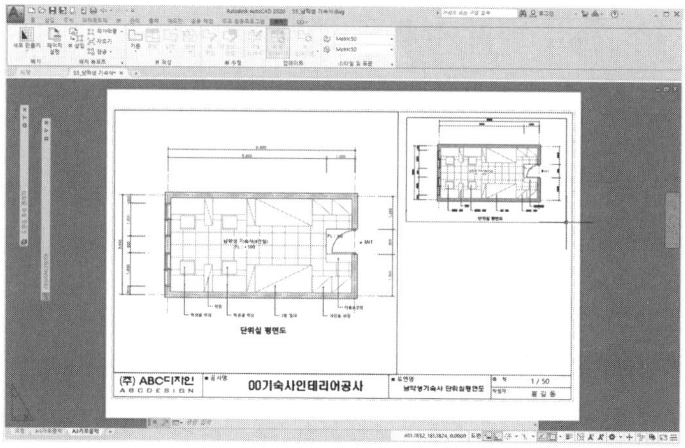

⑪ 새로 작성한 모형 뷰포트를 더블클릭하여 모형공간으로 이동한다.

⑫ 상세도를 표현할 출입구 부분을 대충 확대시킨 다음 뷰포트 축척을 1:20으로 변경한다. '초점이동(Pan)'을 통해서 정확한 위치를 맞춰준다.

⑬ 배치 공간을 더블클릭하여 배치 공간으로 전환한다.

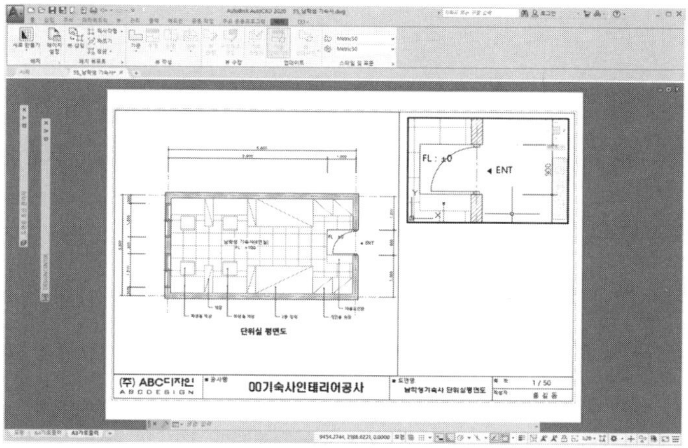

⑭ 홈 탭 → 그리기 패널 → [복사] 도구로 배치 뷰포트를 복사한다.

⑮ 복사한 상세도를 더블클릭하여 모형공간으로 전환한 다음 동일한 1:20의 뷰포트 축척으로 창문을 표시한다.

배치 공간을 더블클릭하여 배치 공간으로 전환한다.

⑯ 각 상세도의 도면명과 축척을 '여러 줄 문자'로 작성한다.

평면도의 경우도 동일하게 모형공간에서 도면명을 나타내는 것보다는 배치에서 나타나도록 통일하는 것이 좋다. 모형공간에서 작성한 도면명은 삭제하거나, 뷰포트의 경계를 조정하여 보이지 않게 할 수도 있다.

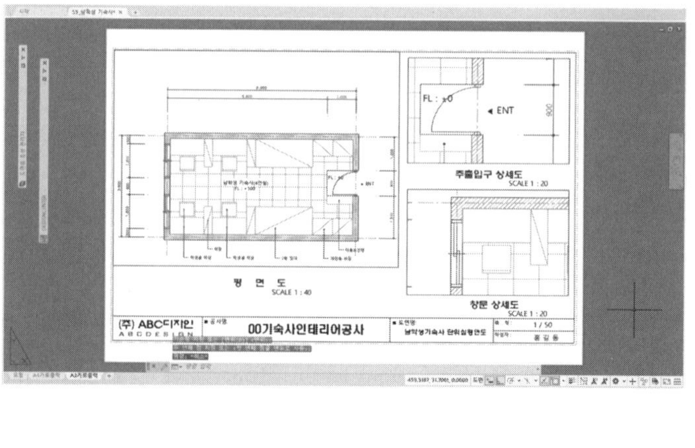

배치 뷰포트 외곽선의 가시성 조절

모형 뷰포트가 포함된 도면층을 '끄기(Off)'하면 모형 뷰포트의 경계선을 보이지 않게 조절할 수 있다. 이때 배치에서 사용한 문자, 배치 포맷 등과는 구분해야 하기 때문에 새로운 도면층을 작성하고, 이 도면층은 배치공간에서 '끄기(Off)' 전용으로 사용한다.

① '배치_끄기'라는 이름으로 도면층을 추가하고 색상은 '빨간색'으로 지정하여 '배치' 도면층과 구분한다.

여기서 주의할 점은 '배치_끄기' 도면층을 현재 도면층으로 지정하지 않는다.

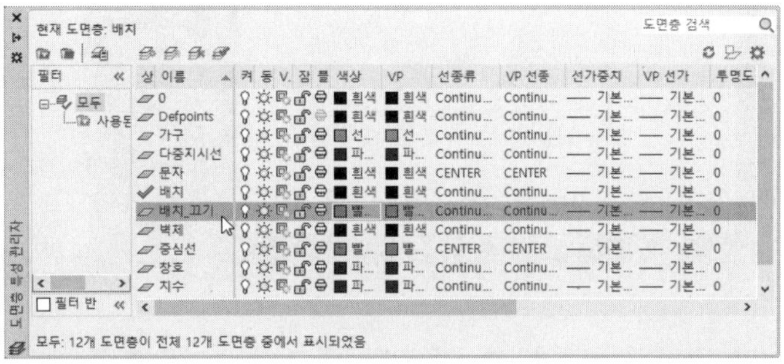

② 도면으로 돌아와서 배치 뷰포트들을 선택하여 '배치_끄기' 도면층으로 변경한다.

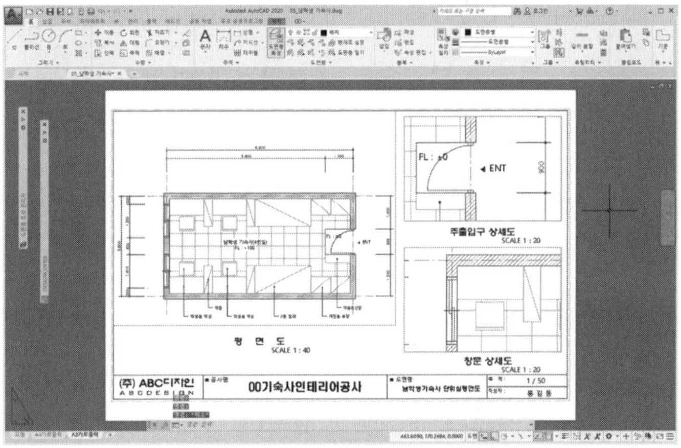

③ '배치_끄기' 도면층을 '끄기(Off)' 시켜준다.

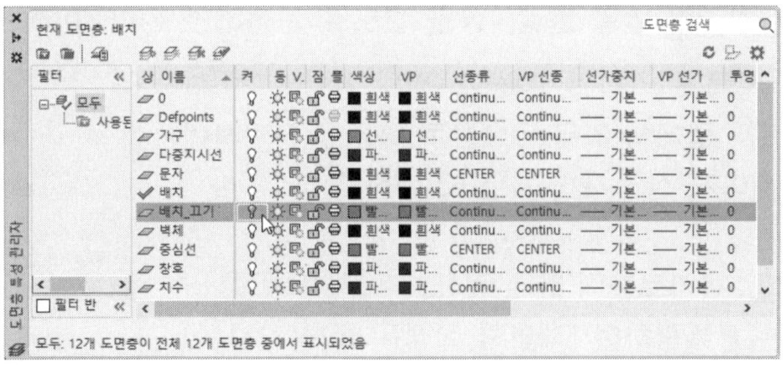

결과는 오른쪽과 같이 배치 공간에서 뷰포트 자체는 나타나지만 뷰포트의 외곽선을 보이지 않게 된다.

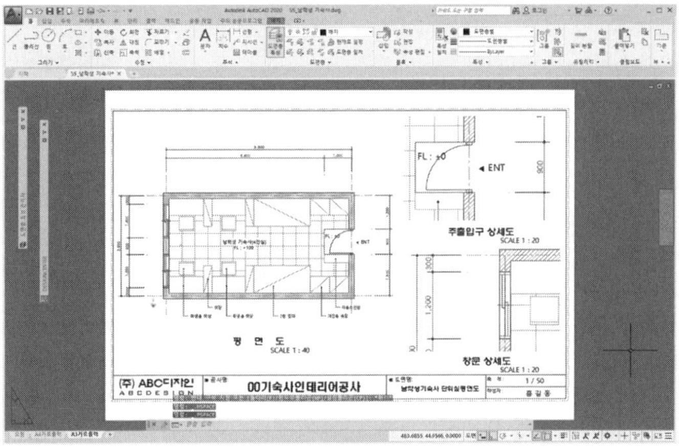

EXERCISE 62 플롯 스타일로 출력

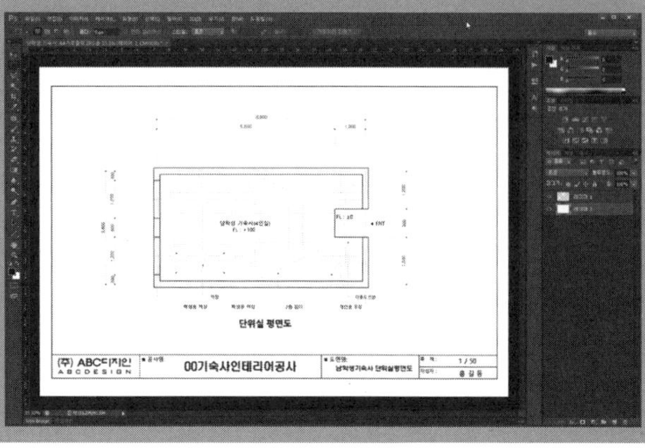

학습목표
- 플롯 스타일을 생성할 수 있다.
- 출력물의 색상과 출력선 두께를 조절할 수 있다.
- EPS형식으로 출력하도록 포토샵에서 불러올 수 있다.

새로운 도구/기능
- 출력 탭 → 플롯 패널 → 플롯
- 명령어 행 : plot Enter↵

중요한 도구/기능
- 포토샵

#Plot #Print #PlotStyle #Photoshop #EPS #PSD

이제 완성된 배치를 출력하도록 한다. 'A4가로출력' 배치 탭을 선택한다. 출력시 각 도면 요소별로 출력선의 두께를 조절할 수 있다. 첫 번째 방법은 도면층의 선가중치(Lineweight)를 이용하여 각 도면층에 지정한 선가중치를 기준으로 출력하는 방법이며, 두 번째는 객체의 색상을 기준으로 각 색상별로 출력시 선가중치를 부여하는 방법이다. 여기서는 두 번째 방법으로 출력해 본다.

(1) 플롯 스타일

플롯 스타일 새로 만들기

'플롯 스타일'을 이용하여 객체에 부여된 색상에 따라 출력되는 색상과 선가중치를 조절할 수 있다. 예를 들면, 현재 도면을 흑백으로 출력하려 할 때, 다시 도면층의 색상을 '흰색'으로 변경하는 것이 아니라 객체의 색상별로 출력색상을 별도로 지정하면 된다. 이러한 설정들이 모두 플롯 스타일에서 정의된다.

① '플롯 스타일' 작성을 위해 'A4가로출력' 배치 탭에서 마우스 오른쪽 버튼을 클릭하여 '페이지 설정 관리자'를 실행한다.

② 'A4가로출력'을 선택하고 [수정(M)...] 버튼을 클릭하여 [페이지 설정] 대화상자를 실행한다.

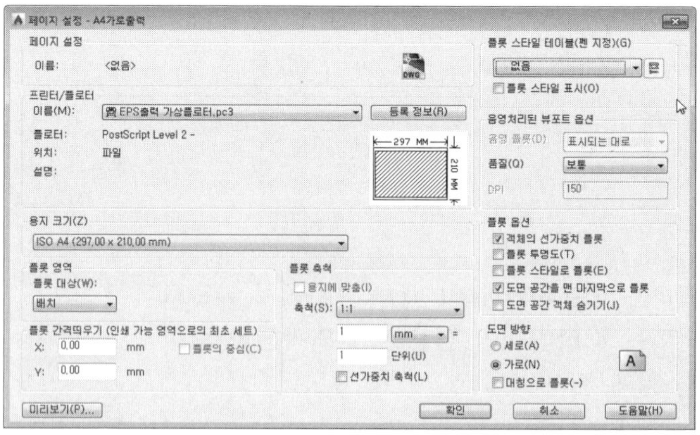

③ 우측 상단의 '플롯 스타일 테이블(펜 지정)' 항목에서 설정한다. 현재 '없음'으로 설정되어 있으며, 우측의 화살표 버튼을 클릭하면 AutoCAD 2020에서 기본으로 지원하는 플롯 스타일들이 표시된다.

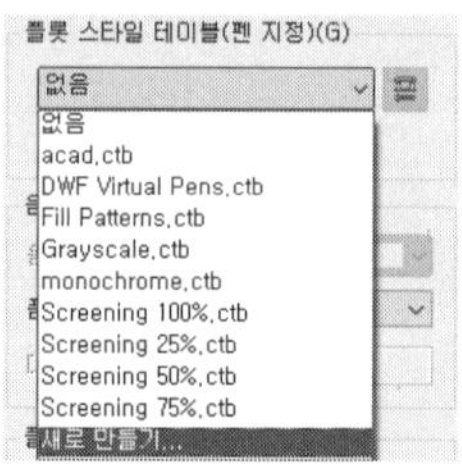

④ '새로 만들기'를 선택한다.

[색상 종속 플롯 스타일 테이블 추가 – 시작] 대화상자가 나타나며 새 플롯 스타일 만들기 과정이 진행된다. '색상 종속(Color-Dependent)'의 의미는 객체에 지정된 색상에 따라 출력 색상과 선가중치를 부여하는 방식이다.

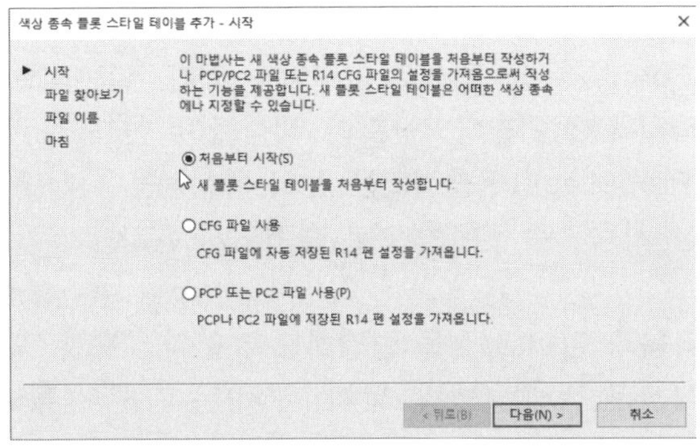

⑤ '처음부터 시작'을 선택하고 [다음(N) >] 버튼을 클릭한다.

[색상 종속 플롯 스타일 테이블 추가 –파일 이름]에서 새 플롯 스타일의 이름을 지정한다. 지정된 이름으로 플롯 스타일 파일이 만들어지며, [페이지 설정] 대화상자의 플롯 스타일 테이블 목록에 지정된 이름으로 추가된다. 이 파일을 공유하면 다른 도면에서도 항상 동일한 설정의 출력물을 얻을 수 있다.

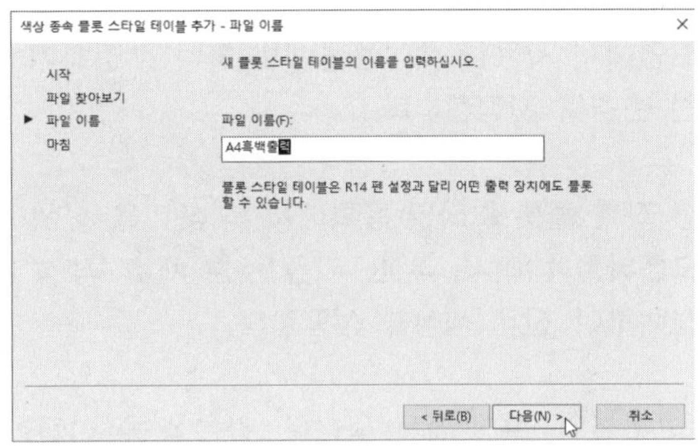

⑥ 'A4흑백출력'을 입력하고 [다음(N) >] 버튼을 클릭한다.

⑦ [색상 종속 플롯 스타일 테이블 추가 –마침] 단계에서 [플롯 스타일 테이블 편집기(E) ...] 버튼을 클릭하면 플롯 스타일을 바로 편집할 수 있지만, [페이지 설정] 대화상자에서도 동일하게 편집할 수 있으므로 일단 [마침] 버튼을 클릭하여 새로운 플롯 스타일 추가를 완료한다.

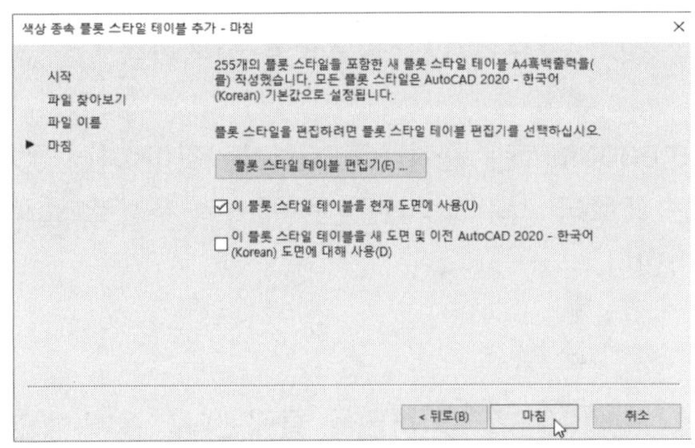

플롯 스타일 수정

[페이지 설정] 대화상자의 '플롯 스타일 테이블(펜 지정)'에 'A4흑백출력' 플롯 스타일 테이블이 추가되었다.

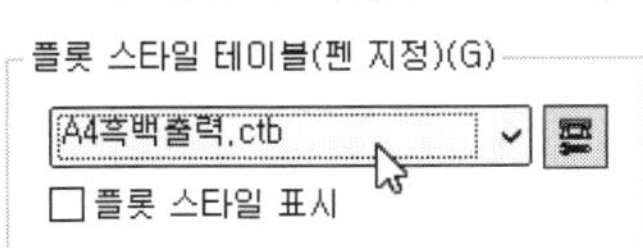

① 플롯 스타일을 편집하기 위해 우측의 [편집] 버튼을 클릭한다. [플롯 스타일 테이블 편집기 – A4흑백출력.ctb] 대화상자가 실행된다.

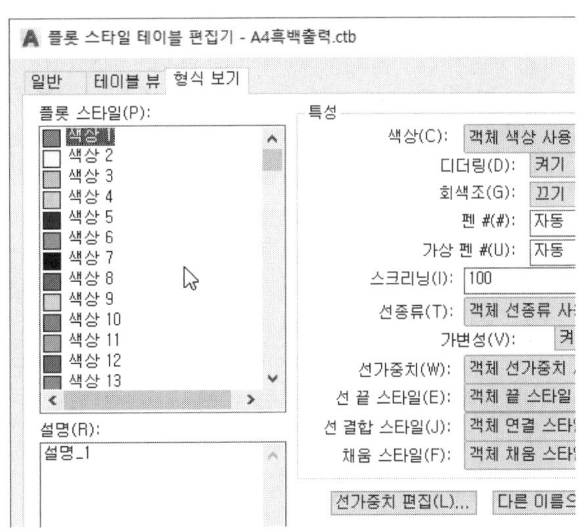

[플롯 스타일 테이블 편집기] 대화상자는 '일반(General)' 탭, '테이블 뷰(Table View)' 탭, '형식 보기(Form View)' 탭으로 이루어져 있다. 일반적으로 '형식 보기(Form View)' 탭을 주로 이용하여 플롯 스타일을 정의한다. 좌측의 색상들이 현재 도면에서 사용되는 객체의 색상을 의미하며, 우측의 '특성(Propeties)'이 출력되는 선의 특성들을 나타낸 것이다. 예를 들면, 좌측의 '색상 1'은 도면에서 '객체 색상 사용', 즉 빨간색으로 출력되게 된다.

다음과 같이 설정을 변경하도록 한다. "모든 객체는 검은색(흰색)으로 출력한다.", "도면에서 '색상 7'로 작성된 객체들(벽체, 문자, 배치)은 다른 선들보다 굵게 출력된다."

도면에서 사용한 색상들을 하나하나 수정하기 번거로우므로 일단 전체 색상을 동시에 변경하고 개별적인 변경을 지정합니다.

② 좌측 플롯 스타일 목록에서 '색상 1'을 선택하고 스크롤바를 내려서, Shift 키를 누른 채로 '색상 255'를 선택하여 전체 색상을 선택한다.

③ 우측의 '특성'에서 색상은 '검은색'을 선택한다.

④ 선가중치는 '0.0000mm'를 선택한다.

'0.0000mm'는 출력을 하지 않는 것이 아니라 사용하는 플로터 기기가 지원하는 최소의 두께로 출력을 의미한다.

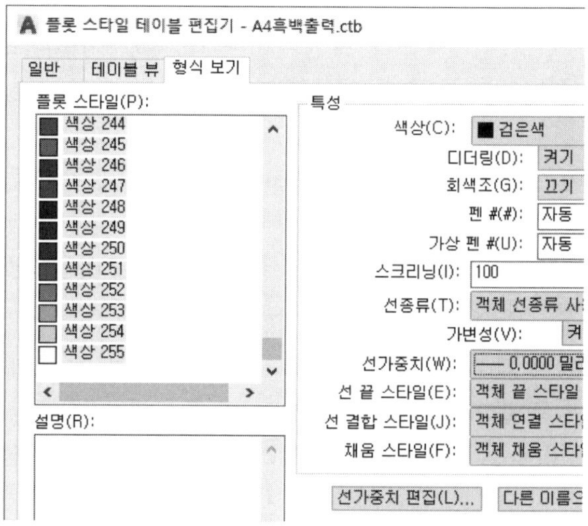

⑤ [저장 및 닫기] 버튼을 클릭한다. 'A4흑백출력.ctb' 파일이 갱신되었다.

⑥ 다시 (편집) 버튼을 클릭한다.

⑦ 좌측 플롯 스타일 목록에서 '색상 7'을 선택한다.

⑧ 우측의 '특성'에서 선가중치를 '0.3000mm'로 변경한다.

⑨ [저장 및 닫기] 버튼을 클릭한다.

⑩ [페이지 설정] 대화상자에서 [확인] 버튼을 클릭하여 [페이지 설정 관리자] 로 돌아간다,

⑪ [닫기(C)] 버튼을 클릭한다.

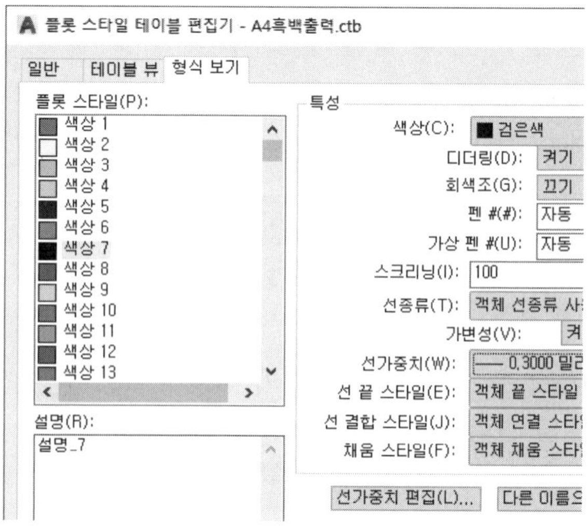

(2) 출력

플롯 스타일로 출력

① 'A4가로출력' 탭에서 마우스 오른쪽 버튼을 클릭하여 '플롯(P)'을 실행한다.

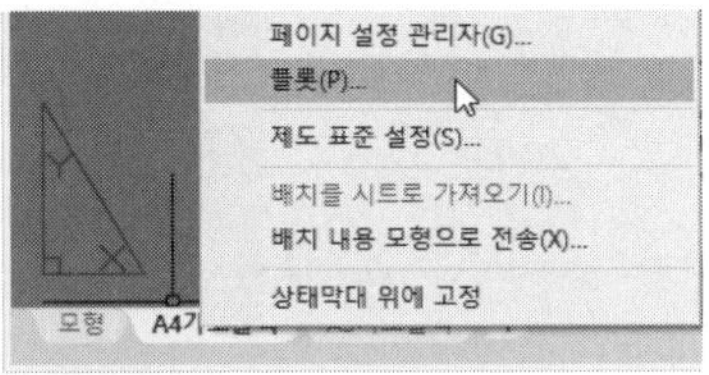

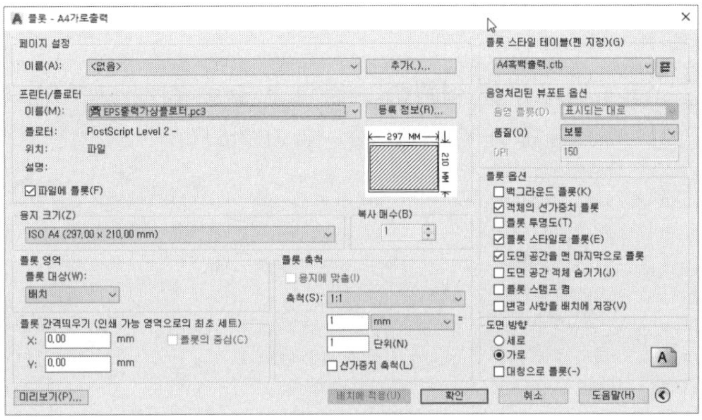

[플롯] 대화상자는 [페이지 설정] 대화상자와 거의 동일하다.

② 대화상자 우측 하단의 ◀ 또는 ▶ 버튼을 클릭하면 대화상자가 확장 또는 축소된다.

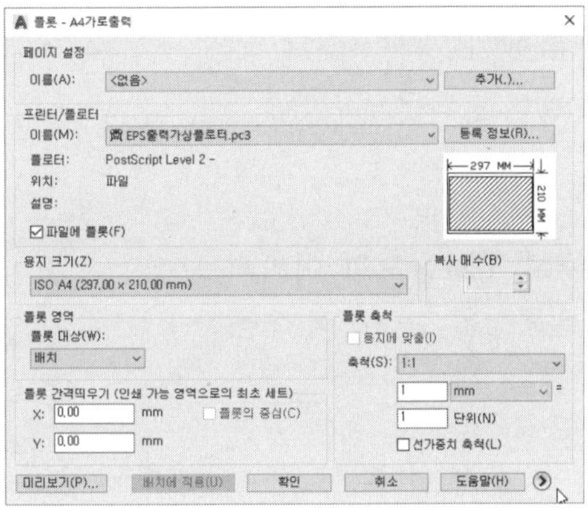

[플롯] 대화상자의 설정을 확인한다.

③ '프린터/플로터'는 'EPS출력용가상플로터'이다.

④ '용지 크기'는 'ISO A4(297.00× 210.00 mm)'이다.

⑤ '플롯 대상'은 '배치'이다.

⑥ '플롯 축척'은 '1:1'이다.

⑦ '플롯 스타일 테이블'은 'A4흑백출력'이다.

⑧ 플롯 옵션에서 '플롯 스타일로 플롯'을 활성화한다.

⑨ [배치에 적용(U)] 버튼을 클릭하면 다음 플롯에도 현재 설정이 저장된다.

⑩ [확인] 버튼을 클릭한다.

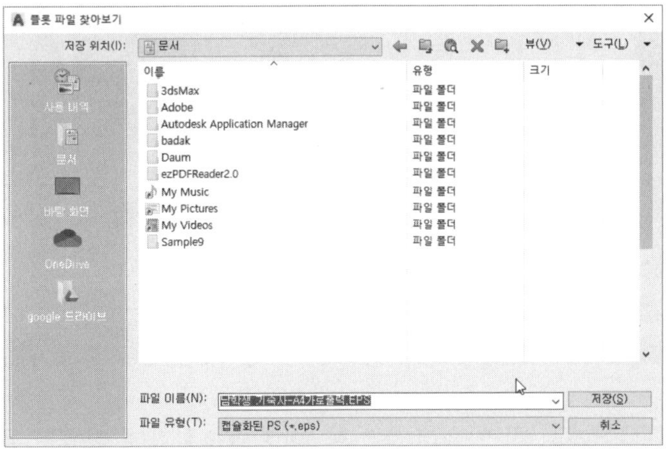

일반적인 프린터 또는 플로터의 경우 물리적인 출력이 시작되겠지만 가상 플로터인 관계로 파일을 저장하는 대화상자가 나타난다.

⑪ 저장하는 위치와 저장할 파일명을 입력한 다음 [저장(S)] 버튼을 클릭하면 가상출력이 시작되고 결과물 파일이 저장된다. 기본적으로 지정되는 이름은 '파일명-배치명.EPS' 형식이 된다.

출력 결과 확인

일반 프린터/플로터로 출력하였다면 종이에 출력된 결과를 확인할 수 있다. EPS 파일로 출력된 결과를 확인하기 위해 포토샵 프로그램을 이용하도록 한다.

① 포토샵을 실행한다.

② '열기(Open)'을 실행하여 출력 파일을 저장한 경로를 찾아 출력파일을 '열기'한다.

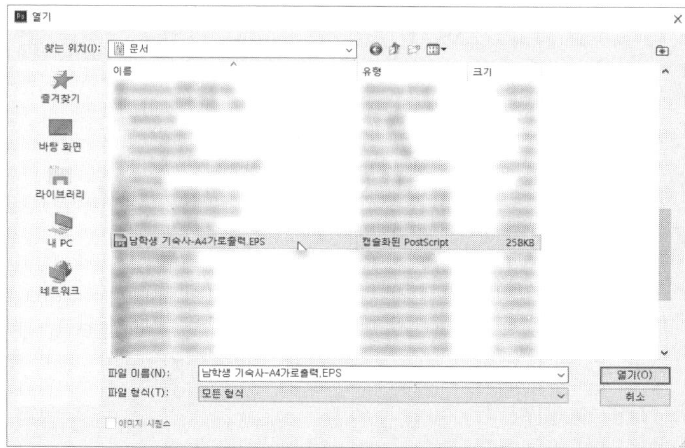

③ [EPS 형식 래스터화] 대화상자에서 '해상도(R)'를 '300'으로 설정한 다음, [확인] 버튼을 클릭한다.

해상도의 값이 클수록 고해상도의 이미지를 얻을 수 있지만 파일용량을 고려하여 설정하여야 한다.

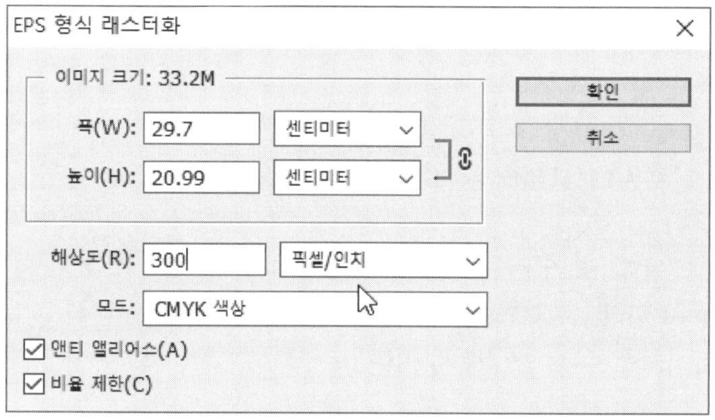

④ 래스터화된 결과는 다음과 같다.

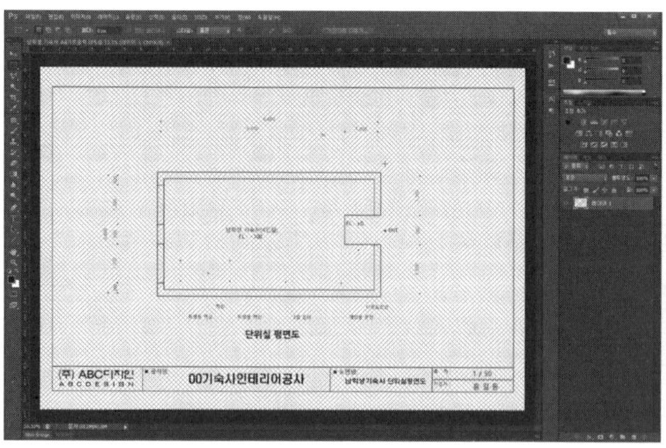

⑤ 포토샵에서 레이어를 추가하여 흰색 바탕을 만들어준다.

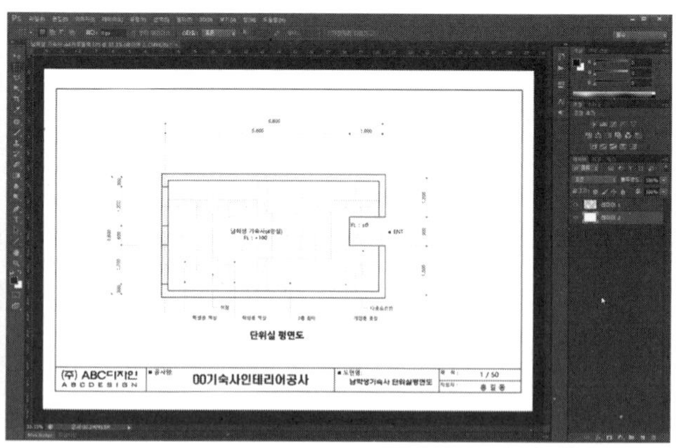

포토샵에서 화면 확대/축소를 통해 출력결과에 적용된 플롯 스타일을 확인한다. 각 객체의 출력된 선가중치를 확인하고 문제가 있을 경우 다시 설정하여 출력한다.

EXERCISE 63 여학생 기숙사 A4가로 배치하기

※ 가로방향으로 작성

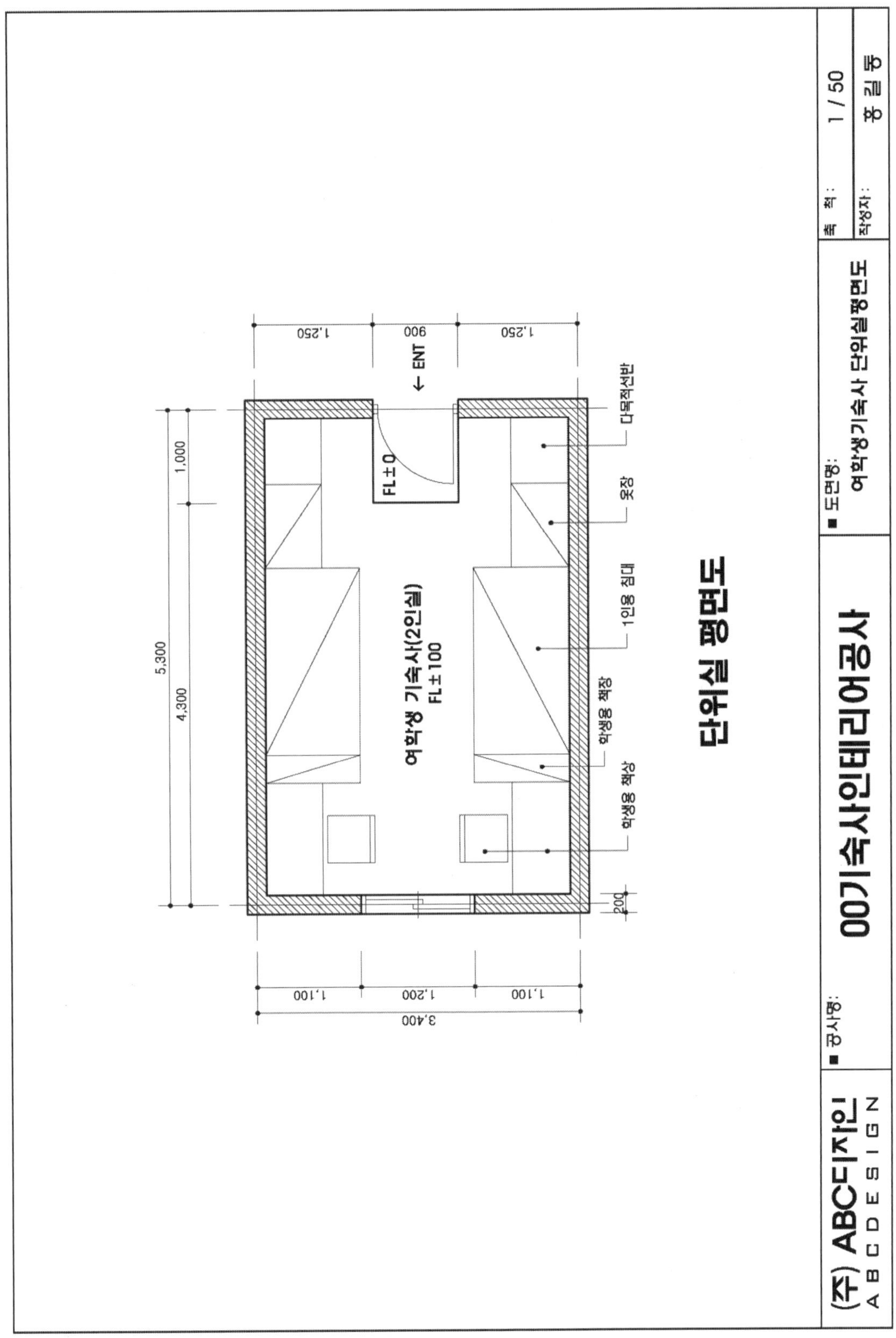

EXERCISE 64 여학생 기숙사 A3가로 배치하기

※ 가로방향으로 작성

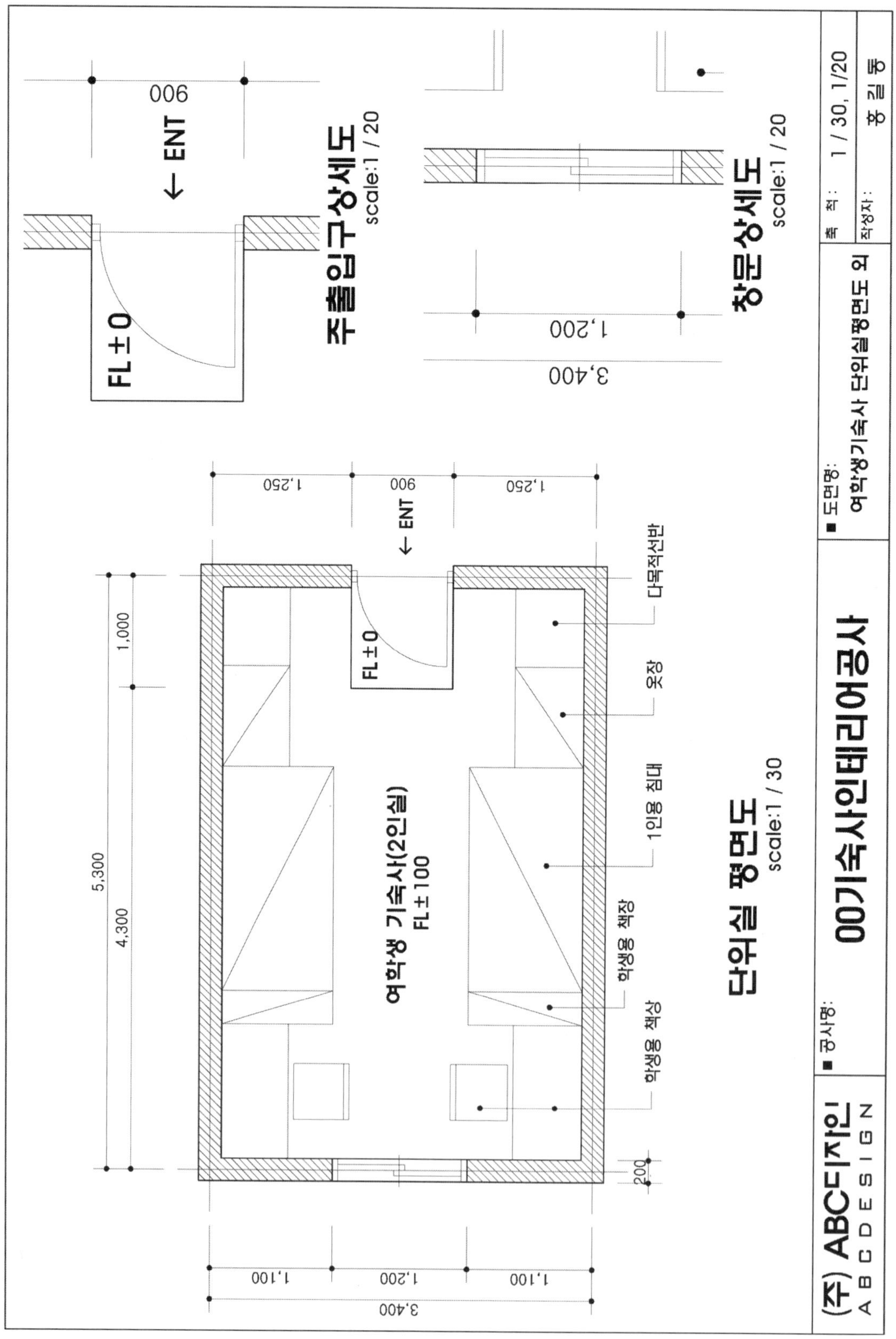

INDEX

참고문헌

AutoCAD 2020 Online Manual : https://help.autodesk.com/view/ACD/2020/ENU/

Autodesk Homepage : http://www.autodesk.com

보기 좋고 이해하기 쉬운 건축설계제도, 김택성, 기문당, 2013

CAD 이해와 활용, 김용일, 송춘동, 기문당, 2018

건축.실내건축 기초캐드, 이진욱, 기문당, 2014

(건축 인테리어 입문자를 위한) AutoCAD Drawing, 이은진, 디지털북스, 2020

AutoCAD 2020 기초와 실습, 김재중, 일진사, 2020

ACU AutoCAD: Autodesk 공인 국제 인증 자격시험, 황두환, BM성안당, 2019

프로로 가는 A+ 실내건축제도, 권원형 외 4인, 기문당, 2008

실내건축기사 실기 작업형, 전명숙 외, 성안당, 2020

건축·실내건축 오토캐드 기초와 실습

2020년 9월 20일 1판 1쇄 발행
2022년 1월 20일 1판 2쇄 발행

저 자 이 진 욱
발 행 인 강 해 작
발 행 처 기 문 당
주 소 서울시 성동구 무학봉 28길 4-1
전 화 02) 2295-6171(代)~5
팩 스 02) 2296-8188
출판등록 1976. 10. 7(1-44)
홈페이지 www.kimoondang.com
I S B N 978-89-6225-869-1 93000